近代出版史探索

小田光雄

論創社

近代出版史探索　目次

1　『奇譚クラブ』から『裏窓』へ　1
2　『裏窓』と濡木痴夢男　4
3　SM雑誌の原点としての伊藤晴雨　7
4　アルフレッド・キントの『女天下』　10
5　フックスの『風俗の歴史』　13
6　中川彩子と藤野一友　16
7　貸本マンガ家鹿野はるお　19
8　藤見郁の『地底の牢獄』　22
9　『あまとりあ』と高橋鉄　25
10　『マンハント』編集長中田雅久　27
11　謎の訳者帆神熙と第一出版社　31
12　伏見冲敬訳『肉蒲団』をめぐって　34
13　前田静秋・西幹之助共訳『アフロディト』と紫書房　37
14　村山知義と艶本時代　40
15　「変態十二史」と「変態文献叢書」　43
16　坂本篤の「口伝・艶本紳士録」と『文芸市場』　47
17　『竹酔自叙伝』と朝香屋書店　50
18　下位春吉と『全訳デカメロン』　53
19　佐藤紅霞と『世界性欲学辞典』　56
20　クラウス『日本人の性生活』に関するミステリ　60
21　翻訳者としての佐々木孝丸　63
22　団鬼六の『花と蛇』初版　66
23　千草忠夫と『不適応者の群れ』　69
24　江戸川乱歩の『幽鬼の塔』　72
25　井東憲と『変態作家史』　75
26　山崎俊夫と『美童』　78
27　北島春石と倉田啓明　82
28　赤本、演歌師、香具師　85
29　三人の画家と「宿命の女」　88

30 柳沼澤介と武俠社 92
31 『近代犯罪科学全集』と『性科学全集』 95
32 『現代猟奇尖端図鑑』と『世界猟奇全集』 99
33 佐治祐吉の『恐ろしい告白』 103
34 今東光の『稚児』 106
35 今東光『奥州流血録』の真の作者 生出仁 109
36 南方熊楠と酒井潔 112
37 岡書院の『南方随筆』 116
38 岩田準一と田中直樹 119
39 田中直樹『モダン・千夜一夜』と奥川書房 122
40 横山重と大岡山書店 125
41 『岩つつじ』と「未刊珍本集成」 128
42 古典文庫と『男色文献書志』 132
43 澤田順次郎の『神秘なる同性愛』 135
44 中野正人、花房四郎、『同性愛の種々相』 138
45 宮武外骨と紅夢楼主人『美少年論』 142
46 折口信夫「口ぶえ」 145
47 文芸市場社復刻版『我楽多文庫』 149
48 通俗性欲書と南海書院 152
49 中山太郎と『売笑三千年史』 155
50 丸木砂土『風変りな人々』と澤村田之助 158
51 シャンソール『さめやま』 161
52 風俗資料刊行会の『エル・キターブ』 164
53 戦前戦後の二見書房 167
54 西谷操と秋朱之介の『書物游記』 170
55 尾崎久彌『江戸軟派雑考』 173
56 尾崎久彌と若山牧水 176
57 異能の翻訳者 矢野目源一 179
58 マリイ・ストープス『結婚愛』 182
59 マリー・ストープスと能 186
60 野村吉哉と加藤美侖 189
61 南柯書院と南柯叢書 192
62 平井功と『游牧記』 195
63 平井功『孟夏飛霜』と近代文明社 198

64 典文社印刷所と蘭台山房『院曲サロメ』 201
65 南宋書院、涌島義博、田中古代子 204
66 宮本良『変態商売往来』と松岡貞治『性的犯罪雑考』 207
67 三谷幸夫訳のヴォルテール『オダリスク』 210
68 ヂィデロ『不謹慎な宝石』とディドロ『お喋りな宝石』 213
69 松村喜雄『乱歩おじさん』と『江戸川乱歩殺人原稿』 216
70 江戸川乱歩と中央公論社『世界文芸大辞典』 220
71 江戸川乱歩と「J・A・シモンズのひそかなる情熱」 223
72 乱歩、谷崎潤一郎、クラフト・エビング『変態性欲心理』 226
73 乱歩以後のJ・A・シモンズ 229
74 エドワード・カーペンターと石川三四郎 232
75 アンドレ・ジイド『コリドン』 236
76 ハヴロック・エリスの日月社版『性の心理』 239
77 『性の心理』と田山花袋『蒲団』 243
78 田山花袋とゾラの英訳 246
79 田山花袋と近代文明社『近代の小説』 249
80 『性の心理』と『相対会研究報告』 253
81 『性の心理』とナボコフ『ロリータ』 256
82 大槻憲二と『フロイド精神分析学全集』 259
83 木村鷹太郎訳『プラトーン全集』 263
84 花咲一男と岡田甫 266
85 日輪閣『秘籍 江戸文学選』 269
86 平井蒼太と富岡多恵子『壺中庵異聞』 273
87 探偵小説、民俗学、横溝正史『悪魔の手鞠唄』 276
88 六人社版『真珠郎』と『民間伝承』 280
89 探偵小説、春秋社、松柏館 283
90 梅原北明『殺人会社』とジャック・ロンドン『殺人株式会社』 286

91 大内三郎『漂魔の爪』と伊藤秀雄『明治の探偵小説』 290
92 ヴァン・ダイン、伴大矩、日本公論社 293
93 八切止夫と日本シェル出版 297
94 森下雨村と西谷退三訳『セルボーンの博物誌』 300
95 改造社『世界大衆文学全集』と中西裕『ホームズ翻訳への道—延原謙評伝』 304
96 渡辺温と『ポー・ホフマン集』 307
97 岡本綺堂と『世界怪談名作集』 310
98 「心理試験」と中村白葉訳『罪と罰』 314
99 奎運社と『探偵文芸』執筆者人脈 317
100 新光社「心霊問題叢書」と『レイモンド』 320
101 コナン・ドイルと英国心霊研究協会 323
102 黒岩涙香『天人論』とマイアーズ『霊魂不滅論』 326
103 黒岩涙香と出版 329
104 『世界聖典全集』と世界文庫刊行会 332
105 国民文庫刊行会『国訳大蔵経』 338
106 望月桂、宮崎安右衛門、春秋社 341
107 小出正吾『聖フランシス物語』と厚生閣書店 345
108 春山行夫と小谷部全一郎『日本及日本国民之起原』 348
109 高島嘉右衛門、高木彬光『大予言者の秘密』、神宮館 351
110 酒井勝軍と内外書房『世界の正体と猶太人』 354
111 久保田栄吉訳『驚異の怪文書ユダヤ議定書』とノーマン・コーン『シオン賢者の議定書』 358
112 四王天延孝『猶太思想及運動』と内外書房 362
113 藤沢親雄、横山茂雄『聖別された肉体』、チャーチワード『南洋諸島の古代文化』 365
114 ローゼンベルク『二十世紀の神話』と高

田里恵子『文学部をめぐる病い』 369
115 バハオーフェンと白揚社版『母権論』 374
116 第一書房版『我が闘争』と小島輝正『春山行夫ノート』 378
117 ヴァイニンガー『性と性格』とダイクストラ『倒錯の偶像』 382
118 シュペングラー『西洋の没落』、室伏高信、批評社 385
119 ハウスホーファー『太平洋地政学』と太平洋協会 389
120 平野義太郎と『太平洋の民族＝政治学』 393
121 高楠順次郎『知識民族としてのスメル族』、スメラ学塾、仲小路彰『肇国』 397
122 小島威彦『百年目にあけた玉手箱』、戦争文化研究所、世界創造社 402
123 小島威彦『世界創造の哲学的序曲』と西田幾多郎 407
124 国民精神文化研究所と科学文化アカデミア 410
125 「パリの日本人たち」と映画 414
126 『伊太利亜』、『イタリア』、『戦争文化』 419
127 アルス版「ナチス叢書」と『世界戦争文学全集』、ゾラ『壊滅』 423
128 ロバート・キャパ『ちょっとピンぼけ』とダヴィッド社 427
129 田代金宣『出版新体制の話』と昭和十年代後半の出版業界 430
130 座談会『世界史的立場と日本』、米倉二郎『東亜地政学序説』と高嶋辰彦 434
131 生活社、鐵村大二、小島輝正 438
132 富沢有為男『地中海』『東洋』『侠骨一代』 442
133 仲小路彰のささやかな肖像 446
134 厚生閣『日本現代文章講座』と春山行夫 449
135 三富朽葉と大鹿卓『獵矢集』 453
136 国柱会、天業民報社、宮沢賢治 456

137 人文書院と日本心霊学会 460
138 円地文子の随筆集『女坂』 463
139 田中守平と太霊道 466
140 松田甚次郎『土に叫ぶ』と羽田書店 470
141 島木健作『生活の探求』と柳田民俗学 474
142 肥田春充『国民医術天真法』と村井弦斎 478
143 岡田虎二郎、岸本能武太『岡田式静坐三年』、相馬黒光 481
144 三井甲之と『手のひら療治』 484
145 安彦良和『虹色のトロツキー』、『合気道開祖植芝盛平伝』、出版芸術社 488
146 桜沢如一『食物だけで病気が癒る新食養療法』と『新食養療法』 492
147 「赤本」としての築田多吉『家庭に於ける実際的看護の秘訣』 496
148 三浦関造『革命の前』、ブラヴァツキー、竜王文庫 500
149 草村北星、隆文館、川崎安『人體美論』 505
150 刀江書院『シュトラッツ選集』と高山洋吉 509
151 隆文館の軌跡 512
152 草村北星と大日本文明協会 516
153 埴谷雄高とヘッケル『生命の不可思議』 520
154 龍吟社、大本教、『白隠和尚全集』 524
155 財政経済学会と『新聞集成明治編年史』 528
156 国木田独歩『欺かざるの記』、佐久良書房、隆文館 532
157 建築工芸協会、岡本定吉、大塚稔 536
158 龍吟社と彰国社 539
159 草村北星『戦塵を避けて』、原智恵子、『ショパン・ピアノ曲全集』 543
160 小川菊松、宮下軍平「書画骨董叢書」と今泉雄作『日本画の知識及鑑定法』 547
161 吉澤孔三郎と近代社『世界短篇小説大系』 551
162 誠文堂『大日本百科全集』の謎 554

163 田口掬汀、日本美術学院、『美術辞典』 558
164 黒田鵬心と「趣味叢書」発行所 561
165 『新声』、『明星』、「文壇照魔鏡」事件 564
166 博文館と巌谷小波『金色夜叉の真相』 568
167 新潮社と小栗風葉『終編金色夜叉』 571
168 広津和郎、芸術社『武者小路実篤全集』、大森書房 574
169 村松梢風と『騒人』 577
170 未刊の『大正文学全集』と佐藤耶蘇基『飢を超して』 581
171 大泉黒石『老子』、仲摩照久、新光社 585
172 麻生久『黎明』、大鐙閣、『解放』 589
173 新光社と『日本地理風俗大系』 592
174 江原小弥太、越山堂、帆刈芳之助 595
175 阿野自由里『ミスター弥助』 599
176 新潮社「感想小品叢書」、菊池寛『わが文芸陣』、『座頭市地獄旅』 602
177 窪田十一と『人肉の市』 605
178 中村武羅夫『文壇随筆』 608
179 春陽堂『新小説』と鈴木氏亨 612
180 『文藝春秋』創刊号、田中直樹、小峰八郎 615
181 加藤武雄と『近代思想十六講』 619
182 松本清張と木村毅『小説研究十六講』『私の文学回顧録』 623
183 農民文芸会編『農民文芸十六講』 627
184 和田伝編『名作選集日本田園文学』と加藤武雄「土を離れて」 631
185 和田伝『沃土』 635
186 中村星湖「この岸あの岸」と初訳『ボヴァリー夫人』 638
187 吉江喬松「百姓、土百姓」と新潮社『フィリップ全集』 642
188 春秋社『ゾラ全集』と吉江喬松訳『ルゴン家の人々』 645

189 企画編集者としての吉江喬松と中央公論社『世界文芸大辞典』 649
190 ゾラの翻訳者としての武林無想庵 653
191 改造社「ゾラ叢書」、犬田卯訳『大地』、論創社「ルーゴン＝マッカール叢書」 656
192 「ルーゴン＝マッカール叢書」（論創社版）邦訳完結に寄せて 660
193 大正時代における「ルーゴン＝マッカール叢書」の翻訳 664
194 特価本出版社成光館 668
195 ゾラの翻訳の先駆者飯田旗軒 671
196 井上勇『フランス・その後』とゾラ『壊滅』 674
197 島中雄三、文化学会、『世界文豪代表作全集』 677
198 『居酒屋』の訳者関義と『展覧会の絵』 680
199 砂子屋書房「新農民文学叢書」と丸山義二『田舎』 683
200 庄野誠一「智慧の環」と集英社『日本文学全集』 687
あとがき 692
人名索引 727

近代出版史探索

1 『奇譚クラブ』から『裏窓』へ

近代出版史探索の扉を開くにあたって、まず『奇譚クラブ』から始めることにしよう。何よりもこの雑誌の戦後史こそは、戦前の出版業界の地下水脈とつながり、赤本業界と所謂「エロ雑誌」世界の歴史を克明に物語っているからである。だが私はこの雑誌をリアルタイムに読んだわけでも、愛読者であったわけでもない。ただ戦後出版史の裏面を形成する人脈、『奇譚クラブ』を発端とするＳＭ雑誌の系譜、それらを発行した出版社とその流通に関心を持っているだけなので、内容についての詳細な言及は他にゆずることにする。

昭和二十二年十月に『奇譚クラブ』はカストリ雑誌として大阪の曙書房から創刊された。山本明の『カストリ雑誌研究』（出版ニュース社）には創刊号の表紙が掲載され、「カストリ・大衆娯楽雑誌年表・解説」によれば、「42ｐ・22円」とある。カストリ雑誌からＳＭ雑誌へと本格的に移行したのは二十七年になってからとされ、昭和五十年に終刊になるまで、休刊した時期もあったが、四半世紀にわたって読み継がれてきた特異な雑誌といえよう。木本至は『雑誌で読む戦後史』（新潮社）の「奇譚クラブ」の項で、「その表紙に触れるだけでも戦慄が走る一種危険な雑誌『奇譚クラブ』、戦後の裏文化の帝王とも評せる雑誌」と書いている。その面影は復刻アンソロジーの高倉一編『秘密の本棚Ⅰ・Ⅱ』（徳間文庫）を繰ってみれば、すぐにわかるだろう。

木本の記述に加えて、北原童夢と早乙女宏美の『「奇譚クラブ」の人々』（河出文庫）を参照すると、軍属の新聞記者だった吉田稔が、戦後の大阪の焼け跡で同じ隊にいた須磨利之と出会う。吉田はすでにカストリ雑誌『奇譚クラブ』を発行していたが、売れ行きは芳しくなかった。そこで須磨に相談すると、須磨自らが実質的な編集長となり、自らの性癖に基づくSM変態総合雑誌へと変身させた。一人で何役もこなし、喜多玲子の名前で縛られた女の絵を描き、高月大三としてSM時代小説を書き、モデルを縛っての写真撮影もこなした。『奇譚クラブ』は取次を通さない直販雑誌で、吉田が書店と直接取引を行ない、五千部から七千部を刊行していたが、SM変態総合雑誌となってからは三万部発行するようになり、完売するほどだった。

須磨は京都美術学校を卒業し、日本画家を目指していたこともあり、画家、作家、縄師、カメラマンも兼ね、『奇譚クラブ』を凡百のカストリ雑誌からSM変態総合雑誌へと仕立て上げた人物であった。だが発行人の吉田は須磨と異なり、アブノーマルな性癖はもっていなかったにもかかわらず、株で儲けた金を『奇譚クラブ』に注ぎこみ、発禁や嫌がらせに抗して、雑誌を刊行し続けた。それは第五号に「我々は、如何なる権力に対しても、絶対に恐れず、おびえず、てらはず、おほらかな気持でもつて発行を続けてゆく」と記した吉田の意地も絡んでいた。

しかしこのような性癖の異なる二人の関係は長続きするはずもなく、吉田と意見が食い違うようになり、須磨は二十八年に雑誌から手を引いてしまう。それに続いて、三十年まで連続して毎年摘発押収を受け、吉田は三十年に半年ばかり休刊に追いこまれた。「当時の出版警察にとって『奇譚クラブ』壊滅は第一目標であったと思われる」(木本至)。だが熱烈な読者の要望もあり、復刊に至ったことが作用してか、三十一年十二月号から沼正三の『家畜人ヤプー』の連載が始まる、また団鬼六(最初のペンネームは花巻京太郎）が三十三年七月号にＳＭ小説「お町の最期」を投稿し、三十八年八・九月号から八年にわたって書き継がれることになる『花と蛇』へつながっていく。沼正三や団鬼六ばかりでなく、多くの読者たちが投稿から始めて常連の執筆者となり、作家や画家としてデビューしたことも、『奇譚クラブ』の大いなる特色であろう。

その一方で須磨は、おそらく高橋鉄の性風俗誌『あまとりあ』の口絵の依頼がきっかけとなったと思われるが、上京して日本特集出版社（日本文芸社）の『風俗草紙』の編集に携わる。『あまとりあ』の版元である久保書店で、ハードボイルド専門誌『マンハント』の編集長を務めていた中田雅久の証言によれば、日本文芸社の編集責任者氏家富良が須磨を招聘したという。そして須磨は久保書店の『裏窓』の編集長も引き受け、大阪で芽生えたＳＭ変態総合雑誌が東京へと移植、伝播するきっかけとなるのである。その後実際に須磨は美濃村晃と名乗り、いくつものＳＭ雑誌を誕生させることになる。

『奇譚クラブ』の流通が書店との直接取引であったことは既述したが、発行所は曙書房から始まり、三十年に天星社、四十二年に暁出版となっている。昭和三十年代後半から各県の有害図書指定を受け始めている事実からの推測だが、この時期に取次口座を開き、新刊書店ルートでの販売が可能になったのではないだろうか。昭和三十二年に団が『奇譚クラブ』と出会ったのは新宿の古本屋の店頭においてだった。とすれば、この時代まで主として『奇譚クラブ』は赤本や特価本業界の流通ルートで販売されていたとも推測される。日本文芸社も久保書店も、この業界の出身と見なしていいからだ。大阪と東京の赤本業界は緊密につながり、その中で『奇譚クラブ』から『裏窓』に至る流れが形成されたと思われる。

2 『裏窓』と濡木痴夢男

『奇譚クラブ』の読者であり、後に『裏窓』の編集長にもなった濡木痴夢男＝飯田豊一によって、回想録『「奇譚クラブ」の絵師たち』と『「奇譚クラブ」とその周辺』（いずれも河出文庫）が近年になって刊行されている。この二冊は『奇譚クラブ』とその多彩な関係者たちへのレクイエムであると同時に、ほぼ全ページにわたって引用されているといっていい『奇譚クラブ』の口絵や挿絵などによって、『奇譚クラブ』特有の絵物語のような書物に仕上がっている。文庫版でなければ、さらなる迫力を示したであろうと実感させられるほどだ。そしてこれらの口絵や挿絵や写真を通じて、『奇譚クラブ』がサディズムやマゾヒズムのみならず、ホモセクシャル、レズビアン、フェティシズムまで含んだ「アブノーマル・マニア誌」であったことが明らかにされている。

濡木は早いうちから『奇譚クラブ』に魅せられた読者、及び小説の寄稿者となり、特異な編集者、作家、絵師、緊縛者を兼ねる須磨利之＝喜多玲子＝美濃村晃と知り合い、「あんたら、まるで御神酒徳利だね。ホモじゃないの？」（『「奇譚クラブ」の絵師たち』）と言われるほどの親交を深めるに至る。それは須磨が昭和二十八年に『奇譚クラブ』から手を引き、上京して、まず日本特集出版社＝日本文芸社の『風俗草紙』に関係し、続いて久保書店の『裏窓』の編集長になってからのことだった。『「奇譚クラブ」とその周辺』によれば、『裏窓』は三十一年に『かっぱ』という誌名で創刊されたが、「カッパの本」の光文社からクレームがつき、『裏窓』に改題されたようだ。表紙、目次、挿絵、写真の引用も含めて、『裏窓』については『「奇譚クラブ」とその周辺』が詳しい。

濡木は名古屋で有名なアパレルメーカーのPR雑誌の編集に携わり、一方で『奇譚クラブ』に投稿していたが、名古屋から東京に戻ることになり、『裏窓』の奥付に記された須磨の名前に引かれ、五十枚ほどの小説を書いて送った。すると須磨から会いたいという手紙が届いたので、彼は江古田の静かな住宅街の中の木造二階建ての久保書店を訪れた。濡木の次のような記述は当時の『奇譚クラブ』の読者が共有していたアトモスフィアだと思われるので、引用しておこう。

「マニア同士が出会ったとき、ほかの「正常」な多数派の人間には理解しえない次元で、互いに独特のにおいを嗅ぎとる。そのにおいは、さりげない会話の端々からもただよい流れる。そしてマニア同士の親愛感が生じる。マニアはだれもが孤独なので、よほど疑りぶかい性格でない限り、心をゆるすのも早い。」

そして濡木は藤見郁のペンネームで須磨に依頼された連載小説を『裏窓』に書き始め、また様々な読物を別の名前で書いた。須磨との関係が深まるにつれ、『裏窓』への執筆量は増え、一時は十以上のペンネームを使い、一冊の雑誌にそれらが並ぶことになった。その挙げ句に彼は須磨によって、『裏窓』の編集長に据えられてしまった。須磨のほうは『抒情文芸』という「感傷文芸誌」を創刊した。「その本質はSM雑誌と変わらない」もので、「病的なくらいに感情過多な小説、自虐的な告白文の投稿ばかり掲載」する雑誌だった。『奇譚クラブ』『裏窓』に続いて、このようなコンセプトの雑誌を立ち上げる須磨の構想力、及びそれを創刊させた久保書店にも驚くばかりだ。掲載されている『抒情文芸』の表紙を見て、本当にそう思う。だから『裏窓』と『抒情文芸』の編集は机を並べて行なわれることになる。

濡木が編集長を引き受けた結果、『裏窓』は大衆小説誌から、ＳＭなどのマニア向けの内容に変わっていった。当初は実話娯楽誌として始まったことからすれば、ここに至って『裏窓』は、大阪の『奇譚クラブ』に匹敵する、東京の「アブノーマル・マニア誌」に位置づけられることになったといえよう。そして誌面が充実するとともに売上部数も伸びていった。

ここで留意すべきは、『奇譚クラブ』が大阪の小出版社ゆえに流通上の制約があったことに比べ、『裏窓』はおそらく大手取次を通じて全国に配本されたために、読者層が一段と拡がったことではないだろうか。しかしこれは両刃の剣であった。売上部数が伸びれば、それだけ目につく雑誌となり、当局の摘発を招くことになるからだ。実際に『裏窓』は創刊七年目の昭和三十七年に八月号が猥褻罪容疑で摘発され、雑誌や原稿などに加えて、作家、画家、カメラマン、モデルの住所録まで押収される。それに追い討ちをかけるように、悪書から青少年を守ることを目的とする有識者たちの諸団体による「悪書追放運動」が始まり、新聞社もそのキャンペーンを張り、『奇譚クラブ』と『裏窓』は書店に置かれなくなり、部数は落ちる一方になった。しかしそれに抗して、『奇譚クラブ』は昭和四十五年、『裏窓』は四十年まで、「マニア読者によるマニア読者のためのマニア雑誌」の姿勢を崩すことなく刊行を続けた。チャタレイ裁判やサド裁判のような戦後出版史の重要な出来事として記録されていないが、隠花植物のように見られていた「アブノーマル・マニア誌」にも、同様の事柄が起きていたのである。したがって濡木の二書は重要な戦後出版史の証言と見なすことができよう。

3　SM雑誌の原点としての伊藤晴雨

戦後のサディズム、マゾヒズム、ホモセクシャル、レズビアン、フェティシズムなどの「アブノーマル・マニア誌」は『奇譚クラブ』を創刊した吉田稔、その編集に携わった須磨利之によって大阪で誕生し、須磨の上京をきっかけにして、『風俗草紙』『裏窓』を通じて東京へ移植され、濡木痴夢男が継承して開花させたと見なせるだろう。しかも吉田は別として、須磨も濡木も筋金入りの「マニア」であり、それが彼らのかかわった雑誌を特異な存在ならしめている。だが当然のことながら、私は「マニア」でもないし、強い関心を覚えなかったので、表紙や誌名を見た記憶はあるが、隠花植物を思わせる二誌を読むことはなかった。

当時サディズムといえばサドで、サドといえば澁澤龍彥だったから、昭和四十三年に創刊された「エロティシズムと残酷の綜合的研究誌」とあり、彼を編集長とする『血と薔薇』を読んでいた。しかし今になって考えてみると、『血と薔薇』は『奇譚クラブ』の高級文化版で、版元の天声出版も『奇譚クラブ』の天星社を意識していたことがわかる。それにまず何よりも異なっていたのは、『奇譚クラブ』がマニアによるマニアのための雑誌だったことに比べ、『血と薔薇』は執筆者たちにしても読者にしても、マニアは少なかったと思われるし、それが短命に終わった事情のひとつではなかっただろうか。

濡木の『「奇譚クラブ」の周辺』の中で、須磨と一緒に伊藤竹酔を訪ねる場面が出てくる。伊藤竹酔は昭和初期の「艶本時代」における梅原北明一派に名を連ねる人物で、粋古堂主人と呼ばれ、昭和七年から戦後の二十九年にかけて、伊藤晴雨の著作、画集、写真集などを十数冊刊行している。竹酔は晴雨の責め絵や責め写真も売っていたので、須磨はその売れ残りの写真類やネガを買い取るために訪れたのだ。須磨はそれらを自費で購入し、『裏窓』に掲載したり、濡木に与えたりした。濡木は、晴雨の名著として名高い『風俗野史』を、時代小説を書くための資料として愛読していたし、二度晴雨に会ってもいた。須磨が濡木を『裏窓』の連載小説の作者だと紹介すると、竹酔は二十九年に出版し、数冊しか残っていない『新版・美人乱舞』を持ってきて、濡木に差し出した。前半が画集で、後半の三十ページほどが随筆であるその本を、彼は有難く頂戴した。その本について、濡木は書いている。

「全ページ袋綴じでノンブル無し、平紐で二ヵ所ていねいに綴じられていて、いかにも手作りの一冊である。定価は４００円と印刷されている。発行所は東京都文京区丸山福山町一三粋古堂である。丸山福山町という町名は、いまは無い。」

　そしてその「序」に、「粋古堂主人は過去十数年女の責物を専門に出版して欠損斗りしている風変りの書肆で利益斗りを目的の出版屋でない。今度の『美人乱舞』がそうした大方の目的に叶って、女の責を研究しつつある一時との安全弁ともなれば著者は何より欣快とする」という晴雨自身の言葉が記されていた。晴雨がマニアであったことはいうまでもないが、竹酔もまたマニアの出版者に他ならず、それこそマニア同士の嗅覚によって、「わが隣人」須磨たちと通じていたのだろう。

『芸術新潮』の平成七年四月号で、「幻の責め絵師　伊藤晴雨」の特集が組まれたことがきっかけになり、新潮社を始めとする各社から晴雨の著作が新たに出版されたり、復刻された。その中の一冊に弓立社の『美人乱舞』があり、これは濡木が竹酔からもらった昭和二十九年版ではなく、昭和七年版の復刻で、それに加えてやはり粋古堂の昭和二十六年刊行の『責の四十八手』が収録されている。さらにこの一冊には縛りのモデルへのインタビュー、いくつかの晴雨論、晴雨をめぐる座談会、晴雨自身の思い出話「今昔愚談」、晴雨を囲む座談会、晴雨の書簡、詳細な年譜と著作目録も手際よく配置され、晴雨の多面的な全体像が浮かび上がる見晴らしのいい読本となっている。サブタイトルの「責め絵師伊藤晴雨頌」にふさわしい仕上がりである。

これらのすべてにふれられないので、「著作目録」と「書簡」と「巨星落ちたり」だけに限定し、言及してみる。晴雨の年譜は昭和八年から戦後を迎えるまで空白といえるほどわかっていないが、戦後になって晴雨が寄稿していた雑誌は、『人間探究』『あまとりあ』『奇譚クラブ』に集中している。これらの三誌への登場によって、晴雨は責め絵師として新たな脚光を浴びることになったと考えられる。「今昔愚談」も『人間探究』に連載されたのである。だから晴雨を「お江戸の熊楠」と呼んだ高橋鉄との関係も重要であるが、特筆すべきは喜多玲子＝須磨利之との関係であろう。三年にわたる二十ページ近い書簡はすべて喜多＝須磨に宛てられていて、その文面からは喜多こそが紛れもない「わが隣人」であるという思いがにじんでいる。それに応えるように、喜多＝須磨は美濃村晃の名前で、「巨星落ちたり―妖美画家伊藤晴雨伝」を書き、晴雨こそが「今日のＳＭ雑誌発生の原点」で、自分はその弟子だと記している。晴雨もまた喜多を後継者と見なしていたのではないだろうか。したがって、晴雨、須磨、濡木の三人が連鎖し、戦後の「アブノーマル・マニア誌」の誕生と発展に寄与したことになる。

4　アルフレッド・キントの『女天下』

伊藤晴雨は責め絵の最後の作品として、ダンテの『神曲』の「地獄篇」を構想していたようだが、『奇譚クラブ』絡みのヨーロッパの文献を一冊取り上げてみよう。その前に一人の人物を紹介する。それは濡木痴夢男の『「奇譚クラブ」の絵師たち』の中に出てくる一人で、その名前を森本愛造という。

「『奇譚クラブ』にマゾヒズム、フェチシズムに関してのエッセイを執筆して多く登場していた森本愛造は、別名を原忠正、さらに森下高茂、谷貫太、天泥盛英などの名で活躍する。後年私はこの森本愛造と親交を結び、横浜本牧にあった彼のＳＭグッズ店（この種の店としてはおそらく本邦初であろう、なにしろ昭和三〇年初期である）へ招待されたり、（中略）彼の自宅で、妻女を交えて（この奥さんは金髪碧眼の異国人であった）一夜を語り明かしたり、彼のほうから私の仕事場へきたりした仲であった（後略）。」

この森本は、『諸君！』の昭和五十七年十一月号に「『家畜人ヤプー』の覆面作家は東京高裁・倉田卓次判事」というセンセーショナルな一文を寄せた森下小太郎である。倉田は後に勁草書房から『裁判官の書斎』シリーズを刊行することになる稀代の読書家で、当時はまだ法曹界でしか知られていなかったが、森本によって彼が『奇譚クラブ』の愛読者だったことが明らかにされてしまった。森本が倉田を『家畜人ヤプー』の作者の沼正三と決めつけたのは、マゾヒズム文献として名高いアルフレッド・キントの『女天下』に絡む事実だった。『女天下』の第四巻は一九三一年にドイツで刊行されたが、その直後にナチス焚書の対象となり、本国でも稀覯本となっていた。それを森本は所蔵し、収録されたマゾヒズム絵画を『奇譚クラブ』に紹介していたことから、倉田が彼を訪ねた。すると倉田は素晴らしい語学力を発揮し、大部の一巻を一晩で読破してしまった。森本は驚いてしまい、学識の深さにおいて、スケールが異なるマゾヒズム小説『家畜人ヤプー』の作者は倉田にちがいないと確信し、『諸君！』の一文を書いたのである。当時はまだ沼の正体は謎に包まれていたので、かなり衝撃的な内容だった。倉田に関しては、拙稿「倉田卓次と『カイヨー夫人の獄』」（『古本探究』所収）を参照されたい。

しかし沼正三が昭和二十八年から『奇譚クラブ』に連載したものをまとめた『ある夢想家の手帖から』を丁寧に読めば、私も沼と倉田が同一人物と見なしてきたけれど、別人のように思えてくる。同書はすでに昭和四十五、六年に都市出版社から第三巻まで刊行され、とりわけ第二巻「あとがき」において、森本との文通、『女天下』全四巻の入手にふれ、挿絵の大部分が『女天下』からの出典だと記している。さらに『女天下』第四巻の書影も掲載され、「第三八章　漫画の効用」の「附記」で三ページに及ぶ『女天下』についての詳細な注を施し、そのビブリオグラフィと内容を紹介している。それによれば、キントの『女天下』全四巻は、フックスの絵画資料提供に基づく正編二冊、続編一冊、没後刊行の一冊からなり、挿絵千七百、別刷図版二百に及んでいる。やはり興味深いのは第四巻の内容で、解放された女性と女性化した男性、性的能動女性、羞恥なきエヴァ、近代のアマゾン、感傷を知らぬ女性、煽情に酔う女性、権力を自覚せる女性、残酷な女性、男性の粗暴、回顧と展望の全十章立てであるという。倉田のみならず、読んでみたくなる内容ではないか。このような詳細な紹介から考えれば、森本の入手時期より遅れをとったにしても、沼がかなり早いうちに『女天下』全四巻を購入していたことは歴然であり、森本のところへ第四巻を読みにいく必要はなかった。だから沼と倉田は別人ということになるが、マニアの世界の真相は複雑で、判断は保留するしかない。

さてこれは沼も言及しているが、この『女天下』には翻訳がある。ただし正編の上巻だけの抄訳で、「検閲事情から、挿絵に関するかぎり、訳書は原書の面影を全く伝えていない」。それは大正十五年から昭和三年にかけて、国際文献刊行会から刊行された「世界奇書異聞類聚」全十二巻のうちの第十一巻で、フックスとキントの共著として村山知義が翻訳している。発行所は国際文献刊行会だが、奥付の発行者名は大柴四郎とあるので、医学書の朝香屋の出版物と見なすべきだろう。実質的な編集者はあの伊藤竹酔で、企画は梅原北明だと考えられる。だが選書や訳者も含んだ「世界奇書異聞類聚」の成立事情はまったく伝えられていない。

訳者の村山はその「序」を、「伯林の或るきたない猶太人の古本屋の棚で私は二冊揃ひのよごれた緑色の本を見つけた」と書き出している。そして興味津々たる無数の挿絵に魅せられて買い求め、日本まで持ち帰ってきたものを原本として、上巻だけを翻訳したようだ。沼は挿絵について原書の面影が全くないと記しているが、それでも訳書には五十枚の挿絵が収録され、「性的生活に於て如何に女が男を支配して来たか」を示すマゾヒズム絵画の片鱗を伝えている。ルイス・シャロンの女神イシスを描いた「偶像」に、マゾヒストたちが狂喜したと想像するに難くない。それゆえに著者のキントについては何も知らないが、原書全巻の二千近い挿絵と図版を見たいという誘惑にかられてしまう。原書はまだ入手可能なのだろうか。

5　フックスの『風俗の歴史』

『女天下』に絵画資料を提供したフックスは『風俗の歴史』の著者として知られているが、これも「世界奇書異聞類聚」第八巻に『変態風俗史』のタイトルで、佐藤紅霞訳によって収録されている。原書第一巻の半分ほどの抄訳で、当初は村山知義が翻訳することになっていたが、演劇で多忙なために自分に一任されたとの訳者の言葉が巻頭に記されている。奥付を見ると昭和三年の出版で、発行者は伊藤敬二郎、すなわち竹酔になっていた。おそらく刊行が進むにつれ、朝香屋の大柴四郎の名前が使えなくなったからだろう。

戦後になって『風俗の歴史』は安田徳太郎訳で光文社から二度刊行され、昭和四十一年からの二回目はカラー版と銘打たれ、第十巻が「画集」として、挿絵や図版の集大成であった。そして四十二年に同じ訳者によって角川文庫の完訳版が出され始めた。それと関連してか、この光文社版『風俗の歴史』がゾッキ本として放出されたとしか思えないほど、どこの古本屋にもあふれていたので、一冊ずつ買って読んだ時期があった。それは第一巻の巻頭に置かれた「訳者のまえがき」に喚起されたからでもある。

安田はフックスの『風俗の歴史』がマルクスの『資本論』と並ぶドイツの古典だが、ヒトラーの焚書に遭い、現在は稀覯本となっていて、それに英訳も仏訳もなく、この日本語版が唯一の翻訳ではないかと書いていた。また大正十年のドイツのインフレと円高状況において、古本屋と思われるミュンヘンのアルバート・ランゲンという本屋から買い求めたことも記してあったからだ。

さらに全巻の裏表紙にあった次のようなフックスの略歴も、読む気を誘った。

「独学の進歩的な民間学者として一生をつらぬいた。1870年1月、南ドイツのドナウ河上流の小村ゲッピンゲンに生まれ、20歳のころ、社会主義運動に身を投じ、社会主義詩集を処女出版。月刊誌『南ドイツの馭者』の編集もした。後ベルリンに出て、だれも手をつけない新しい風俗史の労作をあいついで出版。世界的に有名になった。1930年、ドイツの〝ソビエト友の会〟の会長に推され、独ソ親善につくしたが、ヒトラー弾圧にあい、1933年スイスに亡命。その後の消息は、はっきりしない。」

ただこちらもまだ十代だったこと、当時は風俗史が軽く見られていたことに加え、光文社特有の大衆的編集と造本の風俗史といっても、広範にわたる西洋史と美術史の知識が前提として必要であることから、とりあえず読了したものの、それほどの感銘は覚えなかった。その後十年近くフックスのことは忘れていたのだが、ベンヤミンの『複製技術時代の芸術』(晶文社)所収の「エードゥアルト・フックス——収集家と歴史家」(好村富士彦訳)を読み、フックスに対して目を開かれる思いを味わった。この論文でベンヤミンは、フックスの収集家と史的唯物論者のふたつの面を論じている。しかし後者については別の機会にゆずり、ここではフックスの「収集家としてはなんといっても開拓者であり、他に類例のないカリカチュア、エロチック美術、風俗画の歴史収集の創始者」の側面だけにふれてみたい。

ベンヤミンはフックスを途方もない収集家として描き、一冊のために六千八百枚もの絵を校合し、その中から五百枚を選び出す行為、パリの美術商にパリ全部を食ってしまうと言わせるほどの広範な収集、厖大なコレクションについて語り、「彼は量に対するラブレー風の喜び」を持っていたと書いている。だからこれらの貴重なコレクションもヒトラーの焚書となる運命にあった。ベンヤミンは大量の資料を読みこんで書かれた『パサージュ論』（今村仁司他訳、岩波書店）の著者としての自分を、フックスに投影させているのだろう。そしてまたルネ・ホッケの『迷宮としての世界』（矢川澄子他訳）やホーフシュテッターの『象徴主義と世紀末芸術』（種村季弘訳、いずれも美術出版社）も、フックスのイコノロジーの影響を受けているのではないだろうか。それに彼ら三人もまた、フックス同様ドイツ人であるのだ。

あらためて調べてみると、光文社版の「画集」は原書の口絵が中心であり、安田は角川文庫版の最後の第九巻「あとがき」で、原書の挿絵と図版は二千五百を超えると記していた。とすれば、光文社版も角川文庫版も、原書の半分も収録していないことになる。原書を見てみたいと思ったが、稀覯本でもあるし、ドイツ語も読めないのであきらめるしかなかった。

ところが数年前に古本屋で、その原書に出会ったのである。厳密にいうと、それは原書であるが、柏書房が紀伊国屋書店を総販売元として刊行した復刻版 *Illustrierte Sittengeschichte* 全六巻だった。大学図書館向けの部数限定復刻だと思われる。一九九〇年出版、定価二十六万円ほどが、別冊の「日本語版書誌」が欠けていたためか、何度も値下げされ、二万円になったので、思い切って購入してしまった。原書は四六倍判の大冊で、見開き二ページにわたる挿絵もあり、さらにそのレイアウトもふたつの邦訳版とまったく異なり、その迫力に思わず見入ってしまった。ドイツ語がわかれば、さらに興味は増したであろう。

前回書いたキントの『女天下』全四巻も、『風俗の歴史』と同様の大冊ではないかと推測される。おそらく『女天下』の挿絵が『奇譚クラブ』などに引用されたように、『風俗の歴史』の挿絵や図版も様々な雑誌や美術書に使われたのではないだろうか。イコノロジーの引用の系譜をたどってみたい誘惑にかられてしまう。

6 中川彩子と藤野一友

濡木痴夢男『「奇譚クラブ」とその周辺』や『「奇譚クラブ」の絵師たち』を読み、あらためて感心するのは、濡木や須磨利之が常に『奇譚クラブ』や『裏窓』などの魅力ある編集のことを考え、マニアの読者の投稿も熱心に目を通し、新しい作者や画家に対しても目を配っていたという事実である。そのようなことなら、どんな雑誌の編集者であっても同様だと言われそうだが、彼らは単なる編集者ではなく、作者や画家やカメラマンも兼ねたマニアの編集者に他ならず、二人の手がける雑誌は必然的にマニアによるマニアのためのマニアの世界を出現させようとする不断の意志を反映させている。そうした二人の意志に引きつけられるようにして、様々な絵師や画家たちが登場し、特異なイラストや絵画を誌面に提供することになる。かくして編集者、執筆者、画家による読者を巻きこんだマニアの共同体が確立される。それは社会的タブーを侵犯することを前提とした読者の共同体でもあり、誌面に沸騰して表出する。濡木は『「奇譚クラブ」の絵師たち』の中で、それを次のように表現している。

「アブノーマル雑誌は、いってみれば反体制の出版物である。体制に逆らうものを発行するには、相当のエネルギーがいる。

編集者、投稿家、読者のエネルギーが凝集し、結束して、誌面には変態性愛の熱気が充満した。」

何よりもその特異な表出はイラストや絵画に発揮され、それらは濡木の二著に豊富に引用された作品群からもうかがうことができる。その一人が中川彩子であり、濡木は『「奇譚クラブ」の絵師たち』

で、「拷問画の鬼才」と題して中川に一章を割き、『「奇譚クラブ」とその周辺』に彼の絵を十五点紹介している。中川は『奇譚クラブ』の愛読者だったが、そこには描いておらず、『風俗草紙』や『裏窓』に「彗星のように現われた実力派の拷問画家であった」。それもそのはずで、中川は本名を藤野一友といい、すでに高い評価を得つつある画家だった。

私が藤野一友の絵を初めて目にしたのは、御多分にもれず、昭和五十七年に相次いで刊行されたサンリオSF文庫（のちに創元推理文庫）のフィリップ・K・ディックの『聖なる侵入』と『ヴァリス』の表紙カバーにおいてだった。『聖なる侵入』の絵は宙に浮かぶ壁に二十人以上の全裸の女性が両手を挙げて並び、その壁の上には女性たちよりもはるかに多い、やはり全裸の子供たちが戯れていて、地上からそびえている一本の木の枝には墜落したかのような女たちが引っかかっている。『ヴァリス』の絵は白いクロスをかけた台の上に一人の女性が裸体で横たわり、髪ごと顔を台からのけぞらせ、目を閉じている。台の上にある彼女の肉体は首から下が空洞になっていて、脚の部分に至るまで、あたかも回廊のような雰囲気があり、その中に小さな女性や子供や人間たちが見えている。

このディックの二作は「ヴァリス二部作」と称せられ、不条理にして奇怪な世界を形成していることもあり、見返しに小さく「カバー藤野一友」と記された人物のシュルレアリスム的な絵は、まさにふさわしいように思われた。しかし藤野が中川彩子と同一人物であることは、濡木の『「奇譚クラブ」の絵師たち』を読むまでは知らなかった。そして濡木は何の言及もしないで、そこに平成十四年に河出書房新社から刊行された『天使の緊縛　藤野一友＝中川彩子作品集』の書影を大きく紹介している。その表紙は『聖なる侵入』に使われた絵と同じだった。

この本は知らなかったこともあり、インターネットサイト「日本の古本屋」で検索し、さっそく一冊を入手した。大判の作品集の表紙の迫力はすばらしく、崇高なイメージすら感じさせてくれる。作品集を繰ってみると、この絵が現われ、昭和三十八年の「眺望」だとわかる。前述した一本の木がその部分だけ拡大掲載され、細部までが眺められる。『ヴァリス』の表紙に使われた絵は三十九年の「抽象的な籠」で、こちらもまたその肉体の空洞がクローズアップされ、その中には修道服をまとった男女もいると判明する。シュルレアリスムというよりもウィーン幻想派の作風を彷彿させてくれる。

しかしこの藤野一友の世界を背後で支えているのは、間違いなく中川彩子の名前で発表されたモノクロのイラストであろう。文庫版の紹介では伝わってこなかった聖なるイメージがあふれんばかりに迫ってくる。しかもそれらがほとんど緊縛された女性であるにもかかわらず。そして藤野の光と中川の闇が交錯するところで、この作品集は怪しく聖なる輝きを放つ、稀なる一冊として顕現しているのだ。濡木は言っている。

「中川彩子の描く女は、死による快楽を願っているようにも思える。死への恍惚は感じられるが、性的な甘美な感性を伴う快楽は女に感じられない。」

さらに濡木によれば、中川は春川光彦のペンネームで、『裏窓』に小説を七、八編発表しているという。それらは従来のＳＭ小説と異なり、「情緒に頼らない硬質の残酷さ」が示されているようだ。おそらく中川のイラストに対応していると思われ、こちらもぜひ読んでみたい。

7　貸本マンガ家鹿野はるお

『裏窓』を編集していた須磨利之はその独特な嗅覚を働かせ、多方面にアンテナを張り、マニアたる読者たちを魅惑する資料を探し、また様々な分野の作品にマニアックな気配を見出し、『裏窓』へと導く努力を重ねていたようだ。『奇譚クラブ』が凡百のカストリ雑誌から脱皮し、特異な雑誌として成功したのも、須磨の画家、小説家、編集者としての多彩な才能に加えて、その独特な嗅覚によっていると思われる。

濡木はそのような須磨の行動について、いくつものエピソードを記しているが、その中でも『奇譚クラブ』とその周辺』に書かれているケースが印象深いので、ここで紹介しておきたい。そのエピソードは、夏の日の夕方、須磨と濡木が荒川区町屋の舗装されていない土埃の上がる細い裏通りを歩いているところから始まる。おそらく昭和三十年代後半のことであろう。二人は鹿野はるおという絵師を探し、路地裏をさまよっていた。須磨は『裏窓』の小説の挿絵や絵物語に新しい画家を求めていた。雑誌の永続は常に新しい画家の作品次第であり、『裏窓』のような雑誌にはとりわけイラストが重要だとわかっていたからだ。そこで須磨は鹿野に注目し、出版社から住所を聞き出し、前もって手紙を書き、彼の家を探し歩いていたのである。その理由は次のようなものだ。

「いろいろ調べて須磨は、貸本屋に並べるマンガを専門に描いている作家の中から、鹿野はるおを選んだ。小説に添えるイラストとしてはマンガ味が濃いが、時代ものを正確に描けることが鹿野はるおのいいところだった。そして縄で縛られた女の姿に、情感と風情のあるところが決定的にいい。」

そして濡木は須磨から見せられた鹿野の『紅絵悲願』と題する貸本マンガの一ページ目、及び中身の三ヵ所の見開きページを引用転載している。一ページ目には日本髪の艶麗な美女が描かれ、『紅ぐも観音』第二部とあり、また「捕物シリーズ美男同心覚書より」とのキャプションも付されているので、『紅絵悲願』はこのシリーズの『紅ぐも観音』の連作だと見当がつく。三ヵ所の見開きページはいずれも縛られた女の姿が描かれ、その下に「背後に縛られた女の手首が、マニア雑誌にこのまま掲載できる位にしっかりと肉感的に描かれている」とか、「女の胸にかけられている縄の位置がよく、柱に巻きつけられた縄の描き方がていねいで心がこもっている」とか、マニアならではのマンガの見方と称していい、濡木の注が添えられている。まさにマニアだけがなしうる貸本マンガのテキストクリティックなのだ。そして巻頭の八ページだけがカラー、定価が二百二十円でB６判百三十六ページ、発行所はひばり書房となっているが、発行年月日は記載されていないので、昭和三十年代後半の発行ではないかと濡木は推定している。

さてこの鹿野はるおを「日本の古本屋」で検索してみた。するとさすがに『紅絵悲願』はなかったが、五、六冊ほど見つかり、その中で『地獄の紋章』という千円のものがあったので、注文してみた。これもやはり歴然とした貸本マンガの時代物のシリーズの一冊で、ストーリーはデュマの『モンテ・クリスト伯』を反復し、無実の罪で島流しになった北町奉行所の元与力が島を脱出して江戸に戻り、妻も含めて裏切った人々に復讐を果たしていく物語である。ストーリーと同様に絵も垢抜けていないし、コマ割りも凡庸で、当時の貸本マンガの域を少しも脱していないのは明らかだが、濡木が言うように「美女が縛られ、責められる場面」が確かに入っている。さらに付け加えれば、まったく同じ判型、定価、ページ数で、同じように発行年月日も記されていなかった。だが定価が変わっていないことから考えると、『紅絵悲願』と同時代の刊行であろう。

貸本マンガ史研究会編・著の『貸本マンガRETURNS』（ポプラ社）所収の「主要貸本マンガ出版社リスト」によれば、ひばり書房は昭和二十二年に設立された貸本マンガの老舗で、初期に「長編活劇漫画文庫」を刊行し、小島剛夕の「長編大ロマンシリーズ」や江波譲二の「トップ屋ジョーシリーズ」などで知られるとある。確かに見返しのところに「ベストセラー造りの豪華メンバー」として、小島や江波などの名前が並び、そこに鹿野も混じっている。また「貸本マンガ家リスト1000＋α」において、鹿野はるおは『白狐二方剣』（つばめ出版）の著者となっているが、その両脇に記されている鹿野たけし、もえるも同一人物の可能性がある。

ところで話は少し脇道にそれてしまったが、須磨と濡木はやっとのことで、鹿野の家を突きとめる。わからなかったはずで、鹿野はペンネームであり、小屋のような家の表札は「山本なにがし」とあったのだ。鹿野は五十歳前後で力士のように太り、ランニングシャツにステテコという風体だった。家具らしきものは何もないのに大型冷蔵庫だけがあり、それが異様に見えた。鹿野は冷蔵庫から牛乳瓶を三本取り出し、二人の前に一本ずつ置き、自分はその一本を一気に飲み干し、ひばり書房に世話になっているので他の雑誌には描けない。この牛乳を飲んでお帰り下さい、暑い中をご苦労様でしたと大きな声で言った。「芝居や講談の中に出てくる主家への忠義一徹をつらぬく、頑固な古武士のような面影があった」と濡木は書いている。須磨が残念がることしきりだったが、このような事情で鹿野の『裏窓』への招聘は失敗に終わったのである。

8　藤見郁の『地底の牢獄』

濡木痴夢男は『「奇譚クラブ」とその周辺』の中で、昭和四十四年に第二書房のナイトブックスシリーズとして、自分が書いた小説や読物類から、まだ単行本になっていなかったものを集め、藤見郁名義で十数冊刊行されたことを記し、『縄と女と野獣たち』などの八冊の書影を掲載している。それはこのシリーズの装丁のすべてを美濃村晃の名前で須磨利之が手がけ、丁寧で美しく、見事な仕事だと濡木が認めていたからである。ナイトブックスは平均二百三十ページの新書判にして定価は三百二十円、そして書影に見られるシリーズナンバーからすると、少なくとも数十冊ほどは刊行されたと思われるが、古本としての入手は困難なようで、「日本の古本屋」で検索しても、藤見の作品はほとんど見当たらない。

出版社の第二書房は、あの第一書房出身の伊藤禱一が昭和二十四年に創立し、それを息子の伊藤文學が引き継ぎ、四十六年七月に日本で初めてのホモセクシャル専門誌『薔薇族』を創刊し、二十年以上にわたって刊行したことで知られているが、それ以前にはナイトブックスのようなシリーズも出版していたことになる。伊藤の『薔薇族』と共に歩んだ『薔薇を散らせはしまい』（批評社）を読んでみても、どのような経緯と事情で、『薔薇族』創刊に至ったかの詳細は述べられていない。ただおそらく『あまとりあ』や『裏窓』人脈との交流から、ホモセクシャルに特化した雑誌が企画されたと思われる。

それはともかく、残念なことに第二書房のナイトブックスは見つからなかったが、昭和三十五年刊の藤見の『地底の牢獄』を入手することができた。これは「裏窓叢書」第三集として、あまとりあ社から出版されている。四六判上製の落ち着いた装丁で、本文は罫をあしらったページに十一行組でレイアウトされ、装丁は喜多玲子、挿画は秋吉巒である。喜多は須磨の絵師としての別名、秋吉は濡木によって、「暗い情念を独特のシュールリアリズムで描く」と書かれているように、装丁や挿画はナイトブックスとはまったく異なる印象を与える。巻末広告には「裏窓叢書」第一、二集が、それぞれ飯田豊吉『狂異地獄肌』、黒木忍『黒蛇呪縛』とあり、前者はこれも濡木のペンネームにして、こちらは時代小説で、彼の旺盛な筆力と器用さを浮かび上がらせている。そして須磨と濡木の多彩な才能が所謂「変態小説」を戦後に開花させたとあらためて認識させられる。

この『地底の牢獄』を読むと、藤見郁の物語作家のとしての手法がよくわかる。ストーリーは昭和三十年代に流通していた映画や小説のパスティーシュともいえる。具体的に例を挙げれば、日活のアクション映画や島田一男などの同じくアクション小説の模倣だと思われる。とりあえず、『地底の牢獄』のストーリーを紹介しておこう。神戸らしき港湾都市の繁華街にあるバーから物語は始まる。酔っぱらった船員たちがたむろし、花売り娘が花束を抱え、回り歩いている。船員たちは花を買う代わりに、金をやるから娘にストリップをするように言う。娘は金のために脱ぎ始め、最後の一枚に手がかかる。その時、花売り娘の背後からふいに声がかかる。「やめなよ、ねえちゃん。(中略)そのへんで、もうやめときな。いつまでも酔っぱらいの慰みものになってるんじゃねえよ」。黒い背広を着た男がカウンターに置かれた娘の服を彼女の乳房のあたりに押しつけ、怒りをあらわにした船員たちに言う。「おれかい。おれは今日、この港街へやってきた名もねえ風来坊だ」。何と紋切型なと笑ってはいけない。作者の伝えようとしているのは、このような手垢にまみれた紋切型のシーンではないからだ。

さらにストーリーを進める。風来坊は夕起夫と名乗り、バーから跡をつけてきた佐和子という女のカスバのような場所にあるアパートに連れこまれる。佐和子はこの港全域の実権を握る、姿を見せない麻薬業者の香港リーの連絡役で、キャバレーのマネージャー黒和田たちはその部下と設定され、夕起夫は佐和子の用心棒を兼ね、仲間入りすることになる。黒和田たちは麻薬と密輸と売春を稼業とし、麻薬密造者の鹿沼博士が住む古洋館の地下の密室と、山の中腹にある黒和田のアトリエのような邸の地下室は、佐和子を含めて多くの女たちが連れこまれ、全裸で縛られ、地獄の責め苦を受けるのである。夕起夫は黒和田たちに殺された妹の仇をとるために、彼らの仲間となるのだが、最後にその復讐を果たし、物語は終わる。

しかしこれは表層のストーリーであって、物語の主眼は地下室に封じこめられた女たちの苦しみを描くことにあるのだ。それはかつてのピンク映画のパートカラーの場面のように描かれている。例えば、鹿沼博士の地下の密室の風景。

「縄で縛りあげた女を……。

鉄鎖につないだ女を……。

天井から吊り下げた女を……。

女のうめきがさかなだ。白い肌がくねり、のたうち、もだえる光景が、博士の酒をうまくするのだ。」

マニアの読者たちもストーリーではなく、このような場面に引きつけられていく。その心理を藤見は深く体得しているがゆえに、紋切型ストーリーを祖型として、多くの物語を産出できたのである。それは須磨利之も同様だったと思われる。

9 『あまとりあ』と高橋鉄

前回藤見郁の『地底の牢獄』があまとりあ社の「裏窓」叢書として刊行されたことを書いたが、実はあまとりあ社は『裏窓』の久保書店の別名で、この社名で『あまとりあ』を刊行していた。

『あまとりあ』は昭和二十六年から三十年にかけて刊行された「性風俗誌」で、戦後生まれの私たちの世代はリアルタイムで読んでいない。だが当時の読者たちには強烈な印象を残しているようだ。その一人である藤本義一は『あまとりあ傑作選』（東京スポーツ新聞社出版局、昭和五十二年）なるA5判、四百五十ページに及ぶ大部の一冊を編み、「編集後記」において、「アマトリアは、わが青春時代の免罪符」で、単なる読者というよりも、「アマトリアの住人」だったと述べ、その魅力について、次のように書いている。

「性に関するあらゆることが、一見、雑然としているようでいて、一貫した性解放の論理立ての上に展開されている雑誌であった。執筆陣も軟派から硬派までを網羅していたし、川柳の解釈もあれば、江戸劇作のユニークな論も垣間見えたし、医学的な見地からの、かなり高度な論も加えられていた。一見、性の雑居ビル風なのだが、よくよく眺めてみると、その一部屋一部屋に住んでいる住人たちの顔は、正真正銘の性の探求者のそれであった。」

確かにこの傑作選の性に関する多彩な目次、及び巻末に収録された全五十四冊の「月刊あまとりあ総目録」を見ると、当時の「住人」だった藤本の述懐が理解できる気がする。そこには花田清輝のエッセイや山田風太郎の小説も並んでいる。そして藤本の指摘にもあるように、戦後における性風俗の解放がカストリ雑誌に象徴されて氾濫し、そのエキスが『あまとりあ』へと集結したと考えられる。

『あまとりあ』の主宰者といっていい高橋鉄は、カストリ雑誌として著名な『赤と黒』を手がけているし、その後第一出版社の『人間探究』を経て、『あまとりあ』の創刊に至ったのである。その経緯を簡単に記すと、あまとりあ社の前身は大元社で、舟橋聖一の『横になった令嬢』などの文芸書を出版していた。経営者の久保藤吉は印刷業界の出身であり、ヴァン・デ・ヴェルデの『完全なる結婚』（河出文庫）の日本的大衆版を企画し、資料を求め、式場隆三郎の紹介で、高橋を訪ねた。ちょうどその時、高橋はヴェルデと異なる日本の性文化に基づく態位集『あるす・あまとりあ』を書いていた。久保はそれに注目し、昭和二十四年に出版に踏み切った。続けて翌年にその続編を刊行し、ベストセラーになり、そこで雑誌『あまとりあ』の創刊が決まった。

先行する『人間探究』と高橋の関係はよくわからないが、昭和二十五年の第二号が手元にあり、高橋の「猥褻論」などの他に、異色の組み合わせといっていい、彼と神近市子と羽仁説子の討論会「結婚・性道徳」も掲載されている。奥付の編集人は奥田十三生、発行人は小泉伸五で、その「編集後記」に「『人間探究』が成功したら我が社もそういう高級な性の雑誌をやろう—などと云つている出版社が大分あるそうである」と書かれているので、『あまとりあ』の創刊の動きが伝わっていたのだろう。

残念ながら、『あまとりあ』の本誌と『あるす・あまとりあ』は所持していないが、あまとりあ社の関連出版物として、『続あるす・あまとりあ』『補冊あるす・あまとりあ』『人性記』の三冊を入手している。いずれも均一台で拾ったもので、前二書においては収録された口絵写真に十ページ余のセクシャルな写真、図版、絵画が目を引くだけの地味な菊判ソフトカバーの本である。

しかしこれらを刊行時の昭和二十年代半ばに戻してみれば、性交態位を解説した『あるす・あまとりあ』シリーズのような日本的大衆版はこれまで公然と出版されていなかった書物であり、きわめて刺激的だったと想像できる。私の印象からすると、戦前の羽太鋭治や澤田順次郎の性的啓蒙書と小倉清三郎、ミチヨ夫妻の『相対会研究報告』（ちくま文庫）をドッキングさせたのが高橋鉄の著作ではないだろうか。またこれは鈴木敏文の『性の伝道者高橋鉄』（河出書房新社）に記されていることだが、『あるす・あまとりあ』のシリーズがベストセラーになったことにより、高橋は自宅を購入し、それは「あまとりあ御殿」と称されたという。

さらにこれらの三冊の奥付を見ると、様々なことがわかる。印刷所は大元社、あまとりあ社の振替口座は久保書店名義であり、大元社、あまとりあ社、久保書店は同じ久保藤吉による経営で、出版物によって社名を使い分けていたことになる。また『人性記』の発行者は中田雅久で、この人物が『あまとりあ』の編集長だったのである。だが彼にはもうひとつの編集長の顔があった。それを次回に述べよう。

10 『マンハント』編集長 中田雅久

藤本義一編の『あまとり傑作選』の巻末に、『あまとりあ』元編集長中田雅久による「あまとりあ回想録」が収録されている。

中田によれば、ある雑誌の原稿依頼のために高橋鉄を訪ね、それを何度か重ねているうちに、「あまとりあ社で計画中の新雑誌についての相談をもちかけられ、『どうだね、やってみないか?』という話」になった。中田は雑誌編集の経験も浅く、これまでとまったく異なる分野にもかかわらず、「やらせてもらいます!」と引き受けてしまったという。

そしてこの回想録の中で、昭和二十六年の「あまとりあ祭」と横断幕を張ったバスでの下田旅行、執筆者たちを始めとする八十人のその一泊の実態報告、実質的な編集分室である高橋の自宅の来客状況、創刊号の猥褻文書容疑での摘発、昭和二十年代半ばにおける様々な当局の圧力や悪書追放運動による黒字廃刊事情などが語られている。

しかしここではまったく言及されていないが、中田雅久はあまとりあ社=久保書店のもうひとつの雑誌『マンハント』の編集長でもあったのだ。これは日本初のハードボイルド専門誌とされ、昭和三十三年八月創刊、三十八年に『ハードボイルド・ミステリィ・マガジン』と改題したが、翌年の一月号で廃刊になっている。

『マンハント』は早川書房の『エラリイ・クイーンズ・ミステリ・マガジン(EQMM)』、宝石社の『ヒッチコック・マガジン』と並ぶ翻訳ミステリ雑誌だった。私的なことを語れば、これらの三誌が書店で売られていたことは記憶しているが、実際に読んでいたのは『EQMM』だけで、他の二誌はリアルタイムで読んでいない。ただ『マンハント』は『EQMM』に比べて、表紙などから扇情的な印象を受けたことを覚えている。私の『EQMM』体験については「早川書房と『エラリイ・クイーンズ・ミステリ・マガジン』」(『古雑誌探究』所収)を参照されたい。

この一文を書こうとしていた時にまさに偶然だが、『本の雑誌』の〇八年九月号が「特集=中田雅久ロングインタヴュー」（聞き手構成／新保博久）を組み、中田の『マンハント』時代に関する興味深い貴重な証言を引き出し、戦後出版史の知られざる一面を明らかにしている。このインタビューと木本至の『雑誌で読む戦後史』（新潮社）における『マンハント』の項を参照し、中田の軌跡を追ってみる。

中田は大正十一年神戸に生まれ、戦後になって復員してきた博文館の社員浅井康男と知り合い、廃業した博文館を継承して設立された博友社に入り、昭和二十五年に終刊する『新青年』の編集者となった。これが『あまとりあ』の編集に携わる以前の中田の経歴である。そして前述のようにあまとりあ社＝久保書店に移る。『新青年』時代に山田風太郎を訪れたことで、『あまとりあ傑作選』にも再録されている「男性週期律」の寄稿を得られたようだ。

同様に中田は『あまとりあ』の編集を通じて、おそらく常連執筆者の正岡容を経由してであろうが、江戸川乱歩の親族の松村喜雄の紹介で、都筑道夫と知り合う。都筑は昭和三十一年に創刊された『EQMM』の編集長となり、彼からの情報で、中田は本国版『マンハント』を知り、日本版の刊行を企画した。印刷屋出身の久保藤吉は出版物のメインである高橋鉄関連の分野しかわからなかったが、『あまとりあ』廃刊後のことでもあり、『マンハント』日本版の創刊を決めた。本国版にはまったく収録されていないヌード写真が掲載されているのは、性にまつわる本で当てた久保に対する、中田の配慮からだった。翻訳家の宇野利泰が版権取得の相談に乗り、創刊号は三万部刊行された。

しかし元『新青年』の中田、『EQMM』の都筑、ミステリ翻訳の宇野という組み合わせでスタートしたと推測できる『マンハント』は都筑のペンネームでの翻訳、また『EQMM』や宇野の人脈と思われる中村能三、井上一夫、稲葉明雄、田中小実昌、中田耕治、山下諭一などの翻訳陣として参加を見ると、久保書店の雑誌というよりも、あたかも早川書房の出店のようなハードボイルド版『ＥＱＭＭ』の色彩を呈したのではないだろうか。実際に彼らは早川書房の「ポケミス」の訳者であり、都筑の翻訳連載はカート・キャノンの『酔いどれ探偵街を行く』として刊行されている。

そしてまた何よりも特徴的だったのは中田の『新青年』以来のコラムへのこだわりで、植草甚一、前田武彦、永六輔、大橋巨泉、寺山修司、紀田順一郎、大伴昌司などを登場させたことであろう。そのような『マンハント』の内容に魅せられてか、小鷹信光や片岡義男も自ら編集部を訪れ、執筆者になったという。さらに付け加えれば、後年に浪速書房から刊行される『推理界』編集長の荒木清三も『マンハント』編集部にいたらしい。

これらの『マンハント』編集逸話もとても興味深いが、それ以上に関心をそそられるのは、見え隠れする久保書店の環境とその他の雑誌のことである。すでに昭和三十一年に『裏窓』は創刊されていたし、中田は『裏窓』の臨時増刊号として、日本のミステリ特集『耽奇小説』を編集してもいる。『マンハント』と『裏窓』をつなぐ雑誌が『耽奇小説』でもあった。

また同様に『奇譚クラブ』と『裏窓』をつなぐ雑誌が、昭和二十六年に創刊された『風俗草紙』だった。この雑誌の事情について、『日本文芸社三十年史』には何も記されていないが、中田の証言を補足しておこう。日本文芸社の夜久勉がゾッキ本卸、特価本書店、出版社と多角展開する中で、日本特集出版社名で『風俗草紙』を刊行するために、『奇譚クラブ』の編集者須磨利之を大阪から招いた。だが『風俗草紙』の仕事だけでは不安定なので、夜久と久保の小出版社同士の関係から、久保書店も須磨を編集長として『裏窓』を出すことになる。須磨は喜多玲子の名前で、すでに『あまとりあ』の口絵を描いていた。つまりこの時代において、大阪の『奇譚クラブ』と東京の『あまとりあ』は人脈が交差していたのであろう。

『マンハント』は中田の退社とともに廃刊になり、その後彼は河出書房新社を経て、三崎書房での『えろちか』のプランニングを最後に、出版界を去った。しかし彼の軌跡にはミステリの歴史のみならず、『あまとりあ』から『えろちか』につながる、性にまつわる雑誌の連鎖が示唆されているのだ。

11　謎の訳者帆神熙と第一出版社

『あまとりあ』に先駆ける「文化人の性科学誌」と銘打った『人間探究』と第一出版社について、前回わずかばかりふれておいた。その後、木本至の『雑誌で読む戦後史』の中で、『人間探究』が立項され、第一出版社へのかなり詳細な言及があったこと、それに加えて『あまとりあ』に第一出版社絡みの広告を見つけたので、それらのことを書いておきたい。まずは『あまとりあ傑作選』の広告から入る。

昭和二十六年十月号の『あまとりあ』にケトムバ・パシャ作、帆神熙訳『金色の牝羊』の会員販売だけの広告が掲載され、次のような言葉が記されていた。

「先に『太陰の娘サロメ』『マドリッドの男地獄』の二つの異常な作品を出して、禁書の厄にあった訳者が、新鮮のペンを整えて、第三冊目を送ろうとしている。

訳者の言を聴きたまえ。

肉欲の浄化を経ずして、人間生命の玲瓏さは保ちがたい。生命の業火に肉体を投じてこそ、人間的な金石の意志は、その後に抽出する事が出来る。これは強く生きる者の試練である―と。」

最初に挙げられた二書は、いずれも昭和二十七年に吉田嘉一郎を発行者とする風俗文献社から、二千部と千五百部の限定版で刊行され、発禁となった翻訳書である。これらはかつてよく古本屋の棚で見かけたし、現在でも時々古書目録に掲載されているので、稀覯本でもないし、城市郎の「別冊太陽」の『発禁本』シリーズでも書影を目にすることができる。夫婦箱入、A5変型判、千円と七百八十円の本は、当時としては稀に見る豪華本に属していたと考えられる。しかしその内容、著者や訳者についての言及はほとんどなされておらず、それらは戦後出版史の闇の中に沈んだままである。

『太陰の娘サロメ』は第一次世界大戦後に現われた作品で、原作者はデュム・ド・アポロとされ、訳者の帆神はフランスの『エロス』という高級雑誌を刊行している出版社から入手したと述べている。また『マドリッドの男地獄』の著者はジュリアン・ビザロウで、バルセロナの書店から購入したスペイン語の一冊であり、知己の外人に英訳してもらったものを今回邦訳したと、これも帆神が書いている。

一言でいってしまえば、前者はワイルドの『サロメ』、後者はメリメの『カルメン』とボッカッチョの『デカメロン』のパターンにのっとった物語と解釈できる。だがその語り口からすると、どうも翻訳と称した帆神の創作のようにも思えてくる。ところどころで、地の文の荘重さと会話の部分の軽みのアンバランスが目につき、帆神の手のこんだ創作ではないかという印象がつきまとう。それに二冊とも原書名の記載がないし、このような原書の存在も聞いたことがないからだ。先に「訳者の言」を引いておいたが、それはむしろ「創作者の言」とも解釈できるのではないだろうか。それにポルノグラフィのかたちで表現しようとすれば、当時の出版状況から考えても、帆神熙なるペンネームと翻訳者という二重の隠れ蓑が必要とされたのではないだろうか。

ここで『あまとりあ傑作選』の広告に戻る。『金色の牝羊』の申し込み先は豊島区椎名町の帆神会で、振替口座表記は第一出版社となっている。この記載から考えると、帆神会が発行所で帆神の自宅、もしくは事務所、製作と発行所を第一出版社が引き受けていることになる。だから帆神は第一出版社の関係者、あるいは『人間探究』の執筆者だと推測せざるを得ない。おそらく風俗文献社と吉田嘉一郎も同様だと思われる。ただ第一出版社は単なる「性科学誌」だけの版元ではないのである。

木本至が記している事実を追うと、第一出版社は改造社編集局長を務めた佐藤績が始めた会社だった。彼は改造社の山本実彦の身代わりとなって、追放処分を受けていたが、昭和二十三年に『改造』の編集長であった北島宗人を編集兼発行人として、文芸雑誌『小説界』を刊行し、谷崎潤一郎、佐藤春夫などの大家から、田村泰次郎、梅崎春生、大岡昇平といった新人までの執筆者を揃え、中間小説誌の先駆けであったという。

そして昭和二十五年に奥田十三生の企画で、彼の知己の高橋鉄を主幹として、『人間探究』が創刊された。第二号の編集人は奥田、発行人は酒井孝となっているが、第一号の編集発行人は石川四司で、これは佐藤のペンネームであった。おそらく奥田も酒井も改造社の関係者であろう。したがって帆神も改造社絡みの外国文学者と思われる。その後二十七年に『人間探究』は編集上の食い違いから高橋が去り、また第一出版社は改造社のストライキの闘争本部のような立場に置かれ、三十四冊出した暮れに終刊となり、佐藤は大きな借金を抱えこんでしまったようだ。

これが昭和二十七年前後の第一出版社事情であり、そのような状況の中で、帆神の二冊の本が風俗文献社から出版されている。そして翌年に奥田たちが再興して『人間探究』を三冊刊行している。その関係で『金色の牝羊』の発行所を引き受けたのではないだろうか。だが『金色の牝羊』は帆神の個人的事情か、予約が集まらなかったせいか、第一出版社自体が消滅してしまったためか、いずれにしても出版されなかったようだ。かくして帆神の正体はまったくつかめないままに終わっている。

12 伏見冲敬訳『肉蒲団』をめぐって

第一出版社の本は一冊だけ持っていて、それは伏見冲敬訳の『肉蒲団』である。A5判並製ながら、童画家の武井武雄による装丁装画の本は昭和二十六年の刊行から考えれば、瀟洒な一冊と言えるだろう。発行人は石川四司で、前回記したように元改造社編集局長にして第一出版社の社長だった佐藤績のペンネームである。訳者の伏見は篆刻家で中国書学に通じ、後に角川書店から総合書体字典の『書道大字典』や『角川書道字典』を刊行している。また当時高橋鉄との共著『色道禁秘抄』(あまとりあ社)もあるので、高橋や『あまとりあ』の出版人脈と見なせるだろう。そればかりか、この『肉蒲団』をめぐって、思いがけない人物も姿を見せている。それを書いてみよう。

『肉蒲団』は中国風流本の「四大奇書」のひとつとされ、作者は明末期から清初期にかけての文人で、エピキュリアンにしてディレッタントであった李漁(笠翁)だと言われている。この『肉蒲団』は主人公の未央生が性的作業修行の旅に出て、自らの陽根に雌犬の「拘腎」を移植してはめこむという手術を受け、巨根となって様々な性的遍歴に励むが、最後にはそれを切り落としてしまい、出家するという物語である。「風流小説」らしく、「好色の戒」的なクロージングになっていて、最後のところに出てくる「色と金といふ二つの文字がからみますと、ややもすると迷路を脱れて彼岸に行くことが出来なくなる」とか、「それといふのも始めに天地を開闢したまふ聖人が余計な女だの金だのをお造りになつたものですから人間がこんな目に会ふのでござゐます」とかいった言葉には思わず笑ってしまう。そして「世の中は金と女が仇なり　早く仇にめぐりあいたい」という日本の戯れ句も思い出されるのである。

しかしこの『肉蒲団』は江戸時代に翻刻本が何度か出版され、また明治時代にも同様だったようで、「小説の奇なる、肉蒲団より奇なるはなし」と評せられていたが、やはりポルノグラフィ扱いされ、それまで完訳がなかったと思われる。だから伏見訳は大いなる反響を呼び、それが伏見の記した「跋」に見える。

「宣なる哉、その一たび『人間探究』誌上に掲載されるや、訳文の拙陋なるにも拘らず忽ち異例の反響を呼び、絶賛の声は却つて訳者を驚殺せんとしたのであつた。爾来回を重ねること十有四、一年有半に亘つて、短才を駆り禿筆に呵し、竟にこの功を竣へしめたのは、常に激励を寄せられた読者諸賢と、終始鞭撻を惜しまなかつた高橋鉄先生との力である。」

伏見の訳文は中国書学専門家の風格を感じさせる典雅なものであり、現在から見れば信じられないことだが、連載中の「肉蒲団」が猥褻容疑を受け、『人間探究』第十号が押収され、責任者が検挙されたという。もっともこれは『人間探究』の匿名コラムによる司法批判に対するしっぺ返しともされている。

この時の「肉蒲団」の挿絵は高森夜江が担当していた。高森夜江とは高森龍夫であり、彼は後の『巨人の星』や『あしたのジョー』の原作者梶原一騎（高森朝樹）の父だった。斎藤貴男の『梶原一騎伝』

（文春文庫）などによれば、龍夫は青山学院師範科を出て、山梨県の中学校に英語教師として赴任する。だが昭和四年に生徒の処分をめぐって校長と対立し、教職を辞して上京し、中央公論社を経て、改造社に入社し、出版部をふり出しに、『俳句研究』の編集長も務め、多くの作家たちと深く交流した。昭和二十二年に戦後出版界の風雲児青山虎之助の新生社に入社し、『新生』などの編集長も経ていたが、二十四年には新生社も倒産してしまい、雑誌向けに得意な挿絵を描くことで収入を得ることが多くなっていた。龍夫は乱れることのない酒豪で剣道に優れ、飄々とした人柄によって、作家や編集者たちからも慕われ、彼らの出入りが絶えなかった。その一人に後半の『人間探究』編集長になった松原正樹もいた。彼は後に経済誌『財界』を発行する財界研究所の社長になっている。

前述したように、『人間探究』の版元の第一出版社は元改造社編集局長が始めたものであり、松原の出入りも含めて推測すれば、龍夫は第一出版社や『人間探究』の仕事にかなり関わり、「肉蒲団」の挿絵もそのひとつだったのではないだろうか。その龍夫も昭和三十三年に胃癌で逝去したが、彼の人望を物語るように、親交のあった作家や教え子たちによる雅号を付した私家版『高森龍夫追悼集』が編まれたという。また梶原一騎は『劇画一代』（毎日新聞社）の中で、『巨人の星』の星飛雄馬の父である一徹のモデルは龍夫だと書いている。父親のたどった中央公論社や改造社といった出版社とはまったく異なっていたけれども、梶原一騎も戦後の講談社や小学館において、劇画原作者として君臨したことを考えれば、高森親子は「一代」ではなく、「二代」にわたって、戦前戦後の出版業界を駆け抜けたことになる。

『肉蒲団』、『人間探究』、高森親子と思いがけない出版三題噺になったであろうか。

13 前田静秋・西幹之助共訳『アフロディト』と紫書房

前々回、帆神熙についてはまったく手がかりがないと書いたが、ひとつだけ気になることがある。それは風俗文献社の『太陰の娘サロメ』と『マドリッドの男地獄』の出版と同じ昭和二十七年に、表紙に原書名と著者名が記され、女性の裸体が描かれているのは異なるにしても、この二冊とまったく同様の装丁と判型、夫婦箱入の翻訳書が刊行されていることだ。その翻訳書はピエル・ルイスの『アフロディト』で、紫書房からの刊行である。これも同じく定価千円、五百部の限定版であり、訳者名はかろうじて外箱の背と奥付のところに前田静秋・西幹之助共訳と記されているだけで、二人がどのような人物なのか、何も明かされていない。彼らも帆神とともに謎の訳者と見なしていいだろう。

だがそれはともかく、帆神もこの『アフロディト』について、『太陰の娘サロメ』の「訳者の一言」の中で、同書と比較し、「全篇リリックに包まれた香気あるもの」として、次のように語っている。

「ピエル・ルイの『アフロディト』はフランス文学の上で稀有の作品であり、文学として世界的に名を得ているが、この作品もそのユニークさにおいては、それと相対比するものではないだろうか。」

つまりここで帆神が古代風俗小説ともいえる『アフロディト』と『太陰の娘サロメ』の類似性に注目していることになる。ピエル・ルイスはジッドやヴァレリーの友人で、マラルメの火曜会の常連であり、『アフロディト』は華麗な文体と官能性によって、ルイスをパリ文壇の寵児とならしめた作品である。彼については評伝に当たる沓掛良彦の『エロスの祭司』(水声社)が刊行され、『アフロディト』の作者にふさわしい特異な生涯が明らかになった。なお沓掛も『アフロディト』をピエール・ルイス『アフロディテ』（平凡社ライブラリー）として翻訳している。またこれは蛇足かもしれないが、帆神のルイの表記は最初のLouisに基づき、ピエルは後にLouÿsとつづりを改めている。紫書房版は後者の原表記を採用しているのであろう。次にこの前田と西の共訳『アフロディト』を見てみよう。舞台は紀元前一世紀の国際都市アレクサンドリアで、二十歳の絶世の美女にして娼婦であるクリシスと、名高い彫刻家デメトリオスの二人が主人公になっている。デメトリオスは街でクリシスに出会い、激しく惹かれるが、彼女は愛の証しに特定の鏡と櫛と首飾りを要求する。それらを得るためには、盗みと殺人と瀆神を犯さなければならない。彼はその三つを入手し、彼女に与えるのだが、それらの事件をめぐって、アレクサンドリアは大騒ぎになる。彼は彼女に身をまかせる代わりに、この三つを身につけ、群衆の前に出現することを要求した。それを実行した結果、彼女は投獄され、毒を仰いで死ぬ。その時になって、彼は死んだ彼女の肉体に完全な美を見出し、芸術作品にするつもりで、死体をモデルにして彫像を創った。絶世の美女の死と引き換えに、芸術作品に価する傑作が生まれたのである。

だがこれは単なるストーリーの紹介でしかない。全編にわたって様々なエピソードや美しい詩が織りこまれ、古代風俗の中での華麗な官能的世界が出現し、それらが物語の主たる色彩となり、『アフロディト』の真の在り処を告げているように思われる。訳者たちも冒頭の「解説」において、作者、作品、舞台とそのヘレニズム文化にふれ、『アフロディト』の特異性に関する見解を披露している。このような配慮と格調高い訳文ゆえか、戦前のふたつの翻訳が発禁になっているにもかかわらず、紫書房版は発禁摘発を免れたようだ。戦前の翻訳のひとつはあの「世界奇書異聞類聚」の第九巻『アフロデット』で、こちらも太田三郎と荒城季夫の共訳である。紫書房はジョン・クリーランドの『情婦ヒル』（復刻 論創社）をはじめとする翻訳ポルノグラフィシリーズの版元で、『情婦ヒル』の訳者の松戸淳は平野威馬雄のペンネームである。また彼は『風俗草紙』にマリウス・ボワザンの「血みどろの薔薇」といった小説の翻訳を掲載しているが、その挿絵は中川彩子によるものだった。

紫書房のこのシリーズは七冊所持しているが、すべて四六判並製の粗末な造本で、発行者は目黒区宮前町の豊久吉造と記されている。『アフロディト』の発行者も同様だが、同じ出版社の本とは思えないほどの開きがあるといっていいだろう。そこにどのような経緯と事情が秘められているのか、謎のままになっている。それに戦後出版史において、管見のかぎり紫書房に関する記述は一ヵ所しか見つからない。それはW・マイテルの『バルカン・クリーゲ』（河出文庫）の城市郎による「解説」のところにあった。そこで城は昭和二十六年八月二十二日付の『朝日新聞』の「紫書房店主を逮捕　偽造検印で売る」という記事を掲載していた。その記事によれば、「東京都目黒区宮前町一七四紫書房店主渡辺正範（四三）方を文書偽造行使詐欺の疑いで家宅捜索」とある。渡辺は松戸の印章を偽造し、勝手に検印して売りさばいた容疑で逮捕されたのである。

住所や逮捕の事実からして、渡辺が紫書房の実質的な経営者であることは間違いない。それならば、「世界艶笑文庫」や『アフロディト』の奥付に記された豊久吉造とは何者なのか。渡辺の変名なのか、それともダミーなのであろうか。風俗文献社ならともかく、紫書房にふさわしくない限定版『アフロディト』はどのようにして出版されたのか。そして二人の訳者は誰なのか。この二人と渡辺や豊久の関係は何なのか。帆神とも関係があるのか。これらの謎も解けないままになっている。

14　村山知義と艶本時代

これまで伊藤晴雨を源流とする「アブノーマル雑誌」の系譜を、『奇譚クラブ』『風俗草紙』『裏窓』までたどってきた。また一方で、カストリ雑誌『赤と黒』から「性風俗誌」の『人間探究』や『あまとりあ』に至る流れも追ってきた。そしてこの二つの人脈が久保書店＝あまとりあ社に流れこみ、そこからもうひとつの分野の雑誌『マンハント』が派生したことも見てきたばかりだ。

これまでラフスケッチしてきたように、出版裏通りとでも称すべき赤本業界、及びその周辺から立ち上がっていく様々な性にまつわる雑誌、ポルノグラフィ出版の企画と人脈は、戦前からつながっていることは明白であり、それらの複雑に絡み合った出版人脈と敗戦後の成金的資金が結びつき、空前のカストリ雑誌時代を出現させたと思われる。だからここで、その人脈と企画の起源のアウトラインだけでも記しておく必要があるだろう。

この出版人脈の最も包括的なチャートは、城市郎が『発禁本』（「別冊太陽」）で示している「〝昭和艶本合戦〟珍書関係者系譜」である。昭和初期円本時代は、同時にポルノグラフィやセクソロジーや変態雑誌といった「艶本」出版時代でもあった。それらの全員に言及できないが、そこには文芸市場社の梅原北明を筆頭にして、国際文献刊行会と粋古堂の伊藤竹酔、温故書屋・坂本書店の坂本篤、書物展望社の斎藤昌三、三笠書房の竹内道之助などが顔を揃え、さらに名前は記されていないが、当時の様々な文学ムーブメントに連なる多くの人々が関係している。また「異端の責め絵師・伊藤晴雨」も四ページにわたって紹介され、彼の多くの「責め絵」が掲載されている。伊藤晴雨もまたこの「艶本」時代にデビューしたといっていい。

そしてこれまで断片的に記してきたが、国際文献刊行会の「世界奇書異聞類聚」全十二巻もこの「艶本」時代に出版されたのである。これは限定五百部と伝えられているが、幸いにして友人から贈られた一セットを所有しているので、その明細を記しておく。

第一・二巻　チョーサー、金子健二訳『カンタベリ物語』
第三巻　キャバネ、矢口達訳『世界浴場史』
第四・五巻　ナバル女王、梅原北明訳『エプタメロン』
第六巻　ルイス、川路柳紅訳『ビリチスの歌』
第七巻　アスパシャ・ライス、大隅為三訳『希臘美姫伝』
第八巻　フックス、佐藤紅霞訳『変態風俗史』
第九巻　ルイス、太田三郎・荒城季夫共訳『アフロデット』
第十巻　ヰリアム・モリス、矢口達訳『地上楽園』
第十一巻　フックス・キント共著、村山知義訳『女天下』
第十二巻　泉芳璟訳『二十五鬼物語（インド古譚集）』

これらの文芸市場社の梅原北明からアカデミズムに属する矢口達や金子健二までの訳者を含んだ「世界奇書異聞類聚」全十二巻は、紺地にオレンジ色のタイトルを様々にあしらった全巻異装の新鮮な装丁で、『女天下』の訳者の村山知義が担当している。村山がこの企画に加わったのは『文党』の同人であったことがきっかけだろう。『文党』は金子洋文や村山など八人を同人として、大正十四年七月に創刊され、同じく村山が表紙デザインを手がけ、今東光が編集兼発行者だった。そして第二号から梅原北明たちが加わり、これも同年十一月に『文芸市場』が立ち上げられることになる。そのかたわらで、梅原と伊藤竹酔の交流が始まり、これらの三つの人脈が交差し、国際文献刊行会の「世界奇書異聞類聚」へと結びついていったと思われる。

また村山は前年に自ら編集兼発行人として、アヴァンギャルド芸術を標榜する『マヴォ』を創刊し、同人の萩原恭次郎の『死刑宣告』（復刻 日本図書センター）の造本、レイアウト、写真は村山たちのアヴァンギャルドの体現であり、それを象徴するような出版だった。その系譜は「世界奇書異聞類聚」にも確実に流れこんでいる。

村山が自らいう「ゴチャマゼの芸術家」の多彩な仕事の全貌をつかむことは難しい。それは絵画、舞台装置、戯曲、翻訳、小説、さらに装丁、挿絵、ポスターなどのグラフィックな仕事にまで拡がっているからだ。いくつかの彼の年譜を参照しても、それらを全体的に包括しているものはない。ただ演劇関係は彼の死により中絶してしまったが、四巻に及ぶ『演劇的自叙伝』（東邦出版社、東京芸術座出版局）が二巻本にまとめられているので、俯瞰は可能である。また近年になって、『村山知義 グラフィックデザインの仕事』（本の泉社）も刊行され、ようやく吉行あぐり美容室の設計も含めた建築から、書籍や雑誌の装丁、挿絵やカットに至るまでのグラフィックな仕事までたどれるようになった。そして同書を通じて、村山が円本時代の『近代劇全集』（第一書房）、『現代大衆文学全集』（平凡社）、『小学生全集』（興文社）に多くの挿絵やカットを寄せていることを知った。それからこれは特筆すべきことだが、昭和三十年代後半に理論社から刊行され始めた村山の時代小説『忍びの者』（岩波書店）全五巻は、大映において市川雷蔵主演で映画化され、忍者ブームに大いなる貢献を果たしている。

だが依然としてわからないのは、出版社と翻訳についてである。これは城市郎の「発禁本」シリーズにも書影が見えないが、「世界性学大系」という叢書があり、四冊もっていて、その中にアルバート・モル著、村山知義訳『性欲と社会』『芸術に現はれた性欲』の二冊が入っている。これらは明らかに村山の装丁で、発行兼印刷者を上森健一郎、発行所を文芸資料研究会編輯部にして、昭和三年に刊行されている。詳述は避けるが、この出版社は梅原の文芸市場社から派生したもので、上森は文藝春秋を経て、戦後キネマ旬報社の社長を務め、総会屋としても名を馳せた人物である。彼は城山三郎の『総会屋錦城』（新潮文庫）のモデルとされている。この企画の出版経緯もよくわかっていない。

これらの「艶本」だけでなく、『マヴォ』と『死刑宣告』、及び村山の最初の著作『現在の芸術と未来の芸術』などを刊行した長隆舎書店の畑鋭三郎がどのような人物なのかも伝わっていない。村山はタイトルに「演劇」がつくとはいえ、大部な『演劇的自叙伝』の中でも、まったくといっていいほど出版と翻訳について語っていない。何らかの差しさわりのある事情が潜んでいるのであろうか。そのために出版史の証言に空白が生じてしまっている。

15　「変態十二史」と「変態文献叢書」

「世界奇書異聞類聚」と並んで、梅原北明たちが企画出版したシリーズとして、その広範な人脈を知らしめている「変態十二史」と「変態文献叢書」にも言及しておく必要がある。これは「変態」という言葉によって、エロ・グロ・ナンセンスの時代を象徴させ、後の新潮社のビジュアル変態版『現代猟奇尖端図鑑』などに先駆けた企画だったと思われるし、全冊ではないが、十冊ほど所持しているからだ。まずはそれらのラインナップを記し、梅原一派の広がりを示しておく。

「変態十二史」

第一巻　武藤直治　『変態社会史』
第二巻　村山知義　『変態芸術史』
第三巻　藤沢衛彦　『変態見世物史』
第四巻　井東憲　『変態人情史』
第五巻　伊藤竹酔　『変態広告史』
第六巻　澤田撫松　『変態刑罰史』
第七巻　宮本良　『変態商売往来』
第八巻　梅原北明　『変態仇討史』
第九巻　斎藤昌三　『変態崇拝史』
第十巻　青山倭文二　『変態遊里史』
第十一巻　藤沢衛彦　『変態交婚史』『変態浴場史』
（前者が印刷中に押収されたので、代わりに後者が同巻で刊行）
第十二巻　藤沢衛彦　『変態伝説史』

付録第一巻　内藤弘蔵『変態妙文集』
　第二巻　井東憲『変態作家史』
　第三巻　斎藤昌三『変態蒐癖志』
「変態文献叢書」
　第一巻　佐々木指月『変態魔街考』
　第二巻　文芸資料研究会編『変態風俗資料』
　第三巻　中村古峡『変態性格者雑考』
　第四巻　刊行せず
　第五巻　松岡貞治『性的犯罪雑考』
　第六巻　封酔小史『会本雑考』
　第七巻　刊行せず
　第八巻　畑耕一『変態演劇雑考』
追加第一巻　佐藤紅霞『人類秘事考』
　第二巻　石川巌『軟派珍書往来』
　第三巻　泉芳璟『印度愛経文献考』

この「変態十二史」と「変態文献叢書」はいずれも文芸資料研究会から刊行されているが、発行人の住所や名前から考えて、「変態十二史」は文芸市場社から、「変態文献叢書」は福山印刷所に移って刊行されたと見なせよう。

その事情について記せば、大正十四年十一月に梅原北明と伊藤竹酔が組んで創刊したプロレタリア文芸雑誌『文芸市場』は、昭和二年からエロ・グロ風俗誌へと変換したが、月々の赤字が重なり、多額の負債が生じてしまった。最大の債権者は福山印刷所で、北明、竹酔、福山福太郎が協議の結果、文芸資料研究会を創立し、その出版物で利益を上げ、負債を埋めることになった。そこで企画されたのが、「変態十二史」で、予約出版「世界奇書異聞類聚」の会員リストに加え、新聞広告も掲載したこともあり、申し込み会員四千人を突破したと伝えられ、限定千部どころか、三千部を頒布し、多大の利益を得たのである。

これをきっかけにして、梅原の出版人脈が様々な出版社を興し、昭和艶本時代を出現させることになる。その一人が福山印刷所の福山福太郎で、「変態十二史」の驚くべき成功と毎日届く郵便振替の購読予約による日銭の味が忘れられず、その続編として「変態文献叢書」の刊行を決意する。

この編集に参画したのは、後に三笠書房を興すことになる若き日の竹内道之助であり、彼はその経験をベースにして小説「薊《あざみ》」(『地獄の季節』所収、三笠書房)を書いている。この短編については以前にも「三笠書房と艶本文脈」(『古本屋散策』所収)で言及したことがあるが、福山印刷所と「変態文献叢書」、及び梅原の艶本出版の内幕、読者への予約直接販売、警察による押収と検挙などをリアルに描き、艶本時代の実話小説として読むことができる。その意味で、この「薊《あざみ》」は出版史における貴重なドキュメントとなっていて、いずれ近代出版史に関連する小説集を編みたいと思っているが、その際には外すことのできない一編であろう。

しかし内容の問題はともかく、「変態十二史」と「変態文献叢書」の執筆メンバーを見て、よくこれだけの人々が集結し、短期間でこれだけのシリーズを仕上げたことにあらためて驚く。おそらく推測するに、昭和円本時代は多くの著者や訳者が総動員され、ありとあらゆる分野の書物が円本化された。そのことによって、出版業界はバブル的に沸騰し、魑魅魍魎と化していた。そこに梅原北明を始めとする「艶本紳士」たちが登場し、裏通りの円本時代とも称すべき艶本時代を現出させた。そしてそのアンダーグラウンド的な出版人脈が確固として成立し、戦後まで継続されていったと見なすべきだろう。

だがここで挙げた「変態十二史」と「変態文献叢書」は古本屋や古書目録でまだよく見かけるが、印刷中や校正中に押収され、刊行頒布できなかったものも含まれ、いずれも全巻を揃えることは難しいと思われる。それでも単品の場合は簡単に見つかるだろうし、これらの和本仕立ての本は和綴で背表紙もなく、円本時代でも特殊な造本なので、古本屋で見かけたら、ぜひ一度手にとってほしい。

16　坂本篤の「口伝・艶本紳士録」と『文芸市場』

久保書店が『裏窓』や『あまとりあ』を刊行しながら、ハードボイルド専門誌『マンハント』も創刊していたように、昭和艶本時代も異なるジャンルの民俗学の出版物を派生させていく。それを担ったのはこの時代に伊藤晴雨の『責めの研究』や『論語通解』(『伊藤晴雨・幻の秘画帖』収録、二見書房)を刊行していた温故書屋・坂本書店の坂本篤である。

私はこれらの伊藤の本を所持していないが、温故書店と坂本書店の両方を併記した出版物は三冊入手していて、いずれも「芋蔓草紙」シリーズで、それらの著者と書名を挙げれば、礒清『吉備暖語』、西澤仙湖『仙湖随筆』、山中共古『共古随筆』である。この「芋蔓草紙」シリーズは各冊の「刊行のお知らせ」に記されているように、「『雑誌いもづる』を出しつつ、それぞれその専門とする特種の研究に、蒐集に耽つていいます変物連中、及びその同人の先輩が積年研鑽の一端を発表するもの」で、「将来に於て読書人の珍本」なることを意図し、企画されている。

『いもづる』は大正十二年に斎藤昌三によって創刊された趣味雑誌で、同人メンバー，及びその内容と活動については山口昌男の『内田魯庵山脈』（晶文社）や、八木福次郎の『書痴斎藤昌三と書物展望社』（平凡社）が詳しい。前述の「刊行のお知らせ」には編輯所としていも蔓社、発行所として坂本書店が記載されているので、坂本書店は『いもづる』関連の出版社でもあったと見なしていいだろう。なぜならば、斎藤が書物展望社を立ち上げるのは昭和六年になってからであり、まだ自前の出版社を持っていなかったからだ。だがここではこれ以上、斎藤と『いもづる』に言及しない。この章は坂本篤に焦点を当ててみたいと思う。

坂本は梅原北明や佐藤紅霞が敗戦後に鬼籍に入ったことに比べ、ずっと現役のままで半世紀にわたって出版活動を続け、戦後は有光書房や一歩社の名前で様々な書物を刊行している。幸いなことに坂本の出版一代記は竹中労を聞き手とする「口伝・艶本紳士録」として、昭和四十七年から翌年にかけて、梶山季之主宰の雑誌『噂』に連載され、後に『「国貞」裁判・始末』（三一書房）のタイトルで出版された。その内容は連載中の表題が示すように、昭和初期艶本時代に名を連ね得た多くの人々が登場し、知られざるアンダーグラウンド出版のエピソードを開陳している。社会主義文献と同様に、艶本やポルノグラフィの出版もまた当局との激しい闘争の中で行われていたのである。その意味で出版も監獄入りを覚悟する時代を、坂本は身を持って生きてきた代表的人物といえる。それなのに鈴木徹造の『出版人物事典』において、坂本も立項されていない。

坂本の出版一代記のすべては紹介できないが、斎藤や梅原絡みのさわりだけでも抽出紹介してみよう。彼は明治三十四年生まれで、祖父は現在の山梨日日新聞の創立者にして、代々「藤伝」という甲州きっての書籍商兼版元であったという。しかし藩閥政治を批判して発禁を重ね、出版では自社教科書の版権侵害で国を訴えたりして、家財すべてを蕩尽してしまう。そのために孫の坂本篤も十四歳で親戚の印刷所の大倉広文堂にあずけられ、営業の仕事につきながら、俳句の自費出版を試み、またいくつもの饅頭本を企画して金を儲け、坂本書店を神田区表神保町に立ち上げる。そして編輯者を本山桂川とする南方熊楠の『南方閑話』や中山太郎の『土俗私考』に始まる「閑話叢書」、自らの企画による「性の表徴叢書」と銘打った、澤田五倍子の『無花果』、最初の艶本『末摘花』を出版しているうちに、関東大震災後になって、梅原たちとの出版人脈が形成されたと思われる。

大正十四年十一月に梅原によって創刊された『文芸市場』は当初プロレタリア雑誌として始まったが、昭和二年六月号から猟奇的な色彩を強め、翌年創刊の『グロテスク』につながるエロ・グロ・ナンセンスの発祥となる。『文芸市場』の内容にまつわる事情を坂本は次のように回想している。

「(前略)そいで、左のほうは止めちゃうわけなんでしょ。まず桃色に転向というわけです。桃色に転向した創刊号が、やっぱり誌名は『文芸市場』なんだよね。その桃色の方の『文芸市場』を書店に出そうというわけだ。ところが梅原君は書店との取引がない。そこで、「坂本君、お前ンちの名前を貸せ」と、こういうわけだ。それで、「じゃあ貸すけど、ウチの広告も入れとけ」と、忘れもしない南方熊楠の『南方閑話』なんかの広告入れて、それでウチが『文芸市場』の発行所になったんです。その頃から、梅原との行ったり来たりが激しくなるんですよ。」

また一方で『芋蔓草紙』を通じて斎藤との交流も始まり、多くの本をめぐる奇人変人が集結してくることになる。薬剤師の樋口悦之助、何でも印刷してくれるお茶の水の今川、海賊版専門屋の真保三郎、「江戸文学選」を出した田中美智雄、人形や写真のコレクター星野長一、『女礼賛』という奇書を出した謎だらけの森山太郎、ワ印共同体を主宰した日本画家の藤田安正、まったく正体をさらすことなく出版一筋に生きた鈴木一夫など、ここでしか名前が出てこない人々がいる。そしてこれらの出版人脈が戦後まで続き、ここからカストリ雑誌が百花斉放したと考えられる。それゆえにカストリ雑誌も昭和艶本時代をルーツとしているのではないだろうか。

17 『竹酔自叙伝』と朝香屋書店

坂本篤は『「国貞」裁判・始末』の中で、当然のことながら、梅原北明の一方の盟友であった伊藤竹酔にふれ、「たいへんな編集者」にして「一つの道を拓いた男」で、「梅原北明がいちばん最初に出したボッカチオの『デカメロン』とか、『ロシア革命史』なんかは、みんな竹酔が勤めていた朝香堂書店というところでやった」と語っている。そして竹酔が自叙伝を書いた時、坂本は装丁を頼まれたが、かつての名編集長に対して僭越なので、断わったとも述べている。

その『竹酔自叙伝』が手元にある。これは昭和三十六年に日本愛書会から和本仕立ての限定百部で刊行されているが、発行所の住所は著者と同じなので、自費出版と見なせよう。斎藤昌三が「序」を寄せ、竹酔のことを「元来は朝香屋の二代目として、古いノレンを有ちながら、そんなものには未練もなく、朱に交われば赤くなるのを覚悟で、趣味家奇行家と交わり、本職まで趣味に走った」と書いている。この自叙伝をたどると、竹酔は明治十七年神奈川に生まれ、幼年期に東京へ移り、文学青年として成長し、『報知新聞』の案内広告に出版を学ぶつもりで、「出版書肆に雇われ度し」を出したことがきっかけになって、神田鍛冶町の医学専門書の朝香屋書店に勤める。朝香屋書店主の大柴四郎は大分県出身の自由党闘士で、国会請願運動に絡んで入獄し、出獄後に上京する。そして東京稗史出版社を興し、馬琴の小説や円朝の講談などを出版したが、明治十九年に医学書の朝香屋を創業し、医書組合や東京書籍商組合の組長を歴任していた。

竹酔は出版の知識を一通り身につけ、『女学世界』に連載されていた糸左近の『素人薬物学』を、明治四十年に自ら処女出版すると、たちまち版を重ね、朝香屋から暇をもらい、敬文館の看板を上げる。だが敬文館はうまくいかず、芙蓉閣や志鵬堂の名前で、泉鏡花の『遊行車』や巌谷小波の『小波身上噺』を刊行するが、大正十年頃に朝香屋へ戻ることになる。朝香屋も出版状況の推移を見て、医学書から一般書へと転換しつつあり、竹酔はその出版をまかされたのである。おそらくこの頃梅原北明と出会い、『全訳デカメロン』の出版に至ったと思われる。その出版イベントを竹酔は次のように記している。

「梅原北明訳『デカメロン』上下二冊を大正十四年に朝香屋書店から発行した。丁度ボッカチオ五百五十年祭を記念して伊太利大使ア・デ・プロスペロさんを浅草に担ぎ出し曽我廼家五九郎の『デカメロン』の芝居を見せたり宣伝上手の北明が音頭をとったので都下の新聞は写真入りの特種にした。その時の有様を書いてみると、下位春吉、梅原北明、峯岸義一、正岡容、小生夢坊、金子洋文、尾高三郎、石角春之助と私と云った連中が皆んな仮装して六区を練り歩いた。私はシルクハットに燕尾服を着て役者に髭をつけて貰った。（中略）浅草の大きな洋食屋を買切って大宴会を開きあとで一同伊太利大使館へ繰り込んで大使や館員一同と握手を交した。」

このパフォーマンスはイタリア本国の新聞でも写真入りで報道され、特装本の献上を受けたイタリア皇帝からの謝辞が朝香屋の大柴四郎宛に届けられたという。

しかし『竹酔自叙伝』にはこのような『完訳デカメロン』出版エピソードが記されているだけで、肝心な国際文献刊行会の「世界奇書異聞類聚」に始まる予約出版の艶本について何も言及しておらず、巻末の「出版書目」にもない。すでに出版から三十年が過ぎているのに、これもまた村山知義と同様なのだが、まだ何かはばかる事情が潜んでいるのだろうか。一説によれば、梅原と竹酔たちの艶本出版は「世界奇書異聞類聚」によって獲得された数千人の読者リストをベースにして、企画が進められたと言われている。

また朝香屋書店は昭和に入って、大柴が胃癌のために廃業し、斎藤の証言にもあるように、竹酔は二代目の暖簾をもらった。そして独立して竹酔書房を名乗り、酒井潔の『巴里上海歓楽郷案内』などの著作やその個人雑誌『談奇』を出版したのだが、そのことにもふれていない。これほど肝心な出版のことが語られていない出版者の自叙伝もめずらしいと思えるほどだ。

竹酔は出版を続けながら、昭和六年に粋古堂の名前で古本屋も始めていて、渋澤敬三に頼まれ、アチック・ミューゼアムのための民俗資料の収集に携わったことも記しているが、それよりももっと出版について書いておいてくれたらと残念でならない。

最近になって、朝香屋書店刊行のマリイ・ストオプス夫人著、矢口達訳『結婚愛』を入手した。これは大正十三年一月初版で発禁となり、三月に改訂再販し、五月再訂四十版とあり、巻末広告には同じく矢口訳のJ・ロンドン『血の記録』、ビッソン『神秘の女』、太田三郎『金髪の女』などが掲載されている。これが国際文献刊行会の前史ではないだろうか。すでに書いておいたが、矢口も太田も「世界奇書異聞類聚」の訳者たちである。おそらく彼らと梅原の人脈が交差したところで、「世界奇書異聞類聚」の企画が成立し、それ以後の艶本翻訳、及び出版販売の模範になったと思われる。

18 下位春吉と『全訳デカメロン』

梅原北明の『全訳デカメロン』刊行に際し、ボッカチオ五百五十年祭と出版記念パフォーマンスとしての浅草での仮装パレードを、前回伊藤竹酔の証言を通じて紹介しておいた。そのメンバーの中に一人だけ、梅原の出版人脈と決めつけられない人物がいて、それは竹酔が冒頭に挙げている下位春吉である。

下位は『全訳デカメロン』の序文に「ボッカチョ五百五十年祭祝辞」を寄せ、それは「『ボッカチョ五百五十年祭を日本に於いて盛大に催した』と云ふ誇り得る最上の土産を持つて私は今再び伊太利に向かつて出発します」と始まっている。そしてこれまで日本で十数度にわたって、発売禁止処分を受けた不朽の名作『デカメロン』の全訳刊行を寿ぐ言葉を並べ、「於ボッカチョ祭々典式場」とあるので、これがまさに浅草の祭典の場で読まれた「祝辞」だとわかる。下位は大正十四年に、十年近く滞在していたイタリアから帰国したばかりのはずで、イタリアに通じた文化人として、よく日本の新聞に取り上げられていたことから、どのようなルートか不明だが、祭典にかつぎ出されたのであろう。

なお私の所持している『全訳デカメロン』上下の上巻は大正十四年四月十日初版で、五月一日二十版発行とあり、祭典が功を奏したことを語っていよう。また発行所は朝香屋書店内南欧芸術刊行会、印刷者は福山福太郎で、ここにすでに艶本出版前史の配置もうかがわれる。

さてこの下位春吉だが、私は最初にこの名前を田之倉稔の『ファシストを演じた人びと』（青土社）で知った。田之倉は当時の寵児的文学者ダヌンツィオから「日本の詩人」と呼ばれていた下位に言及し、彼はダンテに魅せられ、東京外語学校でイタリア語を習得し、大正四年に渡伊したとまず書いている。しかしその後、ムッソリーニと親密でファシズムの近傍にいたダヌンツィオと交流することで、下位は変貌をとげる。田之倉はめずらしい下位のイタリアでの写真を示し、述べている。

「下位もダヌンツィオに魅せられ、心酔したひとりだった。しかし詩人の遊戯性、あるいは演戯性への無邪気な共感からやがてファシズム・イデオロギーへの承認という、引き返しの難しい地点へと彼は踏みこんでしまうのである。訪伊の目的であったダンテ研究は、いつしかムッソリーニを日本に紹介することとかわってしまった。外国の同時代文化へコミットするときの陥穽がここにある。」

この田之倉の記述から、下位のことが記憶に残り、古書目録で彼の本を見かけるたびに購入し、三冊になった。それらを次に挙げる。

1『お噺の仕方』（同文館、大正八年）
2「伊太利の組合制国家と農業政策」（『ダイヤモンド』第十八号別冊付録、昭和八年六月）

3「下位春吉氏熱血熱涙の大演説」（『キング』十月号付録、昭和八年十月）

1と2、3の間にあるのは長い滞伊による下位の変容に他ならない。1は下位が巌谷小波や久留島武彦などのお伽口演、及びその延長線上にある通俗講話の啓蒙運動家であったことを示しているが、2と3に至っては、イタリアのファシズムの完全なプロパガンディストへと移行している。その間には東京高等師範学校を経て、東京外語学校イタリア語科に学び、ダンテ研究を目的として、ナポリ東洋語学校の日本語教授として赴任するという経緯もある。だがそれらについては、もはや語られていない。三冊のすべてに言及はできないので、ここでは3だけに限定する。3の序文にあたる「キング編輯局同人」名での「本書を満天下九千万の同胞諸君に捧ぐ」において、下位は「滞伊実に十八年、自ら軍服に身を包んで欧州大戦に活躍し、或はダヌンチオのフイウメ占領の壮挙に参加し、或はムッソリーニに従つて黒シャツ隊に投じ伊太利のファッシヨ維新に参画」したと紹介されている。

講談社は大日本雄弁会の雑誌『雄弁』から始まり、『キング』と同様に大日本雄弁会講談社として、政治家などの「大講演集」や演説関連本を数多く出版していた。だからこのような紹介から推測すると、下位は長い滞伊にもかかわらず、日本において「人も知る国家の快男児」として位置づけられ、著名だったことがうかがわれる。つまりイタリアのファシズムのプロパガンディストの第一人者と見なされていたのだろう。下位はイタリアの「ファッシヨ主義」の精神、事業、目的を次のように定義している。「国民の歴史伝統を基礎として、現代に最も必要にして最も適切なる施設を為し、以て国民精神を統一し、且つ樹立する実行的運動なり」。そしてこれが単なる社会運動ではなく、「国民の歴史、伝統、国体を根本とした精神運動であり、信念運動」だとも言っている。このような下位によるプロパガンダがあって、イタリアと日本の関係や連携も促進されたのではないだろうか。

またこの「付録」の巻末には、下位訳によるムッソリーニ演説集『ムッソリニの獅子吼』も掲載され、下位、イタリアファシズム、ムッソリーニは三位一体となって、戦前の日本社会にプロパガンダされていったと思われる。その下位の資質と立場をいち早く見抜き、『全訳デカメロン』出版の祭典に彼をかつぎ出した梅原たちの戦略は、後年の講談社やダイヤモンド社の下位をめぐる企画を先取るものだったといえよう。おそらく下位は昭和十年代をイタリアにもどらず、日本でのプロパガンディストとして過ごしたと考えられるが、詳細は不明で、昭和二十九年に死亡したと伝えられている。

19 佐藤紅霞と『世界性欲学辞典』

梅原北明の出版人脈について、全員に言及したくなる誘惑に駆られてしまうが、それはこの本書の目的から外れるので断念するしかないだろう。それでもテーマと本の関係で必要とあれば、召喚するつもりでいる。

ここでは何度も名前を挙げたこともあり、梅原人脈の中でも最も謎に充ちた人物と思われる佐藤紅霞のことを書いておきたい。

平成十二年になって、フリードリッヒ・S・クラウスの完訳本『日本人の性生活』(青土社)が安田一郎訳で刊行された。ちなみにクラウスは来日していないにもかかわらず、この大著を書き上げていた。それが可能だったのは日本人の協力者がいたからである。その一人は交際があったドイツ留学生の巌谷小波で、クラウスは本文の中でも小波がドイツのセクソロジー雑誌に投稿した「男色」に関する論文を引用している。

だが小波以上にクラウスに刺激を与えたのは、佐藤民雄と「宮崎市のイケノ・ユウイチ」であった。後者はどのような人物か不明であるが、佐藤民雄こそは佐藤紅霞で、「世界奇書異聞類聚」のフックスの『変態風俗史』の訳者に他ならない。

訳者の安田一郎によれば、『日本人の性生活』第二版の出版が機縁となり、佐藤がクラウスに手紙を出して、交流が始まったとされている。クラウスは佐藤の『世界性欲学辞典』（弘文社、昭和四年）に「序」を寄せ、佐藤はクラウスに *Encyclopaedic Dictionary of Japanese Sexual Life* を送った。これは佐藤の『日本性的風俗辞典』（文芸資料研究会、昭和四年）の英訳だと考えられる。またその逆だという説もある。佐藤の前者の昭和八年普及版は入手していて、確かに四ページにわたり、クラウスのドイツ語序文が掲載されている。

クラウスは佐藤から英文原稿を送られ、この辞書形式のものをドイツ語に翻訳して出版するのが読者に適切ではないかと考えた。そこで共同研究者のヘルマン・イームにこれを編集、加筆するように頼み、佐藤の本の総論として、自らの旧著を増補し、第三版第一巻を出版するつもりになった。かくしてその第二巻として、佐藤民雄著、ヘルマン・イーム訳編による『日本民族の性生活についての論文と調査』が一九三一年に刊行されるのである。

この本については安田もそれ以上言及しておらず、いくつかの佐藤に関する記述を見ても、英文をクラウスの主宰する性の研究誌『アントロポフィティア』へ寄稿とあるが、イームの訳編著のことは何も書かれていない。これもやはりヒトラーの焚書に巻きこまれてしまった稀覯本と化しているからなのであろうか。

それならば、ドイツに英文原稿を送った佐藤紅霞とは何者であるのか。佐藤は梅原が創刊した『文芸市場』の同人ではなかったが、この同人と執筆メンバーを中心にして企画された「世界奇書異聞類聚」の出版がきっかけとなり、著者や訳者として、昭和初期艶本時代の主要な役割を果たしたように思われる。佐藤についてのまとまった記述は斎藤夜居の『大正昭和艶本資料の探究』（芳賀書店）の中の「梅原北明と文芸市場の活動」に見出すことができる。斎藤は、梅原に依頼された佐藤の『世界性欲学辞典』にふれ、佐藤は独創的な学者ではなかったが、海外のセクソロジー文献に通じ、この種の辞典を編める人がいなかったので、「佐藤紅霞の出現に軟派界は驚異の眼をみはった」と述べている。また彼の本業は洋酒輸入商、もしくは横浜の銀行員だったのではないかと記し、知人の佐藤訪問記を紹介している。

「昭和十年頃小岩に住んでいた佐藤紅霞を訪ねた喜多川周之（地図研究家）は、そこの室内にも廊下にも、独・仏・英の書籍が無数に積んであるので驚いた。フックスの風俗史なども無雑作に畳の上に置いてあった。若い彼に親切に考証的事柄を説明してくれたりして、人をあなどる如き気配はまったくなし、（中略）門柱には本名と〈人獣書院〉という書斎号が並べてあったという。」

そしてまた戦後の佐藤は特別調達庁モータープール翻訳係となり、進駐軍の機械のハンドブックなどの翻訳に細々と携わり、昭和三十二年に亡くなったと伝えている。

安田一郎も佐藤民雄＝佐藤紅霞に興味を覚え、斎藤の著作も含め、彼について探索したことを、『日本人の性生活』の「訳者あとがきに代えて」で書いている。安田は患者のヤクザからの情報を受け、タミオ・サトウが佐藤民雄で、明治二十四年生まれで、著書として『世界カクテル百科事典』『世界飲物百科全書』があることを知る。この戦前の二書は出版社不明だとされていたが、その後の調べで、前者は『世界コクテル百科辞典』（万里閣、昭和六年）、後者は同タイトル（丸ノ内出版社、昭和八年）などと判明した。また安田は知人に勧められ、本書16で記しておいた有光書房の坂本篤を訪ねた。坂本は佐藤について悪口を述べてから、混血児で外国人のような立派な顔をしていたと言った。ちょうどその頃、安田は『発禁本』の城市郎からも、佐藤が日仏混血児だという話を聞いた。さらに安田は佐藤のことを調べたり、著書を求めて、東京や横浜の裏町や場末の小さな古本屋や古本市まで通うようになる。そして待望の資料に出会うのである。

「あるとき、毒々しい錦絵の和綴じの本を古本市でみつけた。それは紅霞の自伝であった。それを拾い読みすると、紅霞は築地明石町の外人居留地で生まれ、父が横浜避難病院に転任するに及び、横浜に移り、横浜のセント・ジョセフ・カレッジに入ったと書いてあった。この本はかなり高額で、手持ちの金では買えなかった。（中略）それで、翌日金をもっていったが、その本は売れていて、もうなかった。私は今でもこれを残念に思っている。」

そして拾い読みの記憶から、紅霞の父はオランダ人医師ハイデンではないかと推測している。私もこの紅霞の自伝を読みたいと思う。果たして古本屋で出会えるだろうか。

20　クラウス『日本人の性生活』に関するミステリ

フックスの『風俗の歴史』やキントの『女天下』のいずれも、挿絵や図版も含めた完全な邦訳が出版されていないことを既述しておいた。だがあらためて考えてみると、十九世紀末から二十世紀初頭にかけて刊行されたセクソロジー文献は、いまだにほとんど抄訳の状態に置かれているのではないだろうか。例えば、日本最大のセクソロジー翻訳集成である河出書房の『世界性学全集』全二十巻にしても同様だと思われる。このシリーズは日本性学会会長永井潜監修、性問題研究会編集で、昭和三十一年から刊行されたが、河出書房は社史も出されていないために、その企画や編集の詳細はわかっていない。

この第一巻にハヴロック・エリスの『性の心理学的研究』がすえられているのだが、完訳は平成八年に未知谷から『性の心理』全七巻として出版されるまでは存在しなかった。原書に挿絵や図版がない『性の心理』すらもそうであったのだから、その他の文献も、挿絵や図版を大幅に省略した抄訳だと推測された。それを実感したのは、クラウスの全訳『日本人の性生活』を一読した時だった。これも同じ安田一郎訳で、『世界性学全集』第三巻に収録され、昭和五十三年には『日本人の性と習俗』（桃源社）として、章を入れ換え、再刊されている。どういう経緯があってなのか、河出書房版の「解説」には樋口清之の署名がある。

ちなみに安田一郎はフックスの『風俗の歴史』の訳者安田徳太郎の長男であり、父の徳太郎も昭和五十六年に同じく青土社から、フックスのもうひとつの主著『エロチック美術の歴史』全二巻を翻訳刊行しているので、父子二代にわたる同分野の訳業ということになる。

完訳版『日本人の性生活』の何よりの特色は、図版九十八枚を原書のままですべて収録していることだろう。それらは大半が春画で、日本において春画の出版が解禁になったために、収録が可能になったのであろう。

クラウスの『日本人の性生活』第一版と増補第二版は、英仏独の日本関係の著作と資料を博捜し、それぞれ一九〇七年、一〇年に刊行され、日本に関する一級の書物として激賞を受け、第三巻が三一年に出されている。成立時代の制約もあり、資料が不完全で解釈も独断的だが、外国人の手になるものとして、「日本人の性生活を民族的に究明しようとした真摯な善意に満ちた歴史的著書」（樋口清之）とされている。

クラウスはオーストリアに生まれ、ウィーン大学で言語学と民族学を修め、南スラブの性と切り離せない民間伝承を収集して出版した。これらの研究でスラブ民俗学者として、ヨーロッパで著名になり、性に関する民俗調査と研究のための年報『アントロポフィティア』を創刊し、その補巻も出され、第二巻の『日本人の性生活』も含めて六冊を出版した。しかも彼はこれらの年報や書物を自らが設立した出版社から刊行し、しばしば猥褻文書として押収されたので、生活はとても苦しかったようだ。そして三三年にヒトラーが政権を握るに至って、これらの出版は不可能になり、クラウスも消息不明になったと伝えられていたが、三八年にウィーンでの死去が後に判明している。だから彼とその書物もフックスやキントと同様の運命をたどったと思われる。安田一郎によれば、「本書はわが国に数冊とは入っていない稀覯本」とされている。

さてこれは安田が「訳者あとがきにかえて」でふれていることだが、このクラウスの原書と『アントロポフィティア』全六巻がたどった、日本における謎めいた紛失事情を紹介しておくべきだろう。安田は同書を完訳するにあたって、第三版をテキストとしたが、第二版も必要だったので、父の書庫へ探しにいき、それがなくなっていることを発見する。

「この原書は一九二〇年代に私の父が収集した多数のドイツ語性文献の一部であり、クラウスのこの本を父は、バック・ナンバーとして、単品として、二冊所有していた。ところがこの二冊ともなくなっていた。」

この「バック・ナンバー」は『アントロポフィティア』の補巻を意味しているのだろう。以前に岩手県の未知の老医師が安田の職場に何度も電話をかけてきて、クラウスの原書を読みたいのだが、古本屋にも見つからないので、コピーをもらえないかと頼んできた。「そのときはあったのに、一体だれが書庫に入り、もって行ったのか不思議でならなかった」。紛失に気づいたのは父の死後で、当時彼の母と妹が自宅で茶道教師をしていた。そこで不審な者の出入りを母に問うと、東大法学部の学生と称する者がお茶を習いたいとやってきて、二度ほど訪れたが、それから来なくなり、変だと思っていたという話が返ってきた。この男が犯人にちがいなかった。

「玄関から堂々と入ってきて盗むとは、この男の大胆さに、私は開いた口がふさがらなかった。しかし膨大な洋書の山から、このドイツ語の本をよく探し出したものだと私は妙に感心した。」

また六五年に桃源社に『アントロポフィティア』補巻全六巻を貸した際にも戻ってこなかったという。倉田卓次がキントの『女天下』を読むために所有者のところに出かけていったエピソードも既述した。クラウスの本も「一部の日本人にはあやしい魅力があったのだろう」と安田は書いている。しかしもはやそのような本の物語も消えてしまったというべきだろう。

21　翻訳者としての佐々木孝丸

もう一人だけ、梅原北明の出版人脈を紹介しておきたい。それは佐々木孝丸で、佐藤紅霞などと異なり、俳優として私たちにもなじみ深い人物だからでもある。

佐々木は昭和二年に文芸資料研究会（奥付発行所は文芸資料研究会編輯部で、発行人は上森健一郎）からジョン・クレランドの『ファンニー・ヒル』を翻訳刊行している。これは言うまでもないだろうが、昭和四十年になってまでも発禁処分を受けた『ファニー・ヒル』（吉田健一訳、河出書房新社）の最初の翻訳であり、もちろん戦前のイギリスやアメリカにおいても、このファニーという娼婦の物語は長らく禁書とされていた、有名なポルノグラフィであった。拙著『書店の近代』（平凡社新書）の「艶本時代とポルノグラフィ書店」の中でも言及しておいたが、一説によれば、佐々木が訳した『ファンニー・ヒル』の原書は、フランスから小牧近江が直接持ち帰ったものだとされている。佐々木は小牧が創刊した『種蒔く人』の同人でもあったから、その可能性はかなり高い。

ところでこの『ファンニー・ヒル』をリアルタイムで入手し、読んだ体験を語っている文章を見つけたので、それを引いてみる。平野謙の「本の思い出」（『平野謙全集』第13巻所収、講談社）と題する一文である。

「むかしこの本を入手したとき、私は旧制高校の生徒であって、（中略）数え年二十歳のころである。おそらく私は文芸資料研究会に入会し、なにがしかの会費をはらって、佐々木孝丸訳『ファンニー・ヒル』を「贈呈頒布」されたにちがいない。」

「イギリスの娼婦の手記というこの書簡体小説は、四十数年むかしの私には、ひとつのショックだった。会員制とはいえ、よくこんな本が活版印刷されるものだ、と思ってビックリ仰天したのである。活字体で読んだ最初の猥本だった。」

そして同級生の本多秋五や藤枝静男にも読ませ、「彼らも熟読翫味したにちがいない」と書き、この本を本多が春休みの帰郷の際に持って帰り、村の友人たちに回覧させているうちに、行方不明になってしまったことも付け加えている。これも「春本と青春は手離したら二度と戻ってこない」という昔の警句を地でいったようなエピソードで、タブーであったポルノグラフィ出版の状況と「贈呈頒布」なる通信販売の実態を教えてくれる。

さらに平野は、佐々木の訳文が「なかなか抑制した文学的な翻訳」だったと書いている。それもそのはずで、平野は記していないが、佐々木はスタンダールの『赤と黒』の最初の翻訳者でもあった。『赤と黒』は大正十二年に新潮社の『世界文芸全集』の二巻本で刊行され、昭和五年に円本の第二期『世界文学全集』第五巻に収録されているので、佐々木は円本の訳者だったことにもなる。

その一方で、佐々木は戦前において、プロレタリア演劇運動の中枢に位置する活動家、俳優、演出家、劇作家であった。また「インターナショナル」の歌詞の最初の翻訳も彼が手がけ、その後に佐野碩と共に改訳し、現在の歌詞になっている。そういえば、最近になって、これもその生涯が定かでなかった佐野碩の評伝が岡村春彦によって、『自由人佐野碩の生涯』（岩波書店）として出された。

だが私たちの世代にとって、佐々木孝丸といえば、東映ヤクザ映画などの名脇役の印象が強い。その中でもとりわけ印象深いのは、山下耕作の『博奕打ち　総長賭博』で、佐々木は右翼の黒幕を演じている。彼は冒頭と最後の場面にしか登場しないのだが、日の丸を背景にして、国家的使命の一翼を担う大陸進出を語る異様な迫力と存在感は圧倒的で、このイントロダクションにおける佐々木の配置があってこそ、『博奕打ち　総長賭博』の最高傑作たる輝きを最初から放つことができたのではないだろうか。

私と同じ一九七〇年にこの映画を見ていた鹿島茂も、佐々木の強烈な存在感がいつまでも残り、『甦る昭和脇役名画館』（講談社）の中で、その一章を佐々木に捧げている。そして鹿島は、佐々木が東映のみならず、日活、大映、松竹、東宝の六〇年代から七〇年代にかけてのヤクザ・ギャング映画二十作近くに黒幕的脇役として出演し、「政治的な権力欲やカリスマ性」を強く匂わせる黒幕を演じていると書いている。さらに鹿島は、佐々木の「わが半生の記」というサブタイトルが付された『風雪新劇志』（現代社）によって、佐々木の半生をたどっている。大正六年に神戸から上京し、赤坂の電信局に勤めながら、アテネ・フランセに通ってフランス語を学び、秋田雨雀の紹介で新潮社からミュッセの『二人の愛人』の翻訳を処女出版し、『赤と黒』も手がけることになったと跡づけている。

しかし残念なことに、佐々木の『風雪新劇志』は「新劇志」に叙述の大半が割かれ、村山知義の『演劇的自叙伝』がそうだったように、出版や翻訳についての言及は少ない。それでも『ファンニー・ヒル』の翻訳が後々までたたったエピソード、近代社の『世界童話大系』や『世界戯曲全集』の訳者であったことを記しているが、『赤と黒』についてはその後の誤訳問題もあり、明らかに記述を控えている。

だが出版史に佐々木を置いてみると、彼は翻訳に携わっただけでなく、前述したように『種蒔く人』

の同人で、種蒔き社の重要なメンバーだった。そしてまた、彼は足助素一の叢文閣に勤めて「自然科学叢書」、アルスにも席を置いて「アルス文化大講座」を企画編集している。つまり佐々木は翻訳者であると同時に、編集者だったことになる。佐々木の編集者としての一面については稿をあらためたい。

本来であれば、ここでこの章を閉じるべきだが、平野が「本の思い出」の中で、佐藤紅霞についても言及しているので、それだけは付け加えておきたい。平野は梅原北明が出していた雑誌『変態・資料』の別冊の佐藤編『性欲学語彙』上下二巻本にふれ、その一冊を入手し、大いに啓蒙され、後に弘文社から一巻本となり、『世界性欲学辞典』として改題刊行されたらしいと書いていた。そして埴谷雄高と雑談していた時、この辞典のことが話題になり、埴谷もこの辞典の愛読者だったとわかり、「二人で大いに佐藤紅霞の学恩に感謝しあった」とも記し、「この辞典にもう一度再会したい」と結んでいる。

平野の回想は、梅原たちの刊行したポルノグラフィなどが戦後に『近代文学』に集った人々にとっての愛読書であった事実を告げている。とすれば、表面的には何も関係ないような昭和艶本時代も、戦後の『近代文学』ともアンダーグラウンド出版を通じてつながっていたことになる。

22　団鬼六の『花と蛇』初版

しばらく間があいてしまったが、再び戦後に戻る。藤見郁の『地底の牢獄』が、当時の日活のアクション映画や島田一男などの同じくアクション小説の模倣だと記した。だが北原童夢と早乙女宏美の『「奇譚クラブ」の人々』によれば、藤見＝濡木痴夢男はその他にも数十のペンネームを使い分け、「時代物、現代物、スリラー、SF、随筆、サド物、マゾ物、切腹物」などを書き、また女性名で告白手記、さらにコラージュや挿絵も寄せていて、そのコラージュや挿絵が同書に収録されている。それらを見ると、濡木がミメーシスの才能に恵まれ、たちどころに小説でも挿絵でも自家薬籠中の物として作品を仕上げてしまう技量の持ち主だとわかる。

『奇譚クラブ』は須磨利之が昭和二十八年に去った後、あたかも交代するかのように濡木の寄稿が始まり、編集長の吉田稔の協力要請を受け、写真資料も提供し、三十年の復刊第一号の半分近くは彼が書いたという。翌年には沼正三の『家畜人ヤプー』、三十三年には花巻京太郎＝団鬼六の投稿があり、それが『花と蛇』の連載へとつながっていく。したがって濡木は『奇譚クラブ』の正式な編集長ではなかったが、多彩な才能を発揮して誌面を活性化させ、沼正三や団鬼六などの新しい作者を召喚する役割を果たしたように思われる。とりわけ団は濡木のミメーシス的な作品群に啓発され、所謂「SM小説」を書き始めたのではないだろうか。

団鬼六は本名の黒岩松次郎で、五月書房から昭和三十二年に短編集『宿命の壁』、長編小説『大穴』を刊行している。前者は未見であるが、『団鬼六・暗黒文学の世界』（三一書房）収録の短編「お化けの街」は『宿命の壁』の中の一編だと思われる。また後者は角川春樹事務所から復刻されているが、初版時にはかなりの売れ行きを示し、松竹で映画化されてもいる。「お化けの街」や『大穴』を読むと、団が織田作之助や武田麟太郎と同様に、井原西鶴の影響を受けた市井小説家と見なすことができる。

しかし『花と蛇』はそれらに示された文体と物語を解体した後に出現した世界だと考えていいだろう。それゆえに『花と蛇』も紋切型で、通俗的なストーリーの上に組み立てられている。財界の大立者である遠山は妻に先立たれ、娘ほどに年が違う絶世の美女と再婚する。彼女は静子という名前で、清楚な和服がよく似合い、それでいて全身から艶めかしさが漂い、その容姿は次のように描写されている。「たしかに、静子夫人は、稀に見る美女なのだ。彫りの深い端正な面立で、二重瞼の大きな眼、高貴な感じの鼻すじ、頬から頸にかけての皮膚の艶々しさは妖しいばかりの美しさである。」

つまり静子は高貴さと富と美を体現する令人、和服姿が象徴する純日本的女性として設定され、いわば聖なる女性像である。その静子に対して、不良少女と化した義理の娘の桂子がいる。桂子は葉桜団というズベ公グループの首領格だったが、仲間を裏切ったことで、私刑にかけられる事態に追いこまれた。それから逃れるために百万円を必要とする電話が桂子から静子にかかってきた。静子は金を持参し、指定された日本橋三越前に赴くが、葉桜団のメンバーによって身代金ごと誘拐され、郊外の田圃の中にある藁葺き屋根と土壁の無人の百姓家に連れこまれる。そこが葉桜団の隠れ家だった。家の中は陰気で薄暗く、土間の隅には埃まみれの農機具が散らばり、煤けた障子を開けると、八畳ほどの座敷があった。その畳の下が地下室となり、床板を外し、梯子を通じて降りられるようになっていた。

静子は閑静な美しい住宅街の豪壮な洋館から、田舎の陰気で土俗的な百姓家へと拉致されたのである。物語のトポスの移動が暗示するように、静子は果てしなく続く陰惨な体験を引き受けることになる。まずは縛り上げられ、全裸にされてしまう。ズベ公たちが言う。「毎日、ぜいたくなもんばかり喰っているから、さぞかし、いい体をしているんだろうね。ゆっくり観賞してやるよ」。この言葉は図らずも、当時のSM小説が階級闘争の色彩を帯びていたことも伝えている。

『花と蛇』のストーリーを紹介するときりがないので、ここで『花と蛇』の初版について記しておきたい。手元にある『花と蛇』〈二〉は「ＳＭ耽美文学」⑫として、神田保雄を発行者とする耽美館から刊行され、発行所は芳賀書店になっている。団鬼六のまとまった「単行本一覧」が『団鬼六・暗黒文学の世界』に収録されている。だがこれは昭和五十年代までの最も詳細な団の「単行本一覧」にもかかわらず、刊行年の記載がない。『花と蛇』全十巻は芳賀書店とあるだけだが、これが耽美館版をさしているのであろう。しかし『芳賀書店の歩み』にもこれらのことは書かれていない。あらためてこの百冊近いリストを見ると、それらのほとんどが桃園書房、笠倉出版社、東京三世社から刊行されている。これらの出版社名は団鬼六の物語の変遷を伝えている。『花と蛇』が角川文庫化され、表通りに引き出される前史は、これらの裏通りに属する出版社に支えられていたことになる。しかしその一角である桃園書房も倒産に至り、出版不況はこのような分野にも例外なく訪れているのだ。

23　千草忠夫と『不適応者の群れ』

三十年ほど前に古本屋で買った本がある。貼られたラベルを見ると、今はなくなってしまった古本屋で入手したことがわかる。裸本の上下巻で、珠洲九著『不適応者の群れ』、譚奇会刊と表紙に記されていた。四百字詰千枚以上の長編小説と思われ、縛られた裸体の女たちの挿絵が収録され、タイトルとその挿絵から、明らかにアンダーグラウンド的な出版物の雰囲気があった。それが気になり、購入したのである。奥付表記は昭和四十六年三月改訂新版発行、発行所は三崎書房となっていた。

この本の存在をすっかり忘れていたのだが、北原童夢と早乙女宏美の『「奇譚クラブ」の人々』の中に、「『花と蛇』を愛したSM作家千草忠夫」という一章があり、千草について、次のような紹介がなされていた。

「本業の高校教師を北陸で務めながら、九十九十郎、珠洲九、千百蘭、乾正夫といったペンネームで『裏窓』を皮切りに、七〇年代に創刊された『SMセレクト』『SMファン』『SMキング』などのSM雑誌で精力的にSM小説を書きつづけた。」

千草は団鬼六の『花と蛇』の熱烈な愛読者で、『奇譚クラブ』への、サディズムやマゾヒズムに関する論考や小説の投稿者でもあった。六十四歳での急逝に至るまで書き続け、長編の単行本は百二十冊、短篇は三百三十冊を超えているという。その集大成として、死後に『千草忠夫選集』(KKベストセラーズ)が編まれている。団鬼六によれば、「彼は実践派ではなく、空想派であった」とされるが、この膨大な執筆量は空想マニアの倒錯的エネルギーの強度を如実に物語っていよう。『千草忠夫選集』を通読していないので、断言することは避けるが、団とは異なった感性によって、SM小説の新しい地平を切り開いたように思われる。これは私見だが、田中雅美の『暴虐の夜』(光文社文庫)に始まるバイオレンス小説は、千草の影響を受けているのではないだろうか。

千草が『花と蛇』の熱烈な愛読者だったと前述したが、それ以前から『奇譚クラブ』に連載されていた沼正三の『家畜人ヤプー』も熟読し、その特異なマゾヒズムの世界の照り返しを浴びていたと考えられる。おそらく千草は同時にSF小説の愛読者であり、SF小説のパラダイムの中で、沼のマゾヒズム世界を再構成し、SFとSMを合体させた作品が『不適応者の群れ』だと見なすこともできる。その証拠として、主人公の士郎は「SF好き」との説明が付されている。

それゆえに『不適応者の群れ』は挿絵に象徴されるように、本質的にはSM小説を骨格としているのだが、その物語の文法はSF小説の定型に則っている。ストーリーを紹介しよう。地球人の士郎は自動車事故によって、異次元の世界に落ちこんでしまった。それはシティという人口三十万の都市国家で、貴族、市民、奴隷の三つの階級に分かれ、その階級は性別によって決定されている。支配階級の貴族と中産階級の市民は女性だけで占められ、労働階級はすべて男性＝奴隷であり、前者が十万人に対して、後者は二十万人に及んでいる。貴族たちはシティ中央に屹立する巨大なマンションに住み、地下に設置された原子力発電所と電子頭脳を占有して権力を一手に握り、すべての労働から解放され、アミ＝同性愛の相手やペット＝奴隷から選ばれた愛玩男性との快楽にふけっている。だがシティ法では男女の性交は最大の破廉恥罪とされ、妊娠した場合、男女とも極刑に処せられることになっているので、ペットも奴隷も女性との「正常な性交」は許されていない。

種の保存は貴族市民を問わず、卵子の供出が義務づけられ、保育場で「種馬」の精子とかけ合わされ、人工的に受胎、生産され、そこで組織的に育てられる。このように女性は完全に妊娠と育児という重労働から解放され、電子頭脳による計画経済に充足し、高度美容術とエロチックな快楽にふけり、一方で男性はマンションの頂上アンテナから発信されるQ波により、肉体的な欲望を封じこめられ、奴隷的存在として女性に服従し、酷使されている。このシティに士郎は異次元の壁を越えて落ち、さらにシティに反逆を挑む男性たちの革命集団に加わることになり、女性と男性の闘いが始まるのである。

明らかに男性の奴隷化のテーマは『家畜人ヤプー』の影響を受け、シティなる都市国家と女性のイメージは、セックスまで管理する暗黒の未来社会を描いたザミャーチンの『われら』（川端香男里訳、岩波文庫）にヒントを得ているように思われる。言ってみれば、『不適応者の群れ』はこれらの二作品に加え、さらにSFのスペースオペラ的要素も取り入れた作品で、そこにSMの文法を散りばめた、まさに異種交配的な物語を形成している。SM小説家たちがミメーシスの才にたけ、時代小説やアクション小説などをSM小説に転化させる技術について前述したが、そのジャンルはSF小説にも及んでいたのである。それらはともかく、おそらくこの珠洲九の『不適応者の群れ』は『家畜人ヤプー』の別ヴァージョンを意図して書かれたのではないだろうか。

24　江戸川乱歩の『幽鬼の塔』

ずっとSM小説に関連して書いてきたが、私は残念ながら実践派でも空想派でもないので、須磨利之や濡木痴夢男のようなマニア編集者たち、及び彼らが雑誌に仕掛けた様々な変態シグナルに魅せられた多くの読者たちの心情を深く理解できているとは言い難い。それはサドやマゾッホの翻訳者にして、二人の評伝や論考を残した澁澤龍彥や種村季弘も同様であろう。二人はサディストでもマゾヒストでもなかったからだ。それゆえにマニアにして実践者である須磨や濡木の『奇譚クラブ』や『裏窓』と、澁澤が手がけた『血と薔薇』には深くて越え難い距離が歴然と存在している。実際に中川彩子＝藤野一友の絵画をめぐって、SM陣営に加えたい須磨たちと、シュルレアリスム画家に位置づけたい澁澤たちとの間における攻防がひそかに繰り拡げられたようだ。

それはさておき、私のような部外者にしても、藤見郁の『地底の牢獄』、団鬼六の『花と蛇』、珠洲九の『不適応者の群れ』における地下室への監禁という共通のテーマは、小学生時代に読んだ江戸川乱歩の一作を想起させた。それはポプラ社の『幽鬼の塔』である。後年になって、この作品が昭和十四年から十五年に『日の出』に連載された同名の『幽鬼の塔』（『江戸川乱歩全集』第十二巻所収、講談社）の戦後における改作少年版だと知った。だが私にとって『幽鬼の塔』とは、あくまで十代初めに読んだポプラ社版でなければならなかった。もちろん半世紀近く経っているので、読んだ本が手元にあるわけもなかったが、二十年ほど前に古本屋でポプラ社の『江戸川乱歩全集』全四十六巻の大揃いを見つけたのである。これは「少年探偵団シリーズ」の集大成で、その中に『幽鬼の塔』が入っていた。児童書ゆえに古書価格が安かったことに加えて、息子たちも読むだろうと思い、買い求めた。『幽鬼の塔』の奥付には昭和四十八年第一刷、五十五年第十三刷とあった。私が読んだのは昭和三十年代の後半だったから、カバーなどが異なっていることも考えられるが、そこまでの記憶は残っておらず、ポプラ社も社史と全出版目録が出されていないので、いまだに確かめられずにいる。

小学生の私は『幽鬼の塔』がもたらすエロスと犯罪、殺人が行なわれる場所をまざまざと想起し、かつてないおののきを覚えたのだった。江戸川乱歩自身も「はじめに」で、「いろいろのてんで、この物語はほかのお話とは、おもむきがかわっています」と述べている。『幽鬼の塔』とはどのような物語であるのか、それをたどってみよう。

主人公は明智小五郎で、この作品においてはまだ大学を出たばかりであり、犯罪学の研究に打ちこんでいるとの設定である。彼は研究のために隅田川のU橋の大鉄骨の上に身を潜ませ、深夜の橋でかならず起きる犯罪や悪事の兆候をうかがっていた。失業者のような一人の男が黒いスーツケースをさげ、明智の下で立ち止まった。そこで男は新聞紙に包んだ中身を取り出し、空になったスーツケースを川に投げこんだ。明智は彼の挙動を怪しみ、尾行すると、深夜でも開いている鞄店に入り、バッグを求める。支払う時に男の札入れが見えたが、労働者らしき服装にもかかわらず、千円札がぎっしりつまっていた。明智は同じ鞄を買うことを思いついた。男は町をさまよった末、一軒の簡易旅館に入った。明智も続いて入り、男の隣室を頼んだ。そして明智は男が洗面所に出かけた時を狙い、隣室へ忍びこみ、バッグをすり替えた。それを開き、新聞に包まれた物を取り出した。すると滑車のついた古い木製の万力、長い麻縄、油絵具で汚れた洋画家の仕事着が出てきた。「なんという奇妙なとりあわせであろう」。バッグをすり替えられた男はそれに気づき、パニック状態になり、旅館を出て、上野公園の五重の塔に向かい、頂上の屋根から風鈴のようにぶらさがり、首吊り自殺してしまう。

　これが発端であり、明智がその謎を探っていくと、二十五年前に静岡県S市で続けて起きた殺人と自殺にたどりつく。双方とも五重の塔で首を吊った状態で発見されたのだ。S中学校に一人の少女を女神と仰ぐ六人組の秘密クラブがあった。だがその崇拝の対象だった少女が何者かに森で絞殺されてしまった。少年たちは秘密クラブにしていた古い土蔵に集まり、悲嘆にくれていると、少女の霊魂がよびかけ、犯人は土地の不良青年だと告げた。六人は探偵となり、その札つきの青年の悪事を調べ上げ、復讐を誓い、土蔵に連れこみ、殺害するに至る。

　一本の蠟燭に照らされた土蔵、六人の少年と大男の青年、抜き放たれた短刀、出現する血まみれの光景、五重の塔にぶらさげられた死体。それは誰かが五重の塔で首を吊り、風鈴のように揺れているという少女の生前の予言に基づくものだった。つまり橋上に現われた男はその少年のなれの果てであり、バッグの中身は他のメンバーをゆするための殺人の証拠物件だったのだ。

言うまでもなく、私がおののきを覚えたのは、この暗い土蔵の中で展開された秘儀の光景である。そこでは殺人すらも宗教儀式のようで、しかもエロスを含んでいると感じられたのだ。暗い土蔵、少女の霊魂のよびかけ、監禁と殺人、生前の予言といったコードはそのままＳＭ小説へと転化できるファクターであり、江戸川乱歩の秘めたる資質を物語っているように思われる。

25　井東憲と『変態作家史』

前回 江戸川乱歩とその文学世界のＳＭ小説的な「秘めたる資質」について、少しばかりふれたが、それに加えて乱歩は岩田準一を同行衆として、男色と少年愛の研究の道に深く入りこんだ文学者であり、そこにこそ乱歩の幅広い世代にわたる、衰えない人気の源泉があるのではないだろうか。そして明智小五郎と小林少年の関係は乱歩と岩田準一のメタファーのようにも思われる。

しかしこのことを探索していく前に、もう一度昭和艶本時代に戻り、そこから始めていきたいと思う。男色文学史の道筋をたどるための絶好の資料がそこにあるからだ。これまで伊藤竹酔、村山知義、坂本篤、佐藤紅霞、佐々木孝丸など、梅原北明の出版人脈に言及してきたが、ここでは井東憲を登場させてみる。井東は『文芸市場』の編集にかかわり、小説などを寄稿しているが、坂本篤の言によれば、梅原のパートナーだったようだ。梅原の出版人脈の系譜はこれらの人々の他に酒井潔や中野正人もいて、そのパートナーがめまぐるしく変わっていった軌跡を示している。だから井東も梅原の初期の出版人脈の一人だったと考えられる。

これはすでに本書で既述しておいたが、梅原は『文芸市場』を主宰する一方で、牛込区赤城元町に文芸資料研究会を設立し、大正十五年から昭和二年にかけて、「変態十二史」シリーズ十二巻と付録三巻を刊行している。そのうちの第四巻『変態人情史』と付録第二巻の『変態作家史』の二冊を井東憲が書いていて、この企画との深い関係をうかがわせている。さらに付け加えれば、『変態作家史』の発行兼印刷人は上森健一郎である。

さてこの井東であるが、『日本近代文学大事典』（講談社）の記述によると、明治二十八年東京牛込生まれ、数多くの職業を転々とし、正則英語学校を経て明治大学を卒業後、『種蒔く人』『新興文学』『文芸戦線』にプロレタリア小説を発表し、上海の革命をテーマにした小説、中国の書物の翻訳や中国についての啓蒙的解説書を刊行したが、昭和二十年に死去とされている。これを『井東憲―人と作品』（井東憲研究会）によって補足すると、出版物の大半が東京で発行されたが、生活のほとんどを静岡の下町で送り、昭和二十年六月の静岡大空襲で大火傷を負い、八月に亡くなったと明かされている。この本でも井東と梅原の関係は記されていない。だが「変態十二史」シリーズの二冊を担当していることからわかるように、詳らかでないにしても、梅原と親密な関係にあったにちがいない。

この両書を読み、とりわけ『変態作家史』の中に気になる部分があったので、それを取り上げてみる。『変態作家史』は井東自ら言うように、「古今東西の変態作家」に関する「風変わりな特殊研究」、もしくは「いわば趣味的な本」であるのだが、「対象の変態心理小説とその作家」のところで、谷崎潤一郎こそが特異な変質的小説家であり、「刺青」や「富美子の足」などを大正の「変態心理小説の白眉」として挙げ、次のように続けている。

「この外、大正の変態心理小説には、鈴木善太郎の『暗示』井東憲の『餓鬼の足跡』中村古峡の狂人小説『殻』、舟木重信『楽園の外』、村山槐多の『槐多の歌へる』山崎俊夫の短編集、佐治祐吉の短編集、菊池寛の『順番』吉田金重の『狂人の夢』、葛西善蔵の『不能者』と飲酒小説、藤井真澄の『モヒ中毒患者』(この作家には変態心理的作品頗る多し)その他がある。」

ところが菊池や葛西や村山はともかく、他の作家たちは文学全集などにもほとんど収録されておらず、読んでいるのは山崎俊夫の短編と中村古峡の『殻』だけなのである。前者は昭和六十一年に生田耕作が編んだ山崎俊夫作品集『美童』(奢灞都館)によって、後者は『編年体 大正文学全集』(ゆまに書房)に収録されてからで、これらのプライベート出版、および大正を対象とした文学全集がなければ、いずれも読まずにいたと思われる。

井東も「大正の変態心理小説とその作家」と小見出しをつけていることもあり、鈴木善太郎、井東憲、舟木重信、佐治祐吉、吉田金重、藤井真澄たちの作品を求めて、『殻』も収録されている『編年体 大正文学全集』を繰ってみた。すると井東が挙げている作品は舟木の「楽園の外」(第七巻所収)があるだけで、井東のものは異なる「地獄の叛逆者」(第十二巻所収)が収録され、他の四人の短編は残念なことに見当たらなかった。やはり編年体ということで、その年の主要な作品が選ばれ、しかも小説のみならず、評論や詩歌まで含まれていることもあって、彼らのようなマイナーな作家は省かれてしまったと考えられる。そのような想像をめぐらせていると、「大正異端文学選書」といった企画が浮かび上がってくるのだが、実現は難しいだろう。それでも井東の列挙に引きずられ、それらの作家たちと作品のラインナップを作成したい誘惑に駆られてしまう。それほどまでに舟木の「楽園の外」も井東の「地獄の叛逆者」も興味深い。

しかしもはや二作を論じる紙幅もないので、井東の作品についてだけふれる。「地獄の叛逆者」は遊女として三年間働いてきた浪路を中心とする遊郭の悲惨な生活を描いている。工場の多いその市はストライキの中にあって、資本家も労働者も殺気立っていた。その構図は遊郭の中に持ちこまれる。社会主義者を恋人とする浪路、工場の息子の客としての関係がそれで、浪路は自分を商品のように扱う息子から見受け金を預かるが、ストライキ資金を必要とする恋人に渡してしまう。金がなくなったことを知った息子は浪路を殴打し、彼女は気を失い、真暗な穽の中で憎悪の叫びを発し続けている。明らかにプロレタリア小説で、こじつければ、SM小説の気配もあるが、変態心理小説とはいえないし、遊女とストライキをめぐる生々しい交感を浮かび上がらせている。そして井東が挙げた作家たちも含めて、大正時代を描いた、またその時代にしか書かれなかった、まだ多くの未読の小説があることを実感させてくれる。

26　山崎俊夫と『美童』

前回記したように井東憲が『変態作家史』の中で、「大正の変態心理小説」を列挙しているが、その一人である山崎俊夫の作品集をあらためて読んでみた。たまたま昭和六十一年に奢灞都館から刊行された『美童』と題する『山崎俊夫作品集』上巻を所持していたからだ。

この作品集は生田耕作の編集・校訂で、上中下巻と補巻二冊を合わせ、全五巻が出版されたはずだが、残念ながら私はこの一冊しか架蔵していない。正直に言えば、そのねっとりとしたホモセクシャルな世界の濃度に辟易し、続巻を買う気になれず、上巻だけでおしまいにしてしまったのである。しかし再読してみて、全巻揃えておくべきだったと後悔している。補巻の部数は五百部に充たないようなので、残りの巻を一冊ずつ見つけるしかないだろう。

それに上巻には山崎俊夫の、帽子に蝶ネクタイ、スーツに半コートといったヨーロピアンスタイルで固めた、見るからにモダンな姿の口絵写真の一葉が収録されているだけで、作者に関する紹介や作品の解説もなく、どのような人物なのか、まったく不明のままに上巻が編まれているのである。それでもかろうじて作品の初出雑誌、および発行年と号数は記載されているが、単行本や出版社についての書誌情報も見当たらない。だから下巻にまとめて掲載されているのでないかと思い、揃えておくべきだったと後悔したのだ。曲がりなりにも全五巻に及ぶ作品があるということは、山崎が何冊かの著書を刊行していることを告げている。箱の裏に記され、本文には収録がない「すべては夢の代の往古（むかし）より土蔵の奥深く秘蔵せられし古き酒甕なり」の文言を含む「童貞」序詞から考えれば、これは単行本に付されていたと推測できる。しかし山崎は文学事典などでも立項されていない。「土蔵の奥深く秘蔵せられし」物語とはホモセクシャルな小説のみならず、これまで見てきたようにSM小説から江戸川乱歩の世界にまで通底しているものだ。それゆえにとりあえず、この『山崎俊夫作品集』に寄せられた惹句を引き、その紹介に代えよう。

「過ぎたるデカダン、過ぎたる耽美、過ぎたる倒錯の故に、日本近代文学史から放廃・抹殺された幻の鬼才・山崎俊夫。半世紀余の歳月を経て今ここに初めて甦る蠱惑の作品集。」

上巻には先に挙げた「童貞」とその続編「夜の島」など十編が収録されているが、表題の「美童」は見当たらない。生田が編纂に際して新たに採用したものなのか、それとも単行本のタイトルだったのか、それも不明である。だがそれらはともかく、ここではいずれにしても正続「童貞」を取り上げるべきだろう。

「花車な母から腺病質を遺伝せられた京二は、あまり性質が柔順なので、幼児の頃には女の子と間違へられてばかりゐた」と「童貞」は書き出されている。兄弟の中にあって、京二だけは女の子のように育てられ、また実際彼は変成男子らしいのである。幼児期はともかく、小学校に通うようになると、他の生徒から新しい知識を学び、自らの肉体の秘密に気づく。そして中学に入るとすぐに庇護者だった母が、「おまへは可哀さうな児だねえ」という言葉を残し、亡くなってしまう。

京二は母を失い、新しい母が来たために寄宿舎に入れられる。野獣のような寄宿舎生活で、京二は京都出身の薫と同室になり、「古き酒甕」を共有しているところから、二人は「超ゆべからざる溝」を超えてしまった。しかし夏休みになって、寄宿生全員が大磯の海岸にある学校の水泳場で三週間を過ごすことになり、そこである晩、常々京二の身体に好奇心を昂ぶらせていた生徒たちによって、彼が襲われようとするところで、「童貞」は終わっている。

その続編の「童貞後日物語」とある「夜の島」は襲われた後、夜の海岸を夢遊病者のように彷徨っている京二の姿から始まっている。京二は病気届を出し、一人で東京へ帰る汽車の中で、若い海軍士官に出会う。薫は捨てられ、京二は自由な快楽と情熱の顕現者と思われる士官に追慕と憧憬を捧げる。だが士官の二人の妹も含めた「三条の絆《みすぢ》」に絡まれ、逃れようとする。それでも京二の周囲には様々な男女が現われては消えた。いつの間にか、京二は二十歳を越え、自分の美貌への恐怖と憎悪と愛惜、また徴兵逃れのために服毒自殺を選ぶが、失敗してしまう。

「左の片腕に青い縞蛇の刺青のある老耄《おいぼ》れ水夫が、日ましに廃れ果ててゆくさびれた古い港を恋ひるやうに、京二はなくなつた母を飽くまで恋ひた」。またしても夏がやってきた。ある夜京二は若い瞽女と道づれになり、彼女の手を引いて、根津の町を歩いた。彼女は彼の手の感触から、京二が十七、八の「お坊ちやん」だと言う。盲目の瞽女には京二の変成男子的な美貌も見えず、彼はまだ十代のままなのだ。京二は彼女に手をゆだねて歩きながら、涙をあふれさせていた。

正続「童貞」の世界に中にはホモセクシャル的物語のコードがすべて散りばめられている。父の不在、母の溺愛、女性的な物語の中での成長、祭の場面に示されたその儀式的な身体や衣服への憧憬、同様の海軍士官の制服と容貌、動作や仕草に対する執拗な眼差し、ナルシシズム、それらのすべては山崎俊夫が三島由紀夫の先達であることを物語っている。また引用した刺青のある水夫とそのイメージは寺山修司や塚本邦雄の世界へとそのままつながっている。

「童貞」の掲載は『三田文学』の大正二年五月号で、その他の五編も同様であることからすれば、山崎は慶應義塾出身、作品にフランス語が見えるから、それも仏文科だと思われる。この時期の『三田文学』は永井荷風が編集していたから、山崎は荷風とも面識があったのかもしれない。

27　北島春石と倉田啓明

山崎俊夫とホモセクシャル小説、及び慶應義塾と『三田文学』からなる連環で思い出したのだが、山崎と同時代の作家で、同様の文学環境を経て、同じ傾向の小説を書いた人物がいる。その名を倉田啓明という。

倉田啓明を知ったのは桜井書店の桜井均が出版を廃業してから、二十年近くなる昭和五十三年に刊行した『奈落の作者』（文治堂書店）においてだった。これは随筆集で、倉田をさす「奈落の作者」一編が冒頭に置かれていて、それがそのまま表題となっているのである。このことは桜井の長年にわたる出版生活においても、倉田の印象がかなり強く残り、後年になってこの回想に結びついたと考えられる。

桜井は赤本の春江堂の店員だった大正時代に、北島春石のところに出入りしていた。春石は尾崎紅葉の門にあった硯友社派の小説家であった。紅葉の死後、彼は柳川春葉の弟子になり、二流の小説家だったが、筆は立つので多くの小説を書き、代作もこなしていた。春葉の大当たりをとった新聞連載小説『なさぬ仲』は春石の代作だった。だが原稿料のことでこじれ、後半は春葉が書くことになったらしい。印税制度も確立されていない、原稿買切時代における二流小説家の春石は夫婦揃って苦労人で、人の面倒見もよいために、自ずと人が集まり、文人たちの溜まり場となり、「春石部屋」の雰囲気をかもし出していた。そこに集った文人たちの名前を桜井は列挙しているが、大正文学史に痕跡をとどめていない人物ばかりである。

大正文学史の見取図をラフスケッチすれば、自然主義の全盛を背景にして、学習院と東大系の『白樺』や『新思潮』によった作家たちの時代であり、また一方で大衆文学も台頭しつつあった。その狭間にあって、旧硯友社系の末端の古い小説家たちは消えていく宿命をたどるしかなかった。そしてそれを決定づけたのは、彼らの依拠していた出版社を壊滅させた関東大震災、及び彼らを排除した円本時代の文学全集だったように思われる。しかし赤本屋の春江堂、後に桜井書店を興す桜井、「春石部屋」に集った文人たちの存在もまた正規の文学史や出版史には記述されていないが、その後の文学史や出版史に異彩を放つ役割を果たしたのではないだろうか。例えば、あの伊藤晴雨や添田唖蝉坊なども「春石部屋」に出入りしていたのである。また言うまでもなく、倉田啓明もその一人だった。

倉田は春石のところに寄宿し、春石から「お啓」と呼ばれ、当時二十九歳で、どこか女性的な感じがした。彼はその才能を発揮し、春石の五つの新聞連載小説の代作者を務めていた。さらに倉田は春石にそそのかされ、『万朝報』の懸賞戯曲に春石の妻の名前で応募し、当選してしまうほどの卓越した才能の持ち主だった。彼はオスカー・ワイルドの影響を強く受けた作家で、同様にホモセクシャルで、大正四年頃までにはそのような作品を何編か発表していた。この「背徳の芸術家」について、桜井は書いている。

「啓明は慶応出で、三田派の作家だった。同じ時代の三田文学に載った『若衆歌舞伎』という百枚程の彼の小説がある。その小説に彼の顛落する萌芽を覗くことが出来よう。そこには歌舞伎の世界に秘められた変態性欲の情痴、稚児たちの生態があやしいまでの官能の筆に描かれている。実在の倉田啓明の姿が、啓明の分身たるその作品の中にあると思えるからである。」

まさしく発表誌も含めて、倉田は山崎俊夫の「隣人」ではないか。その後倉田は淫蕩に身を持ち崩し、長田幹彦や谷崎潤一郎の巧みな偽作を書き、原稿料を詐取する事件を起こし、文書偽造、詐欺、横領の罪で囹圄の身となる。「背徳の作家の極印を押され、永遠に文壇から葬り去られた」のである。

出獄後、倉田は春石の版元から、ワイルドの童話集の名訳『人魚の海』『幸福の王子』に加えて、獄中記の前編『地獄へ堕ちし人々』を刊行したが、抹殺されて何の反響ももたらされなかった。そして春石は大震災の前年に亡くなり、その後の倉田の所在は不明であると桜井は述べている。桜井はなぜか出版社名を明かしていないが、これは春江堂だと判断していいだろう。倉田の翻訳や獄中話を読みたいと思い、何度も探索してみたが、まったく見つからず、『明治・大正・昭和翻訳文学目録』(風間書房)にも手がかりはなかった。

だから倉田の作品は読めないとあきらめていたところ、しばらくして思いがけないアンソロジーに彼の短編を発見したのである。それは鮎川哲也編『怪奇探偵小説集』(双葉社、ハルキ文庫)で、十九編の「幻の傑作ミステリー」の中に「経歴不詳」とされる倉田の「死刑執行人の死」がまぎれこんでいた。ほぼ三十年にわたって、絞首台に立つ死刑囚の縄を引く役目を務めてきた六十歳を過ぎた監獄の看守の自らの縊死が、刑事被告人として収監されていた「わたし」によって語られ、その死がマゾヒストの女囚の死刑に触発された、これもまたマゾヒストの死の快感を味わおうとした看守の幸福な死だと推理づけられ、この短編は終わっている。倉田的な異色のマゾヒズム小説と見なせよう。

鮎川の解題によれば、この短編は『新青年』の大正十五年一月号に掲載され、その他には『犯罪公論』や『サンデー毎日』にもいくつかの作品が発表されているようだ。春石と死に別れ、桜井から消息を絶った後、「怪奇探偵小説」などを書き継ぎ、しばらくは生き永らえていたとわかる。しかし「春石部屋」というトポスを失い、昭和を迎えて、倉田はどのように生きたのだろうか。

28　赤本、演歌師、香具師

前回の「北島春石と倉田啓明」のところで、浅草の「春石部屋」に集まってきた人々の中に、演歌師の元祖添田唖蝉坊がいたことを記しておいたが、その息子の添田知道も「春石部屋」について書いている。それは『演歌師の生活』（雄山閣）における演歌師の歌集赤本に言及した章で、実際に多くの書影を掲載して赤本屋を論じ、そのひとつとして春江堂も挙げられ、桜井と「春石部屋」のことも出てきたのである。「春石部屋」という二流の小説家を中心とする「一種のクラブ」、浅草と赤本屋、演歌師と並べただけで、大正時代の知られざる文学と出版環境の中に召喚されるような気がする。

また添田はこの歌集赤本がよく売れることに注目して、講談社の雑誌が新年号の付録に付け始め、それが新潮社から中央公論社まで広がり、戦後になっても踏襲され、『平凡』や『明星』が継承したと指摘している。この流れを出版業界の「赤本センス」化とよび、いつまでも抜け切らない日本の出版の底に潜む「衆愚観」に基づくとも述べている。これらの証言はとても興味深いし、表面的には無縁のようであったとしても、これもまた通底している赤本とマス雑誌の親密な関係性を物語っていよう。

添田知道は明治三十五年に東京市本所に生まれ、堺利彦の売文社に入り、社会主義者たちと交流するかたわらで、バイオリンを独学し、神田の縁日などで歌い、自由人として親子二代の演歌師人生を送り、また『演歌の明治大正史』（岩波新書）や『日本春歌考』（カッパブックス）を刊行している。そして前述の『演歌師の生活』に続いて、演歌の舞台の背景ともいえる『香具師の生活』（同前）を上梓している。

添田のこれらの著作によって、赤本、演歌師、香具師の世界が一直線につながるのである。『香具師の生活』は香具屋の神農としての由来、香具商人の歴史、香具屋の世界の掟と業態、明治から大正にかけての変遷、浅草の香具師の実態などを描き、香具師論の集大成と見なせるが、ここでは赤本に関する事柄だけに限定する。添田は昭和七年頃の浅草寿町宗吾神社縁日の香具師の露店出店百数十の例を図面で示し、絵本、赤本、講談本、月遅れ雑誌、再製雑誌などを売る五店の場所に〇印をつけている。そしてこれらの商品を「ヒッジモノ」とよぶといい、次のように書いている。

「てきやのネタのなかに、ヒツジモノと総称されるものがある。ヒツジは紙の隠語。羊が紙を食うことから来ている。紙のもの、したがって印刷物をひっくるめて、こういう。

（中略）片岡呑海などの法律本がそうである。記憶術、英語会話練達集、催眠術、医薬処方、灸点法、金満と称した資産家番付、占い本、夢判断、喰合せ食療法、流行新語辞典、メンタルテスト滑稽問答、勤倹奨励と称する統計集、物の始め、諸病手当て看護法、しみ抜き法、薬草本などから、流しに使われるいろは教訓、妙薬療法いろは歌、一つとせの事件歌、心中物、事件物、いろいろとあったものである。」

これには若干の説明が必要だろう。ここに出てくる片岡呑海は日本一の民衆法律家を自称する優れた大道雄弁を発揮し、香具師の中でも大ジメ師と称され、円陣に人を集め、弁舌を持って商品を売るのである。片岡の場合は法律本だが、添田が挙げているその他の本も、多くが「タンカ」（口上、説明）付きで売られていったのである。『香具師の生活』の中にいくつもの「タンカ」の紹介があり、片岡呑海の法律書の「タンカ」の臨場感あふれるようなシーンも再現されている。

このような「タンカ」付きで香具屋が売る本を総称し、赤本、絵本、講談本、月遅れ雑誌などを合わせて、添田は「ヒツジモノ」とよんでいるわけだが、これを広義の「赤本」と考えるべきではないだろうか。添田は暦を挙げていないが、これも「ヒツジモノ」に分類できるだろう。しかしいくら「ヒツジモノ」であっても、香具師は売るだけだから、それらを書く人々と製作する出版社が必要とされる。その出版社が赤本屋であり、「ヒツジモノ」を書いた人々は北島春石に象徴される二流の小説家たちだったのではないだろうか。そのように考えてみると、赤本業界と売れなかった小説家、詩人、児童文学者たちの関係がわかるような気がする。その全貌は明らかになっておらず、見え隠れするだけだが、彼らにとって、そこが長きにわたるアジールであったと考えるべきだろう。だがこのことについては稿をあらためたい。

また「ヒツジモノ」の一種の「月遅れ雑誌」にも言及してみる。これは『書店の近代』（平凡社新書）でも書いておいたが、尾崎秀樹・宗武朝子編『日本の書店百年』（青英舎）の中に「三冊で一〇銭！ポンポン船の中で本を売る」という坂東恭吾の証言がある。彼は出版業界の寅さんのような人物で、後に円本の残本販売で名をはせるのだが、元は博文館出入りの紙屑屋の上田屋で、雑誌残本を潰す代わりに潰しの倍の値で売ることを思いつき、博文館の了承を得て縁日で売ると、二時間で千冊の山が売り切れてしまった。そこで残本雑誌の販売に本格的に乗り出し、講談社なども手がけるようになり、上田屋は香具師相手の残本ネタ元締めとなったのである。この坂東の証言を追っていくと、残本雑誌から円本の販売に至るまで、特価本、ゾッキ本を含めた赤本業界と香具師の世界が提携し、その処理にあたったとわかる。したがって、香具師の世界も長きにわたって出版業界のバックヤードであり、取次や書店と異なるもうひとつの流通販売システムだったことになる。

私は今でも思い出すことができる。あれは昭和三十年代だったが、縁日の露店では月遅れ雑誌が売られていて、それを買ってもらった記憶がある。高度成長期にはまだ全国各地の縁日の露店で月遅れ雑誌が売られ、買われていたのだろう。しかしそのような露店の光景も昭和四十年代に入ると、見られなくなってしまったように思う。香具師の露店という「路傍文化」から出版物を見るならば、そこには紛れもないもうひとつの世界が顔を覗かせている。

これは推測であるが、梅原北明たちの出版人脈もこのようなもうひとつの世界とつながっていたのではないだろうか。実は添田も『香具師の生活』の中で書いているが、この本に先行すること四十年前に、『香具師奥義書』という本が出されている。著者の和田信義は添田の旧友のアナキストで、香具師仲間と全国を回った経験を持ち、同書を著わしている。そしてこの一冊は昭和四年に梅原の文芸市場社から出版されている。私の所持する一冊は昭和九年の文芸展望社版の三版だが、この出版社も赤本業界や香具師の世界が介在しているように思えてならない。

29　三人の画家と「宿命の女」

浅草の硯友社系の二流の小説家北島春石の「春石部屋」に集まっていた人々の中に伊藤晴雨の顔があったことも既述しておいた。春石の家に来客が多かったのは彼の親分肌の鷹揚さもあったが、その夫人も少女時代には剣舞小屋の舞台に立ったりしていたことから、「二人とも人生の下積みの苦労」をなめ、「酸いも甘いも知り尽くしている」ゆえだと、桜井均は『奈落の作者』で指摘している。彼の居間には夏目漱石の長い手紙が額入りで掛かっていて、それは『三四郎』の春石の批評に対する返事だったという。胸を病んでいた春石は関東大震災の前年に四十一歳で亡くなり、大正時代のひとつの「アジール」であった「春石部屋」も消えてしまったことになる。

この大正時代に伊藤晴雨は一人の少女に出会い、彼女を情婦兼縛りのモデルとしている。おそらくそれらのことと晴雨の「春石部屋」通いは並行していたはずであり、漱石の額の下で晴雨はその情婦兼モデルのことを語っていたかもしれない。彼女について、晴雨はその自伝「今昔愚談」(『美人乱舞』所収、弓立社)で、次のように述べている。なおこの自伝は『人間探究』に連載されたものである。

「その以前から私に情婦が出来て居た。東京美術学校に通つていたモデルで、俗に「嘘つきお兼」で通つている兼代という女で、五年許り関係を続けた。この女は田端の荒物屋の二階を借りて居て、母は納豆を売り、娘は美校へ通つて居た。秋田産れの、東北美人系の瓜実顔で、高島田に結わせ、縛つて写生するには絶対にいい容貌と体格の所有者で、五年間にこの女を写生した画稿が積んで山を成して居たが、戦火に焼かれて、今は一枚も無くなつてしまつたのは一寸惜しい様な気がする。今私の画いて居る女の顔は彼女の形見である。」

『美人乱舞』に収録されている原色の縛られた女はお兼がモデルだった。晴雨は明治十五年浅草で旧幕臣系の金属彫金師の家に生まれ、六、七歳の頃から女性に対する変態的サディズムやマゾヒズムを覚え、十歳の時に見た芝居の責め場がきっかけで、責め絵を収集するようになった。一方で読書にふけり、芝居小屋の絵看板などを描き、新聞社に挿絵画家として入社した。だから挿絵画家や芝居の関係で、晴雨は春石のところに出入りするようになり、その一方で、「縛つて写生するには絶対にいい容貌と体格の所有者」であるお兼に出会った。そしてまた戦後になっても「今私の画いて居る女の顔は彼女の形見」だと言っているのだから、お兼こそは晴雨にとって「宿命の女」であったことになる。晴雨によって見出された縛られる女の原型としてのお兼。

しかしお兼は晴雨だけの「宿命の女」ではなかった。彼が述べているように、「魅力満点」のお兼は藤島武二のモデルも務め、同時に竹久夢二の愛人でもあった。晴雨の自伝の別の言によれば、お兼との関係は大正五年から七年にかけてで、彼女と夢二は同八年から十五年とされ、藤島のモデルだったのは同十四年後半だったと推測できる。お兼は十二歳から二十二歳まで異なる三人の画家たちのモデルとなり、晴雨の責め絵、夢二の叙情的代表作「黒船屋」「黒猫を抱く女」「青いきもの」、藤島武二のイタリアルネサンス的手法による装飾絵画「芳蕙」の中にその永遠なるイメージをとどめている。

これまで彼女についてはお葉の名で、近藤富枝の『本郷菊富士ホテル』(講談社)や青江舜二郎の『竹久夢二』(中公文庫)で言及され、前者では「黒船屋」がこのホテルで描かれたエピソード、後者では夢二を翻弄させた「日本のマノン」としての物語が述べられていた。だが平成八年になって、金森敦子の『お葉というモデルがいた』(晶文社)が刊行され、夢二との関係に比重が割かれているにしても、三人の異なる画家に対して、稀有なモデルとして大いなる創造力を喚起させた「佐々木カ子ヨ」の大正時代を描き、その時代の様々な絵画表現における「宿命の女」であったことに肉薄している。

金森はカ子ヨ＝お兼の明治三十七年における秋田県での複雑な出生と生活、及び大正五年の母との上京から始め、「妖少女」が生計のために上野の東京美術学校のモデルとなり、十二歳の「獲りたての果実のような新鮮さ」を放つ裸体によって、学生たちの「アイドル」となっていく過程を追っている。お兼の容姿を金森は次のように描写している。

「お兼はその年齢にしては背が高かった。ほっそりとした姿態と長いまつ毛、切れ長の大きな目は、東京でもひときわ目を引いた。透けそうな耳たぶにはほんのり桃色がさしている。重そうに見えるほど豊かな髪を結い上げると、肩の線も腰つきも、危なっかしいほどか細く見えた。それを持ちこたえるように、お兼は小首を傾げ、片足の膝から下を投げ出すようにしてゆっくりと腰を落とす。細い体はたちまち柔らかな曲線を描いて、風に揺らぐ野の花のような風情になるのだった。」

このようなお兼が学生のみならず、晴雨、夢二、藤島武二の「アイドル」と化すのは必然的成り行きだったであろう。『お葉というモデルがいた』における金森の前述のような描写と表紙の写真、彼らによって描かれた絵を見ていると、私はブラム・ダイクストラの『倒錯の偶像』(富士川義之監訳、パピルス)の中にお葉を取りこみ、ヨーロッパ世紀末の女性像のひとつの典型として位置づけたくなる。しかしそれは別の機会にゆずることにして、ここではお葉に象徴されているのは日本の大正時代におけるロリータ・コンプレックスの表出だったのではないかということを指摘しておきたい。ロリコンの帝王とでもいえる中勘助が『銀の匙』でデビューしてくるのも同じ大正時代だった。中のロリコンについては「小山書店と『八雲』」(『古雑誌探究』所収)で既述している。

そのように考えてみると、晴雨の責め絵、夢二の叙情画、武二のイタリアルネサンス的装飾絵画から浮かび上がってくるのは変幻自在のニンフのような「妖少女」の姿であり、それゆえに彼女が三人の画家にとって「宿命の女」であったことが了承される気がするのである。そして彼らの関係に感応するように、上村一夫が『本郷菊坂ホテル』（朝日新聞出版）を絵師として描き、大部の絵物語を完成させている。だがそれは上村だけで終わらず、ほんまりう『宵待草事件簿』（古山寛原作、新潮社）、ひらりん『三ツ目の夢二』（大塚英志原作、徳間書店）として、コミックにおいても「宿名の女」のように描かれ続けている。

なお晴雨の証言によれば、お兼は夢二と別れた後、死んだとされていたが、彼女はノイローゼで入院した正木不如丘が経営する病院の医師と結婚し、幸せな生活を送り、昭和五十五年に七十六歳で亡くなったことを金森は最後に記し、お兼の七十三歳当時の写真を掲載している。そこには当然のことながらかつての「妖少女」の面影はいささかもない。「宿命の女」ではなく、普通の生活者として年老いたことを示すような穏やかな顔を見せている。だが彼女の「妖少女」にして「宿命の女」だった大正時代のイメージは三人の画家たちの作品の中で、色褪せることなく、その特異な輝きを保ち続けている。

30　柳沼澤介と武俠社

北島春石や伊藤晴雨の親しい交流人脈には出版者も加わっていて、結城禮一郎や柳沼澤介の名前も出てくる。結城についてはすでに「結城禮一郎の『旧幕新撰組の結城無二三』」（『古本探究Ⅲ』所収）でふれ、柳沼に関しても、かつて「武俠社と柳沼澤介」（『古本屋散策』所収）で取り上げたことがある。だが結城はともかく、柳沼は晴雨との交流や武俠社の企画も含めて、梅原たちの艶本人脈の近傍にいたと考えられるので、もう一度言及してみる。

私が柳沼のことを書いたのは、犯罪科学研究同好会を発行所とする二冊の本に関連してだった。それらはいずれも昭和五年に刊行されたB5判箱入上製本で、柳沼編『DIE BILDER ÜBER DIE STRAFE UND UBNORMER = GESCHLECHTS = TRIEB（刑罰及変態性欲写真集）』（『世界の刑罰・性犯・変態の研究』として昭和五十二年復刻、若宮出版社）、伊藤隆文編『BILD DES VERBRECHENS IN FLAGRANTI（犯罪現場写真集）』であった。この二冊の発行所の住所は芝区佐久間町「武俠社」内との奥付記載から、武俠社の出版物と見なしていいだろう。ここではまず前者についてふれてみる。

私が持っているのも若宮出版社の復刻版だが、この『世界の刑罰・性犯・変態の研究』は復刻当時、どこの古本屋にもあったように記憶しているが、現在ではあまり見かけなくなっている。これは三百枚近くに及ぶヨーロッパや日本の刑罰、性的犯罪、変態、責め研究などの絵画と図版と写真から構成され、刑罰などは前南欧公使大島富士太郎が赴任中に入手した三冊の珍書その他からなると「凡例」での説明がある。そして「責め絵研究篇」に関しては伊藤晴雨の絵や彼が縛った女の写真を十枚ほど掲載し、その中には晴雨が写った一枚もある。またそこに寄せられた「責めの研究」の一文は晴雨によるもので、これらのことと同書のコンセプトを考えると、晴雨自身が企画に加わり、編集の中心メンバーだったのではないかという推測も成立するように思われる。それならば、発行者の柳沼澤介とはどのような人物なのか。彼は明治二十一年福島県に生まれ、十六歳で上京して興文社に入社する。そして同四十五年に押川春浪や小杉放庵などと『武俠世界』を創刊し、後に独立して武俠社を設立した。ナショナリズムとつながる少年文学を樹立した『武俠世界』は武俠社に移ってから大正十二年頃まで刊行されたようだが、その年までしか確認されておらず、はっきりした休刊時とその休刊前後の事情はよくわからない。しかし昭和初期の「エロ・グロ・ナンセンス」と円本時代を迎えて、雑誌『犯罪科学』、円本の『近代犯罪科学全集』全十六巻、『性科学全集』全十二巻、及び前述の二冊を刊行することになる。『近代犯罪科学全集』は一冊、『性科学全集』は二冊しか手元にないが、前者は第十四巻の尾佐竹猛解題『刑罰珍書集(2)』で、その「月報」に『犯罪現場写真集』の予告がでていて、当時の反響がしのばれる。

「本書は如何なる探偵小説、犯罪実話も及ばないほどの興味があるもので、各写真には一々詳細なる説明を付した。(中略)利にさとい古本屋が発刊後の市価の昂騰を見込んで多数の註文を申込んで来るには何時も乍ら閉口している有様である」。この写真集は大半がドイツ語の法医学の書物からの流用だと推定でき、付け足しのように日本人の現場写真が十枚余掲載され、無残な写真のオンパレードで、まさに「グロ」そのものだといっていいだろう。会員頒布制の通信販売によっていると思われる同書は、実際に発行の翌月に発売禁止になったようで、それ以後の流通と販売は古本屋が担ったのではないだろうか。先の「月報」で、第一巻の『演劇と犯罪』の著者である飯塚友一郎は昔の柳沼澤介と武俠社について、ヒロイズムが看板であったのに、「今日はエロとグロの本元となつている」と述べ、また「エロチックとグロテスク、これが今日のジャーナリストの合言葉である」とも書いている。とすれば、柳沼と武俠社こそはその時代を体現していた出版社だということになる。『近代犯罪科学全集』と『性科学全集』の明細と著者については省略したが、どちらかといえば、双方ともアカデミズムや医学関係者が多く、梅原北明の出版人脈とまったく重なっているわけではない。梅原一派に対抗する柳沼によって、多くが招聘された著者たちなのかもしれない。

たまたま最近出たばかりのダニエル・V・ボツマンの江戸から明治にかけての刑罰研究書『血塗られ

た慈悲、笞打つ帝国。』(発行インターシフト、発売合同出版)を読んでいたら、さすがに『世界の刑罰・性犯・変態の研究』は出てこないが、資料として原胤昭・尾佐竹猛編『江戸時代犯罪・刑罰事例集』(柏書房)が挙げられていた。これは再版で、初版は昭和五年とあることから、先述の『刑罰珍書集』二冊の合本復刻であろう。ほぼ八十年後にアメリカ人研究者によって見出され、基本資料ともなったことで、「エロとグロの本元」の企画は時を経て報いられたと考えるべきかもしれない。

さて武俠社は円本時代の終焉とともに消滅したようだが、柳沼澤介は小杉放庵との関係もあり、国木田独歩が創刊した『婦人画報』を発行する東京社の経営再建を昭和六年に引き受け、見事に立て直し、同八年には『スタイルブック』を創刊し、所謂ファッション誌にも進出することになった。この東京社こそは婦人画報社の前身で、柳沼は昭和三十年代までその経営者であった。ここにもナショナリズム、エロとグロ、婦人とファッション誌へと至る興味深い軌跡をたどった一人の出版者がいる。

31　『近代犯罪科学全集』と『性科学全集』

前回記したように、武俠社の『近代犯罪科学全集』と『性科学全集』については手持ちが少ないこともあって、それらの明細と著者を省略するつもりでいた。しかしその後、浜松の時代舎で、双方の美本を十冊ほど入手し、その中には発禁となった『近代犯罪科学全集』の二冊も含まれ、梅原北明や文芸市場社とは異なる、柳沢澤介と武俠社の出版人脈をあらためて実感した。これらのふたつの円本企画は、武俠社が刊行していたエロ・グロの代表的雑誌『犯罪科学』を背景とし、それらの人脈を総動員して成立したと思われる。そのメンバーは学際的と言っていいほど多岐にわたっているので、それを確認する意味でも、煩をいとわず、両者の著者、編、解題者と書名を挙げておく。まずは『近代犯罪科学全集』。

1高田義一郎『変態性欲と犯罪・犯罪と人生』
2金澤重威他『理化学鑑識法』
3有松清治他『犯罪捜査法』
4中村古峡『変態心理と犯罪』
5野添敦義『女性と犯罪』
6喜多壮一郎『暗殺・革命・動乱』
7浅田 一『犯罪鑑定余談』
8小南又一郎『法医学短篇集』
9尾佐竹猛他『売淫・掏摸・賭博』
10金子準二『犯罪者の心理』
11加藤寛二郎他『殺人と性的犯罪』
12古畑種基『血液型と親子鑑定指紋学』
13原胤昭他『刑罰珍書集（1）』
14尾佐竹猛他『刑罰珍書集（2）』
15飯塚友一郎『演劇と犯罪』
別巻 天草麟太郎『特異犯罪の実記』

これらの著者たちのすべてにふれることはできないので、実質的に13も含む三冊の著者や編、解題者である尾佐竹猛だけに限定する。幸いにして彼の三冊は前回記したように、13と14は柏書房の『江戸時代犯罪・刑罰事例集』として、9は『賭博と掏摸の研究』として昭和四十四年に新泉社から復刻されている。

尾佐竹は裁判官にして歴史家であり、『大津事件』（岩波文庫）や『幕末遣外使節物語』（講談社学術文庫）などの正統的な歴史叙述から、「無用学博士」の綽名にふさわしい『賭博と掏摸の研究』などに至る広範な著作を残している。ただ残念なことに遺稿となった『下等百科辞典』は加太こうじ補で新泉社から刊行予告されていたが、出版には至らず、ようやく平成十一年になって、批評社から出された。また尾佐竹は吉野作造、宮武外骨、石井研堂たちと明治文学研究会を創立し、その成果は同じく円本時代の日本評論社の『明治文化全集』として結実している。つまりそのかたわらで、『近代犯罪科学全集』も編まれていたのであり、尾佐竹が三冊を担当していること、警察、司法関係者が著者の半数以上を占めていることを考えると、尾佐竹がこの全集の企画編集の中心にいたことも推測でき、思いがけない円本時代のひとつの側面をのぞかせているような気がする。次に『性科学全集』を示す。

1 富士川游『性欲の科学』
2 杉田直樹『近代文化と性生活』
3 石川千代松『性と生命』
4 西村真次『人類性文化史』
5 横山桐郎『自然界の両性生活』

6丸木砂土　『世界艶笑芸術』
7矢口達　『世界性的風俗史』
8高田義一郎　『変態性欲考』
9馬島僴　『産児調節の理論と実際』
10石原純　『恋愛の史的考察』
11日夏耿之介　『吸血妖魅考』
12正木不如丘　『人性医学』

こちらはクレス出版から図書館向きの全巻復刻版が出ているが、11だけは昭和五十一年に牧神社から復刻され、今でも古本屋で見かけられるだろう。これは著者も題名も内容も『性科学全集』にそぐわないように思える。しかし日夏の「序」によれば、「武俠社ノ懇嘱ニ応ズル」とあるので、実際に武俠社の企画だったことは確かだが、何らかの事情があって、この全集に組みこまれてしまったとも考えられる。

それはともかく、この「序」を読むと、『吸血妖魅考』が『日夏耿之介全集』(河出書房新社)に収録されなかった事情がよくわかる。これは日夏が自ら述べているように、モンタギュ・サマーズの *The Vampire in Europe* と *The Vampire ; His Kith and Kin* の実質的な翻訳であるからだ。前者が第二編の「欧羅巴吸血俗概観」、後者が第一編の「吸血鬼戚族考」にあたるのだろう。サマーズについては荒俣宏の『世界幻想作家事典』(国書刊行会)に立項され、イギリスのオカルティスト、ゴシック・ロマンス研究家で、オカルティズムの文献、怪奇小説家を再発掘し、二〇世紀における幻想文学とオカルティズム流行の先駆けとなったと記されている。

しかもこの翻訳は日夏の手になるものではなく、「若キ友人文学士中村眞一、同小山田三郎、同普後俊次、同太田七郎諸君子」によっているようだ。この「若キ友人」たちも円本時代の隠れたる翻訳者であったことになるので、ここにその名を挙げてみた。

この『性科学全集』の12の著者の正木不如丘は竹久夢二たちの「宿命の女」だったお葉が入院した病院の院長だった。また8の丸木砂土は中央公論社のベストセラー『西部戦線異状なし』の訳者秦豊吉のペンネームだが、これからしばしば言及することになるだろう。「エロ・グロ」の武俠社の全集も全貌は見えないにしても、出版企画、人脈に絡んで、様々な人間関係に反映され、広範な波紋をもたらしていったように思われる。とりあえずはそれらの著者だけの一覧を示す意味で、ふたつの全集の明細をリストアップしてみた。

32　『現代猟奇尖端図鑑』と『世界猟奇全集』

「エロ・グロ・ナンセンス」の時代を出版企画として体現したのは、梅原北明たちのアンダーグラウンド的出版社や武俠社のような小出版社ばかりでなく、すでに著名な出版社となっていた新潮社や平凡社も同様だった。ここでは新潮社と平凡社のそれらの本についてふれてみよう。

新潮社の『現代猟奇尖端図鑑』は「図鑑」と銘打たれているだけあって、「エロ・グロ・ナンセンス」の時代を横断する写真を総花的に盛りこんだ一冊となっている。それらの内容はエロチック、グロテスク、ナンセンス、レビュー、奇観、スポーツ、尖端、ポーズ、珍奇、最後に当代の識者による「猟奇尖端の考察」と章分けされ、新しい「猟奇」の「現代」の光景を次々と展開している。判型はそれらの舞台に見合うB5判で、装丁はパリでマティスに師事した佐野繁次郎が手がけ、箱のデザイン、色彩、レイアウトはマティス的にして猟奇的モダンを彷彿させるイメージがある。この『現代猟奇尖端図鑑』は編輯兼発行者を佐藤義亮として、昭和六年に二円八十銭で刊行されているが、新潮社のいくつかの社史を読んでみても、この本については何の言及もない。しかしこの一冊は現在でも古本屋や古書目録でもよく見かけるし、文芸書の新潮社からの発行と斬新な造本デザインもあってか、「エロ・グロ・ナンセンス」の時代を体現する最もポピュラーな書物であり続けている。ただそのような評価が定まっているために古書価は高く、私が求めたのは三十年近く前だが、一万円であった。

さて次に平凡社に移る。平凡社もその頃単行本として、守田有秋の『変態性欲秘話』や鈴木秀三郎の『エロ・グロ・巴里』などを出しているが、昭和五年から七年にかけて、円本の『世界猟奇全集』全十二巻を刊行している。この全集は十二冊のうちの五冊が発禁処分を受けたことによるのだろうが、『現代猟奇尖端図鑑』と異なり、これまで古本屋で全巻揃いを見たことがない。それは古書目録でも同様で、私も一冊しか持っていない。だからその全巻明細を挙げておく。これは『平凡社六十年史』の「平凡社発行書目一覧」による。

1 ミュッセ『歓楽の二夜』（丸木砂土訳）
2 マゾッホ『美男美女綺譚　求愛術』（木村毅訳）
3 ゴーチェ『女怪』（江戸川乱歩訳）

4ショワジイ『巴里のどん底』（高橋邦太郎訳）
5A・デュマ『ボルジヤ家罪悪史』（横溝正史訳）
6シカゴ・メイ『市俄古女盗伝』（本田満津二訳）
7サーストン『情熱の焔』（寺田鼎訳）
8ベン・ヘクト『悪魔の殿堂』（近藤経一訳）
9澤田順次郎『変態性と享楽』
10デフリエント『或女の性愛史』（岡田三郎訳）
11ジャビダン妃殿下『女の迷宮』（丸木砂土、和田顕太郎訳）
12南方八郎『世界スパイ戦秘話』

いかにも急ごしらえの円本企画のようで、内容と訳者と著者の組み合わせもちぐはぐな感じを誰もが抱くだろう。それゆえか、当時6と7と10と11はこの全集でしか翻訳出版されたことがないように思われる。それでも幸いなことに『現代猟奇尖端図鑑』と異なり、『平凡社六十年史』には『世界猟奇全集』の「エロ・グロ百パーセント」という内容見本の表紙とそれについての言及がある。

「『世界猟奇全集』全十二巻は昭和五年十一月にスタートした。しかしその第一回配本、ショワジイ作、高橋邦太郎訳の『巴里のどん底』が出版と同時に発売禁止処分を受けた（中略）。この全集は時代の風潮であったエロ・グロをねらった前衛的企画で、（中略）『巴里のどん底』が発禁になると、それを逆手につかって、「この事実は何を語るか、本書が、他の群作を凌駕して素晴らしき内容を持つからである」と居直ってみせたあたり、なかなかのものだった。おまけにこのときは内容見本までが発禁となり、全集の販売計画も大幅に狂うことになった。」

そしてその後も四回にわたって発禁処分となり、収録内容も異なって完結に至ったのだが、平均部数は一万部内外を保っていたという。

これが『世界猟奇全集』に関する平凡社の公的見解である。だがそれを訳者に名を連ねた側から見ると、どうなるのか。その訳者として名前が挙がっている江戸川乱歩は『探偵小説四十年』(講談社)の中で、次のように述べている。

「『世界猟奇全集』というのは、私の友人本位田準一君が案を平凡社に持ちこんだか、或いは平凡社から頼まれたかして、世話したもので、古くからの友達本位田君の頼みとあっては、断るわけにも行かず承知したが、この方はただ名前を出すだけで、一切の仕事は先方でやってくれるという仕組みであった。印税はもちろん、名前料さえ受け取ったかどうか、記憶にないほどである。(中略) 私の分はゴーチェの『モウパン嬢』の翻訳で、分り易いように『女怪』と題したもの、誰が訳したかも全く知らず、訳さえも読んでいないというまことに申訳ない仕儀であった(後略)。」

図らずもここに円本と艶本時代の翻訳事情を垣間見ることができる。だからこの時代の名前が挙がっている訳者の背後には、無数の匿名の翻訳者たちが隠れていたのである。だが乱歩のように告白しているのは稀で、そのために近代翻訳出版史も深い闇に閉ざされたままになっている。

なお平凡社の円本については拙稿「平凡社と円本時代」(『古本探究』所収、論創社)を参照されたい。

33　佐治祐吉の『恐ろしい告白』

井東憲が『変態作家史』の中で、これもまた「大正の変態心理小説」とよんでいる佐治祐吉の短編集を、神保町の金沢書店で入手した。それは大正十年に宝文社から刊行された『恐ろしい告白』で、七つの作品を収録した短篇集である。

佐治は山崎俊夫や倉田啓明と異なり、『日本近代文学大事典』に立項されていて、明治二十七年会津若松生まれ、一高から東大に進み、第五次『新思潮』に参加し、『恐ろしき告白《ママ》』などを発表し、後に澁澤栄一の秘書となり、その死後『澁澤栄一伝記資料』の刊行に携わるとある。幸田露伴の『澁澤栄一伝』に関係しているのではないかと考え、小林勇の『蝸牛庵訪問記』（いずれも岩波書店）を繰ってみたが、残念なことに佐治の名前は見当たらなかった。つまり佐治はとりあえず近代文学史に名前が残っているにしても、もはや忘れ去られてしまった作家だと思われるので、幸いにして彼の作品集を読んだこともあり、この際だから、それらの短編にふれてみよう。

井東憲が佐治を変態作家として挙げたのは『恐ろしい告白』の中の表題作と「少年と環境」の二作を読んだからであろう。なぜならば、この二作にホモセクシャルとサディズムがあからさまに表出しているからだ。

まずは「恐ろしい告白」から見ていこう。これは吉田という友達への書簡の形式をとったMの告白からなる短編である。吉田はMに自分の妹と結婚するように勧め、Mも一時その気になっていたが、手紙の冒頭から「御断りする」という言葉が書きつけられている。その理由をMは吉田に告げる。「己は君に、告白する、己は先天的な Homo - Sexualist なんだ。而も重症だ。かつて加えて Sadismus の傾向を持つている精神病患者だ。」

そして吉田に恋しただけでなく、町の中を通る美貌の学生、商店などの丁稚や小僧たちの露出した柔い皮膚や肉体に魅せられ、後をつけていく習慣、寄宿寮における隣室の男に対する恋情、その男によく似た床屋との戯れが語られていき、「己はどうしても一万人に十五人あると云ふソドミストの一人にちがひない」という結論に至る。しかし縁談は断わるが、それでも「今迄のやうな親しい友達」であってほしいと書き、「最後のお願ひだ」と結んで、この短編は終わっている。

さて次の「少年と環境」はサディズムとホモセクシャルの目覚めを描いているが、それが日露戦争を報道する雑誌群や絵葉書に触発された事実を書きとめ、地方の少年におけるそれらの体験の秘密を開示して、とても興味深い。またそれに劣らず、次のような当時の地方書店の光景も貴重な証言である。

「金港堂からは戦争小説の読物が出る。博文館では月二回の戦争記を出す。少年雑誌から実業雑誌まで戦争談が満載される。少年物の戦争記や写真画報といふやうな四六二倍版の雑誌が極彩色の表紙で出る。本屋の前には石版摺の陥落の光景が張出される。それを近所の村から出て来た百姓が、引いて来た馬を止めていつまでも立つて眺めてゐる。――

吉彌の知らぬ間にすさまじい勢で雑誌の数が殖えて居た。そして吉彌の知識欲を猛烈に唆るのであつた。」

これらの雑誌は博文館の『日露戦争実記』や、それこそ国木田独歩が編集に携わっていた『戦時画報』や『少年智識画報』などをさしている。

吉彌は戦争記の口絵写真に見られる両手両足を失い、包帯を巻かれ、血痕がこびりついた胸と腹だけの大きな肉体の軍人に魅せられ、「潜んでいた残虐症が大声で万歳を挙げた」。ここで江戸川乱歩の「芋虫」を連想するのは私だけではないだろう。

そして吉彌はさらに六、七冊の戦争記を買い求め、薄暗い土蔵に入りこみ、似たような写真に眺め入るのだった。また戦争で絵葉書もブームになり、新しくできた絵葉書屋で、裸体画の絵葉書を見出した。それは吉彌にとって、「戦争以上の驚異であつた」。西洋人の若い男の美しい肉体を見たのは初めてで、「引摺り込まれて行くやうな恍惚を経験した」。吉彌の裸体画の収集が始まった。白い身体の腿に大きな傷口があり、白い大理石の上に横たわっている男、大蛇に巻きつかれ、苦しげな顔で筋肉を昂ぶらせ、両手に蛇を握っている巨人などの無数の裸体画がアルバムに差しこまれ、一日中それらを繰り返し眺め入り、美しい裸体に見惚れ、「自分が片輪なのだ」という思いが脳裏を過ったりもするのだった。ここでも私は、ダヌンツィオの『聖セバスチャンの殉教』（美術出版社）のために三島由紀夫が編んだ「名画集」と、彼がそれに扮した「写真」を思い出してしまう。

しかしこの二作以外の『恐ろしい告白』収録の五編はホモセクシャルやサディズムを基調とするものではなく、それなりに様々な趣向をこらした作品となっている。これは「恐ろしい告白」にも出てくるが、二作における「変態性欲」のテーマはショーペンハウエルやクラフト＝エビングに触発されたものであるかもしれない。

フックスの『風俗の歴史』やキントの『女天下』のところでも述べたが、円高もあって大正時代にはこれらの豊饒な図録入りの性風俗研究書に加えて、多くの性科学の洋書が輸入され、新たなセクソロジーの時代が出現しつつあった。それらの影響を受け、最もダイレクトに作品に反映させたのは谷崎潤一郎であった。佐治もまたそのような試みを目論んだ作家のように思える。『恐ろしい告白』のほかにも作品は刊行されているのだろうか。

34　今東光の『稚児』

大正十四年に今東光を編集長とする『文党』が創刊され、第二号から梅原北明が加わり、その流れがあって『文芸市場』が誕生している。したがって今東光も梅原の出版人脈に数えられることになるのだが、その今も山崎俊夫や倉田啓明と立場や時代は異なるにしても、男色小説を発表している。しかも二人の作品が歌舞伎の深い影響を受けているのに対して、今は仏教の秘められた文献を読み、『稚児』なる一編を書き上げたのである。なお今は佐治祐吉に続いて、第六次『新思潮』の同人だったが、二人の関係は定かでない。今の『毒舌文壇史』（徳間書店）は梶山季之を聞き手として、梶山の主宰する『噂』に連載された大正文壇裏面史だが、その中で『稚児』の戦後における出版の経緯を語っている。紙の闇屋と印刷屋を兼ねる変わった青年が今の本を出版したいと言ってきた。「あんまりやかましくいうんで書いたのが、古いのを少し敷衍した『稚児』という小説なんです。これは『弘児聖経秘伝《グジショウギョウヒデン》』という仏教の教典からとった男色の話です。明治時代になってから、これは天海蔵に門外不出の写本として伝わっている。天台宗でもこれを読んだ人は、十人あるかないかでしょう。おれは、これをこっそり持出して、写した。それだけでも、相当の値打があるんだよ。」

この出版社は鳳書房で、昭和二十一年二月に『稚児』は一万部発行され、すぐに売り切れてしまったという。だが川端康成が絶賛しただけで、今が文壇から離れていたこともあり、黙殺されてしまったようだ。それにこの本もほとんど見かけないのである。

ところがある時、二十年ほど前に今東光の選集の端本を二冊入手したことを思い出し、探してみると出てきた。それは昭和四十八年に読売新聞社から刊行された全六巻の『今東光代表作選集』で、幸いにして出てきた第五巻の短編集に『稚児』が収録されていた。そしてようやくこの興味深い作品を読むことができた。『稚児』にはまず「緒言」があり、今による『弘児聖教秘伝』(『毒舌文壇史』では「聖経」とあるが、どちらが正しいのか判断できないので、二重表記とする)についてのメモが記されている。

これは恵心僧都=源信の御作と伝承されているが、明らかに偽書である。「蓋し完く隠蔽された僧侶の性的生活の重要な文献として密教経軌の形式を藉りて発表されたものとしては古今絶無の珍書」と今は判断し、日本文学において特殊な位置を占める「稚児物語」を理解する上での「重要な鑰《カギ》」と位置づけている。これは五部の異本が存在し、内容はほとんど同じだが、そのうちの一部は前出の表題、他の四部は「児灌頂」を含んだタイトルで、「児灌頂」は稚児灌頂と読み、密教の儀式に基づく僧侶の稚児との性的生活の様式を伝えた文書だと注釈が続く。

そして、「緒言」は終わり、物語形式で「稚児」が始まる。平安時代における延暦寺の延年舞の催し事は「稚児さだめ」と称せられ、比叡山を挙げての興行で、僧侶、法師三千人に加えて、多くの群衆が集って息を詰め、満山三塔一の美童が選び出されるのを見守っていた。山内の稚児は厳しい掟によって育てられ、美しいだけでなく、読み書き、立ち居振舞の作法を身につける必要があった。そのような教育期間を経て、「稚児さだめ」に至り、選び出された稚児は阿闍梨との秘密灌頂を体験することになる。今は「稚児」という物語の核心に稚児灌頂をすえ、密教儀式の内実と進行を描き、灌頂が終わった後の「隠処《インジョ》（閨房）」の場面へと移っていく。まさにそれは「比叡の山深い蕭殺《ショウサツ》とした僧坊の出世間道の色界はうかがい知ることの出来ない秘密曼荼羅の界会《カイエ》である」。その閨房での秘事は物語の場面のように始まっていくが、秘事そのものについては原文の引用によって、詳細な秘儀の過程を明かすことになる。

今は『毒舌文壇史』や『稚児』の「跋文後記」で、三島由紀夫の小説において、作中人物がこの写本を入手し、この秘儀に言及しているかのように描いているらしいが、写本は門外不出の秘本であり、三島が見ることは不可能だと述べ、これは明らかに『稚児』からの引用だと書いている。今は三島の作品名を挙げていないが、それは『禁色』（新潮文庫）である。老作家の檜が美青年の悠一に比叡山文庫の写本を見せる場面に次のように出てくる。

「（前略）君に読んでもらひたいのは、弘児聖教秘伝のはうの不可思議な愛撫の儀式を詳述した部分なんだが、（何といふ精妙な術語だらう！　愛される少年の具は「法性の花」とよばれ、愛する男の具は「無明の火」とよばれてゐる）、理解してもらひたいのは、児灌頂のかういふ思想だ」

昭和二十一年の『稚児』の「跋文」によれば、「序文」は谷崎潤一郎が寄せているという。とすれば、今の言う「古き日本のあわれに美しいもの」を描いた「古風な一篇の物語」は谷崎が閲し、川端が絶賛し、三島に継承された密教の秘儀を象徴する曼荼羅的作品と見なしていいのではないだろうか。言うまでもなく、檜のモデルは川端である。今も『稚児』に強い愛着もあったようで、「この度、選集を刊行するに際し、完全な定本を世に送り出せることになったのは作者としても最大の悦びだ」と述べている。だが選集の中に埋もれたままになっているのはいかにも惜しい。原文にテキストクリティックと詳細な注を施した『稚児』の決定版の出現を望んでやまない。

35　今東光『奥州流血録』の真の作者　生出仁

少しばかり連載テーマからはずれてしまうけれども、前回今東光を取り上げたこともあり、この機会を得て、彼の作品とされている『奥州流血録』にまつわる話を挿入しておきたい。

落合茂という戦前からの地味な作家がいて、昭和初年の文学シーンなどを描いた『小説横町のひとびと』（栄光出版社）が昭和五十五年に刊行されている。落合とこの作品のことは後にもう一度言及するつもりなので、ここではこれ以上の説明は加えない。

この小説の中で、何気なく書かれているのだが、見逃せない一節があった。それは当時の中央沿線は文化人の街で、米代には困ってもコーヒー代には不自由しなかったという時代に、友人に連れられていった喫茶店の回想部分だった。それを引いてみる。

「よく彼に引っ張っていかれた喫茶店には、東中野の異人館やミモザを覚えている。高円寺には文化の隅という変わった名前の店があった。そんな店には彼の顔見知りの通俗作家や無名作家（そのなかには今東光の『奥州流血録』の代作者もいた）や画家など、文化人というよりもインテリルンペンがたむろしていた。」

今東光の『奥州流血録』が代作であることは一部で囁かれていたが、ここまではっきり書かれてはいなかった。この記述からすれば、当時から代作であることは周知の事実だったのだろう。今東光自身も『毒舌文壇史』（徳間書店）や『東光金蘭帖』（中公文庫）の中で、他の作家たちの暴露話や知られざるエピソードをふんだんに語っているのに、そのことに関しては何も述べていない。代作者は一体誰なのか。

それに『奥州流血録』自体が読めない小説で、ストーリーを知るためには真鍋元之編『大衆文学事典』（青蛙房）の紹介によるしかなかった。同書によれば、嘉永年間の奥州南部藩における農民を始めとする三万余人の一揆を題材としたもので、今東光がマルクス主義最後の時代に執筆し、昭和五年に先進社から出版され、刊行時にはすでに剃髪していたとされている。手元にある同時代の先進社の本の巻末の「刊行図書目録」を見てみると、確かに『奥州流血録』がある。しかし読むことは難しいだろうと思っていた。その時代の先進社の小説が入手困難だとわかっていたからだ。

ところがその後、所用があって静岡へ出かけた際に、古本屋の安川書店に立ち寄ってみた。その棚に『愛闘』という本があり、背表紙に明らかに一揆とわかる蓑笠姿の群像がカラーで描かれ、目を惹いた。帯の下に岩手出版とあった。著者名は帯に隠され、わからなかった。そこで取り出してみると、帯裏に次のような惹句が記されていた。

「1930年（昭5）『奥州流血録』（今東光著）として発表されたこの長編小説には幾多の謎と当時の文壇裏面史が秘められている。宮城県で生まれ岩手で育ち、緻密な史実調査をもとに書かれた問題作。生出仁が今よみがえる。」

何と『愛闘』は『奥州流血録』の復刻で、ここで真の作者が生出仁だと初めて明かされているのだ。

サブタイトルには「小説・南部三閉伊一揆の明暗記録」とあった。昭和六十三年に刊行され、岩手出版の住所は岩手県水沢市なので、地方出版物ゆえにこれまで目にする機会がなかったのだと思われた。巻末には茶谷十六の二十ページに及ぶ詳細な解説「非運の作家 生出《おいで》仁《まさし》の再生を期す」が寄せられ、その読みと一枚の写真が示され、生出の生涯も綿密に描かれている。生出の名前は文学事典の類にも登場していないし、これが最初のまとまった紹介だと考えられる。だから茶谷の記述にそって、生出の生涯を追ってみよう。

生出は明治三十七年宮城県に生まれ、後に岩手県に移り、大正十一年に盛岡高等農林学校を中退し、県の山林課に勤め、木炭検査員として県内各地をめぐり歩いている。彼は宮沢賢治の後輩にあたり、同じような岩手の文化環境の中にいたのだろう。この時代から詩を書き始め、『銀壺』や『貌』といった同人誌に参加し、処女詩集『一冊の詩画帳』を出している。そして十五年に県庁を退職し、文学活動を飛躍させるために上京する。高円寺に住み、短編小説を書き、三十七年《みなとし》竜吉《りゅうきち》の名前で詩を発表し、また昭和二年から長編小説『奥州流血録』に取り組むことになる。

この嘉永六年に起きた南部三閉伊《なんぶさんへい》一揆を題材とする作品は、生出自身の木炭検査員の経験の他に、やはり昭和二年に刊行された小野武夫編『徳川時代百姓一揆叢談』（刀江書院）に収録の仙龍軒南石の「遠野唐丹寝物語《とおのとうにねものがたり》」からの触発、及びプロレタリア運動の高揚を受けて書き進められたという。さらに付け加えれば、読後の私的印象だが、大正時代から台頭し始めていた大衆文学とプロレタリア文学がドッキングしたとも考えられる。落合茂はこの時期に生出と知り合ったのだろう。

しかしこの無名の新人作家によって書かれた四百字詰八百枚近い大作を引き受けてくれる出版社は見

つからず、昭和四年に知り合い、すでに気鋭の作家と目されていた今東光の名前で出版されることになったのである。そのことについて、茶谷は書いている。現在の段階で二人の関係の経過を詳らかにできないが、「主として販売の都合から、両者の合意の上で今東光の名で世に出された」。だが先進社版の「序文」の末尾に「この物語執筆に当って岩手県人である生出仁君の労を感謝して置きたい」という一節が添えられていると。

しかし生出自身、「あのころ食に詰めていなければ、『奥州流血録』だけは自分の名で発表したかった」と痛恨の思いをもらしていたようだ。その後、生出は文学活動から身を引き、業界新聞の編集長となり、戦後は『北日本水産新聞』を発刊したが、昭和二十九年にその生を終えたという。

36　南方熊楠と酒井潔

十九世紀末から二十世紀初頭にかけての欧米の文化史や文学史をたどっていくと、ホモセクシャルやレスビアンといった同性愛の陰影に気づく。それはおそらく二十世紀になって欧米で共時的に誕生した近代出版社の様々な雑誌や書籍を通じ、かつてない拡がりをもって伝播していったと思われる。それらの動向について、海野弘の『ホモセクシャルの世界史』（文春文庫）、リリアン・フェダマンの『レスビアンの歴史』（富岡明美、原美奈子訳、筑摩書房）が参考になる。また最近になって、ロバート・オールドリッチのビジュアルな『同性愛の歴史』（田中英史、田口孝夫訳、東洋書林）も出た。

それは日本でも同様で、これまで取り上げてきたように、大正時代には山崎俊夫、倉田啓明、佐治祐吉などのホモセクシャルな世界が近代小説として描かれることになった。それに当時の同人誌に集った人々を見てみると、今東光と川端康成の関係にホモセクシャルなニュアンスが漂っているし、彼らのような例は枚挙にいとまがない。このほど刊行された丹尾安典の『男色の景色』（新潮社）は、日本文化に根ざす男色の光景を追求し、現代文学まで及んでいて、触発されることも多い。だがさらに踏みこんで明治大正文学を詳細に検討すれば、男色のパースペクティブは限りなく拡がり、まだ多くの作品が挙げられるのではないだろうか。

大正時代にはその一方で、日本特有の男色研究も始まっている。それは南方熊楠、岩田準一、中山太郎、江戸川乱歩、稲垣足穂を経て、今東光まで継承されたと見なしていい。さらに男色についての著作は残さなかったが、折口信夫も明らかに同じ陣営に属していた。また柳田国男は民俗学に性を持ちこむことを避け、男色も遠ざけていたが、彼と田山花袋の関係は、今や川端とも異なるホモセクシャルな傾向を示していたように思われる。

さて南方の男色論は岩田準一との往復書簡を一冊にまとめた『南方熊楠男色談義』（長谷川興蔵他編、八坂書房）として刊行されている。これには足穂の「南方熊楠児談義」と乱歩の「同性愛文学史」も収録され、用意周到の男色論集成であるが、ここでは南方の男色論に踏みこまず、彼の出版にまつわる事実を書いてみよう。なぜならば、梅原北明の出版人脈が南方の最初の著作を刊行し、また梅原の盟友酒井潔は紀州田辺へ出かけ、「南方先生訪問記」を発表している。つまり南方熊楠は梅原人脈によって発見され、酒井にとって彼は崇拝の対象ですらあった。

だが書簡の中で、南方は酒井の『薫苑夜話』（三笠書房）にふれ、口絵写真に自分の葉書を掲載したり、収録の「訪問記」に勝手に自分の絵を入れたりしたことがあってか、酒井を「はなはだしきいかさま師」と呼び、岩田準一も梅原一派の「インチキ者」と応じている。「はなはだ」梅原も酒井も評判が悪いが、二人が組織した出版ネットワークの中から、南方もまた著者としてデビューしてきたことは間違いない事実なのだ。

これも本書16で既述しているが、南方の最初の著作は、大正十五年二月に坂本書店から刊行された『南方閑話』で、編輯責任者を本山桂川とする「閑話叢書」の第一巻となっている。もちろん発行者は坂本篤である。岡書院の『南方随筆』は同年五月出版だから、三ヵ月先行していたことになる。『南方閑話』の印税にまつわる話を岡茂雄が『本屋風情』（中公文庫）の中で、イニシャルを用いて書いている。

「大正十五年の春『南方随筆』上梓の少し前、S書店から『南方閑話』が出版されているが、その世話をしたM氏が、翁に届けられたものは、その何冊かと金三十円だけで、もう何冊送ってくれといったら、それでは自分の手許が困ることになるといってきた。（後略）」

つまり『南方閑話』は三十円の買切原稿で、M＝本山が企画編集し、発行所を坂本書店に依頼したと思われる。そして本山は三十円で南方の著作権譲渡を得たと見なした。奥付に版権所有者として本山の名前が記載され、検印の判も同様なのは著作権譲渡出版を意味しているのだろう。しかし編集費や製作費を負担したことにより、坂本書店に在庫の権利があり、それ以上の献本はできないので、前述のような返答になったと考えられる。当時のマイナーな出版の事情を垣間見せている。だがそのような事情を、南方も岡もまったく理解していなかったのである。南方はこれを契機に本山と絶縁したと岡に伝えている。『南方随筆』は印税方式をとったとのことだが、さすがの南方にしても、金銭をめぐる当時の出版の複雑な関係と諸事情は理解の外にあったようだ。

個人雑誌『談奇』第五冊（昭和五年九月）に掲載された酒井の「南方先生訪問記」は、桃源社の『悪魔学大全』に再録されているので、『薫苑夜話』を入手しなくても、容易に読むことができる。後に「はなはだしきいかさま師」と南方から悪しざまに言われるのが気の毒なほど、酒井は襟を正して、「南方先生訪問記」を次のように書き出している。「南方熊楠先生が蟠居する紀州田辺は、永いこと私の聖地《メッカ》だった」と。酒井は自分の名刺、斎藤昌三の好意で得た紹介状、自著の『愛の魔術』（国際文献刊行会、復刻桃源社）や『巴里上海歓楽御案内』（竹酔書房）など三冊に加えて、手土産も持参し、南方の自宅を訪れた。だが取次の老人が出てきて、病いのために面会は断わると言われたので、本を預け、宿所を書き残し、帰ってきた。すると五日後に南方の秘書雑賀貞次郎が現われ、面会許可を告げた。そして再び酒井は南方の自宅に赴き、南方と初めて対面する。

「斯うして相対して見ると、どうして例の重瞳とでも云う可き特徴のある、射るような三角眼が太い眉毛の下でギョロリと光る有様なんかは、老いて益々旺なりと云う言葉を如実に物語っている。

裸身白湯巻の肥大な先生がキチンとかしこまって坐って居る様を想像し給え。其のユーモラスの恰好たらない。」

この姿を酒井は「書斎裡の南方熊楠先生像」として自ら描き、掲載して「最近の先生の偉容」を伝えようとしている。これも南方の怒りをかうようなものではなく、他に見られない南方の「ユーモラス」なポートレートに仕上がり、酒井の南方に対する敬意に充ちている。昔の純浮世絵式日本美人のことから古代ギリシャの絵画彫刻、宦者、英国時代の話、世界の性的笑話、心霊科学、蛇と粘菌の標本と話は次から次へと弾み、夜中の三時半にまで及んだ。午後の七時半から始まったので、正味八時間が経っていた。「君は若いのだから本当の学者になれ」と南方から言われたことを記し、南方の「人類の為に百までの御長寿を祈って此の記事を終る」と酒井は「南方先生訪問記」を結んでいる。

37 岡書院の『南方随筆』

この際だから南方熊楠の『南方随筆』にも言及しておこう。南方熊楠の著作の出版元年は大正十五年である。大正十五年二月に坂本書店から『南方閑話』、五月と十一月に岡書院から『南方随筆』と『続南方随筆』が刊行された。この三冊の刊行を機にして、熊楠は一部の愛読者たちばかりでなく、広く知られる存在になっていったように思われる。

以前にそれほど間を置かず、浜松の時代舎で『南方閑話』と『南方随筆』の二冊を入手し、その感を強くした。それまでに熊楠が様々なリトルマガジンに多くの論文を寄稿し、高い評価を得ていた事実は承知しているが、やはり書物というかたちにあらためて接してみて、当時の文化状況にあっても、一年間で立て続けに三冊出版されたことはかなりインパクトがあったにちがいないと確信した。とりわけ『南方随筆』は『南方閑話』の百八十ページ余りに対して、四百七十ページに及び、熊楠の底知れぬ学識を知らしめるに充分な厚さであった。『南方閑話』はまたの機会にゆずることにして、『南方随筆』を入手したことで、ずっと確かめてみたかった一文を読むことができた。ここではそれを報告しよう。

岡書院の岡茂雄の『本屋風情』（中公文庫）に『南方随筆』出版までの経緯、及びそれにまつわる事情が記されているので、まずは参照しておく。大正十四年の暮れ頃、岡が民俗学の寄り合いで、南方熊楠のものを出したいともらしたところ、博文館の編集者時代から熊楠と親交のあった中山太郎がその交渉を引き受けると応えた。熊楠から中山宛に承諾の手紙が届いたのは同十五年の二月初めで、編集は柳田国男の出版代行者でもある岡村千秋が担当し、五月に刊行の運びになった。だがトラブルが発生する。岡はこの時点で、まだ熊楠に会っていなかった。

「一般の人のためにと思って、巻末に、編集者の後記というような形で、翁の概貌を中山さんに書いていただいたのだが、これが翁の激怒を買い、繰り返しお叱りをいただくことになった。」

この詫びを入れるために、岡は六月に田辺に向かい、熊楠と初めて出会うのである。中山が同書に寄せたのは「私の知っている南方熊楠氏」という一文だった。ちなみにふれておくが、中山への承諾の手紙、岡への苦情の手紙はいずれも『南方熊楠全集』（別巻1、平凡社）に収録されている。そして重版に際して、中山の一文は削除されてしまい、その後の復刻でも同様で、岡書院の初版にしか収録されなかったことになる。岡の説明によれば、代わりに熊楠の自叙伝が提案され、さらに全貌を伝えるための全集の企画へと結びついていった問題の始まりだった。

熊楠の手紙における苦情の内容を要約してみる。「私の知っている南方熊楠氏」は「すなわち小生も中山君の一篇を小生の名を題した小説稗史と見るものに候」と熊楠は書き、息子の病勢重しとか、日本酒二升、ビール三、四本を毎日のように呑むなどの記述は間違っているので、それらを記したページは削除してほしい。その他に二箇所の訂正を頼んでいる。しかし中山は「いかなる虚言多きにせよ、堂々と中山太郎と本名を出して書きたるだけはよほど立派な根性の人」として、熊楠は中山に続編の編集を頼むようにとも書いている。だから手紙から、岡のいう「翁の激怒」はあまり感じられないし、熊楠も最後のところで「毎度申し上ぐる通り小生はこんなことは少しも介意せぬ男」との言をはさんでいる。むしろ文面に「拙生家内ことに愁うる」とか、「妻子など気が小さくいろいろと心配する」とあることから判断すれば、熊楠が妻の松枝に配慮して、この手紙を岡に出したように思えてくる。しかし問題の「私の知つている南方熊楠氏」は、岡書院の『南方随筆』にしか収録されていないので、これまで読むことができなかったのである。

ようやく入手した『南方随筆』の中山の三十ページほどの文を読んで、さすがの熊楠も困ったのではないかと思われる部分に突き当たった。それは夫婦喧嘩の記述である。少し長くなるが、引用しておこう。妻が実家に逃げ帰ると、熊楠は追いかけて、次のような行動に及ぶと書かれている。

「闘鶏社の拝殿に素ッ裸のまま大胡座をかき、結婚以来、微に入り細に至るまで、夫婦間の情事を漏さず書き記した日記を声高らかに読み上げる。安宅関の弁慶糞を喰へ、一茶の七番日記でも跣足で駈け出すほどの珍妙な日記だ。これを聴かされては妻女は顔から火を出さぬばかり、真赤になつて便所に隠れて耳を塞ぐ、舅も姑も開いた口が塞がらず、何事が起つたかと駈けつける町内の甲乙も、腹をかかへるやら顔の紐を解くやら大騒ぎ、両親は娘を呼び出し、「親が両手を合わせて頼むからどうぞ帰つてくれ」と宥《なだ》めたり偏《すが》したりして戻すのが常であつた。氏の戦法は斯かる事にも奇想天外から落つるものがあつた。」

中山は「愉快」なことのように記しているし、岡も読者も熊楠らしい「愉快」なエピソードだと思ったかもしれないが、恐妻家の一面もあったとされる熊楠は、かなり「拙生家内ことに愁うる」立場に追いやられ、遠回しに削除を申し入れたのではないだろうか。

38　岩田準一と田中直樹

『南方熊楠男色談義』（八坂書房）の岩田準一の書簡を読んでいて、教えられるのは男色の文献に関してばかりでなく、彼の東京生活が四、五年であったにもかかわらず、いくつかの出版シーンに立ち合い、その後も出版社の内実に絶えずアンテナを張っていたという事実である。それは江戸川乱歩との交流に加え、竹久夢二から与謝野鉄幹との出会いにまで及び、図らずも知らずにいた出版社のことを開示している。彼の書簡と巻末の「晩年譜」を照合しながら、その出版との関係を追ってみる。

岩田は中学校時代に乱歩と出会い、夢二に私淑し、夢二風の多くの絵を描き、それらは『竹久夢二その弟子』（桜楓社）という彼の画文集にまとめられている。夢二にそれこそ夢中になり、岩田は神宮皇學館を中退し、東京の文化学院美術科に入学するほどで、夢二の代作も担い、昭和三年に宝文館から刊行された『夢二抒情画選集』の編集も受け持った。さらに彼の夢二コレクションは膨大なものだったが、死後に日本常民文化研究所に寄贈され、それから出版社の龍星閣にわたり、夢二の復刻本の原本になったという。また皇學館時代には与謝野夫婦が監修した『日本古典全集』（其刊行会）の編集も手伝っていたから、実質的な編集長だった正宗敦夫とも交流があったかもしれない。そして平凡社の『江戸川乱歩集』（『現代大衆文学全集』第三巻）の挿絵も描いている。これらの岩田の出版体験記は乱歩たちとの関係もさることながら、東京生活を昭和初期円本時代の中で過ごしたことにも起因している。

その後鳥羽に帰り、男色文献の研究に入り、昭和五年から乱歩の斡旋で、『犯罪科学』に「本朝男色考」を連載し、南方との書簡往来が始まるのである。書簡のきっかけになった『犯罪科学』の「本朝男色考」のページには南方の書きこみがあり、それが『南方熊楠男色談義』の口絵写真として収録されている。『犯罪科学』の版元はやはり円本の『近代犯罪科学全集』の武俠社である。岩田の書簡によれば、乱歩を通じて『犯罪科学』の編集長の田中が、「本朝男色考」の連載を即断し、優遇してくれたが、六年になって「熱血な人」田中が退社したので、『犯罪科学』との関係がこじれてしまったようだ。そのためだと思うが、岩田の「略年譜」を見ると、七年から掲載誌が『犯罪科学』から『犯罪公論』へ移っている。

『犯罪科学』も『犯罪公論』も所持しておらず、語る立場にないのだが、『犯罪公論』については気になる記述が記憶に残っている。それは高見順の『昭和文学盛衰史』（文春文庫）の一節で、昭和八年の小林秀雄たちの第一次『文学界』創刊号の「編集後記」を引用し、そこには「経営者田中直樹氏の献身的な努力も約束された」とあった。そして高見は続けていた。

「文中の経営者田中直樹というのが、『犯罪公論』をやっていたひとである。『犯罪公論』というようなエロ・グロ雑誌の発行者に、どうして『文学界』のような純文学雑誌の発行をゆだねたのだろうか。今日から見ると、奇怪な感じである。」

だが当時としては「やや意外という感じ」であっただけだと高見は述べ、続けて『犯罪公論』の目次を紹介し、この時代特有の社会的反逆精神を秘めた「『犯罪公論』は単なる猟奇雑誌なのではなく、田中直樹は単なる猟奇雑誌の発行者なのではなかった」と書いている。文学史から見れば、何のつながりもないが、出版史をたどれば、『文学界』の小林秀雄たちと、梅原北明の出版人脈は交差していたことになる。

この田中直樹が岩田準一の担当編集者であり、「今では心易くなってしまっている田中氏」ではないだろうか。高見は田中が『文化公論』という雑誌も発行していたと記しているし、昭和九年に岩田も『文化公論』に「稚児伝説」を発表していることから、ほぼ同一人物と断言していいだろう。この「稚児伝説」をめぐって、八年の暮れに岩田はもう一度田中のことを南方に報告している。それは田中が秦豊吉(丸木砂土)と一緒に鳥羽を訪れ、岩田の兄が朝日新聞社の鳥羽通信員だったので、案内役を任せたところ、秦は兄とハリウッドの俳優である上山草人の関係を探り出し、それを雑誌に書いてしまった。そのことで兄は迷惑し、上山との長年の交誼を失い、岩田自身も田中を憎むようになったが、「彼もその後経営困難の悲境に陥ったので、昔の情誼を重んじ、タダで拙稿を与えた」と書き、執筆者たちも「左傾しそうな連中ばかり」だと南方にも用心を促している。

調べてみると、田中は武俠社を退社し、昭和六年九月に『犯罪公論』を創刊し、四六書院から発行している。どのような関係なのかわからないが、四六書院は『古本通』などを始めとする「通叢書」の版元で、三省堂の子会社である。そして『文化公論』を刊行するに及んで、四六書院から独立して文化公論社を立ち上げ、昭和八年十月にはこれらの二誌に加え、『文学界』を発行するに至る。しかし『文学界』は九年二月の五冊で休刊になってしまい、その後を野々上慶一の文圃堂が引き受けるのだが、同様の運命をたどり、十一年からは文藝春秋社が発行所となり、現在まで続くことになる。

おそらく岩田が「彼も経営困難の悲境」と言っているのは『文学界』休刊前後をさしているのだろう。だが田中がいなかったならば、岩田と南方の往復書簡も成立しなかったかもしれないし、『文学界』も創刊されたかどうかわからない。その意味で、田中についての詳細は明らかでないにしても、出版史において果たした役割は大きいと思われる。

39　田中直樹『モダン・千夜一夜』と奥川書房

前回取り上げた田中直樹について、もう少し付け加えておこう。彼には著書が一冊だけあり、それは『モダン・千夜一夜』で、昭和六年にチップ・トップ書店から刊行されている。菊半截判、二百ページ弱の小著だが、本文とは別に五十枚余の西洋人女性の乳房もあらわで扇情的なヌード写真が収録され、当時のことゆえ、たちまち発禁本になってしまったようだ。私が所持する『モダン・千夜一夜』の見返しにも、以前の所有者が書いたと思われる「発禁本」なる言葉が黒インクでしたためられている。この一冊は金沢のオヨヨ書林から購入したものである。

本文は主として百有余の艶笑コラムからなり、通読してみたが、とりたてて紹介するようなコラムはひとつもない。田中直樹もそれを自覚していて、「自序」で『犯罪科学』に毎月書かされた「埋草」だと述べている。しかし彼の言う「愛すべき埋草」は昭和初期のエロ・グロ・ナンセンス時代の風俗や世相のニュアンスが表出し、田中が『犯罪科学』や『犯罪公論』の編集者らしい、世俗に通じた人物であったことを彷彿とさせる。ただ『犯罪科学』連載以外のことは何も書かれていないので、『モダン・

千夜一夜』に田中の手がかりはつかめない。

だが田中と『犯罪公論』は思いがけないところに姿を現わす。それは猪瀬直樹の『ピカレスク 太宰治伝』（小学館）においてである。猪瀬は次のように書いている。

「編集長の田中直樹という人物は小学校しか出ていないが、なぜかあの菊池寛とつながりがあり『文藝春秋』の仕事をしていたらしい。その後、興文社で『小学生全集』の編集に関わった。さらに三省堂の子会社四六書院に入り、『犯罪公論』を創刊する。『犯罪公論』で経営が安定したら『中央公論』のような総合雑誌を出すんだ、が口癖で、とうとう文化公論社を創業した。」

おそらくこの部分の出典は猪瀬が「参考文献」に挙げている、田中の「『文学界』創刊の思い出」（『文学界復刻版解説』所収、日本近代文学館）、及び久保喬の『太宰治の青春像』（六興出版）ではないだろうか。

久保喬は太宰の仲間で、川端康成の紹介で創刊された『文学界』の編集を手伝っていた。そして久保は太宰に田中を紹介する。意外なのは田中の風貌で、「痩身の若い男で、丸ビルなどではたらく背広に身をかためて隙を見せないビジネスマンふうであった」。田中は太宰に大衆が求めている作品、すなわち犯罪小説の執筆を勧め、太宰は自らの心中事件を題材とした探偵小説「断崖の錯覚」を書き上げる。だが『犯罪公論』は廃刊になってしまい、それは『文化公論』の翌年四月号に黒木舜平のペンネームで掲載された。しかし『文学界』の二月号廃刊に続き、『文化公論』もこの号で終わり、文化公論社は倒産に至るのである。このことによって、太宰は探偵小説家への道を閉ざされたと猪瀬は指摘している。

一方で田中はどうなったのだろうか。彼はその後も出版界でしぶとく生き永らえていた。『ピカレスク太宰治伝』が刊行されたほぼ一年後に、末永昭二による「田中直樹とエログロ雑誌」(『彷書月刊』二〇〇一年九月号所収)が書かれ、田中が昭和十一年に『犯罪実話』の編集長としてカムバックしていることを教えられた。末永は同じ頃、『貸本小説』(アスペクト)を刊行し、私は同書と彼の『城戸禮人と作品』(里艸)に言及した「貸本小説、春陽文庫、ロマン・ブックス」(『文庫、新書の海を泳ぐ』所収、編書房)なる一文を書いている。

猪瀬や末永の記述、及びこれまでの本書の流れから推測するに、田中のプロフィルは鮮明ではないにしても、彼は少年社員のようなかたちで興文社に入り、円本の『小学生全集』の関係で菊池寛の知遇を得る。その一方で上司だった柳沼澤介と一緒に武俠社を立ち上げ、『犯罪科学』と本書31で既述した『近代犯罪科学全集』や『性科学全集』の編集に携わる。そして四六書院を経て、文化公論社の創業と倒産、『犯罪実話』編集長へと至ったのであろう。ただ末永もその後の田中の動向はわからないと述べている。

私が末永の一文に最も驚いたのは田中のことではなく、『犯罪実話』の版元に関する既述だった。末永によれば、この雑誌の前身は昭和六年創刊の『探偵』で、翌年に『犯罪雑誌』に改題となる。版元は水泳書、エログロやプロレタリア文学を出していた駿南社であった。ところが田中が編集長に就任した時、その版元は『実用雑誌』を発行する実用雑誌社に変わり、発行人は奥川栄となっていた。さらに奥川は奥川書房、『釣之研究』という雑誌を出す釣之研究社の社長だった。奥川書房=釣之研究社は実用書や大衆小説の他に、水谷不倒、中村古峡、尾佐竹猛の再刊本も刊行していたと末永は書いていた。

これを読んで、定かでなかった日本の釣の雑誌や本の出版の背景の一端が示されていると思った。私は『古本探究』でアテネ書房が昭和五十四年に復刻した『「日本の釣」集成』、及び昭和初年の春陽堂の『クロポトキン全集』のことを書いている。実はクロポトキンの訳者の一人である安谷寛一が昭和七年に『釣の新研究』、九年に『鮎を上手に釣る』をそれぞれ駿南社と奥川書房から出していて、そこにはどのような事情が潜んでいるのかと考えていた。それにこの二冊は見つからず、現在に至っても入手していない。

アテネ書房の復刻には昭和十六年に釣之研究社が刊行した金子正勝の『毛鉤釣教壇』という三五判の一冊も含まれ、その奥付には発行者の奥川栄の名前もある。そしてまた『解題「日本の釣」集成』には奥川は出てこないが、同誌の編集長を務めた岡部丹虹の「私の『釣之研究』時代のこと」も収録され、雑誌の表紙も見ることができる。

そして巻末に置かれた金森直治の明治から終戦時代までの「《釣り文献》刊行目録」を眺めていると、ここに釣をめぐる近代出版史が集約されているとわかる。そのかたわらで田中直樹のような編集者やアナキスト安谷寛一が併走していたのであり、そこにはマルキシズムとアナキズム文献、エロ・グロ・ナンセンス出版の果てに見出された、もうひとつの出版の世界が示唆されているように思われる。

40　横山重と大岡山書店

『南方熊楠男色談義』（八坂書房）の中には、思いがけない人物の名前が出てくる。それは昭和十四年六月十九日付の南方から岩田への手紙で、次のように書かれている。

「今日十二日出状をもって、東京横山重君より交渉有之《これあり》、氏と巨橋頼三氏と二人の手で三、四年前より出しおる『近古小説集』の内、稚児物語草子類として出板すべく用意中のもの左のごとし。（後略）」

そして『稚児観音縁起』など十八点の書目が挙げられ、『岩つつじ』や『藻屑物語』が入っていないことに疑義を発している。また南方は男色文献に詳しい岩田を横山に紹介し、横山のほうも岩田に手紙を送り、岩田は補足する書目を記した返事を横山に戻している。これは六月二十一日付の岩田の手紙からわかる。しかも横山のことはこれで終わってはない。

さてここで横山についてふれなければならないだろう。横山はあの名高い『書物捜索』（角川書店）の著者であり、稀代の愛書家にして蔵書家、また文字通り「書物探索」者だった。だがその名前は人名辞典類には掲載されていない。しかし『神道集』の研究から始まり、絶えず美本、異本を渉猟し、定本となる古典籍を求め続け、本文校訂に邁進し、次々と『室町時代物語集』『古浄瑠璃集』『説教節正本集』『琉球資料叢書』などを刊行し、横山は国文学研究に比類なき貢献を果たしている。

さらにこれはあまり知られていない事実であるが、そのような書物を刊行する出版社が大岡山書店だった。『書物捜索』の「序に代えて」で鈴木棠三が書いているように、「大岡山書店は、もともとは横山氏の経営ではなく、単なるプロデューサーとして関与したのであったが、その発展継続のためには、次第に資金面でも面倒をみなければならぬようになって行った」らしい。大岡山書店は大正十四年四月に柳田国男の『海南小記』と『郷土会記録』を処女出版として始まり、昭和四、五年には折口信夫の『古代研究』全三冊を刊行し、これらの編集も横山の手を経ている。しかし「出版業者として正面から登場しようとしなかったために、その面での正当な評価を得ないでいる憾みがある」。確かにそのとおりで、『定本柳田国男集』や『折口信夫全集』の索引にも横山の名前は見出せない。手元にある『郷土会記録』の奥付を見ても、発行者は荏原郡馬込村の新村武之進となっていて、大岡山書店の住所も馬込村高工前とあるので、社名が地名からつけられているとわかる。だから新村という名も出版史に残されておらず、この出版社に関するまとまった記述もほとんど不明のままで、大岡山書店は民俗学書関係の書物を刊行した出版社として、記憶されているだけだろう。

ところがこの横山と大岡山書店のその後が、岩田の昭和十五年十二月二十日付の手紙の中に出てくる。そこで岩田は横山から来信があり、南方へ伝言を頼まれたことから始めている。それは横山が企画した大岡山書店での南方の全集をめぐってである。岩田はまず事業を説明している。

「すでに御承知でしょうが（中略）、大岡山書店というものは潰れて了っているのだそうです。最初から横山氏自身が出資されて友人に経営させていたのでしたが、損ばかりして次々に潰してしまい、今では横山氏の自費出版の室町物語類の刊行に名義を使っているだけだそうです。それで先生の全集を出そうとすれば、大岡山からではなく、かつての教え子であり友人である名取氏が出すことになっていたのでした。横山氏は、後盾となって種々奔走し、時には金子も出して、綜合的な折れ合いが全ての方面にっくように尽力されたのだそうです。」

そのために横山は「例の問題の十二支の御研究」の著作権も、中村古峡から千二百円で買い取ったと岩田は述べている。これはどのような事情なのかわからないのだが、南方は中村の望みで、その「板権」を売り渡している。おそらく中村は自分が出版するつもりだったのではないだろうか。彼は『変態心理』の主宰者で、南方は寄稿者であることから関係が生じたと思われる。また中村が小説『殻』や「変態文献叢書」シリーズの『変態性格者雑考』の著者であることは既述したが、さらに彼の詳しい生涯に関しては、拙稿「大本教批判者としての中村古峡」(『古本探究Ⅲ』所収)を参照されたい。

さて南方の「十二支考」は大正三年から十二年にかけて、博文館の『太陽』に連載され、百科全書的な南方の名を広く知らしめた力作であった。しかしこのようなことがあってか、昭和二十六年刊行の乾元社版全集の第一・二巻にまとめられるまで、出版されることはなかった。

横山の「十二支考」の著作権買い上げなどの「種々奔走」にもかかわらず、名取書店から出すにしても自分が資金を調達しなければならない。だが横山は製作費の捻出ができず、全集は見送るしかない状況に追いやられてしまったのである。結局のところ、大岡山書店で様々な資金を使い果たしてしまったのであろう。「横山氏はこれまで室町物の自費出版で多大の費用を使い、本は少しも売れぬ故、もうこ三、四冊出して、あの膨大の計画の草子類の刊行も見合わされる由」と岩田は説明している。

残念なことに「稚児物語草子類」の出版も流産してしまったと思われる。この手紙に対して、南方からの返事は残されていない。それでも意外なことに『南方熊楠男色談義』は、『書物捜索』に語られていなかった横山重、大岡山書店、実現しなかった南方全集の企画といった知られざる出版史の事実を、図らずも浮かび上がらせてくれたのである。なお横山の校訂著作目録は『書物捜索』下巻に収録されている。

41 『岩つつじ』と「未刊珍本集成」

南方熊楠が横山重から「稚児物語草子類」の出版リストを送られ、これに『岩つつじ』と『藻屑物語』を加えてはどうかと岩田準一に手紙を出したことを記したが、『岩つつじ』に関しては岩田が『男色文献書誌』に取り上げ、解題を付している。著者の北村季吟は江戸前期の歌人、俳人、古典学者で、岩田の解題によれば、『岩つつじ』は延宝四年に刊行の「もっぱら歌集物語等より衆道に関する文献を摘録して編纂注記せるもの」であり、「本朝における古典の衆道文献集としてその量は問わず、実は最初にして唯一のものなり」とされている。

『岩つつじ』の書誌として［三十幅。軟派珍書往来。花街叢書」が挙がっている。これらの三種はいずれも未見だが、「三十幅《みそのや》」は大田南畝の蔵書印のひとつで、『大田南畝全集』（岩波書店）の第十九巻所収の「叢書細目」を見ると、巻十二が『岩つつじ』とある。大正十一年に『三十幅』は国書刊行会から四冊の活字本で出版されている。『軟派珍書往来』は西鶴の研究者にして出版者の石川巌の著書で、「変態文献叢書」の一冊として、昭和三年に文芸資料研究会から出され、「花街叢書」も大正時代に石川が編集刊行したもので、どちらもその中に『岩つつじ』の収録があると思われる。

さらに石川について付け加えれば、彼は吉野作造たちの『明治文化全集』（日本評論社）の編纂メンバーであり、澁澤敬三のアチック・ミューゼアムの客員のような立場にあった。伊藤竹酔のところで、伊藤が澁澤に頼まれ、民俗資料の買い入れをしたことを記しておいたが、岩田もまたアチック・ミューゼアムの客員と考えてよく、男色文献人脈は民俗学や明治文化研究会の人々とも交差していたことになる。

さてこの『岩つつじ』であるが、岩田が挙げた他に、昭和八年に出された「未刊珍本集成」の第一輯に収録されている。奥付を見ると、発売所は神田区表神保町の文新社、発行所は文新社内古典保存研究会、発行者は北村宇之松、編集者は蘇武緑郎と今関良雄の連名である。「未刊珍本集成」は「非売品」扱い、全十二巻の予定で刊行されたが、発禁処分を受け、第四輯で中絶したようだ。蘇武緑郎は大正時代に向陵社という出版社から、禁止物刊行会や江戸文学研究会を名乗り、『梅暦』や『浮世草紙』を刊行している。だがどのような人物なのか、詳細はわからない。斎藤昌三が『三十六人の好色家』(創芸社)で、言及にもれた人物として名前を挙げているのを知っているだけで、文新社や今関良雄についても同様である。

「未刊珍本集成」のこともずっと忘れていたのだが、二〇〇八年一月号から六月号にかけて『新潮』に連載された丹尾安典の男色イコノロジー研究「いはねばこそあれ―男色の景色」(二〇〇九年『男色の景色』として出版)を読み、そこに「未刊珍本集成」所収の『岩つつじ』への言及を目にし、この巻だけを所持していたことを思い出したのだ。

探してみると、裸本で疲れが目立つ本が出てきた。確かに『岩つつじ』が収録され、解説によれば、「恐らく男色に関する文献中最古のもの」で、国書刊行会本は原本と相異する点があるので、厳密に原本と照合したとされている。丹尾の言及があるにしても、『岩つつじ』はほとんど読まれることもないだろうから、ここでその内容を少しばかりたどってみる。「未刊珍本集成」版の『岩つつじ』は四十ページほどだが、「全」とある。

北村季吟は「岩つつじ叙」で、男色を詠んだ歌は多くはないが、「古今集よりはじめ敷島の道の草双紙また歌ならぬ絵物かたりの中などにてもやさしく捨てがたきことあれば見るにしたがひて書をあつめつつ岩つつじとなん名づくめる」と述べ、まず最初に『古今和歌集』の次の一首を引いている。

思ひ出づるときはの山の岩つつじ
いはねばこそあれ恋しき物を

この歌の現代語訳を示す。『古今和歌集』（「新潮日本古典集成」）の奥村恆哉校注による。

「あなたのことを思い出す時は、常磐の山の岩つつじではないが、口に出して言わないだけで、本当は恋しくてたまらない。」

これは「読人不知」となっているが、北村は北畠親房の『古今抄』を引き、弘法大師の御弟子真雅僧都に向けられた貞観寺僧正の作だと注釈を加えている。またここから「いはねばこそあれ」のタイトルを引いた丹尾は、男色の祖である空海の実弟、もしくは弟子の真雅がまだ少年だった在原業平を詠んだ歌という説を紹介している。それだけでなく、この『岩つつじ』は男色という解読格子を用い、様々な和歌集や物語などに秘められた景色を浮かび上がらせていて、それは『徒然草』にまで及んでいるのである。

さてこの『岩つつじ』を収録した「未刊珍本集成」第一輯にはその他に四編が含まれ、その中に『東京妓情』も入っている。実は山崎俊夫のことを調べるために、編著である生田耕作のエッセイ集を何冊か読んだ。すると『紙魚巷談』（倒語社）の一節が『東京妓情』にあてられていたのだった。その書影も掲載され、明治十六年刊行の上中下の三巻本で、明治初期の欧化時代における東京の二十数ヵ所の花街誌である。著者の酔多道士は戯文で鳴らした田島象二の号とされ、彼は確か『本道楽』の寄稿者だったはずだ。『本道楽』のことは拙稿「『本道楽』について」（『古雑誌探究』所収）を参照されたい。

私は『岩つつじ』のみならず、『東京妓情』のような本についても語る素養にかけているが、『岩つつじ』と同じ巻に入っていることに興味をそそられる。その他の三編も挙げておくべきだろう。それらは『桃源集』『西鶴栄花咄』『一角仙人四季桜』である。この五編は「未刊珍本集成」に埋もれたままになっているのかもしれない。これには内容見本があるようなので、いずれ入手してその全巻の内容を確かめてみたい。

42　古典文庫と『男色文献書志』

十年間にわたって岩田準一と交わされた書簡による男色談義は、昭和十六年に南方熊楠が死去したことで終わりを告げる。岩田準一は十八年に『男色文献書志』の草稿を完成したが、彼もその刊行を見ずに二十年一月に亡くなっている。岩田も北村季吟に触発されたことを示すように、その遺稿は「後岩《のちの》つつじ」と題され、戦後になって、岩田未人から江戸川乱歩へと託された。

そこに至る乱歩と岩田の関係を見てみる。七、八歳年上の乱歩が鳥羽の造船所に勤めていた時、岩田はまだ中学の上級生だったが、絵の個展を小学校で開き、それを乱歩が見にいったのがきっかけで、交際が始まったのである。『南方熊楠男色談義』やその他にも収録されている乱歩の「同性愛文学史　岩田準一君の思い出」の一節を引く。

「交りをはじめて少したつと、お互いに同性愛について興味を持っていることがわかり、昭和二、三年頃から、両人の同性愛文献あさりがはじまった。二人つれ立って、よく古本屋廻りをやったものである。東京だけでなく、名古屋や京都の古本屋へも行った。京都の醍醐三宝院で有名な「稚児の草子」を見たときも、二人いっしょであった。」

そして岩田は「本朝男色考」を書き始め、乱歩の紹介で『犯罪科学』に連載し、南方と書簡を交わすようになる。そのかたわらで「後岩つつじ」をまとめつつあった。また民俗学にも傾斜し、アチック・ミューゼアムの仕事のために上京し、そのまま東京で胃潰瘍の出血によって急死してしまう。それゆえに遺稿は乱歩に託されることになったのである。

乱歩はこれも本書12の『肉蒲団』の訳者の伏見冲敬の紹介で、第一組合稀覯文献研究会編の『稀書』に「後岩つつじ」を持ちこみ、「序」を寄せ、連載を始めている。しかし『稀書』は休刊になり、連載は中絶してしまった。また一方で「後岩つつじ」は『人間探究』で再連載され、これも休刊後、同9の『あまとりあ』に持ちこまれたが、掲載に至らなかったようだ。『人間探究』や『あまとりあ』についてはすでに書いたとおりだ。『稀書』は会員制の性風俗文献誌で、森山太郎の芋小屋山房から刊行されていた。森山の前身は医者にして坊主で、原文定本と銘打った『三大奇書』などを刊行したが、当局の弾圧もあってか、謎の失踪をとげたと伝えられている。

だが乱歩とこれらの人々の協力によって、岩田の存在と男色研究が戦後になって知られるようになった。そしてさらに乱歩は古典文庫の吉田幸一に依頼し、「近世文芸資料」の一冊として、「後岩つつじ」を『男色文献書志』と改題し、昭和三十一年にその三百五十部を限定出版した。製作費はすべて乱歩が負担したのである。岩田の昭和十九年吉日と付記された「凡例」が冒頭に置かれ、そこには次のような記述がある。

「この書目誌の成立に至るまでは、編者十数年の読書備忘の蓄積努力があった。それには南方熊楠、中山太郎両先生と平井太郎殿の渝らざる恩恵があったためである。殊に平井太郎殿は、この編纂に当って編者の脱する読書カード三百余枚と、数々の参考書を貸与せられた。」

言うまでもなく、平井太郎は乱歩の本名であり、この他にも尾崎久彌、横山重、市古貞次、稲垣足穂などにも謝辞が示され、岩田の男色文献が孤立したものではなく、同時代の具眼の士たちとの連携によって成立したことを教えてくれる。それは「男色の共同体」ならぬ「男色文献の共同体」とでも呼ぶことができるのではないだろうか。「追記」として、吉田幸一と朝倉治彦の連名で、「江戸川乱歩氏からの御委嘱により、本稿を公刊する」に始まる一文が末尾に置かれている。この古典文庫本はかつて古本屋で手にとったことがあるのだが、かなり高い古書価だったために買いそびれてしまった記憶がある。

このような機会を得たので、少しばかり古典文庫にも言及したいと思う。実は『書物捜索』の「横山重著作目録」を見ると、古典文庫からの刊行は昭和二十八年の『古浄瑠璃集』から始まって、五十年の『神道物語集』に至るまで、二十冊を数え、戦前の大岡山書店の十三冊をはるかに超えている。したがってとりわけ出版点数の多い昭和二十年後半から三十年代にかけて、横山の主たる出版の場は古典文庫に置かれていたと考えられ、四十年以後にその場を角川書店に移したと判断できる。それなのに横山は大岡山書店と同様に、古典文庫についても何も書き記していない。私は古典文庫の愛読者でもないし、たまたま『芭蕉伝書集』の二冊だけを所持しているにすぎないが、会員制の非売品扱いで、三十年以上かけて五百冊を超える古典類を発行した出版社としての古典文庫と吉田幸一はずっと気になる存在だった。ところが古典文庫に関しても、吉田についても、まとまった記述や言及を発見できないのである。またしても出版にまつわる何らかの理由が秘められているのだろうか。

乱歩によれば、吉田幸一は西鶴学者で、『男色文献書志』の刊行に当たって、面倒な校訂の仕事まで引き受けてくれたという。岩田の男色研究は彼が謝辞を掲げている人物たちばかりでなく、『犯罪科学』や『犯罪公論』の田中直樹から吉田幸一に至る出版史に名前を残していない人々によって支えられてきたのである。

その後岩田の嫡子貞雄が昭和四十八年に『男色文献書志』と『本朝男色考』を私家版で刊行し、孫の岩田準子は乱歩と準一を主人公とする『二青年図』（新潮社）を書き、乱歩に「この世で興味を持っているのは探偵小説と同性愛に関すること」だけだと語らせている。この二青年は明智小五郎と小林少年のメタファーに他ならないだろう。そして平成十四年になって、私家版の二冊は合本『本朝男色考　男色文献書志』として原書房から出版されるに至っている。そこに至るまでにはこれまで記してきたような経緯と事情が絡んでいたのである。それらを忘れないようにしよう。

43　澤田順次郎の『神秘なる同性愛』

江戸川乱歩も『男色文献書志』の「序」で述べているが、岩田準一がこの本を「後岩《のちの》つつじ」と命名していたことからわかるように、北村季吟の『岩つつじ』に強く感化され、文献渉猟の道へと歩み出したのである。

それは『伊勢物語』から始まり、昭和十八年刊行の河竹繁俊の『歌舞伎史の研究』まで、千冊近くに及び、その六百番台からは明治以後に刊行された出版物で占められている。そしてこれは私も以前に指摘しているが、その「凡例」で、徳川期の初中葉と同様に「大正の中葉から昭和の初葉数年にわたって、この種の文献の豊かであったことは一つには世の流行であった」と岩田は記している。おそらく岩田や乱歩の同性愛文献の収集も、「世の流行」を背景としていたことは想像に難くない。またそれゆえにこそ文献も発掘されたのであろう。

岩田の『男色文献書志』をずっと追っていくと、山崎俊夫や倉田啓明の作品も見え、山崎の『童貞』は大正五年小川四方堂出版で、「稀有の小説集」とあるし、今春聴（東光）の「稚児」も挙がっている。春聴は今の僧侶名で、「稚児」の初出が『日本評論』の昭和十一年三月号だったことがわかる。そこには「叡山の美童をめぐる恋愛に取材したる物語の中に、恵心僧都選述と称する『弘児聖教秘伝』の一書を紹介せり」とある。その他にも手持ちの本が何冊かあるので、少しばかり紹介してみよう。

七百番台の一冊に澤田順次郎の『神秘なる同性愛』があり、大正九年六月の天下堂書房版で、二冊本とされている。私の手許にあるのは大正十二年七月の第五版、上下巻合本、発行所は共益社出版部である。大正から昭和初期にかけて、「この種の文献の豊かであった」にしても、ダイレクトに書名に「同性愛」という言葉を採用し、単行本として刊行したことはめずらしいように思われる。それに「変態」は流行語として使われていたようだが、「同性愛」はまだ社会に浸透していない言葉だったのではないだろうか。だから専門的論文は多くあっても、『男色文献書志』にも単行本は守田有秋の『同性愛の研究』しかないし、こちらは昭和六年の人生創造社刊なので、宗教絡みの研究的性格が強く、版は重ねていないと思われる。人生創造社は宗教文学の石丸梧平の出版社で、『人生創造』という個人雑誌を刊行していた。これは余談だが、この雑誌の売れ行きにヒントを得て、菊池寛が『文藝春秋』の編集企画に応用したと言われている。

『神秘なる同性愛』の著者の澤田順次郎は羽太鋭治や田中香涯と並んで、それこそ大正から昭和初期にかけてのセクソロジストで、それぞれ自らの性雑誌を主宰し、多くの著書を刊行したことでも共通している。彼らは高橋鉄の先駆的な存在のようにも思われる。だから彼らによって「この種の文献の豊かであった」ことが招来されたとも言えるだろう。『男色文献書志』において、羽太は澤田との共著『変態性欲論』（春陽堂）が挙げられているだけだが、田中の論文は「男性間における同性愛」などの十七編の論文が収録され、群を抜いて多い。だが田中のことはまたの機会にゆずり、ここでは澤田の著書に限りたい。羽太と田中は医者でもあったのだが、澤田の詳しい経歴は不明で、坪井正五郎を通じて人類学や博物学を学び、師範学校や中学で博物学の教師をしていたと伝えられている。

この時代におけるヨーロッパの性科学者の影響を受けた三人のセクソロジストの同性愛に関する見解もそれに準じていて、『神秘なる同性愛』にもそれを見ることができる。澤田はその「序」に書いている。「併し広く生物界の上より、生殖に異性の必要なることを観れば、異性愛は自然にして、同性愛は不自然なること、衆目の一致するところである。（中略）医学上より言へば、同性愛は脳の異常より来たる、精神病的感情であるが為めに、異性愛よりも強烈にして、其の感情は極めて偏傾し易くある。（中略）されば同性愛は、常に性の研究として必要なるのみならず、又教育及び法医学上の問題として、（中略）必ず研究すべきものと信ず。」

そして澤田は明らかにクラフト＝エビングやアルバート・モルに依拠し、同性愛の発生と発達、その起源と歴史と地理的分布、原因と原理、先天性、及び後天性同性愛、身体的半陰陽に基づく同性愛、倒錯的同性愛について論じている。さらにこれらもほとんどクラフト＝エビングやモルから援用したと考えられる世界各国各地の豊富な例を引いて述べ、その防止や治療法に至り、次のように結論づけている。

「其の実同性愛は、甚はだ憂ふべき一種の伝染病にして、其の蔓延するところの、社会を破壊することは、彼の亡国病なる花柳病、酒精中毒及び肺結核に似て居る。

されば男性愛（男色）を、武士道と関係あるものとして、それを奨励したる古武士に倣ひて、今尚、之れを唱導する者あるは、殆ど爛熳たる花に向けて、糞尿を灑ぐと一般、醜陋の極みである。」

このような抑圧的同性愛イデオロギーの下で、山崎俊夫たちの作品が書かれ、岩田や乱歩の研究が始まり、それに南方熊楠が賛同し、稲垣足穂も加わり、男色のパラダイムチェンジの試みが画されたのだとあらためてわかる。

岩田の研究は乱歩や遺族たちの支援によって甦ったが、そこで博捜された多くの男色文献が埋もれたままで放置されている。おそらくそれらを研究して再評価するためには、日本のミシェル・フーコーが生まれなければならないだろう。

44　中野正人、花房四郎、『同性愛の種々相』

もう一冊「同性愛」という言葉を含んだ単行本がある。それはドクトル・アリベール著、花房四郎訳『同性愛の種々相』で、昭和四年に文芸市場社から、発行者を中野正人とする「談奇館随筆第四巻」として刊行されている。岩田準一の『男色文献書志』にも花房四郎の『男色考』（発藻堂書院）が挙げられているが、『同性愛の種々相』は男色ならぬ「女子の同性愛」が対象なので、こちらは掲載されていない。同書は主として「女子の同性愛」を古代ギリシャに起源を発するトリバードとサッフイストの二つに分け、それぞれの特徴を解説したものである。ただ著者のドクトル・アリベールがどのような人物なのかはわからない。

ここでは同書にこれ以上踏みこまず、花房四郎にふれてみたい。花房は発行者の中野正人の別名で、彼もまた梅原北明の出版人脈を支えた一人でもあるからだ。花房は『文芸市場』の後半と『グロテスク』の実質的編集長を務め、文芸市場社＝談奇館書局の責任編集者で、後に独立して文献堂書院を設立している。

斎藤昌三は昭和四十八年刊の『三十六人の好色家』（有光書房）において、花房四郎に一章を割き、「北明の女房役」としての花房を次のように記している。

「花房四郎はペンネームで、本名は中野正人である。生国も年齢も未だ調べてないが、大体梅原と同年輩位で、梅原に遅るること五年で去る二十六年病死した。五十歳と見る。

北明がアレ程自由に大胆に活躍したのは、実際には花房が陰に在つたからで、花房は北明を肉親以上の兄として、時と場合に依つては北明の代りにブタバコにも入り、当局との難問題にも進んで接触したので、北明も細君や実弟にも打明けないことも、又は経済上のことや営業方針のことまでも一任するほどの信頼があつた。」

また梅原は戦時中に科学技術振興会を牛耳り、海軍の翻訳出版に従事していたが、敗戦後に釣りの雑誌を企画していた。それを考えると、本書39の奥川書房＝釣之研究社の近傍にいたとも推測できる。だが発疹チブスで急逝してしまった。その梅原の遺児たちの世話をしたのも花房だったという。

その一方で、戦後の花房は出版社の顧問や企画者となっていたようだ。おそらくそれらの出版社はカストリ雑誌の版元や、やはり本書13のポルノグラフィの紫書房などだったのではないだろうか。

しかし花房の本名である中野正人をたどっていくと、梅原の出版の盟友とは異なる別の側面に突き当たる。それは日本プロレタリア文芸連盟、『文芸戦線』同人、労農芸術家連盟、前衛芸術家同盟、全日本無産者芸術連盟をたどる足跡で、中野はプロレタリア文学者でもあったのだ。だが彼の名前は『日本近代文学大事典』にも立項されておらず、その作品も見つけられずにいたが、最近になって一編だけであるにしても、『初期プロレタリア文学集5』(『日本プロレタリア文学集』第5巻、新日本出版社)の中に収録されているとわかった。それは「紛擾」という短編である。何よりもまずこの短編を紹介しよう。

「紛擾」は家出していた盛島村長が一週間ほどして、村に帰ってくるところから始まる。彼は村の公金を無断で持ち出し、都会の株式取引所で株の売買に加わり、無一文になって戻ってきたのである。留守の間に組合の金をごまかしたことが露見し、村は大騒ぎになり、家族も非難する中で、盛島は自分勝手な怒りを爆発させる。盛島村長の評判は以前から悪く、村役場にはわずかな時間しかおらず、自分の儲け口を探し歩き、それに加えて強欲で、村の屈指の地主だけに小作人たちの反感も強かった。

しかし盛島は長いしきたりから、何でも自分の思いのままにできると信じ、村民に対しても高圧的で、御用地となる土地を安く買い占め、転売して巨利を得たりしていた。そのうちに親しい代議士から県会議員に立つことを勧められ、彼の野心は高まり、その地位と名誉を得るための富を確保しようとし、投機事業に手を出し、ひどい打撃をこうむった。それは田畑の大半を売り払っても償われないほどの失敗で、その損害を取り戻すために、村の購買組合名義で銀行から金を借り出した上に、その預金まで持ち出し、それらをすべて失ってしまったのである。

村民大会が開かれたが、盛岡は仮病をよそおって出席せず、中村という組合の理事が忌わしい事件の説明と大会の議事進行を務めた。村民は村長非難に終始したが、時間はいたずらに過ぎるばかりで、具体的な決議は提起されなかった。そこで中村が話し出す。組合が最も困っているのは銀行からの返済催促で、金がなければ、負債者の証書を渡せといわれていることだと。ここで大会の目的と形勢が代わってしまい、今度は借りている者が返せば預けている者はいくらかもらえるという組合の預金者と負債者の争いになってしまった。だが負債者の誰も返せるあてなどなかった。

数日後に中村理事の家が火事になり、折からの強風で全焼してしまった。それは負債者の一人である喜十という最も貧しい反古買が放火したものだった。彼は理事が持っている借用書が焼けてしまえば、苦しんでいる全員が助かると思い、火を放ったのだ。彼は村の人たちが痛ましい目つきで見守る中を、「俺がやらかした悪いことと、村長とどっちが悪いか考えてくらっせい、村の衆！」とどなりながら、巡査に引かれていった。

このようなストーリー紹介だけでも、「紛擾」がまっとうなプロレタリア農村小説だとわかるだろう。この作品は多くのプロレタリア作家を輩出させた『新興文学』大正十二年八月号に掲載された「初期プロレタリア文学」の一編であるが、「解説」を担当している祖父江昭二も、「中野正人のこともよくわからない」し、「詳細は不明」と述べている。梅原北明たちが大正十四年に創刊した『文芸市場』も最初はプロレタリア文学雑誌の色彩が強かったことからすれば、『種蒔く人』や『新興文学』に集った人脈が『文芸市場』や『グロテスク』まで継承されたと考えていいだろう。中野正人はその律儀にして代表的な人物だったのではないだろうか。

それゆえにプロレタリア文学運動と梅原たちのポルノグラフィ出版も表裏一体の関係にあったのであり、実質的に『新興文学』でデビューした小林多喜二の昭和八年の特高による拷問虐殺とほぼ時代を合わせ、ポルノグラフィ出版者たちが様々に分裂し、そのような出版自体も消滅へと向かったのは偶然ではないように思われる。

45 宮武外骨と紅夢楼主人『美少年論』

南方熊楠と岩田準一の長きにわたる書簡による男色談義にもかかわらず、あえて両者がふれなかったと思われる一冊がある。それは紅夢楼主人の『美少年論』で、岩田は『男色文献書志』の745にこれを掲載している。

その解題によれば、著者を紅夢楼主人とする『美少年論』(同性色情史)は大正元年に雅俗文庫版として刊行されたもので、次のような説明と内容紹介が付されている。

「この書巻頭に序あるものは記念保存版として三部作れりという。序なきものは少々流布せり。第一、罪悪としての男色。第二、男色発生の動機。第三、男色の特徴。第四、男色関係の双方。第五、女性的傾向(エッフエミネーション)。第六、世界的男色(上)。第七、世界的男色(中)。第八、世界的男色(下)。第九、日本の美少年史。」

稲垣足穂にとって、『美少年論』は彼の「前期愛読書」であり、中学の同級生から借りて読み、この青色の半紙本を「クラフトエビングの青い本」として、しばしば自作に引用している。戦後になって、あの伊藤竹酔が「版権者たる外骨」の許可を得て、和綴の袖珍版で若干部を刊行した。それを入手した足穂は「宮武外骨の『美少年論』」と題し、現代文訳を試みた。これは現代思潮社の『稲垣足穂大全』Ⅱに収録され、後に『南方熊楠児談義』（河出文庫）にも掲載された。しかしタイトルがゆえに誤解されやすいが、著者が外骨だと言っているわけではなく、刊行者の意味で外骨の名前を付しているのである。

実はこの『美少年論』の著者は南方熊楠だとされている。岩田はそのすぐ前の742、743に大阪の雅俗文庫から出されていた『此花』掲載の熊楠の論文「婦女を姣童に代用せし事」「淫書の効用」を挙げているので、おそらく紅夢楼主人が熊楠であることを承知していたと思われる。しかし熊楠自身の告白と言及がなかったことに加え、その性格もわかっていたこともあり、それ以上踏みこんだ記述を避けたのではないだろうか。ただ前々回挙げた花房四郎の『男色考』は「主として紅夢楼主人が美少年論を祖述したるに過ぎない」との指摘がある。なお熊楠のふたつの論文は岡書院の『続南方随筆』に収録されている。

さて『此花』だが、これは宮武外骨が明治四十三年に大阪で創刊した浮世絵研究雑誌で、発行所の雅俗文庫は江戸堀通りの自宅の名称だった。この雑誌は「号」ではなく、「枝」と呼び、二十二枝にあたる「凋落号」まで出された。外骨が熊楠に『此花』への寄稿依頼の書簡を送ると、熊楠は創刊以来『此花』に注目していたこともあって、寄稿依頼を快諾し、前述の二編を始めとするいくつかの論考を寄せる。また熊楠は『此花』を柳田国男にも読むように勧め、柳田も実際に買って読んでいる。

さて紅夢楼主人＝熊楠のことに戻ると、この『美少年論』は平凡社の『南方熊楠全集』にも収録されておらず、原文は容易に読むことができない。一度だけ雑誌に復刻掲載されたが、単行本化されていないので、そのまま雑誌に埋もれたままになっていると思われる。

その雑誌は昭和四十四年から四十八年にかけて、ほぼ四年間にわたり三崎書房を版元として刊行され、性文化総合誌の色彩も含んでいた『えろちか』である。『えろちか』の昭和四十五年十月号と十一月号に「55年間のヴェールを脱いだ幻の稀書」として『美少年論』は復刻掲載された。

そこに寄せられた日野光雄という人の「解説」によれば、明治四十四年七月に『美少年論』の原稿が熊楠から外骨の手に渡され、それが熊楠によって書かれたことを生前の外骨に確認したと述べている。公刊に至らなかった事情については外骨が熊楠に対し、「極端に渉る淫猥字句、醜陋字句は現行法律の許さざる所なるを以て、適宜に改削を加えたりとの旨を通知せし」ところ、熊楠より「改削を好まず、寧ろ中止せよのと電報があり」、印刷を中止したが、本文数十頁は刷了の後だったので、記念保存のために三部だけ残したとされている。その原本は序文も奥付もない和装半紙二つ折四十六頁、五号活字で組まれていて、これが復刻されたとわかる。そして日野は外骨のいう記念保存のための三部だけを製本云々は嘘で、少なくとも五十部、もしくは百部くらいは作られたのではないかと推測し、それゆえに極めて稀だが、古本市場に出てくるだろうとも記している。

『美少年論』の「第一、罪悪としての男色」は「性欲と道徳と何等の交渉なきこと今や闡明せられたり、性欲に対する道徳上の罪悪は、其行為の有害無害を推量する常識によつて判断せられざるべからず」という一文から始まっている。しかしこれは私の印象だが、通読しただけではただちに熊楠の論考と断定できる確証が今ひとつつかめないように思う。それゆえに今東光の『稚児』と同様に、『美少年論』もまた詳細なテキストクリティックと注を施した決定版が望まれる。前々回記したように、日本におけるミシェル・フーコーの出現が待たれるのだ。

だがこの『えろちか』での復刻と解題のゆえと思われるが、宮武外骨の側の研究からすれば、紅夢楼主人＝熊楠は周知の事実となっているらしく、吉野孝雄の『宮武外骨』（河出文庫）を確かめてみると、次のような文章に出会った。

「外骨はこの時期に『猥褻風俗史』（四十四年四月）と『筆禍史』（同年五月）を執筆した。また八月には、紅夢楼主人として南方熊楠の『同性色情史』（美少年論）の出版を企てたが、卑猥語の削除を要求した外骨に著者の熊楠が応じなかったため、結局未刊のまま印刷編集だけが外骨の手許に残ることになった。」

熊楠の研究者たちは『美少年論』をどのように見ているのであろうか。それらの意見を聞いてみたいとも思う。

なお『此花』は河出書房新社の『宮武外骨著作集』第七巻に復刻収録されている。また日野光雄は外骨の養女となった三千代の兄で、第四巻月報に「妹の父・外骨翁のこと」を寄せている。

46　折口信夫「口ぶえ」

前回に引き続き、宮武外骨と男色文献の関連を書いてみる。大正二年に外骨は小林一三の社屋提供と資金援助を受け、日刊新聞『不二』を創刊する。その一面論評主任が天王寺中学の元教師の大林華峰であったことから、彼の友人で今宮中学校の教師を務める折口信夫が文芸欄に短歌や文芸時評や評論を寄せ、大正三年三月から四月にかけては小説「口ぶえ」を二十五回にわたって連載した。外骨はこの二十七歳の無名の青年の文学的センスにただ者ではない印象を抱いたという。

釈迢空の名前で発表された「口ぶえ」は自伝的な最初の小説とされ、旧『折口信夫全集』第二四巻の巻頭に初めて収録されたと思われるが、「不二新聞」掲載とあるだけで、解題はまったく施されていない。「口ぶえ」は中学三年生の漆間安良を主人公とし、ホモセクシャルな陰影に充ちた性的衝動、及び生と死をつかさどるかのような大和の山行きを描いている。安良は兄がいるにしても、不在なために女系家族に囲まれ、その自画像は折口信夫とまったく重なっている。しかしこの大正二年に描かれたと推測される「口ぶえ」は、安良とその恋人渥美がともに死を憧憬し、抱き合ったままで崖の岩角へ身を乗り出すところで、「前篇終」となっていて、後篇は書かれていない。

最初に読んだ時、最も印象に残ったのは安良の山行きがもたらす性的なメタファーで、それは次のような場面に表出していた。

「彼は磧におりて、心ゆくまで放尿した。光はまともに、白い下腹を照らす。その瞬間、彼は非常な力の湧きのぼつて来るのを感じた。」

そしてこの後に安良は二度にわたたって、「淡紅色の蛇」の幻覚を見る。

岡野弘彦の『折口信夫の晩年』（中央公論社）によれば、この「口ぶえ」の渥美のモデルは折口が中学生の頃、深く憧れていて、若くして亡くなった辰馬桂三であり、『死者の書』（中公文庫）もまた彼のために書かれたと目されてきた。また同書の中には、岡野が何気なしに時々「蛇の夢」を見ると言うと、折口が「それは性欲だよ」と確信に満ちた答えが返ってくる場面が書きこまれていた。それで折口固有の聖なる山のもたらす性的メタファーと「淡紅色の蛇」の幻覚の通底を確認したように思った。

しかし平成十二年になって、富岡多恵子の『釈迢空ノート』（岩波書店）が刊行され、「口ぶえ」に秘められた謎と釈迢空の筆名の由来が突き止められ、その命名者である藤無染が折口の人生を決定した存在として浮上するに至った。そして「口ぶえ」にあって、渥美＝辰馬はダミー的な存在で、山行きの途中で出会った渥美の従兄と称する若者が、渥美の存在も兼ねた安良の真の恋人、すなわち藤無染ではなかったかと富岡は推理する。渥美の従兄は一高生の柳田と名乗り、柳田国男を明らかに想起させるが、「その若者は骨々しい菱形の顔をした男」とあるので、彼の風貌とまったく似通っていない。なぜか富岡はそのことに言及していないが、『釈迢空ノート』の中に掲載している藤無染を彷彿させる。

藤無染とは何者なのか。折口の「自撰年譜」（旧『折口信夫全集』第三一巻所収、中公文庫）の明治三十八年のところに、藤無染の名前が出てくる。折口は同年に天王寺中学を卒業し、国学院入学のために上京し、「新仏教家藤無染の部屋に同居」し、「年末、藤氏に具して、小石川区柳町に移る」とある。岡野は前掲書の中で、「藤氏の名前は其の年譜に一度出てくるだけで、経歴や先生がどういう接し方をされた人なのかは、まったくわからない」と書いている。

富岡は藤が一時養われていた吹田市にある西宝寺を訪ね、彼の「得度願」を見せてもらい、それを引用した後で、藤が折口より九歳上で、西本願寺文学寮を卒業し、中学の英語教師だったこと、折口上京時、二十七歳であり、明治三十九年にやはり吹田市の宋名寺に養子に入って結婚し、四十二年に三十歳で死去したことを突き止める。そしてまた折口が十三歳で、中学二年生の夏に初めてひとり旅をし、

「口ぶえ」に描かれているように、無染＝渥美の兄に出会い、その後も無染に誘われ、山の寺へ出かけたり、一緒に大和を旅行したのではないかと推量する。またそのような二人の前史があったゆえに、上京するに至って、無染と同居することになったとも推量している。

富岡はさらに折口の短歌の解題を進め、二人の性的な関係を次のように記している。

「十三か四の時に、なにか問われても口ごもっているような内気な少年（をじなきわらわべ）に対して「可愛い」（愛し）といってくれた若者（年上の男）への思慕、さらにすすんで、その若者との恋の日々のなかでの少年は「快楽の客体」である。年長者から誘いかけられ、問いかけられ、教えられる立場である。社会的にも性的にも主体ではなく客体である。」

「口ぶえ」の中で、渥美の従兄と安良は性的なメタファーである「磧」で語り合い、その夜安良は「淡紅色の蛇」の幻覚を見る。だから富岡が言うように、二人の間に「なんらかの性的な体験」が持たれたことを暗示しているのだろう。

だが藤無染の話は折口の秘められた恋人だったことだけでは終わらない。平成十六年になって、安藤礼二による「口ぶえ」も収録された『初稿・死者の書』（国書刊行会）が編まれ、『死者の書』も「口ぶえ」と同じ物語構造を有し、同じように藤無染の供養のために書かれたことが明らかになった。そして安藤は二人の関係の背後にある『世界聖典全集』、雑誌『新仏教』、藤の著作『二聖の福音』などの存在をも指摘している。それらにも言及したい誘惑に駆られるが、本書の意図から外れてしまうので、断念するしかない。

なお平成二十二年に、やはり安藤礼二編による『死者の書・口ぶえ』（岩波文庫）が出された。

47　文芸市場社復刻版『我楽多文庫』

本書44などで、プロレタリア文学と文芸市場社が表裏一体の関係にあったのではないかと書いておいたが、その出版物から見ると硯友社まで含まれていて、文芸市場社の周辺には以前に言及した北島春石のような硯友社系統の作家たちも存在していたと思われる。

ポルノグラフィ以外の文芸市場社の書物は、既述した和田信義の『香具師奥義書』にしても、梅原北明の『近世社会大驚異全史』や、片岡昇の『カメラ社会相』にしても、版を変えて刊行されたり、戦後になって復刻されたりしているのだが、『我楽多文庫』復刻版についてはほとんど言及もされず、再版にも至っていない。昭和六十年になって、ゆまに書房からようやく同じ『我楽多文庫〈活字公売本〉』が刊行されたが、四六判の縮小版であり、印象がまったく異なっている。そうした意味で、文芸市場社版は近代文学資料として貴重なものであり続けている。私もこの復刻版を参照して、『我楽多文庫』の出版、流通、販売の推移をたどり、「近代文学と近代出版流通システム」（『古雑誌探究』所収）という一文を草している。

その文芸市場社復刻版『我楽多文庫』は明治二十一年五月から二十二年二月に出された第三期の公売の時代の十六冊、四六倍版、同じ判型の薄緑の帙入りで、私はこれを二十年近く前に浜松の時代舎で購入している。確か古書価は一万円だったと思う。

帙を開くと、その裏側に「編集兼発行者」梅原北明の名前で、「我楽多文庫複製の理由」が昭和二年五月一日の日付で掲載されている。その最初の部分を引用してみる。

「硯友社の文芸運動は明治文芸史上到底見脱すことの出来ない一重要項目であります。而して今日この硯友社の消息一切を知るには彼等の機関誌の『我楽多文庫』に俟つより方法がないので御座ゐます。が該誌は当時発行僅か百五十部より印刷されず而も其れが日本全国に飛び散らかつて四十年も経過した今日、何処をどう探し廻つたところで今頃滅多に見付かるしろものではありません。よしんば現物が発見されたところで一揃ひ安くて二十円お客次第では三十円から四十円までの馬鹿々々しい高値を呼んでゐます。」

それゆえに復刻したのであり、五百部限りで永久に絶版とするとも書いている。定価は五円で、同年にやはり刊行され始めた日本評論社の『明治文化全集』が平均六百ページの菊大判特製の一冊が三円であることからすれば、かなり高価だったとわかる。

そして「複製讃助者」として元硯友社の丸岡九華、巌谷小波、江見水蔭に加えて、木村毅、斎藤昌三、本間久雄が名を連ねていることから推測するに、木村たちも『明治文化全集』の編集や解題、資料収集に関係し、そのことで『我楽多文庫』の収集もなされたのではないだろうか。しかしようやく収集した『我楽多文庫』もこの全集の「文芸芸術篇」や「雑誌篇」に収録できなかったことから、文芸市場社に持ちこまれ、復刻に至ったのではないだろうか。『明治文化全集』は明治文化研究会の人々の収集がベースとなっている。この『我楽多文庫』復刻だけでなく、大正十三年に吉野作造たちによって発足した明治文化研究会の人々が発掘、収集した資料は様々な出版企画へと飛び火していったように思われる。尾佐竹猛と『近代犯罪科学全集』の関係は本書31に書いておいたとおりだ。

そしてこの復刻には丸岡九華の「硯友社と我楽多文庫の由来」という別冊がついている。これは『早稲田文学』の大正十四年六月号に発表された「硯友社文学運動の追憶」の転載であり、それは十川信介編『明治文学回想集』(岩波文庫)の下巻に、「硯友社の文学運動」として、その続きも含め、収録されている。

尾崎紅葉や山田美妙や石橋思案などと硯友社を創立した丸岡の回想は、近代文学の誕生とともに立ち上がっていた近代出版流通システムと交差し、『我楽多文庫』そのものが近代雑誌メディアとしての変遷を経ていたとわかる。『我楽多文庫』の第一期は明治十八年五月から十九年五月にかけての八冊で、これは筆写回覧本だった。この筆写回覧本は文芸評論家の勝本清一郎が所持していると伝えられていたが、現在はどこにあるのだろうか。第二期は活版印刷非売本で、十九年十一月から二十一年二月にかけてである。こちらは昭和六十年に『我楽多文庫〈活版非売本〉』として、ゆまに書房から復刻されている。前述したように第三期が文芸市場社版であるのだが、第四期は『文庫』と改題され、発売元も硯友社から吉岡書籍店へと代わっている。

その事情について、丸岡は「紅葉思案を初め自分らは一切取次の老爺を信じて印刷物の発送より集金の事までをも託したるに、この爺利益を何時か我物にして、印刷所同益社への支払金は毎月滞りとなり積り積って、弐百余円となり」、老爺は姿をくらましてしまい、このために紅葉は数年印刷所への借金のために苦しめられたという。そのために『我楽多文庫』は廃刊となり、『文庫』と改題し、吉岡書籍店を大売捌所とする手段を取らざるをえなくなったのである。おそらく印刷所への返済のために吉岡書籍店からの借入金が生じたことによっているのだろう。『我楽多文庫』の第一、二期は同人誌であり、あくまで出版だったが、第三期の公売の時代に入って出版業となった。明治二十年代の近代文学と近代出版流通システムの誕生に伴い、出版は出版業へと転化した。そして『我楽多文庫』に起きたような出版業にまつわる様々な事件が至るところで起きたにちがいない。

48 通俗性欲書と南海書院

昭和初期円本時代は同時に「艶本」の時代だったと書いてきたが、それはまた性科学雑誌と性典ブームの時代でもあった。それを担ったのが既に記した澤田順次郎、羽太鋭治、田中香涯の三人で、かつて『彷書月刊』（二〇〇一年一月九日号）が「性科学の曙光」という特集を組んだ際に、彼らを「性欲三銃士」と呼ぶ提案が出されていた。しかしこの特集において、三人ともあまりにも多作ゆえか、彼らの著作を刊行した出版社についての言及はなかった。それらの出版社は有文堂書店、天下堂書房、平野書房、博愛堂、京文社書店、南海書院などで、南海書院は田中の本を出しているかはわからないが、澤田と羽太の二人の本を刊行している。

手元にその南海書院の一冊がある。それは澤田の『性的本能享楽の真相』で、昭和三年三月十七日初版、四月十七日二十版と奥付に記されている。巻末広告には「忽七拾版」の羽太の『性愛研究と初夜の知識』、これまた「忽ち第三十四版」の『現代女性の性欲生活』の他に、前田誠孝の『性的誘惑の種々相』などが掲載されている。前田は警視庁警視で、その他にも『春情乱れて罪の子となるまで』があり、所謂「少年少女の性的非行」を題材とする著者だと思われる。先日古本屋で、前田のこの本を見つけたが、何と二万円の古書価がついていた。稀覯本になっているのだろう。また「定価一円八十銭」に対して、「特価一円三十銭」の記載、及び郵便による懇切丁寧な注文の案内からすると、南海書院は通信販売を主とする出版社だと考えられる。とすれば、これらの大正から昭和初期にかけて、次々と刊行された通俗性欲書は大半が赤本、つまり特価本業界が手がけていたことになり、南海書院もその近傍に位置していたと思われる。

さて澤田の『性的本能享楽の真相』は彼の意図の反映なのか、その装丁と造本はフランス装で、さらに表紙と背にはLA VÉRITÉ DU PLAISIR SEXUELというフランス語タイトルが付され、著者名もJ.SAWADAとある。もちろん人目をはばかる本のため、カモフラージュ的装丁の意味もあろうが、これも梅原北明一派のフランス書に通じている編集者が介在した可能性も高い。

それなのに扉を開くと、「人類に必ず性欲の苦悶あり、これ避け得ざる神の御心なり」というゴチック文字が目に飛びこんでくる。このリードは数行おいて、「予微弱なりとも社会を思ふの念あり、国家の隆昌を祈願する心あり、人類の幸福を希ふの愛あり、於茲予は敢然性書籍の発行を企て、勇往邁進倦むところを知らず」という文章に続き、この宣言は南海書院の近藤久男の名前で出されている。さらにその裏ページに昭和三年三月十日の『読売新聞』の訪問記事が掲載されているので、その最初の部分を引用してみる。

「こんな本の発行者は定めし色つぽい意気な男であらうと、一寸覗いて見たら驚ひた。想像見事に外れて近藤専務なる人は、色の浅黒い苦み走つた登山と角力とで鍛へに鍛へ上げたスポーツマン・タイプの少壮紳士さ。」

この次に発行者の「序」もある。出版にあたって、著者を押しのけ、ここまで巻頭に出版者の自己顕示を臆面もなくさらしている本は、前代未聞のように思われる。しかもそれが通俗性欲書だというのに。一体南海書院とはどのような出版社で、近藤久男とはいかなる人物なのか、そのような疑問がずっと記憶に残っていた。

その南海書院と近藤久男が鈴木省三の『わが出版回顧録』（柏書房）を読んでいたら、出てきたのだ。鈴木は三省堂書店を経て、小学館に入社し、昭和四年に独立したが失敗し、赤本、漫画、雑誌などを手がけた後、戦後の二十八年になって小学館に戻り、さらに集英社の副社長を務め、出版業界の裏表に通じた人物である。鈴木の記述によれば、関東大震災後に関西の大取次の大阪宝文館の柏佐一郎と盛文館の岸本栄七が地震見舞いのために上京し、その宿を提供したのが近藤だった。

「近藤氏は大阪宝文館出身で、以前大阪宝文館と盛文館の両社で出資した兵庫県御影町の宝盛館という書店の責任者であったが、経営がうまくゆかず、責任者の地位を辞任して東京に出た。そして南海書院という社名で旧制中学入試準備書を発行して相当の業績をあげていた。近藤氏の事務所兼住宅は（中略）広い庭をもった堂々たる邸宅で、土地の地盤が堅いため震災をまぬがれていた。近藤はここに関西きっての大取次、柏、岸本両大御所を招き、過去の迷惑を詫びて大歓待をした。」

その当時、相賀祥宏は小学館を立ち上げていたが、柏と岸本が役員を務める学習参考書や実用書の共同出版社の東京支店長であった。東京の出版社の大半が焼失した関東大震災を機として、前述の三人が再会したことから、関西で二社が専売している書籍を東京で売る計画が持ち上がり、共同出版社東京支店が独立した法人に改組され、共同書籍株式会社が設立となった。近藤が代表取締役、相賀は取締役支配人、鈴木もその社員として働いたが、大正十四年に小学館の仕事に専念するために、相賀と鈴木は共同書籍を辞任している。

その後の近藤の消息は伝えられていないが、旧制中学入試準備書から始まった南海書院は、共同書籍の流通ルートや通信販売を利用した通俗性欲書の出版に向かったのであろう。当然のことながら、儲かる出版事業だと考えて。だがその結果はどうなったのだろうか。

49　中山太郎と『売笑三千年史』

岩田準一の『男色文献書志』にまとめられた明治以後の大半の文献が、埋もれたままで放置されていると既述したが、その代表的な著者と著作を挙げれば、中山太郎とその仕事であろう。それに中山は、岩田が南方の他に「先生」と仰いでいる一人でもあり、また岡書院の『南方随筆』を編集し、最初に南方の評伝『学界偉人南方熊楠』（冨山房）を著したのも中山なのである。ただ中山のまとまった伝記もないので、まずいくつかの人名事典から彼のプロフィルを抽出してみる。

中山は明治九年栃木県に生まれ、東京専門学校卒業後、報知新聞社や博文館に勤めながら、柳田国男を通じて民俗学の道へと進む。古文献を渉猟して三万枚のカードを作り、それをもとに民俗の歴史的変容を考察する著作『日本巫女史』『日本婚姻史』『日本盲人史』などを刊行する。だが記録文献を多用する方法論のために、柳田民俗学の本流から外れてしまったとされ、戦後の二十二年に亡くなっている。

確かに柳田国男研究会編の『柳田国男伝』（三一書房）を読んでみても、中山太郎の名前は出てこない。しかも再評価の声もほとんど聞かれず、著作の文庫化も見ていない。ただ幸いなことに、主として昭和五十年代にパルトス社から、前記の三冊に加えて、『増補日本若者史』『売笑三千年史』『愛欲三千年史（増補版）』などが「中山太郎歴史民俗学シリーズ」として復刻されている。発行者の飯島一は中

山の甥のようで、これもまた岩田準一の著作を嫡子の貞雄が私家版で刊行したことを彷彿させる。また
その他にも大和書房から「日本民俗学」シリーズも復刻されている。

中山の『日本売笑史』（寸美会、明治三十九年）と『売笑三千年史』（春陽堂、昭和二年）の二冊が『男色文献書志』に挙げられ、前書に岩田は次のような注を付している。

「総説結論併せて十一章に分ち、先史時代より明治時代に至る変遷を叙し、添うるに衆道の変遷史をもってす。組織立てる各時代の文献考察は日本風俗史に後れ出でてこれを最もとすべし。」

実は先に挙げたパルトス社の『売笑三千年史』は『日本売笑史』をも含んだ復刻である。『日本売笑史』の内容は『売笑三千年史』に吸収されていると判断できるので、ここでは後書を取り上げることにする。中山は「自序に代へて」で、まず「本書を恩師岡野知十翁に捧ぐ」と掲げている。岡野は万延元年生まれの俳人であり、明治三十四年に俳誌『半面』を創刊し、新々派俳風を唱え、俳書の収集にも勤しみ、それらは関東大震災後に東大図書館に寄贈され、知十文庫として珍重されているという。おそらく中山は俳諧の世界から出発して「土俗の研究」を志したのであろう。そして柳田国男へと接近し、「売笑問題」も「日本土俗学の建設」の一環として位置づけ、研究を続けてきたことを中山は明記し、柳田の他に折口信夫、伊波普猷、瀧川政次郎、ニコライ・ネフスキーの教示を仰いだと述べている。

『売笑三千年史』は岩田の注にあるように、先史時代から明治時代までの売笑史にして、七百ページ弱に及ぶ浩瀚な書物であるが、その視点と研究目的は次のような言葉に集約されていよう。

「売笑史は社会暗黒史である。人間変遷史である。更に露骨にいへば堕落史であり、腐敗史である。余り大きな声では言ひたくもない国辱史である。（中略）然しながら此の暗黒史が齎らすところの社会的

事象や、この国辱史が語るところの歴史的事実は、常に偉大なる権威を以て時代の好尚を支配し、併せて風俗の推移を示唆してゐるのである。この点から云ふと売笑史は社会学的にも且つ土俗学的にも相当の地歩を占むべき価値が在つて存してゐるのである。」

さらにこの『売笑三千年史』の何よりの特色は岩田が注目したように、時代ごとに男色と男倡の変遷を追跡し、一節を設けていることだろう。それらを順を追って記しておこう。

「男色は在つたが男倡は無い（国初時代）」
「仏教の興隆と男色の流行（奈良時代）」
「武士と僧侶の間に流行せる男色（鎌倉時代）」
「都鄙に行渡れる男色の流行（室町時代）」
「男倡を出現させた当代の後期（江戸時代）」

つまりこのように同書は衆道の小史を形成していることにもなる。これはフックスの『風俗の歴史』などにも見られなかった視点であり、中山は日本の売笑史をたどっていくうちに、衆道史がパラレルに存在していたことに気づき、それを必然的に歴史の中に組みこんだのであろう。

しかし中山の売笑研究はあくまで近世に通じる土俗学的なものであり、性的事象を回避して近代民俗学を確立しようとしていた柳田国男の眼鏡にかなうものではなかった。中山の『売笑三千年史』に対して、柳田は彼の著作に対する唯一の書評「中山太郎著『日本巫女史』」（『定本柳田国男集』第二十三巻所収、筑摩書房）の中でわずかにふれ、「在来の遊蕩文学の連想があるために、（中略）疎遠なる待遇を受けていた」と述べている。婦人問題研究者にかこつけて言っているのだが、まさに柳田国男の見解と考えていい。このような理由で、中山は柳田民俗学から遠ざけられ、彼の再評価はほとんどなされず、現在に至っていることになる。

50 丸木砂土『風変りな人々』と澤村田之助

岩田準一の『男色文献書志』に列挙された書物群を見ていくと、同じ人物を扱ったものが三作あることに気づく。それらは岡本起泉の『澤村田之助曙草紙』（島鮮堂、明治十三年）、矢田挿雲の『澤村田之助』（報知新聞出版部、大正十四年）、林和の「田之助色懺悔」（『早稲田文学』大正十五年十月号所収）である。これは表題に澤村田之助の名前が付されていることからわかったのだが、この三作の他にも彼がテーマになったり、モデルにされている作品や論文もかなりあるのではないだろうか。

実は私も、『男色文献書志』には掲載されていないが、「澤村田之助」と題する一編を読んでいる。それは丸木砂土の『風変りな人々』収録の作品で、この本は昭和六年に「新でかめろん叢書」の一冊として、あの四六書院から刊行されている。本書38で既述しておいたように、岩田が書簡の中で、『犯罪公論』の田中直樹と秦豊吉（丸木砂土）が連れ立って鳥羽を訪れたことを南方に知らせているが、丸木砂土もこの雑誌の執筆者だったにちがいない。そして『犯罪公論』の版元は四六書院であったから、その関係で田中の企画として「新でかめろん叢書」が刊行されたのではないだろうか。したがって四六書院は「通叢書」ばかりでなく、別の叢書も出版していたことになる。丸木以外のものを挙げれば、松本泰『女五人の謎』、石川欣一『山・都会・スキー』、十一谷義三郎『近代愛恋帖』などで、装丁者の名前は明記されていないが、その文字レタリングから村山知義と考えられる。村山といい、「新でかめろん叢書」の名称といい、ここでも梅原北明の出版人脈の気配が濃厚である。

丸木砂土の『風変りな人々』はサドやマゾッホなど十四人に及ぶ表題通りの人々を論じ、後の澁澤龍彦の『妖人奇人館』（河出文庫）というタイトルを彷彿させる。だがその中でも圧巻なのは「澤村田之助」であり、最も長く八十ページに及び、また口絵に澤村の唯一の写真を使っていることからも、丸木の思い入れの深さがわかる。しかし歌舞伎に通じていないと、いきなり澤村田之助といってもわからないので、まずは『演劇大百科事典』（平凡社）の三世澤村田之助の項を抽出してみる。

「弘化二年生れ。（中略）嘉永二年七月江戸中村座で初舞台。安政六年正月同座で三世を襲名し、『伊賀越』のお袖を演じて麒麟児とうたわれた。翌年春一六歳で守田座の立女方《たておやま》となって人気を集め、田之助髷・田之助襟・田之助下駄などの大流行を招いた。慶応初年脱疽をわずらい、ついに両手両足を切断したため、明治五年正月引退したが、翌年には日本橋中橋に澤村座を起してみずから立女方として立ったが失敗した。同八年五月には大阪に下り、ついで京都・名古屋においても好評だったが、病気再発のため帰京し、発狂して同一一年七月七日没した。すぐれた容貌と美声で、近代の天才的女方と称され、（中略）立役もかねた（後略）。」

この澤村田之助のわずか三十四年の生涯を書くに至って、丸木は「女形といふものは、現代日本の奇怪な人間の一種だ」と始めている。そして三百余点の錦絵が残された「花麗と妖艶とを合せ得た名優」にして、江戸から明治へと驚くべき社会変動の中にあった「歌舞伎劇の最後の色情を代表した役者」の生涯が語り出される。十七歳で立女形となった田之助の美貌と人気は明治の始めの二十五歳までが全盛で、その美しさと妖艶さは右に出る者がなかったが、才気に走り過ぎるという欠点も秘めていた。田之助のために河竹黙阿弥も多くの名作を書いた。

しかし田之助は脱疽にかかり、辞書編纂者を兼ねる医師ヘボンによって、最初に左足を切断することになる。それほどまでに痛みは強烈で、「多年の女の怨が重なつたものであるとか、男色関係の坊主の恨みであるとか」された。脱疽の原因は外傷、梅毒、動脈内膜炎のいずれかであろうが、正確にはわからない。切断はそれから右足、両手に及んだという。田之助はそれでも東京のみならず、京都、大阪まで舞台を張っていた。「手と足を切つて、胴ばかりで舞台に出た役者といふのは、世界の演劇史の上で日本の田之助ばかりであらう」。義手義足、黒子の助け、座ったままの舞台によって、それは可能となったのである。

この呪われた役者とも言える澤村田之助は柳橋の芸者や吉原の花魁たちと淫蕩の限りを尽くしたが、男色も彼の生涯を鮮烈に彩っている。丸木も言及している。

「美少年としての田之助に迷つて、上野の坊さんが一身を破滅したといふ物語は、田之助の悪病と結びつけられて、この役者の恋愛史の一異彩であり、殆んど田之助といへば誰も知らぬもののない男色関係だ。」

その美貌と媚態で名代の役者となり、女色と男色にまみれ、手を、足を失っても舞台に立ち、老いを迎えることなく、花のような美貌を失わないままで狂死した田之助の生涯は他に見出すことができない。最後は脳を犯され、発狂状態になり、三十三歳で死んだのだ。彼の中に日本の芸能史の深い闇が潜んでいるようにも思えてくる。田之助の死は明治近代に抗う軌跡のようにも映る。もう一度丸木の言葉を引いて締めくくろう。「田之助の一生は、古い日本の滅亡史の最後に閃いた小さい美しい火花のやうなものだ。新しい世の中の光を前にして、忽ち消えてしまつた」のだ。

51　シャンソール『さめやま』

戦後の『奇譚クラブ』から始めたのに、戦前の艶本時代のことに深く入りこんでしまった。だが気になる手持ちの本がまだあるので、もう少し続けさせてほしい。

山口昌男の『「挫折」の昭和史』（岩波書店）の中に、「知のダンディズム再考―『エロ事師』たちの精神史」と題する補遺の一章があり、それは梅原北明たちの出版活動をテーマとしている。そこで山口は池袋の古書店での体験を語っている。

「ここで本を漁っているうちに、（中略）見なれないアール・ヌーヴォー風の装丁の箱に出会った。表題は『さめやま』とある。何か聞きおぼえのある題目だが、おかしなことに、FELICIEN CHANPSAURと立続けて著者の名前が書いてある。「フェリシアン・シャンソールだ」と私は吃驚してしまった。私はこの十九世紀末の著者の原書を十七、八冊持っているのである。この全く忘れられた通俗作家の小説の邦訳があるとは全く思ってもみたことがないから、驚きはひとしおであった。ところが扉をめくってタイトル・ページを見て、再び吃驚仰天してしまった。梅原北明・酒井潔編著《ママ》とあったからである。」

しかしここで山口は『さめやま』の粗筋を訳者の「序」を引用して紹介しているだけで、この小説について論じることはなく、シャンソールの挿絵画家たちとの関係に移っている。

実は山口が入手した本と、表紙の装丁は異なっているが、私もやはり太洋社書店の昭和五年の再版を所持していることもあり、『さめやま』の物語と人物造型、それらを含めて日本に関する知識を、著者のシャンソールがどこから得たのかを考えてみたい。私の手元にある本の背表紙は山口のものと同様だが、表紙はまったく別で、遊女の絵、「さめやま」というタイトル、「POUPÉE JAPONAISE」、すなわち「日本の人形」なる原題が記され、見返しも同工異曲である。訳者は梅原と酒井の連名だが、梅原は名前を連ねただけで、「序」の記述からして翻訳は酒井の手になるものと思われる。

ただこの『さめやま』は削除の空白も多く、翻訳もどこまで正確であるかわからない。それでもまずは『さめやま』の物語を述べてみる。物語の背景にあるのは、十九世紀末のフランス人通俗作家によって組み立てられた勝手なジャポニスムに他ならない。そして明らかにフランス人が日本の浮世絵を模写したとわかる多くの挿絵を添え、次のような物語が展開される。

時代は江戸と明治初期が混在となっていて、豪商の娘サメヤマが家業の破産のために、吉原に身を沈め、売れっ子の花魁として人気をよんでいた。そこにフランス海軍士官のポールが訪れ、彼は彼女を受け出し、結婚に至り、洋館で生活を送るが、ポールに出発の日がやってきた。彼女は彼と離別してから、老年の大蔵大臣の妻という玉の輿に乗り、上流社会に身を置き、さらに将軍の寵愛を受け、その御台所になる。今や将軍の妻となった彼女の前に、ナポレオン三世が派遣した使節団の海軍中佐が現われる。それはポールだった。サメヤマとポールは鹿鳴山の庭園で密会し、音楽の奏でられる中で、最後の接吻を交わす。二ヵ月後に将軍は殺され、彼女は行方不明となり、そこで『さめやま』は終わっている。

この物語において顕著なのは、着物をまとった「日本の人形」と称しながらも、サメヤマがヨーロッパ世紀末の女性像のように語られていることだ。それは次のような描写に明らかである。

「黒い葉の間に、紫や紫紺の矢車草や薊の咲いている橙色の着物を着て寝そべつてゐる―憐れなサメヤマは、素晴らしい切地や色や光などを浴びて、悲しみの為めに美くしい。彼女は喜悦の光景の仮の美の中に埋まつた快楽の死人のやうだ。」
「快楽の死人」という比喩こそは娼婦的存在、つまり世紀末の宿命の女のメタファーであり、繰り返し彼女は「偶像」として語られている。異国的情緒をもたらす「日本の人形」というよりも、サメヤマを吉原という「最も美くしい、より淫楽と、最も稀な悪い悩みの咲き誇る都」に置いたために、日本の男を手玉にとる悪女、「残酷な遊女」の側面を露にしていく。そして彼女に真の愛情を感じさせ、官能を刺激させるのは、異国的な魅力を放つフランス人の愛人だけなのである。だから「日本の人形」的なのは挿絵に示された外観だけで、その女性像は同時代のヨーロッパ文学に描かれたポートレートと通底している。倒錯のジャポニスムといっていいだろう。

　だがシャンソールは『さめやま』に表出する日本についての知識をどこから得たのであろうか。それはピエール・ロチの『お菊さん』（岩波文庫）と『秋の日本』（角川文庫）からのように思える。何よりもロチは海軍大尉として来日し、この二冊を一八八七年と八九年に刊行している。とりわけ『秋の日本』ではないだろうか。『さめやま』の「踊子、即ち芸者―子供の時から江戸の首都音楽学校で育て上げられた音楽家」という記述は、『秋の日本』の「guêcha（遊芸学校《コンセルバトワール》で養成された一種の女流音楽家で且つ舞姫）」が出典だろう。またポールたちが吉原に入る章が「陳列窓の人形」と題されている。同じように『秋の日本』でも「大ヨシヴァラ」が詳細に描かれ、張見世が「立派な大商店の陳列窓」のようで、「すばらしい人形《プーペ》のコレクション」「いろんな偶像の総品評会」にも擬せられている。おそらくシャンソールはロチの『秋の日本』に触発され、『さめやま』＝『日本の人形』を書き上げたのではないだろうか。

52　風俗資料刊行会の『エル・キターブ』

前回取り上げた太洋社書店の『さめやま』だけでなく、梅原北明の文芸市場社に端を発する文芸資料研究会、発藻堂書院、南柯書院、東欧書院、温故書屋、国際文献刊行会、風俗資料刊行会などの出版物の書影をあらためて見てみると、それらのポルノグラフィの装丁や造本がきわめて斬新で、これらの出版者が内容だけでなく、書物という器にこだわっていたことがわかる。それはまた発禁に抗して、出版に携わった「兵どもが夢の跡」を生々しく伝えているかのようだ。それらの中には和本仕立てもあるが、酒井潔の著書や訳書、及び村山知義の装丁や造本に代表されるように、多くは明らかに同時代の洋書の影響を受けている。そしてこれらのアンダーグラウンドに近い出版物の装丁や造本はその斬新さゆえに、通常の雑誌や書籍にもそれなりの影響を与えたように思われる。

さてこのポルノグラフィ出版の分野に、古代インドの性典『カーマスートラ』『ラティラハスヤ』などを始めとする学術的古典類があるが、これらはその性格ゆえにきわめて地味な装丁で刊行されたにもかかわらず、発禁処分を受けている。当初の翻訳は「変態文献叢書」の『印度愛経文献考』の著者で、サンスクリット学者の泉芳璟が担っていた。だがどのような経緯があってかわからないが、前二冊と並んで三大性典とされる『アナンガランガ』、イスラムの性典『エル・キターブ』は竹内道之助が手がけ、前者は昭和三年に『愛人秘戯』として文芸資料研究会、後者は五年に竹内自らが主宰する風俗資料刊行会から出版されている。幸いにして、この二冊は手元にあるので、特に『エル・キターブ』の装丁について述べてみよう。

その前にもう一度、竹内道之助のことを記しておく。彼は明治三十五年東京に生まれ、正則英語学校とアテネ・フランセを卒業し、昭和八年に三笠書房を創業し、同十三年にはM・ミッチェルの大久保康雄訳『風と共に去りぬ』を刊行し、ベストセラーとなっている。三笠書房の出版物の全貌は定かではないが、戦前の文芸書や翻訳出版の重要な一角を占める版元へと成長させている。しかし竹内は三笠書房を創業する以前は梅原たちのグループに属し、翻訳や出版活動に従事していたことになる。

『愛人秘戯』は泉芳璟の「序」や竹内の「訳者序」に記されているように、英訳からの重訳ゆえに、装丁は英訳を踏襲していると考えられ、英国風学術書的体裁である。それに対して、『エル・キターブ』はフランス語からの重訳に加え、そのままフランス装を採用し、造本も同様で、そのために表紙も背もすべてフランス語表記となり、一見して日本語の本と思われない仕上がりになっている。これは本書48で言及した澤田順次郎の『性的本能享楽の真相』（南海書院）の装丁とまったく同じであり、ひょっとすると竹内の編集と装丁なのかもしれない。

ただ『エル・キターブ』はさらに徹底していて、「EL KTAB」の書名に続いて、副題、監修者名、『コーラン』の「神は人間を其精液の滴もて作り給へり…」の引用などのことごとくがそうであり、風俗資料刊行会という出版社名も次のようにフランス語表記されている。

TOKIO
BIBLIOTHÈQUE DES MATÉRIEL DU MOEURS

74, SAKASHITA, HONGO

それは中扉も同様で、日本語の「内容目次」と「はしがき」を経て、ようやく『エル・キターブ』という日本語のタイトルに出会うのである。このような日本語の本としては前代未聞の装丁と造本を可能にしたのは、取次や書店を通さない予約販売であったことに尽きるだろう。原書の出版社名の記載はないが、おそらく原書の出版社名の部分だけを差し換えたと考えられる。

しかし重訳、及び以前に文芸市場社版があるにしても、『エル・キタープ』の全訳は、この試みが最初にして最後だと思われるので、その内容を紹介しておくべきだろう。読んでいくと、この本がフランス式アンカット版であったこともわかる。監修者のポオル・ド・レグラによれば、コンスタンチノープル在住の親友で、「魔術師として又は聖者として非常に高名」のアブ・オートマンによって『エル・キターブ』は翻訳編纂され、彼の臨終の際にレグラに贈られたものだという。それが『コーラン』に基づいたトルコの性典であると同時に、宗教的にして哲学的な色彩に覆われていることは、同書の「原則篇」「歴史篇」「魔術篇」の構成からも想像がつく。「原則篇」は神が人間を創生させ、男女となって結合し、よりよき交媾の道を求める。「歴史篇」はまさにその交媾の歴史であり、「魔術篇」に至って、ようやく具体的に交媾が語られていく。

「おお我等の信者よ！

汝等の交媾は必ずコーランの教へし所に従ふべし！

聖なる汝等の神に対して敬虔の念もて交媾せよ！

汝等、凡ての智識を知りし上は熱心に力強く、努力もて交媾することを忘るる勿れ。

斯くすれば、汝等無上の快感と、強烈な射精と、健全なる児童を得るに至らん！」『エル・キタープ』はすべてがこの調子なのである。本当に訳者の労をねぎらいたいほどだが、この本ですらも発禁処分を受けているのだ。検閲の愚を笑うしかない。

53　戦前戦後の二見書房

昭和初期艶本時代の梅原北明を中心とする出版人脈について、様々に言及してきたが、具体的に名前が挙がっているのは氷山の一角であり、その他にも編集者、翻訳者、洋書輸入業者、画家、それに印刷、製本、用紙関係者を含めれば、たちまち数倍の人数に及ぶだろう。その中でかなり重要な位置を占めていたのは、印刷業者だったのではないだろうか。

例えば、「三笠書房と艶本人脈」（『古本屋散策』所収）で書いておいたが、竹内道之助の「薊《あざみ》」（『地獄の季節』所収、三笠書房）は艶本時代を描いた実に興味深い短編で、モデルは竹内自身と梅原に加えて、印刷者の福山福太郎とその甥の大野卓である。実質的に「変態文献叢書」を刊行したのは福山と大野で、編集者は竹内だった。だが福山の印刷所は警察の捜索を受け、彼らも留置され、本もすべて押収されてしまい、最終的に出版事業から手を引くことになる。

この福山と大野は城市郎のあの「〝昭和艶本合戦〟珍書関係者系譜」（『発禁本』所収、平凡社「別冊太陽」）のチャートに挙げられているが、彼らの他にも何人もの知られざる印刷者が関係していたにちがいない。

前回取り上げた『エル・キターブ』（風俗資料刊行会）の奥付に異なる印刷者名の記載がある。そこには東京市牛込区山吹町、堀内文次郎と記されている。そして堀内も後に福山と同様に出版社を立ち上げることになり、その社名は二見書房という。現在の二見書房の前身である。だから立場は異なるとはいえ、三笠書房も二見書房も梅原の出版人脈から始まった出版社と見なせるだろう。

現在の二見書房の堀内俊宏が煥乎堂の小林二郎のインタビューに答え、『出版トップからの伝言』（小学館）の中で、戦前の二見書房と父について語っている。堀内文次郎は山梨県の出身で、上京して懸命に働き、三十歳で自分の印刷工場を持つようになり、昭和十六年に二見書房を始めたという。社名は印刷会社と出版社の二つの会社を見ること、それに水にちなんだ岩波書店や新潮社の社名を見習い、二見ヶ浦にあやかるつもりもあり、二見書房と命名された。

「父が出版社を始めたのは、昭和十六年の戦時中のことです。出版のメインになったのは、美術書や芸術専門書といった豪華本でした。いまも神田の古本屋に、父のつくった本を見つけると、ウインドーごしにも、父の本作りの情熱が感じられ、これらの本は、父がむすこへ残してくれた、最高の財産であると思っています。」

戦前の二見書房は新庄嘉章訳のモーパッサン『女の一生』や『ロートレックの生涯』などの文学や芸術書の出版が主だったようだ。私はポール・グゼルの『ロダンの言葉』（昭和十七年）と森銑三の『学芸史上の人々』（同十六年）の二冊しか持っていないが、後者の巻末広告には同じく森の『新橋の狸先生』や福田清人の評論集『現代の文学者』、それに川口松太郎や山中峯太郎の小説が並び、翻訳書だけでなく、日本の文芸書も幅広く手がけていたことがうかがわれる。またこれらの企画からして、編集者が誰であったのかも興味をそそる。だから福山と異なり、堀内文次郎は書物に思い入れと愛着をこめていたのだ。それに出版社と印刷所の両輪がうまく稼働していたのだろう。

しかし戦後の昭和二十年代の出版不況に巻きこまれ、その両輪が狂い出し、二見書房は解散し、本当に堀内印刷だけを再建するしかない状況に追いやられ、堀内俊宏が再び二見書房を立ち上げたのは、昭和三十五年になってからのことだった。そして直木賞を受賞した佐藤得二の『女のいくさ』、束見本にヒントを得た『白い本』のベストセラー化、『日本昔ばなし』のような豆本と、絶えず話題の本を刊行していくことになる。

だが私たちの世代にとっての二見書房は、『ジョルジュ・バタイユ著作集』を始めとする翻訳書の出版社であった。バタイユだけではない。昭和四十年代半ばから五十年代当初にかけて、二見書房の翻訳書は訳の問題はあったにしても、異彩な輝きを放っていた。それは先代の出版企画の反映であったのかもしれない。

カスタネダの「ドン・ファン」シリーズ、ピエール・ギュイヨタの『五十万人の兵士の墓』と『エデンエデンエデン』、マンディアルグの『みだらな扉』、ミシェル・トゥールニエの『魔王』、それにもはや忘れ去られているだろうが、ジーン・マリーンの『ブラックパンサー』、マール・イレル他の『狂気の家畜人収容所』などが、まさに艶本時代を彷彿させる『エマニエル夫人』や『O嬢の物語』と並んで、二見書房らしく刊行されていたのだ。そして二見書房が特異な輝きを放っていたのも、ひとえにこのような翻訳書のラインナップにあったのだ。しかし当然のことながら、その特異な輝きは時代とともに消え去ってしまった。それもまた出版社の宿命なのだ。

54　西谷操と秋朱之介の『書物游記』

梅原北明の出版人脈の中にあって、その文章がまとめられ、出版や翻訳や装丁に携わった「書物一覧」も編まれている人物が一人だけいる。それは西谷操で、秋朱之介『書物游記』として、書肆ひやねから昭和六十三年に刊行された。そこには荻生孝による「秋朱之介とその時代」という西谷の書物と寄り添って生きた個人の軌跡も収録されている。「付録」には「秋朱之介と関係出版社系譜」を収め、城市郎の「〝昭和艶本合戦〟珍書関係者系譜」よりも幅広く、さらに秋が関係した限定版や特装版の出版社が加わっていて、両者の出版人脈が重なっていることを教えてくれる。

残念ながら、私は西谷が出版した本は、操書房の戦後の二冊しか所持していない。それらはいずれも昭和二十三年発行のヴォルテールの『オダリスク』（三谷幸夫訳）とアンリ・ド・レニエの『ド・ブレオ氏の色懺悔』（矢野目源一訳）で、表紙のセンスは突出しているにしても、時代を感じさせる仙花紙の粗末な本である。ただ前者は献本のようで、宛名と松村喜雄の署名がなされていることから、三谷が後に『怪盗対名探偵』（双葉社）や『乱歩おじさん』（晶文社）などを著わす松村のペンネームだとわかる。これらの二冊だけで、秋朱之介の名前で装丁した限定版や特装版は持っていない。だから西谷のことを語る資格があるとも思えないが、このような機会を得たのだから、『書物游記』によって進めてみよう。

西谷は明治三十六年鹿児島県に生まれ、大正九年に上京し、正則英語学校に入学し、新橋の貯金局に勤める。そこに勤めていた文学青年の一人が澤田伊四郎で、のちにやはり限定版を扱う龍星閣を創業することになる。第一書房の『月下の一群』が出版された大正十四年の秋頃、西谷は堀口大學を訪ね、その門下に入り、大學が編集する『パンテオン』など、及び梅原の跡を受け、上森健一郎が編集していた『変態・資料』に詩を投稿したりした。その関係で西谷は上森の文芸資料研究会編輯部に入り、昭和四年にジベリウス著、西谷操訳『ウィーンの裸体倶楽部』（文芸資料研究会）を限定四四〇部で刊行する。

その後西谷は南柯書院を経て、書局梨甫、やぽんな書房、以士帖《エステル》印社を設立し、「真の出版家は芸術家、特に詩人または美術家でなければならない」という理念のもとに、出版を続けた。「私はどんなに困っている時でも、出版の仕事を忘れることはなかった」。昭和八年に竹内道之助と再会し、竹内は西谷を編集長として三笠書房を創業する。二人はともに正則英語学校出身で、梅原の出版人脈に連なるメンバーだったのだ。

西谷は三笠書房で、雑誌『書物』の創刊と日本限定版倶楽部を発足させ、書物雑誌と限定本出版の結合をめざす。『書物游記』には『書物』創刊号から廃刊の十二号までの「書物後記」が収録されている。その七号に「堀内印刷所で」と題する西谷の詩の掲載があり、三笠書房の印刷を堀内文次郎が担っていたとわかる。堀内は西谷の造本に啓発され、それが二見書房の設立へとつながっているのではないだろうか。しかしそれはともかく当然のことながら、『書物』の売れ行きは思わしくなかった。西谷は八号で、毎号二千部発行していると記し、読者に直接購読と新たな読者の紹介を頼んでいる。

「本志は大変経営が苦しいのです。返品のたくさんあることと、集金の少ないことは、経営者に対して、私としても大変心苦しく、また編輯していても力がのりません。定価四十銭の襍志を七掛で大取次へ出すとして、一部の代金二十八銭の集金しかないのです。これが直接読者になっていただければ、一部の入金が四十銭になります。現在の読者が一人直接読者になっていただければ、十二銭だけぜいたくなものが作られるわけです。（中略）みなさんに御助力を願う所似も、ただ本志をより立派に、より充実した書物趣味襍志として存続させたいからに他なりません。」

だがこのような願いも虚しく、『書物』は昭和九年に十二号で廃刊になり、西谷は三笠書房を去ることになる。

そして龍星閣や昭森社や版画荘の装丁や企画にたずさわり、同十七年に昭南書房を創立する。この出版社の本は未見であり、「書目一覧」で初めて知ったのだが、井伏鱒二『星空』、太宰治『信天翁』、石川淳『山桜』などを刊行している。その翌年に操書房と社名を変更し、戦後になって山本周五郎の時代小説を六冊、山本の一人雑誌『椿』を出版している。その事情は西谷による「山本周五郎をひらく鍵」にふれられているが、出版者と著者の出会いの意外性を教えてくれる。木村久邇典の『山本周五郎・横浜時代』（福武文庫）を開いてみると、『椿』は幻の雑誌だったが、書誌学者の大屋幸世によって発見されたという記述にぶつかった。さらにまた操書房は昭和二十四年にカストリ雑誌『猟奇読物』も創刊している。芸術としての出版からカストリ雑誌の刊行に至る西谷操の軌跡は実に興味深いが、最後に行き着いたと思える操書房の全貌も明らかではない。

なお『書物』全十二冊の内容明細は、日本古書通信社の書誌研究懇話会編『書物関係雑誌細目集覧』二に掲載され、それらを見ると、寄稿者は艶本と三笠書房人脈に加えて、ロシア文学の翻訳者たちも含め、さらに広がっていたと思われる。しかしそれに反して、読者は増えず、持続できなかったのであろう。

55　尾崎久彌『江戸軟派雑考』

秋朱之介の『書物』の寄稿者に尾崎久彌がいる。尾崎の名前は城市郎のチャートに出ているが、それは彼が『江戸軟派研究』を発行していること、及び「変態文献叢書」のうちの『会本雑考』を封酔小史のペンネームで刊行していることによると思われる。しかし尾崎の場合は、梅原の出版人脈から少し外れているような気がする。

この頃重宝している神谷敏夫の『最新日本著作者辞典』（大同館書店、昭和六年）で、尾崎を引いてみる。

「江戸軟派・浮世絵の研究者で、明治二十三年六月名古屋に生れた。明治四十四年国学院大学高等師範部国語漢文科を卒業し、現に名古屋商業学校・育英学校等に教鞭をとり又国学院大学の講師となつてゐる。大正十一年十月個人雑誌『江戸軟派研究』を出し、昭和三年十月に『江戸文学研究』として今日に至つてゐる（後略）。」

梅原たちが文芸資料研究会によって「変態十二史」を刊行し、所謂「軟派出版」に参入していくのが大正十五年であるから、尾崎の『江戸軟派研究』はかなり先駆けていたことが明らかであろう。だから彼は教師と研究者を兼ねる、すでに梅原たちの先を行く出版者でもあったのだ。

尾崎の『江戸軟派雑考』は、主として『江戸軟派研究』に発表された論考をまとめたものだが、これもすでに大正十四年に春陽堂から菊判六百ページ近くの大冊となって刊行されている。そこには坪内逍遥が年齢にそぐわないほどの熱気のこもった異例の「序」を寄せている。尾崎の「自序」によれば、出版も坪内の推挽だという。同じく名古屋出身の尾崎の江戸文学への肩入れを見て、逍遥は若き日に貸本屋大惣でそれらを読みふけっていたことを思い出したのかもしれない。長文の「序」の要点だけを取り出してみよう。

坪内はこれまでまとまった江戸軟派の研究が絶無であり、本書は「近時の出版界に於ける異彩」で、愛情と研究の双方を備えた一冊だと述べ、次のように書いている。

「君は蝶ではなく、蛾でなく、蚕でない。譬ふべくば蜜蜂でもあらうか？ 色香にあこがれて、花から花へと翔びわたり、付きまつわり、さうして其間に絶えず夥しい甘い液を吸ひ、貯へ保ち、最後にそれを料にしておのが独自の密蝋を製る蜜蜂は、取りも直さず、君の姿ではないか？ 君の其主題に対する沈浸、合嚼、消化は殆んど耽溺的だといつてよい。しかも其観察は、殊に其最後の態度は殆んど科学的といつてよい程に冷静であり、批判的である。」

まさに尾崎の『江戸軟派雑考』はこの逍遥の魅惑的な比喩に充ちた言葉に尽きていると言えよう。しかも逍遥は用意周到に検閲に対する事前的弁護まで織りこませている。簡略にその内容を挙げてみる。何と最初に「原始的な稚児物」と題される章がすえられ、近世男色物としての『稚児乃草紙』が取り上げられている。そして伏字含みながら、全文の掲載があり、『岩つつじ』も引かれている。江戸川乱歩と岩田準一はこの『稚児乃草紙』の絵巻原本を、京都の醍醐三宝院へ一緒に見にいっている。これは男色文献として重要であり、当然のことながら、岩田の『男色文献書志』に『江戸軟派研究』初出を掲載している。

この「原始的な稚児物」に続くのが、『好色むらく坊』と作者の桃隣、西鶴のおさんの正体、近松半二の『心中紙屋治兵衛』と大近松の『天の網島』の比較、曲亭馬琴の黄表紙、江戸時代の私娼比丘尼の考証、十返舎一九による絶妙な『三都の口真似』、方外道人の名店を紹介した『江戸名物詩』、春信や歌麿などの浮世絵師の心理の考察、死んだ役者の似顔絵を描いた死絵、本朝艶画とそこにこめられた民衆の心理、菊池寛の『藤十郎の恋』の種本『賢外集』、錦絵に見られる「踊形容」の意味などである。とりわけ興味深く読んだものを列挙してみたが、これらもすべて江戸時代の文献を実際に入手し、舌なめずりするように吟味し、多くの挿絵を配置して、次々と私たちが知らない事柄や事実を教えてくれる。まさに江戸時代の万華鏡にして、これまで明かされることのなかった知識の饗宴なのである。内田魯庵や飯島花月たちの書信も紹介されているが、彼らが便りを寄せるほど面白いのだ。

それでいて、尾崎の筆致は逍遥が言うように「耽溺的」でありながら、「冷静」で「批判的」な視線も含んでいる。それらの例をふたつほど挙げてみよう。「浮世絵師の心理」において、春信や歌麿が描いた美女は彼らの「寂しい心」が生み出したものであり、「彼等の美人は、彼等の手に成された美人で、当時の現実界にも観られなかつたものであらう。然すると一種の偶像の把持者、自己創作の夢に陶酔した一種のドリマーではなかつたらうか」と尾崎は述べている。また「エロチックスに滲む心持」の中で、春画における「民衆の征服欲、性の国の王石ならんことを欲する民衆の心理」を指摘している。これらは尾崎が近代をくぐり抜けた視線で近世を見ていることを物語り、彼が梅原北明たちと一線を画す研究者だったことを示していよう。

やはりモダニストであった逍遥が、これらの論考に驚喜したのがわかるような気がする。そして二人をつなぐ名古屋というトポスから、梅原の盟友酒井潔、『詩と詩論』によってモダニズム文学運動を推進した春山行夫が浮かび上がる。彼らを生み出した名古屋の近代も再考されるべきなのかもしれない。

尾崎久彌の『江戸軟派雑考』が「変態文献叢書」に与えた影響は多大であり、そのためにいくつかのタイトルに「雑考」が付されているのだろう。だがこの画期的著作は久しく絶版のままになっている。市古貞次編『国文学研究書目解題』(東大出版会)においても、尾崎の著書は『江戸小説研究』の一冊しか立項されていない。だが今こそ尾崎だけでなく、酒井も春山も読み返す時期を迎えているように思われる。

56　尾崎久彌と若山牧水

もう一編、尾崎久彌のことを記す。尾崎の著書に『綵房綺言』があり、これはやはり春陽堂から昭和二年に刊行されている。『綵房綺言』は「自序」の「昨日の花ハ今日の夢。二十歳の夢。三十路の夢。凡て昨日ハ今日より。美しきものぞかし。」の書き出しに示されているように、彼の他の著作と異なり、個人史、交友関係、若き時代の詩、短歌、小説なども多く収録され、江戸軟派研究に至る以前の尾崎のプロフィルを伝えている。

とりわけ「若山君と私」や「菊判の歌集」はこれまで知らなかった尾崎と若山牧水の関係、また尾崎が短歌誌『八少女《やおとめ》』や牧水の第二歌集『独り歌へる』の出版者であった事実を教えてくれる。そしてこのふたつのエッセイは明治末期のホモセクシャルな文学環境と短歌集の出版状況をリアルに浮かび上がらせている。

「若山君と私」によれば、尾崎が十九歳の夏に名古屋を訪れた牧水と出会う。牧水は大学を出て、最初の歌集『海の声』を刊行したばかりだった。「知らなかつた男の恋人」にめぐり会ったかのように、尾崎は「無暗に私は若山君を好くやうになりました。／若山君も、人にはづれて、私を好いてゐました」ゆえに、旅先から自分に若山の歌をそえた奈良の春日山の絵葉書を送ってきたと述べ、次のように書いている。

「（前略）この時からです、相知らなかつた私と若山君と初めて、一すぢの親愛の意図が結びつけられましたのは。私は、何がなしに、あの人の穏やかな同情と、底を包んだ烈しい情愛とに、しみじみ慕ひよつたのでした。いかにも恋人か何かのやうですが、いかにもそんなものでしたらう。（後略）」

その後、尾崎は国学院大学に入るために上京する。それは何よりも牧水に会うことが目的だったのだ。「そんなにしてまでも私のその頃は、あの人に逢ひたかつたのです」。すぐに牧水の家を訪ね、濃厚で親密なつき合いが始まり、長く続いたようで、「一夜共にうすいふとんにからまつて寝た下宿屋の夜もある」。

しかし尾崎が卒業し、帰郷したことで、牧水と疎遠になってしまう。だが自分は牧水のことを忘れていないし、「自分の芸術の今の心持ち」も、牧水から学んだと記し、これを書いたのも、「昔の二人を諸君の前に披露して、私の昔の夢に酔ひたかつたからです」と結んでいる。

ここで本書46でふれた、ほぼ同時代における折口信夫と藤無染の関係を連想してしまうが、尾崎は折口と国学院の同窓で、友人でもあった。だが折口が藤とこの時代に死に別れたように、尾崎が『綵房綺言』を刊行したちょうど一年後の昭和三年九月に牧水も亡くなっている。だから尾崎の「若山君と私」は牧水への最後の相聞歌のように響いてくる。

「菊判の歌集」では「私を除いては、恐らく確実に此等の事情を知つてゐる人もなからう」という出版史の事実が語られている。尾崎は明治四十一年から四十四年にかけて、「歌詠み」であり、友人たちと名古屋の熱田から短歌誌『八少女』を出していた。地方の雑誌だったが、『明星』『新声』『スバル』などとも交流ができ、牧水もその同人に加わり、名古屋を訪れることになったのである。それがきっかけにとなり、尾崎は牧水の第二歌集『独り歌へる』を八少女会から出版した。

この歌集は前例のない菊判で、制作費は四十五円、全百四十ページ、明治四十三年一月一日発行、定価は四十五銭、発行人は加藤新蔵だった。加藤は熱田の尚友堂という版元の主人で、『尾張名所図会』などの版権所有者でもあった。それゆえに売捌所は尚友堂となり、名義だけだったが、東京堂も併記されていた。だが印刷部数はわずか百六十部だった。『八少女』での広告による予約が二十、同人引き受け分五、六十、名古屋の書店で売れた分と寄贈が三十ほどで、牧水への献本は五、六部しかなかった。牧水が東京堂で売りたいというので、残本と同人分をかき集め、三、四十部送ったところ、一部減り、二部減り、売り切れてしまった。また第三歌集『別離』（東京堂書店）に『独り歌へる』は合本として組みこまれたこともあり、最後の一冊はそのための定本となった。

さらに尾崎は牧水の『独り歌へる』に添うように、折口信夫の助言も得て、自らも処女歌集『夢を描く』を大正二年に刊行している。これも同じ菊判、百五十部で、『軟派謾筆』（春陽堂、大正十五年）巻末の「尾崎久彌著作目録一斑」によれば、発行所は名古屋の一人一篇社となっている。「菊判の歌集といふのは、此の拙著と、牧水君の『独り歌へる』と二冊だけだと思ふ」と尾崎は書きつけている。ここでも彼の牧水への思いをうかがうことができる。

さて私は以前に牧水の『別離』にふれ、「西村陽吉と東雲堂書店」（『古本探究』所収、論創社）を書いている。その際に『若山牧水』（「日本文学アルバム」23、筑摩書房）で、『独り歌へる』の書影を見ているし、『若山牧水全集』（雄鶏社）第一巻所収の『独り歌へる』の解題にも目を通しているが、尾崎が語っている事実はほとんど記されていなかった。近代出版史をめぐる事実の解明は本当に難しいと実感させられる。

57 異能の翻訳者 矢野目源一

本書54で、西谷操が営む操書房刊行のアンリ・ド・レニエの矢野目源一訳『ド・ブレオ氏の色懺悔』を持っていると既述した。その矢野目の名前を久し振りに目にした。それは平成二十一年に出た長谷川郁夫の『堀口大學』（河出書房新社）の中においてで、「忘れられた奇才・矢野目源一」として、河盛好蔵や佐藤塑の評価や回想を援用しながら、数ページにわたって紹介していた。

また長谷川は倒産した小沢書店の元経営者でもあっただけに、堀口のサロンに集った人々の中に出版者の西谷がいたことを忘れずに「秋朱之介も来た。朱之介は本名・西谷操。（中略）昭和六年に佐藤春夫の『魔女』を制作・出版して、限定版出版に情熱を傾けていた」と書いている。長谷川は記していないが、『魔女』は西谷の以士帖《エステル》印社から刊行された。既述した秋の『書物游記』によれば、昭和六年版は読者家版六百部、翌年に特装本限定四十七部が出され、表紙画は酒井潔によっている。

矢野目と西谷の関係はともに堀口大學の門下の詩人であることから、西谷は矢野編・訳の『美貌処方書』（美容科学研究会）、仏蘭西歌謡集『恋人へおくる』（操書房）なども出版している。これらの事実は昭和初期のポルノグラフィ人脈と堀口門下の詩人たちが連鎖していたことを物語っていよう。それに西谷は秦豊吉（丸木砂土）の『僕の弥次喜多』（三笠書房）や横山重の『室町時代小説集』（操書房）も刊行し、当時の出版人脈の交錯を告げているかのようだ。

さて矢野目訳の『ド・ブレオ氏の色懺悔』に戻ると、訳文の端正さに比して、これは粗末な仙花紙による出版で、昭和二十三年の時代背景をまざまざと示している。そして「海表叢書4」という表記があるが、この明細は『書物游記』の「書目一覧」にも掲載されていない。この1は堀口大學訳のボードレール『悪の華抄』だが、2、3は不明である。読者のご教示を乞う。

それでも私は矢野目訳の菊判上製本を三冊所持している。それらはマルセル・シュウオップの『黄金仮面の王』（コーベブックス、昭和五十年）、W・ベックフォードの『ヴァテック』（牧神社、同四十九年）同『亜刺比亜綺譚ヴァテック』（奢灞都館、同六十三年）で、牧神社版『ヴァテック』は生田耕作補訳が加わり、奢灞都館版はその再版である。なおその後矢野目訳『ヴァテック』は『ゴシック名訳集成暴夜幻想譚』（学研M文庫）に収録され、また新訳としては「バベルの図書館」（国書刊行会）収録の私市保彦によるものがある。

『黄金仮面の王』に「解説」を寄せている種村季弘は矢野目によるヴィヨンの特異な訳をまず示す。これは長谷川も『堀口大學』に引用している。残念ではあるが、ルビは省略する。最近になって入手した

『恋人へおくる』所収の「卒塔婆小町」の一節である。

「さては優しい首すぢの　肩へ流れてすんなりと
伸びた二の腕手の白さ　可愛い乳房と撫でられる
むつちりとした餅肌は腰のまはりの肥り膩
床上手とは誰が眼にも　ふとももも町の角屋敷
こんもり茂つた植込に弁天様が鎮座まします」

この引用の後で、種村はヴィヨン研究者の佐藤輝夫や鈴木信太郎であれば、このような訳はありえないと述べ、次のように書いている。

「ここには、実際、十五世紀の泥棒詩人ヴィヨンがいるかどうかさえ定かではない。むしろはるかに荷風や杢太郎や吉井勇がおり、その背後には江戸狭斜の巷の水影にゆらめく白い腕や三味線の爪弾きの音さえも聞こえる。いや、そういう文体以前の自己の気質をしんから楽しそうに、ほとんど原作への忠実度などお構いなしに、ありったけ文体に投入して、ほとんど翻訳における文体倫理の幾何学的形式性を軟質の江戸文化の歌舞音曲のリズムがあわや破壊してしまうのではないかと思えるほどに、あでやかな戯れに耽倚しているのである。しかし遊蕩三昧とも見えるこの趣味性の強調は、仔細に眺めるなら、みずからの気質に忠実なるままに海彼の宝玉を愛でんがための、大正人なりに伝統文化と世界への好奇心を統一しようとする方法論の一環なのである。」

あまりにも見事な、種村の矢野目ヴィヨン訳に対する解説なので、省略せず、長い引用になってしまった。これは後に「黄金仮面の王」として、種村の作家論集『壺中天奇聞』（青土社）に収録された。

矢野目源一論として、とても優れたものだと思われるので、興味ある読者はぜひ読んでほしい。

矢野目源一は明治二十九年東京に生まれ、慶応大学仏文科を卒業し、北村初雄や熊田精華を同人とする詩誌『詩王』に属する詩人として出発し、大正九年に処女詩集『光の処女』（籾山書店）を出版している。この詩集は未見だが、種村が表題作の「光の処女」全句をやはり「解説」に引用し、西方の異教的古代への眺望から能や歌舞伎の小町伝説を踏まえたヴィヨン訳への転位を、「光の処女に反省的に照射されたマニエリスム的作法」だと指摘している。

しかし矢野目の詩人や翻訳者としての独創性は、江戸文化をほぼ壊滅させた関東大震災を契機として後退し、前述の翻訳などもその後の出版なのである。『ド・ブレオ氏の色懺悔』は大正十三年に春陽堂、『ヴァテック』も昭和七年に同じく春陽堂、『黄金仮面の王』は『吸血鬼』としてやはり大正十三年に新潮社から刊行されている。そして経緯と事情は定かではないが、昭和四年に伊藤竹酔の国際文献刊行会から、媚薬や精力増強の研究書であるウイリイの『補精学』を訳するに至り、発禁処分を受けることになる。

先の三冊の訳書の著者と内容にはあえて言及しなかった。矢野目についてはは戦後のことを、いずれもう一編書きたいと思う。

58　マリイ・ストープス『結婚愛』

前回矢野目源一が伊藤竹酔の国際文献刊行会から『補精学』なる訳書を刊行したことを記しておい

た。そこで伊藤の名前を出したこと、及び本書17「『竹酔自叙伝』と朝香屋書店」で書き残したこともあるので、それを補足しておきたい。それはやはり朝香屋書店から刊行されたマリイ・ストープスの『結婚愛』（矢口達訳）についてである。以下はマリーの表記とする。

『結婚愛』は大正十三年に発禁処分を受け、三月に多くの伏字を施した改訂再版を刊行し、当時のベストセラーとなったようで、私の所持している一冊は同年五月刊行の四十版と奥付に記されている。これは簡単に言ってしまえば、結婚における性教育の重要さを説いたもので、一九一八年イギリスで出版され、一年間で七刷に達し、第二次世界大戦までに百万部売れ、十三ヵ国語に翻訳されたという。ヴァン・デ・ヴェルデの二六年刊行の『完全なる結婚』（安田一郎訳、河出文庫）はストープスの『結婚愛』よりも優れた専門的で科学的な結婚入門書をめざして書かれているので、『結婚愛』はマリッジ・マニュアル本の先駆けだったことになる。戦後になって理論社から、平井潔訳でも刊行され、後に社会思想社の教養文庫にも収録された。

ところがその後、私は『エマ・ゴールドマン自伝』（ぱる出版）の訳者でもあるので、彼女と産児制限問題を調べるために、荻野美穂の「フェミニズムとバース・コントロール」のサブタイトルが付された『生殖の政治学』（山川出版社）を読んだ。するとこの著作が主としてマーガレット・サンガーとストープスに焦点が当てられ、「性の『予言者』マリー・ストープス」や「ストープスと異性愛の神話」といった章も設けられていた。そしてそこにはストープスの何枚もの写真、及びストープス・クリニックの写真が収録され、知らずにいたストープスの生涯を教えられた。それによれば、彼女は日本人研究者と恋愛関係になり、一九〇七年に来日し、一年半にわたって北海道を中心に滞在したが、恋愛は成就せず、〇九年に帰国している。このことを考慮すると、『結婚愛』の成立もこの日本人との恋愛の破局がモチーフの一端となっているのかもしれない。

アメリカのバース・コントロール運動の代名詞であったマーガレット・サンガーに対して、マリー・ストープスは一八八〇年に建築家の父と修士号を持つ文学研究者にしてフェミニズム運動にかかわる母との間に生まれた。両親は男女平等を尊重するきわめて知的な夫婦だったが、その愛情生活はあまり幸福ではなかったようで、マリーは性的知識から隔離された環境で成長した。

彼女は長じてロンドン大学で男子学生にまじって学び、一九〇二年に地質学、地理学、植物学の学位を得て、ミュンヘンに留学して、古植物学で博士号をとり、帰国してマンチェスター大学理学部初の女性教官となり、さらに二十五歳でロンドン大学から博士号を得て、イギリス最年少の理学博士となった。そして前述した日本人との恋愛関係が始まる。それを荻野は次のように書いている。

「このころ彼女は、ミュンヘンの研究所でいっしょだった日本人、東京帝国大学助教授で既婚者の藤井健次郎に好意をいだいており、彼の帰国後の一九〇七年、これを追うようなかたちで来日した。藤井は当時すでに妻と離婚していたが、二人の恋愛は結局成就せず、ストープスは一年半のあいだ、来日の公式の目的であった北海道を中心とする炭鉱での化石植物の採集と研究をおこなったのち、一九〇九年に帰国した。」

いくつかの人名辞典を引いてみると、『[現代日本]朝日人物事典』（朝日新聞社）に藤井健次郎が立項されていた。藤井は一八六六年生まれとあるので、マリーよりも十四歳年長だったことになる。九二年に東京帝大理科植物学科を経て、一九〇一年よりドイツやイギリスへ留学、植物に関する細胞学、形態学、解剖学、化石学を学び、〇五年に帰国し、十一年教授となる。日本最初の遺伝学講座を担当し、「染色体らせん説」を唱え、「遺伝子」の命名者にして、植物化石学への貢献も大きいと記されている。

この植物学と遺伝学の研究者の地道な生涯の中に、マリー・ストープスとの恋愛事件が秘められているのだ。彼女にとっての日本での一年半に及ぶ滞在の記録は残されていないのだろうか。二人の恋愛がどうして成就しなかったのかも知りたいと思う。もし二人が結婚して、彼女が日本で暮らし、藤井と同じく植物学の研究者の道を歩んだとすれば、マリー・ストープスにはまったく異なる人生が待っていたことになり、『結婚愛』も書かれなかったにちがいない。

しかし彼女は藤井と別れて帰国し、十一年にこれも植物学者で、しかも不能の夫と結婚する。そして自分たちの結婚が性的に成就せず、妊娠に至らないことも知り、十四年に結婚無効の訴えを起こし、ようやく二年後に認められた。『結婚愛』の「序文」に「私も初婚に於いては性の智識を欠いて居つた為めに恐るべき犠牲を払つた」と書いているのは、これらの経緯と事情をさしている。そしてこれ以後、『結婚愛』の著者として、大学を辞職し、結婚生活や性の問題に関する助言者、バース・コントロールのクリニックの開設に至り、イギリスで最初の女性セックス・カウンセラーとなっていったのである。

私たちの少年時代に、学年雑誌や芸能雑誌にドクトル・チエコというセックス・カウンセラーがよく出ていたが、それがマリー・ストープスに端を発していたと今になって了解される。

59　マリー・ストープスと能

もはや忘れられていたと思われるマリー・ストープスが再び召喚されたのは、一九九四年の荻野美穂の『生殖の政治学』（山川出版社）のようなバース・コントロール研究の領域ばかりではない。彼女は思いがけないことに、近年の比較文学研究において、これまで知られていなかった姿を現わし、能の翻訳者として、紹介されることになる。それは一九一三年にロンドンで出版された *Plays of Old Japan : The 'Nō'* であり、能は何人かの西洋人によって紹介、翻訳されつつあったが、一冊の単行本として刊行されたのはこれが初めてで、ストープスは西洋における最初の能の翻訳者であったことになる。二〇一〇年になって、これは二種類のペーパーバックで復刊された。

このようなストープスのバース・コントロールやフェミニズム活動と異なる側面に焦点を当てたのは、一九九九年に刊行された成恵卿のイェイツとエズラ・パウンドの能との関係をテーマとする『西洋の夢幻能』（河出書房新社）であった。

エズラ・パウンドがアメリカ人にもかかわらず、二十世紀の初頭のロンドンやパリのリトルマガジンと詩のモダニズム運動の中心人物で、まだ無名であったT・S・エリオットやジェイムズ・ジョイスに大きな影響を与えたことはよく知られている。たまたま新訳が出されたばかりのエリオットの『荒地』（岩崎宗治訳、岩波文庫）も、パウンドによる推敲と改稿を経たもので、冒頭に「『わたしにまさる言葉の匠』エズラ・パウンドへ」という献辞が掲げられている。

イェイツに能を知らしめたのもパウンドであった。モダニズム運動を推進していたパウンドのもとに、フェノロサ夫人から夫の全遺稿が届けられ、その中に未完のままの能の翻訳草稿が含まれていた。日本語や能の知識もなかったが、パウンドは周囲の助けを得て、原稿の整理と編集にとりかかり、フェノロサの翻訳にも手を加え、一九一六年に *Noh, or Accomplishment, a Story of the Classical Stage of Japan* をロンドンで出版する。これはもちろん能の正確な紹介ではなかったにしても、成が言うように、「日本の能をすぐれた『文学』として、はじめて広く西洋に紹介した点で重要な意義をもつ」ものだった。イェイツはこの能の劇形式に大きな衝撃を受け、やがて『鷹の井戸』に始まる、能の影響を濃厚に示す一連の詩劇を書くことになる。

昭和円本時代に刊行された第一書房の『近代劇全集』第二十五巻は「愛蘭土篇」で、その一巻は『鷹の井戸』を始め、すべて松村みね子訳であり、彼女こそは芥川龍之介や堀辰雄のミューズにして、他ならぬ第一書房のパトロネスであった。彼女は鈴木大拙夫人のビアトリスの導きによって、アイルランド文学の翻訳に携わることになったのである。またこの巻には西脇マジヨリイによる「舞台装置挿絵」が全作品に付されているが、彼女は後に『荒地』の訳者ともなる西脇順三郎の夫人で、当時の日本におけるケルト文化とアイルランド文学をめぐる特異な環境、及び女性たちの交錯した配置を浮かび上がらせている。もちろんこの中にストープスも含められることになる。

さて前置きが長くなってしまったが、成が『西洋の夢幻能』において明らかにしたのは、ストープスの能の訳書出版がパウンドに先駆けるもので、その背景に前回記した彼女の藤井健次郎との恋愛、及び日本での滞在体験が秘められていたことである。それらはストープスが帰国後に同じく刊行した日本滞在記や匿名での藤井との往復書簡集の参照によっている。

一九〇三年、ストープスと藤井はミュンヘン大学植物研究所で出会い、それが恋へと発展していった。彼女は二十三歳、藤井は三十七歳で、彼は妻帯していたが、その留学中に妻は他の男と恋に陥り、離婚を求めていた。それがストープスとの恋を加速させた。〇五年に二人は秘密婚約に至り、藤井は帰国して離婚も成立し、〇七年にストープスはロイヤル・ソサエティの助成金を得て、北海道の白亜質の化石と石炭の調査名目で、単身来日した。当然のことながら、彼女の来日目的は藤井との恋の成就にあったが、ストープスを迎えた彼の態度は変化し、かつてのロマンスはまったく進展しなかった。共同研究に携わったが、ストープスの心は乱れ、深く傷つき、〇九年に彼女は帰国するしかなかった。

ストープスの日本滞在にあって、藤井との関係とは別に、彼女をあたたかく見守っていたのは、東京帝大の理科大学長の桜井錠二だった。桜井も藤井と同様に、『[現代日本]朝日人物事典』（朝日新聞社）に立項されている。その後理学振興に専念、理化学研究所設立、三七年には渡英し、親英家として険悪化した日英関係打開に努めたが、ならずして、二年後に苦悶のうちに世を去るとある。

この桜井に誘われ、ストープスは能を観に出かけ、その劇世界に魅了され、先述の能の訳書を帰国後、出版に至るのである。そしてこの共訳者は桜井だった。ストープスはその「解説」の中で、次のように書いているという。成恵卿の訳文を再引用する。

「一週間を僅か数シリングで生活する貧しい学生が、月を相手に謡を謡いながら夜を過ごすのを見たこともあった。実際、私が数ヵ月を過ごした東京の家の近くにはそのような青年が住んでいた。彼の謡声は私に、物悲しいロマンスと不思議な美しさを感じさせた。（中略）彼の練習する謡い声は、私がバルコニーで一人、太陽の沈んだ後の富士山を眺めながら過ごした数多くの夜、しばしば聞こえてきた。きらきら輝く東洋の星空の下で聞いた。その悲しみに沈んだ悲劇的な謡声は、私に忘れがたい深い印象を残した。私の能への愛着と理解（中略）は、私のこういった経験から生まれたものである。」

ここに成はストープスの失意の傷の表出を見ている。私たちもここに、一九〇八年の日本におけるイギリス女性が見ていた日本の風景と能、それに投影された恋の悲劇の痕跡を見出すことができる。ストープスにこのような体験があったことを『結婚愛』の矢口達を始めとする日本の訳者たちは知っていたのだろうか。

また成恵卿は、老人と若者の水をめぐる対立劇『鷹の井戸』がイェイツと同じアイルランド出身のベケットの『ゴドーを待ちながら』（安堂信也訳、白水社）に継承されたのではないかという推論を提出している。とすれば、ストープスの日本でも能の体験とイギリスでの出版もまた、『ゴドーを待ちながら』に間接的に投影されているのかもしれない。

なお平成十七年に、ジューン・ローズによる『性の革命　マリー・ストープス伝』（上村哲彦他訳、関西大学出版部）も出ている。

60　野村吉哉と加藤美侖

前回のマリー・ストープスの『結婚愛』の巻末広告を見て、思い出される事柄があった。それらにまつわる本を入手していないので、仮説にとどまるが、これも記しておくことにする。

それは見開き二ページの加藤美命著「人間叢書」全十編の広告で、「新旧世界思潮の総縮図」と銘打たれ、哲学、思想、文芸、宗教などを論じた第一編『老子から王陽明まで』に始まる叢書である。「復興改訂十冊完成」とあり、第一編の四十三版を筆頭に、第八編までは順調に版を重ねていて、『結婚愛』と並んで朝香屋書店の当時のベストセラーだったと思われる。

加藤美命は大正中期のベストセラー「是丈は心得おくべし」シリーズの著者で、全十六冊を刊行して百二十万部を売り、出版社の誠文堂の発展の基礎を築いたとされる。「是丈は心得おくべし」についてはは誠文堂の小川菊松が『商戦三十年』（誠文堂）や『出版興亡五十年』（誠文堂新光社）の中で、繰り返し言及しているので、そちらを参照してほしい。前者には小川も含んだ「ありし日の加藤美命君とその友人」という鮮明な写真も掲載され、加藤が『子供の科学』の原田三夫などを紹介してくれた、誠文堂にとって大切な人だったこと、また興文社の『日本名著全集』などの企画者だったこと、昭和二年に三十八歳で惜しい一生を終わってしまったことも書かれている。これらのことからわかるように、加藤は著者であるばかりでなく、出版の才にも恵まれた企画編集者だったことがわかる。朝香屋書店の「人間叢書」もそのようなひとつの企画シリーズだったと推測できる。

さてここで野村吉哉というほとんど忘れられている詩人を登場させてみる。その詩は昭和四年に平凡社刊行の円本の『新興文学全集』第十巻に四十ページにわたって収録され、これが生前における唯一のアンソロジーであり、そこには自ら書いた「略伝」が付され、次のような経歴がしたためられていた。「大正十一年ごろから詩を書くことを覚へ、又当時勃興しはじめたプロレタリア文学に就いて感想を書いた。大正十二年『中央公論』の依頼に応じてプロ派作家表を書いてより文筆生活に入る。其の後つまらぬ原稿を書いて金に代へたり、病気になつたり、怪し気な雑誌社に雇はれたり、印刷職工になつたり、希望と絶望とを一日おき位に代る代る味ひ、真面目と出鱈目と熱心と不熱心を交互に身を処し、転変極りなく生きてゐる。」

この間に野村は一年余り林芙美子と同棲生活を送り、それは平林たい子の『砂漠の花』(光文社)に描かれている。その後詩から離れ、童話に力を注ぎ、昭和十五年に亡くなっている。

それから半世紀近く過ぎた昭和五十八年に草思社から、岩田宏編による野村吉哉作品集『魂の配達』が刊行された。詩、童話、エッセイ、評論の主要作品を発掘し、周到な解説を施した一冊で、これまで見られなかった野村の写真、著書の書影も収められている。岩田は編者の意図について、再評価、再発見の立場というよりも、「大正末期から第二次大戦前の昭和時代に、すわなち両大戦間の時代に、このような青年が生きて詩や童話を書いていたという事実そのもの」や「時代の極印」を見定め、「一回きりの、二つとはない一詩人の生を、なんとか蘇らせたい」と述べている。その解説「野村吉哉の生涯と作品」の中で、岩田は野村が大正十三年九月に一夏ででっちあげた東洋哲学、哲学史、形而上学、認識論の話を含んだ『哲学講話』(丁未出版社)を出版したと書き、また次のように述べている。

「平林たい子によれば、この時分、吉哉はある出版社から毎月金をもらって『これだけは心得おくべし』という常識書を、ちょうど『哲学講話』のようにでっちあげていたというが、この本の存在は確認できていない。但し、前記「略伝」には吉哉の著書は「五冊ばかり」と書かれている。この本を入れれば勘定はちょうど合うから、平林たい子の話は事実だったかもしれない。」

実はこれは朝香屋書店の「人間叢書」の数冊ではなかっただろうか。「これだけは心得おくべし」の著者は加藤美命だが、このシリーズが出版されたのは大正八年であり、平林の言う時代に符合していない。とすれば、同じく加藤の「人間叢書」だった可能性が高い。その第一編の『老子から王陽明まで』は東洋哲学、第四編の『カントから現代まで』は哲学史であり、年代的に考えれば、「人間叢書」のこれらの作品が先行して書かれ、それらが集大成されて、『哲学講話』として結実したのではないだろうか。ひょっとすると、第二編『ルソオから現代まで』、第三編『常識としての哲学』も含んだ第一編から第四編までが、野村吉哉が書き下ろしたもので、これが『哲学講話』としてまとめられたのかもしれない。「人間叢書」の改訂前版は大正十一年から十二年にかけて出ている。

これを確認するためには、『哲学講話』と「人間叢書」の第一編から第四編を入手し、比較対照すれば、ただちにわかるであろうが、どちらも入手できず、今のところ残念ながらあきらめるしかない。

61　南柯書院と南柯叢書

これまで何度かその社名を挙げてきた梅原北明グループの南柯書院という社名がずっと気にかかっていた。前回林芙美子を登場させたこともあり、そのことに言及してみよう。

南柯書院は上森健一郎、宮本良、西谷操たちによって、昭和三年に設立され、『変態黄表紙』を刊行し、翌年『世界デカメロン全集』を出版予告したが、未刊のまま一年後に消えてしまったとされている。だがここで問題にしたいのは南柯書院の出版物ではなく、その社名の由来である。

私はこの社名は西谷によるもので、昭和二年に刊行された南栄書院の「奢灞都南柯叢書」からとられたものではないかと推測する。つまり叢書の「南柯」と版元の「書院」を組み合わせ、命名されたのではないだろうか。

実はこの南栄書院から林芙美子の処女詩集『蒼馬を見たり』は刊行されている。もちろん林の詩集は持っていないが、「奢灞都南柯叢書」第二篇は手元にあり、それはアラン・ポオ著、竜膽寺旻訳『タル博士とフエザア教授の治療法』で、その奥付を見ると、既刊がホフマン著、石川道雄訳『黄金宝壺』となっていて、これが第一篇であろう。そして近刊予定として、J・V・L訳、スティブンスン他四人集『その夜の宿』が掲載されている。

「緝綴の辞」として、日夏耿之介が「書癡必誦奢灞都南柯叢書」なる序文を記しているので、日夏が監修的な立場にあったと考えられる。そして「凡例」には「この中の二三は嘗つて雑誌「『奢灞都』に掲載したるもの」との言もある。だからこの叢書は大正十三年から昭和二年にかけて、全十三冊が刊行された同人誌『奢灞都』（二巻までは『東邦芸術』）を背景にしているとわかる。また『日本近代文学大事典』で、『奢灞都』を確認してみると、思いがけずに「叢書」への言及があり、同時に五十二巻が計画されたが、刊行されたのは南栄書院の二冊だけという井村君江の記述に出会った。

さらに『日夏耿之介全集』（河出書房新社）の第八巻に「三人の少年詩人」が収録され、北村初雄、長谷川弘、平井功が語られている。三人はいずれも若くして亡くなった詩人だが、ここでは平井功にだけ言及する。なぜならば、日夏が最も長く、哀惜をこめて追悼しているのが、平井功であり、また平井こそが『奢灞都』の若い有力詩人で、「叢書」の企画編集者だったと思われるからだ。日夏は平井の二つの別名を、最上純之介とジャン・ベラスコ・ロペスとして挙げている。すなわち「叢書」第三篇の訳者

J・V・Lとは平井功のことだったのである。

本書54の『書物游記』所収の荻生孝の「秋朱之介とその時代」に『奢灞都』と秋＝西谷のことが出てくる。秋が正則英語学校に入学し、新橋の貯金局に勤めるかたわら、文学にいそしんでいた時に関東大震災が起きる。だがその翌年には新たな芸術運動が起き、プロレタリア文学の『文芸戦線』、新感覚派の『文芸時代』、詩とアヴァンギャルド芸術の『マヴォ』などが創刊された。

「その中で、異色を放つのが『東邦芸術』、のちの『奢灞都』である。日夏耿之介の監修で、佐藤春夫・堀口大學・柳沢健のほかに、岩佐東一郎・城左門・矢野目源一といった若手詩人が加わり、奢灞都の石川道雄によって、同年八月に創刊された。秋は、この高踏派の詩誌に刺激され、その詩人たちとも、いつしか交渉をもつようになった。」

大正十四年に第一書房から堀口大學の訳詩集『月下の一群』が刊行され、秋が彼を訪ね、門下生になったこと、及び昭和三年に創刊される『パンテオン』に同人として加わったことで、やはり『パンテオン』に寄稿していた石川道雄や平井功たちと、「いつしか交渉をもつようになった」と思われる。

その一方で、秋＝西谷は上森健一郎が編集する『変態・資料』に詩を投稿したことがきっかけで、昭和二年頃上森の文芸資料研究会編輯部に入り、翌年に南柯書院に移り、また昭和四年には自らの訳と装丁で、ジベリウスの『ウイーンの裸体倶楽部』を刊行し、またタントリスの大木黎二訳『恋の百面相』などの装丁を手がけている。彼の装丁に関しては『書物游記』も口絵写真で紹介しているが、『発禁本Ⅲ』（『別冊太陽』）においても、「特装版装幀名人、西谷操」として、見開き二ページ、書影十五点ほどが掲載され、多彩で異色の装丁家の面目を知らしめている。その解説で、西谷は八十五歳で『書物游記』を刊行してから、「平成十年頃以後―消息跡絶ゆ」と城は記している。

西谷操や矢野目源一の軌跡に象徴されるように、詩人たちもまた詩の同人誌に属するかたわらで、ポルノグラフィ出版に携わっていた。日夏耿之介と弟子たちが武俠社の『性科学全集』に参加していたことは本書31で述べたとおりだ。それゆえに西谷が「南柯叢書」と南栄書院を結びつけ、南柯書院と命名したと判断することはそれほど不自然ではないと思われる。

なお『奢灞都』は牧神社から復刻されている。

62 平井功と『游牧記』

本書54で、西谷操＝秋朱之介がポルノグラフィから始めて、特異な装丁家として、書局梨甫や以士帖《エステル》印社などの限定版書肆を設立し、それから三笠書房の創立に参画していったことは既述した。西谷のそのような装本美学は、日夏耿之介と「南柯叢書」の企画編集者だった平井功からの大きな影響を受けているにちがいない。秋の名前も日夏から由来しているのは明らかだし、平井は西谷の同世代の人物として、一冊の詩集と四冊の限定雑誌しか残さなかった。だが平井は早逝しなければ、日夏から「今日の如何なる愛書出版家もとても比肩する事の出来ないものを確実に生み出してゐた」と感嘆せしめるほど「ビブリオロジイに関する造詣」が深かったからだ。

しかし日夏はその平井の造本についての具体的な言及をしておらず、また手元にある「南柯叢書」の『タル博士とフエザア教授の治療法』も、どちらかといえば普通の四六判上製本に属する印象があり、平井の特異な造本のイメージは伝わってこなかった。

その頃、人物・作品・文献探索誌『舢板』、及び明治・大正・昭和の忘れられた作家たちの作品を編んだ「ＥＤＩ叢書」（イー・ディー・アイ）などの発行人である松本八郎が、『日本古書通信』に連載の「書物のたたずまい」の一編として「游牧印書局『游牧記』」（平成十八年八月号）を寄せていた。そこには昭和四年八月創刊、五三七部という限定部数の雑誌『游牧記』の書影と本文組版の特異な「たたずまい」がわかるページが掲載されていて、平井の造本へのこだわりにふれたように思った。松本は『游牧記』が存続できなかった理由として、平井功の印刷所に対する要求の厳しさと過去にない見事なほどのタイポグラフィの実践を挙げ、そのことで精興社にまで断わられてしまったと述べ、次のように書いていた。

「無理もない。本文組版をご覧いただけば、その理由は一目瞭然である。カタカナ・ひらがな・欧字のルビ・傍注、表罫・双柱罫の傍線、さらに和欧混植（なかにはユダヤ文字も入り）、表紙の文字やイニシャルには、上海から取り寄せた聚珍倣宋字体の清刷から、再度凸起しして使うことなどもしている。平井功がいかに欧州のプライヴェート・プレスからその造本の奥義を学んでみたところで、ヨーロッパの印刷にはこういう複雑で煩雑な組版はない。」

そして『游牧記』に挟みこまれた「游牧印書局限定家刻本」として近刊予告されている「古逸叢書」刊行が実現していれば、「その後のわが国の書物づくりに大きな布石を遺してくれたのでは」とも松本は書いている。

ここまで書かれれば、『游牧記』はともかく、「古逸叢書」と称するもののラインナップだけでも知りたくなるではないか。そこで私も『古本屋散策』で「南柯叢書」のポオの『タル博士とフエザア教授の治療法』がフィリップ・ド・ブロカのフランス映画『まぼろしの市街戦』の原作ではないかと書き、そのついでに「古逸叢書」のことを知りたいと付したところ、二人の親切な読者が「古逸叢書」の部分のコピーを恵送してくれた。それでようやく松本の指摘する見事なほどのタイポグラフィと「古逸叢書」の内容を知った次第だ。

そこで平井功は宣言している。「当印書局設立ノ趣旨ノ一半ハ、恒久ノ価値アル古今東西各方面ノ著作ヲ択ビ、尤モ完璧ナル体裁ノ下ニ上梓セントスルニアリ。以テ幼稚極リナキ本邦現代ノ造書術ヲ世界最高ノ水準ニ到ラシメントス」と。その体現が「古逸叢書」であった。そして第一篇として、フランシス・トムソン著、日夏耿之介訳書『天の猟狗』『天の猟狗の思想と技巧』の全二冊が挙げられ、それに日夏の『重修完本黄眠詩集』全五巻、同じく日夏選、解題の『明治古典彙刻』第一篇が続き、さらに準備中の続刊書目として、次の七点が並べられている。それらはリラダン『短稗鈔』（辰野隆、鈴木信太郎訳）、ラ・ロシュフーコー『大公箴言録』（吉江喬松訳）、ポー『大鴉』（日夏訳）、ホフマン『歳晩祭夜譚』（石川道雄訳）、イエイツ『錬金薔薇篇』（燕石猷訳）、ダブスン『伊達乃錦襴白浪唄』、ウォルトン『釣魚大全』（いずれも平井功訳）である。

これらの書目と刊行に関して、「上梓書ノ選定ハコレヲ専ラ恩師日夏耿之介先生ニ煩シ、ソノ体裁ノ意匠ト監督ト指揮トハ不肖責任ヲ以テコレニ当ル」とあるにもかかわらず、「古逸叢書」は一冊も出版されなかった。その理由を日夏は記していないが、松本が指摘しているように、平井が意図する印刷と造本が経済的に成立しなかったと判断できよう。本のデフレ現象を体現してしまった円本時代を背景にして、ポルノグラフィならともかく、「わが徒が心を得たる逸作」を「その内容に最もふさはしき嫻雅にして趣致ふかき体裁」で、上梓することは困難であったのだ。

だがそうであったにしても、同時代における平井功のこのような試みに、西谷が関心を持たなかったはずがない。いやきっと西谷は、ともに日夏を師と仰ぐ平井をライバルとして意識し、自らの造本の世界を独自に構築しようとしたにちがいない。西谷が『游牧記』の創刊号の読者であったことは『書物游記』に記されているし、西谷のこの一冊のタイトルも『游牧記』からとられているのだろう。

63　平井功『孟夏飛霜』と近代文明社

平井功は一冊の詩集と四冊の『游牧記』を残し、「古逸叢書」刊行計画の挫折の後、急速にマルクス主義へと向かい、昭和七年に淀橋署に検挙され、留置場で背負いこんだ病にかかり、急死してしまった。享年二十六歳だった。

日夏耿之介はその平井を追悼し、「かくまでに才の高い智の鋭い情の強い礼儀の正しい勇敢な少年にはかつて逢つた事がなかつた」と賞賛し、「後生特志の愛詩家愛書家が今に輩出して、やがてチャタトンのやうにランボオのやうに李長吉のやうに、観賞し研究し考証せられる日が早晩来まいものでもあるまい」と記している。

その平井の一冊の詩集とは、大正十一年に近代文明社から自費出版した『孟夏飛霜』で、彼はまだ十六歳だった。もちろんこの詩集は入手していないし、日夏の引用紹介で十五章に及ぶ詩の断片を読んでいるだけだが、その早熟な才能は誰の目にも明らかであったろう。私の好みから、『孟夏飛霜』ではなく、『パンテオン』掲載の二十二歳の時の「落葉」をここに引用して、彼の「晩年」の成熟を浮かび上がらせよう。

「このうすらつめたい　しかし明るい午さがり
古い写経から抜け落ちた一葉のやうに
またひとつ枝を𢩢《はな》れて病葉《わくらは》がゆつたりと落ちて来る
犬よ、お前とわたくしとの隔をはつきり説き示すかのやうに
今は失はれた遐い教をそこはかとなくおもひ偲ばすやうに」

このような独自の詩の気配から、詩壇の「光れる一王座を占めることは、最早時日の問題だと吾々には思はれた」と日夏は述べてもいる。

私は平井功に関する記述を、これまで何度も参照してきた、日夏の『全集』八巻所収の「三人の少年詩人」における証言に負ってきているが、それでも平井の『孟夏飛霜』の広告は見ている。それは近代文明社からその翌年に出された田山花袋の『近代の小説』の巻末広告においてだった。

そこには日夏耿之介序、最上純之介著『孟夏飛霜』、「大判100夏四号活字組／全部木炭紙刷美装／定価二円五十銭」とあり、次のような宣伝惹句が掲載されていた。

「齢十五を越したばかりの年少天才詩人の処女詩集である。「逸材の世を恣まにすること臻りて夫れ美なる哉。雨か風か嵐か、あゝゆく雲をして行かしめよ。」と、日夏氏をして讃嘆せしめたるものである。限定版のことであるから、万一再版するとしても同装の書は再び手に入れ難い。詩の愛好者に切に

劉覧を乞ふ。」

これを見て、注文した読者が何人かいただろうか。いたと信じたい。私も実物を手にし、ページを繰ってみたいと思う。だがその機会が得られるだろうか。

さてここで平井功から少し離れ、版元の近代文明社にふれておきたい。発行者の瀬戸義直と近代文明社の関係は近代出版史にも近代文学史にも散見できないからだ。ただ瀬戸は出版史には出てこないが、『日本近代文学大事典』には立項されている。それによれば、明治二十二年長野県生まれの翻訳家であり、大正二年に早大英文科を卒業し、『聖盃』(後に『仮面』)の編集に携わり、メレジコフスキーの『ドストエーフスキー論』などを訳し、海外文芸の研究に貢献したとされ、大正十三年に亡くなっている。

『聖盃』は大正元年十二月創刊で、八号から『仮面』と改題し、四年六月までに二十九冊が刊行された。これは未見だが、教育出版センターから復刻が出されている。

『聖盃』の発行所は中興館で、この出版社は長野県出身の矢島一三によって、明治四十四年に創業され、同郷の吉江喬松や窪田空穂などの著作を出版していた。この事実から類推すると、中興館は長野県と早稲田人脈が中心となってスタートしたのだろう。それゆえに瀬戸が編集発行人を務める『聖盃』の発行所を引き受けたと考えられる。

あらためて同事典の『聖盃』の解題を読むと、日夏耿之介、矢口達、西條八十、瀬戸といった主に早稲田系文学者を同人とする雑誌で、各国の新しい文学の作品の紹介、及び研究、評論が多く、大正期の文芸雑誌の代表的なひとつとされている。特筆すべきはこの『聖盃』において、日夏が詩人としての位置を確立し、西條が独自の流行歌の基盤を醸成し、長谷川潔も版画家としての試作を発表し、また愛蘭土文学会が設けられたことである。これらは未見だが、瀬戸も『ドストエフスキイ』『露西亜文学印象記』（いずれも中興館）を出している。

おそらく瀬戸は東京社の『婦人画報』の記者などを経た後、大正十年頃に近代文明社を創業したにちがいない。その出版活動の全貌は明らかでないが、『近代の小説』の巻末広告から判断すると、最上の詩集の他に山宮充編『日本近代詩書綜覧』や水谷まさるの抒情詩集『青みゆく月』などの十冊ほどが掲載されている。『近代の小説』刊行の翌年の大正十三年に瀬戸が亡くなっているので、これらが大半の出版物であったかもしれない。

近代文明社と『聖盃』のことを書いてきたのはポルノグラフィ出版も、これらの人脈を背景にしていると思えるからだ。矢口達が国際文献刊行会の「世界奇書異聞類聚」やストープスの『結婚愛』の訳者だったことを想起されたい。日夏門下が『性科学全集』に加わっていたことはすでに書いたとおりだ。そして西谷操＝秋朱之介は平井功の「南柯叢書」や『游牧記』と併走していたのである。また矢野目源一の例に見るように、近代詩運動とポルノグラフィ出版は結びつき、その後もそれは続けられていくのである。

64　典文社印刷所と蘭台山房『院曲サロメ』

これはまったく偶然であるが、平井功の「古逸叢書」の遺志を継いだ者が存在していたことを知った。それは土井庄一郎の「築地書館の50年」というサブタイトルが付された社史『めぐりあいし人びと』

（築地書館）においてだった。一章の「父の思い出」の扉にオスカア・ワイルド原作、アウブリ・ビヤヅリ挿画、日夏耿之介翻訳の『院曲サロメ』の書影が掲載され、出版社は東都書林 蘭台山房とあった。

だがこの本に関する説明は何もなく、土井の本を読んでいくと、父の儀一郎が築地で典文社印刷所を営み、昭和四年から十年代にかけて、書物展望社や昭森社や版画荘の愛蔵版、限定趣味版の注文を受けていたことが述べられ、十六冊のタイトルと書影が掲載され、その中に萩原朔太郎の『定本青猫』（版画荘）もあるとわかる。

それから土井儀一郎が以前に勤めていた木挽町の鷲見文友堂で、安藤更生たちが大正十四年に創刊した同人誌『銀座』の印刷人を担当していたこと、また築地書館が印刷業を母胎にして、昭和二十八年に立ち上がったことなども書かれている。

『院曲サロメ』は章の扉への表紙の掲載だけで、その後に何の言及もないが、おそらく愛蔵版や限定趣味版も可能な印刷所であることで、持ちこまれた一冊であろう。そしてそれらの中でも土井にとって、父が送り出した最も印象深い本だったゆえに、冒頭に置かれたと思われる。著者、画家、訳者の組み合わせと装丁、タイポグラフィは紛れもなく平井功の企画と意匠を彷彿とさせ、典文社印刷所においても、特筆すべき本だったのかもしれない。

その表紙を眺めているうちに、もちろん戦前の本ではないけれど、同じタイトルの本を二十年以上前にゾッキ本で買ったことを思い出した。探してみると出てきた。表題はサロメに漢字が使われ、『院曲撒羅米』となっていて、判型はほぼ重箱判に近く、帯文には「奇書、絢爛たる語彙の駆使によって、オスカア・ワイルド原作『サロメ』の凶々しい悲劇性を最も鮮烈に再創造した日夏耿之介の不朽の名作」

で、ビアズレイの最高傑作挿絵全十七点収載とも書かれていた。版元は東出版、昭和五十二年の刊行で、定価は千八百円だった。きっと売れ残り部数が東出版の事情で古本市場に放出され、そのうちの一冊を私が拾ったことになるのだろう。

日夏による「院曲撒羅米小引」が巻頭に置かれ、そのうちのふたつは次のような文言である。

「一、曲中人物ノ宛字ハ漢訳聖書上海美華書館同治四年本中ノ文字ヲ多ク採リ用ヒタリ。美姫撒羅米ノ東方趣味ニ準ヘムガタメノミ。

一、コノ訳書ヲモテ院曲撒羅米ノワガ定本タラシム。コレ訳詩大鴉ト共ニ拙訳詩曲類中何トナクタダ最モ自ラ愛玩暗喜スルモノ也。」

もうひとつは一九〇七年刊行の翻訳原本表記なので省略した。この日夏の「小引」を読んだだけでも、『院曲サロメ』の印刷が特殊な技能、及び新たな活字の調達の必要がわかるし、典文社印刷所の高度な印刷レベルが伝わってくる。

そして東出版の「あとがき」には第一書房の『近代劇全集』収録の一編が、昭和十三年に蘭台山房より定本大型豪華本として刊行され、それを定本として昭和五十年に限定版を出版し、その普及小型版が本書だという言葉が添えられていた。

確か『サロメ』は『日夏耿之介全集』（河出書房新社）にもあるはずだと思い、調べてみると、第二巻「訳詩・翻訳」に収録されていた。だがこちらは挿絵は掲載されておらず、やはり挿画入りを見た後では物足りない気がする。『近代劇全集』第四十一巻所収も同様である。

ワイルドの『サロメ』は一八九三年にフランス語で書かれ、九四年に彼の同性愛のパートナーのアルフレッド・ダグラスによって英訳され、オーブリ・ビアズリーの挿画入りで刊行された。これらの事情についてはS・ワイントラウブの『ビアズリー伝』（高儀進訳、中公文庫）が詳しく、「オーブリーとオスカー」の一章が設けられている。

『ビアズリー伝』でも指摘しているが、日夏も『全集』所収の「『サロメ』解題」で、ビアズリーの挿画の批評性を二枚の「サロメ化粧す」の中に見ている。『サロメ』は古代の物語にもかかわらず、挿画の化粧の場面において、近代的な化粧品と棚のところに、ゾラの『ナナ』や『大地』、ボードレールの『悪の華』、アベ・プレヴォの『マノン・レスコー』などを並べ、『サロメ』が古代の物語であるばかりでなく、現代の物語でもあることを暗示させているかのようだ。それゆえに挿画が加わることで、二人の『サロメ』という「共同舞台」が出現したのであり、劇と挿画の不可分の関係性を教えてくれる。

しかしそれらはともかく東出版の「あとがき」と同様に、『全集』の井村君江の「解題」も『サロメ』は蘭台山房発行とあるだけで、出版事情、出版者、編集者について、何も記されていなかった。平井功の衣鉢を継いだと思われる出版者は一体誰だったのだろうか。

なおこの一文を書いてから、沖積舎から〇五年に『院曲サロメ』が復刻されていることを知った。

65　南宋書院、涌島義博、田中古代子

「奢灞都南柯叢書」の『黄金宝壺』と『タル博士とフエザア教授の治療法』の二冊を刊行した南宋書院について、一編補足しておきたい。日夏によれば、平井の「友人稲田稔が南宋書院を起して赤書印刻を

やり始め」、その影響を受け、平井が急速に左傾したとされている。しかし南宋書院を起こしたのは涌島義博であって、稲田稔なる人物ではない。おそらく稲田は編集者、もしくは南宋書院と住所を異にする南宋書院印刷所の責任者であり、平井は彼を通じて、「赤書」のみならず、「印刻」の詳細な知識を身につけたのではないだろうか。またその関係で、「南柯叢書」の企画が南宋書院に持ちこまれたのではないだろうか。

それならば、日夏のいう南宋書院の「赤書」とは何を指しているのであろうか。それはやはり「叢書」と同時期に刊行され始めた「無産者自由大学」シリーズだと思われる。その「第一講座」は堺利彦の『天文・地文』で、シリーズのこの一冊だけは手元にある。内容は天文学や地学の啓蒙書に分類できる。もちろん堺も自分がそれに向いていないことを承知していて、「はしがき」に次のように記している。「『天文・地文』といふ講座を私が擔任することは、云ふまでもなく不適当であり、無理である。或は寧ろ滑稽でもあるだらう。然し、私は、『無産者自由大学』の計画につき、最初から其の相談にあづかつた一人として、種々の都合上、止むなく第一冊を受持たねばならぬ事になつてしまつた。」

それゆえにこの書は堺が専門書を読んで、無産階級的立場からまとめたものだとも告白している。奥付を見ると、昭和二年五月発行で、「非売品」とあるので、これが同時代の円本と同様に会員制頒布システムの所謂「講座物」に類するとわかる。これは堺に続いて、山川均、猪俣津南雄、佐野学、荒畑寒村、安田徳太郎たちが執筆し、全十二冊が刊行された。しかし当時は福本イズムの時代で、これらの労農派メンバーは古いとみなされ、売れ行きはよくなかったようだ。

なぜこの南宋書院と涌島義博にこだわるのかといえば、両者は単なる左翼、及び左翼出版社ではなく、明治四十五年に鳥取で創刊された文芸誌『水脈《みお》』に始まる「鳥取文壇」を背景としているからだ。『水脈』の主要同人は後の白井喬二、橋浦泰雄、野村愛正などで、彼らが上京した後、大正三年に新たに創刊されたのが『我等』である。これは鳥取東部の大半の文芸関係者たちが集まり、涌島も、後にその妻となる田中古代子も尾崎翠もその同人だった。同人たちは雑誌を発行するだけでなく、文化講演会、絵画展覧会、近代劇脚本朗読試演会を開催し、鳥取の文化を活性化させた。それこその「水脈」が東京に移され、始められたのが南宋書院だとも見なせるからだ。鳥取を背景とする近代出版社は南宋書院だけではないだろうか。

涌島は明治三十年に鳥取の洋服商の長男として生まれ、『我等』同人を経て、大正五年に上海の東亜同文書院に入り、翌年中退して上京する。また東京外語学校の夜間部でロシア語を学び、長与善郎の書生になったことから、『白樺』の編集に参加し、九年には叢文閣に入社している。

大正十年には鳥取に戻り、文芸誌『水脈』を創刊し、『我等』と同様に文化芸術運動を続けたが、関東大震災後に田中古代子とともに再上京し、大正十五年に社会主義文献の出版を主とする南宋書院を創業するに至る。そして「無産者自由大学」や「奢灞都南柯叢書」などに始まる出版活動を展開していった。その出版物の全貌はわからないが、本書61で既述したように、昭和四年の林芙美子の処女詩集『蒼馬を見たり』も南宋書院から出されている。これは林の友人が費用を負担した自費出版だった。『林芙美子』(「日本文学アルバム」20、筑摩書房)に、この『蒼馬を見たり』の書影、及び新宿の中村屋での出版記念会の写真が掲載されている。二十五名ほどの人物が写っていて、女性のほうが明らかに多く、平林たい子や宇野千代の顔も見える。この中に涌島や田中古代子はいるのだろうか。

しかし梅原北明たちのポルノグラフィ出版社も昭和七、八年には姿を消してしまったように、左翼出版物も刊行する南宋書院も危機が迫っていた。やはり昭和七年に南宋書院は終わりを迎え、涌島と古代子は失意のうちに鳥取へ帰る。そして古代子は十年に睡眠薬自殺してしまう。

どのような事情によるのか、涌島は『日本近代文学大事典』に立項されていて、帰郷後、山陰自由大学の創立、農民運動、水平社運動に参加し、戦後は日本海新聞編集長、鳥取医療生協専務理事、日ソ協会支部長とあった。だが妻は古代とあり、大正十年に『朝日新聞』の懸賞小説に当選した北浦みお子と記されているだけで、田中古代子としては立項されていなかった。

だが平成時代に入って、田中古代子は作家として再評価され始め、平成十年に鳥取女流ペンクラブ編による『尾崎翠・田中古代子・岡田美子選集』が地元の富士書店から出版され、死後六十余年を経て、新たに読まれ始めようとしている。また「鳥取文壇」の見取図は、白井喬二の『さらば富士に立つ影』（六興出版）や橋浦泰雄の『五塵録』（創樹社）にもうかがえるが、『尾崎翠・田中古代子・岡田美子選集』に寄せられた田中古代子に関する内田照子の「作家ガイド」は「鳥取文壇」、南宋書院、涌島夫妻のコンパクトな解説となっていて、とても参考になるし、同書には古代子の「略年譜」も付されている。

涌島と古代子はまず南宋書院印刷所から始めたようで、その印刷所で平井功は二人と会っていたはずだ。その後の三人の軌跡を考えると、出版とその時代というものに対する感慨を覚えざるを得ない。

66 宮本良『変態商売往来』と松岡貞治『性的犯罪雑考』

もう一度、南柯書院に戻る。

これも本書61で既述したように、南柯書院は上森健一郎、宮本良、西谷操などによって、昭和三年に設立された。その編集責任者は宮本良で、彼は発藻堂書院や前衛書房の編集事務も兼ねていた。また宮本は文芸資料研究会の「変態十二支」第七巻の『変態商売往来』の著者、南柯書院の発禁本で、西谷操装丁によるダフエルノ著『おんな色事師』の訳者でもあった。それらに加えて、いくつかの別名を持ち、「変態文献叢書」第五巻の『性的犯罪雑考』の著者松岡貞治も宮本である。

この宮本のかなり詳細な略歴が、昭和六年に書局洛成館から刊行された『談奇党』第3号所収の「現代猟奇作家版元人名録」に掲載されている。版元の洛成館と発行兼編集人の鈴木辰雄に関する詳細はわからないが、この号は近年になって、谷沢永一の蔵書を原本として、金沢文圃閣より『性・風俗・軟派文献書誌解題集成―近代編』所収として復刻が出された。

それによれば、宮本は生粋の江戸っ子で、本郷区湯島四丁目に生まれ、早稲田政経科専門部を経て、青山学院英文科を卒業。青山学院時代から木村毅や春秋社の社長神田豊穂などの仕事を手伝い、後に村松梢風の『騒人』の編集記者となり、田中貢太郎の世話を受けたりしたが、「梅原と合流するに及んで、純文芸の精進を捨てゝ旺んにエロ本出版に努めた」とされている。

また同号の南柯書院紹介の部分において、宮本はジャーナリスティックに走って策を弄しすぎるゆえに、「でたらめな原著者の名前を出したり、ありもしない題名をつけたりするので、(中略)原著者の名前など、どこまで嘘で、どこ迄がほんとうなのだか分からない」とも語られている。さらに経営能力と部下の統率力の欠如、『世界デカメロン全集』の未刊行、妻の姦通、罰金未納のための市ヶ谷刑務所入りまで言及され、梅原一派の異彩な人々の中にあって、はなはだ分が悪い。

しかし実際に彼の『変態商売往来』を読んでみると、その「序」において、「変態商売は商売それ自身の行き詰まりの表徴」で、社会経済の窒息期、もしくは危機を象徴し、完全な変革が必要であるとの認識を示し、その視点からこの一冊が編まれていることを、まず読者に伝えようとしている。

そして本論に入る前に「商売の概念」を論じ、これはおそらくマルクスの『資本論』の影響だと思われる。大正時代から昭和円本時代にかけては、『資本論』の翻訳のディケードでもあったのだ。宮本は「商売の概念」を次のように書き始め、そして続けている。

「商売とは生産者と消費者との間に立ち、財貨の交換を媒介し、需要供給の適合を計る一種の企業である。（中略）

狭義の場合では商売は―商業は、生産者と消費者との間に立つ一種の専門的ブローカーに過ぎないが、一般的に商売を講義に解すると、（中略）即ち生産者それ自身も商売で有り得るし、或る場合には消費さへも―消費のみでさへも商売で有り得ることがあるべき筈である。

つまり商売の内容は生産、消費、取次の三つの場合、三つの性能を一つづつ備へたものである。」

「商売」とは「生産、消費、取次」を含むという視点は、マルクスを経由したものと考えて間違いないだろう。ここでの「取次」とは「流通」の意味であるからだ。また「商売」は「生活の幸福を増進」し、「人類の綜合的相互扶助」でなければならないとも述べている。

そして日本の歴史を追いながら、時代の過渡期、爛熟期に出現してくる「変態商売」を論じ、現代に及んでいる。その「現代篇」の最初に挙げられているのが、他ならぬ「珍書目録送呈業」であるので、これを紹介してみよう。

宮本は「珍書目録送呈業」について、明治三十年代になって増えてきた「書籍業」であるとし、新聞や雑誌に「珍書目録送呈業」という広告を出して読者を釣り、これに目録を送りつけ、極めて程度が低い性的で変態的な書籍を売りつける商売だと定義している。そしてその実例として、新聞や雑誌の広告、『女の赤裸々』といった内容の珍書目録などを挙げている。つまり梅原北明一派のポルノグラフィ出版もこの商売の延長線上にあり、それは企画、宣伝、人脈、組織、製作、販売などのすべての分野において、突出したパフォーマンスを導入し、これまでにない「変態出版商売」を上演したと見なせるからだ。しかしそこにマルクスの『資本論』までが投影されていたことに留意すべきだろう。

別名の松岡貞治で書かれた『性的犯罪雑考』の中で、彼はおそらく梅原一派が参考資料にしたと思われる四十冊余の欧米の犯罪学と性的犯罪をめぐる文献を挙げ、日本では検閲と発禁によって欧米と比べ、その分野の出版が著しく遅れていると述べている。おそらく江戸川乱歩もこれらを読んでいたはずだ。そしてとりわけドイツではそれらの研究が進み、「一枚の挿絵写真に於いてすら、一嘆三嘆すべき珍品がその学究的良心の確実さ」を物語ると記し、「総論」の章を次のような言葉で閉じている。「あゝ、日出づる国、日本！　それがかうした愉快を助けてくれるやうになるのは、幾、幾世紀ののちなのだらうか？」

これこそが「変態出版商売」の根底にある思いではなかったであろうか。

67　三谷幸夫訳のヴォルテール『オダリスク』

本書54で、所持している操書房のヴォルテールの『オダリスク』の訳者三谷幸夫は、後年のミステリ作家にして研究者の松村喜雄のペンネームであり、それが松村喜雄の署名入り献本ゆえにわかると既述した。その献本は花崎清太郎宛になっていた。花崎清太郎とはどのような人物であろうか。

それを論じる前に、『オダリスク』の体裁と内容に関して書いておこう。表紙だけがA5判で、中身は四六判、六十余ページの薄い本である。表紙にはマティスを彷彿させる黄色、赤、緑による裸婦が描かれているが、紙はひどく変色し、不良な仙花紙そのもので、製本も含めて、当時としても粗末な造本だとみなすしかない。ただそのような心許ない造本にもかかわらず、六十年以上の歳月を経て、よくぞ私の手元に届けられたと感嘆の声を上げたくなる。どこの古本屋で買ったのかを失念してしまったが、本当にそう思う。

この『オダリスク』なるタイトルはフランス語でハレムの女を意味しているように、黒人の宦官ズルフイカラが語ったハレムの女ゼニの物語であり、それをフランス語に翻訳したものという説明が冒頭に描かれている。この作品はヴォルテールが書いたコント、及び小説の二十五作のうちの一編にあたる。それらの五編を収録した「バベルの図書館」7の『ミクロメガス』(川口顕弘訳、国書刊行会)の「序文」で、ボルヘスがヴォルテールの物語の典拠のひとつになっているのは『千夜一夜物語』であると指摘しているが、まさに『オダリスク』も明らかにそれらの系列に属している。操書房の他に翻訳があるかは不明だが、トルコのハレムの性生活といった内容から刊行されたように思える。

これが『オダリスク』の体裁と内容である。さてここで、花崎清太郎は誰かという最初の疑問に戻らなければならない。その答えは松村喜雄の『乱歩おじさん』(晶文社)に出てくる。この本は乱歩の親戚にあたる松村が少年時代からの交流を通じ、描き出した乱歩論に相当し、知られなかった乱歩像を含め、教えられることが多い。例えば、乱歩の『黄金仮面』は本書57で取り上げたマルセル・シュウオッブの矢野目源一訳『黄金仮面の王』からの着想だという。松村の祖母と乱歩の母が姉妹で、乱歩の叔母の孫というのが松村の立場である。

松村は十代の半ばから平凡社版の金色の『江戸川乱歩全集』全十三巻を読みふけり、昭和九年八月に探偵小説好きの二人の友人とともに乱歩の家を訪問し、それは同十三年、十四年頃まで続いた。乱歩は三人の十代の少年に対して、二十歳も年長であるのに、彼らの話に耳を傾け、対等に話をするという態度を崩さず、その人間性は少年たちに信頼を与えるものだった。それを松村は次のように述べている。「乱歩のわれわれに対する語り口は、読みたくてたまらないから本を読み、その喜びを話したくてたまらないから話す、といった印象だった。話しはきちんと整理され、相手を納得させる。冷静な話しぶりなのだ。こうした乱歩をある人は学者みたいだと言うかもしれない。しかし、問題は執拗な追求心だけではない。そのことに愛情をもち、楽しんでいることだ。聞くものは、その愛情に打たれ、引きこまれ、恍惚と聞き惚れてしまう。そうした包容力が乱歩にはあった。」

このような乱歩の資質はおそらく岩田準一との交友においても発揮されていたはずであり、そこに乱歩の少年愛を見出すことも可能だろう。そして三人の少年は乱歩の弟子となったのである。松村の二人の友人の名前を挙げてみよう。それは他ならぬ花崎清太郎と石川一郎だった。

松村は小学校を卒業した後、一生を左右することになるこの二人の年長の友人に出会う。「二人とも凄まじい読書力の持ち主だった。怠惰な私は、この両氏に引きずられ、本の世界に引きこまれ、その魔力のとりこになった」。その松村は乱歩の親戚であったことから、必然的に二人を乱歩へと導き、昭和十年代における探偵小説と少年愛のニュアンスも漂う特異な環境、いってみれば、明智小五郎と小林少年的な世界を醸成させる触媒となった。

先に言及してきた『オダリスク』は少年トリオの一人である花崎清太郎へ献本されたものだったのだ。だからこそ、粗末な造本にもかかわらず、丁寧に保存され、長い年月を耐えてきたのだと思われる。花崎が亡くなったことで、蔵書が放出され、私が入手するに至ったのだろう。

三人は東京株式取引所に勤めていた同僚で、松村と石川はほとんど独学で語学を勉強し、東京外語仏語科に編入し、外務省に入ったが、花崎は乱歩が土蔵においていた同性愛文献の影響を受け、梅原北明たちの出版物や風俗物の収集に励むようになる。そして彼は戦後になって花咲一男名で、近世風俗研究会を主宰し、江戸時代のポルノグラフィを出版するに至る。それらの本は城市郎の『発禁本』(「別冊太陽」平凡社)に掲載され、花咲も立項されている。乱歩との出会いによって、松村と石川は探偵小説の領域へと深く誘われたが、花崎はこのような別の書物の世界へと沈潜することになったのである。その時代の兜町には後の脚本家小野田勇や池波正太郎もいたという。当時の兜町はそのような少年たちの集うトポスでもあったのだ。

なお花咲一男には『雑魚のととまじり』(近世風俗刊行会)という上中下三巻の回想記があるという。入手できず、未読のまま現在に至っている。同書の所在について、読者のご教示を乞う。

68 ヂィデロ『不謹慎な宝石』とディドロ『お喋りな宝石』

続けて松村喜雄たちと乱歩の物語を描いていきたいのだが、ヴォルテールに言及してディドロを飛ばすわけにはいかないので、その前にもう一編だけ操書房の出版物にふれておくことにする。

それはデニス・ディデロ著、小林季雄訳『不謹慎な宝石』で、昭和二十三年に操書房から刊行されている。四六判、厚さは三センチに及び、前回の『オベリスク』と同様に、表紙にはマティス的な横たわる女性の裸体画がレイアウトされているが、中身は粗末な仙花紙で、印刷も悪く、フランス装的な外観を裏切り、ちぐはぐな印象を受ける。その時代の出版、印刷事情を否応なく露出させた一冊と見なすことができる。そのこともあってなのか、秋朱之介の『書物游記』（書肆ひやね）の「書目一覧」に掲載されていない。

この『不謹慎な宝石』にはフランス人の校注、編者による「序」が付されているだけで、訳者の解説はまったく施されていないが、昭和四年に国際文献刊行会から出版された耽奇館主人訳の同一タイトルの一冊とは異なっていると思われる。ただ作品の分量から判断して、戦後になって新たに翻訳されたものではなく、戦前にすでに翻訳がなされ、篋底に秘されていた訳稿が戦後を迎え、ようやく出版の暁を見るに至ったのではないだろうか。

ディデロ＝ディドロの『不謹慎な宝石』の原タイトルは *Les Bijoux Indiscrets* で『お喋りな宝石』としても翻訳されている。ベルナール・ピヴォー他編『理想の図書館』（安達正勝他訳、パピルス）の紹介を引いてみよう。

「フランス宮廷における東洋風年代記。退屈をまぎらわすため、スルタンが、不思議な力を持った宝石をつかって御婦人たちの艶っぽい秘めごとを探り出しては楽しむ。しかし、みかけは奔放な物語であるが実はこれは、思想的、政治的野心に満ちた挑発的言辞を覆い隠す大変巧みな（また、心地のよい）手段となっている。」

この紹介はいささか抽象的なので、もう少し具体的に一七四八年にディドロが著した物語の内容を説明しておこう。アフリカのコンゴー国のマンゴグル皇帝は前王を継承し、在位十年にもならないのに、貴族のセリムを重臣にすえ、いくつかの戦いに勝利を収め、各地方を平定して国を強大にした。法律を確立、改正し、様々な建物と施設を立ち上げ、学問や芸術を隆盛に導き、アカデミーまでも創設し、偉人という名声を得るに至った。そして宮殿の中で、多くの女たちから愛され、女たちは彼から征服されることを望んでいた。その望みを遂げた女にミルゾザがいた。

マンゴグルは宮廷の女たちの面白い事件を知りたいと思い、そのことをミルゾザに話すと、彼女はクファ仙人に相談するように勧めた。呼ばれた仙人は皇帝の望みをかなえるために、宝石のついた指輪を取り出した。この指輪の宝石を特定の女に向けて回すと、その女の身につけている宝石に話をさせることができるのである。この指輪を得た皇帝は宮廷の様々な女たちに三十回にわたって、その宝石にしゃべらせるように仕掛け、彼女たちの性をめぐる秘話を聞き出し、皇帝もこれまでまったく知らずにいた宮廷の女たちの真実に直面することになる。

これはもちろん『理想の図書館』の紹介にあるように、政治的にも思想的にも、寓話小説、もしくは風俗風刺小説と考えてよく、コンゴーはフランス、前王はルイ十四世、マンゴグルがルイ十五世、ミルゾザは愛人のポンパドゥール夫人、セリムはリシュリューだとされ、ディドロは『盲人書簡』や『不謹慎な宝石』などの出版によって捕らえられ、ヴァンセンヌの監獄に送られたという。

このような出版事情と内容ゆえに、『不謹慎な宝石』もポルノグラフィ扱いされてきたのであろう。実は昭和二十六年になって、大雅洞から新庄嘉章訳『お喋りな宝石』としてもう一度出版されている。大雅洞の佐藤俊雄は操書房の西谷のパートナーであり、わずか三年後の刊行で、しかも初版限定四百部と奥付に記されているから、それなりの目的があっての再度の出版だったはずだ。そこで両書を読み比べてみると、小林訳『不謹慎な宝石』は抄訳で、第四十七章におけるポルノグラフィ的な英語、ラテン語、イタリア語、フランス語、スペイン語混合の部分、及び第五十三、四章が削除されていた。だからこちらの菊判三百六十ページの新庄訳『お喋りな宝石』は、完訳を目的として刊行されたことになる。

これらの戦後間もない『不謹慎な宝石』と『お喋りな宝石』の出版事情はともかく、この作品を読んでいくと、同書の中にも書名が挙げられているが、『千夜一夜物語』のオリエンタリズム的構成や『ガリヴァー旅行記』の風刺小説の影響を大きく受けていることが明瞭である。そしてこのふたつの物語と重なるかたちで、アンドレ・リュシュタンベルジェが浩瀚な『十八世紀社会主義』（野沢協訳、法政大学出版局）の中で描いている啓蒙思想と百科全書の時代における多様な近代社会主義のどよめき、また同時代に多くの物語化を見たユートピア文学も投影されているのではないだろうか。それらのユートピア文学は岩波書店の『ユートピア旅行記叢書』全十五巻に収録されている。

私の力量ではさらに詳細にこれらの社会主義やユートピア文学を比較し、ディドロの作品を読むことはできないが、このような十八世紀の思想と文学の見取図と配置の中から、『お喋りな宝石』も出現してきたように思われる。

69　松村喜雄『乱歩おじさん』と『江戸川乱歩殺人原稿』

前々回、花咲一男＝花崎清太郎の回想記『雑魚のととまじり』は未入手だと記したが、松村喜雄が花咲の回想を自らの書き下ろし長編ミステリー『江戸川乱歩殺人原稿』（青樹社、一九九〇年）の中に色濃く反映させていると思われる。なぜならば、この作品は江戸川乱歩のエッセイ「探偵小説の鬼」における「私の親戚の少年」で、「丁度その蒐集狂時代の探偵小説マニア」、すなわち松村に関する言及をエピグラフとし、「在りし日をなつかしみ、石川一郎／花崎清太郎／松村喜雄／江戸川乱歩の諸氏に捧ぐ。」という献辞が掲げられているからだ。自らも含めた四人への献辞は昭和十年前後において、四人が師と弟子の蜜月の関係にあった時代に対するノスタルジアとオマージュを意味していよう。

『江戸川乱歩殺人原稿』そのものも乱歩の作品に忠実で、E・C・ベントリーの『トレント最後の事件』（大久保康雄訳、創元推理文庫）を念頭において、乱歩が本格的な探偵小説を志向し、昭和九年に『中央公論』に発表した「石榴」をふまえ、書かれている。まさに「石榴」は彼らの蜜月関係の只中に執筆され、松村は『乱歩おじさん』（晶文社）の中で、初期短編を除けば、「石榴」を「陰獣」と並ぶ乱歩の二大傑作とよんでいる。そしてまた登場人物の一人は「石榴」の主要人物と同姓同名である。それゆえにこの作品は、乱歩と友人たちの思い出をベースとする松村のミステリーの集大成といえるかもしれない。

『江戸川乱歩殺人原稿』のストーリーを紹介しよう。昭和八年頃、兜町の東京株式取引所に勤める四人の探偵小説好きの少年たちが乱歩を訪ね、弟子となった。だが乱歩は年上の友人のように接していた。松村は乱歩との関係を次のように描いている。

「訪れる日は何時間も、ときには夜遅くまで探偵小説の話に熱が入り、倦むことがなかった。話題は探偵小説だけに限らず、一般の文学、哲学の域にまで踏みこむことがあった。このとき、乱歩は四十歳、語る言葉は自信満々だった。

終戦の社交に献身的な、探偵小説の興隆に必死の肩をいからせた、探偵小説の大御所ではなかった。涙香、鷗外、潤一郎から、南方熊楠、ギリシャ・ローマの古典、モンテーニュ、ジイド、ラディゲ、ブールジェに至るまで、日、英、米、仏の探偵小説から、文学、哲学、映画、民族学、科学、宗教、ときにはルイス・スペンスの『エンサイクロペエチア・オッカルチズム』『国訳大蔵経』に及ぶ広範囲な感想が、尽きることなく書棚から本をとりあげ説明し、えんえんと長時間に及んだ。乱歩は若い四人にとって正に師であり、彼らは弟子であった。」

これらは松村の『乱歩おじさん』における既述とほぼ同様だが、『江戸川乱歩殺人原稿』では二つの異なる事柄が加えられている。それは三人の少年が四人になったこと、乱歩が言及する作家にブールジュが添えられたことだろう。ブールジェはフランスの作家である。新たに加えられたもう一人の少年は明らかにフィクションだが、ブールジェの場合は『乱歩おじさん』、及び引用されている『雑魚のとまじり』に書かれていないにしても、乱歩は『探偵小説四十年』の中で実際に言及している。『江戸川乱歩殺人原稿』はその構成からいって、「石榴」にブールジェの『弟子』を組み合わせることによって成立しているので、松村が独自に『弟子』をここに登場させたとは思えない。やはり乱歩経由で知ったと考えるほうが妥当だろう。本文でも紹介されているように、ブールジェの『弟子』は、昭和初期円本時代の新潮社の第二期『世界文学全集』2に山内義雄訳で収録され、戦後になって同訳は河出書房の同じく第二期『世界文学全集』19でも刊行されている。

さてストーリー紹介が中断してしまったが、話を戻そう。プロローグにおいて、七十歳の衆議院議員で、次期総裁と目されるかつての少年の一人が、やはり同年の若き日の友人で、今は推理小説家として重鎮の座におさまっている男から、分厚い原稿のコピーを受け取る。二人は政治家と推理小説家として社会に認められていたが、互いに消息を知るだけで、もはや四十年以上会っていなかった。

その届けられた原稿用紙の表紙には「『弟子』　江戸川乱歩」と万年筆で書かれていた。タイトルはブールジェの小説と同じなのだ。それは紛れもなく、かつて目にしたことのある乱歩自身のものだった。送ってきた推理小説家の解題によれば、原稿の入手ソースは語れないし、乱歩の作品の中に『弟子』なる題名の小説は見当たらない。だが筆跡は乱歩のもので、清書もされている。そしてこの『弟子』が書かれた時期に、自分も含めた四人の少年たちは乱歩の周辺にいたのである。そして推理小説家は結論を下し、次のように述べる。

「まぎれもなく大乱歩の未発表の原稿である。正に今、この原稿が発見されたのは奇跡としかいいようがない。どこにこの原稿が保存されていたのか、それはこの『弟子』に語られている小説と無関係ではない。それにしても、乱歩はいつ、いかなる意図をもってこの小説を書いたのか。

登場する人物の何人かは実在する人物であるが、仮名となっているので、だれがどの人物に当てはまるのか、特定するのが甚だしく困難である。

この小説のなかで、一人の若い女が殺される。いや、自殺として処理されているが、殺害されたと推定されている。

実在の人物と仮名の登場人物がいかに組み会わされるのか。五十年前の事件だから、もちろん時効が成立しているのだが、真犯人摘発の手掛かりが、この小説に提出されている。」

そして推理小説家は乱歩の『弟子』を発表し、真犯人の指摘を宣言する。

この後で、推理小説内推理小説として、本文の二段組みと異なる一段組みで、プロローグに続く章が乱歩の『弟子』にあてられ、全文が掲載され、『江戸川乱歩殺人原稿』は文字通り始まっていくのである。これはミステリーでもあり、これ以上の言及はとどめる。この作品は絶版にしても、まだ入手は難しくないと思われるので、興味ある読者はぜひ一読されたい。

70 江戸川乱歩と中央公論社『世界文芸大辞典』

松村喜雄は『乱歩おじさん』(晶文社)の中で、彼ら三人の少年が乱歩の弟子になった頃、乱歩が古代ギリシャの古典に興味を持ち、とりわけ同性愛文献に関心が深く、希英、羅英の対訳本を買いこむ一方で、ジョン・アディントン・シモンズの著作を耽読し、「J・A・シモンズのひそかなる情熱」や「シモンズ、カーペンター、ジード」といった論考を発表したと記している。前者は東京精神分析学研究所の『精神分析』、後者は中央公論社の『世界文芸大辞典』の付録「世界文芸」に掲載されたもので、特に後者について、乱歩がいかに情熱をこめて書いたかを、松村は聞かされたという。この二つの論考は乱歩の第三随筆集『幻影の城主』に収録され、昭和二十一年に京都のかもめ書房から刊行されたが、後に昭和五十四年版『江戸川乱歩全集』(講談社)の同タイトルの第十七巻、及び紀田順一郎編『江戸川乱歩随筆選』(ちくま文庫)に入っている。

その前に述べておくと、「『世界文芸大辞典』の価値」(『古本屋散策』所収)で既述しているように、この昭和十一年から翌年にかけて、中央公論社から出された吉江喬松責任編輯『世界文芸大辞典』全七巻は、内容の豊饒さと鮮明な世界文学の見取図のみならず、ケルト模様の装丁と造本、多岐にわたる作家とテーマの取捨選択、魅力的な挿絵、写真、書影を配置した斬新なレイアウトが相俟って、日本の海外文学辞典の模範だと思われる。またそのセンスと目配りのよさから、このような辞典にしては意外な組み合わせに映る江戸川乱歩に、「サイモンヅ《ママ》、カーペンター、ジード」といった原稿を依頼したのだろう。

まずはこの辞典で、サイモンズを引いてみる。この時代には後のシモンズではなく、サイモンズと称ばれていたことを辞典も示し、その写真も掲載されている。

「**サイモンズ** John Addington Symonds (1840-1893) イギリスの文芸史家、作家。オックスフォードにてコーニントン Conington、ジャウェット Jowett に影響さる。一八七八年後は健康を害して端西のダーヴォース・ブラックに滞在して多くの作を残したが、ローマに旅行して肺炎に斃れた。古代・中世の文化に造詣深くこの時代の詩の翻訳がある他、自ら詩作もした。（後略）」

これは英文学者の田部重治によるもので、略した部分はオックスフォード時代の友人名と主要著書の原題である。これらは乱歩も挙げているからだ。

さてこのようなサイモンズに対して、乱歩はどのような言及をしているのか。ここからは『幻影の城主』の中のシモンズとの現代表記によって、話を進めることにする。

乱歩は「シモンズ、カーペンター、ジード」において、近年のフランス文壇のプルーストやジードなどは最も明瞭な同性愛的な精神の所有者であり、それを知らずして彼らの文学はほとんど理解できないと始め、次のように記している。

「これは何も近年のフランスに限ったことではなく、古代ギリシャからルネッサンスを通じて近代に至るまで、この精神を知らずしては完全に理解できない文学美術の大作家はほとんど数えきれないほどである。ごく近いどころで云えば、ホイットマン、ウォルター・ペーター、J・A・シモンズ、リチャード・バートン、エドワード・カーペンター、オスカー・ワイルドなどが最も著しい人々で、この一連の人々は直接間接精神上の交流があり、これらの人々のうち情熱の最も烈しかった作家はJ・A・シモンズとエドワード・カーペンターとアンドレ・ジードの三人で、三人はそれぞれ同性愛精神の弁護―というよりはむしろ讃美の、真面目な著述を出版している。」

そして乱歩は彼らが三人三様の出版形式で、「同性愛禁遏のはなはだしいキリスト教国」において、そのような著作を刊行したことを評価し、カーペンターの社会変革と同性愛精神が有機的に結びついた三つの著作、ジードの最初は匿名私家版での同性愛弁護の著作『コリドン』(伊吹武彦訳、『アンドレ・ジイド全集』第三巻所収、建設社)、シモンズの同性愛精神が根底に流れているギリシャ、イタリア研究や翻訳の数々、やはり私家版無署名の同性愛弁護の二冊の著述に言及している。

カーペンターもシモンズもそれらの著作は現在に至るまで未邦訳であるが、乱歩の語るところによれば、シモンズの同性愛弁護の二冊は彼の晩年から死後にかけて、イギリスやオランダで無断復刻され、それらはイギリスの古本屋で、一ポンド半から二ポンドで入手できたようだ。おそらく乱歩もそのルートで購入したのだろう。

そしてまたシモンズがカーペンターやジードに与えた影響は大きく、両者の著書にはシモンズの夥しい引用があり、三人は思想的にもつながっていると、乱歩は指摘している。

昭和十一年当時において、同性愛の視点から世界文学と思想を捉え、このような見取図を提出したことは画期的なことだったのではないだろうか。しかも『世界文芸大辞典』という公式の場において。

この事実は江戸川乱歩が紛れもなく、岩田準一の男色研究と併走していたことを示している。これらの他にも『幻影の城主』に収録された「もずく塚」「ホイットマンの話」「槐多『二少年図』」などの一連の文章もそれらを証明していよう。

71　江戸川乱歩と「J・A・シモンズのひそかなる情熱」

前回は「シモンズ、カーペンター、ジード」だけで終わってしまったので、今回はあらためて「J・A・シモンズのひそかなる情熱」を取り上げることにしたい。それにこの論考は乱歩にとっても異例のものであり、戦前における唯一のまとまったシモンズ論ではないだろうか。また戦後になってすらも、まとまったシモンズ像にふれられるようになったのは、都築忠七の『エドワード・カーペンター伝』（晶文社）と海野弘の『ホモセクシャルの世界史』（文春文庫）が出現してからのことで、これらの著作は乱歩の論考から半世紀以上過ぎてからのものである。

乱歩はこの論考において、十九世紀末のイギリスの特異な文学者ジョン・アディントン・シモンズは日本で明治中期頃からすでに注目されていたはずだが、まとまった翻訳はまったく出ておらず、昭和五年に出版された田部重治訳の『ダンテとプラトーとの愛の理想』という小冊子だけではないかと始めている。

それからシモンズの詩集以外の文芸美術の史的研究の名著『ギリシャ詩人の研究』（*Studies of the Greek Poets*）や『イタリー文芸復興』（*Renaissance in Italy*）を始めとする数々の著作、伝記評論、翻訳詩集の紹介に加えて、秘密出版した同性愛弁護の著述『ギリシャ道徳の一問題』（*A Problem in Greek Ethics*）と『近代道徳の一問題』（*A Problem in Modern Ethics*）も挙げ、自分の小論はこの秘密出版の二書に深くかかわっていると乱歩は書き、さらに五種類のシモンズの伝記や研究も挙げている。

そして乱歩はその伝記のうちの一冊であるホレショ・F・ブラウンの『シモンズ伝』（H. F. Brown, *J・A・Symonds : A Biography*, 1895）によって、シモンズの生涯をたどっていく。だがこのシモンズの長文の自伝を土台にして編まれたブラウンの二巻本の伝記において、同性愛に関する事柄は故意に省略されたのではないかと推測してもいる。それでもシモンズの自伝は興味深く、乱歩は彼の不思議な夢に関する記述から、自伝の中へと入っていく。

シモンズは少年時代から夜の悪夢や美しい夢に襲われ続け、夢遊病すらも患っていた。また彼は同じ夢を繰り返し見て、そのひとつは入口のドアがひとりでに開き、一本の指が入ってきて、自分に近づいてくるという夢、もうひとつは夢の中でふと気づくと、自分のベッドの中に冷たい死体が横たわっていて、恐ろしくなって部屋から逃げ出すと、その行く先々に死体が待ち構えているという夢だった。乱歩はこの指が胎児の時に経験した父のペニス、死体の夢は母の死の記憶に基づくのかもしれないと書いている。

そしてそれらと対照的な夢にも言及し、「大きな青い眼をして、豊かに波打つ金髪が、朦朧たる光輪を発している、一人の美しい青年」がシモンズを見つめ、彼の肌にふれようとするもので、「かように睡眠中に現れた私の理想の美の幻影は、私の性格に深くも根ざしている生得の憧れを象徴していた」というシモンズの言葉を引いている。彼のこの夢の体験、及び少年時代に出会った『イーリアス』のギリシャ語の「唇と頤に薄ひげの生えそめる頃こそ、若者はこよなく美しけれ」の二行の詩句、プラトンの同性愛の言葉が散りばめられた『パイドロス』や『饗宴』に読みふけったことなどが、シモンズという

「私の性格に深くも根ざしている生得の憧れ」の在り処を告げていると乱歩は推理している。

そしてまたシモンズの四歳に死に別れた母への異常なまでの冷淡さと父への過度なまでの愛着に乱歩は注目し、精神分析学者フェレンツィの英訳 *Sex in Psycho-Analysis* を援用する。フェレンツィは同性愛を二つに大別し、自己を女性の立場に置くものを Subject-homo-erotism《ママ》、自己を男性の立場に置くものを Object-homo-erotism と名づけているという。乱歩はその前者におけるフェレンツィの説明を引いている。

「彼は全くの幼児の時分から、彼自身を父と同じものではなくて、母と同じものと想像する。彼は倒錯せるエディポス・コンプレクスに陥っているのだ。彼は父に対する母の地位に自分を置き換えていたために、そして母のすべての特権を享受したために、母の死を願望する。」

シモンズの母への冷淡さ、父への愛着とはこの「倒錯せるエディポス・コンプレクス」に支配されていたからではないかと乱歩は想像する。また自伝におけるシモンズ自身の女性的立場から見て、「ウルリックスのいわゆる男体女心（anima muliebrio in corpore virili inclusa）の一つの型」の「Urning」だったのではないかとも述べている。「Urning」とはドイツ語で「同性愛の男性、男色家」を意味している。

乱歩の論考はこれで終わるのではない。彼はさらに『ギリシャ詩人の研究』全二巻、『イタリー文芸復興』全七巻を読み進め、これらの大著に表出しているシモンズの同性愛の揺曳、また浩瀚な著作の内容にまで踏みこみ、詳細に報告しているのだ。ここには私たちが知っている乱歩とは異なる貌がある。三人の少年たちがふれた乱歩とは、このような貌を見せる乱歩であったにちがいない。

なお英語でタイトルを示したシモンズの著作はいまだもって邦訳の目をみていない。ただその後、昭和十九年に本書27「北島春石と倉田啓明」のところでふれた桜井書店から橘忠衛訳で『ダンテ』が出されている。また乱歩はこの昭和八年の論考における昭和二十九年の追記として、当時未見であったシモンズの著書詩集のほとんどを入手したこと、さらに書き継ぎたいこと、特に『ギリシャ道徳の一問題』は「詳しい註釈を入れて、全訳して見たい野心を捨てかねている」とまで書いている。だがその仕事をバックアップする編集者も出版社もなかったのだろう。残念でならない。

72　乱歩、谷崎潤一郎、クラフト・エビング『変態性欲心理』

前回記したように江戸川乱歩は「J・A・シモンズのひそかなる情熱」において、シモンズの自伝に見られる女性的立場から見て、彼は「ウルリックスのいわゆる男体女心（anima muliebrio in corpore virili inclusa）の一つの型」の「Urning」だったのではないかと推測している。「Urning」とはドイツ語で「同性愛の男性、男色家」を意味すると私は補足しておいた。

このウルリックス、及び「Urning」の出典は、大正二年九月に大日本文明協会から翻訳刊行されたクラフト・エビングの『変態性欲心理』だと見なしていいだろう。大日本文明協会の出版活動については「市島春城と出版事業」（『古本探究』所収）を参照されたい。訳者は呉秀三門下で、東京医科大学精神病学教室に在籍する黒澤良臣だった。クラフト・エビングはドイツの精神医学者で、一八八六年に『変態性欲心理』（原題は *Psychopathia sexualis* なので、『性的精神病質』がふさわしいタイトルとなる）を著わし、西洋の性科学の幕を切って落としたと考えられる。彼はヨーロッパ各国の裁判所において、異常性欲者の精神鑑定をする機会が多かったことから、それまで誰も試みていなかった性的倒錯者の分類と記述を行ない、『変態性欲心理』を刊行したのである。そこで彼は精神病的変態性欲を四つに分類し、その四番目にサディズム、マゾヒズム、フェティシズム、同性愛をすえる。サディズムとマゾヒズムは、ここでクラフト・エビングによって造語されたと伝えられている。この邦訳タイトルによって、日本での「変態」なるタームが定着したと思われる。

そしてホモセクシャルを「先天的婦女子的男子」として、「ウールニング」とよび、次のように定義している。

「ウールニング（Urning）なる語は、ウルリックスの命名したるものにて、こは男子で男子にてありながら女子として男子に対し好愛の情を有する倒錯者を謂ふ。」

これで乱歩の「Urning」使用とシモンズ解釈の出典がクラフト・エビングの『変態性欲心理』にあることが了承されたであろうが、ただ翻訳にはラテン語表記はなされていないので、乱歩は英訳も参照しているのではないかと思われる。この性科学の嚆矢である『変態性欲心理』は乱歩のホモセクシャル解釈のみならず、サディズム、マゾヒズム、フェティシズムを含めて、多くの近代文学に影響を及ぼし、また多方面に波紋をもたらしたと断言してもかまわないだろう。

そのダイレクトな反映を谷崎潤一郎に見ることができる。本書25の「井東憲と『変態作家史』」で、井東が谷崎を変態作家の一人に挙げていたが、『変態性欲心理』の翻訳が出されたちょうど一年後の大正三年九月に、マゾヒズム小説の決定版「饒太郎」（千葉俊二編『潤一郎ラビリンスⅡ　マゾヒズム小説集』所収、中公文庫）を発表している。まずは何よりもこの小説の主人公である作家の饒太郎の告白を聞こう。少し長い引用になってしまうけれど、『変態性欲心理』がもたらした衝撃があますところなく語られ、しかも当事者ならではの見事な書評を形成しているからだ。三島由紀夫による、柳田国男の『遠野物語』のその核心をついた書評を連想させる。

「彼はふとした機会からクラフトエビングの著書を繙いたのである。その時の饒太郎の驚愕と喜悦と昂奮とはどのくらいであったろうか？　彼は自分と同じ人間の手になる書籍と云う物から、これ程恐ろしい、これ程力強いショックを受けたのは実にその時が始めであった。彼はペエジを繰りながら読んで行くうちに激しい身慄いが体中に瀰漫するのを禁じ得なかった。何と云う物凄い、無気味な事であろう！そうして又、何と云うなつかしい事であろう！　此の書籍の教える所に依れば、彼が今迄胸底深く隠して居た秘密な快楽を彼と同様に感じつゝある者が、世界の到る所に何千人何万人も居るのである。それ等の人々のコンフェッションや、四方の国々の prostitute の報告を読めば、彼等がどのくらい細かい点まで全然饒太郎と同じような連想に耽り、同じような矛盾に悩まされて居るかと云う事は怪しくもまざまざと曝露されて居る。若しも此の世の中に自分と同一の容貌を持ち、同一の声音を持ち、同一の服装をした人間がたとえ一人でも現われたならば、誰しも吃驚して、恐らくは竦然として卒倒しないものはないであろう。饒太郎の驚愕と恐怖とはまさに其れに近いものであった。彼は其の書の到る処に自分の影を見、呻きを聞いた。知らないうちに自分の魂がいろいろな人種に姿を換えて、世界の方々で生活して居るように感じた。」

そして饒太郎は学生時代の友人から「刑状持ちの若い娘」を斡旋され、西洋のマゾヒストたちが売春婦から得ているような「アブノルマルな歓楽」を得ようと画策する。そのお縫という娘を自宅の西洋館の中に連れこみ、彼女に告白する。「僕は性来、女に可愛がられるよりも、いじめられるのを楽しみにする人間なんだ。おまえのような若い美しい女たちに打たれたり蹴られたり欺されたりするのが、何よりもうれしい。出来るだけ残忍な、半死半生の目に遇わされて、血だらけになって、呻ったり悶えたりさせてくれれば、世の中にこれほど有り難い事はないんだ」と。

かくしてお縫はつきつけられた札束によって、饒太郎の望む「毒婦」へと変身し、彼にマゾヒストの悦楽を味わわせるに至るのだ。そのために饒太郎は彼女に大金を蕩尽し、破滅へと追いやられていく。谷崎の「饒太郎」こそはクラフト・エビングが『変態性欲心理』で述べている「マゾヒスムス―残虐及び暴行を受けて淫好を致すもの」のうちの「受動的鞭打及びマゾヒスムス」の実践にして、小説化であったと見なすこともできる。乱歩は同書のホモセクシャルに反応したが、谷崎はマゾヒスムスに感応したのである。その意味において、乱歩と谷崎は隣人であり、この時代にクラフト・エビングの『変態性欲心理』を中心とする不可視の「変態の共同体」が形成されたように思える。これもひとつの「想像の共同体」といえるのではないだろうか。そして谷崎は十年後に「饒太郎」のマゾヒズムの集大成といえる『痴人の愛』を書き継いでいくことになる。

なお『変態性欲心理』は平成十八年にゆまに書房から復刻が出されている。

73　乱歩以後のJ・A・シモンズ

昭和五十年半ばから平成初期にかけて、同性愛に関する重要な研究が次々と翻訳され始めた。それらはケネス・ドーヴァーの『古代ギリシアの同性愛』(中務哲郎・下田立行訳、リブロポート)、ジョン・ボズウェルの『キリスト教と同性愛』（大越愛子・下田立行訳、国文社）、エヴァ・C・クールズ『ファロスの王国』（中務哲郎・久保田忠利・下田立行訳、岩波書店）で、前二書にはシモンズの *A Problem in Greek Ethics* が参考文献に挙げられている。またミシェル・フーコーの死によって三巻で中絶してしまった「性の歴史」（渡辺守章・田村俶訳、新潮社）にシモンズへの言及はないが、ドーヴァーやボズウェルの著作が引用文献となっているので、シモンズに対する注視は江戸川乱歩からフーコーに至るまで継承されていることになるだろう。

これらの翻訳書だけでなく、平成十七年になって広範にして画期的な同性愛についての日本人による著作が刊行された。それはこれまで何度か書名を挙げてきた海野弘の『ホモセクシャルの世界史』（文春文庫）である。もちろん同書は前述の研究に加え、さらに多くの資料を収集し、かつてないパースペクティブで文字通りの「世界史」となっている。またフーコーの眼差しを踏まえ、ホモセクシャルは特別な人たちに限定されるのではなく、すべての人間に関する問題、人間とは何かに関する問題であり、異性愛と同性愛の区別は決して古いものでもなく、この百年ほどの間、すなわち二十世紀の問題だという視点に貫かれている。海野は第二部の「二十世紀　性の世紀」を始めるにあたって、次のように書いている。

「二十世紀はどんな世紀であったか？　いろいろな切り口があるだろうが、〈性〉がこの世紀のキーワードの一つであることは確かだろう。〈性〉は、ジェンダーの問題としてもセクシャリティの問題としても一般的に論じられるようになった。〈性〉についてこれほど語られることはなかった。

〈性〉によって、男と女が分けられる。男と女が分けられると、人間の他者は、男と女の二種類があることになり、性愛の対象も男と女の二つあることになり、異性愛と同性愛があることになった。ある意味で、近代は〈セクシャリティ〉を意識し、〈ホモセクシャリティ〉を目覚めさせたといえるかもしれない。」

海野はその前史を十九世紀の大英帝国の黄金時代の謎の中に見出す。それは男性中心の社会で、クラブからパブ、軍隊からスポーツまで、男だけの世界が花盛りだったが、ホモセクシャルはタブーとされていた。それはアカデミズムの世界も連動し、十九世紀半ばにオックスフォード大学の改革運動によって学問研究の新たなる地平が開かれ、ギリシャ古典学、ヘレニズム研究が深まり、そのことを通じて、ギリシャ的な愛、プラトニズムが再発見される。これらの研究はキリスト教神学に対するオックスフォードの超越的価値の基礎を形成することになった。そこから詩人や作家たちがホモセクシャルな言語を取り出し、理想や超越的世界での男同士の愛を語り始め、それはまた島国の英国が、急速に変わろうとしているヨーロッパ大陸から取り残されるという不安から、ギリシャによる英国の活性化をめざすものでもあった。

その中心にいたのがシモンズ、スウィンバーン、ウォルター・ペイターたちだった。またそこにオスカー・ワイルドを加えることもできるだろう。そういえば、シモンズと同様にスウィンバーンやペイターもギリシャ文学とルネサンスに深く通じていたし、ペイターには『ルネサンス』（田部重治訳、岩波文庫／別宮貞徳訳、冨山房百科文庫）がある。またこのような背景からポルノグラフィの定番とされるスウィンバーンの『フロッシー』（江藤潔訳、晶文社）やピエール・ルイスの『アフロディテ』（沓掛良彦訳、平凡社ライブラリー）が生まれたとわかる。そして海野は一九八六年に刊行されたフィリス・グロスカース編『ジョン・アディントン・シモンズの回想―十九世紀の代表的文人の秘められた同性愛生活』（シカゴ大学出版局）を俎上に載せる。海野はこれが「衝撃的」で、発表されることなく秘蔵されていた回想に他ならず、「シモンズは自分のセクシャリティについてきわめて率直に語り、見事なヒューマン・ドキュメントをつくり上げた」と評している。乱歩はシモンズの自伝をベースにしたH. F. Brown. *J. A. Symonds : A Biography*（1865）が、意図的に同性愛に関する部分を削除しているのではないかと推測していたが、おそらく一世紀以上を経て、無削除版の出版が可能になったのであろう。

海野の紹介によれば、シモンズは父に同性愛を打ち明け、何人もの少年や若者との関係も率直に述べられているという。またそれらの関係はスキャンダルになったこともあり、父は息子に同性愛を禁じ、シモンズは父の強制と自分の欲望の間で引き裂かれ、発作を起こして倒れたりしたこともあったようだ。乱歩は『探偵小説四十年』の昭和八年の「J・A・サイ《ママ》モンズ」の項で、乱歩が「ひそかなる情熱」としたように、「彼は実行家ではなかった。あくまで極秘の情熱として、研究にかこつけて、その片鱗を吐露していたにすぎない」と断定したのは間違っていたことになる。ホモセクシャルの闇もまた限りなく深い。

またここで「昭和三十五年追記」として、乱歩は「ギリシャ道徳の一問題」（*A Problem in Greek Ethics*）が寿岳文章の「シモンズ私版略考」（『書物の道』所収、書物展望社、昭和九年）に詳しく紹介されていることを記している。

74　エドワード・カーペンターと石川三四郎

江戸川乱歩の先駆的な論考「シモンズ、カーペンター、ジード」に関して、シモンズだけにとどめるのは惜しいので、カーペンターやジイドにも言及しておきたい。順序からして、まずはカーペンターを取り上げるべきだろう。

カーペンターで最も思いだされるのは石川三四郎の『哲人カアペンター』である。これは十代の終わり頃、古本屋で見つけ、読んだ本だが、あらためて確認してみると、明治四十五年に東雲堂書店から出版されている。その奥付裏には北原白秋の『思ひ出』や石川啄木の『一握の砂』などを始めとする十冊余の広告が掲載され、石川の著作がそれらと同時代の出版物だとわかる。背が半ば崩れかけた裸本のその表紙には、壮年と思われるカーペンターの写真が中央にすえられ、写真の上にEDWARD CARPENTER：POET AND PROPHETとの記載があった。当時の読後の印象からすると、カーペンターは英文表記にもあるし、石川もいっているようにイギリスの田舎で自給自足の生活を営む詩人にして預言者という位置にあると思われた。

ところがその後、乱歩の「シモンズ、カーペンター、ジード」を読むに至って、カーペンターの「社会改革の思想には同性愛精神が有機的に結びついていた」こと、同性愛を弁護する三つの著作、*Anthology of Friendship, The Intermediate Sex, Intermediate Types among Primitive Folk* がありいずれも未邦訳で、三冊目の著作には日本の武士道の紹介があることを知らされた。

そこで大正十三年に大日本文明協会から出されたカーペンターの自叙伝『吾が日吾が夢』の訳者の宮島新三郎の「序にかへて」に、「著作年表」が付せられていたことを思い出し、繰ってみると、一冊目はなかったが、二冊目は「『中性』男女のある変形に関する研究」、三冊目は「『原始民族中の中性タイプ』社会進化の研究」という釈然としない仮邦訳タイトルと内容説明があり、カーペンターの同性愛についてはヴェールに包まれたままであった。

それからずっとカーペンターのことは忘れていた。ところが今世紀に入って、一九三四年に刊行された『エマ・ゴールドマン自伝』（ぱる出版）の翻訳を頼まれ、ようやく終わりに差しかかったところで、エマがカーペンターに会いにいく場面が出てきた。彼は八十歳近くになっていたが、「賢者の知恵」を持っていたとエマは記していた。しかしそこにはカーペンターに伴うジョージという男への彼女特有の反発の気配が漂い、それでカーペンターの同性愛が再び想起されたのである。

そのこともあって、またエマを取り巻く人々の人物辞典を作成する意向も加わり、しばらく前に出され気になっていた都築忠七の『エドワード・カーペンター伝』（晶文社）を読んだ。するとこの「人類連帯の預言者」というサブタイトルが付された伝記が初めてのもので、元版は八〇年にケンブリッジ大学出版局から刊行され、その日本語版が同書であるとわかった。そして日本において、正面から扱われなかったカーペンターの同性愛にも挑み、それは「同性愛の昇華」という章に結実している。

そこで都築はカーペンターが社会主義やアナキズム、自然主義への関心の高まりと同性愛的生活の中で、性を文明の最も重要な問題だと考えるに至ったと述べ、次のように記している。

「時がたつにつれ、しかも外部の世界が男性の同性愛にたいする敵視を強めるなかで、彼自身の本性に合う生活のスタイルを確立し、情勢の渇きをいやし、心の安らぎを得るようにさえなった。こうしたなかで、性愛の世界を、人間の、個性の、存続のためだけでなく、人間の、人類の、統一と平等の基礎として宣言するため、彼が性の研究、何よりもその同性愛的側面の研究に着手したのは、さして驚くべきことではない。」

そのきっかけになったのはほかならぬJ・A・シモンズとの出会いであった。カーペンターもシモンズと同様に、ケンブリッジ時代にギリシャ、ヘレニズム文明に魅せられ、また隠遁の生活を送っていた。つまり二人は同時代人であり、その同性愛への傾斜と生活からして、紛れもない「わが隣人」であったのだ。シモンズは自分の新しい著作『青の基調』と題する一冊をカーペンターに送った。そこには「ダンテおよびプラトンの愛の理想」なる一章があり、ギリシャと中世における二つのタイプの騎士道的愛は活力を横溢させる情熱の源泉、より高い世界への移行、誇り高き思想や勇敢な行為を可能とする永続的な恍惚の境地だとも書かれていた。このようなシモンズの高められたギリシャ的愛の理想こそは、カーペンターの生活の中で求めてきたものとまったく重なるものだった。しかしシモンズはカーペンターと会った翌年の一八九三年にインフルエンザにかかり、ローマで急死してしまった。「恐らくカーペンターは、同性愛の擁護者としてシモンズを継承する運命にある、と感じたことだろう」と都築は書いている。

そして晩年まで生活をともにするジョージ・メリルと暮らし始め、性についての小冊子『性愛―自由社会におけるその地位』、前述の『同性愛』や『中間の性』を出版し、同性愛について世間を啓蒙する孤独な戦いを続けていったのである。都築はジョージに関する一章も設けている。『E・M・フォースター評伝』（辻井忠男訳、みすず書房）を著わしたフランシス・キングによれば、フォースターはカーペンターに心酔し、ジョージに尻を触られたことから、『モーリス』（片岡しのぶ訳、扶桑社）が構想されたという。

都築は石川三四郎にも言及し、イギリスのカーペンター・コレクションには外国からの手紙が相当にあり、日本関係は石川からの私信が多いと述べ、それらを題材として、「石川三四郎の自由主義―カーペンターとの邂逅をめぐって」（『歴史と人物』昭和四十八年四月号）をまとめたことがあると書いている。これは未読であるが、私もこの機会に『哲人カアペンター』を再読してみた。するとこれまで石川もカーペンターの同性愛的側面にふれていないとされていたが、はっきりと書いている部分があった。かつては気がつかなかったのだ。それを引用してみる。

「カーペンターが世界合一の基礎としての性の思想は、同性間相互関係の問題を包含する。ホイットマンの句に酷似する多くの詩中に於て、彼は古代希臘の名物たる同士関係《カムレードシップ》を称揚して居る。此る感情は今日では彼の多く公言せぬ所であるが、併し、之を一概に転倒異常の沙汰たりとして退けるは不当と言はねばならぬ。」

石川三四郎はカーペンターの「ひそかなる情熱」を最初からわかっていたのだ。ひょっとすると、石川もまたその「ひそかなる情熱」を共有していたのかもしれない。そのように考えてみると、これも謎めいた石川の生涯を開く鍵であるようにも思えてくる。

75　アンドレ・ジイド『コリドン』

江戸川乱歩の指摘する三人目の「ひそかなる情熱」を有する人物はアンドレ・ジイドである。乱歩はジードと表記しているが、ここでは参考にする邦訳全集がジイドとなっているので、こちらを使用する。

乱歩は「シモンズ、カーペンター、ジード」で、イギリスよりも寛容なフランスにおいてさえ、ジイドはカーペンターほど虚心に同性愛を公表できなかったと書き、彼の同性愛弁護の著作『コリドン』の出版事情に言及している。それは一九一一年に匿名で『C・R・D・N』として十二部出され、二〇年に『コリドン』として再版され、ようやく二四年になって実名で出版された。

これも乱歩が指摘しているように、幼年時代から二十代半ばまでの自伝作品『一麦の麦もし死なずば』（堀口大學訳、新潮文庫）の刊行事情と相似している。同書は同性愛体験のかなり詳細な記述と赤裸々な告白を含んでいたために、一九二〇年と二一年に上巻十二巻、下巻十三巻が著者秘蔵本、二四年に百二十部限定抜粋本が出され、市販完本版は二六年になってからだった。両者は出版事情の相似ばかりでなく、いわば『コリドン』は理論編、『一麦の麦もし死なずば』は体験、もしくは実践編といった性格を帯び、メダルの裏表のような関係にあると見なせよう。

さて『コリドン』だが、乱歩が挙げているのは昭和九年の『アンドレ・ジイド全集』（建設社）の第三巻所収のものである。これは所持していないので、戦後の昭和二十六年に新潮社から刊行された『アンドレ・ジイド全集』第四巻所収のものを使用する。新潮社版も訳者は同じ伊吹武彦で、こちらは建設社版にない中村真一郎訳『コリドン増補』も付されている。まずその解題を引こう。

「これは男色弁護の書である。ジイドは自分の性欲が正常なものでないことを知つて青年時代に大いに煩悶した。正常なものでないという懊悩のほかに、これがキリスト教によつて罪悪視されていることからくる深い恐怖もあつた。ジイドはアルジエリヤで少年を知つて、純粋な悔いなき快楽を味わつて以来（『一麦の麦もし死なずば』参照）これまで性欲に関して持つていた不安、懊悩、恐怖を一挙に振り棄ててしまつた。同性愛は悪徳でないのみならず、反自然的なものですらない、各自は自然によつて造られた己れの天性に従うよりほかに仕方がないという自信を持つに到つたのである（後略）。」

この解題は『コリドン』のエッセンスの要約だが、『コリドン』そのものの構成や内容についてはふれられていないので、それらを具体的に記してみよう。

『コリドン』は「四つのソクラテス的対話」とサブタイトルがあるように、四つの対話から構成されている。いずれもが同性愛者であるコリドンと訪問者の「私」の対話からなっている。時代は二十世紀初頭で、ユラニスム非難がかまびすしかった年のことだ。ユラニスムとはフランス語の「Uranism」で「同性愛の男性、男色家」を意味し、乱歩がシモンズをドイツ語で「Urning」とよんでいたが、同じ言葉で、少し前にエビングの『変態性欲心理』のところで指摘しておいたように、当時の性科学が派生させたものだろう。この『コリドン』訳では「ユラニズム」とあるが、ここでは発音通りのユラニスムとした。コリドンと「私」は学生時代には親友だった。コリドンは医者となり、その医学上の優れた研究は賞賛を博していたが、ユラニスムの性癖ゆえに非難を浴びてもいた。そこで「私」は偏見だらけのユラニスムに関する「自分の見解を啓発したい」と考え、彼を訪問することにした。コリドンの素行にまつわる忌わしい噂もあって、この十年間というもの、「私」はコリドンと親しく往来していなかった。コリドンはミケランジェロのアダムの裸体像の写真とホイットマンの肖像のある部屋で、「私」を迎え、それから対話が始まった。

常態的人間としてのホイットマンの男色問題、コリドンの「どんな女も、嘗て僕の夢に住んだことはなく、僕の欲望をそそったこともない」という告白から始まり、コリドンは医者としてばかりでなく、自然科学者、モラリスト、社会学者、歴史家として、異性愛と変わらないノーマルなユラニスムを語っていく。そして前提となるパスカルとモンテーニュの言葉が引用され、博物学、生物学的経済学、ダーウィンなどが参照され、ギリシャ、フィレンツェ、あらゆる偉大な文芸復興が、芸術の隆盛はユラニスムの「情熱の横溢」に基づくという会話に至る。そして彼らは次のような言葉を交わす。

「要するに、君はギリシャの風習に帰りたいのだらう。」

「さうとも。ああ、もしそれさえ叶つたら！　しかも国家の大きな幸福のため。」

ここにシモンズやカーペンターと時代を同じくするギリシャ崇拝が露出している。ただ二人の「ソクラテス的対話」はフランスのモラリスト的視点も導入され、単純な要約は難しいので、実際に『コリドン』を読んでみないと、ジイドの微に入り細を穿った「男色弁護」の綾は伝わらないように思われる。

またジイドの北アフリカにおける同性愛体験に関してのことだが、その地でワイルドとも出会っている。帝国主義が女性への凌辱といったイメージを伴うのに反して、コロニアリズムやオリエンタリズムに、ホモセクシャルの強い光が射していると感じるのはサイードや私だけだろうか。

76　ハヴロック・エリスの日月社版『性の心理』

海野弘の『ホモセクシャルの世界史』や都築忠七の『エドワード・カーペンター伝』に書かれているように、シモンズとカーペンターに対し、性科学者として接触した人物がいた。それはハヴロック・エリスで、海野は同書の「オスカー・ワイルドコネクション」チャートにおいて、オックスフォード人脈にペイター、シモンズ、スウィンバーン、カーペンターに続き、性科学者エリスの名前を併記している。

エリスは『性の心理』*Studies in the Psychology of Sex* 全六巻を一八九七年から刊行し、同性愛もまたアブノーマルなものではなく、多様な性のひとつであると先駆的に分析した。そのために歴史的資料についてはシモンズに、症例に関してはカーペンターに依頼し、シモンズは自分の症例も提供するつもりでいた。ところがシモンズが急死したために、それは実現されずに終わった。これが簡略な三人の関係である。

ここで蛇足ながら付け加えておくと、ロシアから脱出してきたエマ・ゴールドマンをイギリスで温かく迎えたのはカーペンターとエリスで、彼女は「ハヴロック・エリスとエドワード・カーペンター！私の夏は、この知性と愛情を備えた二人のおかげで本当に豊かなものだった」と『エマ・ゴールドマン自伝』に書いている。

シモンズの著作は『ダンテ』以外はほとんどは翻訳されず、カーペンターも同性愛の著作は翻訳に恵まれなかった。だがエリスだけは主著『性の心理』は昭和初期に『全訳・性の心理』として、全二十巻で出版されている。これについては拙稿「ハヴロック・エリスと『性の心理』」（『古本探究』所収）ですでに書いているが、重複を恐れず、ここでも記しておくべきだろう。当時における『性の心理』の出版とその反響を、村上信彦の長編小説『音高く流れぬ』（三一書房、理論社）が伝えている。その部分を引こう。

「君ね、こんど、すごい全集が出るんだよ。（中略）かかりつけの本屋のおやじが、にやにや笑いながら教えてくれたのだが、ハヴェロック・エリスの『性の心理』というのだ。今日中に広告するらしい。全部で二十巻ぐらいあるんだってさ。僕は早速申しこむつもりでいる……」

これは円本時代の予約出版非売品扱いで、医学士・増田一朗訳として、日月社から刊行されている。

私は全二十巻のうちの十六冊を所持しているだけだが、いくつかの謎と疑問に突き当たる。まずこれは「全訳」と称しながら、第三巻は一冊がマックス・ヒューネルの論文集であり、第十七巻は半分以上をハインリッヒ・キシュの『処女および成女の生理と衛生』が占めていて、明らかにエリス以外の著者と著作が紛れこんでいることになる。これはどのような事情によるものだろうか。

私の手元にある原書はアメリカのフィラデルフィアの出版社 F. A. Davis Company から一九二七年に刊行の全六巻のうちの四冊だが、それらを繰ってみても、ヒューネルやキシュは出てこない。ただ『性の心理』はアメリカ版、フランス版、ドイツ版と様々なヴァージョンが存在するようである。例えば、ジョン・ボズウェルの『キリスト教と同性愛』（国文社）の「文献表」を見ると、アメリカの一八九七年版にはシモンズの *A Problem in Greek Ethics* が収録されているとわかる。また『ナボコフ・ウィルソン往復書簡集』（中村紘一、若島正訳、作品社）によれば、ナボコフが『ロリータ』（若島正訳、新潮社）を構想したのはフランス版に付されたロシア人の症例からだったとされる。だから日月社の『性の心理』も異なるヴァージョンを原本としているとも考えられる。

それからこの日月社も春秋社の関係の出版社であることはわかるが、それ以上のことが判明しない。さらに気になるのは奥付の表記、及び押印で、著作者と発行者が同じ草深熊一、押印も同様なのだ。これは一体何を意味しているのだろうか。

この表記と押印から判断すると、発行者と著作者の草深熊一が訳者の増田一朗と考える他はなく、日月社は草深が『性の心理』を自ら翻訳して刊行するために、春秋社の助力を得て設立した出版社と判断してもいいような気がする。

それならば、草深熊一＝増田一朗とはどのような人物なのか。そのヒントは第一巻に付された英文学者宮島新三郎の「ハヴェロック・エリスを訪ふ」にあるように思われる。本書74で既述したように宮島はカーペンターの『吾が日吾が夢』（大日本文明協会）の訳者でもあった。この会見内容についてはすでに前述の拙稿で書いているので、ここではふれない。

宮島はその訪問記を「日月社主から、ハヴェロック・エリスより、その著『性の心理』六巻の翻訳権を貰ってくれないか」という依頼状をロンドンで受け取ったことから始めている。「日月社主」の名前は記されていないが、草深だと考えていいだろう。そして宮島は自分も関係している大日本文明協会から翻訳するつもりなので、『性の心理』を読んでみてくれないかと頼まれ、「全く文字通り寝食を忘れて読耽つたこと」を語ってもいる。

この事実から推理してみると、その後大日本文明協会は『性の心理』を出版することを決め、宮島などを通じて医学関係者に翻訳を依頼した。それが草深熊一ではないだろうか。しかし大日本文明協会はすでに全盛を過ぎ、このような大部の性の著作を刊行する余裕も持てなくなっていた。

そこで大日本文明協会も春秋社のいずれも早稲田人脈によって設立されていたことにより、草深は大日本文明協会から春秋社を紹介され、自ら日月社を設立し、すでに翻訳完了にこぎつけていた『性の心理』を刊行することになったのではないだろうか。しかし立場上からして、実名を記すことはためらわれ、ペンネームとして増田一朗が採用された。日月社の出版物も『性の心理』以外に見かけないのも、それを証明しているように思われる。

なおエリスの自伝 *My Life* に書かれているのは彼自身の興味深い生活史である。その自伝に写真が掲載されているフェミニズムの先駆的思想家で、南アフリカ文学の古典的名作『アフリカ農場物語』（都築忠七他訳、岩波文庫）を書いたオリーヴ・シュライナーとの熱烈な恋愛、レスビアンの妻との奇妙な結婚にも言及するつもりでいたが、またの機会にゆずることにする。

77 『性の心理』と田山花袋『蒲団』

ハヴロック・エリスの『性の心理』は初巻の刊行からほぼ百年後の平成八年に、紛れもない全訳が未知谷から佐藤晴夫訳で出版され、日本語で読むことができるようになった。全巻を通読すると、『性の心理』が膨大な文献を渉猟した性の一大パノラマであることがあらためて了承される。それらは性的文献ばかりでなく、多くの学術雑誌の引用からわかるように、当時の様々な研究分野における新しい成果の集積でもあり、また古典から現代に至る夥しい文学作品も参照され、二十世紀初頭における性の問題の総決算のように思えてくる。もちろんシモンズも引用されている。

その内容を簡潔に述べると、第一巻で性に関する羞恥心の問題、性的欲望の周期、マスタベーション、第二巻で性本能、サディズム、マゾヒズム、女性の性的衝動、第三巻で触覚、嗅覚、聴覚、視覚による性的刺激、第四巻でホモセクシャル、第五巻でフェティシズム、第六巻で性と社会に関する売春や結婚などの問題が扱われている。

だが『性の心理』にあって重要なのは生理学や心理学に基づく性科学の叙述よりも、それぞれの章に付されている「経歴」で、それらを数えてみると、五十編を超え、これらをまとめると優に一冊の分量となるだろう。「経歴」は日月社版では「実歴」と訳され、削除と空白が施されているので、これらも未知谷版が最初の全訳ということになる。「経歴」はHistoryの訳で、具体的に言えば、「体験の告白」を意味している。クラフト・エビングの『変態性欲心理』にもこのような「体験の告白」はかなり収録されていたが、『性の心理』に比べれば短く、圧倒的にヴォリュームに欠けている。

ミシェル・フーコーは『知への意志』（『性の歴史』1、渡辺守章訳、新潮社）の第三章「性の科学」において、告白は性に関する真理の言説の産出を律していて、最も広く適用される母型であり、悔悛の実践の中に組みこまれた教会の儀式の中に限定されていたが、医学、精神病理学、教育学が出現するに及んで、告白は広がっていったと述べ、次のように書いている。

「つまり、告白の社会的手続きの分散であり、その強制の働く地点の多様化であり、その領域の拡大である。こうして、次第次第に、性の快楽の巨大な集蔵庫《アルシーヴ》が作られてきた。（中略）やがて、医学と精神医学と、更には教育学までもが、それを定着させ始めた。（中略）そしてとくにカーン、クラフト＝エービング、タルディユー、モレ（渡辺も訳注で指摘しているように、モルの間違いだろう――引用者注）、ハヴロック・エリスが異形な性の多様な発現を歌うこの貧しい心情吐露の文学をことごとく、細心に取り集めたのである。こうして西洋社会は、自分たちの快楽について際限のない記録をつけ始めた。その標本図鑑を確立し、その分類を定めた。」

まさにこのようにして、西洋の性科学が誕生したのである。それと同時に「告白という科学」も成立することになった。

また思想史的に見れば、性科学とはフェミニズムの問題の台頭しつつある時期に体系を整えようとしていたし、それは男たちによる新たな封じこめといった動向も孕んでいた。だからフーコーが言うように、性科学も新しい管理の言説という機能をも備えていたことに留意しなければならないだろう。

それはともかく『性の心理』に見られる「体験の告白」についての仮説をひとつ提出しておきたい。エリスの『性の心理』はその前書となる『性的倒錯』が本国のイギリスで発禁処分を受けたために出版できず、アメリカで一九〇〇年から一〇年にかけて六巻が刊行され、二七年に補巻が加わり、全七巻となった。つまり六巻本のほうは明治四十三年に完結していたし、ドイツやフランスの性科学書や性風俗書と異なり、ポルノグラフィックな写真、挿絵などは皆無なために、日本でも輸入はフリーパスで、かなり流入していたと考えられる

これは未見であるが、大正十年に天祐社から矢口達訳編によって、『性的心理大観』が刊行されているようだ。矢口はオスカー・ワイルドやマリー・ストープスの『結婚愛』の訳者で、『世界性的風俗史』(『性科学全集』第七編、武侠社)を著しているが、これはエリスの著作を参照している。また翌十一年には鷲尾浩訳で冬夏社から『愛と苦痛』『女子の性欲衝動』『性愛の技巧』といった『性の心理』の分冊が出され、これらは宮沢賢治の愛読書であった。そして昭和二年から四年にかけて、日月社の『全訳・性の心理』が刊行されるに至っている。

『性の心理』における「経歴」は〇六年出版の第五巻までに大半が収録されているので、それらは日本でも明治四十年前後にはすでに読まれていたはずだ。その同時代に近代文学における「告白」をテーマとするふたつの小説が発表される。それは明治三十九年の島崎藤村の『破戒』と田山花袋の『蒲団』である。

柄谷行人は『日本近代文学の起源』（講談社文芸文庫）の「告白という制度」の中で、西洋的な小説形態をとった『破戒』よりも『蒲団』のほうが大きな影響を持ったことについて、ミシェル・フーコーの『知の考古学』（中村雄二郎訳、河出書房新社）を引きながら、「告白・真理・性の三つ」が結合されて表われたと述べ、そして次のように書いている。

「花袋の『蒲団』がなぜセンセーショナルに受けとられたのだろうか。それは、この作品のなかではじめて「性」が書かれたからだ。つまりそれまでの日本文学における性とはまったく異質な性、抑圧によってはじめて存在させられた性が書かれたのである。この新しさが、花袋自身も思わなかった衝撃を他に与えた。花袋は「かくして置いたもの」を告白したというのだが、実際はその逆である。告白という制度が、そのような性を見出さしめたのだから。」

柄谷がここで指摘している「それまでの日本文学における性とはまったく異質な性」についての「告白」とはまさに『性の心理』の「経歴」にもそのまま当てはまるものである。花袋が柳田国男とともに丸善に通って欧米の小説を渉猟し、自らの作品へと取りこんでいたことは紛れもない事実だ。その花袋がエリスの『性の心理』を知らなかったはずもない。それゆえに『蒲団』とは『性の心理』の「経歴」＝「告白」に触発されて書かれたのではないだろうか。

78　田山花袋とゾラの英訳

性の「告白」という視点から見れば、田山花袋の『蒲団』とエリスの『性の心理』は関連しているのではないかとの仮説を提出しておいたが、ここでは花袋の『東京の三十年』（岩波文庫）に描かれている洋書の流入状況についての証言を確認してみよう。エリスについての記述は見られないにしても、ゾラの英訳状況はその問題とつながっているように思われるからだ。

花袋の回想によれば、明治三十年代、つまり二十世紀を迎える前後に、ロシア、フランス、ドイツなどのヨーロッパ文学や思想の洋書が丸善に次々と入荷してきたようだ。「十九世紀の欧州大陸の膨湃とした思潮は、丸善の二階を透して、この極東の一孤島にも絶えず微かに波打ちつつあった」と花袋は書いている。そして彼は柳田国男とともに丸善で洋書を漁り、モーパッサンの短編集シリーズ十二冊を注文して買い、「頁《ページ》を切るのもまどろこしいような気がして、それに読耽《よみふけ》った」とも述べている。花袋がこれらの短編集によって「深い驚異」に打たれたように、様々な青年たちもそれぞれツルゲーネフ、トルストイ、イプセン、ニーチェたちの作品に「深い驚異」を覚えたのだ。

だが花袋の記述からすると、十九世紀ヨーロッパ文学の中で、最も早く流入してきたのはゾラであった。しかも「ルーゴン＝マッカール叢書」の大半が入ってきたようで、それはひとえにゾラの英訳がイギリスとアメリカで次々と刊行されたことによっていると思われ、同時代における日本での英訳からのゾラの作品の翻訳出版も、その事実と見合っている。明治二十年代初めに花袋は友人のところで、ゾラの英訳を初めて見た時のことを次のように書いている。

「エミイル・ゾラの小説、その時分はかれの全盛期で、英訳になったかれの本などはまだ日本では何処にも見られなかった。それをN君は三四冊持っていた。〝Conquest of Plassan〟や〝Nana〟や〝L'Assommoir〟などがあった。N君はそれを私に示して、「今、フランスでこの人の作が流行《はや》っているんだ。しかし、ひどいんだからな。君なんか読んでは、却《かえ》って害になるような作品だからな。もう少し経ってから貸してやるよ」（後略）」

ちなみに〝Nana〟はいうまでもないが、〝Conquest of Plassan〟は『プラッサンの征服』、〝L' Assommoir〟は『居酒屋』である。それから数年後に花袋は神保町の古本屋で、『プラッサンの征服』を見つけ、無理をして購入したが、「その時分にはゾラの小説はまだよくわからなかった。何《ど》うしてこれが面白いんだろうと思った」。明治二十四年に花袋は尾崎紅葉を初めて訪ね、紅葉は西鶴や近松のことを話していたが、次第に外国文学の話になり、棚にあった一冊の洋書を取り出した。それはゾラの〝Abbe Mouret's Transgression〟、『ムーレ神父のあやまち』だった。そして紅葉が「評判の作家だそうだが、成《なる》ほど細かい、実に書くことが細かい、一間の中を三頁も四頁も書いている。日本文学にはとても見ることができないもの」で、心理描写の細かさを学ぶべきだと言ったので、花袋も『プラッサンの征服』のことを話した。紅葉もゾラを読んでいたのであり、彼がゾラを常にその傍らから離さず、写実は西鶴からゾラへと移り、紅葉の『多情多恨』（岩波文庫）がその達成であると花袋は記している。

花袋の斎藤緑雨との関係もゾラが仲立ちであり、これはどの作品なのかを確認していないが、ゾラの小説の翻案を緑雨と合作に仕立て、北海道の新聞に掲載したという。その他にも田山花袋はフロベールやゴンクールやドーデの洋書のエピソードを語っている。そして花袋が入手し、読んだ洋書は柳田国男、国木田独歩、島崎藤村、正宗白鳥も借りて読み、さらなる波紋を生じさせたように思われる。『蒲団』と同様に「告白」をテーマとする藤村の『破戒』は、花袋から借りたドストエフスキーの英訳『罪と罰』の影響を明らかに受けている。

しかしそれらの英訳がどのような訳者と出版社によるものなのかはわからない。それでもかろうじて昭和三十四年刊行の『田山花袋』(『日本文学アルバム』24、筑摩書房)の中に、その二冊の書影が残されている。一冊はゾラの〝The Ladies' Paradise〟、もう一冊はフロベールの〝The Candidate〟である。前者はシカゴのレアード・アンド・リー社の『ボヌール・デ・ダム百貨店』、後者はオハイオの聖ドムスタン協会版だが、英語訳の『志願者』がフロベールのどの作品にあたるのかがわからない。しかしこれらのいずれもがアメリカの出版社であることは、ヨーロッパ文学の日本への流入がアメリカにおける翻訳出版によっていた事実を示唆しているのかもしれない。

またゾラの日本での翻訳とパラレルに、大正時代にはエリスの『性の心理』の抄訳として既述しておいたように、『性的心理大観』(矢口達訳編、天祐社)、『愛と苦痛』(鷲尾浩訳、冬夏社)などが刊行され始めていた。そしてエリスはゾラを参照していたのである。これは少し時代が飛んでしまうが、花袋が古本屋で買い求めた『プラッサンの征服』の初訳が刊行されたのは、それから一世紀以上も過ぎた平成十八年であり、訳者は他ならぬ私ということになる。

そして最後に付け加えておけば、『プラッサンの征服』と花袋の『重右衛門の最後』の放火の場面は類似しているので、それは花袋におけるゾラの影響を明らかに示しているように思われる。

79 田山花袋と近代文明社『近代の小説』

本書63「平井功『孟夏飛霜』と近代文明社」のところで、田山花袋の『近代の小説』にふれたが、言及を差し控えた。しかし二回続けて花袋について書いたこともあり、ここで記しておきたい。

近代の文学者の中で、花袋ほど評価されておらず、正規の全集も編まれず、作品論もほとんど見られない作家もめずらしいように思われる。柳田泉の『田山花袋の文学』（春秋社）はあるにしても、作家以前の花袋を論じていて、文学者としての花袋にまでは及んでいない。それらは盟友だったと考えていい柳田国男の数次に及ぶ全集の刊行、大冊の評伝、あふれんばかりの論考の出現に比べると、もちろん文学と民俗学にわかれているが、あまりの落差を感じさせる。そのよってきたるところは、近代文学研究における花袋の評価に基づいているのではないだろうか。

例えば、吉田精一は『自然主義の研究』（東京堂）の中で、島崎藤村や正宗白鳥は西洋文学の感化を受けても自分のものとして消化し、自作に取りこんでいるが、花袋は単純な翻案や模倣であると述べ、次のように書いている。

「花袋の場合は手法、構成、表現の上に、はっきりわかる模擬踏襲をしてゐるばかりでなく、人名と地名のみを日本のものにした翻訳まがいのものまであるので、もとを知らずにそれを花袋のオリヂナルな作品と解すると、とんでもないまちがいをするのである。花袋の無類の正直さがかういふところにあはれているともいへるし、気短かで、省慮を欠いた、思索力にとぼしい彼の欠陥がここらに尻尾を出してゐるともいへるのである。」

このような気の毒になるほどの評価に、村夫子然とした風采と容貌、『蒲団』における泥臭い私小説的イメージが加わり、戦後においても花袋の復権はなされていないと考えていい。平成に入って出された臨川書店版『定本花袋全集』にしても、戦前の全集の復刻と新編集の巻を混合させたもので、ともに生誕五十年を祝された徳田秋声の本格的な『徳田秋声全集』（八木書店）に比べ、かなり見劣りしているというしかない。また中村光夫の『風俗小説論』（新潮文庫）における花袋の『蒲団』にまつわる低い評価も重なっているのだろう。

しかし『東京の三十年』に続いて、大正十二年に近代文明社から刊行された『近代の小説』はこうした花袋に対する偏見を一掃する著作のように思われる。これはいうなれば、『近代小説の三十年』とでも称すべき一冊であり、『東京の三十年』と対をなす近代文学史、小説史を形成している。それは残念ながら本文中には記されていないが、目次に挙げられた百三十余の小見出しを見れば、歴然とするほどで、花袋が目撃し、体験してきた三十年の文学シーンがスナップショットのように並んでいる。これらに目を通すだけで、花袋がよく見て、よく読んできたことがわかるし、「気短かで、省慮を欠いた、思索力にとぼしい」という吉田の評価が当てはまらないことに気づく。

さらに『近代の小説』の特色は、それらの事柄の重要な部分が対話のかたちで具体的に語られていることにある。そのような配慮はヴェテランの編集者としての花袋の工夫を示しているといえよう。また硯友社にも近づき、『文学界』の人々とも交流し、龍土会の会員にして博文館の編集者であったから、複合的な視点で文学史を語ることができたとわかる。すべてにわたって興味深いのだが、強い印象を残す部分をいくつか取り上げてみよう。まずは明治二十年代における硯友社と出版社の関係である。

「それに、硯友社の強味は、出版業者との堅い結托であらねばならなかつた。当時、出版界に於て有力者と言はれた春陽堂、博文館、すべて硯友社の自由になつた。紅葉が頭を横に振れば、何んなにすぐれた作家も、本を出版することが出来ないやうになつてゐた。」

だからこそ花袋も紅葉を訪ねたのであり、彼の博文館入社もそれとつながっている。作品だけがすべてではない明治文学の政治的な関係が浮かび上がってくる。そして内田魯庵が明治二十五年に三文字屋金平というペンネームで、『文学者となる法』（復刻図書新聞）を書き、硯友社などの文壇を皮肉った事情を伝えてくれる。しかし明治三十年代になって、紅葉、大橋乙羽、高山樗牛の三つの死によって、文壇の空気が変わったという。紅葉に代表される江戸時代的な党派性と師弟の旧式な慣習、博文館の入婿となった元硯友社の大橋乙羽が仕切る原稿の世話と出版の関係、『太陽』に論陣を張った高山樗牛の花々しい文壇的活躍などが消え、作家たちは新旧を含めて自分の作品に熱中する傾向をもたらした。

そしてさらに明治四十年代の三つの死が語られる。それらは川上眉山、国木田独歩、二葉亭四迷の死である。旧時代の滅亡を象徴するような眉山の自殺、「僕は僕のために書いているんだからね。世間のために書いてゐるんぢやないからね」と言っていた独歩の死、「真面目に考へ、真面目に書き、そして最後に真面目に死んで行つた」二葉亭のことは新時代の潮流と淋しさを深く感じさせたのである。これらの死を花袋は「前の三つの死と後の三つの死」とよび、近代の小説のシーンにおいて、比較考察することは意味深いと述べ、「新しい時代の前には、屹度一つか二つの死のないためしはなかつた」と書きつけている。

花袋の『近代の小説』について、わずかしかふれられなかったが、この後も彼は夏目漱石の文学とその死にも言及し、次々と新しい時代が押し寄せてくるのが、文学の宿命であるかのように続けている。だが最後の一節で、欧陽修の「徐無党の南帰するを送るの序」の漢文が一ページ余にわたって引かれている。「草木鳥獣之為物」に始まるその長い漢文を「書き下し文」（『新釈漢文大系』72所収、明治書院）

で確かめると、いかに文章が流麗で、言葉が精巧であっても、それは草木の咲き誇る花が風に散り、鳥獣の美しい鳴き声が耳元を通りすぎるようなもので、不朽を望んだところで、忘れ去られてしまうのではないかという大意であった。この漢文をもって『近代の小説』を終えた花袋は深い思索者のようでもある。『近代の小説』の再刊、もしくは文庫化が切に望まれる。

80 『性の心理』と『相対会研究報告』

エリスの『性の心理』は日本の近代文学や性科学に大いなる影響をもたらしたが、それらの中で最も直接的で真摯なインパクトを与えたのは小倉清三郎が主宰した相対会に対してだったと考えられる。小倉は東京帝大哲学科出身の熱心なクリスチャンであり、そのかたわらで性科学に傾倒し、エリスの『性的特徴』を翻訳出版している。これは未見だが、一八九六年にイギリスで刊行され、発禁処分を受けた『性的倒錯』だと思われる。

そして小倉は大正二年から性的経験と対人信仰の二つをテーマとする『相対』を創刊した。しかし会員たちの赤裸々な性体験の報告を掲載したこともあり、度重なる官憲からの弾圧を受けた。それにもかかわらず、特筆すべきはその会員たちの多くが法曹関係者、医学者、心理学者、画家、文学者、新聞記者、社会主義者といった錚々たる顔ぶれで、そこには芥川龍之介、大杉栄、平塚雷鳥などの名前もある。

だが小倉清三郎が昭和十五年に急死した後も、小倉ミチヨ夫人がその意志を継いで、十九年まで刊行を続け、戦後になって『相対会研究報告』全三十四巻にまとめ、復刻した。

これはどのような出版事情が絡んでいるのかわからないが、昭和六十三年になって銀座書館から『相対会研究報告』が再び復刻され、その全貌をようやく俯瞰できるようになった。また一方で、平成に入ってから「相対レポート・セレクション」（河出文庫）が刊行され始め、大正から昭和にかけて『相対』（後に『相対会報告』）に掲載された会員たちの「告白」を花袋の『蒲団』と同様に、手軽に読めるようになった。

『相対』の「性的経験」のテーマはエリスの『性の心理』における「経歴」に基づいていることは疑いを得ない。そしてさらに付け加えれば、性的告白手記、もしくは性的実話といった、日本のポルノグラフィの定番の起源もここにあるといっていいだろう。

『相対会研究報告』の寄稿者は小倉夫妻を除いて、いずれもが匿名、もしくはペンネームであり、前述したように会員が多くの文学者や知識人を含んでいたために、その報告者に対して、様々な憶測が生まれた。特に有名な報告は『赤い帽子の女』（河出文庫）で、これは佐藤紅緑『乱れ雲』、小栗風葉『袖と袖』（いずれも河出文庫）、永井荷風『四畳半襖の下張』と並ぶ日本の近代文学者の書いたポルノグラフィとして、芥川龍之介が書いたとも喧伝されてきた。

『赤い帽子の女』は黙陽生というペンネームで書かれたもので、彼はこの他にも『暗色の女の群』『田原安江』（いずれも河出文庫）を寄稿している。『赤い帽子の女』は昭和五十五年に伏せ字のままで、青木信光を発行人とする美学館から出版された。また銀座書館の『相対会研究報告』の監修は青木信光事務所とあるので、彼は小倉ミチヨや相対会の関係者かもしれない。

『赤い帽子の女』は第一次大戦後のベルリンを舞台とし、パリから訪れた日本人と化粧品屋の売り子で素人売春婦のドイツ娘との情事を描いている。その文体に芥川龍之介の痕跡を認めることはできないし、詳細なベルリン描写を見ても、実際に体験したものでなければ不可能な都市のトポロジーがリアルに書かれていて、留学経験のない芥川には無理なように思われる。

これは美学館版にも収録されているが、『赤い帽子の女』のリアルなベルリン描写に「某々生」がただちに反応し、「赤い帽子の女を中心にして」というその倍近い大論文を寄稿している。彼は「偶然にも、その当時、その地に稍久しく滞在したりし理由」で、『赤い帽子の女』の舞台となる西部ベルリンの地図、街並みと繁華街、この町を有名ならしめている「所謂不明瞭な婦人の徘徊」を語り、敗戦後のドイツの経済事情、為替成金としての日本人から始めて、ドイツ社会の様々な世相が次々に描き出され、話はゲーテの『ファウスト』にまで及んでいく。この「某々生」の筆力も黙陽の叙述にまったくひけをとるものではなく、こちらも誰なのかを想像してしまう。

黙陽生に戻ると、語り手の「私」は第一次大戦後にパリに留学し、ベルリンに出かけたことのある人物で、その時すでに妻帯者で、フランス語とフランス事情に通じていることがよくわかる。例えば、『赤い帽子の女』の最後の部分のところに長い説明を施した「ビデー（Le bidet）解説」が付されている。だが当時の唯一の『模範仏和大辞典』（白水社）を見ても、bidetは「化粧用洗器」とあるだけなので、実際に見て、体験したものでなければ、とても書けない「解説」だと了解される。

それらは『暗色の女の群』と『田原安江』にも共通している。この二つの報告は関東大震災後の東京における結婚媒介所や待合に出入する私娼たち、所謂素人的高等淫売との交情の記録であり、赤線とは異なる大正末期から昭和初期にかけての都市の私娼窟の実態を浮かび上がらせている。『赤い帽子の女』が森鷗外の『舞姫』を意識して書かれたことは明白であるように、このふたつも永井荷風の作品を念頭においていると考えられるが、文体から特定の作者を認めることは難しい。

以前に黙陽生がフランス文学者の辰野隆ではないかという説を紹介したことがあった。ただ彼の個人史におけるパリ留学、ベルリン行は符合しているが、それ以上のことは探索できなかった。読者のご教示を乞う。

またさらに補足しておけば、『性の心理』は『相対会研究報告』を生み出しただけでなく、戦後の『キンゼイ報告』（朝山新一他訳、コスモポリタン社）に始まる様々な性レポートの模範になったと思われる。

81　『性の心理』とナボコフ『ロリータ』

エリスの『性の心理』がナボコフの『ロリータ』の構想にあたって、インスピレーションと「うずき」を与えたことを、サイモン・カーリンスキー編『ナボコフ・ウィルソン往復書簡集』で知った。一九四七年四月にナボコフはウィルソンにあてて、「海辺の王国」という「少女好きの男を主人公にした短めの長編」を執筆中だと書いている。それが念頭にあったのかは不明だが、ウィルソンは四八年六月に「ハヴロック・エリスがロシア人のセックスについて書いた傑作」を送ると書き、この本は自分のものではないので、「忘れずに返してほしい」と付け加えている。この時、一緒に送られたのはナボコフの『誤解』（邦訳『絶望』大津栄一郎訳、白水社）についてのエッセイが収録されている四七年刊行のサルトルの『シチュアシオンI』（人文書院）だったと思われる。

ウィルソンがエリスの本を送ってくれたことに対し、ナボコフは同じ六月の返信で「ロシア人の性生活は大いに楽しめた。とてつもなく愉快な本だ。少年のころに、こんなめったにないおませで豊かな反応を示してくれる女の子たちに出会うとは、著者はよほど運が良かったのだろう」と感想を記している。

このエリスの「傑作」について、編者のカーリンスキーは一ページに及ぶ注を寄せ、それがフランス語版『性の心理』第六巻の付録として所収の「1870年頃生まれた南部ロシア人の性告白」だと指摘している。そして英語版にはないようだとも述べ、一九一二年頃に匿名でフランス語によって書かれ、当時のロシアの社会的文化的現実をよく把握し、信頼できる非常に興味深い記録と見なし、その百六ページにわたる告白を次のように要約している。これはフランス語版『性の心理』だけに収録され、『ロリータ』との関係もほとんど知られていないと思われるので、ここで少しばかり長い引用をしてみる。

「裕福だが急進的な家庭に生まれた著者は、12歳のときに何人かの同じ年頃の娘たちのみならず大人の女たちに誘惑されて、自らの極めて活発な性生活を始めた。彼は12歳から20歳までの間、性的強迫観念に取り憑かれて勉強ができなくなり、将来の展望をなくす結果になった。家族は彼をイタリアにやる。彼は禁欲の誓いを立て、勉強を再開して工学部を卒業すると、教養豊かなイタリア娘と恋に落ち結婚することになった。しかし、32歳になった彼は仕事でナポリに行ったとき、少女売春の存在を知った。11歳と15歳の経験豊かな少女売春婦に誘惑された彼は、かつての強迫観念に取り憑かれ、それは今度は10代初めの娘をむりやり探してきて、屋外便所で自らを露出して見せるという形を取った。結婚は破談になり、彼の稼ぎはすべて欲望を満足させるために消えていき、彼は自分の性的衝動を抑えられない絶望を記して告白を終えている。熱心で協力的で性的に早熟なニンフは至るところにいるために、彼には将来自分の衝動を抑えられるという望みはない。」

カーリンスキーはエリスのことについて、『ナボコフ自伝』（大津栄一郎訳、晶文社）ではさりげなくふれているだけだが、そのロシア語版『別の岸辺』における明白な言及を示し、「告白」の後半の主題である「若い娘たちの虜になり、一見犠牲者にみえても実は性的にはるかに経験を積んでいる彼女たちに惑わされる男」は『ロリータ』のいくつかの部分と明らかに関係があると書いている。そしてさらにウィルソンが後に『ロリータ』を嫌うようになったのは、エリスの『性の心理』における「告白」を提供し、『ロリータ』に刺激を与えたのがウィルソン自身であったからではないかと推測している。

『ロリータ』はアメリカで出版できず、パリのポルノグラフィ出版社オリンピア・プレスから一九五五年に刊行された。その前の五四年七月にナボコフは完成した『ロリータ』について、「これが出版されたらみんな刑務所行き」だと言われているが、「この長編は私が英語で書いた最高傑作だ」とウィルソンに書いている。八月の返信で、ウィルソンはその小説の生原稿をぜひ送ってほしいし、何としても見てみたいと述べ、十一月になって読んだ感想を手紙にしたためている。

「これはこれまで読んだ君のどの作品よりも気に入らない。元になった短編はおもしろかったのだが、あのテーマがこのように拡大されて扱われるに耐えうるとは思われない。みだらな主題でもいい作品を生み出すことはあるが、君がここで成功しているとは感じられない。登場人物や状況それ自体は嫌悪感を催すだけでなく、それがこのスケールで描かれると、まったく真実性を欠くように思われるのだ。」

一九四〇年にナボコフがアメリカに到着してから、ウィルソンは長い歳月にわたり、ナボコフの文学の比類なき支援者であり続けていた。二人の本格的破局はツルゲーネフのナボコフ訳『オネーギン』

に対するウィルソンの酷評と五十七年のナボコフ家訪問日記の公開によって決定的になるのだが、『ロリータ』をめぐってすでにその前兆が表われていたと見なすべきだろう。

だがウィルソンが提供したエリスのフランス語版『性の心理』における「告白」と、ナボコフの『ロリータ』をめぐって起きた二人の「うずき」の真相ははっきりとつかめない。ロリータ・コンプレクス嫌悪があるならば、最初からウィルソンは「告白」など送らなかったはずだ。それにウィルソン自身がその「告白」を誰から知らされ、貸与されたのだろうか。

82　大槻憲二と『フロイド精神分析学全集』

本書71で、江戸川乱歩の「J・A・シモンズのひそかなる情熱」が『精神分析』に連載されたことは既述した。『精神分析』は昭和六年に東京精神分析学研究所から創刊された雑誌で、乱歩はその昭和八年の第一号から第六号にかけて、前述の論考を寄稿したのである。

その経緯と事情について、乱歩の『探偵小説四十年』の昭和八年度の章が「精神分析研究会」と題され、一月の「主な仕事」として、「大槻憲二氏の精神分析研究会に加わり毎月の例会に出席、機関紙『精神分析』にも執筆す」とある。『乱歩の時代』(「別冊太陽」)に『精神分析』創刊号、及び神田万世橋駅前のアメリカン・ベーカリーにおける例会と二十余名のメンバーの写真が掲載され、乱歩の姿もある。

そして本文において、その前史を次のように語っている。フロイトの精神分析学が新心理学として、評判になり始めたのは大正末期で、邦訳書が出るのを乱歩は待っていた。

「数年後の昭和四年末から、殆んど同時に二つの邦訳フロイト全集が出始めた。一つはアルスの『フロイト精神分析大系』十二巻で、この方は（中略）安田徳太郎博士、当時東北帝大の心理学にフロイトを取り入れていた丸井清泰博士、新関良三、茅野蕭々、正木不如丘の諸博士が訳者となっていた。もうひとつは春陽堂の『フロイト精神分析全集』十巻で、この方は大槻憲二氏が大部分を訳し、以前からフロイトに興味を示していた長谷川誠也氏（天渓、明治文壇評論界の大家、森下さんの前の博文館総編集長）も一枚加わり、矢部八重吉（この人は分析療法もやっていた）、対島《ママ》完治の諸氏が一二冊ずつ訳していた。私は両方とも購入して愛読した。（中略）日本でも新感覚派の文士諸君は、フロイトを愛読したらしく思われる。」

まず乱歩の書誌的な事実誤認を修正しておこう。双方とも表記は「フロイト」ではなく「フロイド」で、アルス版は十五巻予定のうち十四巻までが出されたが、最後の巻が未刊となり、十二巻で完結したわけではない。また春陽堂版の正確なタイトルは『フロイド精神分析学全集』であり、こちらは確かに十巻で完結している。

私はアルス版は第九巻『洒落の精神分析』（正木不如丘訳）、春陽堂版も第一巻『夢の註釈』（大槻憲二訳）と、いずれも一冊ずつしか持っていないが、後者を『春陽堂書店発行図書総目録（1879年〜1988年）』で確認すると、六冊が大槻訳、一冊が彼と長谷川共訳であり、乱歩がいうように、「大槻憲二氏が大部分を訳し」ていたことになる。

だがあらためて大槻訳『夢の註釈』を読んでみると、これは戦後になって『夢判断』（高橋義孝・菊盛英夫訳、『フロイド選集』11、12、日本教文社）上下巻として全訳されることになるのだが、その半分にも充たない抄訳であることがわかる。しかも大槻が「訳者序文」で断わっているように、同書の英訳者A・A・ブリルが著わしたダイジェスト版『夢の心理』（*Dream Psychology*）の邦訳が最初の四章を占め、第五章は『夢判断』の下巻の「夢の作業」からの抽出、第六章から十一章が「夢過程の心理学」の比較的まとまった翻訳と見なせる。しかし日本教文社版と比較すると、「夢過程の心理学」も抄訳というよりも、ダイジェスト版に近く、この『夢の註釈』自体が原書を参照しながらも、『夢の心理』の邦訳に近いものではないかという印象がつきまとう。

だから春陽堂版に限っていえば、そのような英語圏におけるフロイト解釈が色濃く持ちこまれたのではないだろうか。それは大槻訳が六巻を占めていることからもうかがわれる。しかし乱歩のシモンズに関する「夢判断」も、この『夢の註釈』から導き出されたものであり、専門の研究者はともかく、文学者たちはこのようなフロイトを受容したと思われる。

さてここで『フロイド精神分析学全集』の実質的発行元と見なせる東京精神分析学研究所は昭和三年に大槻、矢部八重吉、長谷川誠也たちによって創設され、六年に『精神分析』が創刊されると同時に精神分析研究会も始められたようだ。乱歩の証言によれば、そのメンバーの文筆関係者は前述の三人の他に、劇作家の松居松翁親子、ヴァン・ダインの訳者の田内長太郎、元博文館社員長谷川浩三、文芸評論家で翻訳家の加藤朝鳥、評論家で英文学者の宮島新三郎、それにあの中山太郎や高橋鉄もいたという。

また乱歩は精神分析研究会に参加した理由について、「精神分析には同性愛が非常に大きな題目として取扱われていたからである。会員の中にも同性愛研究に興味を持っている人が二三ならずいたからである」と書いている。

これまで本書でずっと書いてきたように、大正末期から昭和初期円本時代にかけて、様々な性科学書が出版され、いくつかのその種の全集が編まれた。それらとパラレルにフロイトも研究され始め、アルスの『フロイド精神分析大系』や春陽堂の『フロイド精神分析学全集』の出現を見るに至ったのであり、大槻たちの『精神分析』も創刊された。

大槻憲二の没後の昭和五十九年に刊行された『民俗文化の精神分析』（堺屋図書）所収の「略譜」などを参照すると、彼は農民文学会に属する文芸評論家、ウィリアム・モリスの研究者として出発し、フロイトの直弟子で心理学者矢部八重吉、早稲田大学で精神分析学の講義を持っていた長谷川誠也などの導きで、精神分析の世界に入り、民俗学にも接近していたとわかる。それゆえに同書に「解題」を寄せている小田晋は大槻を「昭和初期の我が国の精神分析および民俗学の揺籃時代」における「両者の境界領域の開拓者」と位置づけている。

また大槻は日本で初めての『精神分析心理学辞典』（岩崎書店、昭和二十七年）の編著者でもあるにもかかわらず、『精神医学事典』（弘文堂、昭和五十年）には大槻の名前も、『精神分析』もその辞典もまったく言及されていない。ここでもアカデミズムによる在野の先駆者の無視と排除の力学が働いているのだろう。以前にも大槻へのささやかな一文「フロイトの邦訳と大槻憲二」（『古本屋散策』所収）を試みたことがあった。その時、親切な読者から安齋順子の「日本への精神分析の導入における大槻憲二の役割」、及び川端康雄の「ウィリアム・モリス研究者としての大槻憲二」なる論考を恵送されたことがあった。前者は『精神分析』の協力者たちと大槻の関係、後者はモリス研究者としての大槻の位置づけで、新たなる大槻研究の萌芽を感じさせてくれた。その後も大槻の研究は進んでいるのだろうか。

83 木村鷹太郎訳『プラトーン全集』

これは海野弘の『ホモセクシャルの世界史』（文春文庫）を読むまで知らなかったが、華麗な女性遍歴で有名なバイロンもホモセクシャルの陣営に属していたようだ。海野によれば、バイロンの愛の傾向が国内にあっては女性に向けられ、国外に出ると男性への愛が解禁され、そのホモセクシャルな生活は周辺にいた匿名の人物によって、バイロンの代表作『ドン・ジュアン』のパロディ『ドン・レオン』として描かれていて、そのようなバイロンの側面に光が当てられ始めたのは一九八〇年代になってからだという。海外でのバイロンの軌跡をみると、ギリシャ、ヘレニズムへの傾倒は明らかで、J・A・シモンズたちの先達であることが明白となる。バイロンのケンブリッジ時代の学友たちの古代ギリシャへの愛とホモセクシャルな関係からして、バイロンたちもまたシモンズなどと同様に、プラトンに魅せられていたのは確実だろう。

実は明治時代の日本において、バイロンとプラトンの研究と翻訳で第一人者だった人物がいる。前者については『バイロン文界の大魔王』（大学館、明治三十五年）、『海賊』（尚友館、同三十八年）などの紹介や翻訳、後者の場合は明治三十六年から全集まで出し始めていて、その名を木村鷹太郎という。バイロン関係の著作は未見であるが、その『ブラトーン全集』（冨山房）は架蔵している。大正十三年訂正七版の十一巻本で、明治後年から大正にかけてのロングセラーだったことを告げている。

戦後のプラトン学の泰斗で、『プラトン全集』と全四巻の大著『プラトン』（いずれも岩波書店）を刊行した田中美知太郎は、中学生の頃に自分で買えなかったので、九段下の大橋図書館に通って、木村訳の一種の名文だった『プラトーン全集』を読み、それからギリシャ語と哲学に接近していったと、『プラトンⅠ』（「世界の名著」6、中央公論社）の「付録」で語っている。

この木村の『プラトーン全集』はギリシャ語から翻訳されたものではない。田中も指摘し、木村も第一巻の「序（第一版）」で断わっているように、ベンジャミン・ジョウエットの英訳三版を重訳したものである。木村はジョウエットの英訳が最も新しく正確なもので、それ以前の様々な外国語訳や英訳に比べて、第三版こそは「完全な翻訳」に仕上がっていると述べ、ジョウエットについて、次のような紹介を挿入している。

「ジョウエットは一千八百十七年英京ロンドンに生る。有名なる古典学者にして、オックスフォード大学の勅任教授たり、兼ねて又たバリオル・カレッヂ（Balliol C.）の校長たり。一千八百六十年、耶蘇教々会に取つて異端なりとの非難を被むり、審問の末大学を免ぜられ、一千八百九十三年十月一日卒す。」

このジョウエットが海野の著書の中にジャウェットとして出てくる。海野はノエル・アナンの『大学のドンたち』（中野康司訳、みすず書房）などを援用し、ジャウェットが十九世紀半ばの大学改革の指導者の一人で、ギリシャ文化の研究者でもあり、その弟子がシモンズ、スウィンバーン、ペーターたちだったと書き、彼も潜在的なホモセクシャルだったと記している。はたしてそれが木村のいう大学を追われたこととつながっているかは不明で、海野も言及していない。ノエル・アナンの前掲書には「ベンジャミン・ジャウェットとベイリオル・コレッジの伝統」なる一章があり、彼の口絵写真も掲載されている。しかし紛れもなくプラトンの英訳者ジャウェットこそがホモセクシャルの禁断の扉を開いたと考えていい。それについて、海野も述べている。

「ジャウェットなどが確立したギリシア研究は、彼らが予期せぬカウンターカルチャーの蓋をあけてしまった。教授たちは、徹底して否定し、そこに触れなかったのだが、プラトンを素直に読めば、ギリシア的愛が讃美されている。キリスト教が禁じてきたホモセクシャルの封印が破られたのである。

ジャウェットなどの大学改革は、やがて優秀なエリートを世界中の政財界に送り出していくことになる。そのギリシア研究は、彼らに世界的な政治感覚を与え、〈オックスフォード〉は男たちの連帯の絆となった。（中略）

しかし、そのホモセクシャルな〈オックスフォード〉には、ジャウェットの予期していなかったホモエロティック、さらにホモセクシャルな深層がひそんでいた。ジャウェットたちは第一層にとどまろうとしたが、弟子たちはその下の層をのぞいてしまった。」

イギリスのバイロンからつながるギリシャとプラトンの研究の奥に、このような「ホモセクシャルな深層がひそんでいた」事実を、木村鷹太郎がどこまでつかんでいたかはわからない。しかし第二巻所収の『宴会』（『饗宴』）の訳文を読むかぎり、その事実にまったく気づいていなかったとは思われない。少なくとも明治三十年に井上哲次郎や高山樗牛たちと大日本協会を設立し、『日本主義』により、日本主義を唱えていた木村にとって、ナショナリズムとホモセクシャルのつながる「深層」にふれていたと考えるほうが妥当だろう。あるいは読者もそのことに気づき、それがロングセラーのひとつの要因だったのかもしれない。実際に村山槐多はこの全集を読んでいることを日記に書きつけている。

しかしその先が問題で、木村は明治四十四年に『世界的研究に基づける日本太古史』（博文館、八幡書店復刻）を上梓し、日本民族の言語は世界の文明人種の中で最古のもので、日本民族の太古史は世界の中心史であって、「日本民族は実に希臘羅典人種にして、吾国の言語、歴史、宗教社会組織等皆く全其系統に属せる」という説を発表した。しかも添えられた八枚の地図によれば、太古の日本全地図が世界の全図と同じで、ギリシャは筑紫地方などにあたるのだ。

オックスフォードのギリシャ研究は島国ゆえにヨーロッパ大陸から取り残されるのではないかという不安から始まったとされるが、木村のプラトン研究の果てに行き着いたこのような日本太古史も、同様の不安から生じたように思われる。もう少し言及したいが、話がずれてしまうので、ここで止める。

84　花咲一男と岡田甫

しばらく間があいてしまったが、もう一度松村喜雄の『乱歩おじさん』（晶文社）に戻ろう。松村は花崎清太郎＝花咲一男の『雑魚のととまじり』に言及し、石川一郎は探偵小説にしか興味がなかったけれども、花崎は乱歩の同性愛文献を見せてもらいたがっていたと書き、花崎が書いた土蔵の書斎に招じられた場面を引用している。

「部厚い海外同性愛文献の目録をテーブルの上におき、そこかしこの書物の山から、一冊二冊と引き抜いて、その目録に照合しながら講義のようなものが始まった。

ヨーロッパ文学の古い部分、ギリシャ文学は、モエブ《ママ》叢書によって読み、その個所をチェックしてあった。バートンの『千夜一夜』は巻末のターミナル・エセーのそこかしこにチェックがあった。クラフト・エビングや、エリスの本は僕達も多少の馴染があったが、これらの正統派の外に、かなり絵と写真が入ったものが数冊あって、僕がそれらの本の頁をめくっていると、「君、それは俗受けのする大衆的なもので駄目なんだ」といって、ジョン・アデングトン・サイ《ママ》モンズの文字ばかりの本を示した。」

　そして松村や石川は探偵小説で乱歩と結ばれていたが、「僕はそれ以外のもので、師事した」と花崎は付け加えている。これは花崎が十七歳くらいの時の体験であった。このような体験を経た少年が古本屋廻りに熱中するようになったのは必然的な成り行きだった。

　城市郎の『発禁本』（「別冊太陽」）の花咲一男の紹介によれば、花咲は「大正はじめ東京に生をうけ、私立商業を中退、文学趣味に芽生え、昭和七年に就職、勤めを終えると古本漁りに精を出し、成り行きで風俗物に魅入られ、北明関係の軟派本を蒐集」とある。その背景には松村を通じて知った乱歩との関係が潜んでいたのであり、花咲の「古本漁り」は「もう一つの面で乱歩に刺激を与えた」と松村は指摘している。それは花咲が知り合った古本人脈も含まれていると思われる。松村が昭和十九年に仏領インドシナ、ヴェトナムのハノイ大使府に赴任するにあたっての見送りに、乱歩と岡田甫の顔があり、それをきっかけに二人の交流が始まったと述べ、次のように書いている。

「岡田氏は江戸庶民文化研究の権威で、『柳多留』『末摘花』などに関する著作も多く、その研究では氏の右に出る者はいない。私ははじめ花崎清太郎の紹介で岡田氏を知った。それから、岡田氏の紹介で、松川健文氏、阿部主計氏などと知り合った。

　その頃岡田氏は早稲田グランド坂上で「オランダ書房」という古本屋を開業していた。そこが一種の社交場になり、私たちは昼食、夕食を御馳走になって、一日中駄弁っていた。岡田氏は江戸文学のみならず、内外の文学にくわしく、とくに探偵小説は活字になったものはほとんど読んでいるほどの探偵小説通であった。」

岡田は竹内道之助が発売所を風俗資料刊行会、発行所を日本愛書家協会と名乗って出していた『匂へる園』終刊第五輯付録の「性的珍具辞典」の編者であるから、やはり梅原北明の出版人脈の一人だったと考えられる。松川（葛城前鬼）は戦後初めて荷風の『四畳半襖の下張り』を秘密出版し、『新註排風 末摘花』（ロゴス社）の出版と合わせ起訴されている人物だが、阿部に関しては不明である。松村は「オランダ書房関係のエピソードの数々を書けば、梁山泊さながら、ゆうに一冊の読物が出来るほどである」と書いている。

戦後になって、花咲は近世風俗研究会、岡田は近世庶民文化研究所を主宰し、近世のポルノグラフィを少部数で刊行している。花咲の近世風俗研究会、岡田の近世庶民文化研究所については、斎藤夜居の『大正昭和艶本資料の探究』（芳賀書店）にそれぞれ言及がある。

その岡田の著作を一冊持っている。それは『奇書』と題され、内容は「秘本」にして「忘れられた傍系文学」を巡るエッセイ集といえよう。江戸三大奇書のひとつ『逸著聞集』、元禄期の艶笑文学の傑作『好色四季咄』、遊里白書とでも称すべき打明け話『諸遊芥子鹿子』、江戸時代の随筆の珍書『独寝』、上方系艶本『水のゆく末』などが二十編にわたって紹介され、もう一人の尾崎久彌といった印象も伝わってくる。ただ私はそのような分野に通じていないので、これらについて語る資格もないし、素養にも欠けている。

『奇書』は昭和三十六年の刊行になっているが、ただわかるのはこの一冊において、昭和初期の艶本出版人脈が完全に復活していることだ。奥付を見ると、版元の有光書房は温故書屋、坂本書店を手がけていた坂本篤が発行者、印刷は三笠書房などを担当し、後に二見書房を興した堀内文治郎、装丁は書物展望社の斎藤昌三である。そして巻末の「有光書房刊行書目」には岡田や山路閑古の他に、高橋鉄、林美一の著作も掲載され、戦後の『あまとりあ』や『人間探究』系の人々も合流していると推測できる。それらの関係は出版業界の地下水脈としてずっと保たれていたのだろう。

なお「あとがき」の謝辞に平井太郎＝乱歩の名前も見えている。

85　日輪閣『秘籍 江戸文学選』

菊判の赤い箱入の十巻本がある。それは昭和四十九年から翌年にかけて、日輪閣から刊行された『秘籍 江戸文学選』で、前回言及した人々が中心になって編まれている。定価は二千円だが、これも二十年以上前に、数千円というゾッキに近い古書価で買ったように記憶している。まずはその著者と内容を示しておこう。

1　黒沢翁満作『藐姑射秘言』
沢田名垂作『阿奈遠加之（上）』岡田甫訳・解説

2　平賀源内作『痿陰隠逸伝』『長枕褥合戦』大村沙華校注

3　山岡俊明作『逸著聞集』

沢田名垂作『阿奈遠加之（下）』岡田甫訳・解説

4 『末摘花夜話』山路閑古校注

5 柳亭種彦作『春情妓談水揚帳』

式亭三鳥作『幾夜物語』入江智英訳・解説

6 『医心方第二十八 房内』山路閑古校注

7 色亭乱馬作『玉の盃』

作者不詳『好色変生男子』林美一訳・解説

8 『江戸風流小咄』宮尾しげを校注

9 『春歌拾遺考』添田知道著

10 『春調俳諧集』

『幽燈録』山路閑古校注

ご覧のように、前回取り上げた人々が訳、解説、校注の中心になっていて、名前は出ていないが、花咲一男や坂本篤もブレーンとして加わっていたと考えていいだろう。なお宮尾しげをは『集古』の後年の同人、添田知道は本書28「赤本、演歌師、香具師」で既述している。監修者は共立大学教授の山路の他に、元東大教授の吉田精一、元東京高検検事の馬屋原成男をすえているのは明らかに発禁対策だと推測できる。

このような機会を得て、これまでずっと積ん読状態だった『秘籍 江戸文学選』を通読し、それぞれの解説にあたってみると、大半が各写本を通じて昭和の時代まで継承されるに至ったと想像がつく。それらの近世和本の遍歴には一冊ずつの連綿とした物語があり、この企画へと流れこんでいるのだろう。それらの多くの原本が亡き尾崎久彌の蔵書だったことを知ると、これもまた尾崎の『江戸軟派雑考』に始まる「軟派」研究の水脈がこの時代まで保たれていたことを知るのである。尾崎についてはこれも本書55「尾崎久彌『江戸軟派雑考』」、同56「尾崎久彌と若山牧水」を参照されたい。

どの作品も興味深く、そのような素養に欠けているにもかかわらず、妄言をしたためたくなってくる。だがそれは慎み、ここではここで初めて知り、初めて読んだ第七巻所収、林美一訳・解説『好色変生男子』を紹介するだけにとどめよう。それにこの作品もまた底本が故尾崎久彌所蔵本となっているからだ。現在は蓬左文庫に収蔵されているらしい。

林の解説によれば、『好色変生男子』は寛政年間に出された五冊からなる読和本、つまり読み物を主とした和印で、挿絵はあるが、春画はない。著者は不詳、画者も署名はなく、ただ内容からして大坂板であるようだ。

ストーリーを説明してみる。観音たちが寄合を開き、凡人の願いをかなえてやるべきかの相談がもたれている。そのことについて、紀三井寺の観音が自分の例を話し出す。子のいない夫婦が何度も足を運び、一子をさずけてほしいと祈りにきた。しかし夫には子種がない。だがこれから七日間のうちに、健康な男がやってきて、妻と交われば、さずかるであろうから、その男を密夫と考えないようにと告げた。満願の日の夕方に、笈を背負った修行者が門口に立ち、一夜の宿をお借りしたいと申し出た。そこで夫婦は待ってましたと飛び出し、様々なご馳走と心からのもてなしをした。何も知らない修行者は旅の疲れからの寝入りばなに、思わず夢を見た。それは女房がうまく子種を受け納めた時だった。修行者はつまらぬところに宿を借り、地獄へ落ちてしまったと悔やみ、行方も知らず、姿を消してしまった。

女房は身ごもり、八ヵ月になると、この夫婦はまたしても観音に男子を与えてくれという。しかし胎内にあるのは女子だった。そこで観音仲間に相談すると、「変生男子」という方法がある。大坂の三津寺観音が懐胎させた夫婦が女子を望んだのに男子ができたので、こちらの「ちんぽ」を切って、そちらへやればいいと話が進んだ。その接着には夫婦の交合による精液が必要だったが、うまくくっつき、ここに変生男子が誕生し、観音も感嘆しきりであった。

観音仲間が世話して誕生させた子供は紀三井寺の名前をとって、君松と名づけられた。しかし成長するに及んでも、男の子らしさは何もなく、十五、六歳になれば紅や白紅で肌を磨き、どうしても男と見えぬので、誰もがお君と呼んだ。そしてこの「変生男子」の「好色」譚が始まっていく。

嫁にしたいという申し出が殺到するに及んで、夫婦はお君を上方へと連れ出す。お君は大阪見物、茶屋遊びに出かけ、役者たちと大いに騒ぎ、お君を女と思いこんでいる役者の雛助と床入りに至る。ところが逆に雛助が尻を向けた弾みに、逆にお君に犯されてしまい、彼はお君が妖怪かと思い、逃げ出してしまった。

お君の旅は続き、船の中でも美しい彼女に誰もが夢中になり、雄狐や呉服屋の後家に惚れられたりして、さらに物語は続いていく。

この『好色変生男子』は江戸の艶本の中でも類のない内容の傑作とされる。平安時代の『とりかえばや物語』（講談社学術文庫）のポルノグラフィバージョンのようにも思えるし、またオウィディウスの『変身物語』（中村善也訳、岩波書店）をも想起させる内容でもある。『好色変生男子』は昭和六十二年に刊行された、同じく林の『江戸艶本を読む』（新潮社）にも要約紹介されている。

なお『秘籍 江戸文学選』の続刊は入手しておらず、そのこともあって、日輪閣も発行者の小嶺嘉太郎も調べることのないままに現在に至っている。

86 平井蒼太と富岡多恵子『壺中庵異聞』

松村喜雄は『乱歩おじさん』の中で、「代作問題について」の一章を設け、全集に収録されていない七作を挙げ、これらは明らかに代作か偽作だと述べ、その中の大正十五年の「陰影」などは乱歩の弟である平井通によるものではないかと推測している。

この平井通も梅原北明出版グループに属するメンバーと考えてよく、昭和六年の『談奇党』第3号の「現代猟奇作家版元人名録」にその名前が掲載され、「別名耽好洞人」も含め、乱歩の次弟としても紹介されている。そして「本業は大阪市電気局吏員であるが、令兄とはちがつて若い頃から変態文献に興味を持つて、旺んに古書を漁つてはノートしてゐるといふ変り者」で、「勿論、乱歩ほどの流麗たる文は書けないが、彼れの分も亦頗るのびのびした味のあるもの」だと記されている。

鮎川哲也の『幻の探偵作家を求めて』（晶文社）において、「乱歩の陰に咲いた異端の人・平井蒼太」という章があり、戦後『あまとりあ』に書いた五本の短編を列挙し、その中の「嫋指《ジョウン》」はミステリに近く、創作として最後の作品だとしている。そして彼が乱歩の陰にかくれ、「一貫して不遇な人生を送った気の毒なひとという感想を否定することができない」と書いている。

その平井の「嫋指」が鮎川によって、『怪奇探偵小説集Ⅲ』（双葉社文庫、ハルキ文庫）に収録され、昭和七、八年頃に書かれた伝・平井蒼太『おいらん』（河出文庫）も出され、彼の特異な世界をうかがうことができる。

平井蒼太名義の「嫋指」を読んでみて、これは「怪奇探偵小説」に分類できるかどうか、難しいように思った。死にゆく妻が夫への告白をつづったもので、自分が亡き恋人の双の掌を鞣めして仕上げた「かわ手袋との死の結婚」に溺れ、夫に対しては亡骸でしかなかったという深いお詫びの文章から構成されている。「怪奇探偵小説」というよりも、死体や「かわ」フェティシズム小説のイメージが強く、むしろモーパッサンの「手」（『モーパッサン短編集（三）』所収、青柳瑞穂訳、新潮文庫）のほうがそれにふさわしいと思われた。

『おいらん』はやはり『あまとりあ』で要約紹介されたものだが、こちらは「各土地土地に於ける女郎買いの報告」を主としたもので、これもエリスの『性の心理』の「体験の告白」のヴァリエーションと見なせるだろう。しかし「嫋指」と『おいらん』を比較してみると、言葉や表現にまったく共通点は見られず、後者の「伝・平井蒼太」が妥当だと考えられる。

実はこの平井蒼太にはすでに富岡多恵子の『壺中庵異聞』（文藝春秋、後に集英社文庫）で出会っている。そこで彼は横川蒼太として主人公になっていた。これはモデル小説という形式をとっているが、語り手の「わたし」にしても、版画家の沼田ミツオにしても、多少なりとも詩や美術に通じている読者であれば、すぐに誰であるかが想定できる構成となっている。それを明かしてもかまわないだろう。すなわち「わたし」は作者の富岡多恵子に他ならず、沼田は池田満寿夫である。同様に平井も横川とされているが、先述の「嫋指」や『おいらん』にも言及があり、そのかなり詳細なプロフィルからして、紛れもなく実際に「壺中庵」も名乗っていた平井通だとわかる。

『壺中庵異聞』は「わたし」が横川蒼太の死を知らされる場面から始まっている。「わたし」が知っている横川は〈偏屈な老人〉で、「雛絵本と称する豆本をつくる版元」であることだけだった。一九六〇年に知り合い、その後の五、六年、横川と沼田と「わたし」は豆本を共同製作する関係にあった。横川が古書を兼ねる通信販売の版元、沼田が版画の刷り師、「わたし」は刷り師の手伝い人と箱をつくる仕事を担っていた。

一人の豆本刊行者の死は「わたし」にとって、シンボリックな事件であり、解放感を与えるものだった。それは六〇年代の沼田との生活の関わりの終わりを意味してもいたからだ。だがその解放感から、「わたし」は死者への親しみとかなしみを覚え、沼田が表現者であるように、横川もまた表現者ではなかったかと思い始める。そして横川の妻を訪ね、彼の三畳の仕事場、遺品の女性の無毛のヌード写真を見て、残された小説類、歴史考証物などを読み、「いったい市民社会では何者なのかわたしには見当もつかない」人々が集う一周忌の会にも出席する。ここには本書で言及してきた人々も明らかに登場している。

そのような「わたし」の横川の追跡と残された著作の解読は、自ずと彼の「異聞」的な伝記の体裁を帯びることになる。そして「わたし」は横川がたどり着いた豆本の世界を、次のように理解するに至る。「横川蒼太の壺中庵は、文字通りたいへん小さな世界であった。自分だけの出入口しかなく、他人はそこへ入れなかった。豆本、即ち彼のいう雛絵本は、小さい世界にふさわしいかたちというべきであった。

いかにも美しい本でも、壺中庵の入口は普通の大きさの本には小さすぎた。壺中庵の主は、それら小さな美しい本を手にする時、その本の小ささにふさわしく、自分も小さく変身していた。大の男が、掌に小さな本をもてあそび、掌の中で雛本をころがすのをよろこぶのではなく、雛本を手にする横川蒼太は、本と対等な大きさであった。」

そして「わたし」はそれが自分の弱さを守るために創造するしかなかった「一種のユートピア」ではなかったかと想像する。ここで鮎川の平井通に対する、「一貫して不遇な人生を送った気の毒なひと」という感想は否定され、彼は「一種のユートピア」を求め、そこに生きることのできた〈偏屈な老人〉として、生を終えたことになるのだ。

また「わたし」は横川の中に、本をめぐるホモソーシャルな雰囲気、ロリータ・コンプレックスの気配もあったことを忘れずに書いている。これらのことから考えると、富岡多恵子は『壺中庵異聞』を起点として、後の『釋迢空ノート』(岩波現代文庫)、『中勘助の恋』(平凡社)へと向かったことが必然だったと了解できるのである。

87 探偵小説、民俗学、横溝正史『悪魔の手鞠唄』

松村喜雄の『乱歩おじさん』に、昭和十一年に発表された乱歩の『緑衣の鬼』に関して、次のような言及がある。

「『緑衣の鬼』に登場する夏目菊太郎は「紀伊半島の南端Kという田舎町に隠棲して、粘菌類の研究に没頭している民間の老学者であった。彼の生涯に発見した菌類の新種は一つや二つではなく、その名は世界の学界にも聞こえているほどの篤学者であった」と紹介されている。これは明らかに南方熊楠である。乱歩は熊楠を尊敬し、『南方随筆』上下二《ママ》巻を愛読していた。」

さらに乱歩は熊楠と書簡による異色談義を交わしていた友人の岩田準一を介して、熊楠から男色についての質問に対する返事をもらっているという。

『緑衣の鬼』はこの熊楠だけでなく、実は柳田国男や折口信夫もモデルとなっているのである。それは熊楠が夏目菊太郎という別名になっているのに比べて、劉ホテルに滞在する緑一色の怪紳士の名前は柳田、探偵作家の友人の新聞記者は折口で、これらの命名が柳田国男と折口信夫からとられたことは明らかだ。『緑衣の鬼』はフィルポッツの『赤毛のレドメイン家』（宇野利泰訳、創元推理文庫）に着想を得た作品とされているが、それに加えて、モデルとして南方熊楠、柳田国男、折口信夫を登場させていることになる。乱歩と熊楠の関係は前述したとおりで、折口に関してはその蔵書に『古代研究』があったことが、『乱歩おじさん』の花咲一男の引用からわかる。ただ柳田に関してはよくわからない。しかも『緑衣の鬼』の柳田の場合、トランクの中に「若い美しい女」を詰めこんでいて、彼女は「その顔が窮屈に折り曲げた足の、肉色のストッキングにくっついている。手ぬぐいで猿ぐつわがはめてある。荒い格子縞の洋服の上から、ふっくらした乳房が細引で縛られている」のだ。熊楠やミステリの読者だった折口はモデルにされていても怒りはしないだろうが、柳田国男であれば、激怒したはずのキャラクターに仕上げられている。柳田民俗学と乱歩の探偵小説には何らかの因縁が秘められているのだろうか。だが考えてみれば、民俗学者たちも近代の探偵に他ならないのだ。

乱歩の場合は定かでないが、横溝正史は確実に柳田民俗学を作品の中に反映させている。それは戦後書かれた『獄門島』『八つ墓村』『犬神家の一族』といったタイトルにも表われ、『悪魔の手毬唄』（いずれも角川文庫）に至って、横溝が参考にしていた民俗学資料が『民間伝承』だったことが明らかになる。『民間伝承』は現在の日本民俗学会の前身である民間伝承の会によって昭和十年に創刊され、一時の休刊はあるが、昭和二十七年まで刊行され、二十年近くに及んだ大部の冊数は国書刊行会から復刻されている。なお私もその編集者だった「橋浦泰雄と『民間伝承』」（『古本探究Ⅲ』所収）についての一文を書いている。

横溝の『悪魔の手毬唄』は岡山と兵庫の県境にある四方を山に囲まれた鬼首村を舞台とし、この地に昔から伝わる数え唄の歌詞通りに殺人事件が起きていくというストーリーで、その冒頭は「プロローグ　鬼首村手毬唄考」と題され、次のように始まっている。

「私の友人のやっている雑誌に『民間承伝』という小冊子がある。これは会員組織になっていて、発行部数もたくさんはなく、菊判六十四ページの文字どおり片々たる小冊子にすぎないのだが、読んでみるとなかなかどうして面白い。」

このような説明の後で、語り手の「私」が保存合本している『民間承伝』の昭和二十八年九月号に掲載された多々羅放庵という人の考証「鬼首村手毬唄考」の紹介から、『悪魔の手毬唄』の幕が切って落とされる。そして物語の半ばの第二十三章が「民間承伝」となっていて、その雑誌の背景と「鬼首村手毬唄考」掲載事情が説明される。鬼首村の庄屋の甥である神戸の吉田順吉が『民間承伝』のスポンサーの一人だった。それに関する会話の部分を引いてみる。

「（前略）順吉さんちゅうひとが早稲田を出ておいでんさるんですの。ところが順吉さんの早稲田時代の親友のかたが、戦後、民俗学たらいうもんにおこりんさって、その民俗学になんたらおえらい先生がおいでんさるそうですなあ」

「柳田国男先生ですか」

「そうそうお庄屋さんは柳田先生の愛読者でしたわなあ」（中略）

「その柳田先生、つまり順吉さんの親友のかたが、その先生をうしろ楯にして、そういう雑誌を会員組織かなんかでおつくりんさったんですの（中略）」

そこで庄屋の放庵が「鬼首村手毬唄考」を投稿し、あらためてこの旧幕時代の唄が村中に知れ渡り、その唄にのっとって、殺人事件が次々と起きていったのである。

この会話によって、作中の『民間承伝』が紛れもなく『民間伝承』をモデルにしているとわかる。もちろん雑誌創刊事情は異なっているし、『民間伝承』は昭和二十七年十二月号で終刊となり、同二十八年九月号は存在しないし、「鬼首村手毬唄考」に類する論考も管見の限り掲載されていない。

しかし『民間伝承』の会員は昭和十二年には二千名に達し、部数もその後二千部を超えるようになっていたから、江戸川乱歩や横溝正史もその会員でなかったにしても、購読者であった可能性は高く、横溝に至っては間違いないように思われる。それに民間伝承の会は柳田国男編『山村生活の研究』を始めとする山村、農村、島などの調査報告を刊行していたので、横溝はそれらを参照し、自らの作品に取りこんだのは確実だと考えられる。ただ念のために『横溝正史自伝的随筆集』（角川書店）を確認してみたが、『民間伝承』や民俗学への言及は何もなされていなかった。

また乱歩の場合は定かでないと書いたが、実作者ではないにしても、戦後における乱歩の探偵小説の同伴者だった中島河太郎は、戦前において柳田国男研究の先駆者だとされている。それゆえに乱歩、柳田、中島をめぐる民俗学と探偵小説の、まだ明かされていない関係が秘められているのかもしれない。

88 六人社版『真珠郎』と『民間伝承』

前回横溝正史が柳田国男の主宰する『民間伝承』の読者だったのではないかと記しておいたが、実はそれを裏づけると思える事実がある。

横溝の『真珠郎』は昭和十二年に六人社という出版社から刊行されている。この作品は昭和十一年十月から翌年二月にかけて、『新青年』に連載されたもので、横溝が博文館を退社し、作家専業後に病に倒れ、回復に及んでからの上梓となっている。そのような事情が絡んでいるゆえか、「題字」は谷崎潤一郎、「序文」は江戸川乱歩、「口絵」は松野一夫、「装丁」は水谷準という豪華メンバーが担当し、自らも巻末に三十ページ近い「私の探偵小説論」を収録している。それに加えて、上製四六判、草色の箱入のこの一冊は明るい紫色の表紙で、背にやはり薄緑の書名と著者名が箔押しされ、四百ページ弱、三五ミリの束の厚さと相俟って、当時の出版物の中でも、かなり目立つ本だったのではないだろうか。しかもそれは探偵小説で、版元は紛れもなく小出版社だったからだ。

もちろん私がこの『真珠郎』の戦前の初版本を持っているわけではない。昭和五十一年に角川書店が復刻した一冊を入手して、それらのことがわかったのである。おそらく角川書店は横溝ブームの著者と読者への謝恩的な意味も含め、復刻したと考えられるので、入手困難な稀覯本であり、記念すべき復刻本に値したのだろう。私の入手した一冊にはスリップがそのままはさまれ、定価二千百円の他に「買切品」の表示があった。

さてここでようやく版元の六人社にふれることができる。横溝は前出の「私の探偵小説論」の「はしがき」のところで、次のように書いている。

「今私の親切な友人の数人が出版社を興して、その最初の計画のひとつとして、私の拙い小説を出版してやらうといふので、私はこの機会に、それ等の書き散らされた草藁をひとまとめにしておかうと思ひ立つた。私はいつかこれを整理して、一貫した自分の探偵小説論を書いてみたい気があつたのだが、今のところ遺憾ながらこの時間がないので、断片的なそれらの草藁を清書するだけにとゞめて、蕪雑ながらも、これに「私の探偵小説論」と命名しただけである。」

六人社に関する記述はこれだけで、『横溝正史自伝的随筆集』（角川書店）、『真珠郎』（『横溝正史全集』第一巻、講談社）の中島河太郎の「解説」にも出てきていない。また江戸川乱歩の『探偵小説四十年』の昭和十二年の部分においても何の言及もなかった。そのために『真珠郎』の復刻からわかるのは、六人社が横溝の友人たちによって始められた出版社で、その奥付表記から発行者が戸田謙介なる人物だということだけだった。

しかし私は『真珠郎』の復刻版を入手する以前に、六人社の名前を目にしていたし、刊行物も持っていた。六人社を目にしたのは国書刊行会から復刻された戦前の『民間伝承』を調べていた時で、昭和十七年五月号の菊判になった頃から、六人社の出版広告が表二、三、四のいずれかの一ページを占めるようになり、それは昭和十九年の休刊寸前まで続いていた。その意味において、六人社は『民間伝承』と併走した出版社と見なすことができよう。

最初に広告掲載されたのは「民俗選書」で、柳田国男と郷土生活研究所の協力を仰ぎ、「我が国固有の民俗精神を具体的に鮮明にする」との言が添えられている。そのラインナップとタイトルの変更はあったが、次の第一期七冊が刊行予告されていた。それらは柳田国男『国史と民俗学』、瀬川清子『きもの』、桜田勝徳『漁人』、橋浦泰雄『民俗採訪』、倉田一郎『山の幸』、関敬吾『雨乞』、宮本常一『民間暦』である。

このうちの手元にある橋浦の昭和十八年八月刊行の『民俗採訪』の巻末広告、及び『民間伝承』の広告を確認すると、倉田と関の著作は未刊のまま終わったようだ。しかし橋浦の著書、宮本の戦後版の『民間暦』(『宮本常一著作集』9、未来社)を読んでみても、二人が共通して挙げているのは柳田の名前と彼への深い謝辞ばかりで、六人社やその戸田謙介についての記述は何も発見できない。

だが六人社と戸田は戦後になって、柳田国男研究会編『柳田国男伝』(三一書房)の第十章の「日本民俗学の確立」の「注」の部分に姿を現わし、戦後も出版活動を続けていたことを教えられた。その二つの「注」は次のように記されていた。六人社と戸田に関する箇所を抽出する。

「昭和二十八年五月、日本民俗学界機関誌は名称を『日本民俗学』と改め、『民間伝承』という誌名は、六人社(編集・発行人、戸田謙介)に委ねられ、昭和五十八年六月まで刊行された。」

「六人社社長の戸田謙介(一九〇三―一九八四)へ橋浦泰雄から「有意義な仕事だ」と話があり、戸田は「柳田国男編輯」と銘打つこと、三千部印刷して内千五百部は会員配布など、いくつかの協定事項を決めて引き受け、普通雑誌の体裁を切り変えた。編集面ではこれまでどおり民間伝承の会が担当し、財政面は六人社が負担していくことになったのであった。」

私はこちらの六人社版『民間伝承』を見ていない。だがこれを読んで、横溝の『悪魔の手毬唄』と『民間伝承』の関係がわかったように思われた。おそらく戦前にも横溝は『民間伝承』を読んでいたと思われるが、戸田が引き受けた昭和二十八年から『民間伝承』を定期購読、もしくは献本されていた可能性が高い。『悪魔の手毬唄』の刊行は昭和三十四年だから、戸田が引き受けてからの『民間伝承』に似たような素材、もしくはヒントを発見していたのかもしれない。

六人社や戸田だけでなく、柳田の周辺には多くの出版社や編集者が介在していたはずなのに、なぜかそのプロフィルはほとんど明らかになっていない。これもそれこそ「本屋風情」（岡茂雄）ゆえに、柳田国男研究においても、敬遠される領域に属していると考えるしかない。

89　探偵小説、春秋社、松柏館

江戸川乱歩の『探偵小説四十年』は何度読んだかわからないほどだが、読む度に新たな発見があり、日本の探偵小説史のみならず、近代出版史、文学史としても比類のない貴重な記録であると実感させられる。今回も松村喜雄の『乱歩おじさん』との関連で読み返し、さらにいくつか言及しておきたい事実に突き当たったので、それも書いておこう。

『探偵小説四十年』において、乱歩は昭和初期円本時代が探偵小説の最盛で、第二のピークが昭和十年から十二年にかけてであり、『ぷろふいる』『探偵文学』『月刊探偵』『探偵春秋』『シュピオ』などの探偵小説雑誌が簇生し、探偵小説の単行本や叢書の出版が驚くほど活発だったと指摘している。これらの雑誌に関してはミステリー文学史料館編による「幻の探偵雑誌」シリーズの十巻が、近年になって光文社文庫に「傑作選」として収録され、「幻の探偵雑誌」の細目も判明するようになった。

しかしそれらの明細はわかっても、雑誌や単行本を刊行した出版社の黒白書房、日本公論社、柳香書院、ぷろふいる社、版画荘、古今荘書院などは、乱歩がいうように「多く素人に近い出版業者であったために、出版部数も少なく、結局は欠損に堪え得ずして中途挫折した」こともあり、詳細は伝えられていない。

そしてまた同時代における探偵小説出版の雄だった春秋社についてもよくわかっていない。それでもとりあえずは乱歩の説明を聞いてみよう。

「老舗春秋社の活動が最も目ざましく、夢野久作君の『ドグラ・マグラ』を皮切りに、創作、翻訳とりまぜて五十種に近い出版をなしとげたほか、シムノンの翻訳叢書十二冊を刊行し、(中略)昭和十三年秋からは甲賀、大下、木々三人選集二十四巻の出版を企て、既にその半ばを発売している。一時は春秋社は探偵小説専門書肆の観さえあったほどである。」

乱歩は初期の探偵物の企画に関して春秋社々主の神田豊穂の企画で、それを次男の澄二が引き継ぎ、『探偵春秋』を創刊し、編集長も兼ねた。その後春秋社が満州に支店を出した時、澄二が同社に赴き、大いに手腕をふるったが、敗戦の際に満州で没してしまい、探偵小説にとっても残念なことだったとも付け加えている。

私が所持している春秋社の探偵小説は、昭和十一年のクロフツの井上良夫訳『ポンスン事件』だけである。その巻末広告を見ると、『ドグラ・マグラ』からドロシー・セイヤーズの黒沼健訳『大学祭の夜』まで、二十六点が壮観に並び、乱歩の「探偵小説専門書肆の観」の証言が大げさでないことを教えてくれる。

しかし奥付を見てよくわからないのが、発行所が春秋社、発売所が株式会社松柏館とあることで、両社は住所が同じにもかかわらず、発行と発売を異にする出版社となっている。エリスの『性の心理』の版元の日月社が春秋社関連の会社ではないかと既述したが、松柏館も同様で、発売所とあるから書店も兼ねていたのだろうか。出版業界の常識からいえば、新しい出版社が発行所と表記されるにしても、発売所となることはなく、先行する出版社が発売所となるのが普通だからだ。

実はこの分野の本として最初に出版されたと考えられる夢野久作の『ドグラ・マグラ』だが、先述した春秋社などの探偵小説の多くの書影を掲載している八木昇の『大衆文芸図誌』（新人物往来社）で確認してみると、松柏館書店発売となっている。そして同じく『ポンスン事件』の巻末広告にある木々高太郎『睡り人形』、やはり夢野の『氷の涯』も同様の表記で、明らかに他の巻末広告も箱や表紙は春秋社となっていても、奥付は『ポンスン事件』と同じだと考えてもいい。

乱歩は探偵物の最初の企画は神田豊穂の手になると書いていたし、私の推測によれば、神田は春秋社を設立する前に謡曲本のわんや書店にいた関係で、喜多流謡曲教授としての夢野とも関係があり、それで『ドグラ・マグラ』が春秋社に持ちこまれ、この分野の出版が始まったのではないだろうか。

そしてこれも乱歩が書いているように、神田はすでに盲目に近かったために、従来の春秋社を奥付発行人の龍一、探偵小説の分野の松柏館をその弟の澄二に継がせるために分社化したのではないだろうか。

そのように考えれば、春秋社と松柏館の二社表記の説明として納得がいくように思われる。

春秋社が社史を出していないことにもよっているが、出版社の全貌をつかむのは難しいし、春秋社が楽譜の出版社であることを知っている人は少ないだろう。これは円本時代に刊行した全九十四巻の『世界音楽全集』に端を発している。さらにそういえば、杉山龍丸編『夢野久作の日記』（葦書房）を読んで、初めて『ドグラ・マグラ』の校正者が柳田泉であったことを知る。

木村毅は春秋社の渦中、もしくは最も近傍にあり、『私の文学回顧録』（青蛙房）の中で、春秋社について多くの証言をしているにもかかわらず、これらのことは何も語っていない。

なお言及できなかったが、乱歩は『ポンスン事件』の巻末広告にある自撰の『日本探偵小説全集』、蒼井雄の『船富家の惨劇』、北町一郎の『白昼夢』、多々羅四郎の『臨海荘事件』の出版経緯についても書いていることを記しておこう。

90　梅原北明『殺人会社』とジャック・ロンドン『殺人株式会社』

前回『夢野久作の日記』にふれたので、それにまつわる一編を挿入しておきたい。彼は昭和元年八月二十八日の日記に「夜、暑し。殺人会社を読む」と記している。これは梅原北明の『殺人会社』と判断していいだろう。梅原を読む夢野、それはあらためて二人が同時代に生きていたことを想起させる。

この連載において、入手していない本や読んでいない本には原則的にあまりふれないことにしてきた。しかし梅原北明が書いた処女作の長編小説『殺人会社』は長きにわたって探してきたが、見つからず、四十年近い年月が過ぎてしまった。それは北明が二十五歳の時の作品であり、大正十三年に「前編」だけが、アカネ書房から刊行され、発禁となった小説である。自分の年齢を考えると、入手や読むことは難しいと判断する他はなく、あえて書いてみる次第だ。

ただ『殺人会社』の書影や荒筋は城市郎の『発禁本』(「別冊太陽」平凡社)などで見ることができる。城の要約を引いてみる。

「この作品は、三太郎という名の一日本人が、アメリカのF・M・J・Cという〝委託殺人〟会社の社員となって、黒人運動指揮者の暗殺やら、排日運動関係者の処刑、ユダヤ人リンチ事件首謀者の処理などにしたがう、という一編である。ここには、人肉食・生体解剖・人間缶詰製造・屍姦と、サイエンス・フィクションも考えつかないような道具だてが揃って、なんとも異様なグロテスク劇である。」

同じく城の『定本発禁本』(平凡社ライブラリー)によれば、F・M・J・CはThe F Murder Joint Stock Company, つまりF殺人会社の略ということになる。

梅原はこの『殺人会社』を『露西亜革命史』や『デカメロン』の翻訳に先駆け、出版していたのである。だが版元のアカネ書房に関してはしかるべき手がかりもつかめない。奥付はどうなっているのだろうか。

それにもかかわらず、『殺人会社』のことが気にかかっていたのは、これがジャック・ロンドンの『殺人株式会社』にヒントを得て書かれたのではないかと思われたからだ。『殺人株式会社』には翻訳があり、学藝書林から刊行の『危機にたつ人間』(『全集・現代世界文学の発見』2、昭和四十五年)に収録されている。実は私が梅原のことを知ったのは同じ学藝書林の『アウトロウ』(『ドキュメント日本人』

6、昭和四十三年）所収の「梅原北明」によってであり、またこの巻には添田唖蟬坊、宮武外骨、伊藤晴雨などの評伝も収められていた。私たちの世代にとって、『全集・現代文学の発見』だけでなく、学藝書林のこれらのシリーズは大きな影響を与えたと思われる。

『殺人株式会社』（山本恒訳）の粗筋を示す。殺人株式会社の社長ドラゴミロフはロシアの出身で、コンスタンティンという別名を持ち、貿易会社も経営し、哲学者のような風格である。殺人会社は様々な依頼を受け、警察署長、信託会社社長、知事、興業主、綿業主などを次々と暗殺している。コンスタンティンの姪のグルーニャは恋人のホールとともに貧民街でセツルメント活動に従事してきた。一方でホールは一連の殺人事件に対して、何らかの組織が介在していると確信するようになり、それが殺人株式会社だと突き止める。そしてホールはドラゴミロフに会い、ドラゴミロフ自身の暗殺を依頼する。権力者が社会を牛耳るような時代は過ぎ去ったのだから、同じような存在としての殺人株式会社の社長も退場すべきだというのがその依頼理由だった。ドラゴミロフは依頼人との契約、組織の綱領を守るためにそれを受け入れ、会社の殺し屋たちに自らの処刑命令を下す。彼と殺し屋たちの追いつ追われつの戦いが始まるが、これもまた優秀な人々である殺し屋たちのすべてがドラゴミロフに敗れてしまったので、彼は自殺して果てる。殺人会社そのものがドラゴミロフの命でもあり、それが消えてしまったことも自死の理由であった。この小説には様々な時代のアレゴリーがこめられ、登場人物のモデルをも彷彿させる。だがここではそれらに言及しない。

確かに北明の『殺人会社』とロンドンの『殺人株式会社』はタイトルも似通っているし、後者の内容からいって、北明がヒントを得た可能性も大いにあると思われた。また翻訳の注として、『殺人株式会社』は三分の二書かれたところでロンドンの死によって中断されたが、残されたメモにそって、ロバート・L・フィッシュが後の三分の一を書いたとあり、ロンドンの死は一九一六年、北明の『殺人会社』の刊行は一九二四年であるから、時代的にも符合していた。

しかし北明の『殺人会社』は読むことができないままに数十年過ぎてしまったことになる。それはともかく十年ほど前にロンドンのことを調べる必要が生じ、ラス・キングマンの評伝『地球を駆けぬけたカリフォルニア作家〔写真版ジャック・ロンドンの生涯〕』(辻井栄滋訳、本の友社)を読んだ。だが『殺人株式会社』に関する言及はなかった。そこであらためて調べてみると、『殺人株式会社』は *The Assassination Bureau, Ltd.* というタイトルで、ペンギンブックスに収録されていることがわかった。直訳すれば、『暗殺専門有限責任会社』とでもなろうか。

そこに寄せられたドナルド・E・ピースの「序文」や「テキストへの注」を読むと、この作品のプロットはジャック・ロンドンがシンクレア・ルイスから一九一〇年に七十ドルで買ったもので、ロンドンは同年にそれを書き始め、途中で放棄してしまったと記されている。それをミステリー作家のフィッシュがロンドンのメモを参照して完成させ、ケネディ暗殺と同年の一九六三年に刊行したとある。

とすれば、北明はロンドンの作品を読んでいなかったことになり、『殺人会社』と『殺人株式会社』はMurderとAssassinationの相違にうかがわれるように、何の関係もないのかもしれない。ただ『殺人株式会社』が未完にもかかわらず、雑誌掲載され、それを北明が読んでいたというわずかな可能性は否定できない気もする。読者のご教示を乞いたい。

91　大内三郎『漂魔の爪』と伊藤秀雄『明治の探偵小説』

前々回記した松柏館のことも詳細は不明だが、それにもまして誰も取り上げていない探偵小説が手元にある。それは国会図書館にも架蔵されていない。しかも江戸川乱歩がいう探偵小説の第二のブームを迎えようとしている昭和八年に出され、「傑作探偵小説全集」の一冊と表記されているにもかかわらず、乱歩の『探偵小説四十年』や『幻影城』にも何の言及もない。これも数年前に浜松の時代舎で買ったものだ。

それは大内三郎の『漂魔の爪』で、版元は太陽社である。その住所は東京市神田区と大阪市南区が奥付には表記され、印刷は東京市の同所の太陽社印刷部となっているので、太陽社が印刷所も兼ねているとわかる。発行者は三島源次郎と記されている。四六判三百七十ページ余の裸本で、箱の有無はわからないが、扉のタイトルと絵、次ページのモダンなイラストからして、いかにも当時の近代的な探偵小説の雰囲気を放っている。だが乱歩のみならず、鮎川哲也の何冊ものアンソロジーを覗いてみても、大内三郎の名前は出ていなかった。

それもそのはずで、実際に読んでみると、『漂魔の爪』は明治初期の「毒婦物」と同二十年代後半から隆盛し始めた「探偵実話」をミックスさせたような作品であり、乱歩が語る「探偵小説」ではない。まずはストーリーを紹介してみる。

小石川の伝通院の門番である庄之助には二人の娘があり、姉は結婚し、子供も生まれていたが、妹のお国は姉に比べ、とても美人で、十六歳のわがまま育ちのゆえに、両親のいうことなど聞かなかった。両親はそれを気にして、お国を煙草商に小間使いとして行儀見習奉公に出した。そこでお国は常太郎という元スリの職人と割ない仲となり、賭博狂いの彼に金を貢ぐまでになっていた。その挙げ句、二人は共謀して店の金を盗み、お払い箱になってしまった。ところが盗み出した金も使ってしまい、お国は料理屋に一年期六十円の酌婦として住みこみ、美人ゆえに人気を得て、客の青年をたぶらかし、大金をせしめ、姿を消してしまう。そして常太郎と浅草の小粋な家に隠れ住み、今度は近所に住む妻に死なれた財産家に美人局を仕掛け、これまた大金をせしめる。しかしたちまち金を使い果たし、常太郎はスリに舞い戻り、警察につかまり、石川島監獄に送られる。そのためにお国は単独で悪事に励むようになり、また料理店に勤め、その養子を誘惑し、店を乗っ取ろうとする。しかしうまくいかなかったので、金を盗んで逃亡する。次には華族、続いて寺の住職に毒手を伸ばし、さらにお国は寺に火を放ち、住職を焼死させる。しかし警察の探索＝探偵によって、お国の放火殺人はあばかれ、捕らえられ、お国は死刑宣告を受け、絞首台の露と消えた。今わの言葉は「あたしぐらい此の娑婆に生れて面白い夢を見た者はありますまい、（中略）此上の願は地獄へ行つて閻魔様を手管にかけて鼻毛を抜いて見たうござゐます」というものだった。

　この物語の時代背景は明治十年前後から十五年とされている。『漂魔の爪』がお国の毒手を意味すると推測はできても、これが出版年の昭和八年に書かれたとは信じ難い。物語にしても、「冬の夜の寒さも知らぬ鴛鴦の衾に春を契る仇夢の醒むる間もない二更の頃合」とか、「甲州印伝の皮に金無垢蜻蜓浮彫の金真古渡珊瑚四分珠の緒入に象牙の無地の筒を付けた贅づくめの莨入」とかいった言い回しは、明らかに明治の文体であり、昭和の「探偵小説時代」にまったくふさわしくない。

それゆえに想像するに、この大内三郎の『漂魔の爪』は明治時代に書かれた「探偵実話」のタイトルを変えた再刊と見なすべきだろう。それを示すかのように、二箇所にカッコ付きの注めいた追記があり、「原田曰く《ひつしやいはく》」と記されている。だから大内三郎の本姓は原田ということなる。そこで伊藤秀雄の労作『明治の探偵小説』（晶文社、後に双葉文庫）を繰ってみたのだが、原田という作者名は掲載されていなかった。ただ明治末期から大正初めにかけての週刊新聞で、ずっと探偵小説を連載していた『サンデー』の編集者に原田春齢なる柳川春葉門下の編集者がいたという記述があった。

そしてまた黒岩涙香などに代表される「探偵実話」が明治二十年代後半に同書に掲載されているものなども含め、その数倍の点数が多くの出版社から、大衆向け廉価本として出されたようで、その特徴について、伊藤は次のように記している。

「探偵実話と言っても、勿論潤色されて書かれているから、和製の探偵小説といってもよいものだった。当時は探偵小説と共に探偵談とも言われていた。

さて、その筆者となると、無署名が多くて分らぬものがあらましだが、硯友社派作家などの青臭い者は少なく、世故にたけた年配者が多かったようだ。翻訳探偵小説のように謎をテーマにする構成の仕組みはほとんど見られないが、世態人情をよく映して自在に書かれている。乱歩はほんとうに日本の探偵小説を知るには探偵実話をおろそかにしてはならないと言っていたとか。その通りだと思う（後略）。」

「硯友社派作家云々」とあるが、原田は柳川春葉門下とすれば、彼も硯友社系と見なすことができ、実はお国が勤める料理屋は「今の紅葉館の如く」と形容されていることから、原田春齢が大内三郎である可能性が高い。紅葉館とは硯友社の人々がひいきにしていた店だった。そこに『金色夜叉』のモデルがいたのはよく知られている。

本書27「北島春石と倉田啓明」で、北島が尾崎紅葉の死後、柳川春葉の代作もこなし、当時赤本の春江堂の店員で、後に桜井書店を興す桜井均と交流していたことを書いておいたが、実は春江堂も「探偵実話」の版元であり、多くの赤本屋が「探偵実話」を出していたのであるから、原田もそのような版元から、無名で『漂魔の爪』とはタイトルの異なる「探偵実話」を出していたとも考えられる。そして「探偵小説」のブームの兆しを見て、それに見合ったタイトルと体裁で明治の「探偵実話」が「探偵小説」として再刊されたのではないだろうか。もちろん版元の太陽社も赤本屋系で、総ルビで出版されているのもそのことを物語っているように思われる。

なお最後に付け加えれば、伊藤の晶文社版『明治の探偵小説』は松村喜雄の仲介で上梓に至っている。

92　ヴァン・ダイン、伴大矩、日本公論社

江戸川乱歩は『探偵小説四十年』の中で、日本におけるエラリー・クイーンやヴァン・ダインのいち早い紹介者兼翻訳者が、伴大矩であったと書いている。少し長くなるが、その部分を引いてみる。

「伴大矩君は、別名の露下弴と両方を使いわけて、翻訳工場式に拙速翻訳をやった人で、学生などに下訳させたものがあったのではないかと想像されるが、本人はアメリカに住んだことがあり、アメリカ語には通じていたようだし、ヴァン・ダインなどとも文通して、アメリカの事情にも詳しかったので、ク

イーンが評判になっていることも、いち早く気づいたのであろうと推察する。伴大矩君はアメリカ在住時代にけがをしたのか、足が悪くて外出が不自由だったので、外部との折衝は主に奥さんがやっていた。私は後にこの人の訳本『エジプト十字架』に序文をたのまれて書いたことがあるので、いくらか交渉はあったが、本人には会っていない（後略）。」

しかし伴大矩のカーの『魔棺殺人事件』は悪訳で、他にも序文を頼まれたが、「翻訳が拙速の商業主義」だったために断わったところ、「商業として翻訳をやっているものだから、そんな良心的なことをいわれても困る」という返事の手紙がきたとも乱歩は記している。横溝正史も『横溝正史自伝的随筆集』（角川書店）の中で、博文館の『探偵小説』編集長時代に、伴がクイーンの『オランダ靴の秘密』を持ちこんできたエピソードを記し、乱歩と同様の感想をもらしている。

伴大矩の翻訳を出した出版社は日本公論社である。私はそれを二冊持っていて、やはりヴァン・ダインの『賭博場殺人事件』（昭和九年）、『競馬殺人事件』（同十年）で、いずれも疲れが目立つ裸本である。後者の巻末広告を見ると、日本公論社は探偵小説以外の本も刊行していて、乱歩の認識と異なり、むしろ探偵小説も出している出版社と考えたほうがいいだろう。探偵小説では伴訳のヴァン・ダインの『狂龍殺人事件』、乱歩が序文を書いたというクイーンの『エヂプト十字架の秘密』の他に、やはりクイーンの『ロオマ劇場事件』（川井蕃訳）、メイスンの『モンブランの乙女』（野阿千伊訳）が掲載されている。

伴大矩なる訳者名がヴァン・ダインをもじっていることはただちにわかるが、伴がアメリカに住んだことがあり、ヴァン・ダインと文通していて、アメリカの探偵小説に通じていると乱歩が判断したのは、『競馬殺人事件』（*The Garden Murder Case*）に寄せた伴の「まへがき」によっている。それを伴はヴァン・ダインに宛てた手紙形式で述べ、滞米時代に体験した競馬のエピソード、『トリビューン』の記者とヴァン・ダインが今度は競馬についての事件を書くのではないかという話をしたことなどを織りこんでいる。これを読んで、乱歩は伴がヴァン・ダインと文通していると誤解したと思われる。アメリカでの原書の刊行が一九三五年にもかかわらず、同年の十二月に日本で伴によって翻訳刊行されたことも、乱歩の誤解を相乗させたとも感じられる。しかし後述するように、伴はアメリカへ行っていない。

さて件の翻訳の「拙速の商業主義」だが、戦後の『ガーデン殺人事件』（井上勇訳、創元推理文庫）と照らし合わせてみると、明らかに半分近くが省略された抄訳だとわかる。それに井上もこれが初めての全訳だと述べている。しかしそれは伴訳ばかりでなく、春秋社の翻訳も同様であり、この時代の翻訳の共通性であり、それほどとがめるに値する問題ではない。乱歩の言わんとするところは、カーに見られるような度をこした「悪訳」があったということなのだろう。

最初にこれを読んだ時は伴が誰だか判明していなかったが、若狭邦男の『探偵作家追跡』（日本古書通信社）が出現するに及んで、伴が誰なのか明らかになった。実は伴は八切止夫だったのである。八切に関してはもう一編次に書くつもりでいるので、ここで止めておく。

しかし若狭の前書に続く『探偵作家尋訪―八切止夫・土屋光司』（同前）を通じて知った土屋の『十字路をゆく』（江崎書店、昭和四十五年）の中に、日本公論社がでてくる場面を見出したので、それだけは書いておきたい。

『十字路をゆく』は小説仕立てになっているが、戦前に英文学を専攻し、翻訳者を志した青年の自伝と見なしていい。主人公の土居はたまたま後に『矢の家』（福永武彦訳、創元推理文庫）で知られるメイスンの原書『流れる水の音』を持っていて、その翻訳を二百枚まで進めていた。その頃、同じ作者の『モンブランの乙女』が出され、書店で確かめると、やはり同じ作品で、出版を断念するしかなかった。

しばらくして、友人が原稿の売りこみに際して、その出版社は翻訳物も出しているので、一緒にいかないかと誘われ、そこを訪ねた。「神田の大きなビルの一室に『東邦公論社』と札がかかっている。私はハッとした。なんということか。これがあの『モンブランの乙女』を出したところではないか」。

「東邦公論社」となっているが、『モンブランの乙女』の版元とされているから、日本公論社と断定してかまわないだろう。これをきっかけにして、土居はアントニイ・バークレイの『絹靴下殺人事件』、クロフツの『マギル卿最後の旅』や『船から消えた男』、メイスンの『オパールの囚人』などの探偵小説の翻訳者になっていく。「印税は（中略）一冊訳しても、一ヶ月の生活費そこそこで」あったが。さらに土居は東邦公論社の社長の白井から、新聞記者が書いたパール・バックの『大地』にあたる『中国の苦悩』という本の翻訳を頼まれたりもした。白井は文学にまったく関心がなく、編集者の守田に仕事をまかせ、ほとんど会社に顔を見せなかったが、ただ中国問題には深い関心があったからだ。この白井は『競馬殺人事件』の奥付の発行者の黒澤正夫であると思われる。

伴大矩＝八切止夫もおそらく土居のような経緯で、日本公論社の探偵小説の翻訳者になっていったのではないだろうか。

93　八切止夫と日本シェル出版

平成十九年の『探偵作家追跡』に続いて、若狭邦男の『探偵作家尋訪―八切止夫・土屋光司』が日本古書通信社から出された。若狭の蒐書をたどっていくと、尋常な努力では収集できないと思われる雑誌や書籍に出会うことになり、私などは本当に横着な古本探究者でしかないという気にさせられる。

それは独力で「洛陽堂雑記」を刊行している田中英夫、中野書店の『古本倶楽部』に「震災の余滴」とその「余稿」を連載している萢島亘にも同様の感を抱く。それはともかく若狭の「追跡」と「尋訪」によって、これまで未知であった出版史を教えられ、またずっと気にかかっていた出版社のことも明らかになったので、それらのうちの八切止夫と日本シェル出版について、ここで書いておこう。

八切止夫は昭和三十九年に「小説現代新人賞」の「寸法武者」（『小説現代新人賞全作品』1所収、講談社）でデビューし、その後八切史観に基づく『信長殺し、光秀ではない』（講談社）などの多くの著作を四十年代に刊行している。その一方で、八切は日本シェル出版を設立し、自らの著作に加えて、多くの歴史書の復刻を企て、それらを次々と出版することになる。

私が所持しているのは復刻の阿部弘蔵『日本奴隷史事典』と八切の『庶民日本史事典』の二冊だけだが、箱のデザイン、装丁、活字の組み方などのすべてが戦前の本のようで、失礼ながら泥臭いという言葉が当てはまってしまう本である。だから当時としても新刊書には似つかわしくなく、さぞかし返品率が高いのではないかと考えてしまうほどだった。

そのことを反映してだと思われるが、五十年代になると、書評紙の広告欄に「無料本50冊謹呈」案内が掲載されるようになった。それが『庶民日本史事典』の巻末にも見つけられ、次のように書かれている。

「只より安いものはありません荷造りと運賃のみです。大荷物ゆえ送先の電話番号附記して下さい。在庫整理しませんと身の処置がつきませんので運送費値上りしてますが、23キロ段ボール一箱四、九八〇円（中略）の荷作運賃を当社へ御送金。定価では50冊で四万五千円ゆえ遠慮なさる向きもありますが知人図書館へ、何キロでも御下命下さい。（中略）在庫の自分の本を放りっ放しではどうにもなりません。香典のつもりでよろしく願ます。」

これは出版社としては前代未聞の広告で、よほど売れなくて、在庫処理に悩み、このような案内にまで至ったのではないかと想像された。しかしそのような広告も次第に見えなくなり、八切止夫と日本シェル出版も消えてしまったと思われた。

それから二十年以上が経過し、八切止夫追跡者としての若狭邦男が現われ、戦前から戦後にかけて一直線につながっている八切の著者兼出版者の軌跡を知らしめてくれたのである。『探偵作家追跡』から始まり、『探偵作家尋訪―八切止夫・土屋光司』に至って、「彼の全体像は今日にまで明らかにされたことがない」ままだった八切の個人史が明らかになったといえよう。

若狭の記述をたどってみると、八切止夫の本名は矢留節夫であり、大正三年に名古屋市に弁護士の長男として生まれ、愛知一中を経て日本大学専門部に入り、菊池寛の書生を務めながら卒業する。そのかたわらで昭和七年から伴大矩名義で日本公論社より翻訳探偵小説を刊行し、十四年から耶止説夫の名前で『新青年』などへ投稿、文芸誌『文学建設』の同人となっている。そして十六年に満州の奉天に向かい、菊池の口添えで大東亜出版社を設立し、自著も含んだ多くの単行本を出版している。若狭は大東亜出版社刊行の耶止説夫名の『南方探偵局』など四冊の書影を掲載し、その収集の奥深さを示している。

戦後になって日本に帰還した八切は満州でと同様に、著者兼出版者としていくつもの雑誌を刊行し、また多くのカストリ雑誌などに小説を書き、そのようなプロセスを経て、前述の昭和三十九年の「小説現代新人賞」受賞に至るのである。若狭はその後の八切の四十七年から六十二年にかけてを「日本シェル出版（日本橋蠣殻町）時代」とよび、設立に至る背景を記している。

それによれば、八切は昭和二十七年にクラブ社を設立し、雑誌『生活クラブ』を三号まで刊行したが、十六万冊の返品と三百万円の赤字をこうむったために、新たな事業に向かわざるをえなかった。そこで消火器の製造・販売を目的とする日本シェルター株式会社を発足させた。これは大きな利益を上げたようで、四十七年になってその社名から「ター」をとり、会社内の倉庫を用い、日本シェル出版が付属のかたちで始まり、自著『明智光秀』と『織田信長殺人事件』を処女出版物とし、それに以後続けて百五十冊を刊行するのである。これらの著作の多くは昭和二十年後半から三十年代に書かれた未発表原稿に基づき、出版社設立の目的は戦前の出版社経験によるもので、自分の書きたいものを書き、自分自身でその出版、販売を実行したいこと、隠された日本史の追求と差別された人々の救済にあったとされる。

しかし前述したように、その意図は報われず、売れない膨大な在庫を抱えこむことになり、それに税金がかかる事態を招き、断裁よりもと無料本謹呈広告の掲載にまで至ったのであろう。だが昭和六十二年に八切が七十二歳で死去した後の事情を若狭は記している。

「六年余りにわたり、彼が設立した日本シェル出版の倉庫から、在庫五万冊のうち、一部は全国の図書館へ、あるいは一部は神田の古書店を通じて、ゾッキ本として処分され、また、それらの残りは（と、言っても、大半は）廃棄処分されたようである。」

そして若狭はこれらの日本シェル出版の八切著作集と様々な復刻版を出版年ごとにリストアップし、この出版社の刊行物のほぼ全貌を明らかにしたといえよう。日本シェル出版の復刻本についてはもう少し後で、別に一編を書くつもりでいる。

このような若狭邦男の八切止夫追跡や尋訪とパラレルに、作品社から『八切意外史』全十二巻なども出版され始め、八切史観が問い直される時代を迎えているのかもしれない。私も所持している昭和四十二年の『信長殺し、光秀ではない』（講談社）をこれから再読することにしよう。

94　森下雨村と西谷退三訳『セルボーンの博物誌』

江戸川乱歩の『探偵小説四十年』の昭和六年の記述に「森下雨村の博文館退社」という一章があり、「日本に探偵小説を流行させた生みの親ともいうべき森下さんが、ジャーナリズムから退いたことは、探偵小説史に記録すべき一つの出来事であった」と書かれている。乱歩の言は森下が探偵小説雑誌『新青年』を企画し、編集長として自らを含めて多くの作家たちを発掘、育成し、また欧米の探偵小説の翻訳を次々に紹介し、探偵小説を日本に定着させた功績などをトータルに含めている。しかしそのような日本の探偵小説の生みの親ともいうべき森下雨村も戦後はほとんど忘れ去られ、昭和五十年に「少年倶楽部文庫」の一冊として、『謎の暗号』が講談社から刊行されたのを記憶しているにすぎない。

ところが近年になって、平凡社ライブラリーに釣りエッセイ集『猿猴川に死す』、小学館文庫に同じく『猿猴 川に死す』と『釣りは天国』が収録され、論創社からは『森下雨村探偵小説選』が刊行された。とりわけ二冊の小学館文庫に付された釣りライターのかくまつとむによる「評伝・森下雨村」である「川に生まれて川に帰る」と「リタイアの名人」は、これまでほとんど知られていなかった昭和十七年の帰郷から戦後の高知県の佐川での「半農半漁」の生活にスポットをあて、二冊のエッセイ集と相俟って釣り人雨村の姿を立体的に描き出している。

ただここでは雨村の釣りについてはふれず、彼が最後に手がけた出版のことを書いておきたい。これはかくまの「川に生まれて川に帰る」を読んで知ったのだが、昭和三十三年に雨村は十八世紀の英国ネイチャーブックスの古典『セルボーンの博物誌』の自費出版に携わっている。この自費出版は二百部であった。しかし少しずつ反響を呼び、同年に博友社から市販本としても刊行されるに及んだ。博友社は戦後の博文館の廃業に伴い、設立された出版社で、森下とつながる『新青年』関係者もいたことから、『セルボーンの博物誌』の刊行を引き受けたと思われる。

同書の訳者は西谷退三で、高知でも有数の薬種問屋の跡取息子だった。北海道の札幌農科大学を家業のために中退し、大正二年に家業を整理し、英米に遊学する。そして同四年に帰国し、大学時代に出会った『セルボーンの博物誌』の研究と翻訳に一生を捧げることを秘かに決意し、佐川に隠棲し、昭和三十二年に七十二歳で生涯独身の生を終えた。その五十年来の友人が雨村であった。だがその雨村にしても、西谷のライフワークとでもいうべき翻訳について聞かされておらず、死後に目にした、ようやく完成した訳稿と後事を託した遺志によって、それを知ったのである。

かくまは西谷の住居の写真を添え、雨村の『セルボーンの博物誌』の発刊発起人としての言葉を引用している。

「世の中に生涯数十巻の書を著して、自らも誇りとし世人も亦それをたたえる例は多いが、ただ一冊の英書の翻訳のために、一生妻さえめとらず、孤独寂寥の生活に耐えて、ペンを執り始めてから延々五十年、七十三歳で死ぬ直前にその完成を見たのだからいささか類を異にしている。」

「日本の古本屋」で検索してみると、さすがに二百部の自費出版本は見つからなかったが、博友社版は何冊かあり、名古屋の三進堂書店から千五百円で入手することができた。奥付を見ると、昭和三十七年第三版とあり、幸いなことに版を重ねていた。そのために今でも古書市場に在庫があるのだろう。

それには西谷の写真も掲載され、彼が死の直前に書いたと思われる「一九五七年五月」の日付のある「まへがき」が置かれ、同書と著者のギルバート・ホワイトについての本当に愛情のこもった懇切丁寧な紹介を行なっている。そしてホワイトの生涯の独身に関して、「人間に恋せず、セルボーンを恋して一生を過ごした」というホワイトの伝記者の言葉を引き、終えている。このセルボーンを西谷も英国滞留中に二度訪れていると述べている。おそらくこの言葉は西谷自らの生涯に向けられたものだったのではないだろうか。

この「まへがき」に照応するように、雨村も西谷をしのぶ深い追悼の言葉に充ちた「あとがき」を寄せ、次のように書いている。

「これが出版は故人の遺志でありました。故人の知人諸君のすべてが熟知せらるゝとおり、かれは一切の名利を欲せず、むしろ人を避け世に隠れて、一個の野人として清浄な生涯を終わった人間であります。その故人が遺稿の出版を思い立ち後事を托して逝ったということは、単に五十年に亘る大業を世に問いたいというような、謂わば俗人的なさもしい考えからではなかったと思います。」

そして雨村は西谷の意志があくまで『セルボーンの博物誌』の研究翻訳を世に遺すことだけにあったと見なし、長きにわたる翻訳と推敲、三度の浄書、和漢洋の蔵書、特に博物学関係を中心とする一万冊近い洋書と『セルボーンの博物誌』初版も含めた八十余の各種の版の蔵書を挙げ、それらのすべてを参照し、遺漏ない註記解説に及んでいると指摘している。また雨村は、「自らについては一切口を噤んだ」西谷がホワイトとともにホイットマンの信奉者でもあり、三人とも独身で、いずれも七十三歳で亡くなったのは偶然ではないようにも思われるとも書いている。

この西谷訳と昭和二十四年に刊行された寿岳文章訳『セルボーン博物誌』（岩波文庫）訳を比べてみると、西谷訳のほうが深い博物誌的な註記解説を溶けこました翻訳に仕上がっているように思われる。それゆえに平成時代になって、八坂書房からこの西谷訳が復刻刊行されたのであろう。その意味で西谷訳と雨村の出版努力は報われたといっていいのではないだろうか。

それだけでなく、西谷訳の『セルボーンの博物誌』の刊行は自らの『猿候 川に死す』の出版意欲を駆り立てることになり、『新青年』編集長を務めた横溝正史に相談に及ぶが、実現には至らず、七年後の昭和四十年に雨村は七十五歳で死去する。なお付け加えれば、その二ヵ月後に乱歩も逝去している。輝夫人の強い要望で、未完の『猿猴川に死す』が関西の釣り社（岳洋社）から刊行されるのは同四十四年で、それを見届け、二年後に夫人も亡くなっている。『釣りは天国』が土佐出版社から出されるのは昭和六十一年になってからのことだった。だから両書は前者が三十年以上、後者が二十年近く経ってから、ようやく文庫化されたことになる。

95　改造社『世界大衆文学全集』と中西裕『ホームズ翻訳への道―延原謙評伝』

私見によれば、円本時代の平凡社の『現代大衆文学全集』と改造社の『世界大衆文学全集』によって、新しい文学としての時代小説と探偵小説のかつてない読者層の広がりがあり、現在の時代小説とミステリーの全盛期の始まりのベースが築かれるに至った。さらに後者は拙著『古本探究』で指摘しておいたように、戦後の児童書や児童文学全集のリライト出版の種本となり、それに加えて大衆文学の多くの物語祖型を提供したと思われる。

この『世界大衆文学全集』は昭和三年から刊行され始めたもので、江戸川乱歩も『探偵小説四十年』で記しているが、菊半截判の小型本全集であることから、定価は五十銭と安く設定され、これは全八十巻に及ぶ全集だった。この全巻明細は拙著に資料として収録しておいた。乱歩がこの全集に言及したのは探偵小説関係のものが自らの翻訳も含めて二十一冊も収録され、昭和四年という「探偵小説出版最盛の年」の先駆けだったからである。乱歩の言を引いておく。

「昭和四年度の小型五十銭本全集に先鞭をつけたのは、先の円本の場合と同じく、やはり改造社で、同社の世界大衆文学全集がそれであった。

円本が一通り行渡ってしまったので、この上、大量の読者を得るためには、更らに廉価な本を出す外はなかった。改造社は円本の元祖だけに、最も早くそこに気づいたのであろう。そして、大宣伝をやったので、世界大衆文学全集は、初期の配本では十数万部の売行きを見たのだと思う。各社の探偵全集は、この先例に味をしめて企画されたものである。」

だが残念なことに、この全八十巻という翻訳の大部の全集の企画と編集の事情は乱歩も言及しておらず、詳細は不明である。しかし訳者として、『新青年』の初代と三代目編集長の森下雨村と延原謙が参加していることからすれば、二人と『新青年』の執筆者人脈が深くかかわっていた可能性が高い。森下はフレッチャーの『ダイヤモンド・カートライト事件』(第八巻)、延原はドイルの『シヤアロック・ホウムズ』(第二十一巻)を担当している。

前回森下雨村のことを書いたが、やはり延原も『新青年』編集長というよりも新潮文庫のホームズの全訳者として記憶されていただけだったと思われる。しかし近年になって雨村と同様に論創社から『延原謙探偵小説選』が出され、中西裕によって『ホームズ翻訳への道—延原謙評伝』(日本古書通信社)が刊行され、その翻訳者、編集者としての軌跡がかなり明らかになった。しかも後者の裏表紙には『世界大衆文学全集』所収のドイルと延原の口絵写真をそのまま転載使用している。

中西によって明らかになった延原の出版業界とのかかわり、及びその文化環境をたどってみよう。延原は明治二十五年に同志社出身の牧師の父と同じくクリスチャンの母との間に次男として、京都で生まれたが、翌年父が亡くなり、母が教師と下宿屋を営みながら、兄と謙を育てた。その下宿屋にいたのが薄田泣菫で、後に彼は岡山の津山に移った母子を訪ね、それを日記に残している。十五歳の時に一家は上京し、大正四年に早稲田大学理工科を卒業し、逓信省の電機技師を務めていた。探偵小説に興味を覚え、古本屋でドイルの『四つの署名』の原書を見付け、それを翻訳したところ、友人が『新青年』に持ちこみ、雨村が彼の翻訳を認め、大正十一年に『古城の怪宝』（博文館）として刊行された。翻訳家延原謙の誕生でもあった。

そして続けて博文館の外部協力者「院外団」の一員として、『新青年』に翻訳、随筆、創作を寄稿する一方で、乱歩たちが創刊した雑誌『探偵趣味』の編集にも携わり、夢野久作や海野十三を見出したりしている。そのような過程を経て、昭和三年に博文館に入り、二代目横溝正史に続く三代目の編集長に就任するのである。だからこの動向とパラレルに『世界大衆文学全集』が刊行されていたことになる。

また延原は博文館に入った後、岸田国士の妹の克子と結婚し、彼女も勝伸枝のペンネームで、『新青年』などに探偵小説を発表している。それに加えて、岸田の代表作ともいえる小説『暖流』の主人公の病院事務長のモデルは、博文館を辞した後に昭和十三年に中国へ渡り、上海の同仁会病院に勤めていた延原ではないかという仮説も中西によって提出されている。戦後パージにあった春山行夫に代わって、『雄鶏通信』の編集長を引き受け、この時代に編集部にいたのが、後にアメリカ文学やミステリの翻訳書などで名を馳せる加島祥造や井上一夫であり、向田邦子もそれを発行していた雄鶏社にいたようだ。

このような延原の翻訳者、編集者史、特異な文化人脈環境は、中西の『ホームズ翻訳への道—延原謙評伝』が初めて明らかにしたものであり、雨村にしても延原にしても、多彩な文化環境と広範な人脈を背景にして、『新青年』編集長を務めていたゆえに、『新青年』と探偵小説の全盛と神話がもたらされたのだとよくわかる。

乱歩の『探偵小説四十年』において、延原のことで最も印象深いのは「芋虫」に関するエピソードで、これは延原の意見によって「悪夢」と改題され、『新青年』の昭和四年正月号に掲載に至っている。この改題と「編集部は伏せ字だらけにして発表した」との乱歩の言について、「芋虫」は反軍国主義的な色彩が強いので『改造』でも掲載を断わられ、『新青年』に回されたため、用心深い延原が『新青年』や乱歩に当局の圧力がかからないように改題を依頼し、伏せ字を施したのではないかという推測を中西は提出している。

確かに「芋虫」のタイトルのままで、伏せ字処理を行なわなかったならば、『新青年』と乱歩にもかかならずや何らかのリアクションがもたらされ、雑誌と作家のその後の運命が変わっていたかもしれないのだ。これも中西の評伝と同年に刊行された江戸川乱歩作、丸尾末広脚色作画の『芋虫』(エンターブレイン)を読んで本当にそう思う。

なお二回にわたり、森下雨村、延原謙と『新青年』の編集長のことを書いてきたので、続けて四代目の乾信一郎にもふれたいのだが、少しテーマがずれてしまうこともあり、もうしばらく後で言及するつもりだ。

96　渡辺温と『ポー・ホフマン集』

改造社の『世界大衆文学全集』について、もう一編書いておきたい。

江戸川乱歩は『探偵小説四十年』の中で、翻訳の代作について述べ、この全集の第三十巻にあたる『ポー・ホフマン集』にふれている。

「改造社の、私の訳となっている『ポオ・ホフマン集』も、私自身がやったのではなかった。ポオの方は渡辺温君がポオ通だったので、横溝君を介して同君にやってもらった。ホフマンの方も、横溝君を介したのだが、その人が誰であったか、今は記憶していない。渡辺温は代訳ではあるが、ポオ心酔者だったから、翻訳工場式ではなく、真面目に訳してくれた。あの訳が一部に好評だったのは、全く渡辺君のお蔭である。」

前回『世界大衆文学全集』の企画と編集の経緯はわかっていないが、森下雨村と延原謙がそれぞれ一冊を担当しているので、『新青年』の編集者と執筆者人脈が深くかかわっていたのではないかと記しておいた。ここで乱歩が述べている「横溝君」というのは他ならぬ横溝正史で、『新青年』二代目編集長であり、「渡辺君」はその部下の編集者だったから、私の推測はそれほど間違っていないだろう。

さらに内容を補足しておくと、『ポー・ホフマン集』と題されているが、これにはアンブローズ・ビヤースの三編も含まれている。しかしポーだけで十五編、五百ページのうちの四百ページを占めているので、口絵写真にポーと乱歩だけの掲載理由もわかるし、やはりこの巻のアイテムはポーと乱歩が売りで、渡辺の翻訳だけで一冊にするのは少しばかり足りなかったこともあり、ホフマンとビヤースが付け加えられたと思われる。

さて渡辺温についてだが、このような代訳の事実を知るずっと以前に、この名前を目にしていた。それは昭和四十五年に薔薇十字社から刊行された幻想的掌篇集『アンドロギュノスの裔』の著者としてだった。それはともかく、この渡辺のポーの翻訳はあらためて読んでみても、当時の探偵小説の水準をはるかに超えるものだと断言できる。乱歩は『探偵小説四十年』の昭和五年度のところで、「渡辺温」の一章を設け、その早過ぎた不慮の死を悼み、彼こそ自分よりも「最も多くポーの影響が感じられる作家」にして、「熱心なポーの愛読者で、ポーの一行一行を味読し、理解している」と述べている。昭和八年の『江戸川乱歩全集』（平凡社）の第十三巻に渡辺訳の「黄金虫」など六編を収録したのも、乱歩の渡辺へのそのような評価と追悼の意を残すつもりだったのではないだろうか。

それでは詳細に論じることはできないにしても、渡辺の訳がどのようなものであるのかを、「黄金虫」を例にして見てみよう。まずは大正初期の最も早いポーの翻訳書である谷崎精二の「黄金虫」（『ポオ全集』1所収、春秋社）の冒頭を引いてみる。

「もう何年も前のことであるが、私はウィリアム・ルグランという人と親しくなった。彼はフランス新教徒の古い家柄であって、かつては富裕の身だったが、打ちつづく不幸で貧窮におちていってしまった。その災難に伴なう屈辱を避けるために、彼は父祖の父なるニゥウ・オーリアンズを去って、南カロライナ州のチャールストン付近にある、サリヴァン島に居を定めた。」

次に渡辺訳を示す。

「久しい以前に私はヰリアム・ルグランド氏と親交を結んだ。彼は由緒あるユグノー系の裔で嘗ては富裕の聞えも高かつたのだが、打続く数々の不運のために次第に零落した。彼は不幸な思ひや煩はしさから逃れたかつたので、父祖の地なるニュー・オルレアンスを離れて、南カロリナのチャールストンに近い島に移り住んだ。」

私の好みからすれば、「黄金虫」のこれからのミステリアスな展開のイントロダクションとして、明快な谷崎訳よりも、韻を踏んだ文学的な陰影が感じられる渡辺訳により高い評価を与えたい。そして渡辺訳はこのような奥行きのある翻訳文に終始し、最後の結びの一節も、前者が「知れないがね」に対して、後者は「知る限りではない」とこの特異な物語のクロージングにふさわしい語法になっているように思われる。乱歩は「二三の人から名訳の評を耳にした」と書いているが、渡辺ならではの訳文に魅了された読者も多くいたのではないだろうか。

乱歩だけでなく、様々なところで語られているが、渡辺は『新青年』の編集者として、阪神の谷崎潤一郎の家に原稿の催促に訪れ、その帰路、踏切事故に遭い、わずか二十七歳で亡くなっている。渡辺は大正十三年のプラトン社の映画シナリオ募集に応じた「影」によって、谷崎と小山内薫に一等に選ばれた経緯もあり、谷崎は渡辺の追悼のために、昭和六年から七年にかけて、未完に終わったが、『新青年』にマゾヒズムとサディズムの色彩に覆われた、まさにその「序」に述べられた「変態性欲」の物語「武州公秘話」を連載している。このような物語をもって、渡辺を追悼する谷崎の真意がどこにあったのかはわからない。

なおいうまでもないが、ポーの訳者精二は谷崎潤一郎の弟であり、また温の兄の渡辺啓助も探偵小説家で、ポーの翻訳もともに手がけたとも伝えられている。

97　岡本綺堂と『世界怪談名作集』

森下雨村も延原謙も、また渡辺温にしても、改造社の『世界大衆文学全集』の訳者陣に加わった経緯、及び翻訳、代訳事情について、記録を残していない。それは他の多くの訳者たちも同様だが、唯一人だけそのことをかなり詳細に日記に記している作家がいた。それは第三十五巻の『世界怪談名作集』を担当した岡本綺堂である。同書は河出書房から復刻されている。

もちろん青蛙房刊行の『岡本綺堂日記・続』は第一巻目の『岡本綺堂日記』が大正十二年から十五年のものであることに対して、昭和二年から五年にかけてのものなので、はからずも綺堂による円本時代の証言となっている。綺堂もまたこの四年間に『明治大正文学全集』『日本戯曲全集』（いずれも春陽堂）、『現代大衆文学全集』（平凡社）、『現代日本文学全集』『世界大衆文学全集』（いずれも改造社）などの主たる円本の著者・訳者として召喚され、あわただしい円本時代の日々を過ごしていたことが日記から伝わってくる。

ここでは『世界怪談名作集』のことだけを追跡してみる。その発端は昭和三年一月九日であり、次のように述べられている。

「改造社の高平君が橋本君同道で来て、今度同社で在東の現代日本文学全集のほかに欧米大衆文芸全集を発行するに付、わたしにも怪談集一冊を担任してくれといふ。全部翻訳物で、一冊が九百枚ぐらゐの予定だそうである。兎も角も承諾。」

しかし他の円本全集の仕事や『支那怪奇小説集』の翻訳などが重なり多忙で、実際にその準備に取りかかったのは翌年の三月二十二日になってからだった。「日本橋の丸善にゆき、怪談小説八種を買ふ。世界大衆文学全集の原稿用である」。それから『世界怪談名作集』のために神田で洋書六冊を古本で買い、洋書の読書と翻訳が始まっていく。改造社は原稿を急いでいるので、「とても私ひとりでは遣り切れない」。先づ大体に眼を通して、その材料を選択し、二三人に翻訳を助けて貰はなければならない。そこで「林二九太君」なる人物が選ばれる。自らはモーパッサンの「幽霊」の翻訳に取りかかっている。

そして四月になって、さらに丸善で「怪談種本三冊」を買ったり、知人所有の「ベスト・ゴースト・ストーリース」を借覧したりして、一ヵ月で「病気以来の勉強」という二百余枚の翻訳を仕上げる。五月にもほぼ同じ枚数を翻訳し、さらに「世界怪談名作集に編入した原作者十八人の小伝をかく。エンサイクロペデアなどを繰つて一々取調べるのが、なかなかうるさい」。六月は百三十余枚、七月は四十四枚を翻訳し、綺堂自らの担当の分は訳了にこぎつけたようだ。綺堂は当初の九百枚の予定のうちの六百枚を受け持ち、残りを「林二九太君」他が代訳したことになるのだろう。

そのようにして翻訳編集された『世界怪談名作集』初版は五万八千部、追加一千部で、それらの部数の「奥付捺印」をした事実も七月末の日記に書きこまれ、八月初旬に改造社から著者用に五十部が届いたとの記述もあるので、ほぼ同時期に発売されたと思われる。

これらの記述からすれば、代訳は含まれているにしても、作者と作品の選択は綺堂自らの手になることは明白であり、そこに編まれた作者と作品はどのようなラインナップなのだろうか。綺堂はその「序」において、ここに編まれた「外国の怪談十六種、支那の怪談一種」は「その大多数がクラシック」で、「世已《よすで》に定評ある名家の作品のみを紹介する」と述べている。それらの「名家の作品」を見てみると、綺堂が英語に通じていることは承知していても、リットン、ディケンズ、デフォー、キプリングなどの英国の作品、ゴーチェ、フランス、モーパッサンといったフランスの作家に加えて、ロシアのプーシキンやアンドレーエフ、アメリカのホーソンやビアースたちが顔を揃えていて、その組み合わせは綺堂のイメージと異なる印象を与える。

しかしあらためて考えてみると、そこにドイルの名前も見えているが、綺堂が六十八編に及ぶ『半七捕物帳』を書き継いでいったのは、シャーロック・ホームズ物にインパクトを受けただけでなく、このような幅広い欧米の小説を読むことによって、絶えざる刺激と物語へのヒントを得ていたからではないだろうか。

例えば、モーパッサンの「幽霊」は綺堂が日記に書いているように、自らの翻訳であるが、どうしてこの一編を選んだのかというと、これが老人によって語られる「鳥渡凄味のある話」だったからのように思われる。この短編は前置きに続く「そのうちにド・ラ・トウル・サミュールの老侯爵が起ち上がつて、暖炉の枠によりかゝつた。侯爵は当年八十二歳の老人である。かれは少し慄てるやうな声で、次の話を語り出した」という一文から始まっている。『半七捕物帳』も半七老人が語り出すことによって、様々な事件が展開されていくのである。その意味において、モーパッサンの「幽霊」は共通しているといえよう。

「幽霊」は戦後になって青柳瑞穂訳でも春陽堂の『モーパッサン全集』2に収録されているが、その訳文は「老人がやおら立ち上がり、暖炉のところへ行って、よりかかるや、声さえいくぶん震わせながら、こう言った」とあり、綺堂訳とそれこそ「語り口」が異なっているとわかる。両者の全文を比べてみると、綺堂の訳文が英語からの重訳であるにもかかわらず、この物語に独特の陰影を添え、青柳の仏語からの直訳よりも、こちらに翻訳の軍配を上げたくなる。

私は同じく『世界大衆文学全集』第二巻のエクトール・マローの菊池幽芳訳『家なき児』を「菊池幽芳と『家なき児』」(『古本探究Ⅲ』所収)で、かなり綿密に戦後の訳と比較したことがあったが、前回のポーの渡辺温訳といい、この全集の翻訳は注目すべき仕上がり、それなりのひとつの達成を示していたのではなかっただろうか。
それゆえに戦後になって改造社が消滅してしまったことも作用しているだろうが、様々なダイジェスト的な児童文学版のリライトのための絶好のテキストになったと思われる。

98 「心理試験」と中村白葉訳『罪と罰』

江戸川乱歩に関する事柄を長きにわたって書き続けてきた。松村の『乱歩おじさん』も興味深いが、それほどまでに『探偵小説四十年』も次々と関心を募らせる広範な大正から昭和にかけての近代出版史、文化史を投影させた自伝を形成しているのだ。

最初の章の「処女作発表まで」において、「谷崎潤一郎とドストエフスキー」という一項を立てている。乱歩が谷崎の初期の小説に「わが隣人」的関心をそそられていたことはすでに書いているので、ここではドストエフスキーのことにふれてみたい。『新青年』に「二銭銅貨」でデビューするのは大正十二年であるから、乱歩はそれまで「職業転々時代」を過ごし、その間に谷崎、続けてドストエフスキーに遭遇している。それを乱歩は次のように書いている。

「ドストエフスキーの方はそれより少し後、鳥羽造船所にいたとき（大正七年）あの新潮社の部厚い小型本の翻訳叢書で、まず『罪と罰』を、つづいて『カラマーゾフ』を、息もつかずに読み終った。これは谷崎以上の驚異であった。ドストエフスキーを逃避の文学というのではないが、私はこれを日常的リアルとしては驚異しなかった。ドストエフスキーの中の人為的なものに、その哲学に、その心理に圧倒されたのである。そこに現われる諸人物は、日常我々の接する隣人に比べて、殆んど異人種と思われるほど意表外の心理を持ち、意表外の行動をしていた。それでいて、人間の心の奥の奥にひそむ秘密が、痛いほどむき出しに描かれていた。日常茶飯事とは逆なもの、即ち私の最も愛するところの別のリアルがそこにあった。その後数々の翻訳小説を読んだが、(中略)いずれもドストエフスキー初読のような驚異は感じなかった。」

乱歩が読んだ「あの新潮社の部厚い小型本の翻訳叢書」の『罪と罰』と『カラマーゾフの兄弟』を持っている。ページを繰ってみると、そうか、百年近く前に乱歩がこれと同じ本を読んでいたのかという感慨が浮かんでくる。前者は中村白葉訳の二巻、後者は米川正夫訳の三巻で、大正五年から刊行され始めた『ドストエーフスキイ全集』収録のものである。奥付を見ると、第九版から十四版を重ねていて、よく売れていたことを示し、それを買い求めた当時の読者の一人が乱歩だったのだ。

訳者の中村白葉はその自伝『ここまで生きて―私の八十年』(河出書房新社)において、失業していた時に、かつての『文章世界』の投書仲間で、新潮社の編集幹部になっていた加藤武雄の来訪によって、『罪と罰』の翻訳が始まったと記している。

「来訪の用件は、今度新設する新潮社文庫のためにドストイェフスキイの『罪と罰』新訳の依頼であった。(中略)私はさっそく喜んでその準備にとりかかった。

『罪と罰』は私にとり、長編作の処女訳であり、ちゃんとした本になった最初の仕事である。私は、その夏いっぱいかかって、七分冊中の第一分冊―四百字詰めで二百枚の新訳を脱稿した。」

中村のいう「新潮文庫」とは大正三年に始まった第一次の文庫で、海外の必読名作を収録する企画であった。しかし中村は『罪と罰』の原書を持っていなかったので、同じ文庫で『白痴』を訳すことになる米川正夫からそれを拝借する。その原書は「略装小型全集版」の上下二冊だったというから、新潮社版の全集もそれにならって、同じ小型本になったのではないだろうか。

しかし興味深いのは中村の証言で、新潮文庫はかなり売れたはずだし、その後も全集となったりして何度も刊行されたが、円本の『世界文学全集』（新潮社）や岩波文庫が刊行されるまで、翻訳は印税ではなく「一枚いくらという『売切り』」が多く、翻訳専門家はほとんどいなかったとも述べている。

少年時代に乱歩の「心理試験」を読み、それからドストエフスキーの『罪と罰』へと移った時、両者は似ていると一読して思った。心理試験のほうはともかく、大学生による金貸しの老婆殺しはまったく共通していたからだ。ここでの「心理試験」は光文社文庫の『江戸川乱歩全集』第一巻所収を参照している。『探偵小説四十年』にはそれらのことは告白されていないが、それでも第二のトリックを『罪と罰』から拝借したと率直に語っている。「心理試験」は『新青年』の大正十四年二月号掲載だから、乱歩が読んでからしばらくタイムラグがあるが、「考えること」を仕事にしている青年が犯す老婆殺しの物語が頭から離れていなかったにちがいない。

明治二十三年に内田魯庵が『罪と罰』（『明治翻訳文学集』所収、筑摩書房）を英訳から重訳刊行し、それは北村透谷や島崎藤村などの『文学界』の人々へと大きな影響を与えた。しかし大正時代にロシア語から直接訳された中村白葉訳『罪と罰』は乱歩の「心理試験」を始めとする多くの探偵小説、それと並んで新しい大衆文学である時代小説にも多様な波紋を及ぼしていったと思われる。乱歩は「考えること」を仕事にしている青年の中に探偵と殺人者の両面を見て、ラスコリニコフを分裂させることによって、探偵と犯人の物語を紡ぎ出していったのではないだろうか。またこれは中村訳出現以前の大正三年であるが、中里介山の『大菩薩峠』の冒頭での老巡礼殺しも、『罪と罰』の陰影が落ちているようにも思われる。

99 奎運社と『探偵文芸』執筆者人脈

ここで少し時代を戻したい。江戸川乱歩は『探偵小説四十年』において、大正十四年頃が探偵小説の草創期だったと書き、『新青年』の他に松本泰の『探偵文芸』、大阪の三好正明の『映画と探偵』、乱歩たちの『探偵趣味』の四誌が同時に発行されていたと述べている。幸いなことに『映画と探偵』を除いて、ミステリー文学資料館編の「幻の探偵雑誌」シリーズの中に、それぞれ「傑作選」が収録され、雑誌の表紙や内容明細を確認できるようになった。

乱歩に比べて影が薄いが、『探偵文芸』を主宰した松本泰も日本の探偵小説の草創期にあって、大いなる貢献を果たしている。しかも夫人の松本恵子も加わり、大正十二年に奎運社を設立し、『探偵文芸』の前身である『秘密探偵雑誌』を創刊する。だがこの雑誌は関東大震災の被害を受け、五号で廃刊となり、同十四年に『探偵文芸』として改題復刊し、十五年に十二月号まで合計二十二冊が刊行された。

その結果、松本泰が「自伝」(『松本泰探偵小説選Ⅰ』所収、論創社)で語っているところによれば、「月刊秘密探偵雑誌、後に探偵文芸などを出版し」、「悉く失敗に終わり、親父の脛は噛りつくし、借財山の如く」となったようだ。以前にも私は「松本泰と松本恵子」(『古本探究』所収、論創社)を書いているが、これは松本泰の『爐邊と樹陰』（岡倉書房）の中の文学作品と恵子の『ノートルダムのせむし男』の翻訳に主としてふれたものである。

今回は松本が立ち上げた出版社の奎運社と『探偵文芸』の執筆陣について言及したいと思う。まず奎運社から始めると、最近になって戸川秋骨の『随筆文鳥』を入手した。これは奎運社の大正十三年の出版物で、島崎藤村の「序」がある。近年に出された坪内祐三編『戸川秋骨 人物肖像集』（みすず書房）の目次を参照すると、『随筆文鳥』から「ケエベル先生」など六編が抽出されているとわかる。

奥付の発行者名は本名の松本泰三で、奎運社の発行所は東京府東中野の松本の住所と同じだから、自宅をそのまま出版社にしたのだろう。売捌所は文行社とあるが、これは取次を兼ねた出版社で、小学生向け課外読本を出していたことから、松本夫妻もその仕事に携わっていた可能性が高く、それで取次としたのではないだろうか。

奎運社の出版物は『随筆文鳥』の他に、松本泰の『黄色い霧』『死を繞る影』『或る年の記念』、恵子の短編集『窓と窓』、「黒猫叢書」としてのオッペンハイムの『赤い脳髄』、マーシュの『幽霊船』、アメリカの探偵の手記『金槌事件』、それから馬場孤蝶の随筆集も出されているようだが、いずれも未見である。ただ戸川の『随筆文鳥』の典雅な装丁とコットン紙を使った造本から推測すれば、いずれも上品な仕上がりになっていると思われる。

しかしそれよりも興味深いのは『秘密探偵雑誌』と『探偵文芸』を支えた執筆人脈で、『「探偵文芸」傑作選』に見える主なメンバーを拾っていくと、次のようになる。

「釘抜藤吉捕物覚書」の林不忘はこれがペンネームのデビュー作で、後に丹下左膳シリーズを書き継ぐことになる。牧逸馬名でも短編を寄せている。大佛次郎(波野白跳)は兄の野尻抱影の妻が松本恵子の従姉妹に当たる関係で、恵子の父の伊藤一隆と親しく、波野、野尻、伊藤は翻訳や小説を連載している。また事業家の伊藤が奎運社のスポンサーだったとされる。あの『奢灞都』の同人城左門(城昌幸)も小説を書き、その他にも両誌の総目次を眺めていると、平野威馬雄、国枝史郎(宮川茅野雄)、佐々木味津三、山田吉彦(きだみのる)、井東憲、小牧近江、邦枝完二、馬場孤蝶、畑耕一、矢野目源一の名前がある。本書15で既述したように、畑耕一や井東憲は「変態十二史」や「変態文献叢書」の著者であり、梅原北明グループと『秘密探偵雑誌』『探偵文芸』の執筆者のネットワークが交差していることになる。

ここに名前を挙げなかった人々も何人もが昭和初期のエロ・グロ・ナンセンス出版にかかわっていて、円本時代と乱歩のいう探偵小説出版の第一の隆盛期も、このような小出版社と志向を同じくする同人誌的出版人脈を背景にして出現したと断言してもいいだろう。

例えば、松本泰も円本時代の『現代大衆文学全集』(平凡社)全六十巻のうちの一巻を占め、江戸川乱歩、大佛次郎、国枝史郎に至ってはそれぞれ三巻に及んでいる。また松本恵子は泰名義だが、『世界大衆文学全集』(改造社)の何冊もの翻訳も担当していた。

それでいて、円本時代と探偵小説出版の第一の隆盛期の関係者の名前が実際に挙がっているのは氷山の一角で、『秘密探偵雑誌』と『探偵文芸』の常連執筆者だった深見ヘンリイ、杜伶二、福田辰男、米田華紅、松村永一といった人々が「経歴不詳」のままであるのは、それを象徴しているように思われる。松本恵子でさえも、『松本恵子探偵小説選』(論創社)や『「探偵文芸」傑作選』が出されなければ、そのペンネーム中野圭介も「経歴不詳」のままで処理されていたかもしれないのだ。

100　新光社「心霊問題叢書」と『レイモンド』

松本泰は奎運社設立と『秘密探偵雑誌』創刊に至る以前の大正十年に、野尻抱影や水野葉舟と並んで、新光社の「心霊問題叢書」の翻訳に取り組んでいた。私はすでにこの「叢書」と水野葉舟について、「水野葉舟と『心霊問題叢書』」（『古本探究Ⅲ』所収、論創社）を書いているが、ここでは松本と野尻の側からこの「叢書」を考えてみよう。実はその後、そのうちの一巻しか持っていなかった「心霊問題叢書」の二十四ページに及ぶ詳細な内容見本を入手し、不明だった全六巻の細目がわかったからでもある。まず予約出版の内容見本にあるコピーを引用する。

「心霊研究は全人種の根本問題にして、これらを探究する事に依つて、一切の智的問題、一切の人生問題は明快なる解答を与へらる。今や心霊学の世界的名著の邦訳成る全六巻即ち一切不可測の扉を開くの鍵也。」

次にその全六巻の著者、訳者、書名を示す。

1　オリヴ・ロッヂ原著、野尻抱影訳『他界にある愛児よりの消息』
2　モーリス・メーテルリンク原著、水野葉舟訳『生と死』
3　ゼザアル・ロンブロゾオ原著、水野葉舟訳『死後は―如何』
4　カミル・フラマリオン原著、松本泰訳『不可思議の世界』
5　ウィリアム・バレット原著、水野葉舟訳『幽霊の存在』

6　テオドル・フルールノイ原著、野尻抱影訳『心霊現象の心理』

私の所持しているのは5で、1は大正十三年に奎運社から『レイモンド』と改題して出版され、さらに平成三年に人間と歴史社からも旧字旧仮名を新しくして復刻されるに至っている。これは潮出版社の高橋康雄の「解説　死後があるのか」が施されていることからわかるように、吉本隆明の『死の位相学』（潮出版社）の参考資料だったので、企画編集者である高橋が復刻を促したと考えられる。

『レイモンド』は新光社のタイトルからも想像がつくように、第一次世界大戦で戦死したロッジの息子レイモンドとの死後の通信と交霊の記録である。野尻の「訳者の序」によれば、一九二一年に野尻、水野、石田勝三郎によって、J・S・P・K（日本心霊現象研究会）が設立され、翌年に新光社の社主仲摩照久の賛同を得て、「心霊問題叢書」の第一篇として出されたが、彼の好意により、新たに水野の序文を乞い、奎運社版に至ったとある。なお石田勝三郎の詳細はわからないが、『探偵文芸』第八号に「貝鍋」なる一文を寄せている。

野尻は「序」において、「考えてみると、一九二二年に、東京で心霊問題叢書が出版されたことは、日本におけるこの研究にとっては、意外な動機になったと言わなければならない」と書き出している。その具体的な波紋を記していないが、おそらく「心霊問題叢書」がもたらした新感覚派などの同時代の文学への影響であろうし、川端康成も所持していたと伝えられている。

さて「叢書」の版元の新光社についても述べておかなければならないだろう。新光社は大正五年に仲摩照久によって設立され、雑誌『世界少年』『科学画報』を創刊し、各種単行本三百冊を刊行し、順調な発展を遂げていた。そして空前の大出版である高楠順次郎の『大正新修大蔵経』に取り組んでいたが、関東大震災で八年間の蓄積が一夜にして灰燼に帰し、新光社自体も窮地に追いやられてしまった。

これからの事情は小川菊松の『商戦三十年』（誠文堂、昭和七年）の「新光社と私」の章に詳しいが、仲摩と旧知の小川が新光社の再建に協力し、初めてアート紙を使用した新光社の円本の三大予約出版である『万有科学大系』『世界地理風俗大系』『日本地理風俗大系』を完成させる。そして昭和十年に誠文堂と新光社は合併し、現在の誠文堂新光社に至るのである。仲摩は『商戦三十年』に「人間界のタンク小川君」なる出版業界人小川論を寄せ、エネルギッシュな小川のポートレートを描いている。一方で小川は『出版興亡五十年』（誠文堂新光社）で、仲摩について、「よい企画を樹て仕事はしたが、惜しいかな猪突猛進で締めくくりがなく、経営の才に欠けていた」と評している。

このような事情があって、『レイモンド』は松本泰の奎運社から再発行されたのだろう。松本は日本心霊現象研究会の創立メンバーではなかったが、『不可思議の世界』の訳者として「叢書」に水野や野尻とともに顔を並べていることからすれば、その近傍にいたことは確実だし、また松本恵子と野尻の妻が従姉妹であったことも関係しているのかもしれない。泰名義の翻訳であっても、実際に翻訳していたのは恵子でもあったからだ。それらのことから『レイモンド』の出版もなされたと思われる。ただ水野葉舟との関係はわからず、石田勝三郎と異なり、水野は『探偵文芸』に寄稿していない。

それと松本夫妻の場合、もうひとつ考えられるのは、大正二年から英国に滞在し、そこで探偵小説を知り、恵子とも結婚している。そして英国におけるＳＰＲ（心霊研究協会）の存在とコナン・ドイルとの関係も知っていたのではないだろうか。だからこそ、探偵小説と『レイモンド』の出版が両立したようにも思われる。

101 コナン・ドイルと英国心霊研究協会

松本泰、恵子夫妻が英国に滞在していた一九一三年から十九年にかけては、コナン・ドイルがシャーロック・ホームズを復活させ、第四作目の長編『恐怖の谷』を連載し、またホームズ引退の短編『最後の挨拶』を発表した時代であった。またその一方で、ドイルは心霊学の研究に深く入りこみ、英国の心霊研究協会のスポークスマンのような立場で、英国のみならず、アメリカやオーストラリアなどにも講演旅行に出かけ、晩年は心霊学研究一筋に歩んだといっても過言ではない。同時代に英国にいた松本夫妻はドイルの探偵小説が心霊研究とともにあったことを、当然のことながら知っていたにちがいない。ホームズの時代は心霊学の最盛期でもあったからだ。

ディクスン・カーの『コナン・ドイル』（大久保康雄訳、早川書房）によれば、第一次世界大戦での長男のキングスリーの重傷とその死をきっかけにして、ドイルは心霊学にのめりこみ、その後の三十年を心霊学研究に捧げ、亡き後には千冊に及ぶ心霊学の蔵書、及びその研究と体験に関する膨大な資料が残されていたという。

それらのドイルの研究や著作は多くの訳があるホームズ物と異なり、ほとんど翻訳されておらず、まとまったものは心霊現象アンソロジー集『神秘の人』（小泉純訳、大陸書房）だけではないだろうか。ただしこれもドイルが一九三〇年代に刊行したとわかる「まえがき」が付されているだけで、原書の表記、紹介は何もないことからすると、訳者によるドイルの心霊学研究の恣意的な抄訳であるかもしれない。

英国の心霊研究協会は一八八二年に王立科学大学物理学教授のウィリアム・バーレット、すなわち新光社の「心霊問題叢書」の著者が中心となって設立された。その他の著者たちもメーテルリンクを除いて、心霊研究協会の会員であるから、「心霊問題叢書」はこの協会の会員たちの著作を紹介する目的で企画刊行されたといっていい。

明らかにドイルはこれらの著作を読んでいたし、ロッジの『レイモンド』の書評を『オブザーバー』に掲載して以来、探偵小説を書くことを放棄し、最も著名な心霊学研究者として、「心霊学関係の書物、心霊関係の記事、心霊学関係の論文以外のものは、あまり書いてはならない」と考えるに至ったのである。

その一方で、この心霊研究協会は権威ある国際的な研究機関として認められ、英国人以外の著名な学者たちも会長に就任するようになっていた。当初は詩人、批評家のフレデリック・マイアーズ、ウィリアム・バーレット、歴史家、民俗学者アンドリュー・ラングが会長だったが、次第にアメリカの心理学者ウィリアム・ジェームズ、フランスの生理学者シャール・リシュ、哲学者のアンリ・ベルクソン、天文学者で『不可思議の世界』の著者カミュ・フラマリオン、ドイツの動物学者にして哲学者のハンス・ドリーシュなどが担うようになった。また本書71「江戸川乱歩と『J・A・シモンズのひそかなる情熱』」、及び同73「乱歩以後のJ・A・シモンズ」でも言及した他ならぬシモンズも会員であった。日本でも「心霊問題叢書」の他にも、彼らの著作は大正時代に翻訳され、文学、宗教、科学、民俗学、探偵小説などの多方面に大きな影響を与えたと思われる。

しかし心霊研究協会の会員の著作のうちで、最も重要なのはフレデリック・マイアーズの死後、一九〇一年に刊行された *Human Personality and Its Survival Bodily Death* であり、ドイルもこれを読んで、心霊研究に赴き、交霊会を開き、霊媒と同席するに至っている。

マイアーズの著書は妻の死後に彼女と交信することで、人間の意識の存続を確信し、科学的かつ物質的な探究を重ね、身体は死んでも魂は存続しているという結論に達したことが表明されていた。しかしこれは大部なために、現在に至るまで翻訳されていないが、夏目漱石や南方熊楠もこれを読んでいた。水野葉舟の蔵書にもあったと、水野葉舟の『遠野物語の周辺』（国書刊行会）を編んだ横山茂雄が報告している。

先に心霊研究協会の会員たちの著作は民俗学にも波紋をもたらしたのではないかと書いたが、水野葉舟こそは佐々木喜善を伴い、柳田国男に紹介し、『遠野物語』を出現させる、それこそ触媒を務めたのであり、横山は次のように書いている。

「文学史にはまったく記載されていないが、明治三十年代の終りから大正末年までの期間、葉舟が異様なまでの情熱を傾けたものは、実は、怪談、怪異譚の蒐集、心霊研究であり、彼は夥しい文章を遺している。それればかりか、まさにこの関心ゆえに、彼は『遠野物語』の成立に少なからぬ役割を果たすことになったのである。」

また夏目漱石は『思い出す事など』の中で、マイアーズに言及しつつ、アンドリュー・ラングの『夢と幽霊』を読んだことを記している。おそらくそれは『夢十夜』の成立に影響を与えたのではないだろうか。ラングは日本において、『ラング世界童話全集』（川端康成他訳、東京創元社）しか紹介されていないが、水野の「怪談」は『夢と幽霊』の翻訳と考えられ、柳田の蔵書にもラングの民俗学の四冊の著書がある。この時代の心霊研究と出版社については拙稿「心霊研究と出版社」(『古本探究Ⅲ』所収)を参照されたい。

しかしこの英国における心霊研究の動向を描いたジャネット・オッペンハイムの『英国心霊主義の抬頭』(和田芳久訳、工作舎)を読んであらためて驚くのは、心霊研究が十九世紀大学改革運動を担った主として科学者、それも英国国教会に属する人々、及びマイアーズやロッジを始めとする聖職者の息子たちに担われていたことである。それと交差するかたちで、詩人や文学者によるギリシャ、ヘレニズム研究を通じて、禁制のホモセクシャルの扉も開けられようとしていた。オッペンハイムの翻訳に付されたコピー「ヴィクトリア・エドワード朝時代の社会精神史」はまさに奥深く、錯綜を極めている。これまでずっと書いてきたように、近代日本の文化史もその照り返しを強く浴びているのだ。

102　黒岩涙香『天人論』とマイアーズ『霊魂不滅論』

前回言及した英国心霊研究協会とその七代目会長フレデリック・マイアーズが著した *Human Personality and Its Survival Bodily Death* は、明治後半から大正時代にかけて、日本の文学者たちに予想以上に広範な拡がりを持って、大きな影響をもたらしていたようだ。その一人に黒岩涙香を挙げることができる。

黒岩周六名で刊行された『天人論』は明治三十六年に自ら経営する朝報社からの出版だが、めずらしい本ではないと思う。手元にある本を見ると、五月に初版、八月に十版を重ねていて、当時のベストセラーだと考えていい。それに『黒岩涙香集』（『明治文学全集』47、筑摩書房）には書影も含めて全文が収録されているので、たやすく読むことができる。『天人論』は宇宙観と人生観を合わせ、一元的に論じたものであり、二十世紀を迎えての新しい平易な哲学書とでも位置づけられるだろう。

黒岩は『天人論』初版刊行の翌月に華厳の滝で自殺した藤村操について講演し、それを「藤村操の死に就て」（前掲書所収）と題し、『万朝報』に発表している。彼は藤村の死について、「時代思想の反応」であり、心霊信仰を持たざるゆえの死だと論じ、そこには藤村が『天人論』を読んでいればというニュアンスがこめられていた。これが『天人論』のベストセラー化を促したにちがいない。

伊藤秀雄は『黒岩涙香伝』（国文社）の中で、『天人論』が「当時の迷える青年に大きな光明を投じ」、「哲学的の価値はとも角として本書は涙香の一生を通じての大著であり、彼の快心の傑作」だと述べている。だが残念なことに、三好徹の小説『まむしの周六』（中央公論社）では『天人論』について何もふれられていない。

『天人論』は表紙に示されているように、「物資の本性」「宇宙の実体」「人生の覚悟」「道徳の根底」「霊魂の未来」「宗教の真価」の六章からなり、それらへの「千古の疑問」に「一元の解案」を与えるという構成になっている。黒岩の言によれば、『天人論』はハーバード・スペンサーの影響を受けて書かれたとされている。しかしそれぞれの章を見てみると、当時流入してきた西洋思想の反映が明らかで、それは何よりも第五章の「霊魂の未来」に顕著である。重要な部分を引用してみる。

「最近十年来、独、仏、英、米、等の学問の中心と称すべき地にして「心霊研究《サイキカルリサーチ》」の学会起らざる所は殆ど有ると無し、而して其の研究の結果として報告する所は、寡聞なる吾人の知り得たる範囲に於ては、悉く「霊魂の実在と其の不滅とを客観的に証明」せるに非ざるは莫し、本年に入りて『霊魂不滅論』(Human Personality and Its Survival Bodily Death) と題する密字千百二頁の厖然たる大冊が英国ケンブリッヂの心霊研究学の報告書を本としてフレデリック、ミヤーに著述せられ、今現に世界の思想家に歓迎せられつつあるが如きも、注目すべき一徴兆と云ふ可し（中略）、（余は他日此書を抄訳するの機会ある可きを望む）思ふに、「二十世紀の学問は「心霊」を以て第一の問題と為す可し」、今既に学者の頭脳は之れに集中せんとする傾向あり。」

『天人論』の出版と同年の一九〇三年にマイアーズの著書が刊行され、黒岩はすでにそれを読み、『天人論』を書いていたことになる。夏目漱石も「修善寺の大患」の翌年の明治四十四年に刊行した『思い出す事など』（春陽堂）の中で、「我々の個性が我々の死んだ後迄も残る、活動する、機会があれば、地上の人と言葉を換す。スピリチズムの研究を以て有名であつたマイエルは慥かに斯う信じて居たらしい」と書いているので、漱石も黒岩とほとんどと時を同じくして、マイアーズ＝ミヤー、マイエルの『霊魂不滅論』を読んでいたはずだ。前回南方熊楠もこれを那智で読んでいたと記しておいたが、私の推測では柳田国男も読んでいたと思われる。したがって「今既に学者の頭脳は之れに集中せんとする傾向あり」という黒岩の見解は正鵠を射ていたことになる。

拙著『古本探究Ⅲ』で、マイアーズを始めとする心霊研究協会の会員たちの著作の流入や翻訳が文学だけでなく、生成しつつあった新しい学としての民俗学、社会学、宗教学などに広範な影響を及ぼし、それが大本教などの大正時代の新興宗教に結びついていったことを指摘しておいた。だが『天人論』を読み、それでマイアーズと『霊魂不滅論』を広く知らしめたのは、黒岩の『天人論』のベストセラー化によっていることを初めて了承した次第だ。藤村操の死と重なり、マイアーズの『霊魂不滅論』は当時の青年たちの多大の関心を駆り立てたにちがいない。

そして黒岩の他にも多くの人々がその翻訳を考えたはずだが、大著ゆえなのか、原書刊行以後、すでに一世紀を過ぎているのに、いまだ翻訳は実現されていない。

103　黒岩涙香と出版

涙香の著作を多く刊行した版元に扶桑堂がある。扶桑堂の町田宗七は元米屋であったが、涙香の小説の初期の愛読者となり、また将来売れるのではないかと考え、それまで涙香の小説を出版していた浅草の版元の株を譲り受け、出版社へと転じた。また明治二十五年に涙香が『万朝報』を創刊するにあたって、町田は五百円を出資し、その会計を引き受けた。涙香は掲載小説を無印税で扶桑堂から刊行することを約束し、町田の没後もそれは実行された。これには後日譚があり、『黒岩涙香集』（筑摩書房）を編集した木村毅によれば、町田の息子の歌三は早稲田大学の同級生で、歌三は涙香の『死美人』などのよく売れる十数冊を、自分で装丁し、現代的な小型判に改版し、刊行していたという。涙香の著作が扶桑堂の他に薫志堂、金桜堂、銀花堂、三合館、明進堂、大川屋、古今堂、上田屋、三友社といった近代出版社ではない赤本系の版元から刊行されているのは、扶桑堂と似たような関係があったのかもしれない。

それからあらためて知ったのだが、朝報社が『天人論』や幸徳秋水の『社会主義神髄』の他にも異なる単行本を出版していたという事実である。その全貌は定かではないが、朝報社は涙香の時代だけでも三十年近くを経ているので、その間に多くの出版物を刊行しているであろうし、国会図書館の蔵書からもそれはうかがわれる。しかし『万朝報』の発行や上記の二冊などと異なる分野の朝報社の出版物については、ほとんど言及されていないのではないだろうか。なぜそう思ったかというと、以前に気紛れから出版社も確かめずに、帙入り和本仕立ての碁の本を買い、それこそ積んで置いたのだが、片づける際に奥付を見て、それが朝報社の出版物だとわかったからである。

その菊判の和本は『現今名家碁戦』と題され、第一から第三までの三冊で、第三の巻末に「第一、二重版／第四近刊」と記載されている。伊藤秀雄の『黒岩涙香伝』の「勝負事と趣味」の章によれば、涙香が花札、ビリヤード、相撲、五目並べなどの多くの「勝負事」を愛好し、とりわけ五目並べに力を入れ、五目並べを連珠と改称し、東京連珠社を設立し、『連珠新報』発刊後援者となっていた。そしてまた朝報社遊技部から『前人未発連珠真理』全六冊合本を刊行したことも伊藤は報告している。しかし囲碁についての記述はなかったので、この三冊が意外であったこと、それから『前人未発連珠真理』の出版が朝報社遊技部と書かれていたので、遊技部の発行所名から自費出版と判断したことを修正せざるを得なかった。むしろそれらは朝報社のトータルな出版物と考えるべきだという見解に至ったのである。

『現今名家碁戦』の第一に「大正四年五月初」の日付で、涙香が「序」を寄せ、囲碁が「最大の知的遊戯」たるゆえんは譜があってのことで、新聞紙面が「囲碁の本舞台」だと述べ、次のように書いている。「其中にも万朝報の囲碁は種々の意味と種々の事情とに於て、特に尊重すべき理由のあることは世の定説であるらしい。

万朝報の以後は掲載を初めて以来すでに数百局に及んだ。其の散逸し又は埋没せんことは碁に遊ぶ人々の最も惜むべしとする所である。依りて更に清写し校訂して出版することとした。（中略）明治後半より大正の今に至るまで碁界に星のごとく散布せる群雄の手談は此碁譜に由らずして何に由りて観るを得るか。此碁譜は後来に於て、前記の諸書と共に碁史の正系に属する者と為るであらう。」

そして明治三十八年十一月から四十二年一月にかけての百回に及ぶ碁譜が収録されているのだが、それらについて、私が碁を解さないために注釈を加えられない。だから奥付に進むことにする。

第一は大正四年五月の刊行で、発行所が朝報社、発売元は同社内の万弁舎、特約販売所として京橋区の万歳館、日本橋区の大坂屋、大売捌は東京堂を始めとする大手取次の他に、前述した扶桑堂も挙げられている。万弁舎は朝報社の中にあった新聞取次を兼ねた書店と考えられ、その関係から同様の万歳館と大坂屋も販売を引き受けたのではないだろうか。万歳館のことはわからないが、大坂屋は後の大阪屋号書店であろう。浜井松之助によって創業された大阪屋号書店は日露戦争後に満州の営口で開店し、その後旅順、鞍山、新京などに出店し、明治四十四年に東京店も立ち上がっている。そして取次も兼ね、また囲碁や将棋の本を特色とした出版を行なったとされているが、それは『現今名家碁戦』の販売を引き受けたことや朝報社との関係から始まっているのかもしれない。

最後になってしまったが、編集兼発行人は鈴木直厚なる人物で、彼は長年黒岩家に同居し、万弁舎に勤めていた。そして黒岩の姪といわれる鈴木珠と結婚し、黒岩の義母の鈴木家を継いでいる。また彼は涙香の養父にあたる同族の黒岩直方の次男であり、涙香の一族と最初の結婚の経緯、及び朝報社をめぐる人間関係は複雑を極めている。おそらく面倒見のよかった涙香のことであるから、朝報社の子会社のような新聞取次や書店や出版も兼ねたと思われる万弁舎を設け、鈴木直厚の仕事の便宜をはかったのではないだろうか。『万朝報』といえば、内村鑑三や幸徳秋水や堺利彦が在籍していたことでよく知られているが、彼らのように著名でなくても、涙香の周辺には鈴木直厚のような彼を支えた多くの人たちが存在していたにちがいない。それゆえにこそ長きわたって、『万朝報』も発行され、出版活動も営まれたと推測できるのである。

104　『世界聖典全集』と世界文庫刊行会

本書46「折口信夫『口ぶえ』」のところで、『世界聖典全集』にはふれないと書いた。だが新光社の仲摩照久が高楠順次郎の『大正新修大蔵経』の出版に取り組んでいたこと、及びジャネット・オッペンハイムの『英国心霊主義の抬頭』（工作舎）を続けて取り上げたからには、ここで一度言及しておくべきだろう。

大正時代には仏教、宗教書出版が活発になり、主なものを挙げても、『真宗全書』（蔵経書院）、『日本大蔵経』（其編纂会）、『仏教大辞彙』（冨山房）、『仏教大観』（丙午出版社）、『仏教大系』（其完成会）、『世界聖典全集』（其刊行会）、『仏教大辞典』（大倉書店）などが続々と刊行され、それらの企画にはかならず高楠順次郎が加わっていた。

これらの企画の中でも、高楠はとりわけ『世界聖典全集』に力を注ぎ、『ウパニシャット全書』を翻訳刊行した。これは百二十六種のウパニシャットを翻訳したもので、インドでもこの試みはなされていなかった。この全書は昭和五十五年に東方書院によって復刻されている。

このような高楠の驚くべき出版事業への取り組みは恩師のマックス・ミューラーの『東方聖書』に

範を求め、また時代の大いなる要請と学者としての強い義務感にも突き動かされていたと考えられる。『東方聖書』に関してはよく知られていないと思われるので、『世界名著大事典』（平凡社）の「解題」を引いておく。

「The Sacred Books of the East（50巻、1879～1910）ミューラー Friedrich Max Müller（1823～1900）編。編者はドイツ生まれのイギリスの宗教学者、言語学者。本編は東洋諸宗教の経典の英訳による集大成で、ミューラーの監修のもとに、20人の東洋学者が協力し、翻訳を分担した。その中にはR・デーヴィッド、H・オルデンベルク、H・ヤコーピらの諸家があり、日本からは高楠順次郎が参加し、第49巻の後半を担当している。

内容を簡略に示せば、バラモン教、仏教、ジャイナ教、ペルシアの宗教、イスラム教、中国の宗教の経典などの完全で信頼しうる翻訳であり、『東方聖書』はその後のヨーロッパにおける古代文化研究の基礎を固め、比較宗教史の豊富な材料を提供し、東洋学や宗教学の発展に一時代を画するものだったとされる。」

さらに付け加えれば、オッペンハイムが『英国心霊主義の抬頭』で指摘しているように、英国心霊主義はこの『東方聖書』のサンスクリット経典に多大な感化を受け、またそこから派生した神智学、オカルティスムもすべて例外ではないと思われる。そして『東方聖書』による新たな東洋諸宗教の発見があり、高島米峰が創刊した雑誌『新仏教』のバックボーンとしてのキリストと仏陀の同一性が見出されるようになったのではないだろうか。そうした意味において、『世界聖典全集』は日本で編まれた『西方東方聖書』と見なすこともできる。煩をいとわず、それらの訳者と纂註者と内容を示す。

前輯

1 『日本書紀神代巻』全 加藤玄智纂註
2 『四書集註』上 宇野哲人訳
3 『四書集註』下 宇野哲人訳
4 『三経義疏』上 高楠順次郎訳
5 『三経義疏』下 高楠順次郎訳
6 『印度古聖歌』全 高楠順次郎訳
7 『耆那教聖典』全 鈴木重信訳
8 『波斯教聖典』上 木村鷹太郎訳
9 『波斯教聖典』下 木村鷹太郎訳
10 『埃及死者之書』上 田中達訳
11 『埃及死者之書』下 田中達訳
12 『新約全書解題』全 高木壬太郎訳
13 『新約外典』全 杉浦貞二郎訳
14 『コーラン経』上 坂本健一訳
15 『コーラン経』下 坂本健一訳

後輯

1 『古事記神代巻』全 加藤玄智纂註
2 『道教聖典』全 小柳司気太他訳

3　『ウパニシャット』一　高楠順次郎他訳
4　『ウパニシャット』二　高楠順次郎他訳
5　『ウパニシャット』三　高楠順次郎他訳
6　『ウパニシャット』四　高楠順次郎他訳
7　『ウパニシャット』五　高楠順次郎他訳
8　『ウパニシャット』六　高楠順次郎他訳
9　『ウパニシャット』七　高楠順次郎他訳
10　『ウパニシャット』八　高楠順次郎他訳
11　『ウパニシャット』九　高楠順次郎他訳
12　『旧約全書解題』全　石橋智信著
13　『旧約外典』全　杉浦貞二郎訳
14　『アイヌ聖典』全　金田一京助訳
15　『世界聖典外纂』全　高楠順次郎他著

これらの前後輯三十巻の前輯は世界聖典全集刊行会、後輯は世界文庫刊行会を発行所として、大正九年から十二年にかけて、一冊三円八十銭の予約出版形式で刊行された。前輯は葡萄色、後輯は鉄色の菊判洋布装で、私の所持しているものは五冊ほど箱入だが、これは輸送箱とも考えられるので、箱はないのかもしれない。前輯は「有島生馬装幀意匠」との表記がある。またすでにおわかりのように、本書83「木村鷹太郎訳『プラトーン全集』」でふれた木村も、この全集の訳者に加わっていたのだ。

世界聖典全集刊行会＝世界文庫刊行会についての詳細は不明だが、前身は大正七年に『興亡史論』を出版した興亡史論刊行会で、それが世界文庫刊行会と名称を変え、『世界聖典全集』と同時期に『世界国民読本』を刊行している。両者の代表者はいずれも松宮春一郎であり、後輯の「刊行の趣旨」を「大戦乱は人間に属する凡てのものに一大動揺を与へ、わが思想界も亦その波動を受けて混乱の姿態を激進し」、「時代の先駆は声高く霊魂の覚醒を叫ぶやうになつた」と書き出している。そして世界文庫刊行会責任者として、「学習院学士　松宮春一郎」の名前が末尾に書かれ、彼が出版に携わるにしてはめずらしい学習院の出身だとわかる。

しかしその後の出版史をかなり注意してたどってみても、松宮の名前も世界文庫刊行会の存在もそこで途切れてしまう。『世界聖典全集』のような大企画を刊行した松宮がその完結以後に姿を消してしまったとしか思えないのは、関東大震災によって在庫もろとも世界文庫刊行会が壊滅的被害を受け、松宮も亡くなってしまったからではないだろうか。

その後どのような経緯と事情があってか、これもよくわからないが、『世界聖典全集』の新版が昭和四年に改造社、『興亡史論』が同五年に平凡社から、おそらく紙型再版として刊行されている。

さてそれらの出版事情に長い言及をしてしまったが、いかに高楠たちの支援があったにしても、訳者を始めとする多くのブレーンを揃え、まさにミューラーの『東方聖書』に匹敵する出版を企画すること自体が途方もない力業を必要としたと思われる。しかしその甲斐があってというべきか、近年の夏石番矢や安藤礼二の研究によって、『埃及死者之書』が折口信夫の『死者の書』、『耆那教聖典』が埴谷雄高の『死霊』の成立に大きな影響を与えたことなどが指摘され始めている。

それぞれの聖典はともかく、はっきりと広範に影響を及ぼしたであろうと想像できるのは、後輯15にあたる『世界聖典外纂』という「小さな宗教」からなる「世界宗教の鳥瞰図」で、聖典の訳者たちの他に様々な研究者が召喚され、折口が「琉球の宗教」、宇井伯壽が「神智教」、鈴木貞太郎（大拙）が「スエデンボルグ」を論じている。またこれも奇妙な組み合わせに思えるが、松宮が「バハイ教」を担当し、十九世紀の半ばにペルシャで予言者バブが宣言した「光の教」としての宗教を解題している。

これまで書いてきたように、『世界聖典全集』は版元、発行者、内容も含めて、多くの謎が秘められている。刊行後、すでに一世紀近くが過ぎようとしているが、この全集についての本格的な研究はまだこれからであろう。

〈付記〉

この一文を書いたのは三年ほど前なので、ブログに掲載するにあたって、念のためにネット検索をしてみた。

すると驚くことに最近になって、「神保町系オタオタ日記」に「松宮春一郎年譜」がアップされたことを知った。この過去ログなどを読んでみると、私の以前の「折口信夫と『世界聖典全集』」（『古本屋散策』所収）がきっかけとなって、彼は松宮探索を続けていたようで、その成果が「年譜」へとつながっている。

この「年譜」によって、松宮の没年が昭和八年であり、関東大震災で亡くなったのではないかという私の推測は間違っていたことになる。だが当時の認識はそのまま残しておくべきだとも考え、あえて修正を施さなかった。

しかしこの「年譜」から最も教えられたのは、吉川英治が世界文庫刊行会の筆耕に携わっていた事実である。松宮と柳田国男や水野葉舟や集古会の人々との交流は想像がつくにしても、吉川との関係はまったく意外であった。

大正から昭和にかけての新しい大衆文学としての時代小説と作家たちのムーブメントにしても、やはり『世界聖典全集』も寄り添っていた事実が、吉川の例に表われていることを確認した次第だ。

「神保町系オタオタ日記」の松宮探索に敬意を表す。

105 国民文庫刊行会『国訳大蔵経』

前回大正時代における仏教・宗教書出版につい書いたので、乱歩絡みの仏教書のことも書いておこう。松村喜雄は『乱歩おじさん』の中で、花咲一男と乱歩の書物談義を紹介し、花咲が『国訳大蔵経』を勧められ、「この本を〈文学〉として読め、と乱歩さんが教えてくれた」というエピソードを、花咲の『雑魚のととまじり』から拾っている。そこで花咲は乱歩の本に関する指示にかなり忠実に従ったが、『国訳大蔵経』だけは入手せず、読むことを果たせなかったと書いていた。

この『国訳大蔵経』とは大正六年に国民文庫刊行会から刊行された全三十巻に及ぶ大部のシリーズである。私も全巻は架蔵しておらず、「論部」十四巻のうちの九冊を持っているだけだ。だがあらためて確認してみると、菊判八百ページの大冊で、判型と巻数は『世界聖典全集』と同じにしても、倍近いボリュームがある。昭和円本時代に東方書院から『昭和新纂国訳大蔵経』全四十八巻も刊行されているが、乱歩の蔵書としては国民文庫刊行会版が佇まいからしてふさわしい。

その前に『大蔵経』についての簡略な説明が必要だろう。前回も挙げた『世界名著大事典』（平凡社）を参照すると、六ページにわたる長い解題が掲載されている。それによれば、『大蔵経』とは単一の経典名ではなく、仏教の経典群の総称を意味し、内容はその時代に存在した一切経をさすが、多くの場合、欽定による蔵経を『大蔵経』といった。後には漢訳一切経を『大蔵経』、日本選述の仏典集録を『日本大蔵経』、パーリ語聖典の和約を『南伝大蔵経』とよぶようになった。

これらの記述から推測できるのは、国民文庫刊行会の『国訳大蔵経』がこの分野における最初の出版に属することだ。そして「論部」第一巻の「解題」は「訳者　山下曹源」、同じく第六巻は佐伯定胤、第五巻は島地大等との署名がなされていることからすると、彼らが中心となって、この『国訳大蔵経』を翻訳刊行したと思われる。ただ残念なのは奥付に編輯兼発行者、及びその代表者として、国民文庫刊行会と鶴田久作の名前が挙がっているだけなので、訳者と編集者の全体像をまだつかんでいない。しかし高楠順次郎の『大正新修大蔵経』の企画も、この『国訳大蔵経』を継承、もしくは批判も含んで始まったと考えて間違いないだろう。

さてこの「鶴田久作と国民文庫刊行会」について、以前にも『古本探究』で同じタイトルで論じているが、その後新しい資料を入手したこともあり、もう一度言及してみる。鶴田は国民英学会を卒業し、博文館を経て、明治三十八年に玄黄社を創業し、教科書としても使用できる日本の古典の「国民文庫」の出版を企画し、四十二年に国民文庫刊行会を設立する。手元にある明治四十四年の菊判三百ページ近い『国民文庫総目録』を見ると、『万葉集略解』から『東海道中膝栗毛』までがずらりと並び、内容からして大学のテキストとしても使用に耐えられる仕上がりになっているのだろう。

おそらく鶴田は「国民文庫」の短期のうちの成功によって、資本蓄積を果たし、欧米文学の主要な作品を集録した『泰西名著文庫』、さらに『国訳漢文大成』『国訳大蔵経』などの大部の出版に向かったと思われる。そしてこれらの販売システムとして導入されたのが新聞広告を利用した予約出版で、「内容見本進呈」によって多くの直接購読者を獲得したのである。書店から注文があった場合は「仲間取次」を利用し、返品が生じないような対策をとっていた。奥付にはかならず「非売品」と明記されていた。もし返品が発生する取次と書店ルートに依存していたのであれば、国民文庫刊行会の成功はなかったはずだ。世界文庫刊行会の『世界聖典全集』も同じシステムを採用していたし、近代社の『世界童話大系』や『神話伝説大系』も同様だったと思われる。

これらの出版物に共通しているのは、大がかりな編集プロジェクトに加えて、質の高い企画と斬新で堅固な造本、当時の一流の著者と訳者を揃えたこと、絶えず特定の読者を想定していたこと、それらに合わせて定価を高めに設定したことだろう。しかしそのような高定価にもかかわらず、『国訳大蔵経』は二万部近くに達し、大きな利益を上げたという。これは国民文庫刊行会について、一章を設けている杉村武の『近代日本大出版事業史』(出版ニュース社)に記されている事実である。杉村によれば、鶴田は財をなし、晩年を詩作と読書で悠々自適に過ごし、昭和三十年に八十歳で亡くなったという。ここに稀に見る幸せな出版人がいたと思うのは私だけだろうか。

国民文庫刊行会の販売システムからわかるように、昭和初期円本時代はいきなり始まったのではなく、先行する全集類の読者を対象とした予約出版形式を踏襲し、それを出版社・取次・書店という近代出版流通システムへ、ミニからマスを目ざして導入することによって、まさに実現してしまったと思われる。そして早過ぎた本のデフレが発生し、それにつられ、パラレルに日本特有の文庫や新書が誕生する。もちろん関東大震災という間接的な要因はあったにしても。

その前史とでもいうべき大正時代の先駆的出版人の一人が鶴田だったことは、近代出版史に記憶されなければならない。

106 望月桂、宮崎安右衛門、春秋社

続けて二回、多種多様な刊行会による、大正時代における宗教書出版を見てきた。あらためて考えると、大正時代こそは宗教書ルネサンスとよんでいいほどで、それに合わせるように出版社と宗教はこれまでになく接近し、つながり、密接だったと考えられる。本願寺と中央公論社、ひとのみち教団と新潮社の関係はよく知られているが、その他にも多くの出版社が様々な宗教や宗教人の近傍にいて、宗教書絡みの単行本を刊行していたと考えられる。後に新潮社の「影の天皇」と称されることになる齋藤十一もひとのみち教団にいた。彼と戦後の大衆文学の関係についても、いずれふれるつもりでいる。

本書89「探偵小説、春秋社、松柏館」で、昭和十年代前半において春秋社が探偵小説に大いなる貢献を示したことを既述しておいたが、大正時代には宗教書出版でベストセラーを出し、それで資本蓄積を果たし、昭和円本時代の『世界大思想全集』などへの企画へと向かったと思われる。その宗教書出版から『世界大思想全集』へと至る過程で、春秋社は出版社としてだけでなく、同時代の文化的トポスへと位置づけられたのではないだろうか。

『日本アナキズム運動人名事典』（ぱる出版）の編集委員である小松隆二の「望月桂とその周辺」とい

うサブタイトルが付された『大正自由人物語』（岩波書店）を読むと、カフェとレストランを兼ねていた南天堂書房ほど著名ではないにしても、望月桂が大正五年に開いた一膳飯屋「へちま」もアナキズム運動の重要なトポスだったとわかる。そして南天堂、へちまに春秋社を加えてみると、この三つのトポスがアナキストたちの重要なアジールであり、連鎖していたことが明瞭になる。

望月は東京美術学校を卒業後、郷里の野沢中学で美術教師を務めていたが、上京して石版画の修業を積み、印刷所を開業する。しかしその経営に失敗し、生活のために夫婦で神田猿楽町にへちまを開く。店名の由来は「世の中は何の絲瓜と思へども ぶらりとしては暮らされもせず」によっている。へちまは立地条件も客の入りもよく、順調に見えたが、資金的余裕がないところで始めたので、借金や家賃の支払いに追われ、経営は窮々で、四ヵ月後には猿楽町を離れ、家賃の安い谷中へと移らざるを得なかった。だが小松はその移転について、次のように書いている。

「そのへちまが社会主義、社会思想、あるいは民衆芸術運動の舞台として、歴史に足跡をとどめるほどの動きを見せるのは、谷中に移ってからである。」

それでも短かった猿楽町においても、望月にとって重要な出来事が起きている。それは近くのキリスト教青年会館に勤めていた宮崎安右衛門の来店で、彼は自らの風変わりな生き方で望月に影響を与え、また望月を社会主義運動へと引き入れる久坂卯之助を紹介し、三人は終生にわたる交友を結ぶことになる。そして望月とへちまの人脈は宮崎のラインで春秋社、久坂の関係で南天堂と交差するのである。最近になって、これも宗教書に位置づけられる宮崎安右衛門の『野聖乞食桃水』を入手したので、宮崎と望月と春秋社について考えてみたい。

宮崎安右衛門は現在すっかり忘れられた存在ではあるけれど、大正時代には稀代の変人といわれ、自らも乞食行脚を行ない、無や乞食を人生哲学として考え、良寛、桃水、アシジの聖フランシスを範とし、乞食の安右衛門と自称し、多くの著書を持っていた。その一冊が『野聖乞食桃水』である。木村毅の『私の文学回顧録』（青蛙房）によれば、木村は春秋社の編集者として、宗教と文学の中間を狙う方針で、宮崎の『アシジの聖者聖フランシス』を出版し、続けて、『野聖乞食桃水』を刊行した。前者は『日本及び日本人』の正月付録に掲載されたもの、後者は他社から刊行され、絶版になっていた本だった。

春秋社版『野聖乞食桃水』の奥付を見ると、大正十年一月初版、同十一年三月九版発行で、好調な売れ行きを示している。これは同九年に成蹊堂という出版社から出され、「序文」を倉田百三、「跋」を中村星湖、「書の後に」を江渡狄嶺が寄せ、宮崎の当時の多彩な交流をしのばせている。さらに特筆すべきは二十二枚の挿絵のすべてが望月のオリジナル、もしくは改作であることだろう。桃水は江戸時代の曹洞宗の和尚で、乞食行脚の先達であり、同書は面山禅師の『桃水和尚伝賛』をベースとし、宮崎の思いを投影して書かれた評伝とみなせよう。これは江渡狄嶺が本郷の古本屋で探し出した一本だと伝えられている。しかし何よりも特徴的なのは、宮崎の桃水への思い入れを異化するような、望月のまさにコミカルな挿絵で、桃水の飄々とした軽みを伝えることを目的としているようにも思われる。大正六年に宮崎はＹＭＣＡを辞め、最初の全国乞食行脚に出発し、その時望月は門出の見送りに大森まで同行している。おそらく望月が宮崎に願っていたのは、重々しくない清貧の生活だったのではないだろうか。

倉田の「序文」から推測すると、その後宮崎は京都の一燈園に滞在したり、「武蔵野の原に子供を集め雀と共に小さな音楽会を開き或は小田原の養蜂園に蜂を飼いまた癩病院に患者を看護するが如き生活」を送ったようだが、一方で脚光を浴びて有名人になり、印税収入も増え、乞食の安右衛門ではなくなったことを非難されるようになった。

しかし春秋社は宮崎の著作の刊行をきっかけにして、賀川豊彦『死線を越えて』、倉田百三『出家とその弟子』と並ぶ、大正時代の三大ベストセラーを出版するに至る。それは西田天香の『懺悔の生活』で、木村毅は西田と一燈園のことを春秋社の三冊目の宮崎の著作『永遠の幼児』の中で知り、西田の本を企画する。倉田が一燈園にいたことも作用しているのだろう。幸いなことに一燈園の大長老が木村の隣人で、彼を通じて承諾があり、『懺悔の生活』と題する口述筆記が送られてきた。一燈園を中心として、西田が悩める人、貧窮家庭を甦生させた事実談を集めたもので、木村は感激し、次なる言葉で始まる新聞広告をうった。

「洛外鹿ヶ谷縄帯の一団あり、名づけて一燈園といふ。同人は一物半銭を所有せず、菩提心によりて街頭に行乞す。その指導者を誰とかなす。西田天香その人也。」

新潮社の佐藤義亮がこれを見て、「うむ、こりゃ売れる売れるなあ」と言ったという。そして実際に「疾風怒濤の如き売行き」が始まったのである。望月、へちま、宮崎のラインが春秋社と結びつき、『懺悔の生活』の空前のベストセラーが生み出されたのだ。だがその背景には多種多様な刊行会による宗教書原典の出版があり、それに宗教書ルネサンスが到来していたことを見逃してはならない。

107 小出正吾『聖フランシス物語』と厚生閣書店

前回論じた宮崎安右衛門が、曹洞宗僧侶桃水や聖フランシスなどを模範とする求道生活をめざしていた頃、キリスト教陣営の側からも聖フランシスに関する本が出された。それは大正十一年に小出正吾が著した処女出版『聖フランシスと小さき兄弟』（厚生閣書店）で、大正時代において仏教やキリスト教を問わず、宗教の中に求められていた理想像とその生き方の投影が、宮崎や小出の著作にくっきりと表出している。またそれがこの時代に様々な新興宗教が立ち上がってきた要因であろう。

小出の前出の一冊は持っていないが、大正十三年にやはり厚生閣書店から出された『聖フランシス物語』は手元にある。四六並製、二百四十頁余の裸本の一冊で、僧服をまとい、荒野らしきところに座し、祈りを捧げている聖フランシスの姿が描かれ、同書には「改題の序」が置かれ、これが『聖フランシスと小さき兄弟』とまったく同じ内容で、タイトルと装丁が改められたことが記されている。幸いなことに関東大震災を経てもこの紙型が無事だったため、多くの人に読んでもらえるように、廉価再版本を刊行するとの「厚生閣岡本氏」の言が紹介されている。そして小出は関東大震災後に箱根山の入口にテントを張り、被災者たちを救済するボランティア活動に従ったことを述べ、それを通じて聖フランシスに思いをはせている。大正十一年の「序詞」もそのまま収録され、イタリアのアシジの聖フランシスの姿が「地の上に天の花園を作る、美しい野の花」として、感嘆賞賛の言葉が投げかけられている。

「小さな花、貧しい花、おゝ聖フランシスよ‼　けれどあなたは光つて居ます。悦びに踊つて居ます。

あなたは永遠にしぼみません。単純な姿、聖浄な香り、あなたに触れるもののたましひは真実と愛の命を取り戻します。あなたは人間の心のふるさとを思ひ出させます。あなたは神の忘れな草です。」

小出がつづる聖フランシスの物語をたどってみよう。七百年前のアシジの若い商人の妻が難産で苦しんでいると、一人の巡礼が訪れ、厩での出産を告げる。その言葉に従うとすぐに男の子が生まれた。キリストの誕生のようだった。父はその子をフランシスと名づけた。フランシスは長じて放蕩と回心、戦争と捕虜、病と回復を経て、ついに神からの啓示を得る。そして彼はアシジから少し離れた山の洞窟にこもった後、無一物の貧乏人としてローマへと旅立ち、そこで乞食修行に励み、再び故郷へと戻る。その頃ヨーロッパには癩病が蔓延し、癩病院が建ち始めていた。彼は患者たちの看病にいそしみ、聖ダミアノの古寺で苦行を送る。フランシスは別人のごとくに変わり果て、骨と皮ばかりの狂人のようだった。十字架を背負って、神への道を一心に歩き出したのだ。貧しいフランシスの心を通して、神の愛の光がこの世の闇を照らすようで、聖フランシスと呼ばれるようになった。最後に彼は人々に惜しまれ、貧しいままの姿が塵と灰になるべく地上を去ることになる。夜の星も輝くことで、野の花も首を垂れることで、また草たちも露の泪を光らせることで、聖フランシスの死を悲しみ、そして人々の挽歌の合唱に送られ、彼の葬列はアシジの丘を進んでいった。

一言で要約してしまえば、小出の聖フランシスに象徴されているのは、無私、清貧、献身ということになろう。彼の生涯はイエスの「心の貧しきものは幸いなり」という言葉の実践でもあり、それゆえに小出の聖フランシスと宮崎安右衛門の乞食桃水もまったく同じ位相にあると考えていい。

小出は明治三十年静岡県に生まれ、大正七年に早大商学部を卒業し、貿易の仕事に従事した後、『聖フランシスと小さき兄弟』を書き、昭和に入ってからはクリスチャンとして理想主義をベースとする児童文学へと進んでいく。そうした軌跡を考えても、処女出版の同書が小出の出発点だと判断できよう。またそれはヘッセ経由の聖フランシス像の影響も受けているのかもしれない。

さてここで小出とその作品を離れ、それを出版した「厚生閣主人岡本氏」にふれておきたい。厚生閣書店の岡本正一は明治二十年大阪市に生まれ、上京して警醒社に入社し、大正十一年に独立し、創業に至っている。警醒社は浮田和民、植村正久たちが共同経営していたキリスト教図書出版社だが、同じくキリスト教関係図書出版販売の神戸の福音社を経て、明治二十一年に東京福音社を創業した福永文之助がその翌年に警醒社の事業を譲り受け、個人経営となっていた。そこで岡本は出版や著者人脈をつかみ、厚生閣書店設立に及んだのではないだろうか。それゆえに小出も警醒社に出入りしていた一人と見なしていいような気がする。

福音社と警醒社の出版人脈にはこれ以上踏みこまず、岡本と厚生閣書店にだけ言及したい。厚生閣書店は昭和三年に創刊されたモダニズムを代表するリトルマガジン『詩と詩論』と「現代の芸術と批評叢書」、及びその編集に携わった春山行夫によって、近代文学史において著名であり、私も「春山行夫と『詩と詩論』」(『古雑誌探究』所収)を書いている。しかし昭和戦時下の出版社企業整備を受け、同じく警醒社出身の土井伊惣太が興した天文書の恒星社と合併し、恒星社厚生閣となり、現在に及んでいることも作用してか、厚生閣書店に関して前述の事柄はしばしば言及されているのだが、その他の出版物と編集者についてはほとんど語られてこなかったように思われる。私も厚生閣書店の出版物を多く所有していないけれども、そのことについて次回から二編ほど記してみたいと思う。

108　春山行夫と小谷部全一郎『日本及日本国民之起原』

春山行夫は独学で英仏語とエンサイクロペディア的知識を取得し、モダニズム詩人として出発し、関東大震災後の大正十三年に名古屋から上京し、昭和三年に厚生閣書店に入る。そして「エスプリ・ヌーヴォー」にふさわしく、すべてが新しいといっていい出版社、編集者、執筆者、詩、小説、芸術、表現に基づき、まさに新しい季刊雑誌『詩と詩論』を創刊する。

これは拙稿「春山行夫と『詩と詩論』」(『古雑誌探究』所収)にも紹介しているが、春山はその編集事情について、『詩と詩論』は社主の岡本正一が彼のために出版してくれたこともあり、原稿の依頼、編集、校正はすべて一人で自宅でやっていたという。そして社内にあっては編集者が春山一人だったので、毎月刊行される四、五冊の新刊書の編集や広告もすべて担当していたようだ。春山の厚生閣書店在籍は前述したように昭和三年から六年間で、彼の証言によれば、厚生閣書店はその六年間で売上が急上昇し、春山の労に報いるために、岡本は春山の『文学評論』を出してくれた。この証言は実売六百部ほどの『詩と詩論』などが売上に貢献したはずもないので、春山が社内で担当していた毎月の新刊四、五冊が売上の増加に結びついたことを意味していよう。

それはともかく、春山の証言によって昭和三年から六年間の厚生閣書店の出版物は、ほとんどが彼の編集によるものだと考えていいだろう。しかしそれらの本が何であったのかはこれまで言及されてこなかったと思われる。

しかし私はずっと、小谷部全一郎の『日本及日本国民之起原』はその箱のシンプルで力強いレイアウト、菊判上製の造本、二十ページに及ぶ多くの口絵写真のアイヌ人からユダヤ人、ギリシャの図版に至るまでの異化効果をもたらす配列と組み合わせからして、この一冊は春山の手になるものではないかと考えていた。同書は厚生閣（書店は省かれている）から昭和四年一月に初版刊行とあるので、春山の昭和三年入社と編集者一人との証言と合わせれば、春山が担当していたと見なしてかまわないだろう。また同書は『発禁本Ⅲ』（「別冊太陽」）に示された奥付には昭和十六年八刷とあり、三円六十銭の高定価だったから、それこそ厚生閣の売上に寄与していたにちがいない。

さて『日本及日本国民之起原』だが、まず「我大日本は神国なり、我万世一系の皇上は此神国の族長に御座」すとの小谷部の宣言がなされる。そして日本の起源は紀元前二世紀前に起きたノアの大洪水の後、新たな精神文明を背景にして、西アジアの「タマーガのハラ」＝高天原に神都を開いて栄えた民族で、「我大日本の基礎民族は希伯来神族の正系にして猶太人は其傍系」とされ、その証明が主として『旧約聖書』を参照しての神祇と祭祀、軍事と歴史、風俗習慣の比較研究によって例証されていく。これは所謂日ユ同祖論であり、本書83「木村鷹太郎訳『プラトーン全集』」でふれた木村の日本の太古史が世界の中心史で、日本民族はギリシャラテン人種だという主張のバリエーションに位置づけられるだろう。しかし昭和十四年になって発禁処分を受けていることからすると、もはや荒唐無稽な日ユ同祖論すらも許されざる言説と化していたのだ。

この著者の小谷部とはどのような人物なのだろうか。同書の「緒言」に記された経歴を引いてみよう。「往年海外に留学を志たるも資乏しくして果さゞりしが、十九歳意を決して外国帆船に便乗し、赤裸紐育に上陸して以来、異郷の学窓に蛍雪の苦を嘗めて春秋を迎ふること十有三年、而も其間一銭の邦貨を費さず、最後の名残に世界五大学の一に列するエールを卒業して帰朝（後略）。」

ここには述べられていないが、彼はアメリカで神学を修めてきたようで、帰国後はアイヌ民族の部落に学校を創立し、その教育に十年従事し、それから皇典講究所と国学院大学などの講師を務めるかたわらで、『日本及日本国民之起原』に結実する研究に従事し、ようやく上梓を見るに至ったと考えられる。おそらくキリスト教関係者を通じて、厚生閣へと持ちこまれ、春山行夫がその編集に携わることになったのではないだろうか。日ユ同祖論者の小谷部と、当時の欧米の「エスプリ・ヌーヴォー」の最先端にふれていたモダニスト春山の出会いは、想像するにまさにロートレアモンのいう手術台の上でのコウモリ傘とミシンの出会いのようにおかしい。しかし二人は意外なことに意気投合したかのようにも思われ、それが見事な造本、内容はともかく行き届いた丁寧な編集に表われていると見るのは考えすぎだろうか。

最後に付け加えておけば、私は少年時代に小谷部の名前を目にしている。それはカッパノベルスに入っていた高木彬光の『成吉思汗の秘密』においてだった。そこでは神津恭介が初めて歴史探偵を演じ、成吉思汗＝源義経伝説を推理するもので、その前提となる仮説が、小谷部が『日本及日本国民之起原』に先立つ大正十三年に冨山房から刊行した『成吉思汗ハ源義経也』（復刻炎書院）だったのである。

また本書74「エドワード・カーペンターと石川三四郎」の石川も、大正十年に『古事記神話の新研究』（三徳社）を出し、日本民族の起源をメソポタミアに求めている。大正とはまさに奇妙な歴史言説、ルーツ探求の時代でもあったのだ。

109　高島嘉右衛門、高木彬光『大予言者の秘密』、神宮館

前回の小谷部全一郎の『日本及日本国民之起原』を高木彬光の『成吉思汗の秘密』で閉じた。しかしこの二人にもう一人の人物の名前を加えると、飛ばすことができない三題噺を形成してしまうので、その一編を書いておくことにする。

小谷部の同書は言及が遅れたが、「題字」は玄洋社の頭山満、『新日本史』や『二千五百年史』（講談社学術文庫）を著し、また雑誌『世界之日本』によっていた竹越與三郎が「序」を寄せている。この二人とは別に小谷部は同書を「著者ニ多年親交ヲ賜ワリタル七賢」に捧げている。それらの「七賢」とはすべて故人で、学習院長近衛篤麿、宮中顧問官二條基弘、理学博士坪井正五郎、宮内庁掌典宮地巖夫、呑象博士高島嘉右衛門、枢密顧問官小松原英太郎、天台道士杉浦重剛であり、小谷部の置かれていた社会、文化環境とその人脈が浮かび上がってくる。ただ奇異に思われるのはアメリカで神学を修めてきたにもかかわらず、キリスト教関係者が一人も挙がっていないことだ。それとさらに意外なのは高島嘉右衛門の名前である。

平凡社の『日本人名大事典』を参照すると、高島は幕末明治の実業家、易学大家で、号を呑象。天保三年常陸国に生まれ、江戸に出て材木商の丁稚となり、後に京橋木挽町に材木店を開き、鉱山の採掘にも成功するが、幕末に海外貿易を企画し、幕府の禁にふれ下獄され、獄中で易学の書を読み、易理を究める。明治を迎え、政府の命を受け、東京横浜間の鉄道と国道の開設工事に力を尽くし、また横浜ガス

燈事業、育英のための横浜の高島学校の建設、石狩十勝の高島農場の開拓に携わり、北海道炭鉱鉄道会社の社長なども務める。さらに易学に通達し、明治二十八年に『高島易断』を著わして一世に聞こえ、「自ら易を一種の宗教として、その著の英訳を米国シカゴの世界宗教会議に提出せり」とある。大正三年、自らの死亡日を予告し、八十三歳にて没。

この高島に関する記述から、小谷部との関係が高島の北海道開拓事業や宗教としての易の双方にわたっていると想像される。実はその高島嘉右衛門の伝記を書いたのが他ならぬ高木彬光で、それは「易聖・高島嘉右衛門の生涯」とある『大予言者の秘密』（角川文庫）という一冊として、昭和五十四年に刊行されている。

高木の『大予言者の秘密』は「あとがき」に示されているように、大正三年の植村澄三郎『呑象高嶋嘉右衛門翁伝』（復刻大空社）や同六年の石渡道助『高島嘉右衛門自叙伝口述』などの先人の著作を参考文献として成立している。そのこともあってか、幕末期に半分が割かれ、英国大使館建設をめぐるパークスとの交渉や、その後の横浜異人館の建設の一手引き受けに至る事業は興味深いが、晩年の易を宗教と見なし、その英訳をシカゴの世界宗教会議に提出したことには何もふれられていなかった。ただ高島の全十七冊からなるその後の著書『増補・高島易断』（明治三十四年、復刻八幡書店）が刊行されたこと、そして高島の易の門下で、高島姓を許された易者は一人もおらず、例外は高島家の血筋を引きい三代目呑象だけで、その他は私淑したにしても、「営業上の損得を考えて芸名のような名前をつけただけである」との事実を知らされた。

あらためていうまでもないけれども、実用書出版物の一分野に暦があり、年末年始の書店の定番商品として、その時期には現在でも店頭に平積みされ、着実に売れていると思われる。これは少し立ち入った出版業界話になるが、これらの暦の仕入れ正味は三掛けで、書店にとっては他の雑誌や書籍に比べ、三倍以上の粗利があるという特筆すべき商品に該当する。この暦の代表的な商品が高島易断の名前の入った神宮館発行のもので、高島嘉右衛門に始まっているのではないかと当然のように考えていた。

ところが高木の指摘に加えて、嘉右衛門を調べるために各種人名事典をあたっていると、『〔現代日本〕朝日人物事典』(朝日新聞社)の中に高島象山なる人物が立項されているのを見つけた。嘉右衛門ならぬ象山のほうが掲載に至った事情はわからないが、その既述を引いてみる。

「易者。岡山県生まれ。旧姓・牧。1932(昭7)年〝高島易〟の開祖・高島嘉右衛門呑象にあやかり、高島と改姓、高島象山を名乗って易業に邁進し、〝だまって座ればピタリとあたる〟のキャッチフレーズで易断界の大御所の一人にのし上がり、東京・神田に「高島易断総本部」を開設した。ところが59年11月24日夜、総本部待合室で、兵庫県から上京してきた若い男に長男ともども出刃庖丁で刺され、翌早朝に象山は死亡。自分の運命は一寸先も占えなかったため、易業界に複雑な波紋を呼び起こした。易業のかたわら千代田区議を務めたこともある。」

これを読んで、高島暦、神宮館の暦や出版物の由来を納得した次第だ。手元に昭和三十九年刊行の高島易断所本部編纂の『天保新選永代大雑書万暦大成』があるが、奥付の発行所は高島易断所本部神宮館と記されているので、編纂所と発行所が同一だとわかる。同書は和本仕立て、四百三十ページに及ぶ江戸時代からの暦の解説書の集大成となっていて、やはり暦が近世の出版物の一分野を占めていたことがうかがわれる。その巻末広告には易学、人相、家相、四柱推命書、まじないや占い、民間療法の本が掲載され、これらも暦と同様に近世出版物にその起源と範を求めることができよう。しかしその中に巌谷小波の弟子で、博文館の編集者だった木村小舟の『図説仏像大鑑』が混じっていることからすれば、神宮館の出版企画にも博文館からの継承が感じられる。

だから神宮館＝「高島易断所本部」の暦は、高島象山系の「高島易断総本部」のものと異なっているとわかる。ただ全国出版物卸商業協同組合の『三十年の歩み』所収の「暦の神宮館」によれば、創業者の木村茂市郎が漢学者松田定象と知り合い、暦に加え、易書を出版するようになり、奥付発行人の木村金吾はその二代目だという。こちらも高島嘉右衛門と何の関係もなかったのだ。このような暦の出版の推移の中にも思いがけない出版史のドラマが潜んでいることになる。

なお『大予言者の秘密』における高木の「あとがき」によれば、私の偏愛する作家で、昭和五十年代前半に『呪いの聖域』(祥伝社)に始まる「えぞ共和国」シリーズを続けて発表した藤本泉が、漢文調の原文でつづられた『高島易断』の現代訳を志していたという。しかし彼女はヨーロッパに出国し、そのまま行方不明になってしまい、それは果たされなかった。残念である。

110　酒井勝軍と内外書房『世界の正体と猶太人』

小谷部全一郎の『日本及日本国民之起原』に表出している妄想的としかいいようのない日ユ同祖論、あるいは木村鷹太郎の日本民族のギリシャ、ラテン人同種論にしても、同様な奇怪な言説でしかないのだが、それらは酒井勝軍というトリックスターを得て、さらなる異彩を放ち、軍部や竹内文書にまつわる人々をも巻きこんで展開されていった。また戦後になっても、酒井が提出した日本におけるピラミッド、モーゼの十誡石、神秘金属ヒヒイロカネ、キリストの墓伝説といった日ユ同祖論に基づく言説は、オカルトムーブメントの物語祖型と水脈を形成し、昭和十年代前半に酒井が主宰した集大成的な雑誌『神秘之日本』も八幡書店から復刻され、オウム真理教へとも引き継がれていった。

酒井はその『神秘之日本』第一号の「発刊の辞」において、次のように高らかに宣言している。

「日本は神秘国である。時を問はず、処を問はず、人を問はず、何時、誰か、何処から見ても日本は神秘国である。であるから所謂科学を超越した神智霊覚者の眼のみ其の正体が窺知さるゝものである事を忘れてはならぬ。」

酒井はどのようなプロセスを経て、このような「日本は神秘国である」という認識へと至ったのであろうか、それが問われなければならない。なぜならば、私はそのような酒井と異なる以前の姿を知っているからだ。彼は各種人物事典に立項されていないので、いくつかの資料から抽出し、そのプロフィルを追ってみる。

これは奇妙な偶然だが、私はかつて拙ブログで「謎の作者佐藤吉郎と『黒流』」を連載していて、その佐藤が東北学院出身で、日本力行会に属していたのではないかと書いてきた。東北学院は前身が仙台神学校で、旧幕臣の押川方義がキリスト教に入信し、明治十三年に仙台に移って東北伝道のベースを固め、同十九年に創立している。酒井は明治七年山形県に生まれ、山形英学校を経て、二十三年に仙台神学校に入り、在学中に島貫兵太夫たちと東北救世軍を結成し、二十七年に東北学院を卒業後上京し、救世軍活動や伝道に携わる。そして三十一年に渡米し、三十七年に日露戦争に通訳として従軍する。この渡米体験と日露戦争従軍を機として、大正に入り、酒井はそれこそ「神秘之日本」と日ユ同祖論へと急旋回していったようだ。

ここで付け加えておくと、島貫と酒井は押川の二大弟子と称され、島貫は海外雄飛をめざすジェスイット教団的な日本力行会を立ち上げ、酒井はパレスチナに赴き、日ユ同祖論へと向かい、日猶協会や神秘之日本社の設立に至り、仙台神学校＝東北学院の俊英の二人の軌跡はきわめて興味深い。また酒井の渡米と神学を修めたこと、日露戦争従軍の経歴は小谷部全一郎とまったく重なるものであり、両者を共通な思想というよりも、奇怪な妄想へと誘う留学と戦争体験が深く作用していたと考えるべきであろう。

それをバックアップしたのが『プロトコル』つまり『シオンの議定書』の出現で、これはロシア革命と日本のシベリア出兵、酒井の再びの従軍とパラレルである。『シオンの議定書』は次回に取り上げるつもりだが、端的にいえば、ユダヤ人が世界を支配する大陰謀をめぐらし、その実現のために秘密結社フリーメーソンが暗躍し、ロシア革命も第一次世界大戦も彼らによって仕組まれたとするもので、現在でも終焉を見ていないユダヤ陰謀論の起源となる言説である。

このユダヤ陰謀論と日ユ同祖論がどのようにリンクしていくのかを、酒井が大正十三年に内外書房から出した『世界の正体と猶太人』に見てみよう。同書は英国、米国、日本の「正体」を論じた一冊だが、彼によれば、英国も米国もユダヤ人に牛耳られていて、日清、日露戦争も両国のユダヤ人のたくらんだ陰謀ということになる。それに対して、英米よりもはるかに長い歴史を有する日本は「神州」であり、その前身は「イスラエル王国」だと宣言される。それが二千六百年前に亡国に及んだ時、秘かに王国は日本へと移され、日本帝国が万世一系の皇族をもって建国された。そして酒井は両者の共通性を三十項目にわたって列挙していく。ここには明らかに木村鷹太郎や小谷部全一郎の影響が見てとれる。

つまり酒井の論をシンプルに解釈すれば、陰謀をたくらむ英米のユダヤ人とは異なる原ユダヤ人とイスラエル王国が、日本人と日本帝国と起源を同じくするもので、これがユダヤ陰謀論と日ユ同祖論を分かつのである。それが『聖書』にも明示され、イエス、ユダヤ人、日本は神の名のもとに三位一体化していることになる。そしてその「権威」と「自尊」が次のように示される。


「イエス曰く、我は神の子なり。

猶太人曰く、我は神の民なり。

日本曰く、我は神の国なり。

此三者何れも神の道（ことば）の化身にして、イエスは即ち「神の言の葉の人」となり、猶太人は「神の言の葉の民」となり、又日本は「神の言の葉の国」となるものなるが、之れ余が所謂神の三J政策（Jesus, Jew and Japan）にして極めて興味深遠たる問題（後略）。」


そしてさらに「神の子」イエスと「神の国」日本の誕生から復古は、これもまたまったく同じ軌跡をたどっていると解釈されているのである。

酒井の同書に加えて、『猶太人の世界政略運動』『猶太民族の大陰謀』が彼の三大著作とされる。これらはいずれも内外書房から刊行され、ユダヤ陰謀説をめぐる言説本は大半がこの出版社から出されたようで、酒井とならぶそれらのイデオローグの北上梅石、若宮卯之助、藤原信孝の著書や小冊子の案内が「猶太研究書」として、『世界の正体と猶太人』の巻末広告に掲載されている。発行人の舟越石治もそれらの関係者だと思われる。

なお日本におけるユダヤ陰謀論の歴史、人物、言説、文献については、宮沢正典の『ユダヤ人論考』（新泉社、昭和四十八年、増補版同五十七年）が詳しい。

またこれはどのような関係から生じたのかわからないが、『神秘之日本』の初期の発行人は古賀治朗で、彼はあの古賀政男の兄である。また治朗は巻末に「明治大学嘱託／北米式徳会柔道師範」の肩書で、アメリカ在住の日本人に、子弟の日本での教育を提案する「在米同胞に告ぐ！」というページ広告を掲載している。

111 久保田栄吉訳『驚異の怪文書ユダヤ議定書』とノーマン・コーン『シオン賢者の議定書』

私はかつてユーゴスラヴィアの作家ダニロ・キシュの『若き日の哀しみ』と『死者の百科事典』（いずれも山崎佳代子訳、東京創元社）について、「死者のための図書館」（『図書館逍遥』所収、編書房）という一文を書いたことがあった。この二冊の短編集はナチスによるジェノサイドと強制収容所を背景とし、アウシュヴィッツに送られ、殺されたユダヤ人であったキシュの父をめぐる様々な寓話的作品からなっている。それらの物語の核心に「書物という殺人者」（キシュ）に他ならない『ユダヤ議定書』が横たわっているのだ。同書はナチスによって徹底的に利用され、戦争とジェノサイドを正当化させた書物でもあった。キシュはその伝播に関して、ヨーロッパ大陸、イギリス、アメリカを経て、「日出る国」にさえ届いたと記していた。

確かにそうなのだ。宮沢正典の『ユダヤ人論考』（新泉社）によれば、『ユダヤ議定書』（『シオンの議定書』や『シオン長老の議定書』とも表記される）を最初にもちこんだ一人は内外書房から『猶太禍』を刊行した北上梅石である。彼の本名は樋口艶之助で、神田駿河台の初期のニコライ神学校を卒業してペテルスブルグ神学大学に留学後、陸軍諸学校のロシア語教授に就任した。そしてシベリア出兵に通訳として従軍しているので、彼も小谷部全一郎や酒井勝軍と同じ経路をたどっている。

それから最初に『シオンの議定書』をその著書『世界革命之裏面』に掲載したのは包荒子で、彼は陸軍のユダヤ問題専門家の安江仙弘であり、ロシア語を習得し、シベリアに赴任しており、またパレスチナにも派遣され、それに同行したのは酒井であった。

そして昭和十三年になって、エス・ニールス著、久保田栄吉訳『世界顚覆の大陰謀ユダヤ議定書』（破邪顕正社）から単行本として、ロシア語原文も収録した上で刊行された。原書は著者のニールスが入手したユダヤの長老たちの秘密会議録で、それをロシア語に翻訳したものとされ、これをテキストとして多くの各国語訳が出たのであり、初めての原典訳単行本と見なしていいだろう。これは戦後の昭和三十四年に大勢新聞社から『驚異の怪文書ユダヤ議定書』のタイトルで復刻され、私の所持する一冊は同四十八年七版とあり、ロングセラーになっているとわかる。後にふれるノーマン・コーンの『シオン賢者の議定書』（内田樹訳、ダイナミックセラーズ）も巻末にこれを抜粋収録しているので、破邪顕正社版を決定版と考えるべきだろう。

訳者の久保田は宮沢の前掲書にも名前が散見していたが、同書に寄せられた序文にあたる「訳者の言葉」、及び巻末の略歴によれば、明治二十年富山県生まれ、ロシア革命前後にかけて十数年滞露し、大正十年ソビエト陸軍大学の日本語教授に招かれたが、日本共産党員の告訴により、スパイ容疑を受け、死刑宣告される。しかし獄中生活を経て釈放され、日本へ帰り、『赤露二年の獄中生活』などを刊行し、「ロシアの日本に対する大野望を暴露する」とともに、その核心にあるユダヤ人の「世界革命陰謀のバイブル」と称すべき『世界顛覆の大陰謀ユダヤ議定書』の翻訳紹介に至っている。久保田の著書は未見であるし、その経歴は詳らかではないにしても、とりあえずのプロフィルはこれで描けるだろう。

さてこの『世界顛覆の大陰謀ユダヤ議定書』だが、これは久保田の記述に添うよりも、先述のコーンの『シオン賢者の議定書』によって説明分析しておくべきだと判断する。なぜならば、コーンは『千年王国の追求』（江河徹訳、紀伊國屋書店）、『魔女狩りの社会史』（山本通訳、岩波書店）において、異端審問、魔女狩りの粛清と異族迫害の歴史的メカニズムを問い、同書にあってはこれも同じ構造を有するジェノサイドとホロコーストをテーマとすることで、訳者の内田樹も記しているように、「迫害の社会史」三部作を形成しているからだ。なおここからは『議定書』はコーンがよんでいるように、『プロトコル』と表記する。

コーンは他の追随を許さない偽書『プロトコル』について、ユダヤ人の世界支配陰謀神話の極限的な表現形式で、神話普及史上最大の媒体であり、それが第一次世界大戦後に全世界を席巻し、ヒトラーによってナチズムのイデオロギーにまつり上げられ、アウシュヴィッツの建設へと結びついたと指摘している。その『プロトコル』を簡略にトレースすれば、次のようなものになろう。

『プロトコル』の前史に潜んでいるのは、キリスト教徒がユダヤ人に抱いていた偏見であり、聖職者たちによって広く深層に根づいていたもので、それは悪霊に取りつかれた破戒者、悪魔的能力を備えた神秘的存在だとの盲信だった。その盲信はフランス革命を迎え、ユダヤ人の世界支配陰謀の神話を発生させる。イエズス会神父がフランス革命秘密結社陰謀説を唱え、それに読者の書簡が加わり、革命の元凶は中世の聖堂騎士団の傘下におかれたフリーメーソンと啓明結社であり、その背後にユダヤ人が暗躍しているという言説、すなわち『プロトコル』に至る反ユダヤ偽書群の始まりが刻印された

そして十九世紀になって、新たな産業社会の訪れにより、工業や商業、政界やジャーナリズム、ロックフェラーのような金融資本にユダヤ人が破格に台頭し、それに対して保守主義陣営からユダヤ人が悪魔的な近代の化身と見なされ、反ユダヤ主義へと結びついていった。そのかたわらで、コーンの著書の「付録」となっているような反ユダヤ主義的な小説、ドキュメント、講話などがヨーロッパから始まり、世界各国へと伝播していき、ユダヤ人世界征服陰謀の神話は世界を席巻するに及んだ。その神話の嚆矢が『プロトコル』で、ここにかつてのフランス革命の代わりに、第一次世界大戦もロシア革命も世界恐慌も、すべてがユダヤ人の陰謀とされ、ユダヤ秘密結社に集ったシオンの賢者たちが世界を支配し、その方法を決めているという奇怪な神話が樹立されたのである。

またそれはナチスによるユダヤ人ジェノサイドへと駆り立てていく力の源泉ともなったのだ。このユダヤ人世界支配陰謀神話とジェノサイドへ至る道をたどりながら、コーンは次のように記している。

「神話は真空の中では作用しない。もし第一次世界大戦とロシア革命がなければ、神話は極右派と西欧の奇想家のままに終わり、『プロトコル』は陽の目を見ることがなかっただろう。また世界恐慌とその後の混乱がなければ、『プロトコル』が西欧の強大な一政府と国際的な政治運動の信仰箇条となることもなかっただろう。」

そしてコーンはさらに付け加えている。「ユダヤ人世界支配陰謀神話はまだ絶命していない。また別の偽装の下に蘇ろうとしている」と。これもまた確かにそうなのだ。現在でもユダヤ人陰謀神話本の出版は後を絶たず、他ならぬ「日出る国」でも延命している。それは偽書『プロトコル』の影響がまだ終焉していないことを示していよう。

112　四王天延孝『猶太思想及運動』と内外書房

『驚異の怪文書ユダヤ議定書』の「訳者の言葉」において、久保田栄吉はユダヤ研究の権威として、「四王天延孝閣下及安江陸軍、犬塚海軍其他の先輩」の名前を挙げ、謝辞を恩師の相馬愛蔵、黒光や杉山茂丸などに掲げている。後者の相馬夫妻や杉山のことはひとまずおくが、前者の名前は久保田のユダヤ研究が軍部の人々と歩調を合わせ、進んできたことを語っている。

しかも四王天たちは既述した酒井勝軍の著書の版元である内外書房から、いずれもがペンネームでユダヤ問題に関する著作を刊行している。彼らのペンネームは宮沢正典が『ユダヤ人論考』(新泉社)で指摘しているように、四王天延孝＝藤原信孝、安江仙弘＝包荒子、犬塚惟重＝宇都宮希洋である。

内外書房によったすべての著者たちが判明しているわけではないが、これまで名前を挙げた人々を考えると、酒井や樋口艶之助＝北上梅石は神学校出身、四王天たちは語学に通じ、特務機関に関係する軍人で、彼らの共通点はシベリア出兵体験と従軍、ロシア革命とボルシェヴィキへの注視であろう。また国内における大正デモクラシーへの反発も共有していたと思われる。そうした彼らが内外書房と手を携え、『プロトコル』に基づく反ユダヤプロパガンダを繰り広げていったのである。彼らが行なった全国各地での夥しい講演を、内外書房は本や小冊子として刊行した。その内外書房について、管見の限り出版史における言及を見ていないし、全貌も発行人の舟越石治のこともわからない。ただ外務省の外郭団体で、『国際秘密力の研究』(後に『猶太研究』)を出していた国際政経学会の関係者との推測はつくにしても。

しかし内外書房が行なった反ユダヤプロパガンダを称して、宮沢は『ユダヤ人論考』の本文ではなく、注の部分で「内外書房の熱烈な肩入れ」と見なし、同社の大沢鷺山『日本に現存するフリーメーソンリー』や武藤貞一『ユダヤ人の対日攻勢』の巻末やカバーに寄せられた出版者の言葉を引用している。この二冊は入手していないので、宮沢の同書から再引用する。

「大正十二年の大震災直後から小房が発行したユダヤ研究に関する諸先生十余種の著述は計らず憂国の各位より大好評を受け、この種の出版を続行するやう絶えず激励せられました。厚く感謝します。」

「願ふ、関東大震災の劫火未だ消えさらざる時、切に猶太研究の先覚の諸先生に願ひ、『猶太禍』『猶太人の世界政略運動』『猶太民族の研究』『共産党の話』『猶太人の大陰謀』『世界の正体と猶太人』を発行、好評絶讃普及実に四万冊を突破、更に、『何故の露国承認ぞ』『自由平等友愛と猶太民族』『皇国を呪ふ二重陰謀』の三小冊子五万を全国的に無料配布せし等、小房が報国一片の赤心、此の驚くべき猶太禍を警告せしは、諸者各位の尚御記憶せらるゝであらう云々。」

これらのおそらく発行人の舟越の言葉によって、内外書房が関東大震災後に立ち上げられ、それに続く昭和経済恐慌の中で、書名に象徴される反ユダヤ人言説が日本中に撒き散らされていった状況がまざまざと浮かんでくるような気がする。それに次回言及するナチズム文献の翻訳と研究書の出版が相乗し、さらに多くの周辺出版物が加わり、確たる分野を形成したと考えて間違いないだろう。

その集大成的一冊が陸軍中将の位を冠した四王天延孝の『猶太思想及運動』（ただし箱表記はユダヤ）で、これは昭和十六年にもちろん内外書房から刊行されている。菊判五百ページ余、内容はユダヤ民族の歴史と思想、その秘密結社フリーメーソンがフランス革命、アメリカ独立革命、ロシア革命、第一次世界大戦に及ぼした影響、及び東洋政策、満州事変、第二次世界大戦への関与、日本とユダヤ問題に付け加え、「付録」としてフランス語からの彼自身の翻訳『シオンの議定書』の収録もある。したがって同書は四王天が戦後になって著わした『四王天延孝回顧録』（みすず書房）で述べているハルビン特務機関時代の大正十年頃に大連で印刷し、菊判二百ページ、五百部にまとめたユダヤ研究から始まる到達点を示していよう。

『四王天延孝回顧録』や人名事典によれば、彼は日露戦争を経て陸大を卒業後、フランス語やロシア語を修得し、教官などを務め、第一次世界大戦において三年間フランス軍に従軍し、帰国後は前述のハルビン特務機関の他に陸軍航空学校、陸軍省、国際連盟を経て、衆議院議員にもなっている。そのかたわらで、彼が反ユダヤ運動に携わってきたことは明白だが、『回顧録』にユダヤ研究やそのための民族研究会の創立は書かれていても、それらの詳細や内外書房から出した本については記されていない。それゆえに彼の戦後の『回顧録』は、反ユダヤ言説やプロパガンダの渦中にいた自らを描いているとは言い難い。これが昭和十年までの記録だとしても、意図的に省かれていると考えるしかない。だが彼は第二次世界大戦がユダヤの陰謀だとの説を終生変えていなかったはずだ。

それでも四王天が『回顧録』を執筆したことに比べ、安江仙弘は敗戦時にも満州国政府顧問としてとどまり、ソ連軍に捕らえられ、シベリアに送られ、ハバロフスクで死亡。犬塚惟重はこれも敗戦の際にマニラで逮捕され、捕虜虐待容疑で戦犯裁判にかけられ、その後釈放され、日本に戻り、日本イスラエル友好協会に加わっていたが、戦時中に反ユダヤ主義であったことが発覚し、それを退会せざるをえなかったようだ。また内外書房の舟越石治の消息はまったくつかめない。四王天以外の三人が何らかの記録や証言を残していれば、もう少し内外書房の出版物とプロパガンダに象徴的に表出した、大正末から昭和にかけての日本における反ユダヤ主義のくっきりした軌跡が描けたように思えるが、それはあきらめるしかない。

そのことを無視して、M・トケイヤーたちの『河豚計画』（加藤明彦訳、日本ブリタニカ）や赤間剛の『日本＝ユダヤ陰謀の構図』（徳間書店）へ飛躍してしまうのは、資料的に心もとないように考えられるので、ここで止める。

113　藤沢親雄、横山茂雄『聖別された肉体』、チャーチワード『南洋諸島の古代文化』

前回『猶太思想及運動』や『四王天延孝回顧録』の四王天が、パリやジュネーブの国際連盟に出向していたことは既述したが、それは大正十三年から昭和二年にかけてだった。彼は『回顧録』の中でそれを、「現職生活中公私共に最も印象深いものの一つ」と述べていた。同時代の国際連盟に深く関わった日本人がいる。それは藤沢親雄で、彼は大正八年に元満鉄総裁松岡均平に随行し、その前年から同連盟の事務局次長であった新渡戸稲造の知遇を得て、そのまま事務局情報部に入り、同十一年までジュネーブにとどまっている。この二人の国際連盟時代の大正十年、及び十一、十二年にかけて、国際連盟総会や委任統治委員会に出席するためにジュネーブに滞在したのは柳田国男であった。

柳田国男研究会編『柳田国男伝』（三一書房）における「国際連盟時代」によれば、委任統治委員会の議題は、第一次世界大戦後を受け、それまでの帝国主義諸国に分割領有されていた植民地を国際連盟のもとで管理し、その任務をそれまでの経緯や地理的位置などによって、最適任の先進国に委任することであった。そして日本の委任統治地域は、大戦後に日本の占領下にあった赤道以北旧ドイツ領の南洋諸島に確定した。これもまた本書で後述するつもりだが、柳田も含めて南島への関心と出版物の隆盛は、この国際連盟での確定が大きな転回点になったと思われる。またそれと同時に『柳田国男伝』は「パレスチナ問題」という一項を経て、柳田がパレスチナやユダヤ問題、つまりパレスチナ委任統治問題に大きな関心を寄せ、パレスチナ出張を働きかけ、外務省から差し止められ、それが委任統治委員会委員の辞任へとつながっていったと指摘している。その柳田の当時の「瑞西日記」（『定本柳田国男集』第三巻所収、筑摩書房）の中に、「藤沢君」の名前が最も頻繁に記され、ジュネーブと国際連盟時代における二人の親密な交流をうかがわせている。だがこの藤沢君は『柳田国男伝』において、同連盟事務局情報部の日本エスペラント学会員として一度だけ名前を挙げられているにすぎない。

もう少し詳細に藤沢の生涯をたどると、その遺稿である著書『創造的日本学』（日本文化連合会、昭和三十九年）所収の年譜などによれば、明治二十六年に数学者で、後の貴族院議員藤沢利喜太郎の長男として生まれ、東大時代は吉野作造門下で、新人会に属していたようだ。そして農商務省に入り、国際連盟に赴くことになるのだが、その後にベルリン大学にて哲学博士号を取得し、九州帝大教授を経て、文部省国民精神文化研究所、大政翼賛会の要職を務め、戦後は学術団体日本文化連合会を結成し、日大教授などを歴任となっている。この藤沢が、横山茂雄の『聖別された肉体』（水声社）のローゼンベルクの『二十世紀の神話』を論じたところに、「藤沢親雄のようなナチの讃美者、紹介者でもある体制側知識人」として出てくる。そして横山はこの「オカルト人種論とナチズム」のサブタイトルを付した一冊の「附録」Ⅱとして、「玄米、皇国、沈没大陸」を加え、再び藤沢に言及し、私が前述したような紹介の後、次のように書いている。

「共産主義攻撃の論客として登場した彼は、ファシズム、ナチズムの讃美、紹介に努めるいっぽうで、皇国思想の体系化、理論化に没頭するのであるが、その作業を進めるうちに出会ったのが、契丹古伝や竹内文献といった偽史であり、彼はその世界にのめりこんでいく。偽史を用いれば、天皇に率いられた古代大和民族の至高性を証明せんとする藤沢の望みは達成されるのだ。」

そして藤沢は、ローゼンベルクがゲルマン民族の原郷として失われた大西洋のアトランティス大陸を求めたように、日本民族の出自は古代に太平洋に沈没したムー大陸にあるとの認識に至る。ムー大陸こそは世界文明の根源の地でもあった。国際連盟統治委員会において、日本の統治地域となった南洋にムー大陸が求められたのは偶然ではないだろう。それはゼームス・チャーチワードの *The Lost Continent of Mu*、及び *The Children of Mu*（*1931*）に根拠を発し、藤沢はこの原書を仲木貞一に貸与し、昭和十七年に『南洋諸島の古代文化』（岡倉書房）として、翻訳刊行させる。その見返し部分には「ムー大陸及びアトランチス大陸その他陥没したる陸地の地図」が掲載され、倒錯的地図としての日独同盟の奇妙な生々しさを伝えているかのようだ。仲木は、『日本近代文学大事典』を参照すると、明治十九年に金沢に生まれ、早大英文科卒、読売新聞記者を経て、劇作家となっている。だが藤沢と同様に、仲木もまた日ユ同祖論者であったようで、やはり偽史研究家の三浦一郎＝三村三郎の昭和二十八年に出された『ユダヤ問題と裏返して見た日本歴史』（日猶関係研究会、復刻八幡書店）において、「早くから親ユダヤ陣営に参加した先覚者」で、「現関東大学教授、日猶懇話会理事、かつて『キリスト日本往来記』を脚色し国際映画八巻を作った人」と立項されている。その前には藤沢の名前が置かれ、同様に日猶懇話会理事、日猶関係研究会創立者の一人で、三村の同書もそこから刊行されたことになる。

さらにそこで三村が挙げている「親猶主義関係の人々」は小谷部全一郎を筆頭に、木村鷹太郎、酒井勝軍、安江仙弘、犬塚惟重も続き、反ユダヤプロパガンダに関わった人々が戦後になって、日ユ同祖論に基づく「親猶」へと転向していったことを物語っていよう。だが四王天延孝の名前はそこにない。おそらく冒頭に記したように、国際連盟とユダヤ問題を通じて、四王天と藤沢は交流があったはずだが、四王天は日猶懇話会などに加わらず、距離を置くようになっていたからなのだろうか。また藤沢と柳田国男の戦後の関係はどうなっていたのだろうか。その他にも興味を募らせる人物の名前や写真が三村の著作に見える。それらの人々についても、これからも何人かは言及するつもりでいる。

さらに付け加えれば、横山茂雄は『聖別された肉体』の「あとがき」において、井村宏次からの教示と吉永進一の教唆を、感謝をこめて記している。この二人は昭和五十年代半ばに studies in esoteric tradition と銘打って刊行された『迷宮』の寄稿者で、その第3号に彼らの論稿がともに掲載され、横山も含め、彼らがオカルティズムに対する問題意識を共有していたとわかる。ちなみに『迷宮』は白馬書房から刊行され、井村は本書でも後に言及する『霊術家の饗宴』（心交社）の原型となる「近代日本異端医療の系譜─維新以後の霊術家の饗宴」、吉永は「近代日本スピリチュアリズム史序説」を掲載し、後者は明治四十年代から始まる日本のスピリチュアリズム文献の手際のいい包括的紹介となっている。また第1号には藤沢も登場する「戦時下の偽史論争」の再録がある。

これらをめぐる研究、出版ブーム面と、チャーチワードの『失われたムー大陸』などの大陸書房を始めとする出版社問題などについては今後の課題にしたいと思う。なおここで横山のことだけを記してしておけば、彼はいうまでもなく本書で何度も言及してきた水野葉舟の『遠野物語の周辺』の編者であり、稲生平太郎名で『アクアリウムの夜』（水声社）、法水金太郎名でJ・G・バラードの『残虐行為展覧会』（工作舎）の翻訳を刊行している。また柳田と藤沢のジュネーブ時代の関係は、大塚英志の『偽史としての民俗学』（角川書店）でも論じられている。

114　ローゼンベルク『二十世紀の神話』と高田里惠子『文学部をめぐる病い』

ノーマン・コーンは『シオン賢者の議定書』において、『プロトコル』、ヒトラーの『わが闘争』、ローゼンベルクの『二十世紀の神話』を、ナチズムの三大聖典とよんでいる。そしてローゼンベルクと『二十世紀の神話』は『プロトコル』のユダヤ人の世界陰謀神話をプロパガンダし、ナチの反ユダヤ主義イデオロギーやヒトラーのゲルマン民族主義に結びつけられていった。いうまでもなく、その帰結はジェノサイドを正当化させ、ホロコーストへの道を準備したのである。だがこの時期のドイツの大学教授たちの読書思想史であるフリッツ・K・リンガーの『読書人の没落』（西村稔訳、名古屋大学出版会）はこれらの三大聖典にはまったくふれていない。

コーンはローゼンベルクの写真に、ナチ御用の「哲学者」にして「『プロトコル』の宣布と擁護のスペシャリスト」というコピーを添えている。しかしコーンによれば、ローゼンベルクは純血ゲルマン人ではなく、ユダヤ人の陰謀としてのボルシェヴィズムの権威を自称していたが、マルクスも読んだことがなく、社会主義やロシアの革命運動についてもまったく無知で、その情報は周辺の亡命ロシア人によっていた。だから彼の主著『二十世紀の神話』は他の著作の盗用や抄訳も多く、「読むに堪えないもので、「実際には誰にも読まれなかったが（おそらくナチの指導者たちさえ読んでいないだろう）」。それゆえにこそ深く解読もされず、単純なチャートと歴史認識、民族観だけが独り歩きしてマスイメージを形成し、短絡に他ならない大きな影響を及ぼしたのであろう。

三大聖典のうちで最も売れ、最も読まれたのは『プロトコル』であり、『二十世紀の神話』は読まれなくてもそれを補完し、正当化する権威的書物と位置づけられ、また『わが闘争』へと架橋されていったからだ。

その『二十世紀の神話』が昭和十三年に中央公論社から、吹田順助、上村清延共訳で翻訳刊行されている。菊判箱入、五百六十ページ余の大冊で、その箱には「ナチスの聖書完訳日本版」との表記があり、奥付を見ると、昭和十六年六刷とされているので、日本でもそれなりに売れていたとわかる。ちなみに続けて取り上げた久保田栄吉訳『世界顚覆の大陰謀ユダヤ議定書』も同年、『我が闘争』の第一書房からの出版は同十五年であるから、日本においてもナチス三大聖典はほぼ同時期に翻訳されていたことになる。

中央公論社版をくってみると、一九三〇年初版、三一年第三版、三七年五十万部出版における「原著者」のそれぞれの「序」が置かれ、コーンがいう「誰にも読まれなかった」にしても、売れたことだけは間違いないだろう。初版の「序」にローゼンベルクは書いている。これはドイツの第一次世界大戦から三〇年代に至るナチズムと『プロトコル』を反映させた社会状況を示している。

「一旦死んだ血が生命をもり返し始めるのである。血の深秘的な標徴の下に、独逸の民族魂の・新しい細胞組織が行はれるやうになつた。現在と過去は突如として新しい見方の下に置かれ、そして未来にとつては新しい使命が生じて来たのである。歴史と未来の問題とはもはや階級対階級の、教会的教義対教義の闘争を意味せず、然し血と血との、人種と人種との、民族と民族との間の離合、折衝となつたのである。而してそれは畢竟するに、魂の価値との争闘に外ならないのである。」

かくしてゲルマン民族とユダヤ人の「争闘」の幕が切って落とされ、アウシュヴィッツへと至ったのだ。邦訳版の表紙には大きくハーゲンクロイツが箔押しされ、メタリックにして異様なイメージの刻印を告げているかのようだ。その本文はコーンが「読むに堪えない」と書いているが、やはり異様な印象を受ける。それは『プロトコル』も含めて、おそらく当時のナチズム文献の位相だったと考えられる。しかし三大聖典の他にも多くのナチズム文献や研究書が日本でも出版されていたのであり、これの他に私の手元にも、長守善著『ナチス経済建設』（日本評論社、昭和十四年）、菊池春雄著『ナチス戦時経済体制研究』（東洋書館、同十五年）がある。

またこれら以外にも、ある古書目録でまとまったナチズム文献掲載を見たことがあり、その版元として、生活社、実業之日本社、春秋社、大原社会問題研究所、白揚社、今日の問題社、岩波書店、慶応書房などが並び、多くの様々な出版社がナチズム文献の出版に携わっていたことを教えられた。そして調べていくと、シリーズとしての『世界全体主義大系』(白揚社)の他に、ナチズム文学の色彩の濃い『現代独逸国民文学』(白水社)や『ドイツ民族作家全集』(実業之日本社)も、完結には至らなかったが、同時代に刊行されていたことを知った。だからそれらをトータルすれば、日本においてもナチズム文献とみなしていい出版物がかなりの量に及ぶのではないかと思われた。しかしそれらの出版物や著者や訳者に関するまとまった研究は見当たらなかった。

ところが今世紀に入って、高田里惠子の『文学部をめぐる病い』(松籟社、後にちくま文庫)、関楠生の『ドイツ文学者の蹉跌』(中央公論新社)が出され、それらのナチズム文献の研究書や翻訳にかかわった日本のドイツ文学者たちの当時の状況が明らかになった。ここでは両書がいずれも吹田順助にふれているので、それだけに限定する。

関によれば、『二十世紀の神話』が翻訳される以前に高橋健二がそれを雑誌に紹介して解説に及び、その一方で吹田順助の翻訳が進行していたのではないかと推測している。高橋も吹田も当時の代表的なドイツ文学者だったと考えていいだろう。関の言及はそこまでだが、高田はさらに踏みこんで、吹田がその自伝といっていい『旅人の夜の歌』(講談社)の中で述べた翻訳事情にもふれている。吹田はローゼンベルクのもう一冊『理念の形成』(紀元社)を高橋義孝と共訳してもいて、彼は『神話』の翻訳を中央公論社の編集者に勧められて引き受けたが、「全体主義者」でも「軍国主義者」でもなく、「総じてナチス精神というものを理想化」していたゆえで、後に「猶太民族大量虐殺事件」などを聞き、翻訳を

「後悔するような気分」になったと弁明している。

しかし高田はこの吹田の告白を、「それなりの悲劇性」を備えた「美しい錯誤」であり、そこには「個人的野心」が隠蔽され、「当時、ナチスの聖典を翻訳出版することは、それなりに大きな業績」であったはずだと指摘している。さらに高田はこのナチス時代に「日本のドイツ文学研究界の空前絶後の精神的昂揚を経験」し、吹田は「その最先端」にいたと見なし、制度化された「二流の書き手」である外国文学者たちの「現代の先駆的存在」だったと位置づける。確かに「ナチスの旗振り」の「ナチス」を様々な主義や言説に代えれば、それは現代でもまったく変わっていない、出版をめぐる社会的状況であろう。それは「ドイツ文学」を他の文学に言い換えても通用するだろう。

また高田はサブタイトルに示された「教養主義・ナチス・旧制学校」をめぐる共通するイメージ、さらにそれらと協調して「文学」と「仕事」を支える構造の中に、近代日本の教養主義に表出している男性性とその間の関係、特権的男性たちの高等教育の場としての学校を検証する意図をこめ、それらの総体を「男性同盟《メナーブメント》的な美しい結末」と見ようとしている。

この高田の指摘を受け、本書のひとつのテーマでもある、近代におけるホモソーシャルにしてホモセクシャルな世界の形成、男女間ジェンダー闘争の台頭、ナショナリズムとナチズムの関係、ユダヤ人と女性を同一視する倒錯やミソジニーなどが逆照射されるような感慨を抱かされた。高田の『文学部をめぐる病い』について、わずかしか言及できなかったが、文庫化もされているので、ぜひ一読されたい。

115　バハオーフェンと白揚社版『母権論』

ローゼンベルクの『二十世紀の神話』について、「読むに堪えない」もので、ナチスの指導者たちさえも読んでいなかったのではないかというノーマン・コーンの指摘を、前回記しておいた。

しかし実際に『二十世紀の神話』を通読してみると、そこに呪術的な言葉の表出が至るところにばらまかれ、「血の神秘的な標徴」に覆われた言説、その「血液の命令をば、言わば夢睡の裡に、『自然を霊視するように』」文節が組み立てられている。そのために繰り返し文章をたどっていくと、凶々しい悪夢のような世界の神話的な出現を錯覚してしまう。血と人種の神話のどよめきが、同時代の偽史とオカルティスムを通じて送り出され、同書のサブタイトルの言葉にある「心霊的」な「争闘」の一冊を形成し、それを同時代のドイツにおいてみれば、異様なまでのアジテーション効果をもたらしたのではないかと想像される。何と「世界史の意味」はアトランティス大陸出身の金髪碧眼のアーリア人種において担われるというのだ。

『二十世紀の神話』の背景にあるドイツは第一次世界大戦後の帝国の失墜の真っ只中に置かれていた。ヴェルサイユ条約による膨大な賠償金、植民地の喪失と割譲、軍備制限、インフレと様々な生活難の状況を、訳者の吹田順助は「解説」の中で、次のように記している。彼はその状況を実際に目撃していた。

「人心は恟々としてその堵に安んぜず。悲懐と絶望と自暴自棄とが一般民衆の生活雰囲気を支配してゐるかのやうに見えた。食糧制限で家婦達が買物籠を抱へてパン屋の店先に行列を作つてる一方では、為替の暴落を附目にして潮の如く独逸へ流れ込んだ外国の漫遊客が、意気揚々として伯林のクールフュルステンダムを闊歩した。貧困と窮迫とに平行して享楽廃頽の風も滔々として世を蔽ひ、歓楽街のカバレーにバーにタンツ・ロカールには、成金の猶太人、為替成金の外国人、そしてマルクの日々の暴落に貯蓄心などを失つて了つた本国人も交じつて、紙幣《サツ》ビラを切り、楽欲の幻影に心をとろかしてゐた。戦前の独逸帝国と戦後の独逸共和国―それはいろいろの点においていかなる対照であつたであらう!」

これが「独逸共和国」の一面の真実であり、そこに「人種」ではなく、「人類」を唱える「マルキシズム及び自由主義」による精神的崩壊が表出している。これが訳者吹田と著者ローゼンベルクに共通する視座であった。

ちなみに付け加えておけば、本書80「『性の心理』と『相対会研究報告』」でふれた黙陽の『赤い帽子の女』はこの時代のベルリンが舞台なのだ。

しかし現在の私たちはピーター・ゲイの『ワイマール文化』(亀嶋康一訳、みすず書房)などによって、このワイマール共和国が現代文化のプレリュードを形成したことを知っているし、それは多くの亡命者たちが証明している。

そしてまた亡命者とはいえないが、英国にわたってオックスフォード大学教授として、『東方聖書』を編集刊行したマックス・ミューラーの影響を、『二十世紀の神話』は明らかに受けている。ミューラーの名前は見出せないにしても、同様の影響を受けたと考えられるルドルフ・シュタイナーやアニー・ベサントの名前を見ることもできるからだ。

この『二十世紀の神話』には十九世紀から二十世紀初頭にかけて、膨大に出版された宗教学、人種論、民族学、神話学、オカルティスム文献が埋めこまれているに相違なく、第一章の「人種と人種魂」において、バハオーフェンの名前が挙げられ、その後に次のような一節が続いている。「母、夜、大地及び死―これらは、浪曼的・直感的の討究に取つて、謂ゆる（有名無実な）「古代希臘的なる」生活の基底として示現されるところの、諸要素である。」

これはバハオーフェンの『母権論』の要約で、バハオーフェンはこの後も五ヵ所にわたって言及されることになる。バハオーフェンの『母権論』とその一九二〇年代ルネサンスについては、上山安敏の「神話の古層」（『神話と科学』所収、岩波書店）で意を尽くして論じられ、そこではナチスとローゼンベルクと母権制の関係も言及されているので、ここでは『二十世紀の神話』と同年に刊行されたバッ《ママ》ハオーフェンの富野敬照訳『母権論』（白楊社）にふれてみたい。なぜならば、バハオーフェンの『母権論』はエンゲルスの『家族・私有財産・国家の起源』（戸原四郎訳、岩波文庫）の中で、モルガンの『古代社会』（青山道夫訳、岩波文庫）に次ぐ重要な基礎文献だったにもかかわらず、平成時代を迎えて白水社の『母権制』（上田達也他訳）とみすず書房の『母権論』（岡道男他訳）の完訳版、及び三元社の抄訳版が出されるまで、この白揚社版『母権論』だけしか刊行されていなかったからだ。

しかしこの白揚社版はバッハオーフェン著と銘打たれているが、四六判二百四十ページの構成はバッハオーフェンの「自叙伝」、「母権論」、エーリッヒ・フロンムの「母権論批判」の三部からなり、本来の『母権論』は原書の「序文」にあたる百ページ余であるから、抄訳ともいえぬ羊頭狗肉の一冊と判断するしかない。またこれは蛇足ながら、フロンムとは『自由からの逃走』などのエーリッヒ・フロムに他ならないだろう。

冒頭に掲げられた富野の長い「訳文の前に」を読むと、まず古代各地の母権制の痕跡がラフスケッチされ、それらに対して日本上代の母権制研究が列挙され、これらを架橋する「偉大なる古典」として、バッハオーフェンの『母権論』が示されている。ところが「原著が極めて高価にして容易に入手し難いこと、及びギリシア、ラテンの古典語で埋めた四ッ折版の大物」ゆえに「かかる古典的大著が我国に於て殆ど全く紹介されてゐない」ことから、「ここに彼の母権論の一端とその自叙伝及び彼に対する批判の訳出の禿筆をとつた」と記されている。

奇しくも高群逸枝の『母系制の研究』が厚生閣から刊行されたのも、白揚社版の『母権論』の出版と同年であった。ただ前者は六月、後者は十二月の出版であるから、高群が後者を読み、『母系制の研究』へ投影させたという推測は成り立たない。しかし西川祐子は『森の家の巫女 高群逸枝』（新潮社）において、高群の『母系制の研究』に影響を与えたのは、本居宣長の『古事記伝』の他に、石川三四郎の『古事記神話の新研究』（三徳社、大正十年）や渡辺義通の『日本母系時代の研究』（白揚社、昭和七年）に織りこまれたバハオーフェンの『母権制』を指摘している。

すると奇妙な出版史の事実に気づく。白揚社は大正十年にスタートし、後に左翼系出版社として名をはせていくが、それ以前には三徳社といい、中村徳二郎によって創業された、取次を兼ねる出版社だった。したがって石川、渡辺、富野の『母権論』も同じ版元から出されていたことになる。

また高群の『大日本女性人名辞書』や『母系制の研究』は、本書108でふれた春山行夫が去った後の厚生閣から刊行されている。白揚社にしても厚生閣にしても、担当編集者は誰だったのだろうか。

そしていうまでもなく、高群の女性史研究を支えたのは、夫にして平凡社の社員で『現代大衆文学全集』を企画した橋本憲三であった。このようにして出版の物語は連鎖していく。

116 第一書房版『我が闘争』と小島輝正『春山行夫ノート』

ナチズム三大聖典のうちの『プロトコル』と『二十世紀の神話』を続けて取り上げたからには、もうひとつのヒトラーの『我が闘争』にふれないわけにはいかないだろう。既述したように、これは第一書房から昭和十五年六月に室伏高信訳として刊行されている。

私の所持する一冊は奥付を見ると、同十六年四月十一刷三万部発行とある。そこに記されたそれぞれの重版部数によれば、発売してから二年にもならないうちに、三十万部近い売れ行きを示していることになり、当時の一大ベストセラーだとわかる。林達夫他編『第一書房 長谷川巳之吉』（日本エディタースクール出版部、昭和五十九年）には「第一書房の出版物としていわば一大センセーションを巻き起し」、同じく十六年十月の十五刷で、三十六万九千部に達したとまで述べられている。だが長谷川の戦後における公職追放指定はこの出版を含んだ「戦時体制版」の刊行が主たる要因でもあった。

この『我が闘争』の初出が『セルパン』の昭和十四年八月号で、半分以上を占める百二十頁という「未曾有の企画」だったことを知ったのは、昭和五十五年に刊行された小島輝正の『春山行夫ノート』（蜘蛛出版社）においてであった。この版元については扉野良人「蜘蛛出版社ノート」（『sumus』第12号「特集・小出版社の冒険」所収）を参照してほしい。そして小島のこの春山論は戦前期の理論家としての春山に限られているが、正当な春山論であり、それから三十年が過ぎたにもかかわらず、これを超える春山論もまだ出版されていないし、春山著作集も編まれていない。小島は戦前の春山の「存在意義」について、次のように書いている。

「私のみならず、私の年代で西欧文学を志したものは、当時の欧米の新しい文学の紹介者として、またそれを兼ねた編集者、出版人としての彼に絶大な恩恵を蒙っているはずである。昭和10年から15年にかけて当時の第一書房の編集局長であり、かつ雑誌『セルパン』の編集長でもあった春山行夫の残した業績はきわめて大きい。

さらに、というよりも、それこそが春山行夫の本領というべきだろうが、彼は昭和初期のモダニズム詩の理論家ならびに実作者として、北川冬彦や安西冬衛や北園克衛や竹中郁、滝口修造や西脇順三郎とともに重要な業績を残した。同世代あるいは直後世代に及ぼした影響力の点では、最も強力なイデオローグであったといっていい。」

この記述に厚生閣時代の『詩と詩論』、「現代の芸術と批評叢書」などの企画編集を加えれば、春山の簡略なプロフィルになるだろう。そしてさらにこの『春山行夫ノート』において、『セルパン』掲載の『我が闘争』が「アメリカ訳」に基づき、「全スタッフを動員」し、要約したもので、これが後に単行本となるに際し、室伏高信訳として刊行されたが、訳者が室伏であるかは疑問だとの指摘が、小島によって提出されたのである。

小島は当時の国際情勢の変化に伴う『セルパン』の生彩の喪失にふれ、その紙面の転機となったのが『我が闘争』の掲載で、遠回しにその翻訳の中心にいたのが春山だったと推測している。それは「つねに『新しいものを追い求めて、当時は間違いなく『革新的』であったヒトラー・ナチズムにその『新しさ』ゆえに喰いついた春山『モダニズム』の「アキレス腱」という小島の指摘に表出していると思われる。

『セルパン』のその号は未見であるが、単行本に添えられている「あとがき」は小島が引用している雑誌掲載時の「『前書き』風の文章」とほぼ同一であり、しかも末尾には「本文中の見出しやゴヂック活字体や傍点は原文には関係なくすべて出版社の編輯によるものである」との一文も置かれ、訳者の室伏の言葉のようではないし、小島の推測を裏づけているように映る。「訳者の序」が室伏名で書かれているにしても。

この要約版『我が闘争』はユダヤ人による社会民主主義やマルクス主義に対して、アーリアン民族の神聖な血の純潔に基づく国家社会主義＝ナチズム運動が大衆プロパガンダによって展開されていく高揚を、臨場感をもって伝えようとしている。とりわけ頻出する「ゴヂック活字体」部分はヒトラーとナチズムのキャッチコピーを形成している。だがそこには春山の葛藤もうかがわれる気がする。例えば、それは次のような一節だ。

「ペンとインクはこれらのこと（大衆による真のドイツ人運動―引用者注）を理論によつて説明するためには残されるかもしれぬ。しかしながら、世界で最も大きな政治的、宗教的雪崩を導いた力は、過去に於いてもさうであつた如く、未来に於いても、語られた言葉の魔力に外ならないであらう。」

ここにナチズムのみならず、当時の『セルパン』や異なる言葉による世界の構築をめざしてきたモダニストたちが置かれていた日本社会の状況が、重なりあって表出しているのではないだろうか。

これらの指摘も含んだ小島の『春山行夫ノート』刊行後の昭和五十九年に書かれた春山の「私のセルパン時代」において、彼は『我が闘争』に関して「私の窓口を通った」としか述べていない。

しかし第一書房と長谷川巳之吉を論じた長谷川郁夫の『美酒と革嚢』(河出書房新社、平成十八年)にあっては、すでに小島説が前提として採用され、同じ『セルパン』該当号のさらなる検証をもって、「編集という仕事につきまとう危険」をそこに見ている。そして春山は「新しさ」を希求する「編集者の役割」を果たし、「ジャーナリストとしての全資質を傾注しただけで」あり、その背後には長谷川巳之吉の強い意向、しかも「あたかも室伏高信の個人訳であるかのように」よそおったことも、巳之吉の責任だと書いている。

ここに至って、第一書房版『我が闘争』の翻訳や出版をめぐる構図が多少なりとも明らかになったが、そこにはまだ明かされていない様々な経緯と事情が絡んでいたにちがいない。それからこれは『美酒と革嚢』を読んで知ったのだが、『我が闘争』の短い書評を小林秀雄が『朝日新聞』に寄せ、ナチズムが「組織とか制度とかいふ様なものではないのだ。寧ろ燃え上がる欲望」で、その中核は「ヒットラアという人物の憎悪にある」と書いているようだ。まさに『我が闘争』の「ゴヂック活字体」はそのような「燃え上がる欲望」や「憎悪」を浮かび上がらせている。

『我が闘争』だけでなく、本書108「春山行夫と小谷部全一郎『日本及日本国民之起原』」で見たように、春山にはまだ知られていない様々な編集者としての役割があったと思われる。こちらももう少し後で続けてふれてみたい。

117　ヴァイニンガー『性と性格』とダイクストラ『倒錯の偶像』

オットー・ヴァイニンガーの『性と性格』がヒトラーの『わが闘争』などにも影響を与えたことを、あらためて確認したのはブラム・ダイクストラの『倒錯の偶像』（富士川義之他訳、パピルス）においてだった。ダイクストラは『性と性格』が「第三帝国総統の図書室の書棚に栄えある地位を見いだしていた」と指摘している。

ヴァイニンガーは一八八〇年にユダヤ人としてウィーンに生まれ、九八年にウィーン大学に入学し、哲学、生物学、生理学などを学び、ユダヤ教からプロテスタントへ改宗し、『性と性格』の第一部を博士論文として提出する。一九〇二年の大学卒業後に第二部を書き、〇三年五月に『性と性格』を出版し、同年十月に二十三歳でピストル自殺に至る。その不可解な自死によって、刊行以来、何の反響もよばなかった『性と性格』はたちまち版を重ねるようになり、広く欧米で翻訳され、日本も同様だった。日本での翻訳はドイツ語学者の片山孤村により、〇六年（明治三十九年）に抄訳され、これも版を重ねたと伝えられているが、これは未見である。

その後『性と性格』は村上啓夫によって英語からの重訳で、大正十四年にアルスから、その全面改訳版が河出書房の『世界性学全集』（第15巻、昭和三十三年）の一冊として刊行され、昭和五十五年になってようやくドイツ語からの竹内章による全訳版が村松書館から出されるに及んだ。村上訳は戦前に改造文庫にも収録されているが、原書刊行から八〇年近くたって、重訳ではない全訳版の出現を見たことからすれば、ヴァイニンガーの著書は欧米に比べ、あまり影響を及ぼさなかったように思える。それは日本近代において、男性と女性との間における言葉とイメージによる戦争、それに伴う女性嫌悪（ミソジニー）がヨーロッパ近代ほどに激しくなかったことを告げているのではないだろうか。あるいはまたヴァイニンガーが「まえがき」でいっているように、「女性の問題は人間存在の最も深いところにあるすべての謎に関連していて、それを実際的理論的に、道徳的、あるいは形而上的に解くには、あるひとつの世界観の確実な導きが必要なのに、それを敢て見出そうとしなかったのではないか」とも考えられる。

ダイクストラは『倒錯の偶像』の中で、多くの十九世紀後期の絵画を渉猟し、そのイコノグラフィに敵意に充ちた女性嫌悪とその国際的広がりを見ている。そしてヴァイニンガーは絵画ではなく、知識人の言葉によって「女性皆殺し」（ガイニサイド）の陣営に加わったと見なす。ヴァイニンガーの「世界観」は同時代の進化論科学、精神病理学、哲学、社会学などの概念から組み立てられ、『性と性格』はそれらの寄せ集めであり、独創的なものではなかった。

ヴァイニンガーは女性が存在論的現実を持たず、理念とは無縁で、無道徳、無論理であり、それゆえに存在しないという。そしてその女性はユダヤ人に結びつけられる。「女性とユダヤ人の関係は実に深いものがある」。ここにユダヤ人として、ヴァイニンガーのユダヤと女性嫌悪、ユダヤ教からプロテスタントへの改宗、自殺に至る過程が垣間見える。

世紀末転換期の新しい女たちの台頭に怯える上流階級の知識人と画家たちは言葉とイメージによって、女性嫌悪、女性皆殺しの幻想の中に入りこんでいった。それは文化的戦争であり、その知的前提がナチスの「民族皆殺し」につながっていったとダイクストラは指摘し、次のように結論づける。

「世紀転換期の文化のはなはだしい人種差別論的・性差別論的な進化の夢は、中産階級のマゾヒスティックな幻想の糧となった。その幻想のなかでは、（中略）たとえ自分の妻を処刑することは―そうなると都合が悪いとまではいわないがーむずかしいとしても、その代わりに女々しいユダヤ人がつねに存在していた。女性皆殺し《ガイニサイド》の幻想は、このようにして、民族皆殺し《ジェノサイド》という現実への扉を開いたのだった。」

それゆえにこそ、絵画ならぬ言葉で示された世紀末幻想に基づく『性と性格』は、ヒトラーとナチスへと吸収されていったのである。そしてこの指摘はヨーロッパの世紀末文学になぜ多くの「宿命の女」（ファム・ファタル）が登場するようになったのかの解説とも見なせよう。またダイクストラはこれらのイメージの遺産がハリウッドや大衆芸術の世界に命脈を引き継がれ、現在でも変わることなく存在していると指摘している。

さてそれらに関連して、ここでは『性と性格』の訳文は竹内章の全訳版を参照し、村上の重訳にふれてこなかったが、その村上が戦後になって訳した一冊にふれてみたい。それはダシール・ハメットの『マルタの鷹』（創元推理文庫、昭和三十六年初版）であり、この一九三〇年に発表されたハードボイルド小説の代表作は、ミソジニーとファム・ファタルの闘争を描いているようにも読める。前者は私立探偵サム・スペイド、後者は依頼人女性ブリジッド・オーショーネシーが表象し、それは四一年のジョン・ヒューストンの同書の映画化によって、ハンフリー・ボガートとメアリ・アスターが演じ、ハリウッドにおけるミソジニーとファム・ファタルのひとつの範を銀幕へ焼きつけたと思われる。しかしその物語祖型が十九世紀末の男女間の文化的イメージ戦争にあったとすれば、ダイクストラのいうように、それはハードボイルド小説やその映画の中にも明らかに受け継がれていったのである。

私は少年時代に、村上が『性と性格』の訳者であるともちろん知らずに、彼の訳で『マルタの鷹』を読んだ。そして大藪春彦が村上の訳文に影響を受け、彼の主人公の外見的描写に応用していることを知った。

そしてあらためてヴァイニンガーの『性と性格』のことを書くに及んで、村上訳の『性と性格』におけるミソジニーは、同じ村上訳の『マルタの鷹』を通じ、大藪春彦の世界へも流れこんでいるのではないかと想像するに至った。それにハードボイルドそのものがホモソーシャルな世界に他ならないからだ。

118 シュペングラー『西洋の没落』、室伏高信、批評社

前回の村上啓夫訳『性と性格』の「訳者付言」に、諸外国語に関する教示について、村松正俊に対する謝辞があった。前々回の室伏高信に続いて、村松の名前も出たことからすれば、ヴァイニンガーと同年生まれの青年が出版した、同じドイツのベストセラーにも言及しておくべきだろう。この本の出版と翻訳の当事者はおそらく室伏と村松であるからだ。

馬齢を重ねているうちに、もう数年すれば還暦を迎える歳になろうとしている。あらためて多くの古典を読み残してきたことを痛感し、残りの年月でどれだけそれらに目を通せるのだろうかと思う。

そのような一冊にオスヴァルド・シュペングラーの『西洋の没落』がある。昭和四十二年に林書店か

ら刊行された村松正俊訳の第一巻を持っているのだが、当時高校生だった私には歯が立たず、読了せずに投げ出してしまった。

『西洋の没落』は第一次世界大戦直後にドイツで出版され、ゲーテやニーチェの影響を受けた文化形態学的視点から、西洋文明の没落を予定し、各国語に翻訳されて多くの影響を与え、それはトインビーの『歴史の研究』に引き継がれたとされる。確かこの本は寺山修司の著作で教えられたはずだ。

だがその後はずっと書棚に置かれたままで、十五年ほどが過ぎ、たまたま森本哲郎の『思想の冒険家たち』(文藝春秋)を読むと、そこにシュペングラーを扱った「世界史の医師」と題する一章に出会った。森本はその章をミュンヘンの書店で見つけた、黒くて分厚い上下本の『西洋の没落』*DER UNTERGANG DES ABENDLANDES* を購入した一九六〇年代のエピソードから始めている。それは上下巻で千ページを超え、奥付に百四十版とあった。しかし十数年後に森本がミュンヘンを訪ね、再び書店に入り、書物をあれこれ物色したが、ヒトラーに関する本がやたら目につくばかりで、大冊の『西洋の没落』は見つけられなかったという。かつてのベストセラーも半世紀を経て、本国でも忘れられつつあったのではないだろうか。

ところが森本自ら「何たる偶然」というが如く、ミュンヘンから帰った後、神田の古書街で戦前の邦訳にめぐり合うのである。

「それは大判の四冊本だった。スペングラー著『西洋の没落』村松正俊訳、とあった。フランスとじのすっかり色あせたその一冊を取りあげ、奥附を見ると、「大正十五年十二月十八日発行」と印刷されていた。シュペングラーのこの大著は村松氏によって、つい最近訳書が出たばかりだと思っていた私は、なんと五十年も前にすでにこうした形で訳本が出されているのを知ってびっくりし、かなりの金額をはたいてこれを買った。」

この記述によって、大正時代における『西洋の没落』の翻訳出版を知ったのだが、出版社もわからず、また「かなりの金額」に示されているように稀覯本らしく、古本屋で見かけることもなく、これまた二十年以上が過ぎ、実物を手に入れたのは数年前であった。しかもそれは古本屋ではなく、図書館の交換市に出されていたものだった。

菊判のフランス装の第二冊で、奥付には大正十五年九月十七日四版発行とあり、出版社は東京大森の批評社、発行者は鳥山鑛造と記されていた。半分ほどのページがアンカットのままで、途中までしか読まれていないことを物語っていた。それにしてもどうして一世紀近く前の書物が、交換市のありふれた本の中に混じって出現したのであろうか。近代日本の翻訳出版史も謎だらけだが、流通、販売、伝播もまたそれ以上の謎を含んでいる。

批評社という出版社も初見であり、巻末には「発行図書目録」が掲載され、そこには室伏高信の著作集を含んだ、彼の本だけが九冊並んでいた。室伏は戦前の多方面にわたる評論家で、夥しい著作を出し、それらは現在でも古本屋でよく目にするし、また戦後の総合雑誌の嚆矢『新生』のブレーンにして誌名の命名者だった。出版物から考え、批評社はこの室伏と関係の深い出版社だと推測できた。そして調べていくうちに、この出版社は室伏が大正八年に創刊した雑誌『批評』（復刻龍渓書舎）と関係があるのではないかと思った。

そこで昭和十三年に出版された小林善八の『日本出版文化史』（同刊行会、復刻青裳堂書店）を繰ってみた。そこには二十五ページに及ぶ八百社近くの「明治・大正時代の出版業興廃表」が収録されているからだった。管見の限りではこれが最も詳細で、大正時代創業出版社として、五百社余りが挙がっている。大正十五年のところに、すでに廃業の×印がつけられているが、批評社があり、創業者は室伏高信とあるではないか。つまり批評社は彼が創業した出版社で、『西洋の没落』の実質的発行者は室伏自身だったことになる。

意外に思われるかもしれないが、室伏は『葦』（弘道閣、昭和十六年）と『椰子』（育生社弘道閣、同十七年）という二冊の自伝小説を残している。主人公の名前は藤木となっているにしても、その他の登場人物はほぼ実名であり、自伝小説と考えてかまわないだろう。とりわけ後者は藤木が大正八年に『デモクラシイ講話』（日本評論社）によって、浮草的ジャーナリストから評論家としてデビューし、改造社の山本実彦の提案を受け、改造社の特派員としてほぼ一年間に及ぶ欧米滞在を詳細に描いている。これらはアインシュタインの来日が彼の交渉に起因していることなど様々に興味深いが、「藤木にとって必要なのは書店と酒場だ」とあるように、書店ばかりでなく、各地で古本屋巡りも続けていることも印象的である。特にドイツでは急激な円高の恩恵を受け、『資本論』を始めとして大量の書物を買い、いくつかのトランクにぎっしり詰め、帰国している。

実はこの『椰子』の第一部「火遊び」は外遊以前の『批評』創刊事情を描き、そのスポンサーの存在と執筆人脈、当時の雑誌状況と売れ行きなどがかなり詳細に言及されている。だが残念ながら批評社と鳥山については何も記されておらず、また村松も登場していない。しかし出版状況から考えても、室伏がドイツで『西洋の没落』も購入したことは確実であり、それに端を発し、自ら興した批評社での翻訳出版も試みるに至り、それを鳥山が引き継いだのではないだろうか。『批評』の復刻版を手にする機会があれば、いずれ確かめてみたい。

〈付記〉

これを書いたのは三年ほど前なので、すでに還暦を迎えてしまった。

このしばらく後で青蛙房の出版物にふれることになるのだが、それらを再読した。すると宮川曼魚の『江戸売笑記』の岡本経一による「編集後記」において、昭和二年に同書を出したのは批評社の鳥山鉱造であると記されていた。「その人の面影は摑めない。奥付裏に広告もないので、他にどんな本を出していたのか、消息を調べようもなかった」との言があった。また最近になって『江戸売笑記』が新版で出された。

119 ハウスホーファー『太平洋地政学』と太平洋協会

ナチズム三大聖典の日本での翻訳刊行に続いて、やはり重要なナチズム文献が昭和十七年に岩波書店から出版されている。それはハウスホーファー著、太平洋協会編訳『太平洋地政学』である。

この「地政学」なるタームが昭和五十年代に「ゲオポリティク」としてリバイバルしていた。それは倉前盛通の『悪の論理』（日本工業新聞社）のベストセラー化によるもので、ソ連のアフガニスタン侵攻を予測したとされ、『新・悪の論理』も続刊されるほどの売れ行きを示した。

それに対して、昭和五十五年に『文学界』で『成城だより』（文藝春秋、講談社文芸文庫）を連載していた大岡昇平が、「前大戦中、聞き飽きた地政学なる古念仏にて、興味なし。地図に勝手に矢印をつけたるだけなり。前大戦に軍人はやたらに地図に筋を引き、作戦を立てて敗れたるなり」と評していた。この大岡の言によって、戦前には『太平洋地政治学』がよく知られていた一冊で、そこに「地政学」という言葉の発祥があったとわかる。

『岩波西洋人名辞典』などを参照すると、ハウスホーファーは一八六九年ミュンヘン生まれのドイツ陸軍将校で、参謀部の命を帯び、インド、中国、朝鮮を歴訪してその政治状況を探索し、日本には日露戦争後の明治四十一年から四十三年にかけて滞在している。そして第一次大戦後にミュンヘン大学教授となり、地政学を研究し、ヒトラーの外交顧問につき、『我が闘争』の外交政策に関する部分はハウスホーファーの見解だとされている。ナチズムと運命をともにし、敗戦後に自殺。

菊判六百ページを超える邦訳『太平洋地政学』は次のように書き出され、定義されている。

「地理政治学（地政学＝Geopolitik）―凡ての国家的生活形態が、地球上に生活空間（Lebensraum）を得んがために敢行する生存闘争に於ける政治的行動の芸術の科学的基礎―の任務と目標とは、地球の表面に依つて規定せらるる諸種の特徴、すなはち、右の闘争の中にあつて唯一に永続的なる諸形相を認識し、実験的応用より進んで、法則的に支配せらるる応用の域に達することにあるのであらう。」

これが地政学であり、フランスやアングロサクソンの大西洋的な帝国主義に対する「科学であると同時に芸術、少なくとも技芸」として提起される。そして「海洋空間」として最大の太平洋が表面、境界、位置、形相、人種、白人世界との関係などにわたってトータルに論じられ、地理的生活空間と歴史的生活過程を結びつけ、統一的空間という思想を通じて、現在と来るべき国家的状態に対する地政学的結論の抽出に至っている。これはナチの太平洋地域への戦略構想であり、日本の大東亜共栄圏や南方植民地政策と重なっていたことから、大岡の証言にあるように、地政学が喧伝されるに至ったと考えられる。確かに『太平洋地政学』には矢印を記した、興味深い折りこみ地図が九枚も収録され、これが日本の「聞き飽きた地政学」にも応用されたのではないかと推測できる。

ハウスホーファーの記述を追っていくと、二十世紀初頭から三〇年代にかけての「日本国の境界発展」図も掲載されているように、日清、日露戦争を経て、帝国主義的発展と生活空間の開発をとげた日本が大きく意識されていると断言できよう。それは明治末期の数年を日本で過ごしたことも作用しているだろうが、彼の日本に関する『大日本』『日本国』『日本及日本人』の三著は未見であるので、そのイメージの変遷と造型をたどることはできない。

しかし「太平洋社会学」の章で示された「南洋島国」に関する記述は、それらを訪れた詩人や作家、地理学者や社会学者の著作から組み立てられたと見なすことができ、「乱行に至るまでの放縦なる歓楽」とか、「共同の部落歓楽境」とか、「崇高なる貞節と無検束なる本能生活」とかいった言葉が羅列され、オリエンタリズム的色彩に覆われている。

これらのことから類推すると、ハウスホーファーのおそらく大部であろう日本に関する著作も、同じオリエンタリズム的な地政学記述にあふれ、渡辺京二が『逝きし世の面影』(平凡社)において、訪日外国人の視点で描き出した近代日本と、異なる眼差しで構成されているかもしれない。この『太平洋地政学』もローゼンベルクの『二十世紀の神話』と同様に、「失はれた霊的の力」や「僅に救はれた幾多の霊的価値」を根底に秘め、書かれたと思われるからだ。

「序文」は太平洋協会名で記され、太平洋文明の創造こそが「皇天の摂理」で、「大東亜共栄圏の完成」への道だと述べられている。この太平洋協会は「序文」によれば、太平洋の科学的研究がいまだに不十分ゆえに、「或は単行本の形式をもつて、或は叢書の形式をもつて、乃至は月刊雑誌の形式をもつて、その欠陥を補はんと努力して今日に及んでゐる」と記されている。それを額面通りに受け取るのであれば、太平洋協会は出版社とも見なせるが、『太平洋地政学』が岩波書店から出版されていることは、協会が取次口座を持っておらず政府の外郭団体のような立場で、出版物を刊行していたと考えるべきだろう。

そのことを反映してか、在独日本大使の斡旋によって、原著者から「協会に対し快く翻訳権を与へられた」とある。そして訳者は佐藤荘一郎で、協会の井口一郎と信夫清三郎が編集に携わっている。佐藤と井口は地政学に関する著書や論文を多く発表しているようだが、信夫は講座派マルクス主義に属し、戦前の日清戦争や戦後の大正政治史研究において、画期的な役割を果たした日本史研究者だとわかる。太平洋研究会とそれらの人々、ハウスホーファーと『太平洋地政学』、及び発行所の岩波書店との関係はどのようなものであろうか。

岩波書店と『太平洋地政学』の出版をめぐる謎は、倉前盛通の『悪の論理』を刊行した日本工業新聞社にもつきまとっていて、倉前の著書に続けて、犬塚きよ子の『ユダヤ問題と日本の工作』という「海軍・犬塚機関の記録」を刊行している。犬塚きよ子は本書112「四王天延孝『猶太思想及運動』と内外書房」で言及した、反ユダヤプロパガンディスト犬塚惟重=宇都宮希洋の秘書を務め、後に夫人となった女性である。地政学、ユダヤ問題、犬塚と昭和十年代後半が再現される出版シーンを日本工業新聞社が担い、その時代の内外書房の役割を果たしているかのように思えてくる。これらの問題は錯綜し、複雑を極め、謎はいまだもって解けそうもない。

120 平野義太郎と『太平洋の民族＝政治学』

前回ハウスホーファー『太平洋地政学』（岩波書店）を翻訳した太平洋協会について、詳細がわからないと書いておいた。しかし海野弘の『陰謀と幻想の大アジア』（平凡社）を読むに及んで、そこに太平洋協会への言及を見出したのである。それは大東亜共栄圏を論じた章で、「転向をくり返した平野義太郎と太平洋協会」という小見出しがあった。

海野は太平洋協会を、鶴見祐輔が主宰し、「転向した左翼のかくれ家になっていたらしい」と記している。そして平野について、「戦前に講座派のマルクス主義者」として知られていたが、戦時中は転向し、太平洋協会で活動し、「大東亜共栄圏のデマゴーグの役」を務め、戦後は再転向し、「民主主義の先頭」に立ったと述べている。その平野の転位に関して、海野は「その鮮やかな変わり身の速さには唖然とさせられる。戦時中の行動については黙して語らなかった。だれもあえてそれを口に出さなかった。それで通ってしまったところが不思議である」も書いている。この海野の慨嘆の言葉はそのまま出版社にも当てはまるものであり、戦時中の出版物の全貌はまだ明らかになっていないどころか、すでに半世紀以上を経て、出版史の闇の中に消えていきつつある。

海野の平野と太平洋協会についての記述は、『平野義太郎 人と学問』（大月書店、昭和五十六年）に収録された陸井三郎の「戦中・戦後の平野先生一九四三－四六年」によっている。この追悼集には九十名近い人々が寄稿しているが、太平洋協会にふれているのは陸井だけだといっていい。陸井は鶴見祐輔を研究しているハーバード大学の若いアメリカ人学者が持つ、太平洋協会の活動に関する膨大な資料を見せられ、この時代のことを再検討する必要があると始め、自らの平野と太平洋協会の思い出を語っていく。

陸井は人を介して平野を訪ね、太平洋協会に採用され、資料室司書係を務めることになる。その資料室には太平洋、アジア、アメリカについての洋書がよく整備され、平野、信夫清三郎、風早八十二などの多くの研究者たちが常連であり、平野を局長とする調査局、及び別の研究局があり、調査局はマルクス派で固められていた。太平洋協会は内幸町の五階ビルの三階分を占め、日比谷公園市政会館ビルに設けられたアメリカ研究室との交流もあった。ここは日本開戦後の交換船で帰国した人々が中心で、都留重人、清水幾太郎、鶴見俊輔、和子などがいた。それもあって、太平洋協会の例会はすでに挙げた人々に加え、三木清や柳田国男も訪れてきたようである。それらの人々について、「先生に助けられた人びととの人脈の範囲たるや旧講座派からリベラリスト、純然たる自然科学者にいたるまで、その範囲の大きさはただ驚くほかはなかった」と陸井は書いている。

多くの人名を挙げられなかったが、信夫清三郎や三木清の名前は示しておいたので、ハウスホーファーの『太平洋地政学』の編集者が信夫であったことは平野との関係、その発行元が岩波書店だったことは三木のラインであることの説明になる。しかしそこにデスクを設けていたマルクス主義者風早八十二の「ぼくがここにいるのを他言してはいけない」との陸井への口止めは、陸井もまったく追及していない太平洋協会の実際の出版などに象徴される仕事の内実を暗示しているように思える。

昭和十七年に平野義太郎、清野謙次合著として、日本評論社から刊行された『太平洋の民族＝政治学』という一冊がある。これは「太平洋協会調査報告」と中扉に記されている。同書の日本評論社からの刊行は、平野がウィットフォーゲルの『東洋的社会の理論』の翻訳などを同社が出していたことによっているのだろう。『太平洋の民族＝政治学』において、平野は大東亜共栄圏の前史、南進の拠点としてのフィリピン、セレベス・マレー、海南島を論じ、仏領や南支と華僑問題に及び、興亜民族政策に至り、この一冊が日本から提出されたまさに満を持した「地政学＝太平洋地政学」であるとわかる。それは平野たちの『太平洋の民族＝政治学』とハウスホーファーの『太平洋地政学』が出版社は異なるにしても、両書が同じ昭和十七年二月十五日に刊行されているからだ。それは地政学における日独同盟出版を意味している。したがってこの二冊の同日出版は太平洋協会によって仕掛けられ、それに岩波書店と日本評論社が協力したと見なしてもかまわないだろう。

平野は『太平洋の民族＝政治学』の「序」において、その仕掛けを誇らんかのように高らかに宣言している。

「今われらが戦ひつつある大東亜戦争は、特に太平洋の制覇戦であつて、しかも環太平洋諸民族が軍事的に共同防衛しつつ大東亜共栄圏を建設し、この太平洋圏における諸資源を開発し獲得・確保して資源の自給自足を最高度に整備すると共に、環太平洋諸民族をして米英等の支配より解放せしめ、日本民族が指導力となつて大東亜そして原住民族の生産力を発展せしめようとするものである。」

そのために太平洋広域圏は「民族地理も歴史も法律もその境界を徹して、大東亜の政治学の基礎対象として総合的に把握されねばならぬ」、すなわち日本の太平洋における地政学がここで宣言されていることになる。しかもその「序」の日付は「ハワイ海戦捷利の日」、アメリカにとってはパールハーバーである昭和十六年十二月八日と記され、しかも「太平洋協会において」と記されている。太平洋協会もまたアメリカへと宣戦布告したと見なしうるだろう。

おそらく平野や太平洋協会がそうであったように、またそれに岩波書店や日本評論社が協力したように、日本の出版業界も同様の軌跡をたどっていったと考えられる。しかし前述したように、それらも出版史の闇の彼方へ消えていこうとしている。ただそれらの痕跡をたどり、フィクションのかたちで、平野や太平洋協会が迎えた戦後を描いたモデル小説も存在する。

それはハーバート・ノーマンを主人公とする中薗英助の『オリンポスの柱の蔭に』（毎日新聞社、現代教養文庫）である。これは陸井三郎がノーマンの『日本における兵士と農民』（白日書院、昭和二十二年）の翻訳を出したとの記述から中薗の作品を思い出し、再読してみた。すると仮名ながら、平野も太平洋協会も登場し、両者の戦後がどのようなものであったのかも描かれている。同じようにして戦後の出版業界も始まったと想像するしかない。

増永要吉を発行者とする白日書院の本は、ノーマンの訳書の三刷の他に、和辻哲郎『ポリス的人間の倫理学』、水野亮『バルザック 人と作品』の二冊を持っている。前者は巻末広告には八十冊ほどに及ぶ錚々たる著者たちの社会科学書、文芸書が並び、壮観である。

この戦後の一時期に光芒を放った出版社も、太平洋協会と関係があったのかもしれない。

なお言及しなかったが、『太平洋の民族＝政治学』の共著者の清野謙次は元京都帝大医学部教授で、人類学や考古学の研究者であり、太平洋協会の嘱託の立場で、太平洋圏学術叢書として、昭和十八年に『太平洋民族学』（岩波書店）を著している。またこの叢書は同年に協会編として『太平洋の海洋と陸水』が出されている。

121　高楠順次郎『知識民族としてのスメル族』、スメラ学塾、仲小路彰『肇国』

太平洋戦争と大東亜共栄圏の進行下において、多くの人々がその強力な磁場の中へと引き寄せられ、奇怪な言説や歴史を語り出すようになる。それは本書で繰り返し言及してきた『大正新修大蔵経』や『世界聖典全集』の企画、編集、翻訳の中心人物である高楠順次郎も例外ではなかった。

柳田国男の戦時下の「炭焼日記」（『定本柳田国男集』別巻四所収、筑摩書房）の昭和二十年一月七日のところに、「増田正雄君見まひに来る。『知識民族としてのスメル族』といふ高楠博士の本をくれる」と記されている。前年の四月八日に増田は初めて柳田邸を訪れたようで、同じく四月十六日にも、彼は『考古学上より観たアジア』を柳田にもたらしている。

増田は宮沢正典の『ユダヤ人論考』（新泉社）で指摘されているように、反ユダヤ陣営の中枢である国際政経学会の代表者で、『猶太研究』を刊行していたが、次第に日ユ同祖論へと傾斜していく。宮沢が引用している『猶太研究』における増田の講演から考えると、その転回はスメル民族が日本神族の一分派で、ユダヤ教はスメルの祭式を偽造しているので、ユダヤもまた日本の末流だという奇怪な論理によっているのだろう。だがそのバックボーンが高楠順次郎であるとの言及はなく、柳田の日記によって、反ユダヤプロパガンディストにして、日ユ同祖論に移行していく増田と高楠の関係が明らかにされたことになる。二人の名前は柳田の著作には見られず、これらの日記にしか出てこない。

高楠の『知識民族としてのスメル族』は昭和十九年十月に刊行され、扉には厚徳書院版とあるが、奥付を見ると、これは印刷所名からの転用で、発行所は教典出版株式会社となっている。また著者の高楠の肩書は中山文化研究所代表者とある。中山文化研究所は中山太陽堂とプラトン社の中山太一によって設立され、出版も含めた文化事業活動を行なっている。私はこの他に昭和十六年の中山文化研究所の『富士川游著述選』全五巻のうちの二冊をもっている。その巻頭に中山文化研究所の「刊行の辞」が置かれている。それによれば、中山文化研究所は大正十三年に設立され、付属として児童教養研究所、女性文化研究所もあり、後者と中山文化研究所の所長を富士川が務めていたとされている。奥付の代表者名は永井千秋となっている。

『知識民族としてのスメル族』、は菊判二百五十ページ弱の一冊だが、高楠は「スメル民族の発祥地」と「印度先住民族の弾力性」という五十ページほどのふたつの論考を掲載し、他は、仏教学者やフランス人によるスメル民族研究、スメル語と太平洋語の比較を収録しているので、表題にあるような高楠の単著ではない。この本において、高楠が意図するところを簡略に述べれば、世界最古の文化はバビロンでスメル民族が興したものであり、日本民族も太平洋民族もスメル民族を出自とするので、「こゝに皇国は、東方大陸の国勢を代表して、大東亜戦時下の諸民族を指導し、亜細亜文明の最後を飾るべき新文化創造せん」との主張である。その同祖論を実証するために、スメルの遺跡写真と研究、言語的比較などが加えられている。おそらく高楠はナチスのアーリア民族に対してスメル民族を対置し、さらに太平洋民族もスメルの系譜とすることで、大東亜共栄圏のビジョンを確立しようと考えたのであろう。さすがに柳田も「この人のユデア研究は邪道のやうなり」と書きつけていることからすれば、高楠が戦時下において、スメル民族だけでなくユダヤ問題を含めて、奇怪な言説を公表しつつあったことを示していよう。

このスメル民族なる言葉を以前にも見た記憶があった。それは文化学院のことを調べていた時、創立者の西村伊作の自伝『我に益あり』(紀元社、昭和三十五年)の中に出てきたことを思い出し、再読してみた。するとやはり次のような一節があった。

「私のユリの夫坂倉は友人たちといっしょになって「スメラ」という国体を作っていた。スメラというのは、近東に昔、スメル人種というのがあって、それは人間の発生した根本の人種であるといった。そしてそのスメル族がスメル地方に発生してから間もなく日本に来て住んだ。そして日本というのは非常にいい国であるから、そこでスメル人が発展した。だから日本の天皇はすめら命であると、彼らは言っていた。その連中の中に仲小路《なかしょうじ》という学者がいて、いろいろな信仰的な理想を理論化して説いていた。その人の説を信じてスメラの連中は一種の誇大妄想狂であった。」

そこで仲小路について調べてみると、彼は桂太郎内閣の農商務大臣だった仲小路廉の息子で、東京帝国大学で哲学を専攻した仲小路彰であり、西村の娘婿の建築家坂倉準三などの「パリの日本人たち」に連なる人脈に位置し、スメラ学塾なる研究機関を設け、内外の要人を招聘し、様々な講義を展開していたという。高楠もその一人だったと思われる。

それらの細目は不明だが、仲小路が昭和十五年に刊行した『肇国』を読むと、スメラ学塾のビジョンが浮かび上がってくる。これは世界創造の神代史が語られ、「すめらみくに—皇国」が誕生し、神武天皇から始まる大和の平定が述べられ、その一方でスメルの国の出現とアジアへの広がり、太平洋圏への進出が神話の叙述とともに描かれていく。そして日本とスメルが合流し、「八紘一宇」の世界がめざされることになる。これもまた大東亜共栄圏を支える言説であったにちがいない。

この『肇国』は全百巻からなる「世界興廃大戦史」のうちの「日本篇」第一巻であり、巻末の既刊リストを見ると、「日本篇」全三十巻のうち六巻、「西洋篇」全三十八巻のうち九巻、「東洋篇」全二十二巻のうち三巻、「総観篇」全十巻のうちの一巻が刊行されているようだ。奥付記載の発行所は戦争文化研究所で、発行者は清水宣雄、発売所は世界創造社とある。また国会図書館にこれらを上回る巻数が架蔵されているので、そちらも参照されたい。

『肇国』以外は入手できず、その他の巻はまったく未見なので、それらの著者名も内容もわからない。書誌研究懇話会編『全集叢書総覧新訂版』（八木書店）をくってみても、「世界興廃大戦史」は見当らない。この時期に百巻に及ぶ大部なシリーズを立ち上げることは、民間の出版社では不可能に近かったと思われるし、奥付に「国民版」と記されていることからすれば、このシリーズの元版は、政府や軍部からの資金によって刊行された公的出版物だと考えていいのかもしれない。すなわち大東亜戦争を正当化するための、スメラ学塾が中心になって企画した公的刊行物だったと。

なおまったくふれられなかったが、石川康子の『原智恵子　伝説のピアニスト』（ベスト新書）はタイトル通り、原智恵子というピアニスト伝であるのだが、戦前の「パリの日本人たち」とスメラ学塾に集まった人々の文化状況と環境、人脈もたどられていて、コンパクトな一冊である。原智恵子はいわば彼らのマドンナであり、彼女のラインからはもうひとつの異なる近現代への物語をたどることができる。

それは野地秩嘉の『キャンティ物語』（幻冬舎文庫）に描かれることになる。

〈付記〉

以後十数回にわたって、スメラ学塾関係者とその周辺に言及する。ただ本稿を含めて、これらは数年間に断続的に書かれたもので、新たな資料を読むことによって、修正を加えなければならない記述も散見するのだが、ひとつの理由もあって、あえてそのままとした。

その後、仲小路に関しては、晩年の弟子である野島芳明の『昭和の天才 仲小路彰』（展転社）が出され、戦後における彼の生活が明らかにされた。また西尾幹二の『GHQ焚書図書開封2』（徳間書店）を読むに及んで、その一章が仲小路の「世界興廃大戦史」のうちの『太平洋侵略史』全六巻などに割かれ、その書影が表紙に使われていること、さらにそれらが国書刊行会によって復刻されていることを知った。

しかし両書にもそれらを含めた仲小路の戦前の著作に関する詳細な言及はない。それに加え、スメラ学塾についてのカノンとしての研究がまだないこと、基本文献の大半が読めないこと、ひとつの事実をめぐる証言が複数であることなどにもよっている。とりわけ後者は現存する最後の関係者への長時間インタビューによっても明らかであった。

したがって連載の過程で、読者のご教示を得られれば幸いに思う。すでに「神保町系オタオタ日記」から増田正雄についてのご教示を得ている。

122　小島威彦『百年目にあけた玉手箱』、戦争文化研究所、世界創造社

前回まだその著書を入手していなかったので、あえて名前を挙げなかった人物がいる。それは小島威彦で、彼は他ならぬ「パリの日本人たち」とスメラ学塾の中心人物である。小島は九十歳を超えた平成七年に『百年目にあけた玉手箱』という全七巻、二百字詰一万枚に及ぶ、明治、大正、昭和にわたる自伝を刊行している。

『百年目にあけた玉手箱』はその刊行会の「発刊の辞」によれば、「二十世紀という百年を生き抜いた一人の日本人の日々の証言であると共に、世界の旅日記でもある」と述べられている。刊行会は小島の「知友・後輩二十五人による知名の方々」によって構成されているようだが、それらの名前は記されていない。

そのような刊行会出版に加えて、発売元の創樹社は当時からの危機、何回かの買収を経て、平成十四年に自己破産したために、在庫も散逸してしまったと考えられる。それらもあって、『百年目にあけた玉手箱』全七巻は古書市場でも揃いが容易に見つけられない状況にある。これは市販本というよりも私家版的な要因も強く作用しているのだろう。その評価はひとまずおくにしても、これは特異な自伝と見なしうるので、とりわけ興味深い戦前分の第一巻から第四巻だけでも、人名索引つきの文庫化を期待したい。小島は唐木順三と親しかったことからすれば、ちくま文庫がふさわしいと思われる。

『百年目にあけた玉手箱』には、山口昌男が『「敗者」の精神史』（岩波書店）で描いた旧幕臣の物語とは異なるストーリーが示されている。小島の父の守気は昌平黌で英学を学び、維新に際しては徳川慶喜

に随行し、維新後には菁莪塾を興し、旧幕臣の子弟の英学への道を拓いた。それは福沢諭吉の慶應義塾、中村敬字の同人社、尺振八の共立学舎と並ぶ、維新後の代表的革新塾のひとつで、大名や旗本の子弟も多く、徳川色が強いものだった。そのために明治八年の学制改革によって閉鎖を余儀なくされた。その後文部卿となった、同じ旧幕臣の外山正一の慫慂から、北海道開拓長官の黒田清隆のもとで開拓使として渡道し、札幌農学校設立などに従事した。それからこれも旧幕臣の兵庫県知事に招かれ、神戸に移り、外人居留地や欧米企業進出の顧問、裁判所や税関にも関係し、独自の国際的環境の中に置かれ、明治三十六年に三男の威彦が生まれることになる。

小島威彦は熊本の五高を経て、東京帝大に入学するが、西田幾多郎に魅せられ、大正十四年に京都帝大へ移る。当時三木清は岩波茂雄の後援を受け、ハイデルベルク大学のフッサールのところに留学していた。そしてフッサールの助手だったハイデッガーがマールブルク大学の教授となったので、三木もそれに従い、ようやく帰朝の日を迎えていた。

小島は戸田三郎、西谷啓治、戸坂潤、樺俊雄、梯明秀たちと三木を囲む木曜会を結成する。京都学派は西田、田辺元、三木というラインで結成されていたが、田辺と三木が離反し、三木が上京し、法政大学で哲学を講義するに及んで、木曜会も東京での再開となる。

しかし昭和に入り、木曜会は解体してしまう。三木は、岩波書店から独立し、鉄塔書院を興した小林勇と雑誌『新興科学の旗の下に』を創刊し、福本和夫とプロレタリア科学研究所を創立する。戸坂潤は唯物論研究会を主宰し、小島は東京帝大大学院に入り、科学文化アカデミアを設立するようになったからだ。

これが小島父子のたどった旧幕臣系の明治から昭和初期にかけての知的環境とよんでいいだろう。そのような中で、小島は元司法、農商務大臣仲小路簾の次男彰を紹介される。彼は東京帝大の哲学の先輩であり、春陽堂の編集者にして、岩波書店の『哲学辞典』の編集委員だった。仲小路は三つ年長にすぎないが、頭は半白で、カントの肖像画にも似て、小島にしてみれば、「まるで百科全書派のフランス貴族と話している」ようだった。「彼の文学や哲学や歴史の世界の広さは尋常の範疇を越えている。僕は読書の浩瀚さなるものから醸し出されてくる不思議な世界を目のあたりにして、彼が世界をかけめぐる連想の輪舞に眩惑された」。これが前回言及したスメラ学塾をともに設立するに至る仲小路と小島の出会いだった。いうまでもなく仲小路は前回ふれた『肇国』の著者である。そして小島は仲小路と科学文化アカデミアの事務所を開設する。

小島の記述から判断すると、仲小路はヨーロッパ文明の正体をつきとめ、近世文化を形成する世界史的潮流に対する批判的総括を意図し、文明の地政学的類型の整理を試みていたことになろうか。それはまた小島の大いなる関心でもあった。

その一方で小島は父と縁故のある深尾一族の娘淑子と結婚し、国民精神文化研究所に勤めることになる。その新婚家庭の隣に越してきたのが、意外なことに本書33「今東光の『稚児』」、同34「今東光『奥州流血録』の真の作者 生出仁」の今東光であり、彼の図々しさに夫妻で辟易する描写はとてもおかしい。またこれは偶然ではなく、小島が助手として入所した国民精神文化研究所で、同113「藤沢親雄、横山茂雄『聖別された肉体』、チャーチワード『南洋諸島の古代文化』」の藤沢親雄とも出会う。ここは文部省の研究所で、東大、京大教授の兼任が中心となっていた。この研究所のメンバーは次回にふれるつもりだ。

さて時間と話は飛んでしまうのだが、小島は国民精神文化研究所勤務をベースにして、最初の著作の出版や昭和十一年からのヨーロッパ留学への足がかりをつかみ、同十三年に帰国する。彼を待っていたのは「得体の知れないマルキストで、日本主義者で、世界主義者で、独身の博識エンサイクロペディストの頭でっかちの一寸法師」仲小路彰だった。

仲小路は戦争を抜きにしては存在しない文明の誕生と興廃のパノラマ的展開「世界興廃大戦史」百巻の大半を書き上げたが、引き受けてくれる出版社がないとのことだった。そこで小島はその出版も兼ねるサロンやクラブである戦争文化研究所の設立を提案する。仲小路によれば、戦争と文化が対立概念ではなく、戦争は「歴史社会の矛盾や混乱を超克する最も先鋭的な歴史的行動」で、それが新たな文化の誕生につながる。その歴史文化の構造を戦争文化とよび、そうした戦争文化の構造的概念を「世界興廃大戦史」で展開していたからだった。それに国民精神文化研究所の若手の俊秀たちも加わり、陸軍の戦史研究特別室ともつながり、近世ヨーロッパが新たなる世界を獲得、確立する時に、「浩瀚な世界史と百科全書」を持ったように、自分たちの日本世界史を書きあらためるべき機運に包まれていった。

そして小島は戦争文化研究所と出版社の世界創造社を立ち上げ、そこは多くの人々の集うところとなった。この世界創造社について小島は多くを述べていないが、その記述を引いてみる。この社名は次回にふれる小島の著書『世界創造の哲学的序曲』からとられている。

「僕の「世界創造社」は一に仲小路の百巻の戦史出版のためであった。そのために僕は美術印刷の名門便利堂の力を借りた。その便利堂は、日本最高の料亭、星ヶ岡茶寮とその支店銀茶寮とを兼営していた中村竹四郎と親交を重ねるうちに、その甥に当る印刷業の中村伯三と便利堂の番頭佐藤の応援を得て、僕の世界創造社は僕の全面的責任において出発することになった。僕は必死になって世界興廃大戦史百巻の全集予約者募集に奔走したが忽ち破産に追いやられ、僕は女房の全財産を三菱銀行からおろして防戦したが及ばず、百巻完成半ばにして破産した。しかし記念すべき出版に僕なりに満足することが出来たばかりか、それが全く新たな僕の講演、研究、座談を、白木屋講堂を活用して開始することに発展していくと同時に、星ヶ岡茶寮という全く予想もしなかった大舞台を提供されることとなった。」

この破産は第九号まで刊行した総合雑誌『戦争文化』の莫大な経費も原因であった。

小島が語っている「白木屋講堂」でのパフォーマンスこそが、スメラ学塾の開講を意味していた。つまり昭和十四年に戦争文化研究所、世界創造社、スメラ学塾が立ち上がり、雑誌や書籍の出版、編集プロダクション、シンクタンク、私塾的機能をも兼ねることになったのである。その塾長は末次信正海軍大将、副塾頭は藤山愛一郎で、塾員は二十名を超え、多くの講師が招かれ、小島は地政学を講義した。それらは世界創造社から『スメラ学塾講義録』として出版されたようだが、未見であり、また高楠順次郎が講師に招かれていたかも不明である。スメラ学塾も皇紀二千六百年、日独伊同盟、大政翼賛会とパラレルに進行していったのだ。

〈付記〉

藤沢親雄についてはこれからもふれるが、「神保町系オタオタ日記」にその年譜があるので、参照されたい。

123 小島威彦『世界創造の哲学的序曲』と西田幾多郎

田中美知太郎は『西田幾多郎』（『日本の名著』47、中央公論社）所収の上山春平との対談「西田哲学の意味」の中で、東京のアカデミズムにおける京都学派の「インペリアリズム」のことを語り、小島威彦がその世話役だったと述べている。

ともに獄死することになる三木清や戸坂潤が西田哲学の左派であったとすれば、小島威彦は右派に属し、その延長線上に著作を刊行し、国民精神文化研究所に入り、ヨーロッパに留学し、世界創造社と戦争文化研究所を立ち上げ、スメラ学塾創立に至ったと考えられる。

しかしそれらのストーリーに見合う自らの思想的回路や位相が、『百年目にあけた玉手箱』に明確に語られているわけではない。そこで昭和十一年に改造社から刊行された小島の最初の著書『世界創造の哲学的序曲』を読んでみた。ただこの本が小島の処女出版であるにもかかわらず、そのモチーフは自伝の『百年目にあけた玉手箱』の中でも具体的に述べられていない。「『世界創造の哲学的序曲』にとり組む」との小見出しはあるにしても、「とりかかった」と記されているだけだ。その前後の文脈をたどってみて、これが小島の世界の没落と発生を通じてみた「地理弁証法」で、正倉院の展示品から幻視された「日本世界史」であるとの推測がようやくできる。小島の中国、インド、アフリカを経てのヨーロッパ留学もその確認のためなのだ。そしてその背後には本書で言及してきたローゼンベルクの『二十世紀の神話』、バハオーフェンの『母権論』、シュペングラーの『西洋の没落』、ハウスホーファーの『太平洋地政学』に加えて、ニーチェの思想、及び西田幾多郎の日本文化論が重なり合っているように思える。たまたま前出の『西田幾多郎』には彼の「日本的ということについて」が収録されていて、この小文の中で西田は「真に生きた日本文化」の歴史を「力」として受け取り、その祖先をわれらの「血液」の中に蘇らせたいと述べ、次のように結んでいる。

「日本の文化はしいてそれを孤独のものと考えずとも、世界の文化の一要素として尚ぶべきものであると思う。日本の文化の背後に深く大なる精神を求めてみたい。われらが桜花を愛する心の奥にもニーチェが「我は創造して亡びゆくものを愛す」（ドイツ語原文中略）というごとき創造的意志の哲学を味わってみたいと思うのである。」

この西田とニーチェのいうごとき「創造的意志の哲学」から小島の著書のタイトルが引かれたと考えて、まず間違いないだろう。

実際に『世界創造の哲学的序曲』の「序」には「西田幾多郎先生との会話に多くを負うもの」との言葉も記されている。しかしこの小島の著作は神話、哲学、宗教、歴史と錯綜を極め、要約をこばむ構成となっていて、それは昭和時代を迎え、様々に流入してきたヨーロッパ思想のごった煮状態を露出させているようにも思える。

例えば、「前奏曲」として冒頭に置かれた「神話の詩学」にあって、ニーチェの『悲劇の誕生』がベースとなり、そこにギリシャ哲学とドイツロマン派が召喚され、バルザックによるスエーデンボルグ論が示され、イエスとツルゲーネフの運命が語られ、アウグスチヌスが引用され、ヴァレリーのいう「精神の危機」への言及となる。これがわずか五、六ページで展開され、この章だけで、さらにジョイスの『ユリシーズ』やロレンスの『現代人は愛しうるか』までが挙がっている。その混沌的叙述はローゼンベルクの『二十世紀の神話』と相通じるような印象がある。

この調子で最後まで進められ、結論ともいえる第三部「悦ばしき哲学」の最後の章「世界史への激情」へと雪崩こんでいく。地球の至るところにおける神々の復活、コスモポリスの建設が提唱される。その前提とは、「日本海前期の日本民族の広大な地球的人種の光栄ある位置を解明すると共に日本民族の世界性獲保に対して重要な役割をつとめる」こととされる。

ヨーロッパ人とその科学はもはや限界に達し、そのイデオロギーによる人類の高次の統一はできない。オリエント、東洋、欧米の植民地は今でも「古代的神話的な民族」であり、「宇宙科学的神話」を備えている。

「斯の如き人類的民族は宇宙科学の把握を通じて、其処に科学と経学との統一としての新な宇宙神話を構成し、地球の隅々に到るまで闘争せねばならぬ。かくて、古代地球には古代文化の再建を、新天地には新文化を建設する。発掘と搾取に対して、人類地球における再建と創造。」

かくて、人類は地球に於てコスモスの大なる弁証法的連関に入る。此処に、人類の地球的媒介としての真の生産が始まり、世界史は独占より解放せられて、人類の歴史と成る。

そして『世界創造の哲学的序曲』は「地球を背負へるアトラスよ、今コスモ・ポリスの建立のために立て」と結ばれ、終わっている。

このような混沌としたオブセッションに充ちた叙述が、その後「大東亜共栄圏」へとつながっていったと想像するに難くない。それゆえに小島は西田の日本文化論を正統的に継承し、大東亜戦争へと向かったと判断できるのではないだろうか。その意味において、小島は京都学派のもうひとつの姿を代表していたのかもしれない。

それに加えて、『世界創造の哲学的序曲』を読むに際し、そこにルドルフ・シュタイナーの名前が出てくるのではないかと注意していたが、それは見出せなかった。実は同書を執筆するにあたって、小島は奈良の東大寺などの訪問に今東光を伴っていて、今の父親はアニー・ベザントの神智学協会日本ロッジの看板を掲げていたからだ。また本書115「バハオーフェンと白揚社版『母権論』」において、既述したように、シュタイナーとベザントの名前が『二十世紀の神話』の中に出てきてもいる。

そしてさらに人智学出版社を営み、シュタイナーの翻訳者でもあった河西善治が『京都学派の誕生とシュタイナー』（論創社）を著わし、両者の関係に触れていたからでもある。河西の論考についての判断は私の力量では下せないが、大日本文明協会から刊行されたシュタイナーの最初の著作『三組織の国家』が入手でき、読むことが可能になったら、あらためて考えてみたいと思う。

124　国民精神文化研究所と科学文化アカデミア

創立に参画した酒井三郎による『昭和研究会』（講談社文庫、中公文庫）のような記録が刊行されている昭和研究会は別にして、これまで取り上げてきた国際政経学会、太平洋協会、国民精神文化研究所などの政府の外郭団体的な研究所についての詳細な証言を目にしていなかった。とりわけ昭和十年代の様々な研究所に関しては。

しかし小島威彦の『百年目にあけた玉手箱』第二巻の第六章は「文部省〝国民精神文化研究所〟の開設」とあり、その多岐にわたる人脈が描かれ、同じくそこにいた藤沢親雄も明かしていなかったいくつものエピソードが報告されている。小島はここに在籍して、『世界創造の哲学的序曲』を書き上げて出版し、留学に至り、帰国の後も所員として戻っている。彼の記述にしたがって、国民精神文化研究所のアウトラインと環境を浮かび上がらせてみよう。

国民精神文化研究所は昭和五年初夏に開設され、それに伴い、小島は文部省からその哲学研究室助手に任命するとの通達を受ける。人事構成を示しておく。

所長　文部次官　伊東延吉兼務
哲学　学習院高等科教授、東大講師／紀平正美
　　　広島文理大教授／西晋一郎
　　　慶大教授／川合貞一
教育学　東大教授／吉田熊次
　　　東大助教授／海後宗臣
歴史学　東大教授／西田直二郎
国文学　東大教授／久松潜一
政治学　元九大教授／藤沢親雄
　　　元イエール大学／大串兎代夫

これもまた小島特有の書き方で、明確な定義はなされていないのだが、貴族院や海軍省の思想問題委

員会の慫慂から生みだされたのが国民精神文化研究所で、小島は大阪商船や日清汽船の役員を兼務する岳父の深尾隆太郎や海軍次官の義兄の根回しによって、入所に至ったようだ。

また私は「小林秀雄と『文藝春秋』の座談会」(『古雑誌探究』所収)において、小林、三木清、大熊信行、大串兎代夫が座談会のメンバーだったが、大串のことは発言を読んでもどのような人物なのか、推測ができないと記しておいた。だがここで彼も国民精神文化研究所に在籍していたと知らされることになった。

この他にも作田荘一や河村只雄といった経済学者や社会学者の名前も出てくる。しかしこれらの陣営の紹介とは裏腹に、小島の同様の書き方によっているのだが、国民精神文化研究所の仕事が具体的に何であったのかはほとんど語られていない。描かれているのは一橋大学の旧図書館での開所式の光景と教授たちのやりとり、訪れてきたリットン満州事変調査団と語学自慢の藤沢親雄の応酬、藤沢と小島の交際であり、また彼らは留学中のドイツで出会うことになる。ところがそこでの研究についての言及はなされていない。それでも小島の記述から推測すると、国民精神文化研究所を中心にして、多彩な研究会とサロンが生まれ、それらが東京の知識人と京都学派の人脈が交錯することによって、特異な文化環境が醸成されていったようなのだ。そしてそれらが後年のスメラ学塾へと結びついていったのである。

そのひとつが仲小路彰が生み出した科学文化アカデミアであった。そこはアインシュタイン後の物理、数学の革命的飛躍、マルキシズムの多角的展開と知的旋回を背景とした、あらゆる知恵と想像の坩堝のようなところで、仲小路は「ヨーロッパ文明の正体をつきとめたい意欲に燃えて、その近世文化なるものの世界史的潮流に対する、批判的総括への野望」を募らせていた。それについて、小島は次のように書いている。

「僕たちの「科学文化アカデミア」の仕事は、将来の科学技術文化時代を先取りした文明批判であり、また世界文明の類型的批判の基礎作りと、展望台構築であった。そこは仲小路彰のサロンのようなものであった。ある時は長谷川如是閑や佐々弘雄たちの集会であり、またある時は三枝博音や本荘可宗や斎藤晌や服部之総たち、あるいは富沢有為男や渡辺一夫や唐木順三といった多彩な音色をもった自由なクラブのようなものだった」

小島はここから「いろんな雛が巣立っていった」と述べている。「いろんな雛」とは自らの『世界創造の哲学的序曲』、唐木の『現代日本文学序説』（春陽堂）、富沢の『地中海』（書物展望社）、小島と京大同期の清水宣雄が中心となって出した『日本世界年鑑』（実業之日本社）、雑誌『科学文化』などをさしている。『日本世界年鑑』は「日本から観た現代世界における思想、芸術、科学、社会の全般にわたる批判的総括を試みた厖大な一巻」とされているが、古書目録で見て注文したところ、外れてしまったために未見である。『実業之日本社七十年史』で確認すると、日本国際問題調査会編となっていて、ここから昭和十七、十八年版が刊行されているとわかる。『科学文化』もまだ入手できていない。

仲小路が大正十二年に岩波書店から刊行された『哲学辞典』の編集委員であり、春陽堂の編集者だったことは既述したが、あらためて『実業之日本社七十年史』の「出版総目録」や『春陽堂書店発行図書総目録（1879年~1988年）』を見てみると、すでに挙げた本の他に、彼が企画編集にかかわっていたと思われる単行本やシリーズが掲載されている。実業之日本社はともかく、昭和円本時代以後の春陽堂の出版物の従来の傾向と異なる多彩さの一端は、仲小路によって担われていたとすれば、まさに納得がいく。それらについてはスメラ学塾の企画と合わせ、後述するつもりでいる。

このように小島と仲小路の出会いによる科学文化アカデミアの結成と国民精神文化研究所へ至るラインは、サロンと編集プロダクションとシンクタンク的機能を備え、多くの出版物を生み出していったと思われる。

最後に補足しておけば、そのサロンには宗教学の石津照璽のキルケゴールとドストエフスキー研究会が合流し、石津の友人で目黒書房主も加わったことで、目黒書房版『バルザック全集』も出されるようになったという。またフランス民俗学の古野清人と、国民精神文化研究所員にして柳田国男の娘婿である堀一郎の接近によって、宗教と民俗学との親密度も濃くなっていったとされる。

これも後述予定の太平洋民族学研究書の出版も、このような事実を背景にしているのであろう。

125 「パリの日本人たち」と映画

小島威彦と仲小路彰の科学文化アカデミアが戦争文化研究所、世界創造社、スメラ学塾へと展開されていくためには、小島の昭和十一年から十三年に及ぶ、ビルドゥングス過程とでもいうべきヨーロッパ留学が不可欠であった。

小島の旅と留学は『百年目にあけた玉手箱』の第二巻から四巻にわたり、全七冊のうちの二冊半を占めている。したがって小島にとり、この支那海から印度洋を通り、アフリカ周航を経てパリへの到着、それから地中海、ドイツ、北欧、イギリス、東欧、ギリシア、イタリアをめぐる旅と留学は、ヨーロッパの植民地化の実態を目の当たりにしたこともあり、『世界創造の哲学的序曲』における「コスモ・ポリスの建立」を強く実感させるものだったように思われる。それからこれはまったく言及されていないが、当時小島がライバルとして想定していたのは、和辻哲郎とその著作『風土』（岩波書店、昭和十年）であり、小島の最初の旅の記述は『風土』を意識しているのではないだろうか。

また和辻たちの留学と異なり、昭和十年代になってからヨーロッパに留学したり、長期滞在していた日本人たちも、太平洋戦争に向かいつつある国際社会の中での日本を外から見つめることによって、思考の転回を迫られていた。昭和六年にパリにいた金子光晴は「第一次大戦と、未発の第二次大戦のあいだの虚妄の時間を僕らは、いわれもなく生きのびていた」（『ねむれ巴里』中公文庫）と卓抜な比喩で語っていた。金子の時代と異なり、そのような時期に小島はパリに着いた。彼を待ち受けていた「パリの日本人たち」を挙げてみる。それらの主要人物は今橋映子の『異都憧憬 日本人のパリ』（柏書房）などにも登場していない日本人なのだ。


川添紫郎／後藤象二郎の孫、元マルキスト。後に原智恵子と結婚。

原智恵子／有島生馬をパトロンとする天才少女ピアニスト。

深尾重光／小島の義兄で、同様に川添の従弟。植物学者で、小島に同行。

井上清一／熊本の米相場師の息子で、元マルキスト。五高退学処分。

坂倉準三／東大美術史科出身、ル・コルビュジエ建築事務所勤務。パリ万国博日本館設計。後に文化学院の西村伊作の娘ユリと結婚。

鈴木啓介／山吉証券の社長の息子で、辰野隆の親類。

丸山熊雄／フランス政府公費留学生、仏文学専攻。

山田吉彦／パリ大学民族学会員、後のきだみのる。

諏訪根自子／ベルギー音楽院在学のバイオリニスト。

城戸又一／毎日新聞パリ支局長。

本書との関連でいえば、有島生馬は『世界聖典全集』前輯の装丁者である。後に吉川逸治や岡本太郎にもふれるが、彼らは美術分野でよく知られているので、省いた。その他にも様々な日本人が登場しているが、これらの人々が帰国後にスメラ学塾の塾員となったり、その講師として召喚された主たるメンバーである。

また彼らはパリで、日仏映画祭と日仏座談会を試みている。日仏映画祭は熊谷久虎の『情熱の詩人啄木』の上映だった。小島の『百年目にあけた玉手箱』には、日仏座談会は描かれているにもかかわらず、日仏映画祭への準備と慰労会への少しばかりの言及があるだけだ。それは前者がソルボンヌの学長やルイ・アラゴンの出席を得て、盛況だったからで、それに対して後者の場合は小島にとって芳しい印象を残さなかったからではないだろうか。

そのためにこの日仏映画祭に関しては、丸山熊雄の『一九三〇年代のパリと私』（鎌倉書房）を参照してみる。丸山の回想によれば、川添紫郎はシベリア鉄道で日本に帰り、『情熱の詩人啄木』を携え、戻ってきた。それまでパリで、日本映画は正式に公開されていなかった。川添は日本映画を売りこみ、フランスで公開するルートを樹立しようとする意志があった。これは川添が早稲田高等学院時代に谷口千吉や山本薩夫と仲間だったことも作用しているのだろう。しかし日本大使館の支援はまったく得られず、川添と井上も準備に参加できず、丸山と坂倉、ギリシャ語専攻の坂丈緒がフランス語字幕を作成した。だが小島の証言では山田吉彦が訳し、解説したことになっている。

そしてシャンゼリゼのホールで上映すると、二百人が入る満員の盛況だった。ところが映画の進行と字幕が合わず、丸山とフランス人の友達が無声映画時代の活弁で対応する羽目になった。だがフランス人には好評で、それからも一、二回上映したという。ただそれで終わってしまい、川添の日本映画ビジネスの目論見は実現しなかったという。

この『情熱の詩人啄木』は未見であるが、幸いにして『日本映画作品全集』（キネマ旬報社）に清水晶による紹介があるので、それを引用しておく。昭和十一年の日活多摩川の作品である。

「石川啄木が「かにかくに渋民村は恋しかりおもいでの山おもいでの川」とうたった故郷渋民村で小学校の代用教員を勤め、自由と平等を説く進歩的な教育で子供たちの敬愛を一身に集めながら、保守的な校長や村の顔役に受け入れられず、「はたらけどはたらけど猶わが生活《くらし》楽にならざりぢつと手を見る」という苦しい生活の中にも、節をまげることなく旧弊な校長や村人たちによって、「石をもて追わるるごとくふるさとを出でし悲しみ消ゆる時なし」の歌のように、渋民村を去って行くまでを描く。当時新鋭監督として野心満々の熊谷久虎の演出下に、島耕二が啄木を熱演、彼をやさしくなぐさめる女教員を黒田記代、啄木の父親で、貧しい一家の口べらしのために家でする和尚の役を小杉勇が演じた。」

この監督の熊谷久虎を同じくキネマ旬報社の『日本映画テレビ監督全集』などで確認してみると、驚くべき事実に突き当たる。その写真入りの滋野辰彦の紹介によれば、熊谷は『情熱の詩人啄木』で認められ、続けて石川達三の『蒼氓』と森鷗外の『阿部一族』を撮り、これが代表作とされている。これもまた偶然ながらも、私も「謎の作者佐藤吉郎と『黒流』」のブログ連載で、石川の『蒼氓』を論じたばかりだ。しかし問題なのはこれに続く記述で、「『上海陸戦隊』(39)、『指導物語』(40)の二本の国策映画を撮ったのち映画を離れ、国粋主義思想団体へ〈すめら塾〉をつくり、一説には教祖に近い存在だった」とある。これは明らかに熊谷がスメラ学塾の幹部であったことを意味している。さらに加えて、彼は原節子の姉の夫で、原が姉と同じ女優になったのは、家族の経済的事情もあったが、彼の勧めによるものだった。そして山中貞雄の傑作『河内山宗俊』で脚光を浴びることになる。その撮影中にドイツの映画監督アーノルド・ファンクが訪れ、原の美貌を見こんだことから、日独合作の『新しき土地』に出演し、昭和十二年にそのドイツ封切の舞台挨拶のために、義兄の熊谷と渡独した。それはおそらく「パリの日本人たち」が『情熱の詩人啄木』を上映した翌年のことであった。

また小島の『百年目にあけた玉手箱』第四巻には、戦争文化研究所と世界創造社を設立すると、毎日のように熊谷が訪ねてきたという記述も見つかる。おそらくパリでの上映がきっかけになったのであろう。その後熊谷がどのようにしてスメラ学塾に加わっていったのだろうか。しかしスメラ学塾はヨーロッパからの帰還者を引き寄せる強力な磁場であったゆえに、熊谷も同様にその渦中へと誘われていったように思える。

なお先に挙げた「パリの日本人たち」の写真は丸山の『一九三〇年代のパリと私』に掲載されている。同書は昭和六十一年に丸山供養のために『パリとわたくし』という私家版で出されたこともあって、貴重な私的写真を見ることができる。奇しくも後のスメラ学塾メンバーの集合写真ともいえるので、興味ある読者はぜひ参照されたい。

126 『伊太利亜』、『イタリア』、『戦争文化』

『伊太利亜（一九三八年）』という雑誌的な印象を受ける一冊があって、それを十五年ほど前に入手している。菊版ソフトカバーの黒地の表紙に、イタリアの国旗が斜めにレイアウトされ、イタリアのモダニズムを感じさせる。表紙には「XVII,EF」とあるので、Era Fascista＝ファシズム時代十七年を意味しているのだろう。

発行所は日本電報通信社、後の電通で、編輯発行者は光永星郎、その創業者名が記され、東京堂などの五大取次名が掲載されているので、この『伊太利亜』が取次を流通し、書店でも売られていたとわかる。

「序文」をイタリア大使のアウリッツチが寄せ、これがイタリア全分野における「国情及国民生活」の紹介と評論で、イタリアに関する最良の「日本国民にとつての実用案内書たらんとするもの」との言がある。

また「緒言」は光永の手になるもので、「伊太利亜にその起原を持つ処のフアシズムは、今や世界的隆盛を見んとしつゝある」と始め、イタリアと日本の歴史や国民の共通性が挙げられ、「今や独逸と共に防共の盟約を結び、人類の敵共産主義を潰滅すべき使命に一致してゐる」と述べている。そしてこの『伊太利亜』は先に刊行したドイツ紹介の『独逸大観』と同様の「友邦に対する友誼に酬ゐんとする」意図により企画されたと記している。

そして二十章にわたり、多くの写真を配して、イタリアのファシズムと戦績、軍隊、農工業などに加えて、日伊の親善事情、日伊学会のことも語られ、巻末にはイタリアと関係の深い日本やドイツの商社の広告が掲載されている。この『伊太利亜』の刊行は昭和十三年十二月であり、前述の『独逸大観』と併せ、電通が同十五年の日独伊三国同盟に先駆けて仕掛けた出版プロジェクトだとわかる。電通はまたそのような出版社であったことにもなる。

しかし『伊太利亜』刊行の事情は『電通100年史』を入手して調べたが、まったく言及されておらず、イタリア文学者の田之倉稔にも問い合わせたが、彼も初見であり、この本に関しては何も知らないとのことだった。

ところが小島威彦の『百年目にあけた玉手箱』第四巻に雑誌『イタリア』創刊の話が出てくる。川添紫郎は帰国直後にイタリア駐日外交官と親しくなり、『イタリア』という雑誌の発行を依頼される。イタリア文化参事官の要請は、イタリアファシズムの宣伝ではなく、小島と原智恵子の協力も含めたイタリア文化の紹介が目的で、編集も費用もすべて一切がお任せで、すべての請求に関して、イタリア大使館が面倒を見るという願ってもない条件だった。

川添は小島に『イタリア』のコンセプトと内容について言う。

「私の親友、今藤茂樹を編集長にして、十月末に創刊号を出そう。まず一五〇頁までの大判の美術雑誌のような形で、内容は日伊の経済通信の編集による現在の見通しを、西谷弥兵衛に書いてもらう。文学や芸術は帰国したばかりの丸山熊雄に、フランス、イタリアの哲学は難波浩に、ロマネスク芸術は、もうすぐ帰国してくる吉川逸治に、そして建築は坂倉準三に。彼も近日中に帰国の予定だ。政治経済は同盟通信の編集長の波多尚に担当してもらう。まあ、楽しい、しかし見れば現代の断面を見るだけの新鮮な力が漲ってなくちゃ。」

つまり『イタリア』は「パリの日本人たち」を主たる編集、執筆者として構想されたのである。その他に名前が挙がっている西谷と波多は小島と同じ五高出身で、角度が異なる経済学者であり、二人ともスメラ学塾の中心メンバーとなっている。今藤は川添の早稲田高等学院時代からの友人ではないだろうか。難波浩については次回にふれる。

その他にも国民精神文化研究所の若き所員たちにも協力を仰いでいるが、彼らの名前と寄稿の内容については省略する。この『イタリア』は昭和十三年十月だったと考えられる。これは全般に及んでいることではあるけれども、『百年目にあけた玉手箱』は日付の記述はあっても、年度がはっきり示されておらず、類推するしかない。そのように推測すると、電通による時局的な『伊太利亜』の刊行計画と「パリの日本人たち」の日本への帰還が重なり、『伊太利亜』に関するイタリア大使館の文化参事官の不満もあり、『イタリア』の発行が構想されたのではないかという経緯と事情が浮かび上がってくると思われる。それゆえに『伊太利亜』と『イタリア』は兄弟雑誌、表裏一体の関係にあったのではないだろうか。しかし残念ながら、『伊太利亜』は入手しても、システィナ礼拝堂の天井のミケランジェロの天地開闢のアダムを表紙とする『イタリア』を読む機会を得ていない。その表紙は「アダムが天空のイヴに手を差し伸べて」いて、「力溢れる新世界創造への躍動」を伝え、それはイタリアとの大東亜共栄圏構想のメタファーでもあったのかもしれない。

しかし小島と川添を中心とする『イタリア』の内容は、小島と世界創造社と戦争文化研究所を立ち上げていた仲小路にとって、満足のゆくものではなく、自らが提案した総合雑誌『戦争文化』の発刊を早々と決定づけることになった。昭和十四年の三月発売予定の四月号が創刊で、数十人に対しての原稿依頼がたちまちのうちになされ、創刊号ができた二月二十日に、白木屋で小島は「ギリシアの末路と近世史の末路」なる講演を行なった。満員であり、創刊号も置かれていた。

「入口の両側に『戦争文化』の赤字に白く染め抜いた部厚い総合雑誌が積み上げられ、熱気が漂っている。一部八十銭の定価だ。支那問題研究会、アジア太平洋研究会、国計画研究会の三本柱を中心に、二十項目に渉る論文、体験記、批判を展開した新鮮な総合雑誌である。」

ここに挙げられた三つの研究会は昭和研究会の分会と見なせるだろう。支那問題研究会と国土計画研究会は昭和研究会の中でも主要なものであり、両者のメンバーと研究内容は酒井三郎の『昭和研究会』の中で言及されている。とりわけ国土計画研究会のテーマは、戦後の高度成長期における開発プロジェクトへと継承されたように思われる。ただ残念なことに、アジア太平洋研究会については記されていない。

このようにスメラ学塾と戦争文化研究所は昭和研究会とも密接に提携していたのである。それらに国民精神文化研究所も加わっているに相違なく、『戦争文化』は仲小路を編集長とし、様々な研究機関の人々からの寄稿を中心に、創刊されていったことになる。だがこちらも『イタリア』と同様に、第九号まで刊行された『戦争文化』も見るに至っていない。

その後のことを記せば、『イタリア』の刊行がきっかけになり、昭和十七年にスメラ学塾メンバーを中心とした、レオナルド・ダヴィンチ展覧会が池之端産業館で開催されたのである。

127 アルス版「ナチス叢書」と『世界戦争文学全集』、ゾラ『壊滅』

小島威彦の『百年目にあけた玉手箱』第四巻で、北原白秋の弟の経営するアルスの「ナチス叢書」は小島の編集との記述に出会い、長年の出版に関する疑問が解明されたように思った。

私はゾラの「ルーゴン＝マッカール叢書」の翻訳と編集に携わっていた時期があり、その中でも初めての全訳で、戦後初の邦訳となる第十九巻の『壊滅』を訳了した際には感無量の思いに捉われた。それは普仏戦争をテーマとするこの一作が、『ナナ』や『居酒屋』といったゾラのイメージを払拭するもので、「叢書」の集大成と大団円を兼ねた作品に他ならなかったからである。それだけでなく、この『壊滅』が日本ではほとんど読まれていない、知られざる十九世紀フランス文学の金字塔だと確信したことにも起因している。

『壊滅』の戦前の邦訳は昭和十六年にアルスから、訳者を難波浩として『世界戦争文学全集』第二十一巻の上下本として出されているのだが、これには現在に至るまで古本屋でも古書目録でも一度も見かけたことがなく、本の友社から一九九〇年代に復刻が出されるまでは読むことができない稀覯本だったと考えられる。もっとも本の友社も百部単位の復刻だったであろうし、それを架蔵する図書館も少なく、気軽に読めるものにはなっていなかった。

私の場合は翻訳の参考にする必要もあり、どうしても読まなければいけないという事情から、公共図書館ルートで探したところ、何と隣の市立図書館の閉架書庫の中に原本が見出されたのだ。そこでコピーをとり、拳拳服膺させてもらったわけであるが、訳者の難波浩がどういう人なのかわからず、また『世界戦争文学全集』も書誌研究懇和会編『全集叢書総覧新訂版』（八木書店）にも掲載されていないことから、どこまで出たのか、その全貌もつかめず、ずっと気になっていたのである。

前回記したように、『百年目にあけた玉手箱』の中で、川添の「フランス、イタリアの哲学は難波浩に」との発言を見つけたこと、それと小島のアルスの「ナチス叢書」編集を目にし、『壊滅』にその広告が掲載されていたことを思い出し、難波浩、アルス、『世界戦争文学全集』、「ナチス叢書」が一気につながり、『世界戦争文学全集』も小島や戦争文化研究所から出された企画ではないかと考えるに至った。

そこで『壊滅』のコピーを取り出し、目を通してみると、まず「ナチス叢書」の広告が見つかった。それは「推薦」が陸軍省情報部と海軍軍事普及部、「責任編輯」は駐独大使大島浩、小島威彦とそれぞれ連名表記されていた。驚かされたのは各冊六十銭とある「ナチス叢書」のラインナップだった。それは五十冊以上に及び、「パリの日本人たち」、国民精神文化研究所とスメル学塾関係者の大半の名前が出揃っていることだ。例を挙げれば、小島威彦の『ナチスの文化』、丸山熊雄『マイン・カンプと独逸文学』、藤沢親雄『戦時下のナチス独逸』、井上清一『ナチス芸術』、鈴木啓介『独仏関係』、清水宣雄『ナチスのユダヤ政策』、川添紫郎『ナチスの映画』、堀一郎『ナチスの宗教政策』も含まれている。しかしこの「ナチス叢書」も前出の『全集叢書総覧新訂版』にも『世界戦争文学全集』と同様に掲載がない。ただ国会図書館の蔵書を見てみると、二十七冊架蔵され、藤沢、鈴木、清水の同名の著書があるとわかるが、これらの書目がすべて出されたのかどうかを確認することができない。

『世界戦争文学全集』の全二十五巻のタイトル明細もあり、これは第一巻のホメロスの『イリアス』から第二十四巻『第一次欧州大戦』、第二十五巻『世界変革戦争』に至るラインナップとなっているが、訳者名は第五巻『ロオランの唄』が坂丈緒で、これも「パリの日本人たち」の一人である。『世界戦争文学全集』もこのうちの何巻が刊行されたのかを確かめられない。こちらの国会図書館蔵書は五冊である。ただこの全集は戦争文学会編となっていて、そこに「戦争文学全集発刊の言葉」が「紀元二千六百年十二月」の日付でしたためられている。これはまさに小島や仲小路彰たちの思想的位相、及び戦争文化研究所とスメラ学塾の共通する戦争観、戦争文学論であると思われるので、多少長くなるが、省略を施さず、そのままの旧字で全文を引用しておく。

「大いなる世界史的轉換は、常に世界的長期戰を契機とし、その發展過程の中に、新しき時代、國家、生活を創造し、形成し來つたのである。この史代變革の生ける象徴とし、高き碑銘として、あらゆる世界文學の傑作は製作され、この悲劇的表現として、すべての藝術は創造され、こゝに人類の文化は、次に來る新しき史代の生命として、繼續され、豐富化され、復興されたのである。

今や日本を樞軸とする世界維新の實現せんとする時、われわれは眞に世界史を變革せる戰爭の文化的本質を根源的に把捉し、しかもこの世界文化の總力戰史觀による日本的表現を、世界新秩序建設の中に、日本世界ルネッサンスとして創造すべき必然性に直面してゐるのである。かくて眞に永遠に生きる文學的生命は、この眞の戰爭文學體系を必須とする。今や本全集によつて初めて、その完全なる繼承の一面が示されんとする。この戰爭文學的新體制こそ、舊き一切の文學概念を否定し、すでに死滅すべきものを悉く死滅せしめ、まさに日本文學を世界的文藝復興の力強き爆撃たらしむるものであらう。」

そして この「発刊の言葉」はこれも巻末に置かれた丸山熊雄の『戦争文学論』のキャッチコピー「戦争文学は真の文化の母である‼」や「現代は正に戦争と文学の時代だ‼」と通底しているし、同書は「わが日本民族の戦ひと歌とに世界史的指導原理を与へて純正なる文学の要請したるもの」との説明がある。

このような戦争観が十九世紀から二十世紀にかけてのパラダイムであったことも事実であろう。それはゾラの『壊滅』の中にも見出すことができる。『壊滅』において、戦争を憎む姉に対して、主人公の一人であるモーリスがもらす内的独白を思いだす。それは次のようなものだ。拙訳を示す。

「だがモーリスは学問を身につけていたので、戦争が必然であり、戦争こそが生命そのもの、世界の法則であると考えていた。正義や平和の観念を持ち出すのは哀れむべき人間のすることではないのか？非情なる自然も絶え間なき大殺戮の戦場ではないだろうか？」

しかしそれらのパラダイムの延長線にナチスによるアウシュヴィッツとユダヤ人ジェノサイドが出現したことを忘れるべきではないだろう。

それにしても、戦前の上流階級に属する知識人である「パリの日本人たち」の総転向、スメラ学塾の倒錯的思考には驚きを禁じ得ない。出版史に関する私見を述べれば、この「ナチス叢書」や『世界戦争文学全集』の刊行によって、アルスは戦後廃業へと追いやられたのではないだろうか。ちょうど第一書房が『我が闘争』を始めとする多くの「戦時体制版」を出版し、廃業したことと同様に。

しかし小島の『百年目にあけた玉手箱』や丸山の『一九三〇年代のパリと私』においても、それらのことはまったく語られていない。

128　ロバート・キャパ『ちょっとピンぼけ』とダヴィッド社

「パリの日本人たち」の一人である丸山熊雄の『一九三〇年代のパリと私』（鎌倉書房）を読んで初めて知ったのは、彼らと報道写真家のロバート・キャパが親しく、川添紫郎と井上清一のアパートに転がりこんでいたという事実だ。そのような前史があったために、昭和三十一年にダヴィッド社から刊行されたキャパの『ちょっとピンぼけ』の訳者として、二人の名前が連ねられている事情を了解した次第だ。

そのダヴィッド社版は昭和五十四年に文春文庫化され、手元にある平成四年版は第21版とあるので、確実に版を重ねてきたことになる。

そこであらためて、小島威彦の『百年目にあけた玉手箱』を見てみると、第三巻に「チェコ人の写真家」で「アンドレとその恋人チガニー」が出てくる。しかしその後で二度、「ハンガリー生まれ」の「肖像写真家チガニー」を訪ねているが、これはキャパの本名のアンドレと恋人のゲルダの名前を混同していて、明らかにキャパのことである。これは年齢ゆえに無理からぬことではあるにしても、小島の回想には混同も多く、ヒトラーの愛人エバ・ブラウンとナチオリンピック映画『民族の祭典』を撮ったレニ・リーフェンシュタールが同一視されている。

私が最初にキャパの『ちょっとピンぼけ』を読んだのは、筑摩書房の『世界ノンフィクション全集』第40巻所収の抄訳で、確かめてみると、訳者名は川添浩史、井上清壹となっていた。二人は戦後になって、改名、改字した時期があるのだろう。だが当時はもちろん二人が「パリの日本人たち」であることを知るはずもなかった。

その後昭和六十三年にリチャード・ウィーラン『キャパ　その青春』（沢木耕太郎訳、文藝春秋）も出されているので、目を通してみると、パリの毎日新聞支局で月二十ドルのアルバイトを見つけたとあり、「彼はその仕事を川添浩史と井上清一という二人の日本青年を通じて手に入れた。彼らとはその夏カンヌで出会い、秋にパリに戻ってから親しい仲になっていたのだ」と書かれていた。それだけでなく彼がスペイン市民戦争の写真を売りこむにあたって、アンドレ・フリードマンからロバート・キャパに名前を変えたように、恋人のゲルダ・ポホレリスもゲルダ・タローと名乗るようになり、彼女もその名前で、写真を発表し、それは岡本太郎から借りたものだった。つまりキャパもゲルダも「パリの日本人たち」のまさに近傍にいたのだ。しかしウィーランの評伝にそのことはふれられていない。

それではどうして川添と井上が『ちょっとピンぼけ』を翻訳し、ダヴィッド社から刊行することになったのかを考えてみたい。

キャパは第二次世界大戦の各地の前線で戦争写真を撮り、『ライフ』などに発表し、著名になる。戦後の一九四七年に写真エージェンシーの「マグナム」を、カルチェ＝ブレッソンなどと設立し、アメリカに移っていた。そして五四年に川添を介して毎日新聞に招聘され、日本を訪れ、日本でも写真を撮っている。

しかし『ライフ』からの仏印戦線の報道依頼を東京で受け、キャパは羽田からベトナムに向かい、ハノイ南方の戦場で地雷にふれ、四十一歳で死んだ。

『ちょっとピンぼけ』の原書 *Slightly out of focus* は一九四七年に出され、五四年に井上がキャパの母から渡米記念に贈られたものによっている。すでに当時各国語の翻訳も含め、絶版となっていたという。だが奇妙なことにウィーランの評伝はこの本の成立事情や出版に関して、何の言及もなされていない。

『世界ノンフィクション全集』第40巻の訳者紹介や丸山の証言によれば、戦後川添と井上は高松宮の元屋敷である高輪の光輪閣に関係し、川添が総務、井上が絹を展示するシルク・ギャラリーにいて、二人は欧米に日本の文化や芸能を紹介する仕事に携わっていた。彼らがキャパとの友情から『ちょっとピンぼけ』を訳すに至った事情は、文庫版の井上の「キャパが生きていた時代」という一文にも明らかだが、それがどうしてダヴィッド社から出版されることになったのだろうか。

これからは私の推理であり、この出版にも「パリの日本人たち」の人脈が絡んで実現したと思えてならない。本書125「『パリの日本人たち』と映画」のところで、鈴木啓介の名前を挙げ、彼が山吉証券の社長の息子であると注を加えておいたが、鈴木は証券会社の社長だったと丸山が書いていることからすれば、帰国後、もしくは戦後になって、山吉証券を継いだのであろう。そしてまた井上だが、彼は小島によって熊本の米相場師の息子を紹介されていた。だが丸山は大きな株屋の息子だと書いている。とすれば、鈴木啓介と井上清一はそのような環境から戦後も関係があったと考えられる。またこれは後述するつもりでいるけれども、スメラ学塾の仲小路彰は戦後証券業界の黒幕だったとされる。

実はダヴィッド社とは、日興証券の社長であった遠山元一の三男の直通が昭和二十三年に創業した出版社なのである。その兄の一行は戦後パリに留学し、音楽研究と批評に携わり、遠山音楽財団を設立し、夫人の慶子はピアニストとして著名である。戦後とはいえ、ここにも「パリの日本人たち」に連なる夫妻がいる。

このような証券業界と「パリの日本人たち」の人脈を背景にして、キャパの『ちょっとピンぼけ』はダヴィッド社から川添と井上の訳で刊行されることになったのではないだろうか。

なおキャパの写真集は同じくダヴィッド社より『戦争―そのイメージ』（井上清一訳）、やはり文藝春秋から『ロバート・キャパ写真集』（沢木耕太郎訳）など、かなり出されているが、『ロバート・キャパ決定版』（ファイドン社）が集大成であろう。これには一九五四年来日時の日本での写真も含まれている。キャパの本以外にも、ダヴィッド社は後に『ライ麦畑でつかまえて』で知られることになるサリンジャーの『危険な年齢』（橋本福夫訳）、サガンの『悲しみよこんにちは』（安東次男訳）、バタイユの『エロチシズム』（室淳介訳）をいち早く出版している。いずれも時期尚早でベストセラーにはならなかったようだが、当時としては先見の明ある、特筆すべき企画であったように思われる。

このダヴィッド社の創業と企画事情は山崎安雄の『第二著者と出版社』（学風書院）の中でふれられているが、いずれもあらためて言及してみたい。

129 田代金宣『出版新体制の話』と昭和十年代後半の出版業界

小島威彦と仲小路彰たちによって、昭和十四年に立ち上げられた世界創造社、戦争文化研究所、スメラ学塾のかたわらで、日本では国家総動員法が公布され、イギリスとフランスがドイツに宣戦布告し、第二次世界大戦が起きていく。そして翌年には日独伊三国同盟が調印され、「新体制運動」が始まり、大政翼賛会が発足する。

「新体制運動」は当然のことながら、出版業界にも波及し、生産、流通、販売のすべてにわたってドラスチックな影響を及ぼしていく。明治二十年代に誕生した出版社・取次・書店という近代出版流通システムはそれまでに半世紀の歴史を有し、著者・出版社・取次・書店・読者によって形成される近代読書社会を出現させた。もちろんそこには各時代の政府における検閲、公的出版物としての教科書をめぐる文部省との関係や利権の問題などはあったにしても、出版社や取次や書店はあくまで、個的で民間の営み、ある規模に至っても私企業であり、近代出版流通システムは国策によって構築されたものではなかった。それゆえに多様な雑誌や書籍の出版、多彩な著者の出現が可能だったのであり、それらを通じての国家と民間の表現の攻防から、奥行きの深い日本特有の読書社会を形成するに至ったと考えられる。

しかし「新体制運動」の始まりとともに、出版業界もそれに組みこまれ、大いなる変貌にさらされることになった。それに関して、前々回にふれた『伊太利亜』や『独逸大観』を刊行した電通から、文字通り『出版新体制の話』（復刻金沢文圃閣）が田代金宣を著者として、昭和十七年に出されている。著者の田代は昭和十三年に新聞社を辞め、内閣情報部へ入ったと記しているので、出版新体制を上から推進する立場にあった。それが類書の見当たらない同書の特色で、「附録」として、日本出版文化協会、日本出版配給株式会社の定款を始めとする、十六に及ぶ「出版新体制関係諸法規」が同書の三分の一を占める百ページ近くにわたって掲載されている。これらはみすず書房の昭和十年代の『マス・メディア統制（二）』（『現代史資料』42）にも収録されていないので、昭和十年代後半の出版史資料として重要な文献に位置づけられるかもしれない。

田代は「ロクデモナイ書物ばかりが横行濶渉してゐる」出版旧体制から新体制へと向かわなければな

らない必然性について、次のように述べている。

「出版界でも「儲け第一主義」で、それには手段方法を選ばない。儲けるには国民一般が飛びつくやうな「興味本位」にするが手つ取り早い。さふいふ次第で、俗悪な煽情的出版物が一番売れるといふことになつて了つてゐたわけである。この思想的には自由主義、個人主義、経済的には営利主義、儲け主義の出版界が、時代の転換と共に転換しなければならなくなつたことは、（中略）今更申す迄もないことである。（中略）殊に出版界は出版物を通じて一般国民の思想啓発になくてはならぬ役割を受持つ本質を有してゐるから、（中略）その重要さは想像以上で、出版新体制の成否は国家全般の新体制の成否に関すと言つても決して言ひ過ぎではない。」

私は統制官僚的な田代と異なり、「思想的には自由主義、個人主義、経済的には営利主義、儲け主義の出版界」をまったく支持するものであるし、まさに出版の本質はそこに存在すると考えている。だが「手段を選ばない」「儲け第一主義」は現在のほうがより深刻で、それこそ「出版新体制」を構築しないと、日本の出版業界そのものが壊滅してしまうのではないかとさえ思う。だがその改革とは昭和十年代後半の上や外からの「出版新体制」であってはならず、出版業界の内側から実行されなければならない。

それはともかくこの「出版新体制」とは具体的にどのようなものだったのだろうか。ここからは『出版新体制の話』に示された議事録のような報告ではなく、具体的に語られている清水文吉の『本は流れる』（日本エディタースクール出版部）などを参照し、それを描いてみる。同書には田代が内閣情報局情報官として出てくる。

「出版新体制」は内務省と商工省の官僚たちによって進められ、田代はその一人だったと見なすべきだろう。それはまず出版の生産と流通の一元化として表われた。まず出版社については日本雑誌協会がいち早く解散を決めたことで、大小二十を超える出版諸団体も次々と解散し、昭和十五年十二月に日本出版文化協会が創立された。これは実質的に出版社の監督団体であり、出版用紙配給決定権を持ち、十八年には日本出版会へと改組され、用紙配給権を背景にして出版企業整備を進めた。その結果、三千七百近くあった出版社は十九年には二百二十三社に激減してしまった。

次に取次だが、全国大中小二百四十二社を数えていたが、日本出版配給株式会社へと一元化され、ここに国策取次日配の誕生を見たのだった。そのために昭和十六年六月以降の出版物の奥付にはかつての東京堂などの大手取次の名前が消え、「配給元　日本出版配給株式会社」と明記されるようになった。

さて最後に書店であるが、こちらも全国各地の小売書店組合が解体され、新たに設立された東京小売商組合をモデルにして次々に商業組合として改組され、こちらも十九年になって書店整備として、一万六千店のうちの四千店が間引きされ、一万二千店に減少したのである。

かくして国家による出版統制に他ならない「出版新体制」は情報局と商工省の監視下に、出文協が生産、日配が流通、各県小売商組合加盟の書店が販売を担うという国策出版システムによって、昭和十六年からの出版物が刊行されていったのである。それゆえに本書でずっと言及してきた様々な大東亜共栄圏をめぐる奇怪な言説、すなわちベネディクト・アンダーソンのいう「想像の共同体」ならぬ「妄想の共同体」を造型せんとする書物の群れも、そのような国策出版システムの中から生まれてきたことを記憶しておくべきだろう。

江藤淳は戦後日本のアメリカ占領下の出版物をめぐって、『落葉の掃き寄せ』（文藝春秋）を書き、サブタイトルに「敗戦・占領・検閲と文学」とあるように、その時代に封殺された言論と表現を発掘している。オキュパイド・ジャパンも確かに検閲の時代ではあったが、昭和十年代後半は、それ以上の監視システムによる国策出版物の時代であった。だがそれは占領下の出版物以上に解明されていないように思える。

130 座談会『世界史的立場と日本』、米倉二郎『東亜地政学序説』と高嶋辰彦

前回言及した「出版新体制」や大東亜戦争の始まりとパラレルに、やはり西田幾多郎の弟子にあたり、当時の京都学派を代表する高坂正顕、西谷啓治、高山岩男、鈴木成高が『世界史的立場と日本』（中央公論社）を昭和十八年に刊行する。これは『中央公論』に昭和十七年から十八年にかけて、三回にわたって掲載された座談会「世界史的立場と日本」「東亜共栄圏の倫理性」「総力戦の哲学」を収録したもので、座談会としては同十七年の『文学界』における戦時下の「近代の超克」（『近代の超克』、冨山房百科文庫）と並んでよく知られている。

『世界史的立場と日本』は京都学派の哲学ジャーゴンによって、戦争があたかもヴァーチャルなゲームのように語られているといった印象を受ける。そこには戦争のリアリティが感じられず、それにふさわしい話体がまったく確立されていない。

ハリー・ハルトゥーニアンは『近代による超克』（梅森直之訳、岩波書店）において、『世界史的立場と日本』は太平洋戦争や大東亜共栄圏を世界の新しい段階として安易に、またイデオロギー的に合理化

したもので、「ヘーゲル哲学の用語でおこなわれた手の込んだ戦争の正当化にほかならなかった」と指摘している。

しかしこの座談会本がもたらした影響に関して、大宅壮一の「西田幾多郎の敗北」(『「文藝春秋」にみる昭和史』第一巻所収、文藝春秋)によれば、京都学派は人気を得る一方で、風当たりも強くなり、右翼からの攻撃も受け、それは西田にも及び、結果として昭和十八年の大東亜諸民族の総力戦体制を図る「大東亜会議」のための「世界新秩序」を書くに至ったことになる。この大宅の暴露的一文は国策研究会の矢次一夫の「西田幾多郎博士と大東亜戦争」(『昭和動乱私史』下所収、経済往来社)を出典としているのだが、その仲介者が社会学者の田辺寿利なのである。

私は「郷土会、地理学、社会学」(『古本探究Ⅲ』所収)において、田辺が『民族』同人で、日本の社会学の先駆けだったこと、創価学会の創立者牧口常三郎との親しい関係などにふれた際に、田辺の伝記的事実は明らかでないと書いておいた。その田辺がここでは金井章次の関係者として出てくる。金井は東大出の細菌学者で、満鉄衛生試験所長を経て満州青年連盟を設立し、満州事変に大きな役割を果たし、張家口に蒙彊政権を樹立し、その最高顧問を務め、また西田哲学の愛読者で、その門下をもって任じ、蒙彊学院を創立している。その院長がやはり西田のところに出入りしていた田辺だったのだ。『田辺寿利著作集』(未来社)は宮本常一と中山太郎の勧めによって刊行されたと伝えられているが、田辺の人脈も錯綜をきわめ、一筋縄ではいかない。

しかしここは田辺に言及する場ではないので、『世界史的立場と日本』に戻る。この座談会のテーマが大東亜共栄圏問題であることは言うをまたないが、当時の様々な言説の中でも最も強い影響を及ぼしているのは、本書119でふれたハウスホーファーの『太平洋地政学』だと思われる。とすれば、ナチス三大聖典とはまったく異なる位相で、ハウスホーファーの地政学は太平洋協会の人々や京都学派によって、大東亜共栄圏のビジョンへと転回させられていったことになろう。

それらの大東亜共栄圏に関する出版物も夥しく刊行されたと思われ、その一冊が手元にある。それは米倉二郎の『東亜地政学序説』で、昭和十七年再刊として生活社から出版されている。巻末広告を見ると、ハドソン著、尾崎秀実訳『世界政治と東亜』、「東亜研究叢書」第七巻として、フオスター・ベイン著『東亜の鉱産と鉱業』などが掲載され、生活社だけでも、その分野の本がかなり出されているとわかる。

この後太平洋協会編『西ニューギニアの民族』を入手し、それが「南太平洋叢書」3として、日本評論社から昭和十九年に刊行されていることを知った。その他にも多くのシリーズが出版されているのだろう。

さて『東亜地政学序説』の米倉は京都帝大文学部地理学教室の小牧実繁に「序」を仰いでいるので、彼も京都学派に属していると考えていいだろう。その「自序」に「独逸のゲオポリティークに近い内容を持つべき」、「地を政治《ヲサ》むる具体的実践理論としての地理学」とあり、これもハウスホーファーのパラダイムのうちに成立した一冊と見なせる。そしてまたこの「自序」の謝辞の中に、小島威彦の『百年目にあけた玉手箱』に登場する興味深い軍人の名前を見出すことができる。それは高嶋辰彦である。小島が昭和十三年に帰国した晩春に、高嶋が国民精神文化研究所を訪ねたことで、小島は第四巻の第21章「パリへ、そして帰国」において、「高嶋辰彦陸軍戦史研究課長」という一項を設けている。そこで小島は小牧と高嶋が会談し、京都大学地理学研究室と陸軍戦史研究室が全面的協力関係に入ったとの風聞を記しているので、『東亜地勢学序説』もその一環として刊行されたのであろう。

小島は戦史の専門家としての高嶋大佐に「現在の事変、現在の世界動乱の状況と意味」を問うと、高嶋はそれに答え、小島は彼の言葉を記録している。もちろん長い年月を経ているし、すべてが忠実な再現だと確定できないにしても、高嶋のような立場の軍人の世界史認識を伝えていると思うので、その言葉を引いておく。

「たしかに世界動乱の一環かもわかりませんね。満州事変もアメリカの移民法の改革、排日運動とも関連しているかも知れませんし、ソ連の進出、赤軍の充実と東進とも大いに関連しているでしょうし、また日本の膨脹してくるエネルギーと言いますか、日本民族自身の生命線の危機感とも係わって、世界中の蠢動が渦巻いているようですね。その渦中で自分自身の生の選択を日毎に強要されているような現在に生きていて、私たち一軍人の感覚や智恵では把えられない恐ろしさを感じます。何か世界中が模索しているようで、いわば世界の新しい生みの悩みの声がヨーロッパにもアジアにも激っているようです。」

ここで語られている「その渦中で自分自身の生の選択を日毎に強要されているような現在に生き」、「一軍人の感覚や智恵では把えられない恐ろしさ」といった言葉は、高嶋の肉声が生々しく伝わってくるようで、『世界史的立場と日本』の中に決定的に欠けていたのはこのような世界史、地政学、想像力が三位一体となった肉声なのだ。高嶋はそれを国民精神文化研究所の錚々たる教授たちを前にして語ったのである。そこに世界史をめぐるアカデミズムと軍人の対照性が生々しく露出したのではないだろうか。

それゆえに小島の口から高嶋のことが述べられているのだ。高嶋大佐は「陸軍抜群の俊才」にして「不思議な秀才」で、元ドイツ駐在武官だった。彼はまた戦史研究特別室といったサロンも設けていて、小島たちと同伴し、戦争文化研究所、世界創造社、スメラ学塾にも寄り添っていたようだ。だがその後の高嶋の消息は伝えられていない。

〈付記〉
高嶋辰彦に関しては「神保町系オタオタ日記」、小牧実繁と皇道地政学については「徂徠庵」を参照されたい。

131　生活社、鐵村大二、小島輝正

考えてみれば、すでに四十年以上前から気になっている出版社があって、出版業界のことを調べるようになってからも、かなり注意しているのだが、詳細を把握できない版元が存在する。それは前回取り上げた米倉二郎『東亜地政学序説』の生活社である。

これは確か澁澤龍彦がどこかで類書がないと書いていたこともあってだと思うが、十代の終わりに田中秀央の『ラテン文学史』を買い求めている。あらためて確かめてみると、生活社から昭和十八年に刊行されたもので、当時田中が京都大学教授だったとわかる。その「緒言」や巻末広告を見ると、これが「ギリシャ・ラテン叢書」の一冊として刊行され、残念なことに「近刊」とある同じ田中の『古代ギリシャ文学史』は未刊に終わったのだろう。それでも『ラテン文学史』は澁澤が書いたように、類書のない貴重な一冊だったゆえに、平成元年に名古屋大学出版会から復刻され、今でも読み継がれていることは慶賀とすべきだろう。

「出版新体制下」において、田中がいうように「生活社が西洋古典文学の原典に拠る邦訳といふまことに有意義なる叢書の刊行計画」を実現させたのは、相当な配慮と根回しを必要としたと思われる。

それに加えて、『ラテン文学史』と同年に中山省三郎の『露西亜文学手帖』が出され、その奥付裏には外国文学者のエッセイを主とする「生活選書」既刊・近刊二十五冊が並び、生活社がそれらの分野の著者たちの近傍にあることがうかがわれる。その他に横光利一の随筆集『刺羽集』も入手している。

また地政学絡みの「東亜研究叢書」のことは既述したが、昭和十六年に東亜外交史研究会訳として、フランスのロシア研究者ガストン・カーエンの『露支交渉史序説』も刊行されている。大東亜共栄圏とは米倉の『東亜地政学序説』に示されているように、日本、満州国、支那、アジア中央高原、印度支那半島、南洋を対象としているが、「亜細亜中央高原」をさらに拡大させれば、回教圏すらも含まれることになる。それゆえに地政学は広く応用されるべきであり、その一環としてカーエンの特殊な専門書の翻訳が刊行されたと解釈するしかない。

この「訳者小序」において、訳者が出口誠彦、沼田鞆雄、久野昇一、矢澤利彦とあり、「東洋文庫内東亜外交史研究会同人」と記されているので、昭和十四年発行の『東洋文庫十五年史』に目を通してみると、職員名簿に四人の名前があった。おそらくこのような事実から考えても、大東亜共栄圏のビジョンは日本のみならず、海外植民地の大学や図書館も様々な研究会も総動員され、複雑にして奇怪な妄想までもが取り入れられていったように思える。それは本書でずっと言及してきたとおりだ。

それから最も注目すべき翻訳書は、上巻しか持っていないが、フレーザーの『金枝篇』（永橋卓介訳）である。これは本書で後述するつもりだ。

しかしこのように生活社の本は様々に入手できても、生活社の住所が神田須田町で、発行者が鐵村大二であること、『現代出版文化人総覧』（協同出版社）などによって、彼が広島県出身で、早大独文科、雑誌の編集者を経て、生活社に至っていること、柳田国男の「炭焼日記」に『金枝篇』も含めた生活社への言及がしばしばあり、生活社が柳田の周辺に位置していたことの他に、この出版社に関するはっきりした輪郭がつかめないでいた。

ところが『彷徨月刊』二〇〇二年三月号が「とある出版社の足あと」特集を組み、そこに雑本探検家として河内紀が、「鐵村大二と『生活社』」を寄稿し、それまで知らなかった生活社のことを教えられたのである。なおこの号には私も「鐵塔書院」を寄せている。

河内は生活社が昭和十五年に大政翼賛会の肝いりで出したと思われる冊子『婦人の生活』から始め、この判型、デザイン、レイアウトのすべてが戦後創刊される『暮しの手帖』に酷似していると述べ、大政翼賛会宣伝部に所属していた花森安治が関係していたのではないかと推測している。そして河内は生活社が『中国文学』と『東亜問題』というふたつの雑誌、私が挙げたシリーズ物の他に「中国文学叢書」「蒙古研究叢書」、小冊子の「日本叢書」を刊行し、「大東亜共栄圏の拡大と歩調を合わせながら」、ジャンルが次々に増えていったと指摘している。

また鐵村自身の『揚子江ノアヒル』を含む絵本シリーズを出していたことも、書影入りで紹介し、戦後の昭和二十一年頃に発行者が鐵村大二から鐵村真一に変わり、二十四年頃に消滅したようだと書いている。私も、生活社の戦後の岡崎義恵の『漱石と微笑』を持っているが、確かに発行者名は変わっている。その後真一は大二の兄であることを知ったが、日配の封鎖と出版危機に遭遇し、バトンタッチも功を奏せず、生活社も消滅するに至ったと考えるべきだろう。

しかし最も驚いたのはいつも記している出版の連鎖であり、生活社から春山行夫が『満州風物誌』と

『台湾風物誌』を出し、戦後の生活社に本書116でふれた『春山行夫ノート』を書いた小島輝正が入社していたことだ。しかし、小島の『ディアボロの歌』（編集工房ノア）と所収の「自筆年譜」によれば、当時の生活社は経営不振きわまりなく、小島は自分で洛陽書院なる出版社を始めるが、こちらも渡辺一夫訳『フランス百綺譚』など数点を出しただけで倒産してしまったという。おそらく洛陽書院のような例は無数にあったにちがいない。

小島のエッセイには生活社の他にも、田宮虎彦の文明社に在籍していたこと、ベストセラーとなったゲオルギウ『二十五時』（河盛好蔵訳、筑摩書房）の下訳で息をついだこと、最初の訳書がアルドァン『ハートの女王』（ダヴィッド社）であったことなどのエピソードが詰めこまれ、彼の戦時中の仏印体験とともに興味深い。

しかし残念なことに、それらのエピソードに比べ、生活社への言及はわずかしかないので、やはりここでも生活社の詳細は多彩な出版物と裏腹に浮かび上がってこない。河内がいっているように、「鐵村が裏方に徹することに決めていたのかどうか」はわからないけれど、「どうしても鐵村の素顔が浮かんでこない」ことも確かなのだ。

これだけ大東亜共栄圏絡みの出版物を刊行するためには、それなりの政治力と経済力、多様な人脈と優れた編集者たちの存在が不可欠だったと思われるが、それらの影も薄く、鐵村と同様に浮かび上がってこない。そのような事情が重なっているために、これまで生活社のプロフィルが鮮明に描かれてこなかったのではないだろうか。

〈付記〉

「神保町系オタオタ日記」にも生活社と鐵村大二に関する言及があるので、こちらも参照されたい。それによって、六人社が生活社に吸収されたこと、鐵村が昭和二十一年六月に亡くなったこと、竹内好の『中国文学』に関する証言などを知った。

また「神保町系オタオタ日記」も挙げているが、「daily-sumus」の「鐵村大二と生活社」もぜひ目を通してほしい。

132　富沢有為男『地中海』『東洋』『侠骨一代』

スメラ学塾は残された第一次資料がほとんどないようなので、小島威彦『百年目にあけた玉手箱』の記述からだけでは、その明確な立体図や二千人に及んだという塾生の実態、そこで行なわれた講義や講演がリアルに浮かび上がってこない。それは西田幾多郎門下の西洋哲学専攻の小島や仲小路彰の屈折した転回と相似し、共通していると思われる。

その不可解さはスメラ学塾以前に、小島と仲小路を中心とするサロンである科学文化アカデミアによった、富沢有為男の軌跡にもうかがうことができる。本書124「国民精神文化研究所と科学文化アカデミア」で既述しておいたように、後者から「いろんな雛」であるところの小島の『世界創造の哲学的序曲』、唐木順三の『現代日本文学序説』、富沢の『地中海』などが「巣立っていった」とされる。

この富沢の『地中海』は仲小路の『砂漠の光』に触発された小説だと小島は証言している。なおこの『砂漠の光』は、野島芳明の『昭和の天才仲小路彰』（展転社）所収の「年譜」によれば、大正十一年に新光社から刊行されたマホメットの生涯を描いた長編戯曲で、東京帝大在学中の仲小路の処女作だという。新光社といえば、本書で既述してきたように、「心霊問題叢書」や『大正新修大蔵経』の企画版元であり、『砂漠の光』もこれらの出版と連鎖しているのだろうか。

『地中海』に言及する前に、まず富沢のプロフィルを描いておく。彼は明治三十五年大分市に生まれ、大正八年東京美術学校に入学し、新聞記者を経て、文学と絵の修業に励む。昭和二年フランスに留学し、カンヌ、パリにて絵を学び、同十一年『地中海』を発表し、第四回芥川賞を石川淳の『普賢』とともに受賞する。この『地中海』は芥川賞受賞作であることから、文藝春秋の『芥川賞全集』第一巻に収録されているので、現在でも容易に読むことができる。

『地中海』のストーリーを紹介する。三年前に絵の勉強にきたパリで、星名は外交官の桂夫妻と知り合い、その夫人と恋愛関係になる。二人は桂を偽り、南仏に向かい、主としてカンヌでランデヴーと情事の日々を送る。そこに桂が駐在武官の広尾大佐を連れて現われ、星名に銃による決闘を呼びかける。その後見人として星名の留学仲間で、数学者の児島がカンヌに駆けつける。児島のモデルはやはり同時代にパリに留学していた数学者の岡潔ではないだろうか。地中海に向かう突堤のところで、児島は星名に逃げるようにいうが、星名は拒否する。すると児島は「未だ運命は決せぬ、それではお前の往く所まで往け」とでもいったように星名には聞こえた。そして二人は海と空の間が朝の新しい色へと転じていく突堤を歩き出した。

この小説の大半を占める星名と桂夫人の心理描写と恋愛への変容はあえて言及を省略した。それは『地中海』を成立させている太い縦糸であるにしても、仲小路の『砂漠の光』とは関連がないように思われるからだ。それゆえに地中海を前にして、生死の選択を迫られている者に投げかける言葉を抽出し、この場面が『砂漠の光』からとられたのではないかと考えたからである。しかし『砂漠の光』を読んでいないので、これはあくまで類推でしかない。

ただし富沢の作品は多くを読んでいるわけではないが、何か説明できないような、ぎこちない要素が孕まれている。例えば『東洋』（『中央公論』昭和十四年五月号所収、後ににっぽん書房）は、富沢と牧野吉晴が同十一年に創刊した美術雑誌『東陽』をモデルとし、日本の陸軍士官学校を卒業し、日本語の自由詩を発表していた中国軍人の座談会をめぐる場面から始まっている。それに続いて上海からフランスへと向かう船上での日本人、中国人、欧米人の関係が描かれ、進行に従って、アジア、アフリカの植民地の光景が浮かび上がる。そしてまたこれも『東陽』に掲載された『地中海』の芥川賞をめぐる選考過程が挿入され、続けて日中戦争の始まりが説明され、「ここに至つては、東洋の運命も、来るべきものは総て到着したのである。もはや何者かの力を以つてしてもこれを喰いとめる事は出来ないであらう」と記される。ほとんど小説の態をなしていないといっていい。しかしこの引用の言葉に続いて、「この時既に全日本の出征兵士の旋風に埋まつてゐた。／時に昭和十二年八月九日であつた」と結ばれ、大東亜戦争への説明不可能な没入が告げられている。まさに『東洋』という小説もそうであるように。

それから二十年ほどして、富沢は講談社の『侠骨一代』（ロマン・ブックス）の著者として姿を現わす。富沢はその「まえがき」で、これが実在の「仁侠の使徒、飛田勝造」の実伝とも小説ともつかぬ物語であると断わっている。そして牧野吉晴が先に同じく飛田のことを『無法者一代』として書き、牧野の追悼会の席上で、飛田と初めて会ったことも記している。私も『侠骨一代』が富沢の作品だと知っていたわけではない。実は先にマキノ雅弘監督、高倉健主演のＤＶＤ『俠骨一代』を見ていたので、あらためてあの原作者は富沢だったのかと気づいたのである。映画のストーリー紹介がそのまま小説の要約にもなっているので、まずそれを示しておこう。

「蛮勇と腕力だけの暴れん坊だった男が軍隊生活を皮切りに、一度は乞食、人夫の輩に身を落としながらも度量と実力を発揮して幾度か悪徳やくざ組織と対決、遂には恩を受けた親方の組織を継いで大事業を成し遂げる勇壮男性編。」

ただし映画の主人公名は伊吹龍馬であり、小説とは異なっている。おそらく実在の人物への配慮から、映画は名前を変えたと考えられる。

ここまで富沢有為男の三つの作品をたどってきたことになるが、読者に対して説明できないような切断を感じる。フランス心理小説を彷彿させる『地中海』、大東亜共栄圏への没入観に覆われた小説の態をなしていない『東洋』、任侠小説にして、そのままヤクザ映画の原作へと使用可能な『侠骨一代』は、まったく別人がそれぞれに書いたといっても過言ではない印象を与える。実際にこの三作の著者名を伏せ、読んだとすれば、おそらく同一人物が書いたものだと誰も考えないだろう。それは富沢のみならず、スメラ学塾に寄り添ったメンバーたちの軌跡を象徴しているような気がしてならない。

さらに近代出版史ということであれば、美術文芸誌『東陽』のことも気にかかる。あまりふれてこなかったが、『東洋』はこの『東陽』の創刊から廃刊までを背景としているからだ。そしてそれを主宰していた牧野吉晴は戦後になって、大衆小説、家庭小説、少年小説を書くようになり、講談社のロマン・ブックスの著者となっていく。その関係で富沢の『侠骨一代』もロマン・ブックスへと収録されたのだろう。

それらの事実に関連して、私たちの戦後のヒーローだったあの『月光仮面』『七色仮面』『アラーの使者』の原作者である川内康範が、富沢に師事していたことも記しておこう。保田与重郎と日本浪曼派の思想が戦後になって、五味康祐の時代小説に継承されたように、富沢やスメラ学塾のエキスは川内が引き継ぎ、物語としての映画や歌謡曲の中に開花させたことになるのかもしれないのだ。

本書はこれもまたしばらく後で、大衆小説と貸本小説へと移っていくが、それらの著者たちやロマン・ブックスについても、またふれることになるだろう。

133　仲小路彰のささやかな肖像

ラフスケッチの繰り返しにすぎなかったけれど、スメラ学塾へと集結していった「パリの日本人たち」を中心に紹介してきた。これがとりあえずのスメラ学塾関連の言及の終わりになるので、ここで言及を遅延させてきた、その中心人物である仲小路彰にふれておかなければならない。

小島威彦は『百年目にあけた玉手箱』において、戦後の仲小路についてほとんど言及していない。それはおそらくスメラ学塾に集った人々も同様であり、仲小路そのものに関するタブー意識がつきまとっていたからだろう。

それは『一九三〇年代のパリと私』を著わした丸山熊雄も同様で、同書に記された仲小路に関する戦後の証言は貴重であるが、それは実名ではなく、イニシャルで記されている。丸山の同書は彼が亡くなった後、残された口述テープをもとに、夫人によって私家版として鎌倉書房から刊行され、それが昭和六十一年に公刊されたものである。夫人は丸山について、「留学時代のこと、戦争中のことは、自分でもあまり語らず、ごく少数の方以外には、長年、謎のように言われておりました」と述べている。この証言から考えると、ここで語られている一九三〇年代の「パリの日本人たち」の物語は、そのメンバーたちの誰もがほとんど語ってこなかったことを意味している。そしてまた丸山の回想の出現があってこそ、小島の『百年目にあけた玉手箱』の上梓も実現したのではないだろうか。

しかも同書において、丸山は「パリの日本人たち」には愛着をこめ、その生活を描いているが、帰国後にスメラ学塾に関係し、『戦争文学論』を著わし、仲小路の大東亜戦争ビジョンへと引き寄せられていった経緯と事情にはまったくふれられていないし、それらへの言及は丸山の晩年にあっても、タブーのままだったと思われる。ようやく同書において、「留学時代のこと」は語られたが、「戦争中のこと」はほぼ「謎」のままになっている。しかし丸山は少しだけ「戦争中のこと」にふれ、「黒幕、N氏のこと」という一項を残している。これは明らかに仲小路のことで、彼が小島の背後にいた人物で、自分は小島たちと別れてしまった後でも、交渉があり、ヴォルテール研究者の自分が不可解で複雑なヴォルテールの性格をそれなりにつかむことができたのはN氏の存在によることが大きいとも述べている。

丸山の語るN氏は左翼陣営にも通じ、その理論家の一人にして大きな出版社の顧問を務め、「いろんな本を出版させているんで、文学界というか文壇というか、その陰にもいるわけですね。文学とか思想ばかりでなく、政界、財界にまで影響力をもってるんです」。そしてN氏は「大変な博識」にして、「外国語も何箇国語出来るか解らない、天才的な人」で、「やくざのような人間」から「有名な政治家とか学者とか」まで、その役割を与えることによって、相手を喜ばせてしまう人物だと絶賛している。また「パリの日本人たち」の一人である鈴木啓介の一周忌におけるエピソードを付け加えている。それは鈴木と最も親しかった山種証券の社長のスピーチに関してだった。

「それを聞いて僕は、はっと思ったんです。それはこのNさんの名前をあげて、いまだに毎年ね、年頭教書みたいなものを秘密に出すんですね。そしてそれを政財界の人は、直接彼に会わないでもそういうものを分けて貰って、今年の世界の動向ってものを占うっていうんです。そして社会党の幹部の一人も、（中略）鈴木君がこういう方の教えを仰いで、証券界では最も進歩的な動きをした人だったというようなことを言ってました。なるほど、こういうところまで影響力が及んでるんだなと思ったことです。」

この仲小路に関するエピソードの信憑性を確認することはできないにしても、戦後においても彼のカリスマ的影響力がそれなりに保たれていたことを示しているのではないだろうか。それは戦後の首相となった池田勇人と佐藤栄作が五高の同窓であり、とりわけ後者のシンクタンク的役割を果たしたと伝えられていることにもよっているのだろう。

仲小路の簡略な生涯、戦前戦後の著作活動、山中湖畔における戦後の隠棲生活、至り着いたグローバリズム思想のアウトラインは、彼の戦後の弟子といえる野島芳明によって、近年刊行された『昭和の天才 仲小路彰』（展転社、平成十八年）に収録され、「仲小路彰の生涯」、及びその「略年譜」として提出されている。

しかしそこに丸山の語ったエピソードを裏づける証言は記されていない。ただ丸山の「黒幕」発言にあるように、仲小路のスメラ学塾に象徴される思想はそのまま継承され、丸山が戦後教授を務めていた学習院大学といったトポス、及びアカデミズム人脈へと流れこんでいったのではないだろうか。ここでは具体的な人名の指摘を差し控える。

そう考えると、仲小路の思想やスメラ学塾の成立に大きな影響を与えたと見なせる『世界聖典全集』

の刊行者の松宮春一郎が、学習院の出身であったことをも想起してしまう。そして丸山は戦後ヴォルテールの『ルイ十四世の世紀』（岩波文庫、全四巻）を訳し続け、昭和五十八年にようやく完結に至るのだが、そこに仲小路の「戦争中のこと」が絶えずオーバーラップされていたのではないだろうか。そういえば小島も仲小路のことを百科全書派の一人のように思われると語っていたではないか。

それらに加えて、仲小路のマホメット伝『砂漠の光』が井筒俊彦に与えた影響、仲小路がある出版社の戦後の企画顧問だったのではという推測、生長の家との関係、現在の著名な経済アナリストたちが彼の弟子筋にあたるのではないかとの観測も成立する。このように考えてみると、仲小路とスメラ学塾によって散種された様々な言説と思想は、戦後になってもその芽は育ち続け、現在にまで及んでいるのかもしれない。なお丸山と仲小路は奇しくも同じ昭和五十九年に亡くなっている。

いずれ仲小路の多くの著作を通読する機会を得て、もう一度そのことを考えてみたい。

134　厚生閣『日本現代文章講座』と春山行夫

少し飛んでしまったが、厚生閣と春山行夫についてのもう一編を書いてみる。これは古本屋で見つけるまで知らないでいたし、それまでこのシリーズに関するまとまった文章を目にしたことがなかった。それは『日本現代文章講座』全八巻で、昭和九年に厚生閣から刊行されている。

『日本現代文章講座』は顧問を島崎藤村、徳富蘇峰、佐々木信綱、五十嵐力、下村海南とし、奥付表記に従えば、編輯者を前本一男として、所謂「講座物」の毎月一冊、一円五十銭の予約出版形式で、四月から十一月にかけて出されている。「項目整然三百・文壇学壇二百名家担当」は羊頭狗肉ではなく、「項目」も「担当」も示された数字をさらに上回るように思われる。そして菊判四百ページを超えるヴォリュームは「文章講座」というよりも、『詩と詩論』の執筆者や関係者たちをベースとするパラダイムをさらに広げ、大衆文学やプロレタリア文学からジャーナリズムの現在までも包含し、当時の出版や文芸状況に関する目配りのよい見取図となっているのではないだろうか。

例えば多くは挙げられないが、川端康成「文章制作の精神と方法」、小林秀雄「文章鑑賞の精神と方法」（いずれも第二巻）、滝口修造「シュル・レアリストの文章」、堀辰雄「マルセル・プルウストの文章」（いずれも第八巻）、萩原朔太郎「現代詩の構成と技術」（第五巻）、横光利一「散文の精神」、三木清「哲学思潮と文章」（いずれも第三巻）、稲垣足穂「象徴的表現」、井伏鱒二「記述的表現」（いずれも第四巻）などから、ジャーナリストの小汀利得「経済論の構成」、倉本長治「広告文の表現と指導」（いずれも第六巻）、さらには林芙美子「心境と風俗」（第一巻）、窪川稲子「工場と文章制作」（第七巻）といった女性作家たちも配置し、これだけのメンバーが一堂に会した「講座物」は画期的な企画だったように思われる。またそれぞれの寄稿は啓蒙的なタイトルになっているが、力がこもっていて読ませるものも多い。しかしここに発表されただけで、各人の全集に収録されていないものもかなりあるのではないだろうか。

しかもそれが大手出版社ではなく、厚生閣のような小出版社によって実現したわけだから、後に厚生閣の雑誌の『月刊文章』に携わることになるにしても、奥付にある編輯者前本一男がこれだけ多彩にして、フルキャスト的な『日本現代文章講座』の企画編集のすべてを仕切ったとは考えられない。顧問の島崎藤村、徳富蘇峰、佐々木信綱、五十嵐力、下村海南にしても、その記載は外箱にあるだけで、島崎、徳富の文章は収録されておらず、佐々木、五十嵐、下村は寄稿しているが、柱となるものではなく、顧問も名義的なものであり、実質的に春山行夫が企画編集で重要な役割を果たしていたと見なしていいだろう。

これも拙稿「春山行夫と『詩と詩論』」(『古雑誌探究』)にも引用しているが、あらためて春山の「私の『セルパン』時代」(林達夫他編『第一書房長谷川巳之吉』日本エディタースクール出版部)を確認してみた。すると春山は昭和三年に厚生閣に入り、『詩と詩論』(後半六冊は『文学』と改題)通巻二十冊、八年六月刊行を最後に退社している。そしてその年末に第一書房から『ジョイス中心の文学運動』を出版し、文筆活動に入るつもりでいたが、九年十二月に長谷川巳之吉から『セルパン』の編集を頼まれ、十年一月号から彼の六年間にわたる『セルパン』時代が始まっている。

前述したように『日本現代文章講座』の奥付刊行は昭和九年四月から十一月であるので、春山が厚生閣を退社して、約一年後に出されたことになる。しかしこれだけの執筆陣と内容を揃え、八ヵ月で完結に持ちこむためには準備期間、執筆依頼、原稿整理などを考えると、刊行までに少なくとも一年以上が必要なことは自明であろう。それらのことから推察すれば、この『日本現代文章講座』は厚生閣在社中の春山によって、『詩と詩論』の啓蒙ヴァージョン的な「講座物」として企画され、それを置土産にして退社に至ったのではないだろうか。前本一男はこの企画のために春山にスカウトされた編集者で、ほぼ目途が立ったところで、春山から前本に引き継がれたとも考えられる。したがって『日本現代文章講座』の企画編集の中心にいたのは春山であり、この「講座物」と『詩と詩論』の表裏一体の関係を推測してしまう。

実際に『日本現代文章講座』の菊判並製のシンプルな装丁は、フランス装的『詩と詩論』をそのまま彷彿させるし、春山も寄稿者の中では最多に属する四編を書いている。それを以下に示す。

1 「批判力の把握と伸張」(第二巻)
2 「文章とスタイル」(第三巻)
3 「文芸批評の構成と技術」(第五巻)
4 「現代造語法」(第六巻)

いずれも興味深いが、とりわけ力作なのは3で、これは正面切った小林秀雄批判となっていて、昭和四年八月号の『改造』の「懸賞文芸評論」において、第一席の宮本顕治の「敗北の文学」、第二席の小林の「様々なる意匠」に続き、春山が第三席になったと伝えられているが、それを反映しているのかもしれない。そのレジュメ「超現実主義の詩論」が『改造』の同年十月号に掲載されているのだが、入手できず、まだ読むにいたっていない。

これらの春山の文章の他にも、先に書いたように、この『講座』には読ませるものが多いが、つい読みふけってしまった一編に佐藤一英の「詩歌修辞法」(第六巻)がある。佐藤は名古屋で春山たちと詩誌『青騎士』を創刊し、後に『詩と詩論』の寄稿者ともなる詩人で、現在の詩に関して「修辞学時代」と呼び、現代散文詩における修辞の系譜を、三富朽葉の「夜!　／夜はわが前に映像の文《ふみ》を展《の》べた」に始まる「爍けた鍵」を最初に置く。そして吉田一穂「秋」、春山行夫「『一年』より」、折戸彫夫「出発」、逸見猶吉「凶行」へと至り、象徴主義に基づく朽葉の修辞が与えた影響をたどり、朽葉が近代詩歌史上に重要な詩人で、「現代散文詩の生みの親のやうな位置にある」ことを知らしめている。

私はこの佐藤の一文を読んで、吉本隆明が『戦後詩史論』（大和書房、思潮社）の中に「修辞的な現在」という一章を設けていたことを思い出した。そういえば、吉本が通った私塾の教師今氏乙治は、かつて三富朽葉の周辺にいた詩人だったのではないだろうか。

ただ私の春山企画編集の推論において残念なのは、所持する『講座』に月報が欠けていることである。それゆえにおそらく記されているであろう編集や進行の状態を確認していない。お持ちの読者のご教示を乞う。

135　三富朽葉と大鹿卓『獵矢集』

前回に続いて三富朽葉のことを記しておく。

第一書房の豪華本というと、『三富朽葉詩集』の一冊しかもっていない。それはいかにも第一書房らしい装丁で、四六判、八百ページ余、背革、天金、マーブルの表紙、シンプルなデザインの箱入である。奥付には大正十五年十月発行、第一刷千五百部、定価四円五十銭と記されている。それこそこの時代に、この定価でこの部数が発行されたということ自体が信じられないような気もするが、巻末の「刊行書目」には堀口大學の訳詩集『月下の一群』を始めとする様々な詩集が掲載されているので、この時期が近代詩の出版の黄金期であったのかもしれない。

三富朽葉については、尾崎一雄の『あの日この日』や広津和郎の『年月のあしおと』（いずれも講談社文芸文庫)、及び宇野浩二のいくつもの回想の中で言及されているように、自由詩社によってフランス象徴主義の影響のもとに洗練された詩を発表し、その優れた才能を認められた詩人であった。しかし大正六年に犬吠岬で、友人の詩人白井白楊と遊泳中に、溺れかけた白楊を救おうとして大波に呑まれ、溺死した。二人はともに二十九歳であった。三富は生前に一冊の詩集も出していなかったが、親友の増田篤夫によって、様々な雑誌に発表された作品と遺稿が編まれ、第一書房の『三富朽葉詩集』として刊行されたのである。

あれは確か昭和五十年代の始めの頃だったと思うが、牧神社を訪ねたことがあった。牧神社は思潮社の菅原貴緒と日本読書新聞の渡辺誠が立ち上げた出版社で、堀切直人編集のリトルマガジン『牧神』の他に、ロルカ、アーサー・マッケン、ノディエ、ノヴァーリスなどの全集や選集を刊行し、その時は『三富朽葉全集』を出したばかりだった。これは第一書房本をベースにして新たに編集したという話を聞いた。ところがその直後に牧神社は倒産してしまい、在庫はゾッキ本となって古書市場に流れてしまった。『三富朽葉全集』も例外ではなかった。

しかしゾッキ本はいつでも買えると考え、先に古本屋で見つけた第一書房版を購入したのである。定価は五千円で、ゾッキ本の全集値段もほとんど変わらないものだったように記憶している。例によって浜松の時代舎で買ったものだ。そのうちに牧神社の四巻本も入手して、両者の比較対照をしてみようと思っていたのだが、当時どこの古本屋にもあったゾッキ本の全集がいつの間にか一斉に姿を消してしまい、その機会を逸してしまった。買い逃したのは牧神社の他の全集や選集も同様である。これは余談になるが、牧神社の渡辺誠は堀切直人と組んで北宋社を興し、菅原貴緒(孝雄)はペヨトル工房のM・ミオー他『娘たちの学校』の翻訳者として名前を見ているが、その後どうしているのだろうか。

ところが最近になって、金子光晴の実弟の大鹿卓の『獵矢集』を、これも同じく時代舎で入手した。それは版元の日本文林社が『長谷川時雨全集』を刊行していたからでもあるが、目次に「三富朽葉の遺稿」の章が示されていたからだ。この本は昭和十九年の発行だが、「三富朽葉の遺稿」は同十年に書かれている。内容を紹介してみよう。友人の三好義孝という詩人が大鹿のところにあるものを持ちこんできた。

「数年前のこと、その三好君が或日私のところを訪ねて、今度かふいふものを手に入れたが、自分のところへ置いたのではなくなつてしまふ惧れがあるからといつて、新聞紙に包んだものを私にくれた。なかを見ると菊倍判四頁ばかりの『深夜』といふパンフレットと古びた一冊のノートとであつた。」

それらは三好が「夜店で掘りだして十銭か十五銭で買つた」ものだった。『深夜』は明治四十年の早大高等部予科時代に、三富が増田篤夫たちと発行した雑誌であった。大鹿が後で自由詩社の同人だった福士幸次郎に見せた。すると『三富朽葉詩集』を編む時にかなり探したが、ついに見つからなかったものだ、どこで手に入れたのかと驚き、その時から『深夜』は福士の手元に置かれることになった。

大鹿にとっても『深夜』は驚きだったが、ノートはさらに驚きだった。それは「三富朽葉が細かい字で丹念に自作の詩歌をカットまで入れて書きつらねた四六判百五十頁ばかりのノート」だったからだ。赤インクや紫インクで書かれた詩や短歌などは満十三歳から十七、八歳までの作品で、いわば少年時代の習作群と思われた。紙幅もあって引用できないが、渡良瀬川の鉱毒被害民に寄せた「露」、日露戦争にちなんだ「戦の庭」、後年の朽葉をしのばせるような「白藤」「旅にして」「夢みる日」「露の戸」「秋は来ぬ」「時雨日」など、大鹿は全文を掲載している。もちろん朽葉も象徴主義詩人として、これらの若い日の習作を後世に残すつもりはなかったであろうと述べながらも、大切に保存していると記し、夜店に出された理由を次のように推測している。

「何かの折に少年時代の幼い手すさびを発見して、自ら苦辛しながら屑籠へでも投げこんだものだつたのかもしれない。或は書斎の戸棚の奥か篋底にでもしまひ込んであつたのを、後年家人がそれと気づかずに整理して、古雑誌と共に屑屋へさげたものかもしれない。」

このノートは一部を除き、牧神社の『三富朽葉全集』にも収録されていないようだ。

136　国柱会、天業民報社、宮沢賢治

本書106「望月桂、宮崎安右衛門、春秋社」のところで書いたように、一燈園の西田天香の『懺悔の生活』が春秋社のベストセラーとなったにしても、それで春秋社が一燈園の専属出版社化したわけではないし、むしろ現在では一燈園と西田のことは忘れられ、春秋社は様々な仏教書の版元として認識されているだろう。

大正時代に台頭しつつあった大本教にしても、傘下の出版社として大日本修斎会はあったが、有朋堂や龍吟社を発行、発売元にしていたりして、特定の出版社との結びつきは前面に出されていなかった。これも拙稿「浅野和三郎と大本教の出版」(『古本探究Ⅲ』)を参照されたい。

しかし田中智学が大正三年に発足させた国柱会は、国家主義を仏教に取りこみ、日蓮主義運動を出版

によって展開しようとする目的もあって、最初から専属の出版社を有していたと思われる。その出版社名を天業民報社という。この天業民報社の本を一冊だけ持っていて、それは大正十二年五月第三版刊行の田中智学の『身延に登りて』で、タイトル通り田中が日蓮の祖山にして祖廟たる身延へ入山し、その紀行に多くの写真を添え、語ったものである。

箱入上製四百ページ余の巻末には「天業民報社教書弘通要旨」が掲載されている。「教書弘通」とは「宗教出版プロパガンダ」と解釈していいだろう。そこには次のような「要旨」が述べられている。

「吾が天業民報社は、正法弘通正義宣伝の為めに、四十余年一日のごとく、心血を濺ぎ、身骨を摧ひて、夥多の犠牲を払ひ、一意専心、護惜建立の至誠を以て一貫し来れる師子王道人田中智学先生及び一門献身の諸士が手に成る所の、興道益世の諸篇を発行し弘通して、常に日蓮主義唱導の本鐸となれる事は、世間既に周知の事たり、就中『類纂高祖遺文録』（四六版一八三〇頁正価金四円）『本化聖典大辞林』（四六倍版三三〇〇頁正価金六拾円）『妙宗式目講義録』（菊版三三〇〇頁正価金貳拾五円）の三大出版の如き、実に十数年の大労作、数万円の巨資を投じて成れるものにして、（中略）敢て江湖に推薦する所也。（後略）」

これをあらためて読むと、天業民報社は「四十余年一日のごとく」との言にあるように、田中が明治二十七年に東京に進出し、国柱会の前身である立正安国会を創始した頃から、併走し、ともに歩んできたとわかる。

巻末に日刊新聞『天業民報』と一連の天業民報社発売の書籍広告が十二ページにわたって掲載され、同社が新聞社も兼ねていること、また四十冊以上の田中の著作に加え、「日蓮主義研究叢書」や「国性劇脚本」といったシリーズも出し、確かにそれらの点数からいって、天業民報社の長年の出版社としての蓄積と広く流通販売されていたことがうかがわれる。なお天業民報社の所在地は東京上野鶯谷だが、実際の住所は下谷区桜木町、発行者は山川伝之助とある。

これらの田中智学の著書の熱烈な愛読者として、ただちに宮沢賢治を思い浮かべることができる。『校本宮沢賢治全集』（筑摩書房）第十五巻の「年譜」を確かめてみると、宮沢は大正八年から田中の様々な著作を読み始め、九年には天業民報社の三大出版のうちの『日蓮聖人御書全集』と『本化妙宗式目講義録』全五冊を読破し、しかも後者は五回も繰り返しに及んだとの証言が残されている。同じく筑摩書房の『宮沢賢治』（「日本文学アルバム」21）にはその書影も見える。そして彼は国柱会に入り、友人に手紙を出す。「今度私は／国柱会信行《ママ》部に入会致しました。即ち最早私の身命は／日蓮聖人の御物です。従って今や私は／田中智学先生の御命令の中に丈あるのです」。

また本書77「『性の心理』と田山花袋『蒲団』」で既述したように、宮沢賢治はエリスの『性の心理』の愛読者でもあった。エリスと日蓮を愛読する宮沢、性と宗教こそが大正時代における、大いなるふたつのテーマだったのだ。

翌年の一月に宮沢は二度目の上京をし、ただちに上野の国柱会館に向かうが、応対に出た国柱会理事は家に無断で上京との話を聞き、親戚があれば、そちらに落ち着くように勧めた。かくして賢治の東京生活が始まる。本郷の下宿生活、印刷所での筆耕と校正係、国柱会の講話への参加と連日の奉仕活動、「国性劇脚本」のひとつで、田中作になる聖史劇『佐渡』の日蓮生誕七百年記念事業披露朗読会に出席、及びその上演の歌舞伎座での観劇、故郷の友人たちへの『天業日報』購読勧誘と国柱会パンフレットの送りつけなどの日々を過ごし、「これからの宗教は芸術です。これからの芸術は宗教です」という手紙も書き、創作にも励んだと思われる。そして八月には妹トシの病気の知らせを受け、東京で書きためた原稿を大きなトランクにつめ、花巻に戻っていたと推定されている。

このような賢治の軌跡を見ても、国柱会と天業民報社による出版物を通じての日蓮主義プロパガンダが、大正時代において、東北地方のみならず、全国的に展開されていたと想像するに難くないし、それは昭和に入っての井上日召、血盟団、五・一五事件まで一直線につながっていたのではないだろうか。

その後の天業民報社の行方は確認できていないが、田中智学と天業民報社の関係は、規模のちがいはあるにしろ、田中の三男の里見岸雄と錦正社へと引き継がれていったように思える。里見は国体の科学的研究、及び日蓮主義の近代思想化とその実践をめざし、石原莞爾の世界最終戦論構想に大きな影響を与えたとされている。その里見にも同伴する出版社があったのだ。山口昌男が『「挫折」の昭和史』で、戦後里見がその錦正社から刊行した自伝『闘魂風雪七十年』を引用し、錦正社が昭和十二、三年頃に中藤正三によって創業され、そこから多くの著書を送り出した事実を報告している。それによれば、中藤は長野県松本在の出身で、二松堂を経て独立に至り、「現代出版界に於て、まさに比類なき人物であり、真に国家、皇室を思ふ国士」とされている。中藤と錦正社は『出版人物事典』に立項されているが、中藤と錦正社についてはまたふれることにしよう。

これらを確認するために、田中智学の『田中智学自伝』（真世界社）に目を通してみた。この大部の「自伝的追憶談」を読むと、『天業日報』の前身が、『改造』や『中央公論』の向うをはるものとして、田中が創刊した月刊誌『毒鼓』で、後に『大日本』となったとわかる。しかし天業日報社に関しては国社会館がその印刷部を兼ねていること以外に言及がない。

おそらく宗教と右翼思想をめぐる出版は天業民報社や錦正社に明らかなように、これまでの出版史に記されていない多くの事柄が秘められているにちがいない。

137 人文書院と日本心霊学会

明治末期から大正時代にかけて、日本に深い影響をもたらしたと思われる英国心霊研究協会のメンバーたちの「心霊問題叢書」の刊行、またマックス・ミューラーの『東方聖書』に範を求めた高楠順次郎を中心とする、いくつもの宗教書出版プロジェクトについて、ラフスケッチしてきた。

既述したように、それらの出版に携わったのは新光社、国民文庫刊行会や世界聖典全集刊行会、様々な「其刊行会」であるが、その他にも単行本も含めれば、多くの出版社が関係していたにちがいない。その一例を春秋社や天業民報社に見たばかりだ。この時代の社会背景には催眠術の流行、福来友吉たちによる千里眼透視実験、大本教の台頭、英文学者浅野和三郎の大本教への入信と心霊科学研究会の設立なども含まれ、それらの動向に深くかかわっていたのが日本心霊学会、現在の人文書院である。これらの事実はすでに拙稿「心霊研究と出版社」(『古本探究Ⅲ』)で言及しているが、対象となる本を代え、もう一度ふれてみる。

人文書院は昭和十年代になると、東京にも進出し、円地文子の随筆集『女坂』を始めとする東京在住の著者の文芸書を刊行するようになる。この巻末広告に六十余冊の出版物が掲載され、その中に野村瑞城の「疾病療養」と角書の付された『白隠と夜船閑話』があり、何と四十一版との表記がなされ、人文書院の当時の群を抜くベストセラーだとわかる。

この元版を最近になって入手した。タイトルと発行人の渡辺久吉は同じだが、「心霊叢書」第五編とあり、発行所は人文書院ではなく、日本心霊学会となっている。奥付を見ると、大正十五年四月発行、五月再版で、発行所の京都市河原町二條下ルの住所は変わっていない。鈴木徹造の『出版人物事典』（出版ニュース社）によれば、渡辺は京都仏教専門学校卒業後、大正十一年京都に人文書院を創業と述べられているが、人文書院と改称されるのは昭和に入ってからで、当初は日本心霊学会として始まったのである。

野村の『白隠と夜船閑話』は人間の観念の力が肉体を支配するという「内観の秘法」を説いたもので、純乎たる「療病養生の書」としての、白隠の『夜船閑話』の内容を紹介している。その「序」を小酒井不木が書いているが、野村と小酒井の関係、及びその環境も興味深い。江戸川乱歩が「心理試験」の原稿を小酒井に送り、作品の判定を乞うたのが大正十三年で、翌年に乱歩が小酒井を初めて名古屋に訪ねている。本書100「新光社『心霊問題叢書』と『レイモンド』」などで示したように、ここでも探偵小説と心霊研究人脈の交錯が想像できる。

それはともかく、こちらも巻末広告に目を通してみると、平田元吉『近代心霊学』、福来友吉『生命主義の信仰』『観念は生物なり』などに加えて、日本心霊編輯部『霊の神秘力と病気』（「心霊叢書」第一編）、野村瑞城『原始人性と文化』（同第二編）や『霊の活用と治病』（同第三編）、さらにH・カーリングトン『現代心霊現象之研究』（関昌祐訳）といった翻訳書の掲載もある。

これらの広告に見られる表記などから、千里眼実験や催眠術研究の福来友吉や英国心霊研究協会の影響下に、日本心霊学会が成立したと考えられる。そしてその会長が渡辺藤交、編輯主任が野村瑞城だとわかる。奥付裏には日本心霊学会本部の名前で、「難病重症をも癒す心霊治療法に就て」という一ページ広告も掲げられ、次のような文言が記されている。

「何等の器械、何等の薬品を用ひず如何なる病気の治療をも可能ならしめるは我心霊治療法である、本法は本会々長渡辺藤交先生が九死の大患を動機として創業されたので、観念の力を活躍させ且つ渡辺会長独特の霊能顕発方法を以てする等、学術的根拠を有する療病法であり、此治療法により自分の病気は勿論他人の病気をも治療せしむることが出来る、現代医学によれば不治と称せられた難病重病者が本法で治療された実例の多きは毎月三回発行する毎号の『日本心霊』に発表される実験例に徴しても明らかである。」

そしてまた日本心霊学会は創立以来二十年ともあるので、明治末期に始まり、プロパガンダ紙『日本心霊』を発行し、次第に書籍も刊行するようになったのではないだろうか。

日本心霊学会の誕生と時代を描いた一冊に井村宏次の『霊術家の饗宴』(心交社)がある。そこでは明治三十年代に姿を現わした霊術家たちが紹介され、「孤高の霊術開祖・天然」と題する一章で、桑原俊郎なる人物にスポットが当てられている。桑原は東京高師を出た静岡師範学校の漢文教師だったが、明治三十四年に催眠術から始めて霊術へと至り、同三十六年上京して精神研究会を設立し、号を天然とし、治病と精神広宣運動を繰り拡げ、たちまち名声を得て、全国から多くの弟子志願者たちが霊術家となるべく参集してきた。しかし明治三十九年に天然は短い生涯を終え、その弟子たちは全国各地に散り、霊術道場や施術所を簇生させたという。そして井村は次のように書いている。

「天然の死後、彼の影響を受けた初期霊術家たちは、続々と〈病気治療〉を看板に、名乗りをあげていった。（中略）まず天然の直弟子では（中略）京都人文書院の社長で霊術家を兼業した渡辺藤交（日本心霊学会）などである。（中略）渡辺のそれは、「おさすり」と「お手かざし」であって、メスメリズムの系統をひきついだものであった。」

つまり渡辺久吉と藤交は同一人物だったのだ。このようにして人文書院は始まったのである。

本書82「大槻憲二と『フロイド精神分析学全集』」でふれたフロイトの翻訳は戦後になって、人文書院、及び大本教出身で生長の家を創立した谷口雅春の日本教文社から刊行されることになる。明らかに両社の出自とフロイトの翻訳出版は無縁ではない。

138　円地文子の随筆集『女坂』

前回、昭和十四年に人文書院から出された円地文子の随筆集『女坂』にふれた。少しばかり本書のテーマとずれる間奏的一章となってしまうが、この際だから続けて書いてみる。またこれは戦後へと持ちこまれてしまうにしても、いずれ円地の夫に関して言及するつもりでいるからだ。

昭和十年代になって、大阪や京都の出版社が東京に進出し、多くの文芸書が刊行されていく。そのうちの一社が人文書院であり、円地の『女坂』もその一冊であった。

この本について、先頃亡くなった紅野敏郎は「ふたつの『女坂』のひとつ」（『本の散歩　文学史の森』

所収、冬樹社）の中で、小説集『女坂』（角川書店）の「あとがき」にある「その本を知っている人もまことに少いと思ふ」という円地の一文を引き、次のように述べている。

「たしかに随筆集『女坂』のほうは知る人も少いと見えて私たちの周りでこの本にふれて書かれた事実も、語られた事実もまったく稀である。（中略）この随筆集『女坂』は、彼女の文学活動の出発の地点、その背景を知るためには必須の本なのである。」

紅野はさらに続けて、「この時点までの円地文子の心の営み、心の歴史がおのずとにじみ出ている随筆集」、「彼女の全素養、全下地のすべて、といってもよい本」とまで評している。

円地の年譜を見てみると、昭和十年に戯曲集『惜春』（岩波書店）、十四年に小説集『風の如き言葉』、随筆集『女坂』と続き、この随筆集がきわめて早い時期に刊行されているとわかる。しかもそれぞれの文章の大半に日付が記載されているし、「まへがき」に「ここに収めた短文の多くは求めに応じて書いたその折々の断片的な感想」とあるので、刊行前に様々な雑誌に発表したものを一本にまとめたと思われる。おそらく婦人誌が中心で、円地のようなデビューしたばかりの女流作家にも多くの随筆の注文が寄せられていたことを示し、昭和十年前後の雑誌の活況ぶりがうかがわれる。

タイトルには七つになる娘にお宮へ行く段々に男と女があるのかと問われ、「長いこと口にしなかった女坂といふ言葉」を思いだし、それを借用したと、これも「まへがき」に述べられている。この随筆集は「群鷺図」「国文学覚え書き」「芝居とラヂオ」「女坂」「衣裳」「父の追憶」「弔亡」「課題」の八章立てで、五十七編が収録されている。これらの多岐にわたる随筆はいずれも円地自身とその時代を伝えて興味深いが、ここでは「群鷺図」各編に見られる「白」への注視、及び「父の追憶」の中の一編「私の家系」にふれてみよう。

「群鷺図」の章において、白い鷺が民家の庭樹に群れている鷺山の風景、黄昏の浅瀬に浮かぶ流れ灌頂という塔婆と白い布、白い花だと思いこんでいたはまなす、百花園の白銀薄や白い蒲公英、そのような「白」への注視は、『女人芸術』時代に「女流作家を花に例へた中に私を白い桃だといってくれた人があつた」ことにも起因しているのだろう。だが彼女の見つめる「白」は「鷺山」にしても「流れ灌頂」にしても、無気味な「白」でもある。それらは円地文学の根底に横たわる原風景のようにも思えてくる。

「私の家系」は戦後になって書かれた小説『女坂』のモデルについて語られた重要な一編である。執筆の日付は昭和十三年五月とされている。『女坂』の連作が書き始められるのは二十八年からなので、まだこの小説の構想も立っていなかった。しかし母親から聞かされた祖母の一生はこの随筆を契機にして物語として熟成し、『女坂』のヒロイン白川倫が造型されていったと考えられる。

「母の実家は熊本の出であるが、祖父が早くから官途について、県庁の役人など勤めていた（中略）。祖父は故三島子（現章道子祖父君）に愛されて、その下役を勤めていたといふから、自由党伐りなどもやつたのであらう。三島子が警視総監時代には自分も警視庁にいて、相応利れる官吏であつたらしい。三島子の死後、自分も官を棄ててしまつて、その後は、定まつた職にもつかず、気ままな一生を送つた人であるが、私共が知つてゐる晩年にも気象が烈しく、楽みに囲む碁などでも、負けが込むと機嫌が悪かつた。」

「さふいふ人柄なので家族のものは絶えずはらはらして主人の為に気を遣はねばならなかつたが、妻であつた私の祖母は、現代の女では到底しのび得ない苦労を擔つて、この祖父との生活を持ちこたへた堅忍不抜な強い精神の持ち主だつた。」

祖母から母へ、母から娘へと伝えられ、ひっそりと語り継がれた「現代の女では到底しのび得ない苦労」と様々な犠牲は、戦後になって『女坂』という小説を生み出すに至る。そのためには三代に至る女たちの時代の流れ、及び戦後の日本社会の出現が不可欠であったと言えるだろう。円地にとっても、若い頃には「封建的な婦人の地位に対する反抗」が先だっていたが、女流作家としての道をたどり始めると、祖母が「堅忍不抜な強い精神の持主」で、「正しく叙述する価値のある女の一生」のように思えてきたのだ。しかしその距離を正当に測るためには「封建的な婦人の地位」を改善しようとする戦後の時代を待たなければならなかった。つまり円地は戦後の時代にあってこそ、この祖母の物語は聖なる輝きを帯びると確信したのではないだろうか。

139　田中守平と太霊道

前々回ふれた井村宏次の『霊術家の饗宴』は「プロローグ」として、「霊術家の運命」が冒頭にすえられ、大正九年七月、名古屋から中央線で二時間あまりの大井駅の場面から始まっている。数万の群衆が待ち受ける中、特別仕立ての列車から現われたのは太霊道開祖・田中守平であった。駅から五里先の彼の故郷武並村に建立となった太霊道大本院へと向かうためだった。巨大な石門の向うの丘上に浮かび上がる大本院は六層の高閣、ピラミッド形の神殿で、霊華殿と呼ばれていた。その霊華殿は同書の口絵写真に田中守平ともども掲載され、「一夜の奇蹟」のように出現したファンタジックな建築が実際に存在したことを教えてくれる。

井村が田中と太霊道を論じた第五章「疾走するカリスマ・守平」によれば、後に日本心霊学会＝人文書院を設立する渡辺久吉の師である桑原天然の死後、大正期から霊術家の黄金時代が到来し、その二大カリスマが太霊道の田中守平、大本教の出口王仁三郎だったとされる。しかし太霊道と田中は後者と異なり、明治維新以後の最大の霊術団体となったにもかかわらず、わずか十数年の活動を経て、突然に消滅してしまったという。

田中は前述の岐阜の寒村に生まれ、十六歳の時に上京し、苦学しながら日本大学と東京外国語学校に学び、明治三十六年にナショナリストとして、天皇へ日露戦争を訴える上奏事件を起こす。その結果、彼は不敬罪ならぬ誇大妄想狂との烙印を押され、郷里に送還され、山中の小庵に四ヵ月余り蟄居するしかなかった。しかしこれに伴う絶食と霊能の覚醒は最初の修業生活に結びつき、それはまた彼の「治病能力」を目ざめさせることになった。そうしたプロセスを経て、田中はカリスマ性を身につけ、政治運動の挫折はあるものの、同四十三年に宇宙の太霊を感得し、『太霊道真典』を完成し、霊術を携え、「神人」と称して中国や蒙古に渡った。大正に入っての帰国後に東京麹町に宇宙霊学寮と太霊道本院を開設した。それは治療的霊術を施すことと、霊術家の養成を目的とするものだった。そのプロパガンダは新聞を通じて行なわれた。井村は書いている。

「（前略）東京の住民たちの目は、ある奇怪な広告に釘づけにされた。鯰の鬚文字で「太霊道」と大きく書かれ、奇蹟的霊術や治病術の数々が、一面全体を使って広告されていたのだ。（中略）広告攻勢は間歇的にくりかえされ、潜在的霊術家志望者や慢性病患者、難病罹患者たちは太霊道道場に殺到する。

講授会終了者たちは地方に散り、各地に道場を設営して患者の治療を始めた。まさしく太霊道こそが、主元・守平の類いない天与の弁舌力《アジテーション》と宣伝の才に支えられて、維新以後、最も大規模な霊術団体であった。」

この太霊道が刊行した本と雑誌を三点所持している。それらは田中の『太霊道の本義』なる単行本に加えて、もう一点は『太霊道及霊子術講授録』全三冊、『霊子潜動作用特別講授録』全を菊判箱入合本としたもの、その前者の端本の一冊である。いずれも「鯰の鬚文字」でタイトルが記され、おそらく井村が参考資料としたのもこれであろうと推測される。私はこれらの三点を意識的に集めてきたわけではなく、たまたま古書目録で見つけたり、均一台で拾ってきたりしたものだから、それほどめずらしい文献ではないだろう。この大正時代の出版の奥付を見ると、合本の四冊などは刊行から二、三年で八版から十版を重ねていることも明らかだし、それはまた太霊道がこの時代に新聞や出版プロパガンダを通じて、「大規模な霊術団体」へと成長していたことを示していよう。

『太霊道の本義』において、今日の文明は「人類の物質化」と「人間の機械化」であり、これを脱却し、「霊的新文明を肇建せん」と公宣している。その独自の見地に立つ思想が太霊道で、霊的能力を発揮する霊子術によって、それは実現するとされる。具体的な霊子術については「厳禁他人披閲」とある『霊子潜動作用特別講授録』がほぼ一ページ写真二十九枚を掲載し、それなりに興味深い。だがそれらにコメントする知識もないので、井村の説明を借りれば、太霊道霊術とは霊子顕動作用、霊子潜動作用の発現コントロール技術、つまり「暗示の巧妙な応用、手指趾や手足の震せん術のトレーニング、ESP（主としてテレパシー）の訓練などによって、急速かつ多彩な霊道をひきおこし」、主として治病術へとつながっていき、「田中守平は霊子術をひっさげて日本国内を席捲した」。

しかし田中と太霊道のブームは長くは続かなかった。大本院が不測の事故によって全焼し、田中も昭和三年に循環器障害の発作で倒れ、死を迎える。享年四十六歳であった。

まさに「霊術家の饗宴」を象徴する田中と太霊道の出現に関しての歴史的検証やその位相については井村の記述に譲り、ここでは出版プロパガンダに言及しておきたい。田中の本と太霊道の講授録は東京市麹町の太霊道本院出版局から刊行されている。講授録は非売品扱いで、取次名も記されていないので、直販物として流通したと思われる。奥付にある編輯兼発行人の伊藤延次とはどのような人物であろうか。

拙稿「浅野和三郎と大本教の出版」（『古本探究Ⅲ』所収）において、大本教の出版をめぐるプロパガンダとパフォーマンスが、マス雑誌や円本の宣伝イベント戦略と酷似していると指摘しておいた。実際に講談社の野間清治や平凡社の下中弥三郎は大本教の出版活動に注目していたし、下中は昭和八年の『出口王仁三郎全集』（万有社）の企画に携わっていたと伝えられている。おそらく大本教のみならず、太霊道も大正期の出版人脈との深いかかわりがあり、同様の出版プロパガンダ戦略を採用したことによって、大本教と並ぶ宗教的団体へと上りつめたのではないだろうか。大正時代においては、出版と宗教の関係は想像以上に深いし、その錯綜する人脈はまだ少ししか判明していない。

〈付記〉

本稿をアップするにあたって、ネットで確認してみると、「ma-tango」の「田中守平の亜細亜」というブログ連載が見つかった。これは注目すべき田中論で、田中に興味を抱かれた読者は必読の論考である。このような論考がすでに書かれていたのかという驚きを覚えた。

この「ma-tango」は、本書113「藤沢親雄、横山茂雄『聖別された肉体』、チャーチワード『南洋諸島の古代文化』」でふれた吉永進一である。吉永にはやはり注目すべき「平井金三、その生涯」も含め、いくつもの優れた論考がある。ぜひとも一冊の早々の上梓を期待したい。おそらく編集者はついているだろうが、このことを水声社の鈴木宏に伝えてみたい。

昭和六十一年に近代ピラミッド協会編『オカルト・ムーヴメント』（創林社）が出されている。この企画編集者だった和田成太郎から、これに続くいくつかの単行本や翻訳の話を聞いたことがあった。しかし同書の刊行とほぼ時を同じくして、創林社は事件に巻きこまれ、会社自体が消滅し、それらの企画も実現しなかったことになる。この『オカルト・ムーヴメント』に「神智学の誕生」を寄せている岩本道人は吉永だと思われる。

田中守平のことを最初に目にしたのは、あの『座談会大正文学史』（岩波書店）の「大正期の思想と文学」における柳田泉の発言の中にだった。それから三十年後に「田中守平の亜細亜」を読み、とても感慨深かった。

140　松田甚次郎『土に叫ぶ』と羽田書店

本書136に続き、もう一編宮沢賢治にまつわる出版譚を記しておく。

昭和十三年に出版された松田甚次郎の『土に叫ぶ』は、宮沢賢治の後輩として盛岡高等農林学校に学び、山形県最上郡の自らの村へと帰ってきたひとりの青年の生活を通じて、戦前の農村改革、生活改善運動を詳細に描き、タイトルの角書に示された「愛郷愛土」の位相を、三十数枚の写真とともに生々しく浮かび上がらせている。

松田は『土に叫ぶ』の冒頭に「恩師宮沢賢治先生」なる一章を置き、昭和二年に帰郷するにあたって、「御礼と御暇乞ひ」のために花巻郊外に開設された羅須地人教会を訪ねたエピソードを書きとめている。その時宮沢は農村に戻っていく松田に向かって、「一、小作人たれ／二、農村劇をやれ」とのふたつの言葉を贈った。

日本の現在の農村の骨子は小農、小作人にあり、それを実践しなければ、真の農民としての自覚は得られない。農村芝居は単に農村に娯楽を与えることではなく、農業者は自らの農耕や生活行事に芸術を実現しつつあるので、村を舞台とし、その生活を脚本とし、それらを芝居へと昇華させ、ひとつの生命を与え、それをもって村の事業、経済文化を向上させていかなければならない。これらが宮沢の与えた教訓だった。「この訓へこそは私には終生の信條として、一日も忘れぬ事の出来ぬ言葉である」と松田は述べ、宮沢の「雨ニモマケズ」の詩を掲げ、この詩を残し、昭和八年に逝った宮沢を深く追悼することから、『土に叫ぶ』を始めている。

それゆえに松田の帰郷は、宮沢の羅須地人協会の山形県におけるもうひとつの実践にして、『土に叫ぶ』はその記録であったといえよう。その最も忠実な実践は昭和七年に創立された最上共働村塾の設立である。この塾は青年による自治と共働により、農村危機の中における人格、勤労教育と共同生活訓練、十一ヵ月間に及ぶ農業実習と学習を通じ、農村更生の若き先駆者の育成を目的とするものだった。松田の証言から推察すると、これは農村的ナショナリズムの体現である「愛郷愛土」を背景とする全国的な青年団や村塾運動とパラレルで、柳田民俗学や郷土研究の台頭とも重なっていたように思われる。

その代表的な最上共働村塾に言及していくときりがないので、ここではひとつのことだけを記しておきたい。それはこの塾の修了証書に関してであり、その証書はミレーの「晩鐘」なのだ。そしてその裏面には山形県出身の高山樗牛の「晩鐘」について書かれた一文が掲げられている。その「晩鐘」と題する樗牛文は『土に叫ぶ』に示されたミレーの絵の下に全文が引用されているが、これは『樗牛全集』（博文館）にも収録が見えない。だからその最初と最後の部分を引いておこう。

「一日の業を了りたる若き農夫とその妻と、今方《まさ》に家路に就かむとする時、エンヂェラスの祈祷を告ぐる夕べの鐘はひびきわたりぬ。二人は頭《かうべ》を垂れて、無言のいのりを捧げぬ。

地には平和あり、天には光あり、人には愛情あり。而して天国の響きに応《こた》ふることの祈だにあらば、吾等この世に於て何の求むる所ぞや。あゝ若き農夫と其妻とが、今方に無言の祈を捧げつゝあるを見ずや。」

「ミレーのこの図は、まことに人生永遠なる祝福を表示して余情極まりなし。愛あり、信ある者の手に執られたる鍬は、空閑《くうかん》にして虚栄を擁する王者の剣といずれぞや。是れこの図の与ふる最も大なる教訓にして、最も美はしき詩趣なり。その人界一切の色相塗殺《しきさうとさつ》せる暮靄一抹《ぼあいいちまつ》の場景を選び、遙かに寺塔の髣髴《はうふつ》を描きて晩鐘のひゞきを点出せるが如き、殊に画趣の秀でたるを見る。」

ここに明治から昭和にかけて、日本人が見た「晩鐘」に対する典型的パターンがあると考えられる。またそれはナショナリスト樗牛に代表される「余情極まりなし」の美文によって、神話的風景と化していった。このようにしてミレーの描く近代フランス農村光景を通じ、日本の農村もあらたに発見されたのである。また付け加えれば、樗牛も晩年には宮沢と同様に田中智学と日蓮宗に接近していた。

少しばかり話がそれてしまったが、この『土に叫ぶ』を刊行したのは羽田書店であり、この版元は続けて松田甚次郎編『宮沢賢治名作選』及び『風の又三郎』と『グスコー・ブドリの伝記』を出版し、宮沢とその作品を広く知らしめた。『風の又三郎』と『グスコー・ブドリの伝記』はほるぷ出版によって昭和四十年代に復刻されていて、それらが内容に見合ったすばらしい装丁と造本だとわかる。おそらく宮沢はこれらの羽田書店の児童書によって、新たな光が当てられたのではないだろうか。

この羽田書店について、こちらも昭和五十三年に復刊された『土に叫ぶ』に、羽田武嗣郎の「岩波茂雄先生の思い出と羽田書店創業」の収録があり、この版元が奥付に示されているように、どうして岩波書店を発売所としていたのかが明らかになる。羽田は兄を通じて岩波茂雄と知り合い、朝日新聞記者を辞し、郷里の長野から衆議院議員に立候補し、三十四歳にて当選を果たす。そして岩波を見ならい、出版報国を志し、政治家と出版業を両立させようと決意する。それを岩波に相談したところ、岩波は顧問となって羽田書店と命名し、誰にも許したことのない岩波書店を発売元とする特権を与えた。そして昭和十三年に羽田書店は『土に叫ぶ』を処女出版し、戦後の昭和二十六年の閉鎖に至るまで続けられていった。

昭和五十三年に復刻された『土に叫ぶ』は戦前本と比較し、箱はなく、判型はひと回り小さい四六判であり、羽田武嗣郎の回想に加え、農林政務次官も務めた長男の羽田孜の大きな口絵写真と「再刊にあたって」の一文が収録され、これが孜の選挙用に使われたのではないかと推測できる。もちろん彼は後の総理大臣を経験することになる羽田孜に他ならない。

この羽田書店に昭和十五年に長野から上京して入社し、十八年まで勤めた青年がいた。先述の『グスコー・ブドリの伝記』は昭和十六年四月刊行だから、この本の編集や製作に関わっていたかもしれない。彼は学徒出陣し、敗戦後に出版社設立に至る。彼の名前は小尾俊人で、その出版社はみすず書房である。ここにも長野出版人脈の系譜が息づいている。

またさらに付け加えれば、戦後の人文書販売において大いなる貢献を果たし、『出版販売の実際』や『出版販売を読む』（いずれも日本エディタースクール出版部）を残した相田良雄も、羽田書店の出身である。そしてみすず書房は二人を両輪として営まれていった。しかし平成二十一年の相田に続き、二十三年に小尾も鬼籍に入ってしまった。

なお『土に叫ぶ』の戦前本と復刻本の二冊は浜松の時代舎から恵贈されたものであることを付記しておく。

141　島木健作『生活の探求』と柳田民俗学

前回の昭和十三年刊行『土に叫ぶ』は、羽田武嗣郎の証言によれば、「たいへん当たり」、発売元の岩波書店から毎月三千円の支払いがあったという。この本の定価は一円八十銭であるので、部数は定かでないにしても、ベストセラーに類する売れ行きだったことを、この金額は告げている。それはまた農村を舞台とする、農民文学の隆盛と時代的に重なっている。農民文学についてはもう少し後でふれるつもりでいたが、『土に叫ぶ』との関連でここで一編だけ書いておこう。

水上勉の『文壇放浪』(新潮文庫)の中に昭和十年代前半の読書についての言及があり、同時代に「農民文学懇話会」に集った作家たちの作品が地方の文学青年に親近な思いを抱かせたと書いている。昭和十二年後半から翌年にかけて、島木健作『生活の探求』、和田伝の『沃土』、久保栄の『火山灰地』などがベストセラーになったり、話題をよんだりしたことで、当時の農相有馬頼寧が関心を示し、有馬を囲んで、和田伝や島木健作たちとの懇談会が持たれ、十三年十一月に発足したのが農民文学懇話会だった。そして出席者は五十余名に及び、戦時下における農民文学の隆盛を担ったとされる。

さらに水上は島木の『生活の探求』も含まれていた河出書房の「書きおろし長篇小説叢書」もよく読み、「創元選書」で柳田国男や谷崎潤一郎を読んだと語っている。大谷晃一の創元社創業者伝兼社史ともいうべき『ある出版人の肖像』(創元社)によれば、小林秀雄の企画によって、柳田国男の『昔話と文学』を始めとする「創元選書」の最初の三冊が刊行されるのは昭和十三年末であり、「柳田国男を広い読書の世界へ引っぱり出したのも、この選書」で、柳田の本は十七冊出され、選書の顧問として島木健作や青山二郎も加わっていたという。

その水上が読んだ「書きおろし長篇小説叢書」の正続『生活の探求』二冊が手元にある。前者は昭和十二年十月初版、十五年五月第百三十一版で、後者は同十三年六月初版、十五年六月八十六版で、確かに突出したベストセラーだったとわかる。ある文学全集の解説で、田宮虎彦が「昭和十年代の島木健作は一種異様な雰囲気につつまれていた流行作家であった」と書いている。それは『生活の探求』のベストセラー化によって生じたものだと断言していいだろう。

野口富士男も「ほとりの私」(『暗い夜の私』所収、講談社文芸文庫)で、島木との出会いを語り、次のように記している。野口も「書きおろし長篇小説叢書」で読んだのである。「島木さんの『生活の探求』が出版されたのは、その年の十月であった。そして、私はそのベストセラーとなった書物をむさぼるように読んで、はずかしいことだが、当時の多くの青年たちとおなじように感動した。その誠実さに打たれたといってもいい。」

しかし野口は『続・生活の探求』を読むに及んで、「それが作者みずからの保身のための、時代への迎合のあらわれだ」と感じ、島木への尊厳を取り消したと述べている。

さてここで『続・生活の探求』までは論じられないが、『生活の探求』だけでもふれておくべきだろう。この小説は農村生まれの杉野駿介が病を得て、東京での大学生活を放棄し、養生のために故郷に戻り、観念的な世界から抜け出て、具体的にして実質的な農村の生活に新鮮な魅力を覚え、帰農していく姿を描いている。昭和十年代における所謂「農村の発見」であり、「帰農」の物語と見なすことができる。『生活の探求』の中の言葉を借用すれば、「インテリゲンチャとしての生活を棄てて、以前の出身階級に帰る」物語と言ってもいい。もちろん『生活の探求』以前にも武者小路実篤や徳冨蘆花による大地の讃美や土に還れの主張に基づく帰農生活はあったが、この小説の何よりの特徴は帰農＝「以前の出身階級に帰る」物語として設定されていること、またそれが戦時下に向かおうとする昭和十二年に刊行されたことにあるように思われる。ただ島木の年譜をたどってみても、東北帝大を中退し、日本農民組合香川県連合会の書記となり、農民運動に参加しているが、農村の出身ではない。したがって『生活の探究』の中に登場する農村は、香川時代の農民運動の体験をベースにして構築されたと考えがちだが、再読してみると、そのリアリティはわずかな年月で獲得できるものではないように思われた。

その例はいくつも挙げられるが、村の盆から秋にかけての時間が行事と祭の連鎖によって成立していることに注目すべきだろう。盆における共同墓地の賑わい、燃える松と線香の匂い、鐘の音と読経の声、天神の境内での万歳、三味や太鼓の音、弘法大師を祭る篝火などの描写、秋に入っての種々雑多な神が登場する祭の数々、それらの神は牛神、毘沙門、北の神、山の神、金毘羅、八幡などで、農村の仕事からではなく、行事や祭から立体的に浮かび上がってくる。そして駿介は明らかに外部からの視線で述懐する。

「祭は一つには社交であらう。鍬を取つて耕す、といふ仕事の形態そのものは単独であるが、農業全体の過程においては、実に複雑多端に多の人々との相互関係に入り組んでゐる。さういふ彼等の生活はおのづから社交の機会を多く求めるであらう。祭は又慰安であり娯楽であらう。その他いろいろなものであらう。」

このような記述は島木の実体験からではなく、柳田民俗学によっていると思われる。おそらく柳田の『日本農民史』や『都市と農村』(『柳田国男全集』29所収、ちくま文庫)を読み、それが『生活の探求』に流れこんでいるのではないだろうか。小林秀雄はそのことに気づき、柳田の著作を収録する「創元選書」の顧問に島木を招聘したと考えられる。それに『生活の探求』の装丁者は同じく顧問の青山二郎であり、この時代になっての柳田民俗学と文学の連鎖を告げているように思われる。

142　肥田春充『国民医術天真法』と村井弦斎

井村宏次の『霊術家の饗宴』が明らかにしたのは、大正時代における霊術家たちの台頭ばかりでなく、同時に近代医学に接するような多彩な治病法や健康法も続々と名乗りをあげ、それらが現在でも存続していることである。これは同書に言及はないが、肥田式強健術もそのひとつと考えられる。

二十年ほど前に肥田春充考按、平田内蔵吉編述とある『国民医術天真法』を古本屋で見つけ、買い求めた。春陽堂から昭和十三年刊行で、裸本のためか、古書価は三百五十円だった。このような本を購入した理由はそのしばらく前に、甲野善紀の『表の体育・裏の体育』(壮神社、昭和六十二年)を読んだからで、この本は大半が「多くの人々に支持されながら現在はまったくといっていいほど忘れ去られている」肥田春充の著作の引用と肥田式強健術の紹介で占められていた。そして壮神社による肥田の著作六冊の復刻も掲載があったが、『国民医術天真法』はそこに含まれていなかったし、またこの種の本と春陽堂の組み合わせに奇異な思いを抱かされもしたからだ。

だが『国民医術天真法』の巻末広告を見ると、平田の『国民医術平田式心療法』も刊行され、またこれはどのようなものかわからないが、平田の発明になる「国民療器」を春陽堂だけで販売するとあるので、平田と春陽堂の関係はかなり深かったと推測される。しかも平田は医者ではなく、文学士とあることに留意すべきだろう。口絵写真に「正中心腰腹錬磨法」の一連の動きが掲げられ、天真法の一端を垣間見せていたが、一種の体操のようで、『表の体育・裏の体育』に引用された、あたかもヨガのクンダリニー覚醒を彷彿させる神秘的体験をもたらす身体術とは思われなかった。そのような先入観もあって、通読もしないままに時が過ぎてしまった。

ところがその後、様々なところにこの肥田春充が姿を現わしていることを知った。例えば中里介山であるが、昭和十年に書かれた『旅と人生』（『中里介山全集』第十八巻所収、筑摩書房）において、伊豆八幡野の肥田家を訪れ、二十年ぶりに会い、歓待を受けた話を書いていた。この山腹にある百坪に及ぶ肥田の広壮な邸宅は欅づくりの城郭のようだったが、甲野によれば、昭和六十一年に漏電で全壊し、肥田の残した多くの資料が失われてしまったという。

また山口昌男の『「敗者」の精神史』（岩波書店）の押川春浪と武俠世界社のところで、川合信水と肥田が登場し、二人が兄弟であると述べられていた。川合信水は旧幕臣の医師の長男で、キリスト教に入信し、東北学院神学部に学び、同学院の教師や新聞記者を経て、生まれ故郷の山梨県に戻り、東洋的な喧想悟道に基づく独特なキリスト教伝道に従事している。その弟が肥田ということになる。

あらためて『国民医術天真法』に目を通すと、「病める兄」は川合山月として号で記され、また「題字」の揮毫もしている。そして平田内蔵吉だが、春浪の系譜を引き、ナショナリズム冒険小説の児童文学者にして軍事問題評論家の平田晋策の兄である。したがって肥田の天真法の周辺には中里介山のような文学者、東北学院絡みのキリスト教人脈、『国民体育』の内容から推測できる軍部の人々とナショナリストが存在し、その「国民医術」は広範な影響と波紋をもたらしていたとわかる。

そしてさらに黒岩比佐子の『「食道楽」の人　村井弦斎』（岩波書店）を読むに及んで、村井もまた肥田の影響を受けていたことを知った。同書はこれまで知られていなかった『食道楽』の著者についての多くの事実を明らかにしている。『食道楽』の自費出版によるベストセラー化、それを一手に引き受けた篠田鉱造の回想は近代出版史のエピソードとして興味深い。私も報知社出版部刊行の『増補注釈食道楽』夏の巻、明治三十七年十五版を一冊だけ持っているが、その前史が初版三千部の自費出版であったことは認識していなかった。その他にも新事実がつめこまれているが、ここでは晩年の村井と肥田の関係にしぼることにしよう。

村井は当時の国民病とされた脚気をきっかけにして、玄米や半搗米を食する「米食改良論」を発表し、自らそれを実践し、次に『弦斎式断食療法』(実業之日本社)を著して断食に挑み、さらに木食を実行するに至る。そのような村井の試みに肥田の強健術、天真法が結びついていく。村井は『平民新聞』のパトロンである医者の加藤時次郎を通じて、肥田春充を知る。黒岩によれば、肥田の強健術は「まず知識人層に絶大な支持を得て広がり、新聞各紙が取り上げてその人気に火をつけた」。村井は肥田を招き、家族や書生たちの指導を依頼し、顧問だった『婦人世界』において、この強健術が「腹力」を基礎とし、内臓の強健を主眼とし、腹に力をこめて気合いをかけるので、日本人に最適の気分が爽快になる運動法だと推奨するに至る。

これらの健康法や霊術治療への傾斜、関東大震災と息子の自殺を経てから、村井は交霊術や透視、千里眼や念写、心霊現象に関心を寄せ、彼の意向の反映もあり、『婦人世界』にもそのような記事がかなり掲載され始める。そして千里眼についての遺稿を残し、昭和二年に亡くなっている。ベストセラー『食道楽』の著者の様々な健康法から心霊現象への関心に至る背景には、同時代に流入してきた英国心霊研究会のメンバーたちの著作、霊術家や大本教などの新興宗教の台頭、多くの健康法の流行などがあり、それらと連動したと考えて間違いないだろう。

なおその後、平田内蔵吉の『闘運術』（春陽堂、昭和六年十版）を入手した。同書によれば、平田は一燈園の影響を受け、春陽堂の健康と幸福・闘病闘運の雑誌『いのちの科学』に関係し、平田式心療法の実践に携わっていたようだ。その主著が『闘運術』であり、この平田も当時の治療法や健康法のイデオローグの一人だったことになる。

まだ蛇足ながら記しておけば、劇作家の平田オリザは内蔵吉の孫にあたる。

143 岡田虎二郎、岸本能武太『岡田式静坐三年』、相馬黒光

『食道楽』の村井弦斎が肥田式強健術と同様に興味を示したのは、これも当時ブームになっていた岡田式静坐法であった。すでに述べておいたが、明治末から大正時代にかけて、このふたつだけでなく、多くの健康法が流行し、現在に至るまでの民間療法の起源はことごとくこの時代に求められる。これらの他にも例えば、岩佐珍儀の岩佐式強健法、江間俊一の江間式身心鍛錬法、坂本謹吾の坂本屈伸道、中井房五郎の自彊術、柴田通和の足心道、西勝造の西式健康法などが挙げられ、戦後の野口体操はこれらの集大成のようなものとしてあるのではないだろうか。これらの健康法の簡略なチャートとして田中聡の「近代健康法創始社列伝」（『健康法と癒しの社会史』所収、青弓社）がある。

このような健康法の存在を最初に知ったのは、少年時代に読んだ高木彬光の『わが一高時代の犯罪』（角川文庫）においてであり、その冒頭の記述が西式健康法の描写と説明によって始まっていたから

だった。

岡田虎二郎の静坐法に関する本も、前回取り上げた肥田春充の本と同じく本人が書いたものではないが、やはり一冊持っている。それは大日本図書刊行の岸本能武太の『岡田式静坐三年』で、大正四年十一月初版、五年四月十六版である。半年でこれだけ版を重ねていることから、当時の岡田式静坐法の人気がうかがわれるだろう。大正元年に実業之日本社から同社編『岡田式静坐法』(昭和五十七年復刻)も出されているが、これは未見である。

著者の岸本はハーバード大学神学部で宗教哲学を学び、『六合雑誌』の主宰にして、早稲田大学の教授で、比較宗教学や社会学を講じていた。明治四十四年に同僚の浮田和民に誘われ、静坐会に参加し、その三年間の経験や感想をまとめたものがこの本ということになる。口絵写真に岡田と岸本が並んで写り、また岸本の静坐による体形の変化がその裸体写真に示されている。前記のような経歴と社会的地位にある岸本にもかかわらず、その「緒言」において、岡田は「博学強記の人」としてカリスマのように扱われ、「予は飽く迄岡田先生の弟子であり、岡田先生は何処迄も予の先生であり恩人である」と尊ばれている。そして静坐法について、次のように書いている。

「静坐法は実に病人に取つては、病気の退治法であり、虚弱者に取つては、元気の充実法であると同時に、凡べての人々に取つては、健康の充実法であり、精神の修養法である。(中略)進んで肉体の活動を統一せしめ、又心霊の活動をも統一せしめ、更らには進んでは肉体と心霊との凡べての活動を調和せしめんとするものである。」

この岸本の言葉に象徴されるように、岡田に対する人気は沸騰し、大正時代に入ると、東京で百数十の静坐会が開かれ、会員は二万人に及び、村井弦斎に加えて、木下尚江、高田早苗、田中正造、相馬黒光などの錚々たる人々もメンバーとなっている。相馬の夫の愛蔵は『一商人として』（岩波書店）の中で、岡田のことを「その時代に於ける確かに驚嘆すべき存在」であり、田中正造が二十歳も年少の岡田を「今度こそは我国にも聖人が生まれました」と評したエピソード、及び新宿中村屋の「良い品を廉く」のモットーは岡田の言によることを記している。

また妻の黒光も明治、大正文学の貴重な回想録『黙移』（法政大学出版局）において、「静坐十年」という一章を設けて岡田の写真を掲げ、木下尚江から「岡田虎二郎という不思議な人」を紹介され、岡田に接して病から回復し、明治四十四年から大正九年まで一日も欠かさず、日暮里の道場に通ったとも書き、道場の顔触れにも言及している。

「この道場にはおよそ社会の各層各階級の人が集まっていました。徳川慶久公、水戸様、二荒伯、相馬の殿様をはじめとして、有爵の方々、実業界の錚々たる人々、学者、芸術家、教育家、基督教徒、僧侶、芸人、相撲取、学生等々いちいち挙げるには限りもないほどでした。」

それでは実際に岡田に接した印象はどのようなものであったのだろうか。最初の出会いは「まるでエジプトの彫刻にでも相対しているような無気味な底力を感ずるばかり」だったが、「不思議なことに、何となく気分がさわやかになり」、長い苦しみを忘れさり、心が晴れてきたという。発狂した実業家夫人を視つめ続けることで治癒させた話、いつも木下たちがその後を追い、それがキリストに従う弟子たちの光景を彷彿させたが、「岡田先生は福徳円満の御相で、奈良新薬師寺の本尊のよう」だったことなどが語られている。確かに『岡田式静坐三年』収録の「最近の岡田先生」の写真は黒光の言を諾っていて、肥田春充は軍部とつながるナショナリストの面影があったが、岡田虎二郎は東洋の大人の風格を漂わせている。

だが岡田は大正九年に四十九歳で急逝してしまう。死因は過労と腎臓病からの尿毒症だった。弟子たちは絶望と狼狽に追いやられ、黒光も日暮里参りを止め、道場は閉鎖の道をたどった。岡田は「不立文字の先生」で、何も残さず、弟子たちも二代目を立てることもなかった。そしてその死によって、「今もって先生の本体を理解することができません」という神秘の彼方へと消えてしまったのだ。だから岡田の著作はなく、『岡田式静坐三年』は貴重な記録なのだ。黒光は岡田の出身が三河国豊橋だと述べている。平成十七年に岡田の出身地の田原市で「岡田虎二郎―静坐法とその思想」展が開かれ、「年譜」も公開された。それによれば、高等小学校卒業後、農業実践にいそしみ、明治三十四年に渡米し、同三十八年に帰国し、静坐法を会得し、その指導を始めている。しかし岡田の生涯は謎めいていて、渡米生活がどのようなものであったのかは明らかになっていない。

またかつてリブロポートの「民間日本学者」シリーズで、津村喬による『岡田虎二郎』が予告されていたが、刊行の目を見ることなく、リブロポート自体が解散してしまった。とても残念に思える。

144　三井甲之と『手のひら療治』

大正時代に百花斉放したかのような多様な健康法について言及していくときりがないのだが、手元に本があるので、もうひとつだけふれてみたい。

それは三井甲之の『手のひら療治』である。ただし同書は昭和五年にアルスから刊行されたものでなく、二〇〇三年にヴォルテックス有限会社が復刻した本で、この復刻版にはさみこまれた紹介と解説を兼ねたパンフレットによれば、この会社は実質的に手のひら療治の始まりと見なせる臼井電気療法学会と江口俊博を継承するレイキ・ヒーリング・システムと同じであり、七十年以上も前の療治法が現在でもその命脈を保っているとわかる。

三井甲之の『手のひら療治』の序文にあたる「出版についての著者の言葉」を読むと、政教社の『日本及日本人』が昭和四年六月に臨時増刊『手のひら療治号』を発行し、東京増上寺や大阪仏教会館から全国各地で、その実修会が開かれた事実が浮かび上がってくる。この時期に『日本及日本人』の編集の中心にあった開明的ナショナリスト三宅雪嶺はすでに去り、ウルトラ・ナショナリズムの色彩に染まりつつあった同誌と三井の存在の緊密な結びつきが、このような特集号へと表出したのだろう。さらに三井の言に示されているように、同時代の催眠術や心霊研究の影響も明らかだ。そしてシキシマノミチ＝タナスエノミチ＝手のひら療治が高らかに称揚される。

かくして自らの実践ポートレートなども含む二十二枚の手のひら療治の口絵写真が掲載され、それこそカムナガラノミチ的雰囲気に包まれた手のひら療治の実際を伝えんとしている。

ここで三井の生涯について、『日本近代文学大事典』や『［現代日本］朝日人物事典』などを参照すると、明治十六年山梨県生まれ、東大国文科卒、伊藤左千夫を中心とする根岸短歌会の『馬酔木』に宗教的な歌を発表し、抒情的ナショナリストとして、伊藤たちに大きな影響を与えた。その後大正十四年に蓑田胸喜たちと原理日本社を結成し、また昭和三年にはしきしまのみち会を始め、皇室中心主義を喧伝し、大正デモクラシーの吉野作造などを批判する右翼イデオローグの先駆けでもあった。つまり三井の唱える手のひら療治には『日本及日本人』のみならず、右翼活動とも併走していたことになる。『手のひら療治』の大半はその実施法、体験録、実修会記録、研究や修行細目で占められ、ありとあらゆる病気の療治に役立つとされている。しかしそれらの記述は口絵写真よりもリアリティに欠けている気がする。

この療治法を創唱したのは甲府中学校長の江口俊博で、これは未見であるが、昭和六年に同じアルスから三井と共著で『手のひら療治入門』を出している。その江口の伝授を受けて、三井も妻とともに実修に及び、これまた手のひら療治の全国的なイデオローグとなっていったようだ。手のひら療治を一言でいってしまえば、節食や断食、身体の清潔とみそぎの儀式を通じて、手のひらの感触律動を敏感ならしめ、そこで手のひらを静かに患部に当てれば、それで病気が治るというものである。この修行を多人数が一堂に集まり、長時間にわたって行なえば、宗教、政治、軍事、実業のすべてに効果が及ぶとされる。

三井がこのような境地に至った背景には明治末期から大正時代にかけて、跳梁跋扈した霊術家たちの存在があるのだろう。それは前述の江口と臼井電気療法学会の関係が証明しているし、三井も次のように述べている。

「自分が伝授された「手のひら療治」もこの太霊道その他と脈絡のあるもので、ただそれらから迷信的付加物を排除し、奇跡的異常行為成立条件としての無理の緊張をその心身に加えることをせず、また秘密伝授の煩瑣形式とそれに結合すべき私曲動機を遠離し、国民習俗を現代国民宗教儀礼化したものである。」

奇怪な右翼イデオロギーと太霊道などの合一が手のひら療治を触媒として語られている。これも簡単に言い換えれば、太霊道などから迷信、奇跡、秘密などの固有の要素を取り除き、本来の霊術に基づく手のひら療治は国民習俗に他ならないので、それを現代国民宗教儀礼に高めようと主張していることになろうか。

そしてそのような実践が「精神界の物質的大量悪風を矯正する日本精神と日本主義」であり、マルクス主義や資本主義とは別の道を用意するものだとの主張につながっていく。これらの三井の見解は彼が具体的に挙げているように、既述した川合（肥田）式強健術や岡田式静坐法といった健康法も研究した上で得られたものなのだ。

短かった大正時代には日露戦争後の虚脱感に襲われ、世界的には第一次世界大戦、ロシア革命、国内では大正デモクラシーが唱えられる一方で、米騒動や関東大震災が起き、明治時代とは異なる社会状況の中にあった。それらとパラレルに西洋からはメスメリズム、催眠術、心霊研究などが伝わり、それらに関する出版物の刊行とともに『世界聖典全集』や多彩な仏教原典や宗教書が刊行された。それを受けて日本の近代的土着的深層から大本教に代表される新興宗教、太霊道を始めとする霊術家たち、それらから派生したと見なしうる多くの治療術、健康法が殷賑を極め、手のひら療治の三井に見られるように、右翼イデオローグの奇怪な思想の中に取りこまれていった。

これらの全体的な俯瞰と構図の作成はできないけれど、あらゆる社会的地平へと大なり小なり散っていったはずであり、それらが引き継がれていった痕跡は現在でも至るところに見出すことができる。そのような意味において、大正時代からすでに一世紀を経ているにもかかわらず、それほど遠く離れておらず、依然として同様の状況の中におかれているのかもしれない。

145　安彦良和『虹色のトロツキー』、『合気道開祖植芝盛平伝』、出版芸術社

大正から昭和にかけての新たなる宗教や霊術、治療法や健康法をめぐる人々の中に、武術家たちをも見出すことができる。そのうちの二人はいずれも二十世紀末になって、安彦良和により、コミックの中に召喚され、主人公に寄り添う特異なキャラクター像を表出させ、強い印象を残す。その二人とは武田惣角と植芝盛平である。

武田は会津生まれの大東流合気柔術の祖とされ、生涯にわたって道場を持たず、全国を武者修行的に踏破し、武術家として多くの弟子に教授し、植芝は彼の高弟で、合気道の創始である。安彦は『王道の狗』（講談社）において、明治中期の自由民権運動を背景に大阪事件などに関わり、北海道の監獄につながれ、脱獄し、アイヌに助けられた自由党員加納周助を、放浪の武術家武田惣角に弟子入りさせ、加納を「王道」へと進ませるイニシエーションたらしめている。また同じく『虹色のトロツキー』（潮出版社、中公文庫、双葉社）にあっては、昭和十年代の満州における関東軍と建国大学を舞台とし、植芝は建国大学の合気道師範、並びに関東軍人脈の謎めいた存在として、物語を横断しながら登場してくる。また主人公の日蒙混血児のウムボルトの死んだ父の深見と植芝は旧知のようなのだ。

『王道の狗』と『虹色のトロツキー』の発表年代は逆だが、時代背景や武田と植芝の関係から、前者を

先に紹介した。しかしここでは二作を論じることはできないので、本書のテーマと重なる『虹色のトロツキー』について続けてみたい。『虹色のトロツキー』は物語が進んでいくうちに、建国大学特別研修生ウムボルトが元奉天師範の赤化学生で、その父の深見圭介が満蒙独立運動に関わり、関東軍の石原莞爾と陸軍士官学校同期の友人で、満鉄に入り、ロシア赤軍のトロツキーとも面識があり、張作霖爆死事件に絡んで、ウムボルトが生まれた新疆で殺された事実が浮かび上がってくる。

ウムボルトはパインタラ（通遼）の憲兵隊の隊長室に掲げられていた一枚の写真を目にする。そこには手を捕縛された六人の男たちが写っていて、その一人が植芝だった。この写真は何かと問うウムボルトに対して、隊長は述懐する。

「ああ、そりゃあ……十何年か昔の事件記録だ。出口王仁三郎といういかさま宗教家が内地からやって来た。そいつらはその徒党だ。王仁め！　蒙古人の無知蒙昧をいいことにジンギスカンの子孫だとぬかして一旗あげおった。が！　ここ通遼でその悪運も尽きた。張作霖に攻め滅ぼされひっくくられて、あわや銃殺というところを、我が国のメンツに救けられたのだ。」

大本教の出口王仁三郎が大正十一年の弾圧後に、中国の道院・紅卍学会と結んで中国へ進出し、同十三年に宗教国家の建設を構想し、内モンゴルへと向かい、捕らえられた事件がこのように語られているのだ。しかも隊長の「ジンギスカンの子孫」発言からすれば、そのモンゴル入りは小谷部全一郎の『成吉思汗ハ義経也』に端を発していると解釈してもいいだろう。

そればかりではない。深見圭介は大正七年のシベリア出兵において、安江仙弘とともに陸軍中尉とし

　安彦良和『虹色のトロツキー』、『合気道開祖植芝盛平伝』、出版芸術社

て従軍するにあたり、写した記念写真も掲載されている。安江はいうまでもなく、内外書房によった反ユダヤプロパガンディストのひとりであり、彼も大連特務機関長として、『虹色のトロツキー』の主要人物に数えられる。かくしてここに「偽国家」満州を舞台とする『虹色のトロツキー』は田中智学の国柱会の強固な日蓮信者石原莞爾、出口王仁三郎を始めとする大本教の面々、反ユダヤプロパガンディスト安江仙弘たちを物語の中枢に召喚し、幻視されたもうひとつの満州をコミック、近代史物語として提出している。そこに安彦良和の日本近代の生み出した偽史と偽国家への通底する凝視を見出すのは、私だけではないはずだ。

しかし『虹色のトロツキー』の物語のかたわらに植芝吉祥丸編著『合気道開祖植芝盛平伝』を置いてみると、安彦の紡ぎ出した物語はさらなるリアリティを付加することになる。武田惣角の生涯よりもはるかに詳細に、植芝は同書に十五ページに及ぶ「年譜」と多くの写真が収録されたことで、その特異な軌跡が明らかになった。植芝は明治十六年和歌山県西牟婁郡に生まれ、中学中退後に上京し、文房具、学用品仕入販売の植芝商会を営み、また日露戦争にも従軍する。その一方で古流柔術、剣術を学び、銃剣術は隊内一と謳われる。除隊後、帰郷して南方熊楠の神社合祀策反対運動に参加し、そして村内有志からなる「紀州団体」を結成し、北海道北見国白滝原野へ入植し、畑作、造林、鉄道救護も含めて白滝村を活況に導き、旅先で知った武田惣角を招いて私設道場を提供する。

大正に入り、父の危篤を受け、白滝村におけるすべての財産を放棄し、田辺に帰郷する。父の死による打撃を受け、帰郷の途中に立ち寄った綾部で、大本教の出口王仁三郎に会ったことから綾部へと移住し、出口の片腕として、八年間にわたって修行に励み、道場を開設し、武術を指導し、後にそれを「合気武術」と名づけた。

これが大正十三年の出口とともに満蒙にわたる前の植芝の経歴であり、帰国後の昭和を迎え、軍部からの武術家としての名声も高まり、東京の牛込区若松町に本格的合気道場の完成を見て、昭和六年から十四、五年にかけての合気道の第一期黄金時代を迎えることになる。この時期の植芝は、満州とその軍官民との関係が深かったとされ、それゆえに『虹色のトロツキー』へと召喚されているのだ。

この時代の写真に康徳五年十月（昭和十二年）の日付の入った「委嘱建国大学武道顧問」なる任命証書、及び前述の出口などと奉天軍に捕らえられた一枚も収録され、おそらく安彦が同書から写真とそのエピソードを引用したとわかる。偽史と偽国家に歴史の事実もオーバーラップさせ、『虹色のトロツキー』という物語が出現してきたことを、この写真は生々しく伝えてくれる。

なお最後に書き添えれば、初版『合気道開祖植芝盛平伝』は、昭和五十三年に講談社から刊行され、その担当編集者は講談社の探偵小説や推理小説に携わってきた原田裕であった。その原田が後に出版芸術社を興し、多くのミステリーを刊行していくことになるのだが、今回使用した改訂版『合気道開祖植芝盛平伝』は、平成二十年に同社から出版されている。そしてその巻末広告を見ると、合気道のテキスト、機関紙、ビデオなどが並び、出版芸術社が合気道書をベースにして、ミステリーを刊行していることを知らしめている。またその「原田裕氏ロングインタビュー」が『本の雑誌』２００７年９月号に掲載されてもいる。

146　桜沢如一『食物だけで病気が癒る新食養療法』と『新食養療法』

本書113「藤沢親雄、横山茂雄『聖別された肉体』、チャーチワード『南洋諸島の古代文化』」において、横山が藤沢に言及した同書の「附録」である「玄米、皇国、沈没大陸」のタイトルを示しておいた。それは次のような文章から始まっている。「現在は玄米正食運動で知られる日本CI運動の創始者、桜沢如一に、『健康戦線の第一戦に立ちて』(昭和一六年)と題する著作がある」。続けて横山はこの著作にヒトラーへの献辞があり、桜沢がナチの農業大臣ヴァルター・ダレェの『血と土』(黒田禮二訳、春陽堂)を称賛し、ダレェの「血と土」主義が自らの健康栄養理論「身土不二」と重なるとの主張を紹介している。しかも桜沢の「畏友」が藤沢であるとも。だが二人の知りあった経緯、「畏友」に至った関係については何もふれられていない。

その桜沢が戦後の昭和二十八年に同光社磯部書房から刊行した『新食養療法』が手元にある。桜沢は同書について、十八年前に実業之日本社から出し、三百六十五版を重ねた『食物だけで病気がなお《ママ》る新食養療法』の改定版だと述べている。『実業之日本社七十年史』や『実業之日本社百年史』を参照すると、同社が大正時代から、本書で言及してきた様々な健康法の単行本を出版し、昭和五年に最初の健康を柱とする雑誌『健康時代』を創刊している。桜沢の著書の刊行は昭和十四年であるので、そういった企画の一冊として出版されたのだろう。だが二冊の社史において、三百六十五版に至ったという桜沢の著書とそのベストセラー化に関する記述は見当らない。またこれはどのような経路をたどったのか、戦後版の箱には「462版を重ねた驚異の書」とあり、「現代医学に愛想をつかした人／医者に見離された人／永年難病に悩む人」に贈るとのコピーが添えられている。

桜沢の履歴は様々に伝えられているが、ここでは『新食養療法』での自らの紹介にしたがってみよう。「一貿易商の小僧から、支配人になり、社長になり、三十五歳で、キレイニ実業界から足を洗うまで、収入ノ（中略）大部分をこの食養運動のためにさゝげて来ました。食養雑誌を発刊したり、純正食品やその加工品を分けるための事業部を経営したり、講習をやつて全国を走り回つたり、生活学校をたてたり、出版物（約二百五十種―合わせて二百五十万部）を刊行したり、病院をたてたり、健康学園や、健康道場や健康食堂をやつたりとしました。

三十五歳から後は六〇歳の今日まで、この食養戦線、健康戦線でばかりたゝかつて来ました。」

そのプロパガンダ出版物の一冊が横山の挙げているヒトラーへの献辞つき『健康戦線の第一戦に立ちて』ということになろう。

桜沢の説く「新食養療法」を簡略に要約すれば、「正食」とは「全ての病気を正しき食物によつて、治す方法として絶対唯一、全くあたらしい食養道、真生活方」を意味し、東洋の思想に基づいた菜食主義である。その東洋の思想を易に求め、それを「無双原理」とよんでいる。当然のことながら、現代医学を超越し、易の哲学を背景とする「無双原理」は健康指導のみならず、歴史、社会、文化、人類にも「予言」を伴うことになる。

桜沢は昭和二年にパリにわたり、その食養療法で、「タクサンの病人」を治し、「無双原理」を *Le Principe Unique de la Science et de la Philosophie d'Extreme-Orient* (Vrin,1929) として刊行し、東洋思

想の紹介者として知られるようになり、マルローやヴァレリーとも親交があったとも伝えられている。「桜沢如一著作目録」が『新食養療法』の巻末に掲載されているが、その他にもフランス語著作は六冊、ドイツ語著作は三冊、邦文は哲学、医学、食物、文学合わせて五十冊、十二冊のシリーズもあるので、百冊以上を刊行していることになる。

昭和十四年の実業之日本社の『食物だけで病気が癒る新食養療法』は未見であるが、それらの著作をふまえての出版だと考えられる。だが『新食養療法』を読んだ限りでは、半分以上が「食物で病気を治す法」の具体例、及びそれに従って治癒した病人と桜沢信奉者からの手紙である「附録」からなり、食物と病気をめぐる宗教書のような色彩に包まれている。そのニュアンスは巻頭言の「私は太陽である」が象徴し、「人は日光と水と空気さえあれば生まれ、育ち、考え、行動し、文明をつくり出し、芸術や宗教や、科学や、楽しい人生を創造する」と続いていき、ポジティブシンキング的な叙述で埋まっている。したがってこの一冊からは東洋思想と易に基づく「無双原理」の全貌はつかめず、実用的食事療法書と見なすしかない。

それゆえに桜沢の全体像をつかむことは難しい。矢野峰人によれば、桜沢はボードレールの『悪の華』をローマ字に訳し、『悩みの花』として大正九年に日本のローマ字社から出しているという。それは大正時代のローマ字運動と関連しているだろうし、日本のローマ字社は現在でも存続し、ホームページに出版物も掲載されているが、『悩みの花』に関しては明らかではない。最近になって中野書店の『古本倶楽部』（242号）で、日本のローマ字社の出版物の二十冊ほどの掲載を見たが、残念ながら『悪の華』はなかった。

フランス関係を付け加えると、『哲学及び科学の限界に従って切断する世界の断面』をメルキュール・ド・フランス社から刊行している。同社は二十世紀初頭の象徴主義運動の文学書を出版した著名な前衛出版社ともいうべきで、桜沢はどのような経緯と関係から上梓に至ったのだろうか。ただ原タイトルと発刊年は「著作目録」に記されていない。

また本書で何度もふれてきた宮沢正典の『ユダヤ人論考』（新泉社）の「ユダヤ人問題論議文献目録」の昭和十一年のところに、外務省外郭団体とされる国際政経学会の『国際秘密力の研究』に「フランスにおけるフリーメーソン・クーデター」など三編の寄稿の掲載が挙げられている。

そして私は『古本屋散策』において、関根康喜の『出版の研究』（成史書院、昭和十四年）に言及し、『日本アナキズム運動人名事典』（ぱる出版）によって、著者の関根康喜が発行者の関根喜太郎と同一人物で、この関根喜太郎は大正十三年に宮沢賢治の『春と修羅』の取次と出版を引き受けた関根書店の店主でもあると書いておいた。別名は荒川畔村といい、宮崎県の新しい村に参加し、日本社会主義同盟にも加わり、奥付の「発行者より」には「出版界に関わりをもつてゐる」と記している。その成史書院の出版物に桜沢の『白色人種を敵として』などの著作が挙げられているが、桜沢はその「目録」に同書を掲載していない。二人の関係と周辺事情については、「神保町系オタオタ日記」が拙稿をきっかけにして「櫻沢如一と関根康喜（関根喜太郎）」を書いているので、そちらを参照されたい。

本来であればここで終わりたいのだが、もうひとつだけ書いておかなければならない。戦後の桜沢は真生活協会（後の日本CI協会）を主宰し、マクロビオティック（菜食主義）運動、及び原子転換問題に取り組んでいたとされ、昭和四十一年に亡くなっている。

桜沢の死後、元トロツキストの太田龍が『日本の食革命家たち』（柴田書店）の中で、桜沢を食革命家と見なし、エコロジーの視点も含めた左翼から彼を評価している。しかしその後、太田は反ユダヤプロパガンディストに転じ、四王天延孝原訳、太田補訳・解説『シオン長老の議定書』（成甲書房）を始めとする多くのユダヤ陰謀書を刊行するに至る。太田の転回も、それは明らかにされていないけれど、桜沢がたどった回路であったかもしれない。

なお桜沢をめぐる出版人脈については、カレルの『人間』（岩波書店、昭和十三年）の翻訳を含め、あらためて言及したいと思う。

147 「赤本」としての築田多吉『家庭に於ける実際的看護の秘訣』

これまで書いてきたように、明治末期から大正時代にかけて、様々な健康法のブームがあり、それらを背景にして健康雑誌やスポーツ雑誌が創刊されたのであり、昭和四十九年の『壮快』（マキノ出版）の創刊とパラレルに始まった戦後の多彩な健康法の隆盛も、その時代に起源が求められ、現在に至るまで反復されているとわかる。

その間に多くの健康法が出現し、流行し、また忘れられていったが、今でも読み継がれ、利用されている一冊がある。それは『赤本』と称される築田多吉の『家庭に於ける実際的看護の秘訣』で、刊行以来一千万部を優に超える長年のベストセラーであり、現在でも売れ続けているようだ。

私の所持する一冊は昭和三十七年千五百五十二版だが、その前に大正十四年以来の重版日が四段組み五ページにわたってもれなく記され、四十年近くにわたるベストセラーの事実をまざまざと示している。これは均一台で拾ったものだが、四六版、箱入、千ページ弱の七センチに及ぶボリュームで、著者が「赤本」と名づけたように箱の赤は汚れ、褪せていても、本体の表紙の赤はまだとても鮮やかだった。この赤は紅に近く、それが生命の源である血の色を意味すると同時に、著者の築田が属していた海軍看護科、及び衛生兵を示す色からも由来しているのではないだろうか。

この『赤本』＝『家庭に於ける実際的看護の秘訣』は流通販売を取次や書店ルートにたよっていなかったこともあってなのか、これほど版を重ねたベストセラーであるにもかかわらず、近代出版史において、ほとんど言及されてこなかった。また田中聡『健康法と癒しの社会史』（青弓社）の近代健康史チャートである「日本『健康』願望年表」にも築田と『赤本』は掲載されておらず、それらの原因は通常の出版社から刊行されていなかったことに求められるだろう。

築田の「自序」などによれば、初版一万五千部は海軍だけで売り切れ、毎年海軍省を通じ、戦死者遺族、傷病、除籍者に与えられ、昭和十九年には三万部を納入したという。手元にある一冊は神田神保町の広文館発行と箱に記されているが、奥付表記から判断すると、実際の発行、発売は渋谷区の三樹園社となっている。この三樹園社は築田が戦後になって長男と興した製薬会社である。

広文館のほうは取次や書店ルートに対応するための注文口座的窓口だったと考えられる。住友信託銀行からの数千冊の採用が記されていることから推測できるように、流通販売の主流は様々な団体や企業の採用であり、それらは各種記念の贈呈品、営業の拡材品、香典返し、病気全快祝など、また地域や職域の販売商品として、三樹園社からの直販で取引されていたはずだ。それゆえに厖大な部数を売り続けることが可能だったのだろう。それを示しているのは奥付にある「特価600円」の記載で、書店販売を主とするのであれば、この表示は使えなかったと思われる。

この『赤本』の著者築田多吉の生涯と本のエッセンスを抜粋した山崎光夫の『「赤本」の世界』（文春新書）が、平成十三年になって出された。そこで山崎は『赤本』が戦前生まれの日本人であれば、まず知らない者はいないというほどの健康書で、富山の置き薬と同様に、一家に一冊常備されていたと始めている。そして明治五年生まれの築田が海軍に入隊し、看護科に配属となり海軍病院に三十五年勤務した衛生中尉としての経験と実績、自らの結核体験から、民間療法に基づく家庭看護や病気の知識を記した『赤本』を刊行するに至った事情を追っている。そして『赤本』がそのように普及した社会背景について、次のように書いている。

「まだ今日のような医療保険制度は確立しておらず、大病するとその医療費で家が傾いた時代だった。西洋医学一辺倒の薬漬け医療が横行し、また、医者は輸入医療機器を充分に使いこなせず誤診と過誤が頻発した。（中略）

医者のほうは相変わらず権威を振り回し、反省の意思がなかった。当時の国民にとって健康対策は文字通り死活問題だったのである。多吉の『赤本』はこうした悩める国民に、分かりやすく、廉価で、よく効く治療法を提示したのである。象牙の塔の威張った治療ではなく、生活に密着した身近な療法を教えたのだった。」

しかもこの『赤本』は山崎がサブタイトルに付しているように、「民間療法のバイブル」的存在であったから、「西洋医学」の側からは文字通り「赤本」扱いされたにちがいない。そもそも「赤本」は江戸時代の草双紙などを意味したが、近代出版においては内容が低俗で、造本も粗末な本をさすようになり、それらを刊行する出版社は「赤本屋」とよばれていた。さらに具体的にいえば、赤本業界とは実用書、見切本、特価本、月遅れ雑誌、倶楽部雑誌、貸本、貸本漫画などを刊行したり、扱ったりする出版社や取次の総称である。

それらは大手取次や出版社と異なり、古本屋や貸本屋の流通も担っていたし、当然のことながら、アウトサイダー的な三樹園社のような版元も含まれていたことになろう。赤本業界に話を進めていくときりがないので、まとまった出版資料として、全国出版物卸商業協同組合の『三十年の歩み』、近年に復刻された『全国貸本新聞』(不二出版)を挙げるにとどめる。

近代出版業界の明治初期の形成は教科書をベースにしていたことで、公的出版物から始まり、それに「西洋医学」を始めとする欧米経由の政治、法律、経済、哲学が続き、明治半ばにようやく私的出版物に相当する文学、文芸書出版が誕生する。そして明治後半になって、雑誌出版の隆盛を迎え、末期には講談社に象徴される後の大手出版社が立ち上がっていく。徳富蘇峰が講談社を「私設文部省」とよんだように、大手出版社はそのような役割を果たし、近代出版業界の上部構造を形成していた。

そのような上部構造に対して、赤本業界は下部構造であり、近世から続いている娯楽、健康、療養、ガイド、宗教、占いといった民間出版物を主体とし、営まれてきたことになる。しかし現在の健康ブームのひとつの流れが築田の『赤本』にあるように、また日本の出版物の確固たる地位を占めるコミックにしても、その起源は赤本業界に求められる。一言でいってしまえば、日本の出版業界を根底で支えてきたのは、プログラムマガジンとしてのエロ雑誌、コミック、大衆文学であり、それらは赤本業界が生み出してきたものに他ならない。

本書の目的のひとつはそのような出版の世界を追求することにあるし、これまで取り上げてきた本の大半がそのような出版社、もしくは小出版社によって刊行されてきたことに、読者はあらためて気づかれるだろう。

またそれゆえに民間宗教に他ならない新興宗教は、これらの赤本業界周辺の出版社と結びつくか、自ら出版社を立ち上げる経路をたどっていくのである。それは民間療法の『赤本』がたどった出版史に象徴的に示されている。

三樹園社には築田多吉の写真と『赤本』の書影を掲載したホームページがある。そちらもぜひ参照されたい。

148　三浦関造『革命の前』、ブラヴァツキー、竜王文庫

本書144「三井甲之と『手のひら療治』」において、三井の『手のひら療治』も同時代の太霊道、肥田式強健術、岡田式静坐法などの影響を受け、それらを統合して「国民宗教儀礼」に高めようとするものだったと既述した。

そしてさらに三井が『手のひら療治』に寄せた「出版についての著者の言葉」には、これも本書146でふれた桜沢如一への謝辞もあり、三井と桜沢の交流も伝えている。また桜沢に続いて、三浦関造の名前も挙げられ、様々な健康法や治療法が春陽堂やアルスから出版されたことと同様に、意外な印象を覚える。

三浦に関しては『日本近代文学大事典』に立項されているので、まずはそれを引いておく。

「明治一六・七・一五～昭和三五・三・三〇（1883～1960）キリスト教徒、翻訳家。福岡県生れ。福岡師範、青山学院神学部卒業後、弘前で一年間牧師。「六合雑誌」などで活躍、トルストイ、ドストエフスキーなどの翻訳、『二人の苦行者』（大一〇・一二聖書文学会）。『聖者あらたに生る』（大一四・五 万生閣）など多くの著訳書を著した。また、タゴール研究家でもある。戦後は統覚の行に専念、綜合ヨガと形而上学を教え、「至上我の光」を発刊。没後ヨガ関係書が龍王文庫から刊行された。」

ここには挙げられていない三浦の長編小説が手元にある。それは『革命の前』で、箱には「創作」と表記され、大正十二年六月に隆文館から刊行されている。

『革命の前』は四六判三百七十ページの及ぶ長編小説とよぶこともできようが、これは物語構成、人物造型と描写、ストーリーの展開などから考えても、優れた作品と見なすことはできない。その理由を示せば、小説のぎこちない構成と展開に他ならないだろう。『革命の前』は三人の語り手がいて、物語もその三人の視点によって構成され、進行していく。最初の章は高見という囚人が語る牢獄での春の訪れから始まり、彼の目に映った様々な囚人たちの生態と入獄に至った事情などが描かれていく。それらのエピソードの間に高見の過去や回想も挿入され、彼が四十六歳で、若い頃は英語を教え、ダンテを愛読し、詩人をめざしていたこと、ブラジルにも渡ったこと、そして南米大陸移住計画実現のために宗教団体に身を投じ、巨額の資金と運動費を引き出し、詐欺と強迫《ママ》の罪によって四年間の牢獄入りとなったようなのだ。しかしそれでも高見は『聖書』とスウェーデンボルグの『天国と地獄』を読みながら、出獄後の「最後の聖戦」を夢想していた。

二人目の語り手は小説家の名和である。名和は南米植民の熱心な主唱者で、出獄した高見が訪ねた相手だった。だが高見は名和家滞在三日目の晩、名和から今後の生き方を問われ、現在の政党や労働運動、文学や芸術、とりわけ金まみれの既成宗教を批判する。そして自分は個性によって立つ、「個性といふものは神秘」で、それは善か悪かはわからないが、先天的な真善美に価し、「人類を動かすものはこの神秘の中から現はれて来る」と述べ、その翌日高見は行方不明になってしまう。これ以後、名和の視点で、高見のことが語られていく。

名和の家から消えた高見は画家の須原夫妻のところに現われ、妻の信子を連れ出し、そのまま帰ってこなかった。須原は名和に師事し、高見は須原に学費を援助し、妻の信子とその母は高見の教団時代の信者でもあり、彼の入獄後に須原と信子は結婚したのだった。

どこからか大金をつかんだ高見は、「忍従といふ悪魔」による名和に絶交状を送りつけ、「予は破壊と反抗とを似て、神の美に酔はむとす」と宣言する。それを読んで、名和は高見を「ラスプーチンだよ、本当にあれはラスプーチンだ」と述懐する。

三人目の語り手は須原で、妻と高見の出奔と帰還、妻をめぐる須原と高見の争い、再びの妻の家出が述べられていく。そして高見は牢獄の場面に登場したキャラクター像とはるかに異なり、「聖者か天才のやうに見えることがあつて、また赦すべからざる悪魔のやうな蛇心と奸性の持主!」と見なされるに至る。そして高見の教団に関わる殺人疑惑までが提出され、彼の悪行が様々に想像され、それは信子の出産にまで結びついていく。様々な須原の災厄に対し、名和が須原に語りかける。その言葉こそはこの『革命の前』という小説の、それが構成や物語展開の破綻を有しているにしても、コアを告げているのだろう。

「露国ロマノフ王朝が崩壊するすぐ前には、ラスプチンが出て来たね。宗教狂と色情狂が合致して出来た人間といふものは、一寸聖者のやうに見えるものだよ。時代の一大変転期に臨むと、さういふ人間がボロ、、出て来て人を惑はす。（中略）見たまへ、高見に限らず、今日の宗教の狂態！　宗教は資本主義より狡猾なものだ。敬虔と人道を楯にして、人間の血を吸ふことに飽き足らず、進んで魂を喰ひあらす者は、今日の所謂聖者といはれる者だ。（後略）」

そして続けて名和は『聖書』における「マタイ伝」の第二四章を引用する。その一節も記しておこう。「偽キリスト・偽預言者おこりて大なる徴と不思議とを現はし、為し得べくば選民をも惑はさんと為るなり」。ただしこの引用は『革命の前』からではなく、文語訳『新約聖書』によっている。

ここで『革命の前』というタイトルの由来が判明し、三浦がこの小説にこめたメッセージを理解できる。ロシア革命前史に現われたラスプーチンは高見と重なることで、他ならぬ日本の大正時代も「革命の前」と見なされ、また高見に象徴される多くの宗教と聖者を生み出している時代が、まさに「偽キリスト・偽預言者」の跳梁する時代であることを、『革命の前』はドストエフスキーの小説に様々な範を求め、ぎこちなくも浮かび上がらせようとしたのであろう。しかしこの小説は「革命の前」ならぬ「関東大震災の前」に書かれ、その出版直後に三浦も大震災に遭遇したはずで、その影響はそれ以後の著作に向けられたと思われる。

そのような三浦関造のテーマがその後どこに向かったのか、『革命の前』以後に書かれた小説『石長媛』などを入手できず、追跡できていない。しかし様々な転回を経て、神智学の創始者ブラヴァツキーの研究に向かったと思われる。『日本近代文学大事典』に、戦後はヨガを教え、没後竜王文庫よりヨガ関係書を刊行とあるが、竜王文庫は三浦が主宰した神智学系のヨガ団体竜王会の出版部門と考えられる。竜王文庫はブラヴァツキーの綜合ヨガ聖典『沈黙の声』や『シークレット・ドクトリン』（上巻、田中恵美子訳）を出版し、前者は三浦訳で昭和三十年に初版が出されている。

これはブラヴァツキーがチベットで発見した『金箴の書』の自らの英文抄訳で、『金箴の書』はチベットの聖者たちが記し、伝えられた聖典であり、三百ほどの断章というべき「断片」と「註解」による百二十ページ弱の一冊である。昭和五十年七版、『シークレット・ドクトリン』の訳者田中恵美子を発行者とする奥付裏には、三浦の著作などが二十冊掲載され、「先生の著書には、人類救済の大真理が、太陽のように輝いている」との惹句から、竜王会＝竜王文庫がヨガ、三浦、ブラヴァツキーを中心に成立したものであり、三浦の「至上我の光」と「沈黙の声」が通底しているとも推測できる。

日本におけるブラヴァツキーと神智学の流入をめぐっては、荒俣宏編『世界神秘学事典』（平河出版社）所収の「神智学、日本に渡る」に簡略なチャートが示されている。明治四十三年のブラヴァツキーの『霊智学解説』（博文館、心交社復刻）の平井金三の協力を得たE・S・スティーブンスンと宇高兵作による翻訳、彼女の最大の協力者オルコットの来日、高橋五郎や友清歓真や今東光の父武平に与えた影響まで言及されている。だが三浦関造にはふれておらず、『沈黙の声』や『シークレット・ドクトリン』の翻訳への言及はない。また佐藤哲朗の『大アジア思想活劇』（サンガ）もアジアにおける神智学協会の活動をかなり詳しくたどっているが、こちらも残念ながら三浦についてはふれていない。三浦とブラヴァツキーとヨガの三位一体はどのようにして成立したのだろうか。

これはブラヴァツキーの存在と影響にも顕著であるのだが、彼女に関するイメージが断片的に伝わっているように、日本における翻訳も断続的であり、それは平成十五年に刊行された『インド幻想紀行』（加藤大典訳、ちくま学芸文庫）も同様で、続刊として完訳『シークレット・ドクトリン』の刊行を期待したい。

149　草村北星、隆文館、川崎安『人體美論』

前回の三浦関造の『革命の前』の版元は隆文館だと記した。この隆文館を興した草村北星についてはは、以前に拙稿「家庭小説家と出版者」（『古本探究Ⅲ』）で、出版者というよりも『浜子』（『明治家庭小説集』所収、『明治文学全集』93、筑摩書房）に代表される家庭小説家としての側面を描き、出版者としての長い軌跡に関しては稿をあらためたいと書いておいた。幸いにしてその後、隆文館の出版物を『革命の前』の他にも何冊か入手しているので、それらにもふれてみたい。

その前に草村が隆文館創業に至る経緯を簡略にトレースしておくべきだろう。今回は昭和女子大学近代文化研究所『森田草平・白柳秀湖・野上臼川・草村北星』（『近代文学研究叢書』第六十七巻）所収の野々山三枝による「草村北星」を参照してみる。草村は明治十二年熊本県玉名郡に生まれた。父親は自由党員だったので、ミッションスクール熊本英学校に学び、同二十九年に上京し、東京専門学校文学科に入り、坪内逍遥の薫陶を受け、卒業後に民声新報社に入社する。『民声新報』は星亨の機関紙で、当時の編集長は国木田独歩であり、北星と独歩は親しくなった。北星はそのかたわらで、『明星』などに短編小説を発表し、新しい作家として文壇にもデビューし、翌年徳富蘇峰の紹介により、金港堂編集局に入る。そして雑誌『青年界』の創刊編集担当者となり、書き下ろしの家庭小説『浜子』をも金港堂から出版し、多大な反響を呼び、たちまち人気作家に数えられたという。

明治三十七年に北星は金港堂を退社し、早稲田と政友会人脈を背景に隆文館を創業し、当初は日露戦争に乗じた軍歌や絵本類の出版から始め、次第に自らの家庭小説も含めた文芸書の出版が中心となり、休刊に追いこまれた新声社の文芸誌『新声』を佐藤義亮から譲り受け、復刊するに至っている。しかしその隆文館の旺盛な出版物の詳細は明らかにされてこなかった。

だが明治四十一年刊行の川崎安の『人體美論』を入手し、その巻末の「隆文館発行図書総目録」を目にするに及んで、創業から五年間の主たる出版物の明細が明らかにされたように思った。そこには書名は挙げられないが、哲学宗教書、教育参考書、家庭園芸書、文芸書の六十冊が掲載され、その半数を田山花袋、斎藤弔花、伊藤銀月、中里介山、小島烏水たちの文芸書が占め、確かに北星と隆文館が文芸書出版社を目論んでいたことをうかがわせている。しかし他ならぬこの『人體美論』はそうした文芸書出版の資金繰りのために刊行された一冊ではないだろうか。このことに気づいたのは『人體美論』をそれほど深く考えず、何気なしに買い求めてから、数年後であった。これは裸本に加え、補修が施されていたことで、確か均一台から拾った一冊だったために数百円の古書価であったはずだ。

この『人體美論』を購入したことも忘れていたのだが、何年か経ってたまたま続けて『人體美論』の書影とその中に掲載されたヌード写真を見るに及び、以前に買ったことを思い出したのである。まずは城市郎の『発禁本』(「別冊太陽」)において、書影と所収ヌード写真の掲載があり、そこに「陰毛無削除、風俗禁止」と記されていた。『発禁本』はたびたび参照していたのだけれども、所持する『人體美論』

が裸本のために表紙のある書影と一致しておらず、ずっと見逃していたことによっている。それに表紙は豊国の行水を使う半裸の女性を描いた浮世絵だったからでもある。また『発禁本』に続いて、その頃届けられた古書目録の大阪のクライン文庫のところに同じヌード写真一枚と序文の一ページが掲載され、二万円近い書価がつけられているのを目にした。このふたつの発見によって、何気なしに買った『人體美論』が発禁本であり、それゆえに古書価も高い一冊であると知らされたことになる。

そしてあらためて『人體美論』を繰ってみると、確かに西洋人らしき若い女性のヌード写真が冒頭にすえられ、本文の最初のところに次のような著者の文章が記され、同書のモチーフが述べられている。

「西欧諸国には希臘の昔から人體美を研究した著作が多い。或は美学的に、或は解剖学的に、又或は芸術的に、人體美を研究した著作は頗る多い。然るに日本にはそんなものが少ない。少ないと謂ふよりも絶無と謂ふ方だ。（中略）此の如きは日本人が人體を美としなかつたから、日本人の美的趣味が人體に存しなかつたからではあるまいか。」

これに続けて、本邦の人物画としての絵巻物や浮世絵は人體の姿勢と形式美を描いたもので、人體美に伴う表情や個性の欠如のために、とりあえずはしりぞけられている。そしてまずヌード写真に象徴される「理想的西洋裸體美人」が示され、それに「理想的東洋服装美人」の写真が対比され、同じく和服姿の「東京式美人」や「京都式美人」の姿が五ページにわたって紹介され、本文が始まっていく。「理想的西洋裸體美人」に見合う西洋の人體美の各論が語られ、その後で「理想的東洋服装美人」に寄り添うかのように、西洋と異なる人體美を支える日本の音声、化粧、服装、光線、配景が語られ、先に挙げた口絵写真とは異なる多くの日本人の人體に属さない美的趣味の写真や図版を配し、最初は西洋の人體美から始まったはずが、日本の自然と調和する女性の美への傾斜、及び美の擁護へと向かっている印象を与える。それは九鬼周造の『いきの構造』（岩波文庫）に先行しているようなイメージ論を伴っている。そしてあらためて川崎の「自序」に戻ってみると、「無用の用」として「僕等は日本人である。日本人の研究、特に日本人の體美の研究には僕等自身が『道楽的』に、全力で格らうではないか」との言があり、西洋の人體美に抗して、日本のオリジナルな人體美の研究を提出しているとわかる。

また同書を「誘惑的となす者」は「其の人業已誘惑的精神を有するが故也」との断わりも最初に掲げられているので、「理想的西洋裸體美人」の写真も確信犯的に収録されたのであろう。そして出版社としての隆文館もあえてそれに同調し、発禁を覚悟してのベストセラー化を狙ったようにも思われる。それらの事情もあって、発行者は草村ではなく、おそらく編集担当者と思われる平山勝熊名義で刊行されたのではないだろうか。実際に隆文館の既刊書、幸徳秋水の『平民主義』は発禁処分を受けているので、内容は異なるにしても、『人體美論』もその予測はついていたはずだ。それにこの時代は発禁の全盛を迎えていた。

このような隆文館の発禁覚悟の出版は、前年の独歩社による猟奇的殺人事件の有名な犯人の手記『獄中之告白』の刊行を見ならっているのかもしれない。「士族の商法」に他ならない雑誌出版の独歩社を始めた国木田独歩はたちまち資金繰りに行き詰まり、『獄中之告白』のような「売れそうな本」を出すしかないところまで追いつめられていた。この事情に関しては拙稿「出版者としての国木田独歩」（『古本探究Ⅱ』所収）を参照されたい。隆文館の草村北星も独歩ほどではないにしても、資金繰りの問題も絡んで、『人體美論』の出版に踏み切ったのではないだろうか。

なお著者の川崎安は四年前にやはり隆文館から、東京美術学校教授岡田三郎助の校閲による『人體画法』という技法書を刊行している。だがこの川崎のプロフィルはつかめなかったけれど、「神保町系オタオタ日記」からの教示によれば、川崎安は鋳金永厚安民と判明した。

150 刀江書院『シュトラッツ選集』と高山洋吉

刀江書院と訳者の高山洋吉については戦後編でふれるつもりでいたけれども、前回の川崎安の『人體美論』はそれらの著者と著作を範とし、資料も同様なので、隆文館と異なる出版社の話になってしまうが、ここで続けて一編を書いておきたい。

川崎は『人體美論』の「自序」において、次のように書いている。

「書中の引例挿図、固より先輩諸氏に負ふ所多し、特にC.H.Stratz 氏の著書に據るもの尠からず、著者はその親友独人S・H氏（去年来遊、Stratz 氏の知人）を介して氏の快諾を経たり。」

この「C.H.Stratz 氏」はカール・ハインリヒ・シュトラッツであり、その「著書」とは主として『女体の美』と『生活と芸術にあらわれた日本人のからだ』である。後者は東京帝国大学講師として日本滞留中の観察と資料収集に基づくとされる。私が参照しているのは西田書店版『シュトラッツ選集』（全七冊）所収のものだが、これは今でも古本屋でよく刀江書院版を見かけることができる。

シュトラッツは一八五八年に南ロシアのオデッサに生まれ、八三年にハイデルベルク大学で医学博士を取得し、同大学などの付属病院で助手として働き、八七年にオランダ軍衛生士官としてインドネシアのジャワに赴任し、九二年まで病院長を務めた。その後アメリカ、中国、日本に滞在し、九六年からはオランダのハーグに婦人科医として定住するかたわらで、女性美の研究と著述活動を始め、多くの著書を刊行し、一九二四年に亡くなっている。

「人体学的人類学」を唱え、ジャワや日本に関する著作を残したシュトラッツは、『鯰絵』(小松和彦他訳、せりか書房)のC・アウエハントや『古代中国の性生活』(松平いを子訳、同前)のR・H・フーリックといったオランダ生まれの日本、中国、東南アジア研究者たちの先達であり、おそらくオランダ構造人類学の先駆者だったと思われる。インドネシアについての研究はヨセリン＝デ＝ヨング他『オランダ構造人類学』(宮崎恒二他編訳、同前)を参照されたい。

このようなシュトラッツの著作と川崎安の『人體美論』(明治四十一年、一九〇八年)の関係であるが、『女体の美』と『生活と芸術にあらわれた日本人のからだ』は一八九九年と一九〇二年に初版が刊行されている。したがって川崎はこの二冊をデータベースとし、写真や図版を引用し、「人體美の何なるかを始めて西欧人士より学んだ日本人士」が「之に縁りて幾らか世人の人體美趣味を開発する事が出来たら」との目的で、『人體美論』の一本を編んだことになる。シュトラッツからの写真、図版、例証などの引用を挙げていくときりがないので、あの発禁の原因となった「理想的西洋裸体美人」は『女体の美』における「16歳になるウィーンの少女」、表紙の豊国の行水の浮世絵は『生活と芸術にあらわれた日本人のからだ』にカラーで掲載された「化粧中の女」であることを記すだけにとどめる。

さてこの二冊を含んだ『シュトラッツ選集』の翻訳と出版にたずさわったのは刀江書院によった高山洋吉である。それらの事情について、『選集』に「刀江書院高山洋吉」として記されている。その「発行所より」などを読むと、『女体の美』は昭和三十年代初めに二千名近くの会員制頒布として出版し、その再刊も含めて、昭和四十五年から翌年にかけ、『選集』全七冊が刊行されたとわかる。そして西田書店は四十九年からその発売を引き受け、刀江書院版の品切に伴い、西田書店新装版へと移行していったとも記されている。

この刀江書院は大正八年に尾高豊作によって創業され、民俗、歴史、経済、教育、社会学などの多くの専門書を刊行し、また雑誌『郷土』や『児童』を創刊し、戦前の人文社会系の出版社としてよく知られている。本書でも何冊か取り上げてきたが、そのベストセラーとして著名な鳥山喜一の『黄河の水』(昭和二年初版、同十四年三十版)を見てみると、この少年少女のための「支那小史」は鮮やかな黄色の装丁に、十一行というゆったりとした組みに百三十近くの写真資料が添えられ、刀江書院の出版物のひとつのスタンダードを示しているかのようだ。

しかしこの戦前の刀江書院と『シュトラッツ選集』の刀江書院は、社名は同じでも異なっていると考えられる。前述したように刀江書院を名乗っている高山洋吉は『近代日本社会運動史人物大事典』(日外アソシエーツ)で立項され、その肩書は「翻訳家、刀江書院常務」となっている。それによれば、高山は明治三十四年に長野県に生まれ、東京帝大在学中に新人会の活動に加わり、卒業後にスターリンやレーニンの翻訳と出版に携わり、プロレタリア科学研究所の設立に参加し、検挙、投獄されている。そして戦後の軌跡は次のようなものだ。

「敗戦後、再建された日本共産党にいち早く入党。翻訳活動を再開。戦後は政治・経済文献にとどまることなく、民俗学、・風俗文学文献などはば広く翻訳紹介に尽力した。62年、刀江書院を設立。その常務を務め、翻訳・執筆、編集などの業務に携わった。」
これらを評してからなのか、「出版業務を通じて民主主義運動、社会主義的啓蒙に尽力、貢献をなした」とされ、昭和五十年に亡くなっている。とすれば、『シュトラッツ選集』の翻訳と出版をほぼ最後の仕事として鬼籍に入ったのであろう。それゆえにその発売は高山の死の前年に西田書店へと移されたと考えられる。

戦前戦後の刀江書院についてだが、本書146でふれた関根康喜との関係も承知しているし、福島鑄郎編著『新版戦後雑誌発掘』(洋泉社)によれば、刀江書院は企業整備によって旺文社に吸収統合されている。また戦後を、日本出版協会編『出版社・執筆者一覧1951年版』(日本出版協会事業部、復刻金沢文圃閣)などで確認してみると、代表者を中村正明とする神田神保町の住所の記載があるが、具体的な出版部門と雑誌のところは空白になっているので、名目だけの休眠会社かもしれない。

これらに示された刀江書院の事情、昭和十九年に没している尾高と高山の関係は不明だが、高山が戦前の刀江書院を再建するようなかたちで、昭和三十七年に戦後の刀江書院をスタートさせたと見なしてかまわないだろう。しかしそのスポンサーは誰だったのだろうか。また川崎安が挙げている明治四十年来日のシュトラッツの知人で、川崎のいう「その親友独人S・H氏」とは誰のことなのだろうか。

151 隆文館の軌跡

草村北星(松雄)によって明治三十七年に創業された隆文館は、大正九年に北星の個人経営から、資本金二十万円の株式会社へと切り換えられた。これを機にして、北星は隆文館から身を引き、経営は北星と同じ熊本県出身の代議士松野鶴平、及びこちらも同じ代議士の星島二郎に委ねられ、二代目の社長を松野、三代目を星島が務めることになる。したがって隆文館は三人の経営者がいたことになり、それは鈴木徹造の『出版人物辞典』（出版ニュース社）の「草村松雄」の項にも記されている。

隆文館の設立が早稲田と政友会人脈を背景にしていることは既述しておいたが、松野鶴平は政友会幹部の逓信相野田卯太郎の女婿であり、後にその幹事長となっているので、政友会絡みの隆文館再建とも考えられる。文芸書を主とする出版社の困難さは昔も今も変わりはないであろうし、それは出版社としては多額の資本金二十万円が物語っているように思われる。

これはまったく意図して買ったわけではないけれど、三人の経営者時代の本、つまり奥付の発行者として彼らの名前がそれぞれ記された本を持っている。草村松雄の時代は『日本大蔵経』（第二十五巻、大正六年）で、これは拙著『古本探究Ⅲ』ですでに論じている。しかしあらためてその奥付を見ると、すでに隆文館図書株式会社とあり、『日本大蔵経』は全五十一巻に及ぶ大部の予約出版で、この大事業が再度の株式会社化、こちらは隆文館株式会社を招来した原因となったかもしれない。

松野鶴平の名前は本書149で論じた三浦関造の『革命の前』、星島二郎名は澤村真の『食物辞典』（昭和三年）のそれぞれの奥付に記載されている。後者の辞典は四六判上製千百ページを超える大冊で、戦後の本山荻舟の『飲食事典』（平凡社）とともに、それなり愛用しているものである。

『食物辞典』は著者の澤村の「序」によれば、明治四十四年に『実用食品辞典』として出版したが、関東大震災によって紙型も烏有に帰したので、新語を加え、訂正増補し、新しき著作として刊行するとあり、次のような内容説明が施されていた。

「本書は食物の生産方法より、其性状、化学的組成、幷に其利用法即ち調理に至るまでの事実、営《ママ》養の理論、食物の研究法、食物の歴史、食物料理に要する器具等に関する一切の事項と、食物に関する古今の詞藻等とを網羅せんとするものなり。」

つまりこの『食物辞典』は食物に関する総合的な辞典であることが宣言されていて、これに匹敵する戦後のものが本山の『飲食事典』と見なせるし、両書が戦前、戦後の対をなしているように思われる。小説に表われている生活や風俗に関する情報は同時代の辞典を参照するようにしているが、この両書の食物や飲食についての言及はそれらにふさわしい記述に充ちている。

例えば、三浦関造の小説『革命の前』の中で、高見は牢獄で激しい空腹を覚え、三十年前に飢えで苦しんでいた時、五銭銅貨を道で拾い、天に感謝し、店でパンを一斤買い、その「石のやうに堅い一塊のパンにかぶりついた」ことを思い出す場面がある。この小説は既述したように大正十二年の刊行だから、三十年前のこととすれば、明治二十年代のエピソードということになる。

しかし『食物辞典』の「ぱん」を引くと、「我邦にても近来殆ど常食の如くに用ふるものにあるに至れり」と記述されている。それゆえにパンの常食化が大正時代から昭和初期にかけて普及したもので、明治半ばには店先でパンを買い求める生活習慣はまだ成立していなかったと考えられる。また『飲食事典』の「パン」によれば、大正に入っての製パン初期の値段は一斤二十銭とされているので、明らかに『革命の前』におけるパンのエピソードは間違いで、大正後期のパンをめぐる生活光景を当てはめたものだとわかる。

『革命の前』が小説としてはぎこちない物語構成と展開であって、「小説」というよりも「大説」的な作品である旨を述べておいた。だが優れた作品とはこのような細部もリアルで、おろそかにされていないのである。残念なことに三浦の小説はそれらのこともあって、読まれなくなり、忘れ去られたのであろう。

それらの食物のことを示唆し、本山の『飲食事典』の範ともなったと思われる『食物辞典』、及びそれに先行する『実用食品辞典』は、この分野における嚆矢ではないかと考え、佃実夫・稲村徹元編『辞典の辞典』（文和書房）や紀田順一郎・千野栄一編『事典の小百科』（大修館書店）を繰ってみたが、どちらにもそれらの書名も言及も見当らなかった。

それでも農学博士とある澤村真が慶応元年生まれで、栄養学、食品化学の研究者にして、東京帝大教授を務め、辞典刊行後の昭和六年に死去していること、その「序」に編纂、資料収集にあたっての共著者ともいうべき多大な謝辞を寄せられている駒井春吉なる人物が農業教科書を多く出し、養蜂の専門家らしいことだけは判明している。

これまで見てきたように、草村北星と隆文館、それに続く経営者が異なった株式会社化した隆文館の出版活動は、近代出版史において看過すべきでない意味を持ち、それなりの役割を果したと思われる。しかしそれは鈴木徹造の『出版人物辞典』に立項されているだけで終わっている。澤村の『食物辞典』の例に見られるように、それは隆文館の出版物への注視や研究がほとんどなされてこなかったことにも起因しているのではないだろうか。

私見によれば、近代出版史において草村北星は、玄黄社や国民文庫刊行会を創業した鶴田久作と並んで、最も重要な予約出版物の仕掛人、プロデューサーであり、近代文学や思想に対し、出版を通じて大いなる貢献を果たしたと思われる。そのことを次回から書いてみたい。

なお鶴田に関してはすでに書いているので、拙稿「鶴田久作と国民文庫刊行会」(『古本探究』)を参照されたい。

〈付記〉

なおアップするにあたって検索したところ、平成二十二年に亡くなった黒岩比佐子の左記のサイト「古書の森日記」に『実用食品辞典』を購入し、愛読しているとあった。それによれば、その版元は北星が独立以前に在籍していた金港堂であり、それゆえに隆文館へと引き継がれたと納得した次第だ。

http://blog.livedoor.jp/hisako9618/archives/51488724.html

152　草村北星と大日本文明協会

草村北星と大日本文明協会の関係については拙稿「市島春城と出版事業」(『古本探究』)の中で、流通販売の問題も絡めてラフスケッチしておいた。

本書149でふれた「近代文学研究叢書」第六十七巻の「草村北星」において、明治四十一年に大隈重信を会長として、大日本文明協会を発足させ、隆文館にそれを置いたと記されている。この協会の設立目的は中村尚美の『大隈重信』(吉川弘文館)によれば、「東西文明の調和」と日露戦争後の国民が「軽佻浮薄に流れようとするのを戒め、世界的知識を吸収することによって、わが国文化の向上をはかろうとした」ものであった。そのために欧米のあらゆる分野の翻訳を主とする「大日本文明協会叢書」が明治末期から昭和初年にかけて、三百冊以上が刊行されることになった。その明細は判明していないが、大正十三年までのまとまった叢書の写真を、協会が同年に刊行した『明治文化発祥記念誌』から拙著に転載しておいたので、よろしければ、そちらも参照されたい。

さて「叢書」収録の訳書に関しては次回に譲ることにして、ここでは草村が大日本文明協会設立に至った事情を、以前の自らの間違いを訂正する意味も含め、より踏みこんで推理してみたい。まずその前史として、同じく大隈重信をトップにすえ、明治三十八年に発足した国書刊行会の成功があったと考えられる。国書刊行会の目的は、民間の出版社ではできない事業としての、文字通りの国史国文の重要な「国書刊行」で、第一期七一冊一帖は『続々群書類従』から『新井白石全集』『伴信友全集』までを含むものだった。

それは予約出版形式を採用し、菊判七百ページのものを月二冊配本し、会費は二円であった。この募集を新聞広告したところ、杉村武の「国書刊行会」(『近代日本大出版事業史』所収、出版ニュース社)に示されている数字によれば、会員数は四千人に達し、一般の出版業者を驚かせたという。予約出版は石井研堂が『明治事物起原』(ちくま学芸文庫)の中の「予約出版の始」で述べているように、明治十四年頃から古書の復刻を中心にして始まっている。

その後の予約出版の推移について、私は「田口卯吉と経済雑誌社」(『古本屋散策』所収)で、同社の『大日本人名辞書』を例に挙げ、明治十九年第一版が予約者二四一人だったことに比べ、同三十三年第三版が三五三〇人に及んだことを示し、そこに近代出版業界と読者社会の成長がくっきりと表われていると述べておいた。そのような状況を背景として、国書刊行会の成功がもたらされたと考えていいだろう。

この出版事業の中心となったのは早大図書館長の市島謙吉（春城）と吉川弘文館顧問の今泉定介だった。またこの企画は今泉が立案したこともあり、編集は国書刊行会が受け持ち、製作、流通販売は吉川弘文館が担当する取り決めとなり、編集兼事務所は吉川弘文館内に置かれた。

この今泉が旧『新声』の関係者だったこと、また北星が佐藤義亮から譲渡された『新声』を復刊したのが国書刊行会設立と同年の三十八年だったことから、国書刊行会と吉川弘文館がタイアップした予約出版システムとその会員の獲得の成功は、北星にいち早く伝わったにちがいない。

そこで北星はやはり大隈重信を会長にかつぎ、大日本文明協会を立ち上げ、国書刊行会と同じ予約出版システムにより、吉川弘文館の役目を隆文館が担い、ただ企画は異なる「大日本文明協会叢書」という翻訳シリーズの出版に至ったのではないだろうか。

手元にある第一期のウェルズの『第二十世紀予想論』（第六回配本、明治四十二年）の巻末に「大日本文明協会々則摘要」が掲載され、その目的は「欧米最近の思想を移植」し、「新興の国運に応ずる新文化開進の基礎に貢献せん」とあり、次のように宣言されている。

「此目的を遂行せんが然め、本会は当代の碩学に依嘱し、欧米最近の名著中、最も健全にして我国に薦めて適当なるものを選択し、達意を主として簡明に和訳し、或は編纂し、若しくは世界最近の思潮を窺ふに足る学者の新著を上梓し、最も便宜なる方法を以つて会員一般に頒ち、以て国民文庫の模範と立せんことを欲す。」

そして三年間で五十巻の刊行、非売品扱いで会員以外には分与しないこと、通常会費は月二円であることが記されていて、これはほとんど国書刊行会の予約出版システムを範としているといっていい。また大日本文明協会の第一期の役員は大隈だけでなく、ほぼ半数が国書刊行会のメンバーと重なり、ともに早稲田大学人脈を背景とした出版プロジェクト体だとわかる。国書刊行会が国書、大日本文明協会が欧米の翻訳書を分担して刊行するに至ったとでもいおうか。

さてこの「非売品」と奥付にある。『第二十世紀予想論』は編輯兼発行者を大日本文明協会、右代表者を磯部保次としているが、彼は政友会出身の衆議院議員で、隆文館の取締役も務めている。また特筆すべきは、長女節子は澁澤龍彥の母でもある。つまり磯部は澁澤の祖父ということになる。奥付裏の「大日本文明協会役員」名簿によれば、「本会理事」とある。しかし草村北星の名前は奥付にも役員リストにも表われていない。だが大日本文明協会と磯部保次の住所は東京市京橋区南鍋町一丁目二番地と記されている。これは明治三十九年からの隆文館の住所に他ならず、大日本文明協会とその「叢書」の始まりが北星によっていたことを物語っている。

「大日本文明協会叢書」は大正十五年の第六期までに二五四冊が出され、昭和初年の第七期までを含めると三百冊以上になったと伝えられているが、先述したようにそれらのリストは作成されていないし、北星と隆文館の関係、流通販売も大正を通じて変化していったと推測される。

最後に記しておけば、国書刊行会と大日本文明協会は早稲田大学を背景にして、双生児のような関係にあったと判断できるが、その出版物の相違もあり、明暗を分かってしまったようにも思える。国書刊行会は予約出版システムをまっとうし、その明細も残され、また戦後になってはその名を継承する出版社の誕生を見ている。だが大日本文明協会は「叢書」の明細はいまだ不明で、北星が影のプロデューサーに徹していたこともあってか、近代出版史の闇の中に消えていこうとしている。それはあまりに多種多様な翻訳書、玉石混淆とも評される「叢書」が背負ってしまった宿命であるのかもしれない。

〈付記〉

その後、佐藤能丸の「大日本文明協会試論」(『近代日本と早稲田大学』所収、早大出版部)を読み、そこに一九五冊までの明細、及び『財団法人文明協会三十年誌』における全巻の掲載を知った。しかし後者は入手に至らず、全巻は不明のままだった。

ところがアップするにあたってネット確認をすると、驚くべきことに「大日本文明協会叢書」315巻に及ぶ書目明細が左記のサイトに松田義男編で掲載されていることを知った。例によって拙稿は以前に書いたものなので、あえて修正を施さず、そのままとした。

http://www5.ocn.ne.jp/~ymatsuda/bunmeikyoukai-sosho.htm

153　埴谷雄高とヘッケル『生命の不可思議』

三百冊を超えるという「大日本文明協会叢書」の十五冊ほどしか所持していないけれども、拙稿「市島春城と出版事業」(『古本探究』所収)で、様々な十冊とルドルフ・シュタイナーの『三重国家論』、本書72でクラフト・エビングの『変態性欲心理』、同74でエドワード・カーペンターの『吾が日吾が夢』などにふれてきた。また同76で実際には刊行されなかったが、ハヴロック・エリスの『性の心理』も「叢書」として翻訳出版される予定だったこと、そして前回はウエルズの『第二十世紀予想論』にもふれておいた。

だから続けて、その後入手した著作についても記しておきたい。それはヘッケルの『生命の不可思議』であり、私は「第三期刊行書」として大正四年二月に出版されたその下巻しかもっていない。だがこれは「大日本文明協会叢書」としてはめずらしく、昭和三年に改訳を経て岩波文庫に収録され、戦後も復刊されているので、今でも容易に読むことができる。

私はヘッケルというと、まず否応なく思い浮かべてしまうのは、「叢書」や岩波文庫の『生命の不可思議』ではなく、十代の終わりに読んだ埴谷雄高の作品集『虚空』（現代思潮社、昭和三十年初版）所収の短編「意識」なのである。「意識」は『文芸』の昭和二十三年十月号に発表された作品で、同年に埴谷は『死霊』の最初の版を真善美社から刊行している。この出版社に関しては拙稿「真善美社と月曜書房」（同前所収）を参照されたい。

「意識」という短編は、魂を病んでいる「私」が自らの眼球に実験を施すことによる意識の遊戯をテーマとしている。その実験は眼球の片端を指先で押し、眼球を激しく揺り動かし続けていると、世界の存在が異なって見え、精神の位置さえも変わってくるもので、それは「私」の肉体を意識の遊歩場として行なわれる純粋意識にまつわる実験にして、孤独な魂を紛らわす遊戯でもあった。

その実験を「私」は訪れた娼婦の部屋のベッドの上でも繰り返していた。そのベッドの近くに金魚の入った硝子鉢があった。「私」はその四寸足らずの金魚の目を執拗に眺め続け、またその動きをも見つめ、次のように考えるのだった。

「（前略）私はぼんやりと一本の高く聳えたった樹を思い浮かべていた。『ヘッケルの系統樹―』と、私は胸のなかに呟いた。私が嘗て食いいるように眺めた系統発生史の図では、あの透明に澄んだ水中に微動もせず眼を見開いている金魚の発生の位置は私達に真近かった。私達の眼球が嘗て歳月知れぬ太古におくった水中生活期の痕跡を示すものだとして、と私はさらに呟きつづけた。この眼球を覆う瞼はいつ頃発生したのだろう。（中略）この瞼は私自身の内部に闇をつくった。そしてまたさらにそこからあの眩ゆく自発してくる光をも。『もしその内部に闇と光をたたえる瞼の蓋がなければ、恐らくこの私の意識はなかったろう。それはこのようなものとしてはあり得なかっただろう。そうだ。その蓋がなければ、それはつねに外界を映しつづけるある《ママ》金魚の意識とそっくりそのまま同じだったろう。』そう私は胸のなかで叫んだが、そう不意に叫びをあげてみると、それはすでにそれだけで、この私がいまだ知らなかった一つの怖ろしい発見のように思われた。それはまるで新たな発見のように思われた。」

　そして「私」の眼前に「鬱寥たる系統発生」にまつわる「湿った羊歯類が生え茂っている太古の湿地の幻想」が浮かんできて、それは「数億年にわたる暗い鬱寥たる時間」で、私は「その時間の長い幅」へとのめりこんでいった。

　長い引用と補足になってしまったが、これはこの短編の「意識」のみならず、埴谷の文学と思想の想像力の核心を物語る重要な記述であると考えられるので、あえてわずかな省略だけにとどめた。

　この「意識」は埴谷が『影絵の世界』（平凡社）で描いている隅田川両岸の「玉の井、山谷、言問橋といった闇の中の不等辺三角形」をうろついていた昭和初期を時代背景としている。とすれば、埴谷はこの時代に想像力と意識の実験をすでに発想し、それを持続して保ち、戦後を迎えての「意識」へと結実させたように思われる。その発想の根源にあるのは引用部分に示されているように、「ヘッケルの系統樹」と「羊歯類が生え茂っている太古の湿地の幻想」に他ならなかった。

岩波文庫版の『生命の不可思議』改訳版は昭和三年に出されているが、埴谷の「意識」もほぼ同時代に発想されたと考えれば、大正四年の大日本文明協会版を読んでいて、それが「意識」の記述へと流れこんでいると推測できる。その太古の羊歯類のイメージを喚起する部分を引いてみる。

「後生植物中、羊歯類は、太古代に於て、裸子植物は中古代に於て、被子植物は近古代に於て栄える主なる群なり。脊椎動物にありては、志留利亜紀に於ては、単に魚を生ぜるのみにして、泥盆紀に於て肺魚類を生じ、石炭紀に於ては両棲類、二畳紀に於ては爬虫類を生じ、三畳紀に於て第一の哺乳類を生じたるなり。」

岩波文庫の平板な口語訳に比べ、大日本文明協会版の文語訳のほうが、埴谷にふさわしく、彼の想像力を駆り立てたように思われてならない。しかし双方とも「系統樹」＝「食いいるように眺めた系統発生史の図」は収録されていない。岩波文庫版の訳者の言によれば、美麗なる「三色版十葉」は省略したとあるので、大日本文明協会版も同様だと判断できよう。

それならば、埴谷は「ヘッケルの系統樹」を何によって見たのだろうか。おそらくこれも『影絵の世界』に述べられている大橋図書館か上野図書館において、ヘッケルの『生命の不可思議』の原書を見出し、それこそヘッケルの手になる「美麗なる三色版」の「系統発生図」を「食いいるように眺めた」のではないだろうか。そしてその鮮やかな記憶が大日本文明協会版『生命の不可思議』の読書体験とともに、「意識」の中へと召喚されたように思われる。

昭和初期円本時代はまさに全集の時代でもあり、埴谷の読書体験に関しても、春秋社の『世界大思想全集』や平凡社の『社会思想全集』とともに語られてきた。だが本書83「木村鷹太郎訳『プラトーン全集』」、同104「『世界聖典全集』と世界文庫刊行会」で見たように、大正時代における様々な全集、「大日本文明協会叢書」のような翻訳シリーズにも、さらなる注視が向けられるべきだと思う。

もちろん埴谷の読書体験の時代推定は私の仮説であって、昭和七年から八年にかけての豊多摩刑務所で『世界聖典全集』も「大日本文明協会叢書」も読まれたとも考えられる。読者のご教示を乞う。

154 龍吟社、大本教、『白隠和尚全集』

草村北星は隆文館を大正九年に退いた後、龍吟社を設立したとされている。その年代に関してだが、小林善八の、最も詳細だと思われる八百社近くに及ぶ、「明治・大正時代の出版業興廃表」(『日本出版文化史』同刊行会、昭和十三年)によれば、龍吟社は大正十五年に創業で、住所は赤坂田町となっている。

しかしこれはすでに拙稿「浅野和三郎と大本教の出版」(『古本探究Ⅲ』所収)でふれているように、大正十年頃から大本教のこの時期の教団名といっていい大日本修斎会編『大本信徒の主張』を始めとする大本教関連書籍を、龍吟社名で刊行している。その発行者は伊藤元治郎で、北星ではないが、住所は隆文館と同じであるから、二回にわたって記した大日本文明協会と同様に、北星が隆文館内において、すでに龍吟社を立ち上げていたと見なすべきだろう。

したがって隆文館、大日本文明協会、龍吟社はその後、経営も含めて分社化されるようなかたちで、それぞれ異なる出版活動へと歩み始めたと考えられる。それならば、大本教と北星と龍吟社はどのようにしてリンクしたのだろうか。

それにはふたつのことが考えられる。ひとつは浅野和三郎との関係である。彼は東京帝大出の英文学者で、ラフカディオ・ハーンの弟子となり、「美文」の小説家にして『新声』の時評や発行人をも担当していた。彼は大正五年に大本教に入信し、その機関雑誌『神霊界』(復刻八幡書店)を創刊し、主筆兼編集長を務め、全国的プロパガンダに成功し、大正初年に千人だった信者数は三十万人に達したとされる。この『神霊界』の取次兼発行所を引き受けたのは、東京本郷の有朋堂であった。当時の有朋堂は英語などの受験参考書の出版社であり、これは浅野の英文学者としての出版人脈から決まったのではないだろうか。

また同様に『新声』を介在させ、浅野と北星は結びついたと推測できる。なぜならば、浅野は旧『新声』、北星は復刊『新声』のいずれも発行人だったことから、近代文学史と大本教が交差し、龍吟社という新しい出版社へと向かったように思われる。また経緯は不明だが、浅野の霊能者としての目覚めを描いた『出盧』(『近代庶民生活誌』19所収、三一書房)も大正十年に浅野憑虚名で龍吟社から刊行されている。

もちろん『大本七十年史』などに大本教、大日本修斎会、龍吟社、隆文館との関係が明確に述べられているわけではない。ただ大正時代における大本教の雑誌と書籍によるプロパガンダは出版業界と密接につながり、それは大本教内部での出版をめぐる浅野と出口王仁三郎の闘争、すなわち王仁三郎の『霊界物語』の口述と出版へと至るのである。これらの問題は前出の拙稿を参照されたい。

ふたつ目は本書151で少しだけふれた、大正時代における隆文館からの『日本大蔵経』の出版である。これはやはり隆文館内にその事務所を置く日本大蔵経編纂会が代表名を松本又三郎、編輯者を中野達慧、発行者を隆文館と北星とし、大正三年から全五一巻にわたって刊行されたものである。これらの仏教書古典類の大部の企画と刊行は、大正時代のひとつの出版ムーブメントといってよく、『日本大蔵経』の他にも、本書105で言及した『国訳大蔵経』(国民文庫刊行会)、それから『仏教大系』(其刊行会)、『大日本仏教全書』(其刊行会)、関東大震災によって刊行中止に追いやられた新光社の『大正新修大蔵経』などはこの時期の仏典ルネサンスを告げるものだった。

これらの大部の企画と刊行に関する全体的なチャートはほとんど端本しか持っていないこともあり、作成できない。だが関係者たち全員による、身を粉にした出版努力の賜物であり、それらが戦後になってすべて復刻されていることからも、貴重な出版であったことがわかるだろう。実際に隆文館の『日本大蔵経』も昭和四十八年に鈴木学術財団(講談社)から復刻されている。

昭和に入って龍吟社が『白隠和尚全集』『日蓮聖人御遺文講義』などを刊行しているのは、隆文館時代の『日本大蔵経』の企画を継承しているからではないだろうか。それは明らかに大本教の出版物とも異なっているからだ。

それらのうちの『白隠和尚全集』全八巻は、その第四巻を所持している。菊判箱入、天金の堅固な造本で、白隠の画、真蹟の復刻を含んだ五〇頁にわたる口絵写真に、「寒山詩闡提記聞」他の漢文著作が四百頁近く続き、ちょうど『日本大蔵経』の一冊すべてが漢文で占められていたことを彷彿させる。

奥付を確認すると、編纂所は京都市右京区花園妙心寺正法論社内の白隠和尚全集編纂会で、編纂代表者は後藤光村とあった。白隠は徳川時代における臨済禅の復興者とされ、様々な修行遍歴後、享保三年に京都の妙心寺に転じ、そこで白隠と号したとされているので、編纂所はまさにその妙心寺内に置かれていたことになる。

そして発行所は赤坂区の龍吟社で、発行兼印刷者は草村松雄と記されている。これはすでに見てきたように、大日本文明協会叢書などと同様に、編集と製作、流通販売の分離システムで、出版社のリスクが少ない出版形式を採用しているとわかる。しかも定価の記載もないことから、全巻予約出版、おそらく前金による一括払いとなっていたのではないだろうか。

草村北星が金港堂の編集者を経て、隆文館を創業し、文芸書中心の出版展開を試みていたことはすでに紹介した。またそのような単行本出版のために経営は楽ではなく、そのために『人體美論』のようなヌード写真つきの発禁覚悟の本も出す必要に迫られていたのではないか、またそれゆえの負債も重なり、隆文館を退くことになったのではないかとの推論も記しておいた。

だから北星が龍吟社へと転じた時、隆文館の二の舞を演じてはならなかった。隆文館のような文芸書単行本出版ではなく、製作、流通販売において、リスクを伴わない編集と資本のアウトソーシング、予約出版システムが採用され、おそらく龍吟社の出版物の主体はそこに置かれたように思われる。

なお白隠についてだが、大正時代における仏教ルネサンスにあって、白隠もまた霊術や治療法の側からも再発見されたようで、これもまた本書137で述べておいたが、人文書院の前身である日本心霊学会は「心霊叢書」の一冊として、野村瑞城の『白隠と夜船閑話』を大正十五年に出している。『夜船閑話』（春秋社）は白隠が神経衰弱と肺疾に悩まされたが、「内観の法」によってそれらから回復したことも述べた著作で、『白隠和尚全集』の第五巻にも収録されている。それを野村が注釈を加え刊行したのがこの一冊で、野村は日本心霊学会の機関紙ともいうべき、月三回発行の『日本心霊』の編輯主任であった。

このように仏教ルネサンスは様々な霊術や治療法とも結びついていったのである。

155　財政経済学会と『新聞集成明治編年史』

草村北星が龍吟社を興すに伴って様々に試みたのは、編集と製作、流通販売の分社化に加え、流通販売の革新も同様だった。

そのことについて、誠文堂新光社の小川菊松が『出版興亡五十年』の中で、次のように書いている。

「草村北星が創立した隆文館は、一般の出版業であったが、一方に大隈侯を総裁に仰いで、大日本文明協会を組織し、五十巻の翻訳書を刊行して、外交販売で成功し、また隆文館名で発行した『大日本美術略史』という、一冊百円の豪華本を外交販売に付し、また建築工芸学《ママ》会を組織して、『建築工芸資料』を定期的に刊行して、これも外交販売の一手であった。同氏は隆文館を引退してから、竜吟社を創立、別に財政経済学会を組織して、共に外交ものばかり出版した。『明治大正財政史』や『明治経済資料』の数十巻ものを始めとし、『新聞集成明治編年史』『日蓮全集』『白隠全集』等々を続々発行し、最後に『ショパン楽譜全集』二十四巻を発行したが、その完成を見ずして物故された。」

小川菊松のこの『出版興亡五十年』を始めとする回想と記録は、近代出版業界の貴重な資料であることを認めるにやぶさかではないのだが、書名や巻数に関する間違いや事実誤認も多いので、注意を払うことが必要である。

ここでもそれは同様だが、結びの一文である「『ショパン楽譜全集』二十四巻を発行したが、その完成を見ずして物故された」だけについて指摘しておく。これは『全集叢書総覧　新訂版』(八木書店)によれば、昭和十六年に全十二巻予定で刊行され、最後の一巻だけが未完に終わった『ショパン・ピアノ全集』のことであり、また巻数不明の戦後版も昭和二十四年から出されている。草村が亡くなったのは戦後の昭和二十五年だから、すでに龍吟社を離れていたとも考えられる。だから小川の証言を鵜呑みにできないことがわかるだろう。実際に後者は音楽之友社に引き継がれている。それゆえに他の様々な証言に関しても、割り引いて考えたり、他の資料と照らし合わせる操作が欠かせない。

それゆえに小川が挙げているシリーズ物や全集のすべてが「外交販売」によっていたとの判断には留保をつけるべきだろう。言及が後になってしまったが、小川のいう「外交販売」とは狭義の意味において、取次、書店ルートではなく、全国規模で専門の外交員を雇い、その企画に見合った客層や職域に向けての販売のことである。小川も明確な定義を下しているわけではないけれど、様々な出版社を具体的に挙げているから、「外交販売」、つまり直販ルートもひとつの確固たる流通販売システムだったし、それは大正時代から昭和の初めにかけて、取次、書店ルートとは別に広く普及していったことが小川の証言からうかがえる。またそのために、北星は隆文館や龍吟社とは異なる「外交販売」=直販ルートのための会を組織し、それにふさわしい名前をつける必要があったのではないだろうか。それが大日本文明協会、建築工芸協会、財政経済学会だったと思われる。

それでは隆文館や龍吟社とその三つの会の関係はといえば、前二社が取次、書店ルートの単行本出版で、返品と製作コストのリスクがあることに対し、三つの会の場合はそれぞれが別組織で編集と製作コストを負担し、それを直販の「外交販売」で流通させるわけであるし、流通販売においては各会は隆文館や龍吟社のダミーと見なせるし、非常に安定した出版ビジネスということになる。

これはすでに『古本探究Ⅲ』でもふれているが、それを昭和九年に財政経済学会から刊行された『新聞集成明治編年史』全十五巻に見てみよう。ただし私の所持する版は昭和五十七年に本邦書籍によって復刻された縮刷版なので、奥付表記だけは新しくなっていて、最初の奥付を確認できていない。それにどうもこの本邦書籍版は厳南堂書店版に続く、戦後二度目の復刻のようだ。

この『新聞集成明治編年史』は冒頭のその「編纂会」の名による「刊行主旨」において、次のように述べている。

「本会は如上の諸事情に鑑み、前記『明治新聞雑誌文庫』の豊富なる資料の全面的渉猟によりて、玆に新聞記事による一大編年史―明治編年史―の編纂を企画し、以て社会の切望に応ぜんとするのである。すなはち我が国に新聞の創始せられて以来の、あらゆる新聞を捃摭纂録して一大縮図を作成し、公私一般の書庫に、個々の一大新聞図書館を建設して、その探索を極めて容易にし、以て多方面の参考資料たらしめんとするものである。これ正に活ける社会史たり、世相史たり、風俗史たり、国民史たり、時代を其の儘に眼前に開展するフィルムたり、約言して、揣摩臆測及び偏見的推理判断に尺寸の余地を与へず、一糸纏ふなき赤裸々の歴史其のものである。」

「明治新聞雑誌文庫」は博報堂の瀬木博尚が新聞雑誌の保存研究機関の設置実現のために、大正十五年に東京帝大にその基金二十万円を寄付したことで、法学部内に置かれ、その文庫主任は他ならぬ宮武外骨であった。その外骨の言も次に続き、その文庫の「明治時代の新聞紙が約八百七十種の三十七万枚、雑誌が約五千六百種の十二万五千部」に及ぶと記している。つまり「明治新聞雑誌文庫」は明治時代の一大データベースであり、それの「一大縮図」を作成し、「一大新聞図書館」を建設したことになる。そして編集者を中山泰昌とする『新聞集成明治編年史』はまさに快挙というべき出版企画であった。しかも第十五巻は一冊すべてが九万を数える「全巻索引」で、そこには無数の明治の人々の名前が見出され、その姿が浮かび上がってくる。

そして何と草村北星もまた登場しているのだ。それは明治三十六年以降で、文士としての記事の他に、『東京朝日新聞』に「明治歴史を渇望す」との論説を発表する北星がいる。その「渇望」は『新聞集成明治編年史』を編み、刊行するに至って、実現したといえるだろう。

だが大日本文明協会がそうであったように、「新聞集成明治編年史編纂会」に顧問、賛助員として百人近い錚々たるメンバーを揃えているが、ここでもまた北星の名前はない。佐藤能丸も「大日本文明協会試論」（『近代日本と早稲田大学』所収、早大出版部）において、私と同じく小川菊松の一文を引用し、北星のことを「言わば、影の仕掛人」とよんでいるが、『新聞集成明治編年史』においても同様であったことになる。

また小川は、草村が隆文館から教育図書著も多く刊行し、「『大日本地理集成』を皮切りとする同館の『集成もの』は十数種に及んで、いずれも能く売れた」と述べているが、この「集成もの」は現在に至るまで未見のままである。

156　国木田独歩『欺かざるの記』、佐久良書房、隆文館

草村北星が金港堂に入る前に星亨の機関紙『民声新報』に在籍し、その編集長の国木田独歩と親しくなったこと、隆文館の『人體美論』の出版が、独歩社の猟奇的殺人事件の犯人の手記『獄中之告白』を見倣ったものではないかという推測を既述しておいた。

前回引用した小川菊松の『出版興亡五十年』の「消滅した著名書店」と題する章の中で、独歩の『運命』などを刊行した佐久良書房について、次のような言及がなされていた。

「神田にあつた店で、島崎藤村の著書『後の新片《ママ》町より』や、国木田独歩の『欺かざるの記』等を出版した。この店の出版物は、いずれもスッキリとした新しい感覚のもので、読者に愛された本屋であつたが、遂に振わなかつた。この『欺かざるの記』は上巻だけを佐久良書房が発行し、下巻は草村松雄氏の隆文館から発行したのはどういう訳であつたろうか。菊版の大冊本であつただけに、互に共版という連絡もなくしての分離出版は、非常な不利益であつた。」

この佐久良書房版『欺かざるの記』上巻は見ているが、隆文館版の下巻は『定本 国木田独歩全集』（学研）の別巻で書影を目にしているだけである。それでも小川の一文の最後の部分に対しては、少しばかり補足しておくべきだろう。これには上下巻の出版社名を統一するのであればまだしも、上下巻を別々の出版社が刊行するという「共版」でない「分離出版」は「販売上非常な不利益」は明らかなのに、どうしてこのような出版に踏み切ったのかという小川の慨嘆と疑問がこめられている。それは小川のみ

ならず、出版関係者であれば、誰もが抱く疑問であろう。

しかしこの疑問は現在に至るまで解明されていないと思われる。独歩の著作に関しては前出の学習研究社から『定本 国木田独歩全集』が刊行されるに及んで、全集の範とすべき詳細なテキストクリティックが施され、それらの中でも二巻を占める『欺かざるの記』は、自筆本を定本とした決定版に達している。それは既述したように、上下巻箱入りの書影も「資料編」の別巻で確認できる。だがそこまで用意周到な編集、校訂者の塩田良平にしても、『欺かざるの記』の出版に関しては「解題」において、次のように述べているだけである。

「『欺かざるの記』が公刊されたのは、田山花袋、田村江東、斎藤弔花三人の校訂にかゝる『欺かざるの記』前後二篇で、前篇は明治四十一年十月十五日、後篇は四十二年一月五日発行である。書肆は左久良書房と隆文館連名になつてゐるが、実際は前者が前篇、後者が後篇を引き受けたといふ。共に独歩に好意を有してゐた書肆である。」

山本夏彦の『完本 文語文』（文藝春秋）における言い草ではないが、文学研究が出版社には冷たい一例を示すような記述であって、そのような出版に至った事情については、わずかの関心すらも払われていないことがよく感じられる叙述である。

草村の軌跡はずっとたどってきているので、ここでは佐久良書房の関宇三郎にふれてみよう。鈴木徹造の『出版人物事典』によれば、関は明治十五年に東京に生まれ、同三十八年に神田富山町に書籍販売の東明堂を開業し、やはり同四十一年に細川芳之助経営の佐久良書房を継承し、以後文芸書出版に力を注ぎ、文学史上へ残る多くの名作を出版したと紹介されている。

私は明治時代の文芸書の単行本をほとんど持っていないが、例外として佐久良書房（左久良書房）だけは六冊もある。それは種明かしをすれば、所持しているほるぷ出版の復刻の独歩『運命』、鏡花『高野聖』、藤村『千曲川のスケッチ』、花袋『田舎教師』の四冊が含まれていたからで、その他の二冊は遅塚麗水『ふところ硯』、塚原澁柿園『家康公中記』である。

しかしこれらの六冊の巻末広告や奥付を見てみると、『出版人物事典』の関と佐久良書房に関する立項も極めて曖昧に思えてくる。まずこれらの六冊の発行者だが、『運命』『高野聖』『ふところ硯』は戸田直秀、『家康公中記』『田舎教師』『千曲川のスケッチ』は関宇三郎となっていて、後者の三冊は関が佐久良書房を継承してからの出版だと見なせるだろう。それならば、戸田直秀とは誰なのか。おそらく佐久良書房の経営は細川芳之助から関へとダイレクトに受け継がれたのではなく、二人の間にもう一人経営に携わった人物がいて、それが戸田だったのではないだろうか。

この戸田に続いて、佐久良書房編集者の柴田流星を挙げてみたい。前述の塩田良平の「『欺かざるの記』の解題」によれば、独歩の自筆本を八冊手中に収めていたのが柴田であり、佐久良書房の企画の中心には彼がいて、その一方で経営者が細川、戸田、関へと移っていったのではないだろうか。

柴田流星は『日本近代文学大事典』に立項されていて、巌谷小波の門下で、そのサロンの一員、時事新報社を経て、佐久良書房の編集主任とある。また永井荷風や塚原澁柿園との共訳、佐久良書房から『唯一人』という著作の刊行も記されている。また中公文庫に『残されたる江戸』（洛陽堂、明治四十四年）の収録がある。

この戸田と柴田の存在を踏まえ、それぞれの本の巻末に収録された佐久良書房「出版図書目録」を見ていくと、『ふところ硯』には文芸雑誌『芸苑』の掲載がある。やはり『日本近代文学大事典』を引くと、明治三十九年に馬場孤蝶を編集兼発行者とし、佐久良書房から全十七冊刊行されたものだとわかる。戸田はこの『芸苑』の関係者で、孤蝶『詩集花がたみ』、伊良子清白『詩集孔雀船』などの「詩歌書類」は戸田の企画ではなかっただろうか。

また「塚原澁柿園叢書」として既刊、近刊を含め二十冊以上、「少年書類」として巌谷小波の「お伽話」などが挙がっている。これらは間違いなく、柴田の企画であろう。それゆえに佐久良書房の編集の中心にいたのは一貫して柴田であるように思われる。なお『欺かざるの記』は前編だけが記載されているので、やはり奇妙な出版であったことが確認される。

小川菊松は佐久良書房の消滅の時期を語っていないし、関宇三郎も没年不詳になっていることから、佐久良書房はいつの間にか消えてしまったのだろう。柴田の没年は大正二年とあるので、おそらくそれ以後に佐久良書房は退場してしまったと思われる。

また最後になってしまったが、小川菊松も『出版人物事典』も佐久良書房と表記しているので、とりあえず小川から始めたこともあり、佐久良書房としてきた。ただタイトルは二重表記にしておいた。しかし私の所有する六冊はすべて左久良書房となっているし、『日本近代文学大事典』も同様である。国会図書館は双方を表記しているが、実際に佐久良書房とされている本の奥付を見ると、左久良書房であり、明らかに佐久良書房の表記は間違いということになる。どうしてこのような混同が生じてしまったのであろうか。読者のご教示を乞う。

なお『高野聖』の「出版図書目録」には左久良書房と住所を同じくする也奈義書房の同目録も添えられている。これは細川の経営と伝えられているが、まだ出版物を入手しておらず、確認するに至っていない。

157　建築工芸協会、岡本定吉、大塚稔

草村北星が隆文館を創業し、それと併走するかのように、大日本文明協会、龍吟社、財政経済学会などを設立してきた軌跡について、ささやかながらたどってきた。それらに加えて、さらに建築工芸協会も組織し、『建築工芸画鑑』と『建築工芸叢誌』（ともに柏書房復刻）という二冊の月刊誌を創刊している。

本書155で、『出版興亡五十年』における小川菊松の「建築工芸学会を組織して、『建築工芸資料』を定期的に刊行」という部分も含んだ、北星の出版事業に関する証言を引いておいたが、これらは例によって正確ではなく、私が挙げた協会名と雑誌名が正しい。

北星は隆文館、大日本文明協会、龍吟社、財政経済学会、あるいは特定の出版企画のために立ち上げた様々な「編纂会」に関する証言を残していない。だが晩年になって、戦後の昭和二十一年に龍吟社から刊行した「疎開山村日記」である『戦塵を避けて』の中で、建築工芸協会だけはそれに携わった岡本定吉の思い出とともに、十ページ近くにわたって語られている。

北星は山陰に疎開した機会を得て、鳥取の岡本の墓に詣で、翁のことを寺僧と語り合った。彼は鳥取藩士の出で、田舎武士の面影を残していたが、明治半ばから後期にかけて、読売、やまと、毎日などの各新聞社に勤め、警察や社会種の探訪も兼ねた「当時の所謂三面記者」にして、「新聞社の下積みで無名一介の老記者」だった。それは青春時代に壮士芝居の女形を演じ、相当のものだったという経歴も作用していた。しかも文章に優れ、人にも親切で、軟派記者の中にあっても独り超然たるものがあった。

北星が金港堂の『文芸界』の編集長だった時、岡本が風俗、演芸、舞踊などの記事を寄稿し、また彼の紹介で、岡鬼太郎や岡本綺堂も艶筆をふるうことになった。そして北星が隆文館を設立すると、岡本は目と鼻の距離にある毎日新聞社員だったことから、よく出入りするようになり、さらに親しい関係になった。数年すると、岡本老は年齢もあって、新聞社から退職を迫られることになり、北星に前途の相談をするに及んだ。ちょうどその時、北星は建築工芸の全分野にわたる研究を目的とする建築工芸協会の設立を目論んでいたので、その編集出版の話を持ちかけたところ、岡本老は喜んで引き受けることになった。そのプロセスについて、北星は次のように書いている。

「明治天皇の御諒闇中なりしも、建築工芸協会は其界大家達の参加を得て発足した。出版部に於ては『建築工芸画鑑』と『建築工芸叢誌』といふ二種の月刊を発表し、前者はタイプ、三色版其他当時の美術印刷技術の粋をあつめて、絵画外の国宝的重要美術図版の大成を期し、後者は無数の写真版を挿入せる専門大家の研究、論説、解説等の記事を満載、東京印刷の新鑄九ポ活字をアート紙に利用したもので、非常の好評を博し、会員も忽ち予定数を充たし得る盛況であつた。私の喜びもさることながら、岡本老の得意もなかゝゝであつた。」

この会員制の両誌は未見であるのだが、「絵画外の国宝的重要美術図版の大成」をめざしていただけに、全国各地の寺社建造物のすべてに及び、彫刻、塔婆、彫金、木彫、蒔絵、織物、陶磁器なども含まれ、老の油の乗った指揮下に会の専門技師によって、膨大な写真が撮られた。彼は白面の一写真技師を専属の撮影係に推挙した。その撮影係こそは後の大塚巧芸社の社長となる大塚稔であった。大塚の技術は美術鑑識眼と相まって、「全くの天品」だったという。

明治後半における美術書出版の水準を確定できないけれども、この建築工芸協会と両誌の存在は、写真技術と出版に関するレベルを飛躍的に向上させ、後のその分野の絵画も含めた出版に多大な影響を及ぼしたと想像される。もちろんその中心にいたのは大塚巧芸社であったと考えられる。

北星も建築工芸協会時代はひときわ記憶に残るものだったようで、「岡本老の生涯中で本会の編輯出版担当中の約四ヶ年は、老が最も生き甲斐を感じた精彩ある生活期間であつたらしく思はれる」と書いている。これは北星自身も同様だったのではないだろうか。

しかしそのような「精彩ある生活」が出版に携わる限り、続くはずもなかった。建築工芸協会の事業は二期を経て、基礎も固まり、北星は老の希望によって、経営を譲り、関係を絶つことになってしまった。編輯に腕をふるった岡本老にしても、「一切の経営に任じては聊か重荷の上に勝手の違つた所もあつて、いつか会務も円滑を欠ぐ《ママ》やうになり、刊行物の発刊が遅れ、やがては何の彼のと障碍百出するに至つて、竟に本会も解散の已むなきに立到つた」。

会の解散に伴い、北星と岡本老の交渉は絶え、老は陋巷に隠れ、数千点の写真原板を生活費に換え、大塚の援助のうちに暮していた。だが耐え切れず、北星を来訪してきた。そこで北星は老に明治文化資料の収集を頼み、彼は龍吟社に三年余を過ごすことになった。最近になって入手した龍吟社の昭和十七年の本に、本庄栄治郎編『幕末維新』（日本経済史研究所、「経済史話叢書」第二冊）があるが、これらの資料収集も含まれていたかもしれない。だが同年の厳冬、夫人に先立たれ、看護の人もなく、持病の喘息の急発作で生涯を寂しく終えた。通夜から葬儀、鳥取の祖先の墓への納骨まで、龍吟社の編集者たちと友人代表としての大塚が面倒を見たのである。

その三年後に北星は岡本老の墓に初めて参り、これら「去り難き思ひ」が走馬灯のように浮かんできたのである。おそらく明治から昭和にかけての近代出版業界には岡本老のような人々が多くいたにちがいない。しかしそれらの大半の人々は出版史に名前も残すことなく消えてしまっている。岡本老は北星によってその思い出が記されたことで、出版史の忘却から救済されたことになる。以て瞑すべしといえるだろう。

158　龍吟社と彰国社

前回の建築工芸協会、『建築工芸画鑑』と『建築工芸叢誌』のラインは、大正時代後半と推定される会の解散によって途切れてしまったわけではない。それは定かな軌跡をつかめないにしても、龍吟社、大塚巧芸社、彰国社という系譜をたどり、建築工芸協会と龍吟社の出版企画と流通販売システムは彰国社へと引き継がれていったと考えられる。

そのひとつの例を示せば、昭和十九年に田辺泰の『日光廟建築』が龍吟社から刊行されている。この巻末広告に「東亜建築撰書」三十点近くがラインナップされていて、これらは彰国社版であったものも、龍吟社刊行となっている。それは龍吟社に統合されたゆえで、同書も含め、戦後は彰国社に版元が移っている。

この『日光廟建築』に関しては渡辺保忠が『彰国社創立五十周年』所収の「師、田辺泰先生と下出社長」の中でふれ、戦時中に彰国社が龍吟社に会社統合されていたことを書きとめている。それは確かにそのとおりで、福島鑄郎編著『新版戦後雑誌発掘』（洋泉社）によれば、彰国社ばかりでなく、財政経済学会、大日本皇道奉賛会も草村松雄を代表者とする龍吟社に統合されている。財政経済学会は本書155でふれた『新聞集成明治編年史』の直販ルート出版社にして、龍吟社のダミーであるが、大日本皇道奉賛会も政治家永井柳太郎の著作などを刊行しているので、やはり主として直販出版社だと考えられる。

しかし昭和五十七年に刊行された建築専門書の『彰国社創立五十周年』と銘打たれたこの社史は渡辺の証言を除いて、龍吟社との関係にはほとんど言及されておらず、社長の「下出源七の歩みをたどる—略年表」の昭和十九年のところに「戦時体制下の企業整備により合併の株式会社龍吟社常務取締役就任」とあるのがわずかに見つかるだけだ。

このような彰国社の背後に見え隠れする龍吟社の存在に加えて、社史とはニュアンスの異なる彰国社と下出像が、山本夏彦の『私の岩波物語』（文藝春秋）に描かれている。山本はそこで「私ははじめ彰国社を印刷屋だとみて、出版社だとは見ていなかった。出版社になったのは戦後である」と書いている。だが前述の「略年表」などには昭和七年に彰国社創業とある。

これらのギャップは何に由来しているのだろうか。それらの事情を、やはり『彰国社創立五十周年』所収の社長下出源七と創立以来の顧問の服部勝吉や太田博太郎たちの「記念座談会」、及び「刊行図書等年次別一覧」と「略年表」を照合し、考えてみたい。

まず下出の「略年表」によれば、大正十四年に中央大学法学部を中退し、「巧芸社に入る（美術関係の出版）」とあり、「座談会」からはこの巧芸社が『国宝全集』という後の彰国社の範となる建築書を出していたことがわかる。

これに注釈をつければ、巧芸社とは建築工芸協会のふたつの月刊誌の写真技師大塚稔が興した写真印刷の大塚巧芸社で、建築工芸協会が解散した後、これまでの関係もあって、企画に上げられていた『国宝全集』の出版も引き受けていたのではないだろうか。それに巧芸社の社名も建築工芸協会からとられたのではないだろうか。もちろんその企画には岡本定吉の手に残された数千枚の写真原板が使用されたと思われる。そしてまた『国宝全集』の流通販売は、建築工芸協会と同様の会員制予約出版システムに基づいていたと考えるべきで、一冊五円の高定価はそれを物語っている。

ところがその『国宝全集』も印刷を主とする大塚巧芸社の事情と高額な製作費、及びスポンサーの関係で、採算と収支が合わなかったようなのだ。下出は巧芸社に入った理由と出版に関わるようになった経緯を、「座談会」で次のように語っている。

「私も将来弁護士になるつもりであそこに入ったんだけれども、途中でぐれちゃって出版屋になっちゃった。あれは出版は斉藤赫夫というのが所有だった。それを債権債務の関係で篠崎仙司が引受けたんだな。それでやるやつがいないからお前やれ、ということで僕は出版の勉強を始めたんです。」

下出が「私の師匠」とよぶ篠崎は弁護士で、大塚巧芸社の出版を絡めた再建に大きく関わり、『国宝全集』の文部省監修者たちとも親しくなり、それらを下出へと引き継がせたようなのだ。そのような前史があって、下出は山本夏彦が証言しているように、印刷業に携わるかたわらで、彰国社も立ち上げ、昭和八年に『国宝建造物』第一期十二巻を国宝建造物刊行会名で刊行していくことになる。これは明らかに巧芸社版『国宝全集』の延長線上にある企画と見なしていいだろう。

そして下出はこの出版にあたって、「座談会」で語っているように、ひとりのスポンサーを得ることになる。それは矢野国太郎であり、彼は徳富蘇峰の娘婿で、下出の幼馴染、白鷹の旧蔵元、当時の百万長者とされている。また彼の夫人である矢野鶴子の聞書、渡辺勲の『二人の父・蘆花と蘇峰』（創友社）によれば、矢野は兵庫県西宮生まれ、慶応を出て、『国民之友』や『主婦之友』の編集に携わり、文部省の『国宝建造物』の出版も手がけたと述べられている。

この篠崎と矢野が下出の彰国社設立時におけるキーパーソンと考えられ、それにもうひとり草村北星を加えることができるのではないだろうか。彰国社は『国宝建造物』に続いて、続編ともいえる『日本建築』を昭和十六年から刊行し、同十九年に龍吟社に統合されている。この間に龍吟社と彰国社は資本、企画、印刷、流通販売、さらに文部省の出版助成金なども含めて、詳細は明らかになっていないけれども、かなり深い関係にあったと考えられ、それがいわば龍吟社グループへと彰国社が統合された要因であろう。

草村北星の『戦塵を避けて』の中に、山陰の疎開先に「会社のI氏、S氏が戦災後始末の要務を帯びて来訪」の章が置かれている。それは戦災による龍吟社の清算処置の承認を求めてだった。それについて、北星は記している。

「I、S両氏は私の協力者として尊敬すべきである。I氏は綿密巧緻の編輯に技倆があり、S氏は経営的世才に長ずるものがある。両人の間柄は古くないが、打見た所水魚の交りである。私の会社戦災後の処置案は専務常務として両人の合議によりてつくられ提示され、私は無条件に承認を与へたに過ぎぬ。遠行して実情に疎いためである。とは云へ会社の成行について両人が哀傷を懐かざるは、私の立場と自ら異るが為であらうし、年若くして前途の光明を予想してゞもあらうか。」

ここで述べられている「経営的世才に長ずる」S氏とは「常務」ともあるから、下出だと断言してかまわないだろう。このようにして北星と龍吟社の時代は終わり、戦後の彰国社の発展の歴史が始まろうとしていた。

だが「綿密巧緻の編輯に技倆」のある「専務」のI氏は誰なのか、またその戦後の行方は判明していない。

159　草村北星『戦塵を避けて』、原智恵子、『ショパン・ピアノ曲全集』

残された資料が少ないこともあって、草村北星の全体像は描くことができなかったけれども、出版者としての軌跡を、明治三十年代の隆文館から昭和二十年における龍吟社の実質的な消滅に至るまで、ずっと追跡してきた。

今回で草村北星に関する言及はとりあえずの終わりになるのだが、ここでこれまで明らかにしてこなかったひとつの事実を書き止めておくことにしよう。実は先行するスメラ学塾に関する言及とこれらの草村北星をめぐる論考は、あるひとりの人物を介在させると、別々に映るであろう物語がつながってしまうのである。私もこの人物に長時間インタビューを行ない、それぞれの論考を書くに至っている。

北星は『戦塵を避けて』の中で、孫のことを気にかけ、次のように書いている。

「長女M子の嫁げる芦屋西澤家留守宅の消息が不明なので、阪神の空爆が激化せる昨今心配に堪へぬ。西澤一家は奉天に存在し、留守宅は祖母と長男龍生が残つてゐるのだ。而も長男は今春東京高師入学を志して合格し、七月から登校の筈だつたので、私共が万事の世話を托されてゐる中、はからず山陰落《おち》となつたため、或は出京のことに迷つてゐないかなど思ひ過さゞるを得なかつたのである。（中略）

建築家の倅と生れて、国史を好み、幼時から歴史に因める絵本などに無我夢中であつたのが長じて十八年、国史専攻の志望をもつに至つたのだ。高師志望は社会情勢上から目的達成の最捷径と信じて選んだものらしい。」

この十八歳の少年である西澤龍生が他ならぬ冒頭に挙げた人物で、スメラ学塾人脈へとつながっていくことになる。しかしまだそれを北星も本人も、まったく予測も自覚もしていなかったであろう。『戦塵を避けて』において、さらに何度も龍生への言及があり、敗戦後に日光の高師勤労隊から山陰の疎開への突然の彼の訪れとその滞在、芦屋への帰宅の様子も描かれ、それらへの記述は北星にとって龍生が最も気にかかる外孫のように映る。これは聞きそびれてしまったが、龍生という名前は龍年生まれに加え、龍吟社の一字をとって命名されたのではないだろうか。

戦後を迎え、西澤龍生は東京高師（東京教育大）を終え、京都大学へ進み、西洋史学を専攻し、京都学派の流れに加わり、スメラ学塾の中心人物だった小島威彦とスペイン研究を通じて交流するようになった。そして後に龍生はオルテガの『傍観者』（筑摩書房）や『沈黙と隠喩』（河出書房新社）などの翻訳に携わっていくのである。

その一方で、龍生は昭和三十二年に板倉加奈子と結婚する。加奈子は毎日新聞のパリ特派員板倉進の娘で、板倉もまた帰国後にスメラ学塾のメンバーの中枢をしめる「パリの日本人たち」の近傍にいたのだった。そのこともあって、板倉はピアニストの原智恵子とも親しく、加奈子は少女の頃にパリにいる智恵子からフランス人形を贈られて感激し、まだ見ぬ智恵子を「おば様」とよぶようになり、龍生と加奈子の結婚式の披露宴の新婦側主賓は智恵子であった。戦後における智恵子の川添紫郎との離婚や、スペインの名チェリストのカサドとの再婚を経ても、加奈子との関係は変わることなく保たれ、それは日本での智恵子の晩年まで及んでいく。

それらばかりでなく、加奈子の父の板倉進と龍生の祖父の草村北星において、徳富蘇峰とのつながりで共通しているといえよう。北星は、蘇峰も設立に関係する熊本英学校の出身で、蘇峰の推薦で金港堂へ入り、出版者としての人生を始めているが、板倉も早稲田大学の講師を経て、蘇峰の『国民新聞』に加わり新聞記者への道を歩み出し、東京日日新聞社、毎日新聞社へ移り、パリ特派員となっていったのである。

また板倉がフランス特派員として、第二次大戦の開戦前に日本に向けて打ちに打った電文は龍生によって解読され、さらにその伝記も添えられ、『パリ特電』（論創社）として刊行された。それ以前には毎日新聞の後輩記者だった山崎豊子によって、板倉をモデルにした『ムッシュ・クラタ』（新潮文庫）が書かれ、ジャーナリストとして特異な生涯を送った板倉の人生が小説として残されている。

おそらくそのような山崎豊子や夫の龍生の営為に刺激を受け、範として、加奈子は『原智恵子の思い出』（春秋社、平成十七年）の上梓に至っている。同書は智恵子より加奈子に宛てた多くの書簡を中心にして構成され、原智恵子という名ピアニストの軌跡と、ヒロインに寄り添って生きた加奈子という少女の生活史が重なり合い、現在では失われてしまった馥郁たる物語を提出している。

だがひとつだけ残念に思われることがあるので、それだけは最後に記しておこう。加奈子はショパンのロマン派特有の魂の音楽に強く魅せられ、それが戦後の日本における智恵子の関西でのショパン演奏公演、偶然に見つけた智恵子の唯一のショパンのSPレコード、その六年後の智恵子が師事したコルトーの日本来演などによって、ショパンにのめりこんでいった体験をつづっている。

本書155で既述しておいたが、加奈子の夫の祖父の草村北星は昭和十六年に龍吟社から『ショパン・ピアノ曲全集』全十二巻を刊行している。これはおそらく楽譜の全集で、どのような経緯と事情によって企画が成立し、またどうして十一冊までは出されたのに、最後の一冊が未刊に終わってしまったのかはわからない。この『ショパン・ピアノ曲全集』にも音楽と出版をめぐるひとつの物語が潜んでいるにちがいない。

だからこそ、加奈子がその北星による『ショパン・ピアノ曲全集』のことを知り、それについて智恵子と話をする機会があれば、とても楽しい一夜を送れたのではないかと想像してしまう。何はともあれ、その『全集』を出版したのは義理にあたるとはいえ、自らの祖父であるのだから。

それにひょっとすると、智恵子は昭和十六年に帰国し、日本での演奏会など精力的に活動しているので、『ショパン・ピアノ曲全集』の出版を知っていた可能性が高い。だがたとえ知っていたとしても、それが加奈子の将来の夫の祖父が出版したとは想像もしていなかったにちがいない。人間と本との出会いはそれぞれ時代によるすれちがいもあるのだということを教えてくれる。

ただ私も『ショパン・ピアノ全集』は未見であり、入手に至っていない。

なお最後になってしまったが、西澤夫妻のご健康とご健筆を祈る次第である。

160　小川菊松、宮下軍平「書画骨董叢書」と今泉雄作『日本画の知識及鑑定法』

草村北星とその出版事業に関して、間違いは多々あるとはいえ、貴重な近代出版史資料といっていい小川菊松の『出版興亡五十年』をしばしば参照してきた。

これらの草村の出版事業についての小川の記述、それは主として草村の様々な「編纂会」を組織し、予約会員制、もしくは直販ルートでの流通販売を意図した出版物に向けられていた。それらへの具体的な言及はささやかではあるが、いくつもの実例を既述してきたことで、以前から考えていた仮説がそれなりに正しいのではないかとの感慨を覚えるに至った。だからそれを書いておきたい。

昭和初期円本時代は、改造社の『現代日本文学全集』の新聞広告の大宣伝による予約会員制の大募集、一冊一円の大量生産、大量販売に始まったとされる。これに新潮社の『世界文学全集』、平凡社の『現代大衆文学全集』、春陽社の『明治大正文学全集』、春秋社の『世界大思想全集』などが続き、橋本求の『日本出版販売史』（講談社）に掲載されたリストによれば、大正十五年から昭和四年にかけて刊行された円本に類する全集やシリーズ物は三百数十種に及んでいる。

この円本時代がそれ以後の書籍販売の祖型を形成し、文庫や新書をも誕生させたのである。それゆえに現在の文庫や新書のペーパーバックによる大量生産、大量販売の起源もまた円本時代に求められる。これらの円本、文庫、新書は出版経済、販売流通から見ると、雑誌の月刊誌と同様の機能を有し、そのためにそれまでの買切から委託システムへと必然的に移行していく宿命を帯びていた。円本類の量的飽和は書店市場のキャパシティをはるかに超えてしまったために、大量の返品を余儀なくされ、それらの円本の大量返品は出版業界のバックヤードを形成しつつあった古本業界が処理する回路をたどっていったのである。このような昭和円本時代の終焉については小川の証言も含めてよく語られているし、私も『書店の近代』(平凡社新書)で、それらのことに言及している。だが円本の起源に関しては、改造社の山本実彦の『現代日本文学全集』の企画が神話のように語られ、またその華々しい成功が出版史の記録として定着してしまったことも作用し、ほとんど関心を払われてこなかったように思われる。しかしそれは明治半ばの田口卯吉から始まり、草村北星たちが大正時代を通じて試みてきた「編纂会」や「刊行会」による予約会員制販売に基づく出版システムに起源があり、改造社の『現代日本文学全集』に始まる円本の大量販売はそれらを模倣し、大量宣伝、大量生産と価格破壊を連動させた流通革命だったのではないだろうか。そうした円本のモデルとなった出版企画の先駆者たちが草村北星であり、本連載でもふれてきた世界文庫刊行会＝世界聖典全集刊行会の松宮春一郎、国民文庫刊行会の鶴田久作、様々な仏教原典類の刊行に携わった多くの出版者も同様の存在であったと考えられる。

それは小川菊松も同じであり、彼もそのような出版企画を試みていて、それを『出版興亡五十年』の中で告白している。小川は明治四十五年に大取次の至誠堂から独立し、誠文堂の看板を挙げた。当時は大口雑誌を取り扱うのが大取次、書籍だけが中取次、三番目の東京市内を回る書籍専門が小取次で、「セドリ屋」と呼ばれていた。小川の誠文堂もそうした小取次から始まり、出版へと向かっていったのだ。そして小川は同じ小取次の宮下軍平と組み、草村たちが試みていた出版にも触手を伸ばしていた。宮下「市内組の先輩株には、二松堂宮下軍平氏(中略)があり、二松堂は多少は地方扱いもしていた。宮下君は後に私と共同して『書画骨董叢書』十二巻を出版したこともあり、これは損失ものであつたが、宮下君が単独で出版した『大正式辞と演説』『仏様の戸籍調べ』は随分売れたものである。その後京都大学派の雑誌発行を引受けて失敗したが、経済的には少しも動揺しなかつた。が、大東亜戦争で一粒種の亀雄君を失つたので、郷里信州松本に疎開し、昭和十九年に遂に死去した。」

小川の記述を確認するために、『出版人物事典』を引いてみると、宮下は明治十一年長野県生まれで、松本と日本橋の松栄堂に勤めた後、同三十七年に二松堂を開業し、取次と思想、科学書の出版、『絵画教育』『新書道の研究』などの雑誌を創刊したとのことだが、残念ながら、「京都大学派」の雑誌については言及がない。なお例によって小川の間違いを指摘しておけば、宮下の没年は昭和二十四年である。

この小川と宮下が共同出版した「書画骨董叢書」の第一巻を持っている。それは今泉雄作を著者とする『日本画の知識及鑑定法』で、箱入菊判、上製、本文だけで四百十五ページに及ぶ「叢書」にふさわしい造本となっている。しかも口絵写真、図版四十ページ余、それに本文にも各時代の画家の代表作品、落款、印章などの写真掲載もあるので、当時としては内容、定価ともに読者も限定された本だと見なしていいだろう。著者の今泉はフランス留学の後、岡倉天心と東京美術学校創立に加わり、美術史家、書画骨董鑑識家として知られている。

奥付を見てみると、大正九年六月刊行で、確かに発行者は宮下軍平と小川菊松の二人であり、発行所は宮下と住所を同じくする書画骨董叢書刊行会となっている。ただ定価の記載はないので、会員制の予約出版であり、「凡例」を記し、そこでこの一冊のコンセプトを見事に要約説明している、名前なき「編輯者」によって、二人のところに持ちこまれた企画であろう。そこで宮下と小川はその「刊行会」

を立ち上げ、予約会員制出版販売に乗り出したが、得意な分野でもなかったし、高定価のために読者も思うように集まらず、「損失ものであつた」出版になってしまった。これも『全集叢書総覧新訂版』(八木書店)を確認してみると、「書画骨董叢書」は小川の言と異なり、全十巻予定であったが、完結に至らなかったようで、「損失ものであつた」ために中絶してしまったことを証明していよう。またこの二人の関与は不明だが、「後版」全七巻が昭和三年に刊行されていて、こちらも同様だったようだ。

小川と宮下が試みたような予約会員制の共同出版は、リスクと製作コストを分散させるために大正時代に全集やシリーズ物にかなり応用されていたシステムのように思われる。しかし「書画骨董叢書」のように中絶してしまったものも多かったであろうし、その実態は明らかになっていない。比較的よく知られている新潮社と『近代劇大系』の関係ですらも、いくつもの新潮社の社史にその書影も含めての掲載はあるのだが、共同出版に関する言及はない。そのために新潮社と、もう一人の予約出版の先駆者だったと思われる近代社の吉澤孔三郎との関係、吉澤のプロフィルについても、それらの明確なアウトラインをつかめないでいる。なお吉澤に関しては拙稿「近代社と『世界童話大系』」(『古本探究』)を参照されたい。それはともかく、「書画骨董叢書」第一巻の『日本画の知識及鑑定法』の名前が記されていない「編輯者」に関してだが、彼は参考文献の一冊として、東京帝室博物館の『稿本日本帝国美術略史』を挙げている。これは小川がやはり『出版興亡五十年』の草村と隆文館のところでふれている『大日本美術略史』という菊二倍判の豪華な大冊」のことではないだろうか。同書は英訳され、大判和紙印刷、和装幀仕立でアメリカでも売られたという。それらのことと、写真、図版の多くの掲載を含め、この「叢書」の「編輯者」は草村と隆文館の関係者だったのではないだろうか。

161　吉澤孔三郎と近代社『世界短篇小説大系』

前回近代社と吉澤孔三郎、新潮社との共同出版『近代劇大系』にふれた。既述したように、近代社の『世界童話大系』については『古本探究』で論じているが、その後やはり同社の『世界短篇小説大系』を購入したこともあり、この『大系』に関しても、一編書いておきたい。

その前に記しておけば、近代社は前出の三つの「大系」に加えて、『古典劇大系』『神話伝説大系』『世界戯曲全集』といった大部のシリーズを、大正十三年から昭和二年に刊行している。これらの中でも『世界短篇小説大系』はずっと探していたにもかかわらず、端本すらも見かけることがなかった。しかもこれは矢口進也の『世界文学全集』（トパーズプレス）の「世界文学全集刊行表」にも掲載されておらず、また『日本近代文学大事典』の索引項目にも見当たらず、また国会図書館も全巻がなく、全容がわからない『大系』でもあった。

これは中野書店の古書目録で見つけたもので、全十六巻揃って二万五千円だった。一冊あたりの古書価を考えれば、高いものではないし、また予想以上に箱入美本だったこともあり、入手できて幸運だと思った。まずはその全巻の内容も示しておこう。ただ巻数表記がないために、配本順に挙げ、それぞれの巻の「解説」や「序」にあたる冒頭文に署名のある場合、その名前を記し、ただ「編者」とあれば、記載を省略する。

1　『露西亜近代及労働派傑作集』／米川正夫

2　『英吉利近代傑作集』／柳田泉
3　『仏蘭西近代傑作集』／井上勇
4　『日本篇』上巻
5　『古代物語篇』／木村毅
6　『小国現代短篇集　付録作者不明傑作篇』
7　『露西亜歴代名作集』／米川正夫
8　『英吉利歴代傑作集』／柳田泉
9　『日本篇』中巻
10　『探偵家庭小説篇』／森下雨村
11　『南欧及北欧篇』／佐藤雪夫と永田寛定
12　『亜米利加篇』／柳田泉
13　『仏蘭西歴史名作集』／井上勇
14　『日本篇』下巻
15　『支那篇』／山口剛
16　『独逸篇』／小山内薫

これらはいずれも菊判の大冊で、それぞれが六百から八百ページに及び、千ページを上回っている巻もある。煩雑であることとスペースを必要とするために、短篇名は記さなかったが、作品数を合計すると、五百編を超えている。4の『日本篇』の上巻の「序」で、名前を明かしていない編者が「日本では殆ど初めてと言ってもいい小説の一大アンソロジイを作り得たことは発行者の聊か誇りとする所である」と述べている。これは『世界短篇小説大系』全巻に当てはまるように思われる。

しかし全巻入手し、実際に各巻を繰ってみると、四百名以上に及ぶ作者の五百編余の短編の「一大アンソロジイ」であるゆえに、解題だけでも容易でなく、もし多少なりとも物語の説明を含んだ解題を試みようとすれば、優に単行本一冊の分量を必要とする。したがってそれらの事情に、全巻入手が困難なことも加わり、これまで紹介されてこなかったのであろう。

近代社については既述しているように、近代出版史を長きにわたって渉猟しているにもかかわらず、発行人の吉澤孔三郎も含めてよくわからないままで、今日に至っている。ただいくつかの証言によって、昭和初期円本時代に、先行する『近代劇大系』と『古典劇大系』を併せて再編集した『世界戯曲全集』を刊行して、第一書房の『近代劇全集』と競合になり、倒産したことだけは明らかになっている。おそらく吉澤と近代社は特定の読者を対象とする予約会員制出版から大量生産、大量販売の円本に至る過渡期を体現してしまった出版者だったのではないだろうか。

鈴木省三の『わが出版回顧録』（柏書房）の中にも、円本と近代社のことが出てくる。

「第一書房の『近代劇全集』と正面衝突した近代社の『世界戯曲全集』のごときは売れ行き不振で店仕舞《じまい》するような結果になってしまった。近代社はかつて円本以前に『世界童話体系』全二十四巻、『神話伝説大系』全二十四《ママ》巻、『現代哲学講座』全十二巻等の予約、出版を企画していずれもよい営業成績を上げ、業界の一方の雄であったが、円本によって思わぬ損失をうけた出版社であった。」

しかもこの『世界戯曲全集』の末路は悲惨で、小川菊松の『出版興亡五十年』によれば、一冊五銭で十万部を数物屋の河野書店が引き取ったという。だが小川は自身の誠文堂で、後に『世界戯曲全集』や『世界神話伝説大系』(『神話伝説大系』の改題)を判型を縮小し、刊行しているのだが、その事実にはふれていない。おそらく近代社の紙型を買い取っての出版だと考えられる。書くことをはばかる出版史の金融における魑魅魍魎たる事実が潜んでいるのであろう。

このように近代社の倒産とその末路はいくつもの証言がある。ところが吉澤孔三郎の経歴、近代社の創業、及びその企画編集をめぐる人脈などがはっきりつかめないのである。その明らかな成功例は、大正十四年に新潮社の佐藤義夫と共同で『近代劇大系』の出版を目的として立ち上げた近代劇大系刊行会だったと断定していいと思われるが、新潮社の社史等には吉澤と近代社について、何も書かれていない。企画編集にしても、今回取り上げた『世界短篇小説大系』だけを考えてもわかるように、また各巻の編集者や訳者に多くの人々が動員されている。まさに一大出版プロジェクトであり、それは『世界童話体系』や『神話伝説大系』も同様である。『現代哲学講座』は未見だが、わずか数年間でこれらの大部のシリーズを刊行した吉澤と近代社の力量は特筆すべきように思われる。また資料的価値も高く、『世界童話大系』や『神話伝説大系』は戦後になって復刻されているほどだ。それなのに近代社と吉澤は出版史の闇の中に埋もれたままになっている。

162　誠文堂『大日本百科全集』の謎

これまでずっと小川菊松の『出版興亡五十年』を利用してきたので、ここで小川を主人公とする円本の話を、ひとつ記してみよう。

大正三年に誠文堂から『子供の科学』を創刊した原田三夫によって、その興味深い回想録『思い出の七十年』（誠文堂新光社）の中で、小川の、取次至誠堂の小僧時代が描かれ、「目から鼻にぬけるような利巧もの」と評されていた。原田の同書については拙著『古本探究Ⅱ』で既述している。

そのような小川ゆえに、円本時代にあっても冷静で、むしろ円本の流行を功罪の両面から見ていて、それは『出版興亡五十年』の「円本流行の経過とその末路」という章によくうかがわれる。それゆえに誠文堂の円本も、小川の客観的視点に基づく『大日本百科全集』として刊行されたのである。

これは意図したわけではないが、それらを少しずつ均一台で拾っているうちに、数えてみると十九冊に及んでいた。まだ全巻を見るに至っていないにしても、このシリーズは実用書の集大成のように思われる。円本時代の内容見本を集めておけば、戦後の出版企画には困らなかったとは山本夏彦の言であったが、『大日本百科全集』を揃えておけば、すべての実用書企画が浮かんでくるようなラインナップになっている。

それもそのはずで、誠文堂は大正時代に「是丈は心得おくべし」という一連の実用書によって、創業の基礎を築いている。これは日常生活のすべての分野に役立つ知識を盛りこんだ実用書で、十六冊出して百二十万部を売り尽くしたとされている。全冊は挙げられないので、タイトルの数例を示せば、「社交要訣」や「日常法律」などの下にすべて「是丈は心得おくべし」がつくのであり、間違いなく『大日本百科全集』はこのシリーズをベースにして成立している。つまり「社交要訣」は『処世社交術』というように、「是丈は心得おくべし」を円本企画に仕立てたのが『大日本百科全集』だといえよう。小川はそれについて次のように述べている。多少長くなるが、彼の円本時代のオリジナルな出版戦略を見てみよう。

「『大日本百科全集』（全三十七巻各定価一円）は、私がやつたものの中で成功したものの一つであるが、これは私一流の独自の企画がかくあらしめたものである（中略）。百科全集は、昭和二年五月に第一回配本として、一巻と二巻と二冊を同時に配本したものであるが、出版界は円本の続出で凄絶の空気に覆われ、恐慌気分台頭の際であつたから、本の売れ行きも悪くなつていたので、特殊な予約募集方法でなくては成功しないであろうと頭をひねり、「自由選択予約」というこれまでに例のない予約形式をとつた。自由選択なので配本上空白が起る可能性があるので、毎月二冊発行を強行して完了を早め、中途から予約本の単行本化を断行し、（中略）予約出版だけでは手一杯かよしや損失になつたとしても、分売本中の図抜けた売行きのものを永久に単行本化して、充分に利益をあげることができるという信念を得たからでもあつた。」

この小川の出版戦略は予想以上の大成功で、私の手元にある松川二郎の『名勝温泉案内』、雁金準一の『囲碁大観』などは分売部数が予約部数の六、七倍に達し、その他のものもほとんど二、三倍は売れ、残本はほぼ生じなかったらしい。そのために「円本界四苦八苦の中で、わが誠文堂は、ひとり涼しい顔をしていることができた」のである。

円本の全巻予約販売方式を採用せず、分売戦略が成功に結びついたのであり、小川の機を見るに敏な出版発想がよく表れているエピソードといえよう。もし従来の予約販売であったら、『大日本百科全集』は失敗していたと小川は述べているが、手持ちの十九冊を見ても、分売ゆえに成功したと判断せざるをえない。やはり全巻ではなく、必要な巻だけを求めるテーマ別実用書にして単行本の色彩が強いからである。

小川は『出版興亡五十年』の他にも、『商戦三十年』や『礎』などの回想録を刊行している。だが残念なことに誠文堂の全出版目録を残していないし、国会図書館でも巻が欠けているので、『大日本百科全集』全冊の明細が確定できない。それに小川は三十七冊と書いているが、新聞広告では三十六冊、『全集叢書総覧新訂版』では四十二冊となっているからだ。読者のご教示を乞う。

しかしいかに実用書とはいえ、短期間に全巻が五百ページを超えるシリーズを刊行するのは、それなりの出版プロジェクトであったと思われる。どのような編集者と人脈が介在し、多数に及ぶ著者が集められたのであろうか。さらに実用書の著者という立場からすれば、当然のことながら書くことは不得手な人物もいただろうから、口述筆記、リライトはつきものであり、またそれらを担当する人々も多く存在していたことになる。

なぜこのようなことを考えたかというと、ある巻に一枚の「誠文堂ニュース」がはさまれ、昭和三年五月の配本が『家庭管理法』と『主義学説の字引』の二冊として、挙がっていたからだ。前者は所持していて、著者は日本女子大学家政学部長の井上秀子、後者は未見であるが、著者はマルクス主義者の佐野学となっている。この二冊のタイトルの組み合わせと同様に、二人の著者のアンバランスな立場も奇妙に映る。大日本百科全集の中でも、『主義学説の字引』はとりわけ二段組みの大冊で、原稿用紙千五百枚に及ぶ「古今東西に亘る尨大な学芸辞典」と紹介され、次のような説明がある。

「著者佐野学氏は新進の思想家であり、且つプロレタリア運動の先駆者であり非常に多忙の際、東西の学芸書を渉猟し、多数の助手を督しつつ約一年の日子を費しつつ完成したものである。」

しかし諸説はあるにしても、佐野学は昭和二年に日本共産党中央委員長に就任し、三年三月、おそらく「誠文堂ニュース」が出された頃、上海に亡命している。したがって佐野は「約一年の日子を費しつつ完成した」というような状況に置かれていない。おそらく「多数の助手」とあるから、佐野の関係者たちが編纂し、その名を冠して出版した一冊ではないだろうか。「誠文堂ニュース」の編輯人は有坂勝久で、調べてみると理科の教科書などの著者でもあるが、彼もその関係者かもしれない。

小川の回想録からもそのような痕跡はまったく見出されないが、『主義学説の字引』が示している事実は、マルクス主義者たちと実用書出版社が提携していたことを示していて、円本時代の出版と編集の謎の深さを垣間見せている。

なお本書60「野村吉哉と加藤美侖」で、それらの謎の一端にふれているので、よろしければ参照されたい。

163　田口掬汀、日本美術学院、『美術辞典』

これも小川菊松絡みになってしまうが、やはりずっと論じてきた草村北星と同様に、同時代の家庭小説家にして出版者であった田口掬汀についても、ここでふれておこう。田口のことは同じく拙稿「田口掬汀と中央美術社」(『古本探究Ⅲ』所収)ですでに一度言及し、その孫にあたる高井有一が田口の伝記ともいうべき『夢の碑』(新潮社)を著わしていることなどを記しておいた。

その際には田口が大正四年に中央美術社から創刊した美術総合誌『中央美術』と円本時代の五種類の出版物を取り上げたのだが、入手していなかったこともあって、同じく田口を経営者とし、学校も兼ねる日本美術学院の本にふれてこなかった。だがその後それらを二冊入手したこと、またあらためて小川菊松の『出版興亡五十年』において、次のような一節を読んだこともあり、もう一度田口についても書いておくべきだろうと思ったからだ。

小川は新潮社の佐藤義亮を論じた後で、田口と草村にも言及している。

「同氏とほゞ同時代の文士で、出版業を開始したものに、小説家田口掬汀氏あり、同じく小説家草村北星あり、田口氏は美術雑誌を発行したが最後は振わず、(後略)」

この後で小川が続けているのは、田口や草村が出版者として大成しなかったことに対して、新潮社の佐藤が成功したのはひとえに経営の一切を担当した中根駒十郎という妹婿の存在があったからで、田口や草村にはそのような女房役がいなかったとの言外の分析である。

ここには取次や書店を経験し、流通販売に通じた後に、出版社としての誠文堂を立ち上げた小川ならではの視線による分析が見られる。小川がいうように、佐藤、田口、草村は「同時代の文士」であり、『新潮社四十年』に掲載された明治三十六年の上野での「新声誌友会」の写真には三人の名前も見える。田口は新声社の社員だったから当然であるが、草村も言及はないにしても、『新声』の誌友的立場にあり、それが後の佐藤からの『新声』の譲渡と隆文館での復刊につながっていったのだろう。

この三人は編集の才もあり、同じように「出版業を開始した」ものの、佐藤と異なり、草村や田口には経営をまかせる人材がなかったがゆえに、「最後は振わず」との結果を招いたと小川はいっているのである。いや、それは田口や草村ばかりでなく、近代出版史にはそのような出版者たちが無数にいて、死屍累々の歴史を積み重ねてきたのだといえよう。

田口の出版人生もそのような苦難に充ちていたことはすでに拙稿でふれているので、ここではその中央美術社の地続きというべき日本美術学院が刊行した『美術辞典』を取り上げてみたい。この辞典は先駆的な一冊だと考えられるのに、もはや忘れ去られてしまって久しいように思われるからだ。歴史図書社から復刻が出されているが、それも三十年以上前である。

この『美術辞典』は大正三年に初版が刊行され、私が所持しているものは大正六年四版であり、編著者は石井柏亭、黒田鵬心、結城素明、発行者は田口鏡次郎、発行所は本郷区湯島の日本美術学院となっている。結城は『新声』の関係者で、田口とともに日本画研究の金鈴社も立ち上げているので、当然のことながら日本美術学院設立にも深くかかわっていた。それは画家の石井や美術評論家の黒田も同様であるゆえに、編著者として名前を連ねているのだろう。田口鏡次郎はもちろん田口掬汀の本名である。

この『美術辞典』は四六判ながら、九百五十ページ近い堅牢にして、背革天金のケルト模様の中にタイトルと版元名が位置し、その上には「ART DICTIONARY」との表記が施され、瀟洒なイメージも兼ね備えている。そして「いろは引」と「五十音引」は時代の過渡期を伝えているが、多くの図版を配し、大正時代の美術の位相を表象させているし、個々の項もそれぞれ興味深い。例えば、「印象派」はこの用語ではまだ立項されておらず、「インプレッショニスト」とあり、次のような説明が記されている。

「印象派は近代絵画の一派である。此派の人々は、自然を細かく在りのままに写すといふより寧ろ刹那に眺めた自然を出来る丈け自分の心に印したままに描き出さうとする。刹那に眺めた自然、殊に風景は、僅かな筆数《ふでかず》と力のある筆触《タッチ》とを以て描き出される。（後略）」

最初の部分を引いたが、このようにして「印象派」はまず「インプレッショニスト」として日本に紹介されていたとわかる。おそらく想像するにこのような辞典の誕生を見て、明治から様々に紹介されていた美術用語も「インプレッショニスト」から「印象派」へと転化していったように、大正を通じて日本語へと移されていったのではないだろうか。

『美術辞典』に「序」を寄せている伯爵の林博太郎はこれらの状況を踏まえてか、「日本美術学院が新たに美術辞典の発行を企画せるは頗る宜に適へるもの」で、これまで「術語本位の美術辞典」は西洋にあっても、日本にはなく、この辞典の出現は「実に未曾有のこと」とまで讃辞を送っている。

またもう一冊手元にある日本美術学院の足立源一郎著『人物画を描く人へ』(大正十二年五版)の巻末広告には「日本唯一の芸術辞典」とあり、「増補七版発行」との惹句も掲載されていることからすれば、田口掬汀が日本美術学院から満を持しての刊行であろうと思われる、この『美術辞典』はその分野における最初のものであったのかもしれない。

164 黒田鵬心と「趣味叢書」発行所

前回日本美術学院の『美術辞典』にふれ、その編集者が石井柏亭、黒田鵬心、結城素明であると記しておいた。石井柏亭や結城素明はともに東京美術学校出身の画家であり、石井のラインをたどっていくと、平福百穂や結城とともに新日本画運動に参加し、山本鼎や森田恒友たちと美術雑誌『方寸』を創刊し、また木下杢太郎とパンの会も、結成に至る軌跡を追うことができる。

大正二年に日本美術学院を立ち上げ、同四年に中央美術社から美術総合誌『中央美術』を創刊することになる田口掬汀は平福と同郷で、二人とも新声社の社員であったことから、平福を通じて石井や結城といった画家たちの支援を受け、美術学校と出版社に挑んでいったのである。その一端が『美術辞典』の編著者名として表われているのだろう。

しかし石井や結城は画家として知られているにしても、もう一人の黒田鵬心はそれほどポピュラーな名前ではない。だが幸いなことに『日本近代文学大事典』には次のように立項されている。

「**黒田鵬心**《くろだほうしん》　明治一八・一・一五—昭和四二・三・一八（1885〜1967）美術評論家。東京生れ。本名明信。明治四三年、東大哲学科卒（美学美術史専攻）。はじめ読売新聞社につとめ、芸文誌方寸同人になる。大正一三年、黒田清輝の推挙で日仏芸術社を仏人デルスニスと共同主催、雑誌「日仏芸術」を発行、また昭和六年まで、九回にわたりフランス美術展を開催、西欧美術の紹介に貢献した。」

やはり同事典で、『方寸』を引いてみると、これは明治四十年から四四年にかけて、方寸社から全三十五冊が刊行された美術文芸雑誌とある。石井や山本などの青年洋画家による同人誌だが、美術誌としての特色は各画家の石版画が豊富に発表されていること、パンの会と重なる美術家と詩人の密接な関係に示されているように、木下杢太郎、北原白秋、高村光太郎の作品などが版画芸術と相まって発表されていることで、明治末期の美術文芸雑誌として決して無視できないとされている。石井の『柏亭自伝』（中央公論美術出版）に目を通すと、『方寸』は石井による命名で、支那の画論にあった、大自然を方寸に縮めるといった意味の字句から思いついたという。黒田は四年目から『方寸』の編集同人に参加したことになっているので、おそらくこの時代から美術評論家の道を歩み出したのであろう。そして当然のことながら田口の日本美術学院にも関わり、『美術辞典』の編集にも参画していったと思われる。また推測するに、『美術辞典』の編著者に石井や結城が名前を連ねているにしても、その立場上から考えて、実質的な編著者は黒田だと見なしていいのではないだろうか。

実は『日本近代文学大事典』に言及はないが、黒田もまたその時代に自らの出版社を設立していたのである。それは趣味叢書発行所で、版元名と同じ「趣味叢書」の刊行を目的として始まったようだ。

そのうちの一冊を浜松の時代舎で入手している。それは山崎静太郎（楽堂）の『家と人と』で、「趣味叢書」第九編とある。四六判箱入、ゆったりした十一行組に多くの写真と図版を配し、主として現代の建築美学に関する随筆集となっている。奥付を見ると、大正四年発行で、同七年再版、発行者は黒田朋信とある。巻末の「趣味叢書書目」に目を通すと、第一編の『都市の美観と建築』から第六編の『日本美術史講話』まではすべて黒田鵬心の自著で、この六冊を「第一期」と称していることからすれば、趣味叢書発行所はそもそも黒田の自著を出版する目的で、立ち上げられたことになる。

そして第二期を迎え、第七編が南薫造の『画室にて』、第八編が澤村寅二郎訳『ラスキン抄』、それから前出の『家と人と』が続き、第十編が再び黒田の『青山より』、第十一編が森田亀之輔の『芸術と芸術家』、第十二篇が岩村透の『美術小言』が予告され、「第一期の時よりは、却つて経営は困難であるが、奮闘努力してやるつもりである」との「鵬心生識」と記された「出版者より」の言葉も掲載されている。

この第二期の刊行がどうなったのかは確かめていないが、完結に至ったのであろうか。なぜならば、出版の持続の困難さは刊行点数が二桁に達した時期に強く現われてくるものだから。

おそらく黒田の趣味叢書発行所はその出版物の性格も含め、プライベートプレスとよんでかまわないと思うが、それでも「経営が困難である」ことに変わりはなく、大正時代に無数に立ち上がったと考えられる小出版社も同じような回路をたどり、大正出版史の闇の中に消えていったと思われる。私にしても『家と人と』を入手しなければ、趣味叢書発行所という小出版社の存在を知らずにいたであろう。

少し話がずれてしまったが、大事なことを記しておかなければならない。この「趣味叢書書目」の中に、日本美術学院の『美術辞典』が一冊だけまじって掲載されている。もちろんページの余白が生じたゆえの掲載とも考えられるにしても、「趣味叢書」が黒田のプライベートプレスの性格であることから見て、それは『美術辞典』が実質的に黒田の編著によることを告げているのではないだろうか。そのように考えれば、混在広告も納得がいくと思われる。

なお「趣味叢書」だが、『方寸』人脈から著者たちが召喚されているのだろう。『方寸』は三彩社から復刻が出されているようなので、一度目を通してみたい。その後、「趣味叢書」の第二期完結は確認できたが、残念ながら、趣味叢書発行所はそこで閉じられたようだ。

165 『新声』、『明星』、「文壇照魔鏡」事件

二回にわたって言及してきた『美術辞典』に象徴されるように、田口掬汀における日本美術学院や中央美術社での出版が成功には至らなかったにしても、光の部分であったとすれば、影の部分を象徴する出版に田口が関わっていたことも記しておかなければならないだろう。それは明治文学史にも伝えられている有名な「文壇照魔鏡」事件である。

この事件は明治三十四年三月十二日付で、著作兼発行者を横浜市の大日本廓清会、及びその代表者を田中重太郎とする『文壇照魔鏡』という百二十八ページ、定価二十五銭の本が出されたことが発端だった。だがそれらの発行所も代表者もまったく存在しないものであり、その内容は与謝野鉄幹を誹謗中傷する怪文書で、彼の犯した架空の強盗、強姦、殺人、詐欺などを挙げ、悪意を持って鉄幹を陥れる目的が明らかだった。

この『文壇照魔鏡』は長らく稀覯本であったが、平成二年に湖北社から「近代日本学芸資料叢書第十五輯」として復刻されたことで、ようやくその怪文書を読むことができるようになった。その菊判の活字の組み方、強調傍点の多様性と執拗な打ち方、大文字の挿入などを実際に目にすると、怪文書独特のニュアンスがリアルに伝わってくる。また奥付に大きく記された「転載を許す」は鉄幹への悪意をさらに生々しく露出させていて、これが次なる鉄幹攻撃の伏線となっていたのである。

伊藤整は『日本文壇史』6（講談社）の「明治三十四年『文壇照魔鏡』事件」において、この「悪意の書」は「文壇に大きなショック」と、鉄幹に「頭上から巨石が落ちて来たやうな打撃」を与えたと書いている。そして続いて佐藤義亮の『新声』四月号に、記者の高須梅渓が『文壇照魔鏡』の内容を紹介しながら鉄幹を攻撃したため、この事件がライバル雑誌だった『新声』と『明星』の代理戦争のようなイメージを与えるに至った。そこで鉄幹は『文壇照魔鏡』の匿名の筆者を『新声』の高須、田口掬汀たちだと考え、高須と発行人の中根駒十郎を誹毀罪で告訴し、新聞でも大きく取り上げられたが、二人は証拠不十分で無罪の判決を受けた。

『新潮社七十年』もこの「『文壇照魔鏡』事件」に一章を割き、これらの経緯と事情を記し、「この事件の真相はいまだ不明であるが、この事件によって、新興出版社新声社の名が世間に強く印象づけられたことは確実であろう」と結んでいる。

しかし伊藤整はこの事件によって、『明星』の部数が五千部から半減してしまったこと、田口が『新声』に勝利宣言にも似た「与謝野寛対新声社誹毀事件顛末」を書いたこと、『新声』と『明星』の確執に両誌をめぐる新進画家一條成美の存在があったのではないかということを書き添えている。

「文壇照魔鏡」事件についてはここまでは知っていたが、その真相は『新潮社七十年』の記述にあるように「いまだ不明」なのかとずっと思っていた。ところが平成十六年に刊行された谷沢永一の『遊星群明治篇』（和泉書院）を読むに及んで、そこに「照魔鏡前後余波」が含まれ、その後の研究によって、すでにこの事件の真相が明らかになっていることを教えられた。

谷沢はまず岡保生が新典社の『明治文学論集』2によって、『文壇照魔鏡』の筆者の研究史と表記文体の検討から、田口掬汀と推定し、その探索に終止符を打ったと述べ、さらなる補足資料として、昭和五十二年に刊行された小島吉雄の『山房雑記』（桜楓社）所収の「『文壇照魔鏡』秘文」を紹介し、五ページにわたって引用掲載している。私もその肝心な部分だけを抽出してみる。

「さて、今だからもう事の真相をここで述べても差し支えないであろう。本当のことを言えば、この秘密出版書は、一条成美が材料を提供し、それを佐藤橘香（新声社主、本名儀助）と田口掬汀とが一夜がかりで書きあげたものである。そのことは鉄幹にも大体の察しがついていたのである。だから、新声社を告発することにもなったのであるが、彼らは極めて巧妙な仕組みでやったことだから、なかなか尻尾がつかめず、警察も確固たる証拠を握ることができなかったのである。

（中略）成美は到頭『明星』を飛び出し、『明星』の競争相手であった『新声』に奔った。成美は胸中のうっぷんを晴らすために鉄幹の悪口を新声社の連中に話した。新声社の方では『明星』と鉄幹に対する妬みと野次馬的心理とで成美の言を採りあげて、針小棒大にあることないことを面白おかしく書きあげたのが『文壇照魔鏡』一篇であった。梅渓は執筆者の佐藤や田口へ義理立てをしたわけである。ひどい目にあったのは鉄幹だった。」

小島はこれらの秘話を、新声社同人として佐藤と最も古い馴染みで、社員にもなっていた金子薫園から生前に聞いた話であるから、間違いはないと断言している。また鉄幹の不徳の致すところともいえるが、佐藤や田口のやり方もあまりに悪質で、腑に落ちぬものがあるとも述べている。

しかしそのような体質が新潮社のＤＮＡにあったからこそ、『週刊新潮』の成功がもたらされたのではないかと思わざるをえない。それに『新潮社七十年』の執筆者は新潮社の顧問を務め、大のゴシップ好きの河盛好蔵であるから、真相を知らなかったはずもないのに、「いまだ不明」と記しているのは、とぼけているとしか言いようがない。同じく新潮社に勤めたことのある伊藤整もおそらく真相は知っていたはずで、それが『日本文壇史』への言及に示されているのだろう。かくしてこのような事実は、出版社の社史をそのまま鵜呑みにする危険性を自ずと示唆している。

なお谷沢はやはり同書の別のところで、田口が事件の翌年の明治三十五年に新声社から刊行した、明らかに鉄幹をモデルにした『魔詩人』の紹介引用を行なっている。これは『魔詩人天野詩星』と改題され、明治四十四年に大阪小説出版協会からも出版されているようだ。国会図書館のデジタルライブラリーではなく、紙の本の実物を読んでみたいと思うが、めぐり会えるだろうか。

博文館と巌谷小波『金色夜叉の真相』

もうひとつ近代文学史にまつわる真相についてもふれておこう。こちらは前回の「文壇照魔鏡」のような匿名の著者ではなく、モデルと見なされた本人が自ら著した一冊があり、それは入手しているからだ。

山口昌男の『「敗者」の精神史』（岩波現代文庫）の「明治出版界の光と闇―博文館の興亡」という一章に、巌谷小波の『金色夜叉の真相』への言及があり、この本を媒介にして、山口は博文館の大橋新太郎と巌谷小波の女と出版の関係を描き、博文館が巌谷も含めた硯友社の文学者たちの上に君臨していた事実を暗示させている。近代文学史はそのことをあからさまに語っていないが、明治後期の文学者たちは大なり小なり、博文館という出版資本の影響下に置かれ、それから自由であったことはなかったように思われる。ある意味において、この時代の文学とは、出版資本と文学者の闘争だったのだ。この章を書くにあたって、山口の脳裏にあったのは、おそらく内田魯庵の明治二十七年刊行の『文学者となる法』（右文社、復刻図書新聞）だったのではないだろうか。ただ山口と関心は重なるにしても、異なる視点から言及してみる。

さてこの『金色夜叉の真相』は昭和二年十二月に黎明閣から刊行された菊半截判四百ページ余の一冊で、この黎明閣は深海泡浪の長編事実小説『悪鬼は躍る』などを刊行している出版社である。この小説は「現代の間寛一」と呼ばれる日本の三大高利貸の一人をモデルとしていて、主人公はまさに黎明閣の発行者に他ならないのだ。つまり黎明閣は高利貸が経営する出版社で、いうなれば戦後の森脇将光の森脇文庫のような版元だと考えられる。このことに関しては拙稿「森脇文庫という出版社」(『古本探究Ⅱ』所収)を参照されたい。

黎明閣の武藤精宏は間貫一を見倣って高利貸になったと自称する人物で、巌谷小波も間貫一のモデルであるとの風評が流布していた。そこで武藤は石橋思案の弟子と称する深海を介して、巌谷に会見を申しこんだ。巌谷の「はしがき」の言葉によれば、「それは私が真のモデルたるを信じ、之《これ》に同情して自ら奮起した身の、大いに話が合ふと思つたからであらう」。この出会いの内容は、深海による付録「二人寛一の会見」として写真入りで巻末に収録されているが、これがきっかけとなって、『金色夜叉の真相』の執筆が促され、各新聞社を招待し、紅葉館での大々的な発表がなされ、出版に至っている。つまり『金色夜叉の真相』の出版はいかがわしい雰囲気と状況の中で進められたことになる。

しかしそのような前提があったにしても、『金色夜叉の真相』は巌谷小波の書き残した唯一の自伝と見なしていい著作に仕上がっている。確かに巌谷がいうように、「私の一代の情史ともなり、女難懺悔となつて」いるが、「私としては思ひきつて書いた、空前の大膽なる文字《ぶんじ》」で「毫《がう》もいつはらざる告白」であろう。登場人物はローマ字の頭文字だけで示されているにしても、ほとんどは存命中であり、リアクションは覚悟の上での出版だったと考えられる。そこにはどのような事情が絡んでいたのか。

『金色夜叉の真相』は巌谷小波のふたつの恋愛事件がモデルだという風評の真実を告白している。そのひとつは少年時代に書生として入り、後に小説のモデルとするK家の三女A子との結婚に至らなかった恋愛で、この失恋から寛一の「黄金万能主義」への変化に反し、モデルの小波は「超世間的の児童文学礼讃に走つた」とされる。もうひとつは硯友社の同人を始めとする文士たちが遊んだ芝の高級料理屋の紅葉館の女中S女との浮名である。ここでは後者にしぼる。

小波が京都在住中にS女はH館のO氏の財力に魅せられ、彼と結婚する。紅葉はそれを小波に手紙で知らせ、紅葉館でS女をなじり、足蹴にせんばかりの行動に出る。これが『金色夜叉』の熱海の海岸の場面に転化されたのではないかと小波は推測している。このモデル問題に相乗して、小波とO氏とS女の関係はH館の事業や小波の著作権問題も複雑に加わり、それこそS女は遅れてきた「女難」＝「一種の金難」を小波にもたらし、その「財政の逼迫」ゆえに『金色夜叉の真相』は出版されたようなのだ。A子やS女はお宮となって物質的にはいずれも恵まれたが、モデルの自分は「餓鬼」として苛まれているという述懐で、この本は終わる。

この『金色夜叉の真相』をベースにして書かれた小波の息子の巌谷大四の『波の跫音―巌谷小波伝』（新潮社、文春文庫）は、ローマ字の人物をすべて実名で描き、H館のO氏は博文館の大橋新太郎、S女は須磨と表記している。そして円本時代におけるアルスからの小波の『日本お伽噺』の出版をめぐる、博文館との著作権トラブルから、小波は憤り、大橋新太郎の私生活を暴露したこの本を書き、刊行と同時に死のうと決意までしたようだとも書いている。だが出版後の反響はどうだったのだろうか。

「『金色夜叉の真相』は、初版一千部印刷されたが、大橋新太郎よりも、綾子（A子―引用者注）の夫川田豊吉から厳重な抗議が出て、初版を売り尽くさないうちに絶版とされた。新太郎は直接小波には抗議せず、金の力でその大半を買い占め、廃棄させた。」

しかし私の手元にある本には昭和三年一月八刷、二月には五回も重版し、十三版となっている。それこそ「金色夜叉の真相」もさることながら、出版の「真相」はさらにわからない。

167 新潮社と小栗風葉『終編金色夜叉』

尾崎紅葉の『金色夜叉』はその死によって未完に終わったが、紅葉門下の小栗風葉が書き継ぎ、明治四十二年に新潮社から『終編金色夜叉』として刊行された。大正四年の縮刷二版が手元にあり、この出版もまた前回の巖谷小波の『金色夜叉の真相』と同様に、『金色夜叉』の後日譚と思われるので、それも書いておくべきだろう。小栗風葉といえば、国木田独歩の死に際しての田山花袋との対立、真山青果や中村武羅夫と結成した大酒飲みグループの戸塚党、中村光夫が『風俗小説論』（新潮文庫、のち講談社文芸文庫）で再評価した『青春』の著者のイメージが強いが、「世間師」などの優れた短編もあり、また『終編金色夜叉』に続き、「金色夜叉外編」として『荒尾譲介』の本編と終編も刊行し、師の紅葉を正統的に継承したとも考えられる。それればかりか、硯友社同人としては新潮社との関係も特筆すべきで、新声社時代の「アカツキ叢書」の企画相談相手、中村武羅夫の入社も風葉の紹介によっている。

そのような前史があって、佐藤義亮は風葉に『終編金色夜叉』の執筆を依頼したのである。佐藤は「出版おもひ出話」（『新潮社四十年』所収）の中で、次のように書いている。

「初期の新潮社が出した小説中、その暴風的な売行で世間を驚かしたものは、小栗風葉氏の『終編金色夜叉』であつた。

私はかねがね紅葉の『金色夜叉』に結末の無いのを惜しみ、これを風葉氏あたりに書いて貰つたら面白からうと思つて居た。

明治四十年の暮れ近い頃だつた。私のこの考へを知つて居る真山青果氏がやつて来て、
「先生（風葉氏）は今ひどく金に窮して居て、この暮れは越せさうもないから、金を出して、否応無しに承諾させたら……

私は渡りに舟の名案と喜んで、早速五百円だつたか八百円だつたかの前金を渡して、兎に角執筆することに約束し《ママ》たのである。」

佐藤はここで書いていないが、風葉の「『終編金色夜叉』の執筆について」（前書所収）によれば、その前に「後の金色夜叉」なる原稿を持ちこまれ、それを買い取り、風葉に参考にするようにと届けていた。その一方で、以前に「脚本金色夜叉」を発表した時、風葉も「故紅葉山人の腹案覚書」を紅葉の晩年の書生だった北島春石より買い受けていた。この「腹案覚書」はやはり同書に収録されている。「後の金色夜叉」がそれに依拠していることは明白だった。風葉もこの「腹案覚書」が信用すべきものと考え、それにそって筋を進めたので、「唯本篇の脚色の強ち余が独案にのみ非ざるを諒とせられん為め」に、「腹案覚書」を転載していることになる。しかし風葉にとっても、紅葉の文体を生かし、無理なく筋を引き継ぐのは容易ではなく、佐藤は原稿を毎日一枚、二枚と受け取ることを明治四十一年中繰り返していた。それに風葉も知らなかったのだが、この「腹案覚書」は偽物だったのだ。その事実が伊藤整の『日本文壇史』14に記されている。

「北島は紅葉の書生をしている間に、巧みにその筆跡を真似るやうになつた。尾崎家には紅葉が半紙に書いた筋書きがあつた。それは上半部に事件を書き、下半部に書く人物の動きを書いたものであつた。北島はひそかにそれを偽筆によつて筆写したのである。大体は原文の通りであるが、上段と下段の事項

が書いているうちに位置が移動したため、筋が少し狂ったものになつた。」

風葉はそれに惑わされ、辻褄を合わせるのに苦労した。さてここで風葉は「北島某氏」と呼んでいるが、北島春石についてもふれておくべきだろう。本書27「北島春石と倉田啓明」で彼のことは既述しているが、もう一度記しておきたい。そこで桜井均の著書『奈落の作者』（文治堂書店）に登場する北島にも言及した。桜井は北島のことを、紅葉の死後、同門の先輩の柳川春葉の弟子になり、二流の小説家ではあったが、筆が立ち、多くの小説を書き、いくつも代作をしていると述べていた。そしてさらにその弟子にしてホモセクシャルの偽作者倉田啓明、つまり「奈落の作者」にも筆を及ぼしていた。「後の金色夜叉」を新潮社に持ちこんだ人物の名前は明かされていないが、北島の周辺の作家であることは確実で、倉田であった可能性も高い。

それに加えて、明治四十一年の二月にはやはり紅葉の弟子の篠原嶺葉による『新金色夜叉』が大学館から刊行された。これらの事情を考えると、紅葉死後における弟子たちの配置図とその関係が浮かび上がる。正統に属する泉鏡花や徳田秋声たちは博文館の『紅葉全集』に参画し、孤立の色彩の強い風葉が新潮社と組んで『終編金色夜叉』の執筆に向かい、二流の弟子たちも『金色夜叉』の続編などを試みたりするという、紅葉の文学的遺産の出版争奪戦を展開していたように映る。風葉自身も博文館や春陽堂ではなく、新潮社から刊行することに対し、「『終編金色夜叉』の執筆に就いて」の中で、その弁解の言を述べている。明治四十二年四月の刊行後、佐藤の言にあるように、「暴風的な売行で世間を驚かした」にもかかわらず、風葉は養子先の豊橋に帰省し、それ以後東京で再び生活することはなかった。この事実は『終編金色夜叉』の刊行のトラウマを伝えているように思える。

168　広津和郎、芸術社『武者小路実篤全集』、大森書房

二回ほど飛んでしまったが、草村北星や田口掬汀の出版事業にずっと言及してきたこともあり、やはり同時代に出版に携わったもう一人の文学者についてもふれておきたい。それは広津和郎である。

そのひとつの理由として、遅ればせだが、一度見たいと思っていた芸術社の『武者小路実篤全集』に、浜松の時代舎でようやく出会ったことも挙げられる。ただ全巻揃いではなく十冊ほどで、一冊千円だったので、とりあえず内容見本代わりに第十巻の随筆集を求めてきた。箱入天金革装、岸田劉生による装丁、大正十二年刊行の奥付には「非売品」とあり、発行者として広津和郎の名前が記されていた。

つまりこの全集も草村北星たちが採用していた予約会員制出版によっていたとわかるし、おそらく直木三十五（植村宗一）たちが春秋社によって刊行した『トルストイ全集』の成功を範とし、出版の運びになったのであろう。見るからに経費がかかっている造本で、八百ページに及び、バブル時代には全巻揃いで数十万円の古書価がついたといわれている。

この芸術社版『武者小路実篤全集』の出版の経緯については広津和郎の『年月のあしおと』（講談社文芸文庫）の中で、「出版の失敗」として語られている。その頃直木三十五が人間社という出版社を手がけ、雑誌『人間』と『ロマン・ローラン全集』を刊行していたが、倒産寸前に追いこまれていた。直木は人間社の他にも、鷲尾雨工と冬夏社、三上於菟吉と元泉社を設立し、人間社と同じく、いずれも失敗に終わっている。直木の出版社遍歴に関しては、拙稿「春秋社と金子ふみ子の『何が私をかうさせた

か』」(『古本探究』所収)を参照されたい。

それらはともかく、最初に挙げた人間社に「U」という有能な男がいて、広津はこの「U」のために新しい出版社の芸術社を立ち上げたのである。この「U」のことはすでに「上村益郎と高見沢木版社」(『古本屋散策』所収)として実名を挙げて書いてもいる。

その芸術社の企画として、最初は儲けるためにコンサイスの辞書のような用紙を使った七、八百ページのポケット職業別電話帳を考えたが、広津の武者小路に対する文学的関心から、まず先に『武者小路実篤全集』を出すことになり、日向の「新しき村」に赴き、武者小路から出版の許可を得たのだった。しかしこの出版は失敗に終わってしまった。広津はその事情を次のように書いている。

「出版の結果は失敗であり、途中から印税も払えなくなり、武者氏に迷惑をかけたが、実は出版としての損失は大したことではなかつたが、それを出している途中例の関東大震災があり、(中略)その後で調べると、Uがすっかり使い込みをやつて大穴を開けていたことが解つて来て、それが痛手となつたのである。」

それでも予約出版であったために刊行を続けるしかなく、借金を積み重ね、手形に追われ、ようやく全十二巻を完結させたようだ。

だが芸術社の『武者小路実篤全集』の失敗にもめげず、広津は性懲りもなく、昭和円本時代に入って、またしても出版社を始めるのである。それは保高徳蔵の「ある時代の広津和郎氏」(『作家と文壇』所収、講談社)に書かれている。この作品は小説となっているが、ほぼ実話と判断できるし、円本時代を描いた広津の「昭和初年のインテリ作家」(『広津和郎全集』第2巻所収、中央公論社)と対をなしている。広津は出版資本に抗するための執筆者協会の創立を考え、その経費十万円を用立てるつもりで、出版を提案する。「保高君、僕は金を儲けるためには、芸術的な書物の出版はしない。赤本をやります。赤本の出版を……」。当時は実用書のことを「赤本」と呼んでいたのである。

そして大森書房が設立された。保高と詩人の西川が校正係、支配人が広津の腰巾着の山川で、最初の出版は『名人・八段指将棋全集』全八巻だった。これは関根名人を始めとし、八段の全員の棋譜を収録し、詳細な解説を施した四六判五百ページの浩瀚なもので、将棋ファンの研究書、及び将棋文献として後世に残ると広津は信じたのである。関根名人の後押しもあり、この「遊戯書の出版」は成功間違いなしと思われた。支配人の山川は大阪、京都、神戸の取次営業に回り、それなりの予約部数を確保してきた。ところが第一回の広告をうってまもなく、神田の銀月堂書房から『将棋大講義録』という類書の広告が出され、両社の宣伝合戦が始まり、広津は自ら広告文を書き、またその絵も描き、投じられた広告費は一万円以上に及んだ。

第一巻が出来上がり、広津は景気のいい数字を期待したが、山川は読者を四千人と想定した。四千部が採算分岐点で、儲かるどころではない初版部数だった。それなのに第一巻は返品に次ぐ返品で、六畳の部屋一面にうず高く積み重ねられた。月を追って続刊したが、実売は千部ほどであることが明らかになった。紙代、印刷費、印税、広告費の未払い金と手形は三万数千円に達した。月々の給料も捻出できず、大森書房も最後を迎えていた。保高は書いている。

「債鬼を避けるために広津氏の姿は殆ど見えず、後には山川銅之助すら債鬼から隠れるために姿を消すことが多くなつて、返品の山と積み重ねられた中に、佐藤少年が一人で悄んぼり留守番をしていることがよくありました。」

その後広津は広告代理店から破産申請を起こされ、返済方法を立てて和解の道を考える他はなかった。そうしなければ、原稿料も印税も差し押えられてしまうからだ。それに加え、全集の紙型を神田の真文堂に売ったことで、西川から分け前の要求を受けていた。

つまり「円本に於ける出版業者の態度に対する不満から、執筆業者が出版業者に要求を持ちかける機関を作ろうとして始めた『将棋全集』で、広津氏は結局、出版業者の立場に立たされている」のだ。保高は広津の聡明な顔に「一層強くドン・キホーテ的風貌」を感じるのだった。

念のために例の書誌研究懇話会編『全集叢書総覧新訂版』を繰ってみると、昭和二年の大森書房の『名人八段指将棋全集』が掲載されていた。やはり実話だったのだ。そしてさらに付け加えておけば、銀月堂書房の『将棋大講義録』とは金星堂の『将棋大衆講座』、広津が紙型を売った真文堂は小川菊松の誠文堂で、それは『将棋大全集』として出版されたと思われる。

169　村松梢風と『騒人』

前回の広津和郎の出版事業に引き続き、同時代にもう一人の文学者が立ち上げた出版社のことも書いておこう。それは彼が代表作を田中掬汀の中央美術社から刊行していること、本書166の巌谷小波のように息子によって評伝が書かれてもいるからだ。彼の名前は村松梢風で、その出版社は騒人社である。

村松梢風は大正十五年四月に個人雑誌『騒人』を創刊し、これも代表作たる『正伝清水次郎長』や

『上海』の連載を始めている。その創刊号が手元にあり、菊判六十四ページの奥付には発行兼編輯人として、彼の本名である村松義一名が記され、発行所は騒人社となっている。その上の村松の「編輯後記」には個人雑誌のつもりだったが、「交遊の諸君」の「楽屋総出で応援」もあって、このようなページに及んだと述べられ、その横の巻末ページには中央美術社版の平福百穂装丁の『本朝画人伝』全三巻の広告が掲載されている。

『日本近代文学大事典』の解題によれば、『騒人』は梢風の個性を反映した独特の文芸読物雑誌で、自らの前述の作品に加え、田中貢太郎の怪談物の傑作、長谷川伸の『沓掛時次郎』や『瞼の母』といった名作戯曲を掲載したが、経済的負担と創作活動の妨げとなるために、昭和五年で廃刊されている。この間に騒人社は『騒人』のみならず、書籍をも出版し、その独特な装丁の数冊を見ているけれども、古書価が高いこともあって、入手には至っていない。『騒人』も創刊号しか持っておらず、その後の出版広告を確かめていない。だから騒人社の書籍の出版点数と明細は挙げることができないし、騒人社そのものについてもはっきりとしたアウトラインをつかめずにいた。

ところが平成時代に入って、息子の村山暎が「女・おんな、また女　村松梢風の生涯」とサブタイトルのある『色機嫌』（彩古書房）を上梓し、そこに「『騒人』時代」の一章を割いてくれたことによって、ようやく『騒人』とその時代が明らかになった。それを要約抽出してみよう。

『中央公論』編集長の滝田樗陰に見出された梢風は、樗陰の死によって編集体制が変わったことで、「説苑」というデビュー以来の常連執筆欄を失ってしまった。そこで思いついたのが個人雑誌、すなわち『騒人』の創刊だった。創刊号は一万部刷ったが、八割が返品として戻り、次号から五、六千部へと減らしたが、二千部そこそこの売れ行きで、それは創刊号から変わらず、当然のことながら赤字が続いた。そこで梢風の『馬鹿囃』『梢風情話』『支那漫談』、田中貢太郎の『怪談傑作集』などの二十五、六冊を刊行したけれども、売れたのは『支那漫談』だけだった。

それでも騒人社が五年間も続けられたのは、虎の門で松葉のエキスからなる怪しげな薬を売っていた国谷豊四郎という人物を通じて紹介された『二六新報』創始者の秋山定輔、大阪の侠客小林一家の親分で、大日本正義団盟主でもある酒井栄蔵の援助があったからだ。その代わりに梢風は秋山と小林の伝記を書いている。

この二人の援助の他に、昭和初期円本時代の恩恵がもたらされたことも『騒人』が続いたもうひとつの理由だった。まずは平凡社の『現代大衆文学全集』の一冊に、『正伝清水次郎長』などが入った『村松梢風集』が編まれたこと、それから梢風自身が同じく平凡社の円本『伊藤痴遊全集』を企画編集したことによる印税とマージンのすべてが注ぎこまれていった。

『平凡社六十年史』は後者について、次のように述べている。

「『伊藤痴遊全集』も手堅い読者層にささえられて着実に売れたシリーズだった。はじめは「西郷南洲」などをふくむ全十二巻の企画としてスタートし、読者の熱望に応えて六巻を加え、それでもなおかつ収録できなかった代表作を、続巻十二巻に編成し、全三十三巻として完結した。(中略)『伊藤痴遊全集』は作家の村松梢風のアイデアによるものだった。当時の『騒人』という個人雑誌を主宰していた梢風は、その直接購読者名簿を繰っているうちに、伊藤仁太郎(痴遊)の名前を発見し、雑誌は寄贈するから何か原稿を書いてほしいともちかけ、それが機縁となって痴遊の選挙の応援に出か

けたりした。（中略）

梢風が痴遊から全集出版の権限をゆだねられたのは、ヨーロッパ旅行に出発する直前のことだったらしい。印税の何割かを頂戴するということで話は決められ、梢風は痴遊の留守中に奔走し、平凡社へ持ちこんで許諾を得た。」

自由党に加わり、投獄も経験し、政友会の代議士になった伊藤痴遊の政治講談は予想外の好評を得て、予約者も三万人を超え、その後の戦時中の廉価普及版は二十万部近くに達したという。その『伊藤痴遊全集』の一冊に目を通してみると、語り口は『現代大衆文学全集』の新しい「時代小説」と地続きで、旧来の政治講談が想像以上にその近傍にあったことを感じさせる。

このように梢風は秋山や酒井からの援助、円本からの思いがけない収入のすべてを注ぎこみ、赤字続きの『騒人』を支えたが、号を追うごとに寄稿者も増えたために、百ページを超える分厚いものになり、それでいて売れ行き部数は伸びなかったので、赤字は決して解消されなかった。そして赤字に赤字を重ね、梢風はそれによって借金で首が廻らなくなる状況にまで追いやられた。

しかし『色機嫌』が伝えているところによれば、広津和郎が『名人八段指将棋全集』を企画し、競合円本が出て破綻に追いやられたように、梢風もまた『落語全集』を刊行し、講談社の『講談落語全集』とバッティングし、内容は『落語全集』のほうが充実していたにもかかわらず、圧倒されてしまったことが騒人社の命脈にとどめをさしたという。「騒人社時代は梢風の一生の中でも困苦の時代だった」と村松暎は記している。

広津とは逆に、梢風は平凡社の『伊藤痴遊全集』の成功を身をもって体験してしまったゆえに、余計に『落語全集』にのめりこんでしまったのかもしれない。だがこのふたつの落語の全集は未見のままである。

なおこれはいうまでもないかもしれないが、村松友視は梢風の孫にあたり、叔父とは異なる祖父の「女」を『鎌倉のおばさん』（新潮社）などで描くことになる。

170　未刊の『大正文学全集』と佐藤耶蘇基『飢を超して』

二年前からずっと手がけている「出版人に聞く」シリーズ〈7〉として、筑摩書房の菊池明郎へのインタビュー集『営業と経営から見た筑摩書房』を昨年の十一月にようやく刊行するに至った。その際に未刊のままになっている『大正文学全集』について尋ねたところ、退職した企画担当編集者からもぜひあれだけは出してほしいと繰り返し懇願されているのだが、出版時期を完全に外してしまったので、もはや刊行は無理だろうという見解が戻ってきた。そこでせめてすでに具体的に固まっている、その企画プランだけでも見せてほしいと頼んだ。そして菊池の好意で、その全五十巻に及ぶラインナップを目にすることができた。

第一巻の『夏目漱石集』から始まって、第五十巻の『大正記録文学集』に至る流れを見ると、これが先行する『明治文学全集』にリンクするもので、あらためて近代出版史と同様に、明治と大正が切断されているのではなく、一直線につながっていると実感させられる。その一直線のつながりは両者とも関東大震災で切断されたのだが、その後の昭和初期円本時代を迎え、近代出版史は転回期、昭和文学史はその幕開けとなったのである。

この全五十巻プランの特色は単独の作家の巻数は七巻ほどで、残りは複数の作家、思想家、評論家の巻、及び前出の『大正記録文学集』（もしくは『大正文学回顧録集』）のように、「大正」を付した様々なアンソロジーの巻から構成されていることだろう。後者だけで十五巻が挙げられ、『編年体大正文学全集』（ゆまに書房）とはまったく異なる大正文学の世界を想像させる。もし『明治文学全集』に続いて刊行されていたら、大正の時代と社会、文学と思想の読み方や捉え方がちがっていたのではないかと思わせるほどだ。

しかしこの未刊の『大正文学全集』にしても、それらはエキスであって、その背後には膨大な小説や作品が書かれ、そして忘れ去られていった事実が無数に潜んでいるにちがいない。それらの例として、私が拙ブログで連載した佐藤吉郎の『黒流』、本書148の三浦関造の『革命の前』、『編年体大正文学全集』に初めて収録されたことで読むことができるようになった中村古峡の『殻』などが挙げられる。大正時代は出版史から見れば、宗教書と奇妙な小説の色彩に覆われていたようにも思えてくる。

そのような一冊として、佐藤耶蘇基の『飢を超して』を取り上げてみよう。これは大正十四年九月二十日発行、二十六日第八版と奥付に記されているにしても、その信憑性は疑わしい。著者名は佐藤八十亀で、これが本名とわかる。版元は発行者を高島政衛とする第百出版社で、私はこの他にも、高島を発行者とする本を持っている。それは第百書房のゾラの『制作』上下と『罪の渦』（いずれも井上勇訳、大正十五年）である。後者の巻末広告にはイプセンの『海の婦人』（草野柴二訳）を始めとする「近代脚本叢書」十巻の掲載がある。おそらく第百出版社は『制作』の前版が聚英閣であることからすると、関東大震災後に簇生した譲受出版社のひとつだったと考えられる。同社の奥付に示された高島の住所はいずれも神田区今川小路であるから、第百出版社と第百書房が同じだとわかる。『飢を超して』刊行後に第百書房と社名を変更したのかもしれない。

さて前置きが長くなってしまったが、『飢を超して』に移ろう。佐藤の弟子の露光なる人物がその「序」で、この本は「師」が関東大震災によって不安と恐怖の中にいる人々に精神的力を与えるために書いたと述べ、「師」のプロフィルを次のように紹介している。

「極端にまで一切を否定して霊に生きんとして、師は幾回も死の門をくゞらんとした、深刻なる生の悩み。光明をみとめては又見失しない、幾度も闇の世をさまよつた後、一切は霊活なりと。決然として街道に立ちて獅子吼始めた。その結果、政府の迫害、既成宗教界の迫害、鉄窓に縛かれ、社会に出れば、彼の肝腑より迸り出る真理の声は、当局より堅く口を禁止され、天地広しと雖も五尺の体置き所なき身となつた。大正八年の春、天地と共に霊活の凱歌を奉じつ、鬼子母神裏の土穴に這入つて仕舞つた。」

『飢を超して』はこの「師」の三年にわたる「鬼子母神裏の土穴」生活が描かれ、それは「Y」=耶蘇基を主人公とする宗教寓話のように語られていく。「寓話」と記したのは『飢を超して』が小説のような体裁をまとっているにしても、その展開は説明に欠けていて、茫洋な既述に終始しているからだ。きわめて簡略にこの「Y」の軌跡を何とか具体的に追うと、大正時代のキリスト教と仏教を遍歴する混沌状態の中にあって、鬼子母神裏の竹藪の崖の大きな土穴にこもり、人間特有の厄介な自己を捨て、「生は即愛、慈」だとの認識にたどりつく。そこに生きることが「霊活」であり、「即神、仏」ということになり、「土穴」生活がその体現にして、街頭での伝道にも増して「俺がこうして居る事、それが即社会の人間を救つてゐる事」だとされる。しかもその「土穴」と「霊活」生活は新聞に載り、ファンレターも届き、「Y」は有名になり、多くの見物人が押し寄せてくるほどだった。この「霊活」が佐藤と『飢を超して』のキーワードと見なしてよく、それはひとつの大正時代の宗教ジャーゴンであったのかもしれない。

しかしこの『飢を超して』は同書の三分の一ほどを占めるだけで、その他は「追想」と題する、やはり「Y」を語り手とする「自己の半生」を収録し、「土穴」での「霊活」に至るまでの波乱に充ちたといっていい個人史がたどられている。しかしその記録は冗漫でもあり、これ以上それらをたどることは止そう。

この『飢を超して』だけでなく、大正時時代のベストセラーである島田清次郎の『地上』や賀川豊彦の『死線を越えて』にしても、現在では通読するのに苦痛を伴う。だがそのような物語群が反復されて出現したのも、大正時代の特質であったように思われるし、それに『飢を超して』のタイトルも、『死線を越えて』を模倣しているのだろう。しかしそのような大正時代の物語も、カノンとしての『大正文学全集』的バックヤードがなければ、輪郭と位置づけも定かならぬ胡散臭い寓話のままで終わってしまうかもしれない。

なお『飢を超して』は、種村季弘の『食物漫遊記』（ちくま文庫）においても、拙稿とは異なる食物をめぐる物語として論じられている。また「神保町系オタオタ日記」にも言及があるので、参照されたい。なお黒色戦線社から復刻が出されていることは承知しているが、こちらは未見である。

171　大泉黒石『老子』、仲摩照久、新光社

大正時代の出版が宗教と奇妙な小説によって彩られていたことを既述してきたが、ロシア人を父とし、日本人を母とする日露混血で、ロシアやフランスでの生活を体験してきた大泉黒石も、そのような時代を象徴する多彩なキャラクターであったと思われる。それは『俺の自叙伝』（『現代ユウモア全集』第十巻所収、同刊行会）を一読しただけでも明らかである。

その黒石が新光社から出した『老子』は大正時代のベストセラーで、小川菊松の『商戦三十年』（誠文堂、昭和七年）によれば、「大泉黒石氏の『老子』の如き、当時の洛陽の紙価を高らしめたものであった」とされる。実際に手元にある『老子』を見ると、大正十一年六月発行、十月三十六版とあり、またその続編と見なせる同年の『老子とその子』（春秋社）も十一月発行で、たちまち六版となっているので、小川の証言を裏づけている。

この「創作」とある『老子』はひとつの寓意小説と見なせるだろう。中国の周の洛陽から隣国の晋へとやってきた李耳老人が、旅人たちの利用する木賃宿に泊まり、同宿の客と話しているところから始まる。老人は一ヵ月前まで周の景王につかえ、周室の図書館長であった。だが王も諸大臣も役人も愚物、凡骨ばかりだったので、王にあえて献言をして、「道」を説き、大臣や役人たちから嫌われ、職を退くことになったのだった。この李耳老人の説く「道」の内容は中国古典『老子』に述べられている事柄であるから、彼が表題の「老子」に擬せられていることがわかる。

しかし老人が様々にもらす思想や独白から判断すると、彼は老子だけでなく、キリスト教やドストエフスキーなどの影響を強く受け、自らの究極の聖者のイメージをも抱いているようなのだ。それは大泉黒石ならではのこの時代において幻視された王権、もしくは天子像なのかもしれない。その表白を引いてみる。

「周の景王に天子としての資格を疑つてゐた李耳老人の頭には自から彼が空想してゐた光輝ある王者があつた。それは（中略）世界のすべてを統治する力をそなへたところの、唯一人の聖者の幻想であつた。恐らくそれはこの地上に拝むことの出来ないかも知れない幻想の王者であつた。彼の冠は無抵抗であつた。その蔭には慈悲の眼と謙遜の口とがあつた。彼は土に染める手をひろげ、平等の靴を穿き、素朴な襤褸服の中には水のやうに拘づまぬ貴い心を持つてゐた。そして彼は無位無冠の玉座に坐してゐた。」

老子の「道」に加え、このような「聖者の幻想」を併せ持つ李耳老人を中心にして、旅芸人と労働者＝革命家が絡み、またそこに宿を営む父娘も加わり、物語は牢獄の中にまで展開されていく。

だがこの『老子』という物語もまた「小説」というよりも宗教的「大説」の趣が強く、どうして「当時の洛陽の紙価を高らしめた」のかを実感として理解することは難しい。おそらく大正時代には多くのこのような宗教にまつわる小説、物語、言説があふれ、それらが文学や思想の水脈を形成していたと考えられる。

しかし前回ふれた未刊の『大正文学全集』には『大正宗教文学集』の一巻は編まれているが、そこには佐藤耶蘇基や大泉黒石は含まれておらず、また彼らの名前は他の巻にも見えていない。宗教と奇妙な小説の大正時代を立体的に捉えるためには、カノンとしての『大正文学全集』、それを補足する様々な個人全集、この時代には大いなる意味と影響があったのに忘れられてしまった、全集類には収録されない作品群の発掘と研究、それらに寄り添った出版社の検証のいずれもが必要だと考えられるが、それらはほとんど実現していないといっていい。

例えば、『老子』の版元の新光社に関しても、肝心なことは何もわかっていない。新光社を吸収した誠文堂の小川菊松によって、『商戦三十年』や『出版興亡五十年』などにおいて、あるいは原田三夫の『思い出の七十年』の中で、新光社と仲摩照久のことは確かに語られてはいる。それらによれば、仲摩は月刊雑誌『美人画報』や『飛行少年』の編集に携わった後、満州で新聞を発行していた立川軍平からの資本を得て、大正五年に新光社を設立している。そして同じく『世界少年』や『科学画報』を創刊し、単行本も三百冊余を刊行したとされる。そしてこれは何度も既述してきたが、高楠順次郎の『大正新修大蔵経』の大出版企画が関東大震災で烏有に帰してしまったこともあり、大正十五年に破綻する。その後を小川菊松が引き受け、新たな株式会社となった新光社は円本時代に入って、仲摩を編集局長的立場にして、『万有科学大系』『世界地理風俗大系』『日本地理風俗大系』などを刊行し、昭和十年に誠文堂と合併し、誠文堂新光社として新たに発足している。

それを機に新光社を去った仲摩は新たな出版社と鼻の治療薬の発売を始めたようだが、その社名は判明していない。その後昭和十九年に四十九歳で亡くなったという。

これらが仲摩の編集者、出版者としての軌跡であるけれども、その出自に加え、彼が作家崩れであったこと、大本教の近傍にいたことなどに関する詳細はわかっていない。新光社の高楠の『大正新修大蔵経』といった大出版企画、本書100でもふれた「心霊問題叢書」、及び「仏教経典叢書」のようなシリーズ、それから多く出されていると推測される宗教書などはどのようにして出版の運びとなったのだろうか。

また『老子』の巻末広告には友松円諦や渡辺楳雄の仏教書の他に、ペルシャの宗教詩の加藤朝鳥訳『薔薇園』、日本の最初の回教徒である山岡光太郎の『回々教の神秘的威力』、山原たづ、宮田範、弘津千代の三女性によるインド仏教史戯曲『華子城物語』が掲載されている。これらの書目を見ると、これも本書132と133でふれたように、スメラ学塾の中心人物の仲小路彰が同じく新光社からマホメット伝とされる『砂漠の光』を刊行していることを想起させる。

これらのことから想像するに、仲摩の編集と出版の触手は広範な宗教分野に及んでいたのではないだろうか。その大正時代における大本教、英国心霊研究協会、仏典出版ルネサンスの動き、イスラム教への注視ともポリフォニックに交差していたのではないだろうか。しかしそれらの謎は新光社の出版物の全容が明らかでないように、まだ明かされていない。

なお仲摩と新光社の全容が判明していないこと、また大正時代のそのような文学者たちの作品が埋もれていることに比べれば、大泉黒石は造型社（発売緑書房）から九巻の全集も出され、『黒石怪奇物語集』（桃源社）や『ロシア文学史』（講談社学術文庫）も復刊されている。それだけでも慶賀とすべきかもしれない。

172　麻生久『黎明』、大鐙閣、『解放』

前回の新光社に関する一文を書き終え、新光社とその出版物に対するこれ以上の言及はもう少し資料を集めてからと考えていた。しかしその後で、浜松の時代舎へ出かけたところ、またしても大正十三年に新光社から出された麻生久の『黎明』を見つけてしまったので、続けて書いておくしかないだろう。それにこれは宗教小説ではなく、社会主義、労働運動小説とよんでしかるべきであり、新光社の宗教にまつわる出版物と異なる側面を見せているからでもある。

麻生について、『日本近代文学大事典』では小説家、『近代日本社会運動史人物大事典』では社会運動家の側面から、それぞれ立項され、また『麻生久伝』（刊行委員会、昭和三十三年）も死後に刊行されているので、それらのうちの『黎明』と関連するところを要約してみる。麻生は明治二十四年大分県に生まれ、三高を経て、東京帝大法科卒業、大正六年に東京日日新聞の記者となる。そのかたわらで、ロシア革命に強く影響され、社会主義研究の木曜会を開き、東大の新人会創立に参加し、鈴木文治の友愛会に入り、吉野作造たちと学者思想家の黎明会を結成し、さらに同八年に大鐙閣から総合雑誌『解放』の創刊に尽力し、編集を担ったりもした。

麻生の『黎明』はやはりいずれも大正十二年に新光社刊行の自伝小説『濁流に泳ぐ』『生きんとする群』に続くもので、大正の新興文学としてよく読まれたという。入手した『黎明』は初版だが、その巻末広告において『濁流に泳ぐ』は二十版、『生きんとする群』は十二版とあり、ベストセラーに近い売れ行きだったとわかる。ただ三部作のうちの最初の二作は未読なために時代背景を確定できないが、『黎明』は麻生自ら「はしがき」で述べているように、大正七年から八年を舞台にしている。それはまさに「知識階級」から「労働者階級」へと続いていった社会運動の黎明期にあたり、その主たる要因は第一次大戦、ロシア王朝の崩壊、ドイツ革命といった世界的大勢によるもので、それを受けての日本における資本主義の急速な発達と物価の急激な上昇は、多く生み出された労働者階級と社会全体を不安に陥れていた。麻生は「はしがき」で書いている。

「大正七八年頃には既に、日本の社会にはさきに述べた世界的大勢たる社会運動の勃興の影響を受け容れるべき下地が立派に出来上つてゐたのである。大正七八年に於て日本に社会運動の黎明期を現出したのは決して偶然ではない。米暴動の勃発したのは大正七年の夏であつた。

それは恰かも夢の様な時代であつた。新らしい世界思潮にめざめた若者達は、其激しい潮の流れに棹さして、止まるところも知らぬやうに進んで行つた。其勢ひは堰を決した水流が、滔々として流れ出る様なものであつた。先駆して其流れに棹さした青年達は、声高らかに叫んだ。

自由平等の理想社会!

彼等は、其言葉に酔ひ、其文字に熱狂した。

さうして其時代は彼等の夢みる理想の社会が容易く明日にでも実現し得るやうに信ぜられてゐた時代であつた。」

麻生はこの「夢の様な時代」における「知識階級」の社会運動を、『黎明』という小説に描き出そうとしている。しかし著者も「事実に根拠し」、「現はれて来る人物も実在の人が多い」と断わっているように、小説仕立てではあっても、ほとんどがノンフィクション的記述と描写に覆われ、フィクションとの境界がどこにすえられているのかが曖昧に処理されている。これはこの時代の社会、政治運動の記述や携わる人物に関してもカモフラージュ的意味をこめているからなのだろうか。そのひとつの例として、『黎明』の登場人物たちは全員がアルファベットのイニシャルで記され、この作品を一人称でも三人称でもないイニシャル小説とよんでみたくなる。このような奇妙な小説形式が許されたのも大正時代ならではのことかもしれない。

だがそれでいて、登場人物たちはほとんどが特定できるように描かれているので、主要人物だけでも類推してみると、Aが他ならぬ著者の麻生であり、O＝岡本守道（黒田礼二）、N＝野坂参三、S＝佐野学、T＝棚橋小虎、Y＝山名義鶴、Y博士＝吉野作造、F博士＝福田徳三だと見なせる。

そして麻生の経歴に挙げておいたように、『黎明』の第一篇は高校、大学の友人たちと結成する木曜会を中心にして語られ、第二編は吉野作造と浪人会の立会演説から立ち上げられた黎明会、それに続く『解放』の創刊などが物語のコアを占め、その後に労働者階級の黎明期が台頭してくるところで、この四百ページを超える『黎明』は終わっている。

熱に浮かされたような物語展開と筆致、その中をイニシャルで動き回る登場人物たち、おそらくそれは『黎明』のみならず、前二作も同様だと考えられる。またそのような社会運動にまつわるニュアンスは賀川豊彦の『死線を越えて』にも共通するものであり、そこに大正時代における宗教と通底するイメージをうかがうことができる。そうした意味において、『黎明』に記されているように、「彼等は、たゞまつしぐらに、高くかき鳴らされる世界思潮の浮き立つやうな進行曲に誘はれて、進行して行つたのである」。

しかしその後に待っていたのは社会大衆党の代表者となりつつも、社会運動の対極にある軍部や国家主義への傾斜であり、それは麻生の昭和の別の物語になろう。

だがそれにしてもよくわからないのは大鐙閣、『解放』、新光社との関係である。麻生の『濁流に泳ぐ』の一部は『解放』に掲載されているようだ。大鐙閣が天佑社と並んで、大阪発祥にして東京の新興出版社で、両社とも関東大震災によって出版事業を休業、断念するに至った事実を、拙稿「天佑社と大鐙閣」(『古本探究』所収)でふれておいた。ただ新光社にしても、関東大震災で打撃を受け、大正十五年に実質的に破綻しているわけだから、麻生久の三部作は『解放』創刊後の企画と考えられる。『黎明』において、『解放』の創刊を推進したのは「D書店の支配人X」となっているが、『麻生久伝』の記述からして、大鐙閣の東京支配人面家荘吉だったと考えられる。この面家、もしくは最初の編集発行人田中孝治が、新光社の仲摩照久とつながっていたのではないだろうか。

それゆえに本書162でふれた誠文堂の円本『大日本百科全集』の企画に左翼人脈が流れこむラインが形成されたようにも思われ、大鐙閣、新光社、誠文堂とリンクしていったのではないだろうか。

173　新光社と『日本地理風俗大系』

前回記したように、それこそ新光社の出版物に対するこれ以上の言及は、もう少し企画や編集の詳細が判明してからと考えていた。ところが最近になって、昨年の三月に二村正之の『ニッポン時空写真館

1930―2010』という写真集が誠文堂新光社から刊行されたことを知った。これは「名所旧跡・街頭風景の今昔」とサブタイトルが付され、「現代版日本地理風俗大系」とのキャッチコピーがあるように、昭和円本時代の新光社の『日本地理風俗大系』に収録された写真、つまり八十年前の写真に対比させ、同じ場所を二〇〇三年から一〇年にかけて撮影し、モノクロの前者を上段、カラーの後者を下段に配置し、それぞれにキャプションを加えた一冊である。

これらのモノクロ写真のほぼ二百枚は『日本地理風俗大系』全十八巻のうちの三冊を除く十五巻から抽出したもので、時宜を得た円本の再発見再評価の企画として歓迎すべきものだと思われる。しかしこれは無理もないことかもしれないが、『日本地理風俗大系』についての「解題」は全十八巻の写真と各巻の収録地方、刊行年、ページ数がメインとなり、編集者の仲摩照久に関しては誠文堂新光社に具体的な記録が残っていないという理由で、何の言及もなされていない。

昭和四年から七年にかけて刊行された『日本地理風俗大系』はその奥付に編輯者仲摩照久、発行者小川菊松とあるように、仲摩の新光社が関東大震災の被害を受け、実質的に破綻後、誠文堂の小川が新たに一万五千円の株式会社新光社を設立して出版したもので、円本といっても、すべてをアート紙とした二円八十銭の豪華本だった。これは小川の『商戦三十年』に「仲摩君と仕事」という写真ページが挿入され、そこに先行する『万有科学大系』と『世界地理風俗大系』を加え、「新光社の三大予約出版」の書影が掲載されているが、そのふたつの製作出版、流通販売システムを踏襲したものであった。

つまり小川の新光社は仲摩の編集方針をそのまま引き継ぎ、予約出版物で起死回生の試みに打って出た。その第一が『万有科学大系』の第二回予約募集、第二が『世界地理風俗大系』で、後者はすばらしい成功を収め、全二十九巻、二円八十銭という高定価ゆえに当時の出版界の羨望の的となるほどの資本蓄積を可能にした。その勢いで、第三の『日本地理風俗大系』が続いたのである。小川は『商戦三十年』の中で、次のように述べている。ルビは省略する。

「此成功によつて（中略）、『日本地理風俗大系』を出版すべく、徐ろに進めつゝあつたのである。所が、図らずも玆に強敵が現はるゝを知つたのである。夫れは改造社が『日本地理大系』を発刊せんとし、鋭意準備を急ぎつゝありとの情報に接したのであつた。這は一大事と仲摩君と協議し、急速に仕事を進捗せしめる傍ら、泥仕合を避け、何とか妥協の方法なきやと、改造社を訪問したりした。（中略）

結果は両虎の争ひで、新光社は八万円の大損害となつたのである。既に『世界地理』の関係は著者の連絡と同情があり、編集技術は堂に入つてゐる、読者も其の大半以上会員となつて居つても、尚且つ八万円の大損害であつた。然らば、改造社はどうであつたか、夫れは云はぬが華であらう。かくして第三回の『日本地理風俗大系』では経済的には、意外な失敗に終わつたのである。」

このように小川によって経営と営業の視点から、『日本地理風俗大系』刊行の経緯と失敗事情は語られているし、またその編集に携わった鈴木艮の『編集者の哀歓』（大日本絵画）の中に、やはり改造社とのバッティング、編集の実務のことなどが記されている。だが仲摩の証言が残されていないために、『世界地理風俗大系』も含めたブレーンとの関係、及び企画の成立、執筆陣の確保と編集スタッフの顔触れ、編集の詳細などは明らかになっていない。

だが新光社の再建にあたっては小川の経営的手腕もさることながら、それらの「三大予約出版物」を企画した仲摩の編集者としての突出した力量にあらためて注目すべきだろう。何よりも『万有科学大系』は初めて本文をすべてアート紙使用とし、多くの写真を配したことで、平凡社の同じく円本『世界美術全集』などの範となったし、その後の新光社の「科学画報叢書」や雑誌『世界知識』の成功も、仲摩の企画、アート紙使用、写真の応用という三位一体的コンセプトによるものだった。

それから『日本地理風俗大系』と改造社の『日本地理大系』の編集委員のことであるが、新光社が帝国大学教授陣を揃えているのに対して、改造社は高等師範学校教授がメインになっている。とすれば、『世界地理風俗大系』も含んで、どのような出版人脈によって、アカデミズムと新光社とこれらの企画が結びついたのだろうか。例えば、『日本地理風俗大系』の第十五巻は「台湾篇」、第十六、十七巻は「朝鮮上・下」にあてられ、それらの記述と多くの写真は貴重な民族学的資料であると同時に、植民地に対する帝国主義的眼差しがひどく生々しい。当然のことではあるが、円本企画もその時代の政治的状況と世界史を反映させている。それこそ地政学の時代でもあったのだ。

またこの『日本地理風俗大系』の経済的失敗を小川は語っているにしても、実質的にはこのふたつの地理風俗大系を刊行したことで、新光社は多くの学者の執筆を得ることができ、学術書籍出版の新光社という地位を高めることに成功したのである。そしてそれをスプリングボードにして、昭和十年における誠文堂との合併があり、その後の誠文堂新光社としての成長があったと考えるべきだろう。

174　江原小弥太、越山堂、帆刈芳之助

大正時代の宗教小説といえば、もう一人江原小弥太の存在を挙げなければならないだろう。江原につ

いては宮島新三郎の『大正文学十四講』（新詩壇社、大正十五年）におけるリアルタイムでの証言を、まずは引いてみる。

「江原小弥太氏と言へば、大正十年度の文壇に突風的な出現をなして、文壇は言ふに及ばず、一般の思想界にいろいろな反響を呼び起した作家の一人である。五百頁位宛の『新約』（越山堂、十年四月）三巻を始として、次々に、『旧約』『復活』（隆文館、十年十一月）『短編集』（越山堂、十年十月）と僅か一年のうちに六冊もの集を発表した。その勢力の絶倫なるに先づ一驚を喫せざるを得ない。然しその元気が、『新約』の人気が案外であつた為めこれならといふ稍々向見ずの無鉄砲さでなかつたとは言へない。世評から言つても、『新約』は立派なものだが、その外のものはさうでもないといふことは、その半面に於て以上の事実を物語るものではないかと思ふ。」

そして宮島は秀作と見なす『新約』について、同十年に『早稲田文学』に発表した六ページにわたる論を掲載している。彼によれば、『新約』は題材を『聖書』に求め、江原の人生観、恋愛観、社会観を披露し、キリストやユダや遠いエルサレムの国の出来事を描いて、そのまま現代に通じる悩みを扱った人生の『聖書』であるとされる。

実は江原を取り上げることに少し躊躇していたのは『旧約』しか所持しておらず、この『新約』が未読であり、入手していないからだ。だがここでふれておかないと、その機会は得られないかもしれないので、あえて書いてみる。それにまた宮島は言及していないが、江原はその後、『心霊学』も刊行し、本書でたどってきた大正時代における宗教と心霊学の合流を身をもって示した人物でもあり、その出版に携わった越山堂の帆刈芳之助も興味深いからだ。宮島の記述では『旧約』『復活』は隆文館とされているが、私の所有する『旧約』は越山堂版で、大正十年十一月三十版である。それこそ最初は草村北星の隆文館から出され、越山堂へと移ったのだろうか。

『旧約』を読むと、『新約』も含めて、江原の自らの「前言」で言う「創作の癖」がわかるような気がする。『旧約』はやはり『聖書』の「創世記」を題材とし、それを江原の解釈による自己流のリライトと再構成を施したもので、小説とも論文ともいえないスタイルの「創作」となっている。それは書き出しの「世の初めに独の神があつた。そのほかには何も無かつた。彼れは自分たゞ独なのが寂しくてしやうが無かつた」という一文を読み、「創世記」の冒頭の「元始《はじめ》に神天地を創造《つくり》たまへり」の一節と比較すれば、そのニュアンスは想像できるだろう。江原の著作も大正時代のベストセラーと同様の独特のムードに包まれているのだ。それはこの時代にしか通用、理解されることのなかったものにちがいない。

同じく『心霊学』も越山堂から出され、同十一年七月三版とあるが、こちらも残念なことに下巻しか手元にない。ただその箱に著者の言葉として、「私は『新約』を創作するために、また小説家になるために生れて来たのではない。私はこの『心霊学』を著作するために生れてきたのである」が刷りこまれ、すでに「創作」から離れ、「科学」としての「心霊学」に向かっていきつつある江原の告白となっている。その叙述は「創作」と同様で、今度は『聖書』に代わって英国心霊研究協会のメンバー、フロイト、ベルグソン、中村古峡の著書などが挙げられ、それらを江原式にリライト、再構成したものであり、さらに自らの人生論を色づけ、ポジティブシンキング的な結論で終えている。江原の著作を通読して感じるのは、それらが大正時代の文学、思想、哲学、宗教、科学などのアマルガムを形成しているのではないかということだ。ということは江原の著作こそは、大正時代のそれらの集大成、もしくはいってみればパロディ的なものを体現していたのかもしれない。

さて話を転じて、江原と併走した越山堂の帆刈芳之助にふれてみる。彼は明治十六年新潟県生まれ、早大中退後、『時事新報』や『やまと新聞』の記者を経て、大正十年越山堂を創業し、『ナカヨシ』『少女界』『日本の子供』などの雑誌を発刊している。それとパラレルに江原本を相次いで刊行したことになり、とりわけ『新約』の売れ行きはすばらしく、半年ほどで一五八版に達したという。

帆刈と江原の接点であるが、帆刈は一時新潟の『柏崎日報』や『越後新報』の主筆を務めていたこと、江原は明治十五年柏崎生まれで、新潟県立高田師範を出て、やはり上京し、東京物理学校に苦学して通っていることから考えると、年齢も郷里もほぼ同じであり、東京において著者と出版者の道を協力して歩み始めたと判断してもいいかもしれない。

なお帆刈芳之助の越山堂は関東大震災によって被災し、廃業に至っているので、その活動期間はきわめて短かったことになる。しかしそのような短命の小出版社であったにもかかわらず、帆刈は『出版人物事典』に立項されている。それはその後の帆刈が出版業界紙『出版研究所報』（後の『出版同盟新聞』）を創刊し、また戦後の昭和二十一年に、四十一年まで刊行された『帆刈出版通信』も創刊し、長きにわたって出版報道に携わってきたことに求められるだろう。最近になって彼の著書が『出版書籍商人物事典』として金沢文圃閣より復刻された。

175　阿野自由里『ミスター弥助』

もう一冊、大正時代の小説とも旅行記とも見なせる作品を紹介しておきたい。それは阿野自由里の『ミスター弥助』で、これも本書170の『飢を超して』と同様に、均一台から拾ったものである。これは記さなかったが、前々回の大泉黒石の『老子』と同様に耳本というのか、濃紺の布表紙が耳折れになっていて、当時の装丁として流行っていたのであろうか。また洋書の造本を意図したのか、裏表紙にそれを意味しているのではないかと推測される横文字が小さく表記されているが、残念なことに読み取れない。

『ミスター弥助』は文教書院から刊行されていて、大正十二年五月初版、同十四年三月六版となっているので、それなりに売れた本だったのではないだろうか。『飢を超して』が『革命の前』とつながる宗教小説のラインに位置していたとすれば、『ミスター弥助』は佐藤吉郎の『黒流』といったアメリカと移民の物語の領域にあると見なせるだろう。しかもそれは『黒流』に示された「叛アメリカ」的物語ではなく、中扉のタイトルには『ヤンキー化する迄のミスター弥助』と記されているように、「親アメリカ」的物語を形成し、また「この書を亜米利加土産として老いたる父母に捧ぐ」とあるように、小田実の戦前版『何でも見てやろう』的観察と体験から構成されている。それらの「親アメリカ」的な観察と体験は「ミスター弥助」の「ヤンキー化」した肖像、それは著者阿野自由里に他ならないだろう――から始まり、様々な写真によって彩られ、大正時代にこのようなアメリカ体験があったのだということを教えてくれる。そしてこの四百三十ページ近い体験記にあって、六十を超える小見出し的目次も、そうしたリアルなアメリカ体験を彷彿させる役割を果たしているように映る。弥助がアメリカのタコマに上陸したのは第一次世界大戦が始まった大正三年十二月のことだった。有島武郎や永井荷風のアメリカ時代からほぼ十年後であり、弥助は彼らと異なり、裸一貫の身で商船会社の半荷物船から降り立った。唯一の荷物はスーツケースだけだった。税関検査の後、船で一緒だったアメリカ在住の日本人を先導者として、タクシーに乗り、タコマの日本ホテルへと向かう。そして弥助の前で、実際にアメリカと英語が動き出す。

「タキシと言ふ物に始めて乗つて弥助は人力車の無い不便を知らずにすんだ。チャージが幾らかと言ふ言葉を聞いてチャージとは賃金、値段と言ふ事だなと新しい言葉を覚えた気持がした。弥助の亜米利加に渡つた当時は日本には未だにタキシと言ふものは無かつた、英語も日本では流行して居なかつた。よし流行して居た所で、其れは徳富蘇峰の静思余録で覚えたインスピレーションとか、藤村操の巌頭の感で知つたオーソリテーとか言つた宗教家や文学家の説明してかゝる言葉位のもので、実用的英語は弥助の智識範囲内には更に無かつた。無かつただけに、チャージと言ふ言葉が弥助には到底日本の学校などでは教はる事の出来ぬ文字であると有難く響いた。」

少し長い引用になってしまったけれど、この冒頭の弥助の述懐の中に、大正時代における日本とアメリカの社会の比較状況、日本における英語の伝播と教育事情、さらに「宗教家や文学家」ではない弥助の立ち位置、及び感傷的ではない即物的なアメリカとの初めての出会いが表出しているように思われたからだ。実際にこのようなリアリズムが『ミスター弥助』全体を貫いていて、それがまさにこの旅行記の特色となっている。

二十年ほど前に、修道社の『世界紀行文学全集』を通読したことがあった。以前のことで断言はできないにしても、『ミスター弥助』のようなリアリズムは類書があまり見当たらない貴重なアメリカレポートに位置づけられるのではないだろうか。また彼もそれを自覚し、「グリーンボーイ」、つまり田舎者のリアリズム的思いを告白しているし、それゆえに奥付に示されているように版を重ねることができたとも考えられる。同じような弥助の眼差しで、そのホテル、タコマの街、商船会社支店、YMCAとその運動場《ジム》などが詳細に描かれていく。後に弥助は船の設計製図の仕事につくことになるのだが、『ミスター弥助』を貫いている、正確に映していこうとする執拗なまでの記述と描写は、そのような弥助の職業的性格に基づくことに、半ばまで読み進めていって、ようやくわかることになる。

弥助はタコマからシカゴを経て、ニューヨークへ向かおうとする。それは大陸横断鉄道による旅で、彼は同じく日本からきた写真結婚者の女性をニューヨークへと同行してくるように頼まれる。そして弥助とその女性の汽車の旅が始まり、その二人の旅の過程、汽車の実態、様々なアメリカ乗客の姿などが、細部にわたる同じ筆致で描かれていく。シカゴに着くまでに四日もかかるのだ。

『ミスター弥助』の最初の章とでもいう部分を紹介しただけにすぎないのだが、著者の阿野の説明と描写がほとんど省略する方法によっていないこともあって、これ以後の弥助のアメリカでの生活、就職と仕事、様々な人々との出会い、英語の問題、第一次世界大戦と日本人、徴兵検査などの「ヤンキー化する」過程を伝えることができなかった。しかしこの『ミスター弥助』は稀覯本ではなく、近年になって文生書院より、「初期在北米日本人の記録」として復刻されている。紹介が中途半端のままで終わってしまったので、興味ある読者はぜひ復刻版を読んでほしいと思う。

176　新潮社「感想小品叢書」、菊池寛『わが文芸陣』、『座頭市地獄旅』

ずっと大正時代の出版物にふれてきたこともあって、久しぶりに紅野敏郎の『大正期の文芸叢書』（雄松堂出版）を開いてみた。するとこの大正時代に出版された文芸書シリーズのエンサイクロペディアは何度読んでも面白く、またしても拾い読みしてしまった。最近は研究者が古書どころか、新刊の専門書すらも買わなくなった風潮が蔓延化したらしく、出版社が学会に出張して販売しても、一日一万円の売上に至らないことがよくあると伝えられ始めている。近代文学研究者の世界でも同じような傾向にあるのだろうか。筑摩書房の未刊の『大正文学全集』を出すように「日本近代文学会」で支援すべきだとか、研究者の誰もが紅野のように収集に励めとはいわないが、せめて近代文学研究者だけでも古書を買い続けてほしいと思う。

紅野の『大正期の文芸叢書』はまさに古書の収集が研究へと結実した大冊で、収集に費やした労力と時間と金は想像を絶するものと考えられる。私などはここに挙げられた叢書の揃いのひとつすらも所持していない。それでも時々は大正時代の文芸叢書の端本を見かけることもあるので、買った場合は同書と照らし合わせ、その叢書の全体像を確認するようにしてきた。

それらのひとつに新潮社の「感想小品叢書」があり、菊池寛の『わが文芸陣』と中村武羅夫の『文壇随筆』の二冊を入手している。この叢書の成立事情について、『新潮社四十年』や『新潮社七十年』にはまったく言及がないが、紅野の解題によれば、二人の他に正宗白鳥、芥川龍之介、泉鏡花などの九人からなる、関東大震災の直後から大正末期にかけてのシリーズとされる。

中村の『文壇随筆』の巻末広告には「文壇諸家の主張感想と、其生活ぶりを窺わしむ可き随筆の集」とある。私は菊池と中村の二冊しか読んでいないけれども、関東大震災後のパセティックな感情が作用しているせいなのか、確かに「随筆」よりも「主張感想」の色彩が強く、「感想小品叢書」とシリーズ名の範疇に収まらない文章が多く含まれている。

菊池寛の『わが文芸陣』は文芸作品における芸術的価値を論じ、自分の理想は生活価値と芸術的価値とを共有した作品で、「文芸は経国の大事」でありながらも、「生活第一、芸術第二」と述べ、大正時代の読者の位相にまで及んでいる。

「現在の読者階級ほど、茫漠として、たよりない物はないと思ふ。極端に云へば、字がよめる群衆《モッブ》だ。字が読める野次馬だ。（中略）比喩が下品だと云ふ勿れ、書肆が挑発的な性欲的内容の広告に釣られ何等の定見もなしにつまらない翻訳などを、買い煽る読者階級と従来の野次馬との間に、多くの本質的差違を見ないのだ。」

これは大正十年に大日本雄弁会から刊行され、大ベストセラーとなった『人肉の市』をさしていると思われる。そしてさらに菊池は次のようにいっている。

「書籍の広告などに、まどはされず、また駆け出しの月評家の妄評などには頓着なく、真に自分の趣味と嗜好とで、読書して行く、真の読書家が欲しいと思ふ。さう云ふ読書家が一万人もあれば、日本の文芸は、決して正道を放れはしないと思ふ。」

驚くほど多くの優れた文芸叢書が出され、文芸書出版が盛んであった大正時代においてすら、すでにこのような嘆息がもらされていたのだ。菊池の嘆息から一世紀近く経とうとしているが、読書状況は悪化するばかりで、そのような読者を千人見つけることも難しいし、出版状況は「正道」どころか、「邪道」に入っているとしか思えない。それこそ「読者」ではなく、「群衆《モッブ》」に向けての出版が全盛を迎えているからだ。『文藝春秋』を創刊した菊池が現在の出版状況に立ち合っていたら、どのような言辞が吐かれたであろうか。

またその一方で、台頭しつつあるプロレタリア芸術論、サンガー夫人来日と避妊問題についてもポレミックな文章が収録されていて興味深いが、ここでは叢書にふさわしい「小品」に分類されている「石本検校」を紹介したい。この短編は初読であるにしても、「石本検校」からヒントを得て、私の好きな戦後の映画の一本が構想されたのではないかと思ったからだ。

まずストーリーを追うと、子の刻を回った頃、将棋指しの天野富次郎と石本検校が深川の茶屋金万を出るところから始まる。天野は諸国を回って勝利を収め続けてきた若い天才的将棋指しだったが、かつて天野を破っていた石本検校はその評判を喜ばす、実力五段を有する旗本の勧めで、四番指すことになった。ところが検校は一番しか勝てなかった。そして同じく芝を住まいとする勝者と敗者が一緒に帰るはめになったのだ。永代橋までは黙って歩いてきたが、負けて面白くない検校は天野に心眼で指す盲将棋を挑む。「真剣の立合ひをでも始めるやうに、二人とも殺気を含んでゐた」。天野が「七六歩」というと、検校は「三四歩」と応じ、京橋に至るまで、二人は「盲将棋」を続けていく。

この菊池の「小品」を読んで、三隅研次監督、伊藤大輔脚本による勝新太郎の『座頭市地獄旅』が「石本検校」をベースにして構成されたとほぼ確信するに至った。これは昭和四十年の座頭市シリーズ第十二作にあたり、私は小学生の頃から座頭市のファンだったこともあり、映画館でリアルタイムに見ている。この映画の中で、勝新太郎の座頭市が将棋好きな浪人で、居合斬りの使い手成田三樹夫と出会い、「盲将棋」を打ちながら道中をともにするようになる。成田が扮する浪人は将棋の争いから上役を斬り、仇討ちをとげようとする兄妹に追われる身だった。それを知った座頭市は兄妹に味方し、最後の盲将棋を打ちながら、将棋対決が居合対決となるクライマックスに向けて進んでいく。これは私の気に入りの一本である。座頭市の原作が子母澤寛の十ページばかりの「座頭市物語」(『ふところ手帖』所収、中公文庫)なのは周知の事実であるが、菊池の「石本検校」と『座頭市地獄旅』の相似は、映画のシリーズ化につれて様々な時代小説が引用され、接ぎ木され、「座頭市物語」が変奏されていったことを示していよう。

177 窪田十一と『人肉の市』

前回ふれたように、菊池寛が『わが文芸陣』の中で、「文芸の名の下に、春画的興味を、そそるが如き広告をする者」とよんでいるのは講談社のことであり、その広告とは『人肉の市』をさしていると断言していい。石川弘義・尾崎秀樹共著『出版広告の歴史1895年－1941年』(出版ニュース社)の『人肉の市』の項は次のように書き出されている。

「ベストセラーはマスコミによってつくられる。大正一〇(一九二一)年一一月講談社(正確には大日本雄弁会)から出版された『人肉の市』は広告・宣伝の威力を発揮した代表的ベストセラーである。」

そして三種類の扇情的な広告が引用されている。『人肉の市』は十三万部以上の売れ行きを示し、講談社の初めての大ベストセラーになった。当時の売れ行き部数としては驚異的で、賀川豊彦の『死線を越えて』（改造社）に続くものだった。

私の手元にある『人肉の市』は大正十二年五月の七百六十版で、確かにこのような重版数字は見たこともない。『クロニック講談社の90年』はベストセラーになった要因について、「題名が刺激的だったこと、薄いベール越しに裸の女の姿が見える広告や挑発的なキャプションなど、広告作戦の成功」と述べている。このベストセラー出版を機にして、講談社は単行本研究委員会を発足させ、雑誌主体から書籍出版にも力を注ぐようになる。その意味で『人肉の市』は講談社の単行本出版のターニングポイントであった。

『人肉の市』の原題は〝*Die Welsse Sklauin*〟著者名は Elisabeth Schöyen で、訳者の窪田十一は「エリザベート・シエーエン女史著『二十世紀の恥辱、白き女奴隷』と題する大正八年出版、独書を訳したものである」と記しているが、著者も訳者も詳しいことはわからない。しかし内容からすれば、翻訳というよりも翻案に近いと思われる。

この四六判二百ページ余の本はピンクの表紙に、蜘蛛の巣のようなものに絡め取られ、髪を乱れさせた半裸の女性が描かれている。その横にタイトルが付され、これまた見開きの口絵には高島華宵によって、ベッドで薄物を引き寄せ、片方の乳房を露出させ、不審な侵入者に怯えている全裸の女性の姿が映し出されている。タイトル、表紙、口絵は三位一体となり、内容をしのぐ扇情さで販売効果を挙げ、ベストセラー化を促進したにちがいない。

『人肉の市』は国際的な人身売買組織に捕われた退役海軍少佐の娘の春満子《はるまこ》の物語である。彼女はデンマークのコペンハーゲンで家族と暮らしていたが、家族も多くて窮状にあったので、新聞広告で英独語を話せる家庭教師募集を見て、応募しようと決意する。そして広告を出したベルギー人の貴婦人陀歩鈴《だぶれい》を訪ね、ブラッセルにいる彼女の姉の娘の家庭教師を務めることが決まり、その二日後に十八歳の春満子は汽車で出発する。ボーイの黒人と二人の少女が一緒で、彼女たちはブエノスアイレスに家庭教師として渡ると伝えられた。乗換駅のハンブルクで、陀歩鈴は小さな娘を連れた番久一《ばんきう》久と出会い、春満子にはわからないオランダ語の会話を交わす。二人は同じ女の半身像を浮き彫りにした象牙の留針《ピン》を差していた。男はアントワープで少女専門の人身売買を手がけているらしく、その客は「幾金でも取り放題、出し放題」の「年頃の女や年増ぢや既《も》う役に立たねえ爺さん相手」だという。陀歩鈴一行はアントワープに向かう。そこで自分が属している坡泥《バーデル》の店に春満子たちを売るためだった。春満子はロンドンの人身売買者の古楠に転売され、ロンドンの家へと運ばれ、豪華な部屋に幽閉される。この家には彼女と同じような身の上の少女たちが何十人もいるのだった。

そこに侯爵賀爾継《ガルヴィツク》が偶然に訪れ、春満子の身の上を知り、警視庁に訴えるが、彼女はすでにパリに売られ、さらにトルコのコンスタンチノープルに送られていた。彼女は皇帝のハーレムの女となった。「岩田帯といふやうなことにでも成て御覧なさい。それこそ女王様ですよ」という女官の声の中で、トルコの様々な衣装をまとい、化粧を施される。その場面がやはり高島の挿絵によって描かれている。だが最後に春満子は賀爾継に助け出され、ハンガリーのブダペストを経て、オーストリアのウィーンに逃れるのだが、警察につかまり、人身売買業者を次々と転売され、病いに倒れ、市立病院に運ばれ、死に至る。侯爵がようやく見つけた時、彼女は病院の解剖台の上にあり、彼は失神してしまう。最後の一文の「ああ、醜草《しにくさ》はおのがじし蔓《はびこ》り芳草《ほうそう》は夕《ゆうべ》に枯る、天は何故悪を懲《こら》さぬか」に象徴されているように、『人肉の市』は舞台が外国であるにもかかわらず、講談的展開とリズムによる物語で、まさに大日本雄弁会の『講談倶楽部』の読者たちをも巻きこみ、ベストセラーになったのではないだろうか。「岩田帯」の部分もそうだが、「金槌の川流れさ、一生浮ぶ瀬がないや」とか、「有難山の不如帰てんさ」などの語り口にも、そのことを示しているように考えられる。それゆえに窪田十一という訳者もある程度ドイツ語に通じた講談関係者と思われてならない。読者のご教示を乞う。

なおこの『人肉の市』は同タイトルで、ドイツと日本で映画化されている。日本版は松竹キネマで制作され、ドイツ版も日本で公開されているようだが、未見である。

当初『人肉の市』にこめられたオリエンタリズムについても言及するつもりだったが、またの機会にゆずり、今回はここで終えることにする。

178　中村武羅夫『文壇随筆』

同じく「感想小品叢書」の中村武羅夫の『文壇随筆』も菊池寛の『わが文芸陣』と同様に、大正文学状況がリアルに伝わってくる一冊である。また中村は菊池の『文藝春秋』に対抗し、『不同調』を創刊しているので、この二冊は大正文壇の見取図のようにも読める。だが同じく新潮社から出された大正時代の中村の代表的小説『人生』にはめぐり会えず、まだ読むに至っていない。

紅野敏郎は『大正期の文芸叢書』（雄松堂出版）の中で、『文壇随筆』を評して、「大正文学、大正文壇に直接向きあう、まことに親しげな本といってよい」と率直に述べている。それに中村は『新潮』の編集者でもあったから、これらの「感想小品叢書」の企画にも関係していたかもしれない。ここでは『文壇随筆』について、私なりに興味深かったことを記してみたい。

冒頭の「印象記」は漱石、鷗外に加え、大杉栄、岩野泡鳴、有島武郎の五人が語られ、その書き出しは内田魯庵から『思い出す人々』を一本贈られ、愛読しているという一文から始まっている。内田の『思い出す人々』には「最後の大杉」が収録されているので、中村の大杉についての一章はそれに触発されて書かれたのではないだろうか。

中村の「印象記」の面白さは大杉と泡鳴を並べて論じているところにある。「とにかく、大杉と泡鳴とは、その体質にも、性格や気質にも、どこか似通うたところがあつた。その二人が、おなじやうな非業の死を遂げてしまつた」と中村は書き、大杉に「岩野泡鳴論」を書くことを頼んだ際のエピソードを紹介している。大杉は泡鳴の全著作を読み、苦心惨憺したにもかかわらず、「泡鳴のことを、偉大なる馬鹿」というフレーズに集約し、簡単に書くだけで終わってしまった。その前に中村は、大杉が「泡鳴論」を書いているので、反論があれば書いてほしいと泡鳴に伝えた。すると泡鳴は大笑いし、「さうか、大杉が僕のことを書くのか、それは面白いだらう。僕のことを偉大なる馬鹿だつて？　わつはゝゝゝ。いひたひことがあつたら、僕も書くよ」と言ったという。いかにも泡鳴らしく、こちらも思わず笑みをそそられる。

そればかりでなく、新潮社から大杉が『種の起原』や『懺悔録』の翻訳、『社会的個人主義』などの著書、また泡鳴がアーサー・シモンズの『表象派の文学運動』の翻訳を刊行しているのも、中村との関係からであるとあらためて教えられた。泡鳴と『表象派の文学運動』については後述するつもりだ。

また『文壇随筆』では当然のことながらタイトルに見合って、大正時代の文壇や文芸雑誌のことが語られている。関東大震災後、春陽堂の伝統ある『新小説』が編集に携わる菊池や芥川の手を離れ、娯楽雑誌に変わるという噂にふれ、有力な文芸雑誌が『新潮』だけになってしまうことを愁いている。そしてこれは春陽堂の問題のみならず、文壇全体が考えるべきで、『新小説』や『新潮』などの文芸雑誌は発行者や編集者のものではなく、文学者や文壇人や読者も含んだ「公器」と見なすべきだと主張している。そうしなければ、文芸雑誌は絶滅してしまうかもしれないと続け、次のように書いている。

「文芸雑誌のなくなつた文壇といふものを考へて見るといい。文芸雑誌のなくなつた作家の存在を考へてみるといい。本場所のなくなつた、地方巡業ばかりの大相撲のやうな、淋しいものじやないか。婦人雑誌や娯楽雑誌から、高い原稿料を出して引つ張り凧にされてる大家や流行作家だつて、その背景には文芸雑誌なんかの人気の計量器が附いて居ればこそだ。」

明治後半になって、近代出版流通システムの成長とパラレルにマス雑誌が立ち上がっていくのだが、この時代の文芸雑誌は一万部内外で、出版社にとっても採算が合わず、文学者にしても原稿料が安いために収入として当てにならない存在になっていたことを、中村の述懐は意味している。それゆえに文学者が婦人雑誌や娯楽雑誌に流れ、文芸雑誌に力の入らない状況を迎えているために、文芸雑誌を「公器」と見なすべきだという発言につながるのである。つまり出版資本による文芸雑誌の刊行がこの時代にすでに難しくなっていたことを物語っている。

このような文芸雑誌状況と関東大震災後を背景にして、文学バブルといっていい円本時代が出現し、成金作家たちが次々と生まれ、新たなる文学神話が補強されていく。それは表面的なことであったとしても、出版と文学は様々に活性化したと考えていいだろう。その証左のように中村は大衆小説家の道を歩み始め、また一方で、出版資本ともいえない多くの小出版社を発行所とする無数の同人雑誌とリトルマガジンが、大正末期から昭和十年頃までに誕生し、昭和文学を用意し、支えたことになる。流行作家にして、同人雑誌『不同調』の主宰者だった中村は、『文藝春秋』の菊池と並んで、そのような出版、文学状況を象徴していたことになろう。

またさらに付け加えれば、文学者予備軍とその周辺から簇生した小出版社群のコラボレーションともいえる同人雑誌とリトルマガジンの活動なくして、昭和文学の開花は不可能だったのではないだろうか。中村の『不同調』も菊池の『文藝春秋』もその中に位置づけられるし、中村の発言は大正時代の転換期における重要なもののように思われる。

そしてこれらの同人雑誌とリトルマガジンを支えたのは所謂「文壇」なるものだと考えられる。同じようにこれらの戦前の同人雑誌出身である水上勉も、その言葉が入った半自伝的な『文壇放浪』（新潮文庫）の中で、「『文壇』に出られた」と何度も語っているし、水上と同様の状況を経てきた作家たちも、やはり同じ言葉を発している。だから乱暴に区別してしまえば、明治、大正文学は出版資本の文芸雑誌、戦前の昭和文学は小出版社の同人雑誌とリトルマガジン、それらと密接に関係していた文壇が支えたことになるかもしれない。

その「文壇」について、中村は「新潮社に行つたつて発売しては居ない」が、「空気」の如きものとして、「説明に困難でも『文壇』は確かに存在して居る」と述べてもいる。しかしその「文壇」も昭和の終わりとともに消滅したと見なすべきだろう。そして文芸雑誌も今や風前の灯となっている。

179　春陽堂『新小説』と鈴木氏亭

前回、中村武羅夫が『文壇随筆』の中で、関東大震災後の春陽堂の伝統ある『新小説』が娯楽雑誌に変わるという噂にふれ、有力な文芸雑誌が『新潮』だけになってしまうと懸念を表明し、文芸雑誌を絶滅させないためには編集者や発行者のものではなく、「公器」にすべきだとの主張を紹介しておいた。

確かに『新小説』は伝統ある文芸雑誌で、第一期は明治二十二年から翌年にかけて、月二回二十八冊が出された。春陽堂の和田篤太郎の企画により、編集人は須藤南翠、饗庭篁村、森田思軒で、金港堂の『都の花』に対抗し、新しい小説を示そうとして創刊された。第二期は明治二十九年から大正十五年に及び、こちらも同じく春陽堂より、博文館の『文藝倶楽部』の創刊を受けて出され、月刊で新人採用、長編の一挙掲載、大家の新作などを軸とし、明治期は幸田露伴、石橋忍月、後藤宙外、大正に入ってからは田中純、鈴木三重吉、芥川龍之介、菊池寛などが編集を担った。主要掲載作としては泉鏡花『高野聖』、島崎藤村『旧主人』、夏目漱石『草枕』、田山花袋『蒲団』、永井荷風『すみだ川』、森鷗外『ぢいさんばあさん』、有島武郎『カインの末裔』などが挙げられ、代表的な文芸雑誌の地位にあった。

中村のいう芥川と菊池の編集は大正十三年一月号からで、二人は顧問の立場にあり、実質的な編集兼発行人は小峰八郎と鈴木氏亭だったと考えられる。この当時の『新小説』を一冊だけ持っている。それは大正十四年二月号で、昭和二年一月から『黒潮』に改題され、それも同三月に廃刊になってしまうことから、創刊以来三十有余年に及び、近代文学の歴史とともに歩んできた栄光の座の最後の時期に相当していた。

このたまたま手元にある『新小説』一冊だけを読んでの印象なので、それこそ恐縮の思いをこめていうのだが、その「目次」を見ただけで、この近代文学の代表的文芸雑誌が新しい小説の時期を迎えているとわかる。巻頭に岸田國士と岡本かの子の戯曲、「無題」とある川崎長太郎の私小説的短編、室生犀星の詩の連作などが置かれ、その後に長谷川伸、直木三十五、土師清二、澤田撫松、本山荻舟、平山盧江、小酒井不木などの時代小説、読物小説、探偵小説といった所謂大衆文芸が続いている。そして馬場狐蝶や小島政二郎の随筆、高畠素之の「社会時評」、千葉亀雄の「文芸時評」が後半を占めている。この「目次」のラインナップにちぐはぐな印象を受けるのは私だけではないはずだ。

翌年から始まる円本時代の比喩でいえば、『新小説』は発売元の春陽堂刊行の『明治大正文学全集』のイメージが強くなければならないのに、この「目次」からすると、平凡社の『現代大衆文学全集』の色彩を強く感じてしまうのである。このイメージのギャップの中に、『新小説』が隘路というか、もしくは分裂する文学状況において売上部数の低迷に陥っていたのではないかとの推測をたくましくしてしまう。

それは鈴木氏亨の名前で記されている巻末の「編輯雑記」にも感じられ、そこにはそのような文学状況に対する苛立ちまでがこめられている。それを引いてみる。

「プロレタリア文学から、新感覚派へと文壇は、上空気流の如く、絶えず変つた流行を趁ひ求めて居る。

文壇人はとかく沈滞した空気の中には、生息出来ないのであらう。何かしら新しいものを求めてゐる。が、しかし、既成作家は、依然として文壇の中堅を支配してゐる。新人雨後の筍の如く発生するが、その態度に、その風格に、その表現に、その文章に新らしい何ものもない。新らしかる可きものが新らしくないと云ふことは、どうしたことだ、これ文壇の一大不思議である。

未来派、表現派、感覚派、—同じ時代の、同じ米の飯を食し、同じ空気を呼吸し、同じ家に住み、同じ後架に親しみながら、未来派も、表現派も感覚派も、結局は言葉の上の差別的遊戯に過ぎまい。現代の伝統から虚勢された真に新らしい人間が生れずして、何の新らしい文学だ。」

そして続けて鈴木はこのような中にあって、あえて岡本かの子と川崎長太郎の作品を紹介した旨を述べている。この文芸雑誌としては異例の鈴木の「編輯雑記」の中に、関東大震災後の大正文学の状況と文壇の低迷、新しさは何もなく、単に流行にすぎない様々な文学形式の乱立が見てとれる。それはまた伝統ある文芸出版社としての春陽堂や文芸雑誌『新小説』の行き詰まりの状態の率直な告白のように映る。

それはまた既存の文芸雑誌に対抗する様々なリトルマガジンの台頭とも関係しているのではないだろうか。それらの創刊年を追ってみる。大正十二年『文藝春秋』、十三年『文芸戦線』『文芸時代』、十四年『辻馬車』『不同調』、十五年『驢馬』『大衆文芸』『騒人』、昭和三年『戦旗』『詩と詩論』。これらのリトルマガジンや同人雑誌の動向は同時期に始まっていた円本時代とパラレルであり、出版企画人脈は複雑に交差していたと見なせるであろう。

この『新小説』の「編輯雑記」を書いた鈴木にしても同様で、彼もまたすでに『文藝春秋』の創刊同人となっていて、後に菊池寛の秘書役を務め、文藝春秋社の経営に寄与し、専務取締役に就任したという。鈴木には四六書院の「通叢書」の一冊である『酒通』に加え、『江戸噺男祭』などの大衆小説があるようだが、未見である。ぜひ読んでみたいと思う。

いずれにしても、この鈴木の「編輯雑記」にもあからさまなように、『新小説』の役割は終わりに近づこうとしていたのであり、廃刊に至る兆しはすでに露出していたと見るべきだろう。

180 『文藝春秋』創刊号、田中直樹、小峰八郎

前回、大正時代末から昭和初期にかけてのリトルマガジンと同人雑誌にふれたが、そのうちの一誌だけ創刊号を持っているので、それについて書いておくべきだろう。しかもそれは、これも同様に言及したばかりの鈴木氏亭も同人に加わっていた『文藝春秋』であるのだから。

といって、この『文藝春秋』創刊号は大正十一年に出されたものではなく、昭和三十年十一月号の『文藝春秋』五百号記念としての付録のために復刻された一冊である。

だがあらためてこの創刊号を見てみると、現在の『文藝春秋』と比較して、その異なる小さな判型と薄いページ数に驚きを覚える。判型はB6判で、わずか二十八ページしかなく、奥付に発行所は文藝春秋社とあるものの、その住所は菊池の自宅で、表紙には発売元春陽堂と表記されているのだ。またそこには「侏儒の言葉」を寄せている芥川龍之介を筆頭に、菊池寛、川端康成、横光利一、直木三十二などの十八人が顔を揃えている。

表紙をめくると、菊池寛による「創刊の辞」が巻頭の四段組ページの一番上に掲載されている。これは大正時代の文学と出版状況における菊池の私的雑誌創刊宣言としてよく引用されたりするが、ここでもそれを掲載しておくことにしよう。

「私は頼まれて物を云ふことに飽いた。自分で、考へてゐることを、読者や編輯者に気兼ねなしに、自由な心持で云つて見たい。友人にも私と同感の人々が多いだらう。又、私が知つてゐる若い人達には、物が云ひたくて、ウヅヽヾしてゐる人が多い。一には自分のため、一には他のため、この小雑誌を出すことにした。」

「気まぐれに出した雑誌」と菊池がいっているように、集められた原稿は同時代の文学や社会に関するゴシップも含めた、随筆批評といった趣と色彩が強く感じられる。「荷風の偉さは助平な芸術家である点にある」（中戸川吉二「荷風のこと」）とか、武林無想庵は「あさましや色男然として人の女房の紅裙に纏綿して」（今東光「放言暦」）とか、あるいは川端康成のロリコン趣味の告白（「林金花の憂鬱」）、横光利一による辛辣で軽妙な現代作家の採点（「時代は放蕩する」）などはそのようなニュアンスにあふれ、確かに菊池のいう「自由な心持で云つて見たい」一文を形成している。

そしてこれは無署名だが、巻末に「文壇七不思議」なるコラムがあり、そのうちの三つに「倉田百三がいつ迄も死なない事」「『新約』ウソ八百版も売れる事」「死せる親鸞生ける梧平を養ふ事」といった大正時代の宗教書ブームを皮肉った言葉が記されている。念のために補足しておけば、それは倉田が病の中で心の中に墓を建てたいとの思いで書いた『出家とその弟子』が売れ、ベストセラー作家となって次々に本が出されていること、本書174でふれた江原小弥太の『新約』ベストセラー騒ぎ、石丸梧平が

『人間親鸞』のベストセラー化で有名になったことを、それぞれ風刺している。

今から見れば、『文藝春秋』創刊号の見かけは貧弱であるにしても、このようなゴシップ的随筆批評は読者に好評をもって迎えられ、創刊号三千部は完売し、第二号は四千部、第三号は五十六ページとなって六千部、第四号は一万部の大増刷であった。そして関東大震災をくぐり抜け、大正十三年新年号は一万七千部、同十四年新年号は二万六千部、同十五年新年号は一挙に十一万部へと躍進の道をたどった。ここに大正時代の雑誌と出版状況の一端がうかがえる。なお坪内祐三によって、初期のゴシップ記事を集成した『「文藝春秋」八十年傑作選』（文藝春秋）が編まれ、そこには鈴木氏亨による「文藝春秋十年史」も収録されている。そして昭和に入り、『文藝春秋』は現在まで続く総合雑誌の道を歩んでいくことになる。

これらの『文藝春秋』初期事情と鈴木氏亨のことを確かめるつもりで、久し振りに『文藝春秋三十五年史稿』や『文藝春秋七十年史』を開いてみたのだが、思いがけない発見があったので、それらのことも書いておきたい。なおその前に記しておけば、鈴木氏亨は『文藝春秋』創刊以前に雑誌記者として菊池家に出入りし、編集同人に名を連ね、秘書や支配人として菊池に従い、重役となり、『菊池寛伝』（実業之日本社、昭和十二年）を著わし、戦後の昭和二十三年に死去している。

これらは『文藝春秋三十五年史稿』によっているのだが、この中であらためて目を引いたのは、口絵写真の『文藝春秋』草創期の人たちである。そこに鈴木の姿は見えていないけれども、意外な人物を見出すことができる。それは田中直樹と小峰八郎である。その他にも気になる人物がいるけれど、それはまたの機会に譲ろう。

田中は本書39などで言及した『犯罪科学』や『犯罪公論』編集長、後者と小林秀雄たちの『文学界』を刊行していた文化公論社の創業者、『モダン・千夜一夜』（チップ・トップ書店、昭和六年）の著者でもある。彼は菊池の周辺にいて、武侠社を経て、『文藝春秋』を手伝い、四六書院に入っている。鈴木が四六書院の「通叢書」の一冊として『酒通』を出しているのは、田中との関係からなのかもしれない。その後の昭和十年に田中は『犯罪実話』の編集長になっている。この版元は実用雑誌社で、経営者は実用書や大衆小説などを刊行する奥川書房や釣之研究社も営む奥川栄だった。実はこの奥川書房が意外なところに出てくる。それは溝口敦の『池田大作「権力者」の構造』（講談社＋α文庫）においてであり、そこで奥川書房は大道書房と並んで、戦後に創価学会二代目会長となる戸田城聖の出資した小出版社のひとつとされている。

以前に大道書房について書いているが、大道書房は戸田が同じ北海道石狩郡出身の子母澤寛を有して立ち上げた出版社であるから、奥川書房もまた同様に思われたのではないだろうか。これらの奥川書房事情によって、その『犯罪実話』編集長の田中も北海道出身と伝えられてきたのであって、「神保町系オタオタ日記」の調査による山口県出身が正しいと、ここで判断できよう。

さてもう一人の小峰八郎は前回ふれた春陽堂の『新小説』の発行人に名を連ねていた人物である。彼もまた菊池との関係から『文藝春秋』の草創期の一員に加わったと見なせるだろう。それればかりか、『文藝春秋三十五年史稿』の「年誌」の大正十五年のところに、「春陽堂より独立した小峰八郎に『文藝春秋出版部』という名称を貸与す」という一節が見つかる。

これでようやくひとつの謎が解けたように思った。この「文藝春秋出版部」の本はかつてよく見かけたが、どうして「出版部」なる言葉が入っているのか、何となく疑問を覚えてもいた。つまりそういう事情だったのだ。このことが判明してから、「文藝春秋出版部」の本に出会いたいと願っているのだが、なかなか巡り合うことができない。それゆえその奥付を今一度確認していない。必要でない時にはすぐに見つかるのに、必要としている時には得てして見つからない、よくある古本の話になってしまった。

181　加藤武雄と『近代思想十六講』

中村武羅夫の『文壇随筆』を取り上げるにあたって、彼と並んで大正時代の新潮社を支えた編集者であり、また同じような大衆小説家へと転じていった加藤武雄に関しても、著作などを読んでみた。幸いにして、中村と異なり、加藤の代表作である自伝的長編『悩ましき春』（新潮社、大正十年）は昭和六十三年に加藤武雄記念会によって復刻されている。その復刻に携わったと思われる安西愈の『郷愁の人評伝・加藤武雄』（昭和書院、昭和五十四年）を読み進めていくと、次のような記述に出会った。

「深夜のペンの軋りは、とりあえず金になる方へ指向する。『明治天皇一代記』は千二百枚の量となり、『天理教全書』や『欧州大戦史論』も手がけた。場ちがいなどとわがままは言えない。大町桂月の名で『八犬伝物語』を出す。『近代思想十六講』『社会問題十二講』、さらに『近代文芸十二講』『トルストイ研究十二《ママ》講』等々、「実はみな僕の代作だった。安い原稿を腕が折れるかと思うほど沢山書いた」と、あとで加藤は告白している。特に『近代思想十六講』は、名著の評を受けて版を重ねたのは皮肉であった。」

このような状況に置かれた加藤の事情と経済について、説明を加えておくべきだろう。明治四十三年に加藤は中村武羅夫を頼って上京し、新潮社の訪問記者となり、翌年に新潮社に入社する。そして大正時代に入り、妻子を得る一方で、創刊された『文章倶楽部』や『トルストイ研究』の編集に携わり、『新潮』や『早稲田文学』に作品を発表していくのだが、家庭と故郷の両親を養うためには創作に専念できず、アルバイトに精を出すしかなかったのである。

当時の新潮社の給料水準は判明していないけれども、前身の新声社は明治三十六年に破綻し、同三十七年に新たに『新潮』を創刊し、新潮社として再スタートしている。しかし新潮社の出版活動が軌道に乗り始めるのは設立してから七年目と『新潮社四十年』に書かれているので、郷里の両親の面倒も見なければならない加藤にとって、充分な給料を得ていたはずもない。それに新潮社は講義録を出していた大日本国民中学会とタイアップし、佐藤義亮自らがその編集や会を通じて入ってくる様々な執筆仕事を引き受け、新潮社そのものが編集プロダクション的側面を有していたから、必然的に加藤もそうした仕事に従事することになったのだろう。

だがそれにしても、新潮社の『近代思想十六講』などが加藤の手になるとは意外であった。やはり『新潮社四十年』に、これらの啓蒙的シリーズはいずれも大いに売れ、大正四年から総合して「思想文芸講話叢書」としたとの記述があり、全十六冊のうちの十二冊の書影が掲載されている。この中の二冊が手元にあり、一冊は楠山正雄の『近代劇十二講』、もう一冊はこれから言及する「非常な好評で売行の烈しさは当時の出版界を傾倒させた」という『近代思想十六講』である。前者についてはあらためて取り上げるつもりだ。

手元の『近代思想十六講』は確かに中澤臨川・生田長江共著とあり、大正四年発行、同十一年四十三版は「売行の烈しさ」を示しているといえよう。だが加藤の告白の後に、この十六講からなる一冊を繰ってみると、「近代思想」と銘打ちながら、半分はトルストイ、ドストエフスキイ、イプセン、ゾラ、フローベール、ロマン・ロランといった「近代文学」にあてられ、半分はニーチェ、スティルナー、ダーウィン、ウィリアム・ジェイムズ、オイケン、ベルグソン、タゴールなどの「近代思想」に相当している。中澤と生田の著作と研究から判断すると、大雑把に分けてしまえば、「近代文学」部分は中澤、「近代思想」部分は生田の著作からのリライトと再構成によって成立しているのではないかと推測できる。おそらく他の代作も同様になされたのではないだろうか。

本書174「江原小弥太、越山堂、帆刈芳之助」で江原小弥太のリライトと再構成技法による「創作」に触れておいたが、大正時代に至って、そのような卓越した能力を有する青年たち、いってみれば近代読書社会によって培われ、突出したリテラシーを身につけた青年たちが出版の世界へと現われてきたことを意味しているように思えてくる。またその多くが地方出身の独学者に近い存在であったことに注目すべきではないだろうか。それがずっと言及してきた大正時代をめぐる出版物やベストセラーの謎の一端を形成することになったのかもしれないのだ。新潮社もまた佐藤義亮や中村武羅夫を始めとして、そのような人材によって形成されていた。

しかしそこには弱点もまとわりついている。私はゾラの翻訳者でもあるので、『近代思想十六講』の第十講「ゾラの自然主義」を見てみる。ここでゾラは自然主義の開祖として扱われている。その自然主義とは近代思想の最も重要なファクターで、それは科学的精神に基づき、科学的手法によって形成される。そしてゾラの生涯が語られ、そのような手法によって、「ルーゴン＝マッカール叢書」「三都市物語」「四福音書」が書かれたと述べられている。またドレフュス事件におけるイメージも大きく作用しているのだろうが、ゾラの小説は社会の罪悪の原因を探し、その病弊を救い、社会を改良するために書かれていて、そこには救済の大理想が含まれ、ゾラは人道の戦士と位置づけられている。つまりここでゾラの自然主義はプロレタリア文学の近傍にあるという印象を与え、それはまず日本へのゾラの導入が社会主義陣営によってなされたことと密接につながっているのだろう。

だがそれよりも問題なのは「ルーゴン＝マッカール叢書」がゾラの主要な著作として上げられているけれど、その作品名は引用部所に示された『居酒屋』と『愛の一ページ』の原文カタカナ表記を除いて、ひとつも登場していないのである。つまりここでゾラの紹介はなされているにしても、その小説は一冊も読まずして、「ゾラの自然主義」一編が開陳されていることになる。それは『近代思想十六講』が出された大正四年時のゾラの翻訳状況を考えれば無理からぬことでもあり、この時点でまだ「ルーゴン＝マッカール叢書」は一作たりともまともに翻訳されていなかったのである。したがって加藤はおそらく中澤のゾラに関する論文などを参照し、この「ゾラの自然主義」の項を書いたのではないだろうか。筑摩書房の『明治文学全集』50所収の中澤臨川の著作だけでなく、同じく大正の末期に春陽堂から出て、中絶してしまった『臨川全集』をひもとく機会を得て、そのことを確かめてみたい。

しかしそのような弱点があったのとしても、ゾラの翻訳が活発になるのは大正後半であることを考えると、この加藤によるゾラの一文は大いなるプロパガンダ効果を発揮したのではないだろうか。

なお本書は思いがけない人間関係の連鎖を示すことも目的のひとつとしているので、付け加えておくと、安西による加藤の「略年譜」には見えていないが、加藤の娘の一人は磯崎新の最初の夫人だったはずである。これは丹下健三の一番弟子で、その研究室の代理的存在だった浅田孝との関係も絡んでいるのではないだろうか。磯崎は丹下研究所において、浅田の指揮下に万博の仕事にも従事している。浅田は丹下の戦時中の「大東亜記念造営計画」コンペなどにも関わり、戦後の万博の影のディレクターでもあり、浅田彰の伯父で、喪主挨拶は彰が務めたという。加藤は大東亜文学者会議などにも関係していたから、それらを通じて丹下や浅田とも交流があったのかもしれない。

また万博と建築のことでいえば、岡本太郎は太陽の塔の製作に携わっていたが、本書125「『パリの日本人たち』と映画」で示したように、戦前のパリにおいても交流があり、後にスメラ学塾のメンバーとなる建築家の坂倉準三もパリ万博日本館の設計者だったから、二人の関係は続き、それによって岡本が召喚されたとも考えられるのである。当然のことながら、東大建築科絡みで、丹下、浅田、坂倉もリンクしていたと見なせるからだ。

182 松本清張と木村毅『小説研究十六講』『私の文学回顧録』

加藤武雄が多くの代筆をしたとされる新潮社の「思想文芸講話叢書」の「十二講」や「十六講」という形式は、売れ行きに示されているように、読者から好評をもって迎えられたために、他社からも多くの類似した著作が刊行されたと思われる。

この読者からのヴィヴィッドな反応と他社からの類書の刊行をふたつながらに体現している著者は

木村毅である。まず後者の事実からいえば、木村は「思想文芸講話叢書」の『小説研究十六講』や共著『世界宗教十六講』を出し、その後『文芸六講』（春陽堂、大正十五年）、『大衆文学十六稿』（橘書店、昭和八年）を刊行している。

そのうちの『小説研究十六講』は恒文社、『大衆文学十六稿』は中公文庫で復刊され、中公文庫版には谷沢永一編「木村毅著作目録」が掲載され、木村のこれらの著作が出版社とタイトルを変え、戦前戦後を通じて繰り返し刊行され続けてきたことが指摘されている。それは大正時代の「思想文芸講話叢書」に象徴される啓蒙化と実用を兼ねた企画が長き年月にわたって有効だった出版状況を示している。

まさにそのような読者のひとりが松本清張であり、彼は昭和五十五年の恒文社版『小説研究十六講』に「葉脈探求の人—木村毅氏と私—」という、木村と同書に対するオマージュ的一文を寄せている。清張のリアルタイムでの読書の記憶を引いてみる。

「『小説研究十六講』を買ったのは昭和二、三年ごろだったと思う。私の持っているのは十三版で大正十四年十二月発行である。初版がその年の一月だから、一年間に十三版を重ねた当時のベストセラーだ。私は高等小学校を出てすぐにある会社の給仕になっていたが、時間を見つけてはこれに読み耽った。たとえば銀行にお使いに行きそこで待たされている間もこれを開いた。自転車で使いに走りまわるのに、五百ページの本は少々重くて厄介だったが、これを読むのがそのときのただ一つの愉しみだった。

それまで私は小説をよく読んでいるほうだったが、漫然とした読み方であった。小説を解剖し、整理し、理論づけ、多くの作品を博く引いて立証し、創作の方法や文章論を尽したこの本に、私は眼を洗われた心地となり、それからは、小説の読みかたが一変した。いうなれば分析的になった。」

木村の『小説研究十六講』のみならず、新潮社の「思想文芸講話叢書」には松本清張のような少年読者が多くいたにちがいない。そして円本時代を迎え、彼らこそが改造社の『現代日本文学全集』や春秋社の『世界大思想全集』などの読者となり、将来の作者や著者に向けての道を歩み出そうとしていたのではないだろうか。松本の回想はそのような独学者の思いに充ちている。また木村が円本のプランナーのひとりであったことは偶然ではない。木村の「序」にある「星雲の志に燃ゆる青少年達には（中略）小説の創作ということが共通の胸に抱かるる野心となり、憧憬となり、希望となり、一つのロマンチシズムとなっている」との言はそうした清張のような少年の思いに呼応し、それゆえにベストセラー化を促したのであろう。

木村は同書を坪内逍遥の『小説神髄』の後を継承した「組織的研究書」と称し、松本も同様に逍遥以来の「はじめて近代小説作法と小説鑑賞の理論書を得た」と記しているように、西洋小説を始めとする豊富な引用に合わせて、プロット、キャラクター、その背景と視点、書き方にまで言及し、所謂「小説の書き方」といった実用書の一面も備えていることもその特色である。松本は川端康成の『小説作法』も木村の一冊が下敷きだと述べ、また木村は阿部知二の著書や多くの類書も同様だと証言している。なお『小説作法』は松本の間違いで、『小説の構成』もしくは『小説の研究』だと思われる。

しかしこのような木村であっても、松本が芥川賞を受賞し、上京したばかりの昭和三十年に読者としてまったく面識もない木村を表敬訪問した頃から、三十五年秋に朝日新聞の「一冊の本」シリーズで、『小説研究十六講』を紹介した時期にかけて、どうも忘れ去られつつある存在だったようだ。それは木村の『私の文学回顧録』（青蛙房）の記述にもうかがわれる。だが木村はこれらのことがきっかけとなって、同書にも「再生の思い」とあるように、恒文社における著作シリーズなどを始めとする復刊、新たな本の出版、そして自伝である最後の著作『私の文学回顧録』に至ったことになる

しかもそのような経緯の中で書かれた木村の自伝には思いがけないことも記され、それは加藤武雄に関してである。木村は少年時代に『中学世界』や『文章世界』の投書家だったが、加藤もまた同様であった。加藤は常に投稿が一等になり、全国の並いる文芸愛好投書少年の間では既成文壇の大家よりも有名な存在だった。その加藤こそが木村にとって、「私の文学的生涯には、他の誰れよりも密接な関係をもつに至る人物」であった。木村は加藤を通じて新潮社に出入りし、加藤が編集していた『文章倶楽部』に「文芸講話」を十年にわたって連載し、これが『小説研究十六講』のベースになっているのではないだろうか。

ともに「投書家上がり」である加藤との関係から、木村は加藤が代筆にあたって発揮したようなリテラシーと編集力、洋書から得た知識のリライトの才に基づく『小説研究十六講』を著わした。そして円本時代を迎えての新潮社の『世界文学全集』の企画者にも至ったと考えられる。この「投書家上がり」について補足しておけば、『白樺』や『新思潮』といった学習院や東大を背景とするリトルマガジン出身者よりも、文芸投書雑誌『文章世界』などの投書家から成り上がった物書きを軽蔑して「投書家上がり」と呼んだようなのだ。

ちなみに木村は中学を出ておらず、独学して早稲田に入っているから、彼も投書家にして独学者でもあったことになる。その著書『小説研究十六講』に象徴的に示されているように、新潮社、加藤武雄と木村、「思想文芸講話叢書」、松本清張へとつながっていくラインは、近代出版業界が読者も含めて独学

者たちによって支えられていたことを物語っている。それゆえに多様な夢が投影され、オリジナルな編集の才が発揮され、出版物の輝きも放たれていたのではないだろうか。

また水上勉も『文壇放浪』（新潮文庫）の中で、『大衆文学十六講』の愛読者だったと語っている。とすれば、戦後の社会派推理小説も木村の二冊をベースとして成立したといえるのかもしれない。

183 農民文芸会編『農民文芸十六講』

やはり新潮社の「思想文芸講話叢書」の内容とタイトルを踏襲した一冊に農民文芸会編『農民文芸十六講』があり、大正十五年に春陽堂から出版されている。実はこの農民文芸会は他ならぬ加藤武雄が属していたもので、同書はこの会の成果の集成との評価もある。

農民文芸会は大正十一年に『種蒔く人』の小牧近江の提唱によって、ルイ＝フィリップ記念講演会が開かれ、それがきっかけで、同十三年に犬田卯が中心となって結成された。その目的は「過去における農民生活及び、文学の研究、外国農民文学の翻訳、農民文学の創作等を事業とする」ものである。なお煩をいとわず、『農民文芸十六講』刊行時のそのメンバーを記しておく。それらは犬田と加藤の他に、吉江喬松、椎名其二、中村星湖、白鳥省吾、大槻憲二、和田伝、湯浅真生、黒田辰雄、五十公野清一、佐伯郁郎、渋谷栄一、帆足図南次の十四人である。椎名に関しては別のところで、大槻については本書82ですでにふれている。

これらのうちの椎名、加藤、中村、白鳥を除く十人によって、「序にかへて」も含めた同書が出されている。その十六に及ぶ構成は農民文芸会の目的綱領に沿い、農民文芸の意義、現代と日本における農民文芸と農民小説、フランス、ドイツ、ロシアなどの海外の農民文芸、代表的農民作家と小説の紹介、農村劇、農民詩、民謡への言及、農民文芸運動とその動向が満遍なく述べられ、この時代の用意周到な農民文芸チャートとなっている。またそれらの内容は啓蒙性と専門的側面の双方を兼ね、農民文芸会の真摯な研究と問題意識をもうかがわせている。

しかし犬田と五十公野を除き、他のメンバーは英仏露の外国文学者や詩人で、その出自と農村生活はともかく、農業に従事したことはなかったと考えられる。それならば、どうしてこの時代に外国文学者たちを中心とする農民文芸会が組織されたのだろうか。もちろんその底流には長塚節の『土』の出現、徳冨蘆花の田園生活の実践から宮沢賢治の農民芸術論に至るまでの軌跡が重なっているにしても、何よりも第一次世界大戦後の新しい文学として、農民文芸が出現してきたことに求められるのではないだろうか。つまり『農民文芸十六講』の言葉を借りれば、近代文明や都市を背景とするブルジョワ文芸やプロレタリア文芸に対して、土に基づく農民文芸が注目を浴びてきたヨーロッパ文学を背景としているように思える。

そうした意味のことを、吉江喬松が「序にかへて」で述べている。吉江は日本でもヨーロッパでも農民文芸の歴史はまだ浅いとふまえた上で、次のように記している。

「農民自身の表白と、農民生活の研究とが、文芸作品となつて、非常な数量に於て、また優秀価値に於て現はれだしたのは、世界大戦後の現象である。例へばフランス一国の文芸から見ても、その作品と作者との数を挙げれば驚く可きものがある。これは文芸の内容主題の変遷発達史上の注目すべき一大事件であり、世界大戦の文芸に及ぼした重大な結果の一つである。その原因についての討究は暫く他日に譲るとしても、要するに、嘗て制限せられてゐた政治上の発言権が徐々に拡張せられて行つた如く、文芸に対する発言権が、従来比較的遠かつた人々の中に普及して行つた現象である。」

この見解に付け加えれば、二〇世紀初頭からのヨーロッパ各国における出版と多くの文学運動が連鎖し、多彩な分野の作品を生み出し、近代出版業界が成立していったことも影響しているし、日本の出版業界もその動向とパラレルであった。

吉江はその例としてフランスを挙げているが、それを和田伝が「仏蘭西に於ける農民文芸」で具体的に述べている。和田によれば、ポール・モーランやヴァレリー・ラルボーのコスモポリタン文学に対して、農民小説（Roman rustique）、もしくは地方主義的小説（Roman réionaliste）などの、農民と地方農民精神に基盤を置く農民文芸の勃興を見ているという。そして和田は多くの作家と作品の紹介に及ぶ。しかしそれらはほとんど初めて目にするばかりの名前と小説で、現在に至るまで翻訳されていないように思われる。それは同じように紹介のあるドイツ、ロシア、イギリス、アイルランドなどにも共通している。そうしたヨーロッパ文学の見取図の中において、日本の自然主義時代からの農民小説と現代の農民文芸の位相が描かれ、農民文芸会のメンバーを始めとする作品が挙げられ、それらを一冊にまとめれば、近代日本の農民文芸の集大成的アンソロジーとなるように思われる。それは名前を挙げないが、会員の他にやはり忘れ去られている作家たちも含まれ、もしそのような試みが許されるのであれば、本当に一本を編んでみたい気にもなる。

しかしおそらく農民文芸会のメンバーだけでなく、そのような「プロレタリア文学全集」ならぬ「農民文芸全集」を構想した編集者はいたはずで、それはようやく半世紀を経た戦後の昭和五十年になって、家の光協会の『土とふるさとの文学全集』全十五巻として実現するに至った。だがすでに日本は消費社会へと離陸し、農業は見捨てられ、それこそ「土とふるさと」も消えていこうとしていた時代であったことになる。

それはともかく、『農民文芸十六講』に戻ると、口絵にミレーの「鍬に倚る男」が置かれているように、また農民文芸会のメンバーの大半が外国文学者であったように、日本の農民文芸も同時代のヨーロッパ文学の潮流の中から新たに発見されたと考えることもできよう。しかもそれらを象徴するかのように、彼らはフランスの農民小説と地方主義的小説の翻訳者であり、中村星湖はフローベールの『ボヴァリー夫人』、吉江喬松はゾラの『ルゴン家の人々』、犬田卯は同じくゾラの『大地』を刊行していて、これらの翻訳も農民文芸会とリンクしていることに留意すべきだろう。

他の農民文芸会のメンバーのことにもふれてみたいのだが、ここでは続けて取り上げる和田、中村、吉江、犬田の他は別の機会に譲りたい。それでもいくつかメモ程度に記しておけば、農民文芸会は昭和二年に機関紙『農民』を新潮社から創刊するが、この費用は加藤武雄が大衆小説で稼いだ金で負担したという。また湯浅真生は後にひとのみち教団の幹部となっている。これは新潮社の佐藤義亮との関係を考えてみるべきかもしれない。

またこれらの十四人の他に、農民文芸会には石川三四郎、中山義秀、平林初之輔、黒島伝治、鑓田研一、佐左木俊郎なども参加している。

和田伝編『名作選集日本田園文学』と加藤武雄「土を離れて」

前回、農民文芸会のメンバー、もしくは編集者が日本の農民文芸アンソロジーを構想したにちがいないと書いておいた。確かめてみると、それらは二冊ほど刊行されていて、加藤武雄、木村毅他編『農民小説集』（新潮社、大正十五年）、和田伝編『名作選集日本田園文学』（文教書院、昭和三年）がある。前者は未見だが、後者は所持していて、その奥付広告にはやはり和田訳述『名作選集世界田園文学』が掲載されていることからすれば、まだ同じようなものが他にも出ていると考えられる。

『名作選集日本田園文学』の「序」において、和田は明治初期からの文学が都会人と戯作者による頽廃的な色彩に覆われていたことに対し、明治三十七、八年にヨーロッパ文学に呼応し、新文学である自然主義文芸運動が起き、それは田舎人によって建設されたと述べ、次のように続けている。

「若き田舎人国木田独歩がまづ江戸戯作文芸の伝統と絶縁して立ちあがり、ついで徳冨蘆花が、上州の田舎漢田山花袋が、信濃の野のなかから島崎藤村が、ついでにこの書物におさめた作家たちが、この建設に着手し、参与し、完成させた業蹟は、近代日本文学史の最も偉大なる頁なのである。」

そしてこの自然主義文芸運動が農民文芸につながっていることはいうまでもなく、そのことによって、「自然生活が、田園農民生活が、文学の取材するところ」となり、また「自然のなかから農民生活のなかから、文学の生誕を見るところになつた」とされる。

そのような視点から、和田は独歩、蘆花、花袋、藤村の先達を始めとして、岩野泡鳴、小川未明、長塚節なども挙げ、それに吉江喬松、中村星湖、加藤武雄といった農民文芸会のメンバーの作品も加え、全十九編のアンソロジーを編んでいる。この中から加藤武雄の「土を離れて」を紹介してみる。これは農民文芸を代表する農村小説集『土を離れて』（新潮社、大正十四年）所収の同名の短編で、それこそ和田のいう「都会」と「田舎」の大正初期のコントラストを描き、リアルに迫ってくる一編だからでもある。

加藤の「土を離れて」は都市近郊の農村の実態とそこから追われ、都市へと漂着するしかなかった家族の生活を浮かび上がらせ、その時代のひとつの「田野の農人の運命」を間断なく物語っていて、それは次のように書き出されている。

「今日、田舎から来るといふ客を、婆さんはその予報《しらせ》の端書の着いた二三日前から待ち続けてゐた。夕方になると幾度も外へ出て見た。

「ほ、蜩が鳴いてゐる。」

ふと斯う云つて、婆さんは、膝につッ張つた両手で二重《ふたへ》に曲る腰を支へ、白髪の頭を二三十度の角度に仰向けて、水浅黄の空に黝ずんで行く樹立の梢を見た。」

この冒頭の一節は、まさに都市に育った人々や現在の若い世代にはすでにイメージを喚起することが難しいと思われるが、私のように戦後の農村で暮らし、育ってきた身にとってはリアルこの上ない描写といえる。

「婆さん」が田舎からの客を待ち続け、何度も外に出てみたという書き出しは、電話もなければ車もなかった生活と、そのような中で暮らしてきた年寄りの心象を見事に暗示させている。そしてそのような心象を暗示させることで、「田舎」の持つ意味がいきなりクローズアップされる効果をもたらしている。また「膝につッ張つた両手で二重《ふたへ》に曲る腰を支へ、白髪の頭を二三十度の角度に仰向けて」という婆さんの描写は、それが当時の長年にわたって農業に従事してきた身体の老いを伝えて余りある。しかもこの「婆さん」はまだ六十歳を出たばかりであり、現代との隔たりを自ずと浮かび上がらせている。だがこれもまた昭和四十年代まではよく見かけられた農村の現実の老人の姿でもあったのだ。

「土を離れて」は田舎から「町場」にやってきた「をじさん」の登場によって、田舎の状況が語られるとともに、婆さん一家の事情が明かされていく。婆さん一家は養蚕の失敗と不景気が重なり、借金が増え、小作料が払えなくなったために、高利貸を兼ねる地主によって家屋敷まで人手にわたり、去年の師走に先祖代々暮らしてきた村から追われ、町場に出ざるをえなかった。息子は工廠に通い、その勤めは村での生活よりも苦労であり、彼は「いくら酷くても田舎がいゝ、矢張り百姓はいゝ。骨は折れても百姓は仕事には楽みがある」と語り、婆さんも「本当だぞい。どんなに貧乏しても田舎がいゝぞえ。知つて居る人あ無し人気は荒しな」と嘆く。孫の金三も田舎の村の祭礼の記憶を懐かしく思い出す。婆さんは孫に言う。「おばあさんも帰り度いぞい。連れて帰つて呉れろ！　早く大きくなつて」と。

婆さんは村を出て一年足らずのうちに、すっかり衰えてしまい、「官能も意識も霧がかゝつたやうに朦朧として居る。その朦朧とした心の中に、田舎の生活の心象《イメージ》が、驚く可き鮮かさで浮び上る」と述べられている。その一方で、孫の金三は姉が都会の刺激的な生活に目覚め、「田舎娘の特徴はすつかり失はれて、その眼は始終何物かを求めて、そはゝゝと動いてゐる」ようになったことを羨ましく思い始め、もはや田舎へ帰りたくなくなったところで、この「土を離れて」は終わっている。

ここで描かれた田舎と都会のコントラスト、及びデラシネ的な出郷の心象風景は、それ以後も半世紀以上にもわたって繰り返し反芻されることになり、近代文学から現代文学へもつながっていくテーマのひとつのコアを形成していく。そういえば、現代文学としての最後の農村小説ともいえる立松和平の『遠雷』（河出文庫）の映画化において、主人公の祖母を演じたのは『村の家・おじさんの話・歌のわかれ』（講談社文芸文庫）を書いた中野重治の夫人の原泉であった。それらの始まりの心的現象を、この加藤の「土を離れて」は鮮やかに切り取っているように思われる。

なお付け加えておけば、これらの和田編、訳述の二冊の日本と世界の『田園文学』を刊行している文教書院は本書175の阿野自由里『ミスター弥助』の版元でもある。奥付の発行者の近藤弥壽太は岡山師範を出て、小学校校長などを務めた後、大阪宝文館を経て、大正七年に教育書や児童書を主とする文教書院を創業している。私はこれらの他に『世界名作物語読本』二冊、『新訳世界教育名著叢書』一冊を入手しているが、両者ともアンソロジーで、こうした企画や近藤の経歴を重ねて考えると、小学校から大学までの学校や図書館のサブリーダー的採用を意図したものとして刊行されたのではないだろうか。

またさらに農民文芸会編『農民文学十六講』において、農民文芸と田園文芸は区別されているにもかかわらず、タイトルに「田園文学」が付されているのは、そのような文教書院の営業方針の反映のように思われる。左翼的ニュアンスもある「農民文芸」よりも「田園文学」のほうが学校に採用されやすいと判断したことに起因しているのではないかと思われてならない。それから二冊の『田園文学』アンソロジーは吉江喬松や和田伝の近傍にいた片上伸が文教書院から『文芸教育論』などの著作を刊行した関係から、和田によるアンソロジー企画の成立を見たのではないだろうか。

185　和田伝『沃土』

二回続けて農民文芸会の中心メンバーである和田伝の『農民文学十六講』の「仏蘭西に於ける農民文芸」、同じく和田編の『名作選集日本田園文学』を取り上げてきたが、和田のことについて、ほとんどふれてこなかったので、ここで一編を書いておこう。なぜならば、和田は犬田卯と並んで農民文芸会から始め、戦前戦後を通じ、農民小説家として歩んできたと見なせるからだ。まずはそのプロフィルをたどってみる。

和田は明治三十三年神奈川県愛甲郡の大地主の家に生まれ、大正九年早大文学部に進み、農民文学者である吉江喬松が創設した仏文科に進み、十三年に農民文芸会に加わり、昭和二年にその機関紙『農民』にも参加し、農民と農村を描くことを文学のテーマと決める。そして昭和七年から実家に戻り、帰農しながら創作に励み、いずれも砂子屋書房から創作集『平野の人々』(昭和十一年)、長編小説『沃土』(同十二年)を刊行し、第一回新潮社文芸賞を受賞。同十三年農相有馬頼寧の提唱による農民文学懇話会を結成し、幹事長となる。それから彼の戦後の軌跡はすでにふれた『土とふるさとの文学全集』にもつながっていくのだから、それもたどっておこう。

和田は戦後も農民、農村小説などを書き続け、昭和二十九年に日本農民文学会が結成され、その初代会長に就任と各種文学辞典には記されているが、その事務局長を務めた鍵山博史の「創立総会」(『土とふるさとの文学全集』15、「月報」所収)によれば、初代会長は伊藤永之介で、和田は理事とある。翌年に『農民文学』が家の光協会を発売元として創刊され、事務所も家の光協会旧館に置かれている。このような関係から家の光協会を版元として、昭和五十年代に『土とふるさとの文学全集』と『和田伝全集』が刊行されたと思われる。

その和田の戦前の代表作『沃土』を入手している。昭和十三年砂子屋書房刊行の「改訂新版」で、奥付に初版五千部とあり、本書141で言及した島木健作の『生活の探求』と並んで話題をよび、島木ほどでないにしても、かなり売れていたとわかる。

『沃土』は平塚近郊の農村を舞台とし、日中戦争がはじまった時代を背景にしている。五反の田を持つ貧しい農民の兵太は、軍隊時代の朝鮮でもらった病気のために三十七歳になっても子供に恵まれず、三十三歳になる妻の銀はそのために流産を三度繰り返していた。兵太の両親は子供がいなければ、家と田の跡嗣はどうなるのか、老後の面倒は誰が見てくれるのかと言い暮らしていた。農村の論理において、子供とは跡嗣の意味ばかりでなく、次のような価値観を有していた。

「貧乏人には子供が唯一の財産で、どんなに苦しんでもともかく育てあげれば子供は金箱も同じだ。それは生きながらの抵当物件ともなりそれで金を借りられるのだ。餓鬼のない奴には金は貸せぬとは金貸や地主や商人などがよく言ふ言葉だ。子供は箸箱と昔から言はれてきた言葉である。」

それゆえに銀は医者に療治してもらい、何としても子供をつくろうとし、兵太はその費用を稼ぐために農閑期に山工事の土方仕事に従事し、山崩れにあって死んでしまう。

一方で兵太の弟の新次郎は本家に当たる二町六反を有する伯父のところに婿養子に入り、兄と異なり恵まれているように見えた。だが彼は行き遅れの義妹の貞代への土地分けを惜しみ、魔が差したかのように彼女を犯し、妊娠させてしまう。それは家族にも露見し、彼は貞代の堕胎を試み、彼女を死に至らしめる。またそれらは村中に知れ渡った事実となるが、その背景に土地分けをめぐる「田餓鬼」の問題があることは明白だったので、外部にはもれることなく、村の内部の論理で処理され、村の日常の中に葬り去られていく。

銀は兵太亡き後、甥の清平と結ばれ、その子供を身籠り、跡嗣とすることを暗示し、『沃土』の物語は閉じられるのだが、清平は次のようにいう。

「けれども農家の田地なんか、みんなさういふやうにして、それほどの思ひをして獲られて来たんだな。みんな血で塗られて譲られてきたんだ。そいつを護って、また譲るのにも血でなびるんだ。一軒のうちの財産が護られるためにはどんな犠牲だつて払はれていいんだからね。……（中略）それが二町五六反の財産故だ。三人の人間がそのために死んだも同じぢやねえか？……（後略）」

このように銀に語る夫の姉の次男である清平はかつて「表紙の赤い本」をいつも懐に入れ、平塚の警察署に留置されたことがあり、仕事も養子先も見つからず、満州にいって巡査試験を受けようとしていた。また平塚の町で、彼は銀を満州も出てくる映画『新しい土《ママ》』に誘うのだ。『日本映画作品全集』（キネマ旬報社）の『新しき土』の紹介によれば、これは昭和十一年の日本初の国際合作映画で、伊丹万作とドイツのアーノルド・ファンク共同脚本、監督によって製作された一本である。主演は小杉勇と原節子で、長いヨーロッパ留学から帰った小杉が旧家の養子として原と結婚することになっていたが、ドイツの女流記者にその古い因習を非難され、ヨーロッパと日本のふたつの文化の矛盾に苦しみ、満州に原とともに生きる大地を発見するというストーリーだとされる。

この『沃土』で展開される農村の土地と跡嗣の問題をテーマにすえた物語の中にあって、それらはこの映画のことも含め、清平によってかろうじて相対化され、バランスシートが保たれている印象を与える。そのようなコントラストは和田伝という作家の当時のスタンスを物語っているのだろう。

それからこれは本書で後述するが、『沃土』は紛れもなく、エミール・ゾラの『大地』の日本版であることを指摘しておこう。『大地』と『沃土』のタイトルの共通性、両者における土地相続と家族の問題の通底は明らかだし、『沃土』における会話の部分がカギカッコではなく、フランス小説的にダーシュで処理されていることなども、そのことを示していよう。

そしてこれは私自身が『大地』の訳者として断言するのだが、農民文芸会に始まる日本の農民文芸の展開にあって、和田のみならず、他のメンバーにとっても、ゾラの『大地』がその中心、もしくは範となっていたことは間違いないと思われる。

その後、映画『新しき土』のDVDを入手し、観る機会を得た。様々な感慨を覚え、言及したい誘惑にかられるが、これは後にゆずることにする。

186　中村星湖「この岸あの岸」と初訳『ボヴァリー夫人』

和田伝編『名作選集日本田園文学』には農民文芸会の中村星湖の短編「あの岸この岸」も収録されている。これは大正六年に『中央公論』掲載の短編なので、筑摩書房の中村星湖集も兼ねる『明治文学全集』72や『精選中村星湖集』（早稲田大学出版部）でも読むことのできない作品である。

和田が「星湖の代表作」とよぶ「この岸あの岸」は川漁師の作平を主人公としている。彼はいつも自分の舟を小川につないでおくのだが、盆のその日に限って舟が見当たらなかった。そこで川に沿って探していると、湖水の方に自分の小舟らしきものが認められ、それが近づいてきた。乗っているのは二人の男と一匹の犬で、船が岸に着き、彼らが降りてきた。作平は舟盗人だと考え、腹を立ててどなり声を上げながら飛び出した。二人の若者は驚き、後ずさりしたが、ジョンと呼ばれる洋犬が激しく吠え、ぼろ着物をまとった作平に飛びかかろうとしたので、彼の憤怒はさらにつのり、若者たちに詰め寄った。するとこ人は小学校の教師で、友人の孝一君が借りたものだと答えた。一人は村の生まれで、背が高く眼鏡をかけ、もう一人は町場者らしい様子をしていた。孝一は作平が金を借りたりしている村の有力者の専造の息子で、東京の学校に出ていて、休暇で帰ってきた一週間ほど前に、空いている時は使って下さいと空世辞をいったことを作平は思い出した。「孝一の奴は生意気だ！　東京へ出てすこしばかり学問をし申すのなんのつて、それを鼻先にぶらさげやがつて、ひとの物を平気で乗回して、職業の妨げになる事も考へない」と作平は二人に言う。犬も孝一の家で飼われているのだった。

この短編の登場人物のコントラストはすでに明らかだ。川漁師、小舟、ぼろ着物の作平に対して、背の高い眼鏡をかけた村生まれの若者と町場者らしい同じく教師、東京の学校に入った孝一、ジョンと名づけられた犬などが置かれ、明治の近代化を通じ、学歴と知識によって目に見えて新たな階級格差が生じ、固定化していた事実を突きつけ、それらがタイトルの「この岸あの岸」に象徴されているのだろう。

実際に「この岸」の側にいると見ていい作平の生活が描かれていく。様々な仕事の失敗で自分の家を人手に渡してから十数年に及ぶ貧しい借家暮らし、犬のことを彷彿させる不具の子供とその火傷、夫婦の諍い、そのような生活の中での唯一の希望は湖の向こうの医院の薬局生となり、医者の修業に出ている次男で、彼が前述の若者たちと同様の「あの岸」を象徴しているのだろう。しかし作平は「この岸」にとどまるしかなく、この短編の最後の場面で、向こう岸の医院を目にしながら、身体がおかしくなり舟から水の中へ落ちてしまう。星湖は「深く、深く……」と最後を結び、その死を暗示させている。

「この岸あの岸」も星湖がずっと試みてきたフランス自然主義を範とする農民小説、もしくは地方主義的小説と考えられる。しかも彼はこのような短編の創作と並行して、フローベールの『ボヴァリー夫人』の最初の翻訳と改訳に取り組んでいた。大正五年に『ボヴリイ夫人』は早稲田大学出版部から刊行されたが、発禁処分となる。これは未見だが、城市郎の『発禁本』(『別冊太陽』)にその書影が掲載されている。なお同じくフローベールの『サランボオ』も大正二年に博文館の「近代西洋文芸叢書」の一冊として生田長江訳で出され、大正前期にゾラやモーパッサンも含めたフランス自然主義の作品の紹介が始まりつつあった。なお生田訳『サランボオ』は横光利一の『日輪』を生み出したと伝えられている。

そして星湖による改訳版『ボヴリイ夫人』が大正十年に新潮社の『世界文芸全集』の第一編として刊行される。ここでは直接その物語にはふれないので、そのよく知られた冒頭の一節がどのように訳されていたかだけを示しておこう。

「皆は学科の最中であつた、そこへ校長が平服を着た「新入生」と大きな机を持つた学僕とを連れて入つて来た。坐眠《ゐねむり》をしてゐた者共は眼をさました。そして銘々が勉強してゐたところを驚かされたといふ風に起立した。」

このような訳文によって、『ボヴァリー夫人』も日本に入ってきたのだ。

それはともかく、星湖はこの改訳の「翻訳者序」において、「多少の感慨なきを得ない」と述べ、島村抱月に命じられた最初の翻訳に付した序文の一部を掲載し、改訳の序にすると記している。ここに星湖と同時代の人々が捉えたフローベール像が表出していると思われる。

「ギュスタアヴ フロオベエルは世界に於ける自然主義文芸の開祖と呼ばれてゐるが、彼はさう呼ばれるのには、一方に余りに大きいロマンチストであり、理想家であつた。彼の経験と観察と精緻な描写とは、いかにも写実家の立派な資格を成してゐるが、彼の作物全体の印象は一大抒情詩であり、一大音楽である。まづは彼の第一作『ボヷリイ夫人』を読んでいるが好い。其頃実在した或田舎医者名の細君がモデルで、（中略）書かれたエンマの心持、エンマの周囲、エンマの時代は、書いたフロオベエルの心持、フロオベエルの周囲、フロオベエルの時代である。」

そしてこの「ミリウ（周囲）」が自然主義にとって重要で、サブタイトルの「田舎風俗」に従えば、「郷土芸術の暁鐘」でもあり、一女性の記録とすれば、「婦人問題の先駆」であることはもちろんだが、単に「一人の女性もしくは数多の個人の生活記録ではなく、彼女もしくは彼等を象徴として、彼等の深い背景を、もしくは作者自身が生きてゐた大きな時代を表はそうとした」と星湖は述べている。またそれだけにとどまらず、『ボヷリイ夫人』は「第十九世紀の欧州大陸の精神界物質界を併せ収めた人間生活の縮図」にして、「哲学的に言へば、作者一人の心の現象」だとも付け加えている。

このような広範にして深いパースペクティブのうちに、大正時代に『ボヴァリー夫人』の初訳がなされたことにある種の感動を覚えてしまうのは私だけだろうか。

おそらくこのような視座も含んで、星湖の農民小説と地方主義的小説も書かれていたはずであり、

「この岸あの岸」も作平と星湖の「ミリウ（周囲）」「心持」「時代」を描くことによって、当時の農村の「人間生活の縮図」と「作者一人の心の現象」を表出させる試みの一編であるように思える。もちろん『ボヴァリー夫人』とは完成度からして比較にならないにしても。

なお付け加えておけば、この『ボヴリイ夫人』はさらに改訳され、円本時代の新潮社の『世界文学全集』20にモーパッサンの広津和郎訳『女の一生』とともに、収録され、その印税によって、星湖は昭和三年にフランス留学を果たし、フローベールの姪のカロリーヌを訪ねたりすることになる。

187　吉江喬松「百姓、土百姓」と新潮社『フィリップ全集』

和田伝編『名作選集日本田園文学』には吉江喬松の農民文芸運動の先駆的な一文「百姓、土百姓」が収録されている。これは『近代文明と芸術』（改造社、大正十三年）所収のものだが、ここでのテキストは白水社の『吉江喬松全集』第四巻掲載のものを使用する。

吉江は「百姓、土百姓」において、東京の夕方から夜にかけての混雑時の電車内で、「百姓め、土百姓め」という呪詛と罵倒の言葉をよく聞き、それはかつて大学の野球の応援の際にも発せられたことを思い出す。そして日本人が集合したり群衆と化したりした場合に、このような言葉が出てくることは何を意味するのかという問いから始めている。そこで吉江は字典の解釈を引き、「百姓」は支那からきた言葉だが、日本の現代語に翻訳すれば、第一に「民衆」、第二に「農民」にあたるのに、その両義的意味を持つ「百姓」を罵倒する言葉、侮辱を感じる言葉として平気で用いていることに異議を申し立てる。

現在であれば、この「百姓」の解釈に網野善彦が『日本の歴史をよみなおす（全）』（ちくま学芸文庫）などで提起している、非農業民も含んだ多彩な生業を営む人々という視点を導入してみたい気になるが、吉江の一文が書かれたのは大正時代であるから、それは慎まなければならない。

吉江の論に戻ると、現在の日本における大地主を除く自作農、小作農、及びそれを兼業する農民人口は全体で三千万人近く、日本内地の総人口の三分の二に近いと述べ、次のように続けている。

「この大多数の農人が現在の日本の文明に関係してゐる点は、総ての人のために黙々として終生働ひて、多量の米を作り出すことと、集合密集の場合に「百姓」といつて罵られ、侮辱せらるることである。しかもこの大多数は、「百姓」と罵らるることを耳にしても反抗もしようとはしない。一種の黙した、深いあきらめをもつて、その善良な日にやけた顔に、淋しい笑ひを浮べるだけである。（中略）

自分等の大多数を形成してゐる職業、階級を軽侮し、その総称を嘲笑に用ひ、自分等だけが特権者であるごとき心理の持主たる人々の作り出して来る文明なぞこそは、呪詛の対象でなければならない、何故に軽侮と嘲笑と罵倒とを共通な語で現はそうとするならば、それ等の文明にこそその語勢を向けるべきではないか。」

しかし従来の日本文芸はそれらを表現してこなかった。だからこそ農民は自らの直接の表現を持つべきであり、それが農民文芸のめざすところだと解釈してかまわないだろう。

この「百姓、土百姓」は「農民と文芸」の章の一の「農民生活と現代文芸」に続く二にあたり、その後の三の「大地の声」において、農民文芸のフランスにおける実践者としてのルイ・フィリップが取り上げられる。貧しい農夫の子として生まれ、フランスの黒い大地とそこに生きた人々の漂泊の声を彼の芸術ならしめたと称揚され、フィリップのような存在が日本の古い大地からも生まれることを願って、吉江の「農民と文芸」の章は閉じられている。ここであらためて農民文芸会の成立が、大正十一年十二月に『種蒔く人』の小牧近江の提唱によるフィリップ記念講演会がきっかけであったことを想起させる。この会にフィリップと親交のあったフランス大使のクローデルが参加したと伝えられているが、実際には彼の詩が朗読されただけだったようだ。それはともかく、どうもこの「大地の声」がその時の吉江の講演内容であったと見なしていいだろう。「シャルル・ルイ・フィリップ死して十三年」という始まりは、その記念講演会がフィリップ十三回忌を兼ねていたことからすれば、それは符合している。『吉江喬松全集』第三巻所収の『仏蘭西文芸印象記』の中に、やはり「大地の声―シャルル・ルイ・フィリップ」という一編があるが、同題の講演はその要約と見なせるだろう。

これらの事実によって、昭和四年から翌年にかけて新潮社から刊行された『フィリップ全集』全三巻はフィリップ講演会、農民文芸会、加藤武雄、新潮社というラインでつながり、全集として結実したのではないだろうか。内容を確認してみると、第一巻の総解説にあたる「シャルル・ルイ・フィリップの芸術」は吉江によるもので、これは前述の「大地の声―シャルル・ルイ・フィリップ」とまったく同じである。ただ最後に「この『フィリップ全集』は、彼の諸作を悉く集めたるもの、彼フィリップの全容を完全に知ることの出来る唯一の集成である。訳者達はまたフィリップを深く愛する人々の集まりである。（後略）」という四行ほどが新たに加えられている。

訳は小牧近江が『小さな町』と『ビュビュ・ド・モンパルナス』、吉江が『シャルル・ブランシャアル』を担当し、他は堀口大學、神部孝、山内義雄などで、農民文芸会のメンバーは入っていないが、その事情は農民文芸会の分裂も関係しているかもしれない。『新潮社四十年』には『フィリップ全集』刊行の経緯と事情は何も記されていないけれど、一応は書影入りで、「我が国の文壇に、プロレタリア文学の種を蒔いた作家である。この夭折せる天才作家の全作をあつめた本集は、実に多くの熱心な読者を得、強い影響を当時の文壇に与へたものである」との注記が付せられている。実際にこの全集が刊行されたことで、フィリップの作品の様々な文庫化が促進され、昭和十年に出された岩波文庫版の淀野隆三訳『小さき町にて』は四万部売れたと伝えられている。

188　春秋社『ゾラ全集』と吉江喬松訳『ルゴン家の人々』

新潮社の『フィリップ全集』とほぼ同時期に、春秋社で『ゾラ全集』が企画され、その第一巻『ルゴン家の人々』が昭和五年に吉江喬松訳で刊行された。しかしこれは第一巻と第三巻の武林無想庵訳『巴里の胃袋』が出ただけで中絶してしまい、この『ルゴン家の人々』も同七年に春陽堂の「世界名作文庫」に収録され、『居酒屋』（斎藤一寛訳）、『ナナ』（三好達治訳）も出たが、その後「ルーゴン＝マッカール叢書」の続刊が出されることはなかった。

この企画についての詳細な証言は残されておらず、『吉江喬松全集』第六巻所収の「年譜」の昭和五年のところを見ても、「春秋社にてエミイル・ゾラの『ルゴン・マカル叢書』翻訳上梓の計画があり、その第一篇『ルゴン家の人々』（後に「春陽堂文庫」にをさむ）を翻訳上梓した」と記されているだけである。誰が企画し、編集に携わったのだろうか。

春秋社版『ルゴン家の人々』は四十年ほど前に、今は消えてしまった町の小さな古本屋で入手したのだが、ずっと前にゾラに関する論文を書いていたフランス文学研究者にプレゼントしてしまったこともあって、もはや手元になく、二冊目は入手していない。だがそれを手放してから二十年後に、まったく思いもかけずに論創社の「ルーゴン＝マッカール叢書」の企画、編集、翻訳に関係するようになり、『ルゴン家の人々』にあたる、伊藤桂子訳『ルーゴン家の誕生』の編集も、私が担当することになってしまったのである。この原題は *La Fortune des Rougon*、すなわち直訳すれば、『ルーゴン家の運命』、もしくは『ルーゴン家の財産』となるが、*Fortune* は「巡り合わせ」の意味もあり、まさか私がそのような「巡り合わせ」になろうとは、かつて春秋社版を購入した二十代初めの頃には想像だにしないことだった。そこであらためて吉江訳『ルゴン家の人々』を参考にする必要が生じ、探したのだが、当時は見つからなかった。ただ本の友社から春陽堂の「世界名作文庫」版の復刻が出されていたので、そちらを参照させてもらうことにしたのである。

吉江はこの『ルゴン家の人々』の巻頭に「『ルゴン・マカアル』について」を寄せ、ゾラの全二十巻に及ぶ「ルーゴン＝マッカール叢書」に関する俯瞰と解説を試みている。これは長いものではないにしても、ゾラと「ルーゴン＝マッカール叢書」についての要領を得た初めての総合的解説と紹介であるといっていいかもしれない。なおこれは『吉江喬松全集』第五巻所収の「『ルゴン・マカアル』叢書」と同じものである。吉江は次のように書いている。引用は表記の簡略さから、後者を使用する。

「ゾラが『ルゴン・マカアル』二十巻において描きだす「自然的な及び社会的な歴史」は即ち一八五一年の暴力政治《クウ・デタ》から一八七〇年のセダンの壊滅にいたる第二帝政、約二十年間の時代であつて、ブルジョワ帝国と呼ばれるこの時期の社会相の、然も下から眺めたる実験的経済的の記録であり、ゾラが後の労働都市のイデオロジイを打ち立てるための重大な臨床記録である。しかもその記録は、当代の社会機構を的確に示していくと共に、既にその社会相の下部から萌え出て、伸びあがる無産階級の力を全般の基調として描き出した生きた大画図である。」

この第二帝政のブルジョワ帝国下において、「社会相の下部から萌え出て、伸びあがる無産階級」こそがルーゴン＝マッカール一族であり、それはこの「叢書」の第一巻『ルゴン家の人々』によって幕開けとなる。ルーゴン＝マッカール一族もまた農民にして、地方出身者を体現する存在に他ならない。『ルゴン家の人々』は第一巻にふさわしく、ルーゴン＝マッカール一族が誕生することになった土地のいわれと歴史が記され、続いてナポレオン三世のクーデタに対して、立ち上がったフランス南部の民衆の蜂起を描くのだ。吉江はそれを「百姓一揆」と呼び、共和制を支持する「まさに無産階級の台頭を画する」ものと述べている。吉江の訳文はそれを次のように伝えている。

「その一隊は素晴しい抵抗し難い勢で坂を降りて来た。（中略）後から後からと、路の曲り角へ、新たな黒い集団が現はれて来た。その唄声が次第々々にこの人間の嵐の叫びを膨らませた。（中略）ラ・マルセイエェズの唄声は空までも充たし、（中略）そして、眠つてゐた田野は目醒めて飛び起きた。田野全体が、撥で太鼓を打つやうに、ぶるつと顫へた。さうなると、もう唄声を立てゝゐるのはこの一隊の人々ばかりではなくなつた。地平線の四方の果て、遠い岩々、耕作せられた畑地も牧場も、樹々の茂みも、どんな小さな草叢にいたるまでも、尽くが人間の声を立てゝゐるやうだつた。（中略）その一揆の連中を喝采してゐる無数の目に見えぬ人々で蔽われてゐるやうだつた。（中略）その中に隠れ住む人間共が一層高い怒りに燃えて、その唄声の疊句を唄い返さないものはなかつた。田野は天と地の動謡のなかで復讐と自由とを叫ぶのだつた。（中略）衆人の雄叫びは鳴り渡る波となつてまろび、不意の爆発を上げ、路上の石にいたるまでも揺り動かした。」

多くの「中略」を施したにもかかわらず、長い引用になってしまった。だがこれは「ルーゴン＝マッカール叢書」の始まりにあって、ゾラ特有の描写によるとても重要にして象徴的な場面であるので、あえて示してみた。それはゾラにしても、この『ルゴン家の人々』の初訳者の吉江にしても同様だと思われるからだ。

この小説の一方の主人公といえるシルヴェールとミエットは一揆の支持者であり、物語の最後で二人とも第二帝政を表象する憲兵たちによって射殺されてしまう。だがこの場面は第一巻だけで終わっているのではなく、最終巻の『パスカル博士』において、フラッシュバックされ、シルヴェールたちの死が「叢書」の象徴であったことを示している。

しかしナポレオン三世側についたルーゴンは、二人の血の犠牲の上に「富者の快挙」にありつき、「帝国の誕生」を祝い、「ルゴン家の財産」を築き上げようとしていた。彼が得た勲章の繻子の色は二人の血を彷彿させるものだった。そしてここから「叢書」中でよく知られた『ナナ』や『居酒屋』の物語も始まっていくのだ。

これは吉江の「『ルゴン・マカアル』について」に見られるだけで、「『ルゴン・マカアル』叢書」では削除されているが、ゾラの全作の翻訳の企ては「今日の日本の社会生活全体の現階段《ママ》としては、何人を検証するよりも全的ゾラを究明して見る必要を痛切に感ぜしめる、からである」と吉江は述べている。

これは吉江の昭和五年における切実な実感と見なすことができる。それから七十年後に「ルーゴン＝マッカール叢書」の翻訳と編集に携わった私にしても、それはまったく同じ思いであり、二一世紀を迎えても、「ルーゴン＝マッカール叢書」は「今日の日本の社会生活全体」を考える上で、いまだもって生々しい作品群であり続けているように思える。

論創社版「ルーゴン＝マッカール叢書」と藤原書店版「ゾラ・セレクション」によって、ようやく全二十巻が日本語で読めるようになったこともあり、新たな読者の「誕生」をも期待したい。

189 企画編集者としての吉江喬松と中央公論社『世界文芸大辞典』

私は自らの浅学非才と無知をよく承知しているので、それを補うことと編集の仕事の必要もあって、かなり多くの辞典や事典類を所持し、毎日のようにそれらのいくつかを引いている。

それらの辞典や事典の中で装丁、内容、図版、用紙などどれをとってもすばらしい出来だと考え、愛用してきたのは『世界文芸大辞典』で、これは日本における戦前の外国文学の知識と情報の集大成のように思われる。それに本の佇まいが独特で、紛れもなくアウラを感じさせてくれる。だがそれは復刻では失われてしまっている。

この辞典は昭和十年から十一年にかけて、中央公論社から全七巻で刊行されたもので、その編輯責任者は二回にわたって言及してきた、他ならぬ吉江喬松なのである。

この辞典に関しては本書70でも取り上げているし、十年ほど前に「『世界文芸大辞典』の価値」（『古本屋散策』所収）としてふれたことがあった。これは島尾敏雄の『「死の棘」日記』（新潮文庫）の中で、島尾が生活費に窮し、この辞典を古本屋に売りにいき、五千円を受け取ったという昭和二十七年十二月の記述を枕にしていて、その内容と出版事情にふれたものである。その際にこの辞典が名著にふさわしいと見なせるにもかかわらず、『中央公論社の八十年』などの社史などにも記述がなく、またまとまった言及も見当たらないと書いておいた。

すると谷沢永一より、次のような便りが届いた。文脈の関係から省略ができず、私の名前が入ってしまうことはご容赦願いたい。

「（前略）『世界文芸大辞典』（中略）の秀れた価値を、小田光雄氏が強調されたのを、我が事のように嬉しく思う。原則として、辞典は戦前の製作に限る。戦後は宙に浮いた時局便乗であるのに対し、戦前の仕事は実証的で、細部に詳しく信用できるからである。

（中略）時間を遡ると、この大辞典の原型がすでに出来ていた。すなわち早稲田大学文学社（代表者島村抱月）著作『文芸百科全書』（明治42年・隆文館）である。（中略）

全体の行き届いた構成は何から何までのちの大辞典そっくりである。大辞典の特色として指摘される各国文学史は、すでに記述が細分されて引き出し易い。間然するところなき見事な出来栄えであった。」

なお谷沢の全文は「早稲田派の天晴れ」というタイトルで、『日本古書通信』〇二年八月号に掲載されている。谷沢の教示によって、『世界文芸大辞典』の原型が『文芸百科全書』にあることを教えられたのだが、明治三十八年に吉江は早稲田大学英文科の研究生として、帰朝した島村の指導を受けているので、その事実から『文芸百科全書』の企画にも関係していた可能性が高い。実際にこの編集責任者は楠山正雄であり、彼については後述するつもりだ。なおこの発売元が草村北星の隆文館であったことは、それこそ「早稲田派」の出版人脈によっているのだろう。

この谷沢の便りの他にも、近代文学研究者の曽根博義からは確か『国文学』掲載の『世界文芸大辞典』の紹介の一文のコピー、浜松の時代舎からはその内容目録を恵贈され、私以外にもこの辞典に関心を寄せ、現在でも使用している人たちがいることも知らされたのである。

またその月報に当たる「世界文芸」も見事で、月報のコンセプトを超えたリトルマガジンに近く、その第一号には春山行夫が「文芸辞典談叢」を寄せ、欧米のそれらを渉猟した後、日本における「この種の最初のそして完璧な内容によつて刊行せられる」ことを祝いでいる。そういえば、本書70の江戸川乱歩の「シモンズ、カーペンター、ジード」の掲載も「世界文芸」第六号だったのである。

この「月報」に比肩するように、内容見本も辞典と同じ四六倍判、折り込み部分を含んで十ページ余に及んでいる。社長の島中雄作の「大出版の完成へ」、吉江の「死力を尽して—編輯責任者としての言葉」に続いて、その特色がゴチック文字で、次のように並べ立てられている。中央公論社創立十周年記念出版界不世出の驚異的偉観、百万部普及をモットー、文芸文化大殿堂のルネッサンス的構築、総合的有機的画期的な編集、大学文学部の徹底的解放、何ら誇張なく世界唯一無二、総費用五十万円、関係延人員十万人といった大仰な言葉の洪水にも似た羅列で、これらは出版物というよりも映画の宣伝に近いように映る。それゆえにケルト模様の端正で瀟洒な装丁と造本のもたらすイメージを裏切っている。

ここで明らかに見てとれるのは、中央公論社におけるこの辞典の編集と営業の分裂である。それはまた明らかにクオリティの高い専門的な外国文学辞典として受けとめられたはずにもかかわらず、特価五円で百万部普及をモットーとの宣伝文句は、現実の出版業界の状況と遊離していたと考えざるをえない。それに中央公論社の辞典や書籍出版経験の浅さも相乗し、『世界文芸大辞典』は内容のすばらしさとは逆に、いや、それが当然というべきなのか、悪夢のような赤字出版に終わり、それゆえにこの辞典を封印してしまったのではないだろうか。おそらく新潮社の円本『世界文学全集』の辞典版の成功を夢見たにもかかわらず、それは破れてしまったのだ。

しかしそれらの出版事情はともかく、ここであらためて確認しておきたいのは吉江の編集者としての軌跡であり、それは外国文学者として特筆すべきだと思われる。吉江は国木田独歩の近事画報社（後の独歩社）に入り、雑誌『新古文林』の編集に携わっている。彼の独歩社に関する感慨を拙著『古本探究Ⅱ』で引用しておいた。そして言及してきたように、早稲田大学教授に就任するかたわら、フランス留学から帰国後に農民文芸会を設立したことによって、新潮社の『フィリップ全集』、二冊しか出なかったにしても、春秋社の『ゾラ全集』の企画者と見なしてよく、これに『世界文芸大辞典』も続いている。このような編集、出版歴に加えて、『吉江喬松全集』第六巻所収の「年譜」を追っていくと、彼の六十有余年の人生が大学教授というよりも、編集者の色彩に包まれているように映ってくる。それら早稲田文学社の「文学普及会講話叢書」の執筆、在仏中における坪内逍遥の『役の行者』などの仏訳のパリでの出版、早大文学部会の機関紙『文学思想研究』の編集、欧羅巴文学研究会機関誌『欧羅巴文学研究』の企画、中央公論社の『モリエエル全集』、河出書房の『バルザック全集』、改造社の『フロベエル全集』、海外文化協会設立といった軌跡をたどっている。

このような軌跡をたどった吉江喬松も今こそ企画編集者として、翻訳者として、もう一度見直すべきではないだろうか。

190　ゾラの翻訳者としての武林無想庵

春秋社の『ゾラ全集』や改造社の「ゾラ叢書」の企画や編集をめぐる直接的な証言は残されていないけれども、訳者である武林無想庵に関するいくつかのエピソードとしては、山本夏彦の評伝『無想庵物語』（文藝春秋）の中で語られている。しかし山本が戦前の出版業界に通じ、戦後も『室内』を発行する工作社の経営者で、『私の岩波物語』（同前）という貴重な出版史の著者であるにもかかわらず、『ゾラ全集』や「ゾラ叢書」についての証言はかなり恣意的で、本書でたどってきた経緯と事情はまったく眼中になく、伝聞と思いこみから成立していると考えるしかない。

しかもそれは武林自身の『むさうあん物語』における記述にもよっているのであろうし、また桜井書店からショヴォの訳書『年を経た鰐の話』を刊行し、フランス文学の翻訳出版にもよく目配りしていたはずの山本でさえそうなのだから、近代出版史の事実を押さえることは本当に難しいと実感する。

まずは山本の証言を追ってみよう。無想庵は関東大震災後の大正十三年に再び渡仏するが、前回と異なり滞在費が潤沢でなかったために、たちまち手元不如意となり、日本からの収入をあてにするしかなく、そのひとつの手立てがゾラ全集の翻訳出版企画で、一年に二冊出れば、それで食べられると考えたのだった。つまり「ルーゴン＝マッカール叢書」の全訳を意味していた。そこで旧知の朝日新聞パリ特派員の重徳泗水に朝日新聞社での出版をもちかけると、そのような過去の大作を引き受けるところはないだろうとの返事であった。

しかし無想庵はその企画と長期にわたる収入をあきらめきれず、昭和四年にゾラ全集を刊行してくれる出版社を探すために、七年ぶりに帰国した。明治三十年代に無想庵は柳田国男からゾラをよく読んでいるようだから、龍土会に出てゾラの話をして下さいと頼まれてから、「以後何十年このゾラにとりつかれる」と山本は記している。

そして最初に無想庵は改造社の山本実彦にその企画を持ちこむが、十年先どころか三年先もわからないという理由で断わられてしまう。それでも山本は帰国を祝って、銀座で無想庵歓迎会を開いてくれた。無想庵は、長谷川如是閑と内田魯庵と三人で一冊ではあるにしても、改造社の『現代日本文学全集』の著者の一人で、同じく『世界大衆文学全集』12のウージェーヌ・シュウの『巴里の秘密』の訳者でもあったからだ。なお付け加えれば、新潮社の『世界文学全集』30にはドーデの『サフオ』も収録され、無想庵もまた昭和円本時代の恩恵を受け、それらの収入はパリでの生活費に当てられていたことになる。

その後企画は同じく円本で当てた春秋社へと持ちこまれ、「いやいや春秋社が承知してくれた。春秋社は本気じゃない。一冊出して様子を見た上で続けるかどうかきめるくらいの気持である」と山本は無想庵と一緒にその場にいたかのように述べ、案の定『巴里の胃袋』一冊で終わってしまったと書き、それにもふれている。

「春秋社版この『巴里の胃袋』はひどい本で、原題は「巴里の腹」という意味、レ・アール（中央市場）がテーマだが「巴里の腹」ではタイトルにならないから「巴里の胃袋」と訳したと武林が序文に書いたら、これが「巴里の勝」になっていた。勝ではわけがわからない。そもそも校正したかどうか疑われる本で、即ち末端に至るまで出す気のない本だということが分る（後略）。」

確かに『巴里の胃袋』の「訳者の序」を見てみると、「Le Ventre de Paris—迄訳すれば『巴里の勝』だが」という書き出しが目に入ってくる。しかしこの冒頭の誤植はひどいにしても、山本がいうように「巻末まであるまじき誤植に満ちている」といった指摘は当たっていないし、山本の偏見であり、無想庵の「名訳」に見合った原書の挿絵掲載、フランス語のルビ処理、訳注の問題も含め、「ひどい本」ではなく、十分に合格点を与えることのできる仕上がりになっている。

だが山本の春秋社への不信はそれだけにとどまらず、『ゾラ全集』が出ないので、無想庵が再び帰国して春秋社に催促したこと、すでに翻訳にとりかかっていた『ラ・テール』（大地）の口述筆記を自分がしたことを書きとめている。無想庵の帰国の際にまだ少年だった山本夏彦はこの亡父の友人と宿命のように出会い、一緒にパリに赴くことになるのである。

それらの事情はひとまずおくにしても、確かに『ラ・テール』は春秋社から出されず、その十年後の昭和十六年になって、フランス装の『地』上中下巻として刊行に至っている。これは脇屋登起を発行者とする、本郷区湯島の鄰友社から刊行されていて、山本の『無想庵物語』にも言及はなく、巻末の「物語の索引」にもその名前は見えない。おそらくそこにはまったく別の無想庵とゾラをめぐる出版の物語があったと推測することもできよう。ちなみに記しておけば、下巻にだけ挿絵が掲載され、それは民家を描いている向井潤吉の手によるものである。

さてここで山本の『ゾラ全集』に関する記述を整理してみると、これは無想庵が企画し、朝日新聞社や改造社に持ちこまれたが、断わられてしまった。そこで結局のところ、春秋社が仕方なく引き受けることになった。しかし全集として出す気はなく、校正もいい加減であり、『巴里の胃袋』一冊を出しただけで、終わってしまった。これが『無想庵物語』において山本が提出している構図であり、それは前述したように、無想庵自身の『むさうあん物語』による回想に基づいているのだろう。

しかし本書でずっと春秋社の『ゾラ全集』や改造社の「ゾラ叢書」のことをたどり、既述してきた事実からすれば、山本のいうゾラの出版の物語は間違いと誤解に充ちていることになる。それが出版の諸事情に通じているとされる山本の記述であるだけに、個々の出版物をめぐる真実の物語の伝承に関する難しさをあらためて教えてくれる。今一度、『ゾラ全集』と「ゾラ叢書」に関する記述を繰り返すことはしないでの、確認したい読者は本書188や189などを再読してほしい。

ここでは言及しなかったが、無想庵の妻である文子をめぐる愛人関係は錯綜していて、本書でも取り上げた黒田礼二、また農学者の池本喜三夫もそれらに連なり、後者は帰国してから『仏蘭西農村物語』（刀江書院）という貴重なフランスの農村に関する一冊を著わしている。私は『大地』を翻訳するにあたって、マルク・ブロックの『フランス農村史の基本性格』（河野健二、飯沼二郎訳、創文社）とともに同書を参考にし、大いに助けられたことを付記しておく。

191　改造社「ゾラ叢書」、犬田卯訳『大地』、論創社「ルーゴン＝マッカール叢書」

春秋社の『ゾラ全集』とほぼ同時期に改造社から「ゾラ叢書」が刊行されている。だが「ゾラ叢書」も『ゾラ全集』のように二冊だけで終わったのではないにしても、三巻を出したところで中絶してしまっている。それらを示せば、第一篇『獣人』(三上於菟吉訳)、第二編『アベ・ムウレの罪』(松本泰訳)、第三編『大地』(犬田卯訳)である。第一、二篇は訳者からわかるように、英語からの重訳だが、『大地』の犬田訳は前回ふれた武林無想庵訳に先駆けるフランス語からの初訳であり、この『大地』の翻訳出版は農民文芸会の様々な活動におけるひとつの目標にして達成だったと思われる。

『大地』は「ルーゴン=マッカール叢書」二十巻の中で、唯一農村小説であり、それは現在の起源としてのブルジョワ都市が形成されていくナポレオン三世の第二帝政期を背景としている。主人公のジャン・マッカールはイタリアのソルフェリーノ戦役の後に除隊となり、ストレンジャーとしてボース平野に流れつく。そこで村の娘と結婚し、土地相続をめぐる争いに巻きこまれ、妻を失い、再び戦場へと戻っていく物語である。ここで描かれているのは大地とともに生き続け、土地に執着し、所有するという欲望につき動かされ、決してストレンジャーを受け入れようとしない農村の奥深い論理に他ならず、結婚もそれに基づいているという現実なのだ。そしてジャンは「ルーゴン=マッカール叢書」第十九巻の大団円ともいえる『壊滅』の主人公として再び登場し、普仏戦争とパリ・コミューンをくぐり抜けた後、再び帰農していくのだ。それゆえに、第十五巻の『大地』は、ゾラの「叢書」にあっても中枢を占める重要な作品で、犬田にとっても満を持した翻訳だったと見なすことができる。おそらくこの翻訳をベースにして、和田伝の『沃土』が書かれたことは本書185で既述している。

犬田もその「序」において、『大地』の第二帝政下の農村の現実を描いたものとして、次のように述べている。

「ゾラの描いた農民は、さうした期間の、さうした段階に生きてゐる彼等だつたのだ。彼等はただ「害虫の巣かなんかのやうに大地にへばりついて」生活してゐる。重き課税と、免れることの出来ない義務との桎梏の下に、一日として頭を天に向けることの出来ない彼等は、ますゝゝ深く地の暗黒の中へと首を縮こめ、突込んで行くよりほかはない。その地の暗黒が、唯一の彼等の避難所であり、僅かに生を盗む場所なのである。」

そして犬田はさらにゾラの芸術的態度である「真実を写す」という視点からすれば、この『大地』をまず挙げなければならないとも記している。ここに犬田と農民文芸会が、ゾラと『大地』、及び日本の同時代の農民と農村に向けた眼差しの位相が明らかであろう。

犬田は戦後に遺稿として農文協から刊行された『日本農民文学史』（小田切秀雄編、昭和三十三年）において、それらの戦前の農民文芸運動について語り、これまで本書でもたどってきたルイ・フィリップ十三周忌記念講演会から農民文芸会の結成、『農民文芸十六講』と機関紙『農民』の刊行、農民文芸会の生々しい分裂とその後の運動、農民文学懇話会の設立などに至る経緯と事情を、忌憚なくレポートしている。しかし残念なことに改造社の「ゾラ叢書」と『大地』の翻訳については何も記されていない。

だが犬田は同書所収の「著者、著作年表」から明らかなように、明治三十四年に茨城県稲敷郡牛久の農家に生まれ、学校を経ることなく、大正六年に博文館編集部に入り、そのかたわらで文筆生活に入り、『土にひそむ』（復刻筑波書林）などの農村小説を書き始め、同八年に後の『橋のない川』を書くことになる住井すゑと結婚している。この経歴からわかるように、犬田は独学でフランス語を習得し、『大地』の翻訳を刊行するに至ったのであり、それは他の農民文芸会のメンバーの外国文学系の訳業と並ぶ成果だと評価するべきだろう。

ここでひとつ私事を語ることを許してほしい。私が論創社版「ルーゴン＝マッカール叢書」の訳者であることは既述しているが、実は私がこの「叢書」に引かれたのは他ならぬこの『大地』と『ボヌール・デ・ダム百貨店』が収録されていたことによる。それがきっかけとなって、『壊滅』も、またこれまで未訳だった『プラッサンの征服』『ウージェーヌ・ルーゴン閣下』『パスカル博士』も翻訳することになったのである。そのことを述べた拙文を以下に示す。これは論創社版「叢書」の完結にあたって寄稿を求められ、『図書新聞』（〇九年五月二三日）に「『ルーゴン＝マッカール叢書』（論創社版）邦訳完結に寄せて」として掲載したものである。

おそらく実現しなかったが、吉江喬松にしても犬田卯にしても、「ルーゴン＝マッカール叢書」全巻の翻訳刊行を夢見たはずなので、彼らにとっても拙文は多少なりともつながっていると確信するからだ。なお、早稲田大学、島村抱月、吉江喬松のラインから付け加えておけば、島村と対立し、反自然主義文学運動を後藤宙外と立ち上げた中嶋孤島が「ルーゴン＝マッカール叢書」の『生きる悦び』を、大正三年に早稲田大学出版部から刊行している。これは英語からの重訳で、坪内逍遥閲とあり、またフランス原書参照は小倉清三郎らによると記されている。小倉はいうまでもなく、後に相対会を組織することになる。『生きる悦び』は『生きる歓び』として拙訳もある。

前述のように、最初この『図書新聞』への寄稿を続けて掲載するつもりでいたが、少しばかり長いので、次回をそれにあてる。諒とされたい。

659　改造社「ゾラ叢書」、犬田卯訳『大地』、論創社「ルーゴン＝マッカール叢書」

192　「ルーゴン＝マッカール叢書」（論創社版）邦訳完結に寄せて

論創社版のエミール・ゾラの「ルーゴン＝マッカール叢書」は七年かかって一三巻を刊行し、同時期に出版された藤原書店の「ゾラ・セレクション」の六巻などを合わせると、ようやく日本語で「叢書」の全二〇巻を読むことができるようになった。フランスにおける最終巻の『パスカル博士』の刊行は一八九三年であるから、完結後一世紀以上を経て、初めて邦訳が出揃ったことになる。近代翻訳出版史をたどってみても、多くの出版者や編集者、翻訳者や研究者が「叢書」全巻の刊行を夢見たと思われるが、『夢想』の一冊を除いて、ほとんどが大部の長編であり、翻訳の労力に加えて、莫大な制作費を必要とするために、それが実現しなかったと推測できる。

しかし二一世紀に入ったとはいえ、新訳で「叢書」全巻を初めて読めるようになったことは訳者の一人として、とてもうれしいし、日本における新たな読者の出現や、日本近代文学へのゾラの影響についての研究の深まりを期待したいと思う。なぜならば、「ルーゴン＝マッカール叢書」の時代は終わっていないどころか、ここに示された様々な物語の集積は、まさに現代を描いているといっても過言ではないからだ。また私もそれゆえに「叢書」の世界に引きつけられ、訳者となっていったのである。ここでは紙幅もないので、そのことだけを記してみよう。

私は九〇年代に、八〇年代になって成立したと見なし得る郊外消費社会についてずっと思いをめぐらしていた。戦後の日本社会は七〇年代半ばに第三次産業就業人口が五〇％を超え、消費社会化し、それとパラレルに進んだ郊外化によって、郊外消費社会が出現するに及んだ。具体的に言えば、全国各地の主要幹線道路沿いにロードサイドビジネス（駐車場付き郊外型商業店舗）が林立する風景に覆われてしまったことを指す。それらの土地はかつて田や畑だったのであり、農耕社会の風景が消費社会のそれへと急激に転化してしまったのだ。つまり表面的には豊かで便利な社会が、何もなかった郊外にも誕生したことになる。

しかし私は郊外を覆い尽くしていくその風景に違和感を覚えていた。それは何よりも私は農村少年として育ってきたからだ。ロードサイドビジネスで埋まった道路はかつて田や畑が広がり、「往還」と呼ばれていた。「往還」は村から町へと通じる道で、いずれも小さなものではあるが、農耕社会と消費社会を分かち、両者の距離を物語っているようだった。この地方特有の強い風にさらされ、まだ舗装もされず、雨が降るとぬかるみ、定期バスの他には車もほとんど通らなかった。それが五〇年代から六〇年代にかけての「往還」の原風景だ。三〇年後にそこが郊外となり、全国有数のロードサイドビジネス開発地帯に変貌するとは、誰も予想していなかったであろう。

これは私だけの経験ではなく、高度成長期までの日本はそのような状況の中にあり、現在のような過剰なまでの消費社会のモードに染められておらず、今では全国共通になったその風景の出現もきわめて新しいものだったといっていい。しかし郊外の風景に象徴される農耕社会から消費社会への転換は欧米と比べて、異常なほどのスピードで進み、それはアメリカによるグローバリゼーションのモデルともなり、今やアジア全域を覆いつつあると思われる。

私はこの風景の転換はどこから始まっているのであろうかと考え続け、九七年に郊外の起源とその行方をたどった『〈郊外〉の誕生と死』（青弓社）を上梓するに及んだ。実はこの過程で、ゾラの「ルーゴン＝マッカール叢書」に突き当たったのである。まずは言うまでもなく『ボヌール・デ・ダム百貨店』であり、「叢書」の第一一巻として、一八八三年に発表されたこの作品こそは先駆的に書かれた消費社会小説で、まさに近代消費社会の始まりを描いていると実感し、どうして翻訳が出されていないのかと切実に考えさせられた。

この小説は百貨店を主人公とし、流通と消費を主題にしていて、近代商業小説の嚆矢であると同時に、この時代における大衆消費社会の幕開けを告げていた。したがって『ボヌール・デ・ダム百貨店』は消費社会の起源を克明に描いた小説として、現在と地続きで読むことが可能なのである。

百貨店の出現によってもたらされた一九世紀後半の消費社会の実態、その光と影があまりにも生々しく描写されている。百貨店における商品の氾濫とその色彩の乱舞、バーゲンに殺到する消費者という群衆、百貨店の隆盛の背後で破産していく商店街の人々。特に百貨店によって廃業に追いやられる商店街の姿は、一九八〇年代以後の郊外消費社会の成立を受け、壊滅状態に陥っている日本全国の商店街の状況を彷彿させ、一世紀前の百貨店による流通革命が何であったかを露出させている。商品の大量仕入れと大量販売を通じて生み出される廉価、及びその高速回転操作がもたらす多大な利益、それらの消費は女性をターゲットとして設定される。ゾラはこの小説の終わりのところで、次のような一節を挿入している。

「ムーレの創造した百貨店は新しい宗教をもたらし、信仰心が衰え次第に来なくなった教会の代りを百貨店がつとめ、それ以後空虚な人々の心に入り込んだ。女性は閑な時間をムーレのところへやって来て過ごすようになった。かつてはチャペルの奥で震えおののき、不安な時間を過ごしたというのに。(伊藤桂子訳)」

ゾラはまたそれが「美という天上の神を崇め、身体を絶えず再生する信仰」であり、百貨店はそのための「告解所や祭壇」だとも付け加え、消費社会を発展させる原動力にも注視している。

この『ボヌール・デ・ダム百貨店』だけでも「ルーゴン＝マッカール叢書」は再発見、再評価すべきだと思いながら、あらためて「叢書」を読み進めていった。そこで第一五巻の『大地』に至ったのである。これは第二帝政下において変貌していくフランスの農村を描いた小説で、日本の高度成長期の農村の姿のようにも思われた。それにこの小説は畑の分割相続をひとつのテーマにすえていて、日本語の「たわけ」が「田分け」を語源にしているという説もあり、そのことから類推しても、日仏の違いはあれ、農村が抱えている問題の共通性を思い知らされた。しかもこの『大地』の舞台で、果てしもなく小麦の風景に包まれていたボース平野もいくつかの研究が伝えるところによれば、農村の郊外化が進んでいるようなのだ。

だからゾラは共時的に一方で消費社会を描き、他方で農耕社会を見つめていたことになる。それゆえにこの二作だけでも、私の問題と通底し、「ルーゴン＝マッカール叢書」が日本の戦後社会と重なるようなイメージを孕み、迫ってきた。そのように読めば、第二帝政と高度成長期を含んだ戦後社会の共通性は、他の作品においても、具体的に言及できなくて残念だが、限りなく挙げることができるだろう。

これらのことがきっかけとなって、私は次第に「叢書」の世界にのめりこんでしまい、浅学と貧しい語学力にもかかわらず、一〇作を翻訳することになってしまったのである。それでも私訳のわずかな成果を付け加えれば、『大地』の翻訳は私の農村少年としての見聞や体験が色濃く投影され、風景や労働描写に関して、臨場感のこもったシーンを浮かび上がらせていると思う。

本来であれば、『〈郊外〉の誕生と死』の前編に属する一九世紀後半のフランスの百貨店の誕生から、二〇世紀前半のアメリカのスーパーの展開による消費社会化、戦後の郊外の膨張とロードサイドビジネスについて書くはずであったが、図らずも「叢書」の翻訳に没頭し、書きそびれてしまった。しかしそれはそれでよかったと思う。未邦訳の三作も含め、何とか「ルーゴン=マッカール叢書」を日本語で通読できるところまでこぎつけたわけだから、どうかこのような機会を得て、「ルーゴン=マッカール叢書」の読者が一人でも増えてくれますように。

193　大正時代における「ルーゴン=マッカール叢書」の翻訳

思いがけずにゾラの「ルーゴン=マッカール叢書」について、続けて言及することができたので、この機会にもう少し「叢書」の翻訳史をたどってみたい。

本書188で、フランス語からの初訳として吉江喬松による『ルゴン家の人々』を取り上げたが、実は大正時代に英語からの重訳で、訳者を木蘇穀、出版社を大鐙閣として、『血縁』と題され、刊行されている。これらのことに関して、以前にも「天佑社と大鐙閣」(『古本探究』所収)で論じているけれども、もう一度言及してみる。

その前に訳者の木蘇について、『日本近代文学大事典』における立項を要約しておけば、明治二十六年富山県生まれ、大阪北野中学、三高、早大英文科に学び、様々な雑誌の編集者を経て、『万朝報』記者、『不同調』同人となり、新人生派を提唱する一員として評論を書くとある。また探偵小説や大宅壮一との関係も興味深いが、それらについては後述するつもりなので、ここでは省く。

その木蘇はゾラの「ルーゴン＝マッカール叢書」第一巻に当たる『血縁』の「訳者序」において、次のように述べている。

「この巻は（中略）あの膨大な「ルーゴン＝マッカール叢書」（二十巻）の最初の巻であつて、既に日本に翻訳されて、広く読書界に膾炙されている『居酒屋』とか、『ナナ』とか、『金』とか、『歓楽』とか、『獣人』とか、『制作』とか、『僧ムーレの破戒』とかいう諸種の物語の発端をなすものである。例えて言えば、この大きい「ルーゴン＝マッカール叢書」というものを一本の大きい樹木とすれば、この『血縁』は差し当り根であり、幹であつて、他の右に挙げたものを初めとして、他の十九巻残らずは枝であり、葉であるわけである。」

この見解はきわめて正当なものであるばかりでなく、大正時代が「ルーゴン＝マッカール叢書」翻訳の全盛期であったことを教えてくれる。しかもそれは『血縁』がそうであったように、フランス語からではなく、多くが英訳からの翻訳によっていた。その時代における「叢書」の翻訳タイトルと出版社を列挙してみる。左の数字は「叢書」の巻数を示す。

1『血縁』木蘇穀訳、大鐙閣、大正十二年
3『肉塊』秋庭俊彦訳、三徳社、大正十二年
5『アベ・ムウレの罪』松本泰訳、天佑社、大正十年

7『酒場』水上斎訳、天佑社、大正十年
『居酒屋』木村幹訳、新潮社、大正十二年
9『ナナ』宇高伸一訳、新潮社、大正十一年
11『貴女の楽園』三上於菟吉訳、天佑社、大正十一年
12『生の悦び』中島孤島訳、早稲田大学出版部、大正三年
『歓楽』三上於菟吉訳、元泉社、大正十二年
13『ジェルミナール』堺利彦訳、アルス、大正十二年
14『制作』井上勇訳、聚英閣、大正十一年
17『死の解放』坂井律訳、精華堂書店、大正十二年
『獣人』三上於菟吉訳、改造社、大正十二年
18『金』飯田旗軒訳、大鐙閣、大正十年

これらの前版が刊行されているものもあるが、それらは入手しておらず、挙げなかった。目を通してわかるように、これらはとりわけ大正十年から十二年にかけて集中して、「ルーゴン＝マッカール叢書」が十一編翻訳刊行されていることになる。おそらく関東大震災が起きなければ、この出版の勢いから考えて、全巻が出版されたと見て間違いないだろう。それほどまでにこの時代において、ゾラへの関心は高まっていたのだ。それがフランス文学というよりも、社会主義陣営からの熱い眼差しによっていたのであるが。その一端が前述の『血縁』の「訳者序」における、「この訳書出版に種々御尽力下さつた高畠素之氏」への謝辞や、堺利彦による『ジェルミナール』の翻訳にもうかがわれる。

だが残念なことに、ゾラを出版していた大鐙閣、聚英閣、天佑社は関東大震災によって大きな被害をこうむり、廃業せざるをえなくなり、ゾラへの熱気と翻訳の流れが切断されてしまったのである。そのブランクもあって、春秋社の『ゾラ全集』も改造社の「ゾラ叢書」も中絶という結果に終わってしまったのではないだろうか。

そのことはひとまずおくにしても、ここに挙げた翻訳はすべて原本を入手したものに限って取り上げたのだが、木蘇が言及している『僧ムーレの破戒』は調べても見当たらないし、渡辺俊夫訳『陥落』（日本書院、大正十一年）は「叢書」第十九巻の『壊滅』かもしれない。その他にも関口鎮雄訳『芽の出る頃』（金星社、大正十二年）は『ジェルミナール』の別訳だと思われる。

したがって大正時代におけるゾラの翻訳は「叢書」だけでなく、他の作品も含めれば、列挙した倍ほどの出版点数に及ぶのではないだろうか。それは日本に大挙してゾラの英訳が流入してきた事実を物語り、広範な分野からの熱い視線がゾラに注がれ、一気に集中して翻訳が進められたことを物語っていよう。

またそれらは、関東大震災後に譲受出版のようなかたちで異本として再刊され、確認できただけでも、成光館からは『酒場』『死の解放』『芽の出る頃』、第百書房からは、『制作』などが出されている。これらの関東大震災後のゾラを含めた翻訳書の出版状況については、中野書店の『古本倶楽部』連載の萵島亘の「震災の余滴」「震災の余滴余稿」に多くを教えられた。これらは数々の知らなかった出版史が詰めこまれている、とても興味深い連載なので、一本にまとめられることを、萵島には期待したいと思う。

なお当時のヨーロッパ文学の英訳本の流入事情については、山本昌一の『ヨーロッパの翻訳本と日本自然主義文学』（双文社出版）が詳しい。

194　特価本出版社成光館

前回成光館における翻訳書と譲受出版にふれたこともあり、かなり前に書いたものだが、ここで成光館に関する一文を挿入しておきたい。

その全貌はつかめないのだが、梅原北明出版人脈は特価本業界にまで及んでいて、それらの刊行物は特価本出版社によって紙型が買われ、再版され、主として古本屋ルートで売られ続けていたと思われる。本書で取り上げた文芸市場社刊行の和田信義の『香具師奥義書』は文芸展望社、同じくシャンスールの『さめやま』は太洋社書店から再版されている。この二社も特価本出版社と見なせるだろう。

特価本出版社との関係は、関東大震災で廃業に追いやられた出版社や梅原北明一派だけのものではなく、宮武外骨や中山太郎なども無縁ではなかった。当時の最大の特価本問屋は河野書店で、その出版部門が成光館だった。私は成光館の二人に関連する本を持っている。それは中田薫の『徳川時代の文学と私法』（昭和五年）、中山太郎の『日本盲人史』（同十二年）である。

中田の著作は『徳川時代の文学に見えたる私法』として岩波文庫に収録されているものだが、これは大正十二年に宮武外骨が営む半狂堂から出版されている。中山の『日本盲人史』も昭和九年に昭和書房から刊行されていて、成光館版の両書とも、判型や装丁は初版を踏襲していると考えられ、特価本のイメージは感じられない。外骨と成光館の関係は深かったようで、『明治奇聞』以下四冊が成光館版として、古書目録に掲載されているのを、最近になって見たばかりだ。

これらの本を論じる前に、まずは河野書店のプロフィルを提出しておこう。赤本、特価本業界の貴重な資料庫『全国出版物卸商業協同組合三十年の歩み』に収録された「見切本屋のパイオニア河野書店」によれば、河野書店の前身である河野成光館は明治三十六、七年に河野源によって創業され、日露戦争直前の頃に特価書籍の卸売りとなった。明治末年にかけて特価書籍業者も増え、問屋としての形態も整ってきたこと、及び従来の地本業者、絵草紙業者と取引上での密接な関係があることから、東京地本彫画営業組合に加入し、河野書店は月遅れ雑誌も含めて、「数物屋」「見切本屋」としての地盤を築き、特価本屋としての実力を示し、それが最も発揮されたのは昭和円本時代で、七ヵ所の倉庫が各出版社の円本の全集で天井まで埋まっていたという。河野源には息子がなかったために、店員の相馬清一が長女の婿となっている。この人物が成光館の奥付発行者の河野清一であろう。

さてここでは中田と中山の両書にはふれられないので、中山の『日本盲人史』に限る。それに前述の『全国出版物卸商業協同組合三十年の歩み』の巻末に「特価本資料（昭和9年〜14年・昭和25年）」が掲載され、その昭和十年のところに、昭和書房の『日本盲人史』がリストアップされ、定価四円五〇銭が特価二円五〇銭となっていて、成光館前史がうかがわれるからだ。

ちなみに昭和書房の本は中山の他に、本山桂川『信仰民族誌』、森潤三郎『鴎外森林太郎』、同『紅葉山文庫と書物奉行』、森於菟『鷗外遺珠と思ひ出』の四冊が同じく特価本として並んでいる。昭和書房とは誰によって創業された出版社なのであろうか。

この事実から推測すると、『日本盲人史』は昭和九年に刊行されたが、売れ行きは芳しからず、同様の他の四冊も含めて特価本としてその市場に放出されたことを意味している。ところが『日本盲人史』

は二年ほどで売り切れてしまったので、成光館が紙型を昭和書房から買い、再版したと考えていいだろう。しかしこれは奇妙なことだが、私が三十年ほど前に古本屋から入手した『日本盲人史』は本体が成光館版であるにもかかわらず、外箱は昭和書房となっている。半世紀にわたる過程で、どこかの古本屋において、箱と中身の交換が行なわれたのだろうか。それとも再版時に昭和書房版の箱が余っていたので、成光館版に再利用されたのだろうか。

それに加えて、成光館の奥付は様々なことを教えてくれる。中田の『徳川時代の文学と私法』には中田の押印がないのに比べて、『日本盲人史』には中山の印が押されていることから、こちらの再版が印税を含んでいるとわかる。またこれらの二冊の印刷者名が石野觀山となっているので、成光館は石野が営む福寿堂という印刷所と組んで、特価本を製作していたのであろう。成光館の全出版物を確認することは難しいと思われるが、かなり多くの出版点数に及んでいたことは確実で、これも近代出版史の盲点といえるかもしれない。

かつて拙稿「講談本と近世出版流通システム」（『古本探究』所収）において、当時すでに絶版とされていた坪内逍遥の晩青堂版『当世書生気質』（岩波文庫）が、それこそ赤本業界の先達である大川屋から合本となって刊行され続けていたことを記した。大川屋が紙型と版権を譲受したのは明治二十年で、二十五年には第九版を重ねていたのである。

それゆえに明治の半ばから昭和戦前にかけて、多くの本に赤本、特価本業界による第二の出版というステージがあったことになる。そしてそれは戦後になっても続き、とりわけ梅原北明一派のポルノグラフィに顕著で、様々な出版社がそれにかかわっていくのである。

195　ゾラの翻訳の先駆者飯田旗軒

大正時代におけるゾラの翻訳者として、まず挙げなければならないのは飯田旗軒であろう。しかも彼は「ルーゴン＝マッカール叢書」の『金』だけでなく、「三都市叢書」の『巴里』、「四福音書」の『労働』も翻訳していて、ゾラの三つのシリーズの訳者ということになる。

そして『金』は平成十五年に藤原書店の野村正人、『パリ』は同二十一年に白水社の竹中のぞみの新訳がようやく刊行されたが、それまでは『労働』も含めて翻訳は八十年近く出ておらず、日本語で読もうとすれば、飯田訳にたよる他はなかったのである。これらはいずれも大正時代に大鐙閣から、木蘇穀訳『血縁』と同様の菊半截判千ページ前後の大冊で刊行されている。その中でも『巴里』の最初の翻訳は明治四十一年に共同出版が出版したのだが、発売禁止処分を受け、大正十年に改版上梓となった経緯が潜んでいる。

伊藤整の『日本文壇史』12に、『巴里』の発禁事件に関する章がある。そこには『巴里』に掲載された、当時の内閣総理大臣西園寺公望への飯田の献辞と、西園寺の返信が引用されている。飯田はパリで西園寺と交際があった。ところが『巴里』は内務大臣の原敬によって発禁となってしまったのだ。この発禁騒ぎの背景には、山縣有朋たちによる自由主義者西園寺への圧力があり、原は発禁処分の動きに抗しきれなかったとされている。

浜松の時代舎で入手した箱付き美本の大鐙閣版『巴里』にも、西園寺の直筆の返信が収録され、飯田の見解が示されている。それは西園寺が同書のような社会性を帯びた「心理と正義と光明とを終局の結論とする」小説に賛辞を与えたために、山縣派から攻撃を受け、西園寺の擁護にもかかわらず、発禁になったというものである。小説の翻訳出版が政争に巻き込まれる時代もあったのだ。だがここでは訳者の飯田旗軒を紹介することが目的なので、これ以上『巴里』には言及しない。

旗軒は飯田旗軒の名前で、大正六年に南北社から『ざつくばらん』という随筆集を著し、明治半ばからの豊富な海外体験を含め、多くのことを語っている。彼は慶応四年両国に生まれ、東京大学予備門に進んだ。しかし脳充血に侵されて中退し、十七年に東京高等商業学校の前身である、日本最初の高等商業学校の開校に合わせて入学した。そこにベルギー人教師がいて、商業学士だったことから、奮発してベルギーのアントワープの高等商業学校へ日本人として初めて留学し、二十二年に優等商業学士を授けられ、日本人で最初の商業学士になった。留学中にロンドン、ベルリンを始めとするヨーロッパ各地を訪れ、パリでも数ヵ月を過ごし、二十三年に四年ぶりで帰朝している。その後の北米、南米、満州、南洋と洋行を重ね、当時の日本人としては突出した海外体験者だったと思われる。

帰国後、彼は高等商業学校で二年ほど教授を務めていたが、かつて硯友社のメンバーだったこともあり、時々筆を執るようになり、ゾラやピエール・ロティの翻訳に手を染めるに至ったという。彼が硯友社のメンバーだったとは意外であった。明治十九年の初期『我楽多文庫』の同人で、ヨーロッパからも寄稿し、尾崎紅葉との親交も続き、『金色夜叉』の登場人物のモデルにもなっているらしい。それに紅葉を始めとする硯友社の人々がゾラに親しんでいたのは、飯田の影響があってのことかもしれない。

さて肝心な飯田の翻訳のことだが、『巴里』の「例言」で、次のように述べている。

「識者は元来専門家に非ず、只数度巴里を視てゐるといふだけにて、世界の文豪たるゾラの大著述の翻訳に筆を染むるが如きは柄に無き沙汰か知らねど、氏の著述を読んで至大なる慰藉を得、殊に此篇に在つては、訳者の理想とするところ悉く筆に顕はされて、其身作中に在るが如く、心轟き肉躍るの感を禁ずる能はざるものあり、即はち禿筆を駆つて訳をなすに至れるなり。」

そして実際に『ざつくばらん』の中で、『金』の冒頭を例に挙げ、フランス語原文、飯田訳、英国のヴィゼテリー訳、アメリカのワレン訳の四つを比較対照し、翻訳の難しさ、直訳と意訳の問題に言及している。したがって飯田はフランス語原文だけでなく、絶えず英訳も参照してゾラの翻訳を進めていたことがわかり、その先駆的な翻訳の内実と誠実さが伝わってくる。ゾラの翻訳史を考えてみると、堺利彦のような社会主義者、及びゾラと同時代のパリを見て、近代経済にも通じていた商業学士の飯田によって、先陣が切られたと見なすべきだろう。『金』の翻訳にしても、その主たる舞台は証券取引所であり、飯田がアントワープの高等商業学校で研究してきたのはまさにそれだったからだ。忘れ去られてはいるが、これらの意味において、ゾラの翻訳の先達として、飯田は検証され、また同時に顕彰されるべきだと思われる。

また飯田はピエール・ロティの『お菊さん』の翻訳も構想し、ロティからも翻訳権を与えられ、彼の序文も得ていたが、この翻訳は実現しなかったようだ。飯田はロティの二ページに及ぶフランス語原文とその訳文を、『ざつくばらん』に掲載している。おそらくロティの序文はここにしか収録されていないだろうし、そこでロティが、『お菊さん』よりも『秋の日本』が自分の日本に対する真意だと述べているのは興味深い。

196　井上勇『フランス・その後』とゾラ『壊滅』

前回ゾラの先駆的訳者として、飯田旗軒を紹介したが、彼に続く同じような訳者の一人でもある井上勇についても書いておこう。井上も大正時代におけるゾラの翻訳者として、『ナナ』『制作』『罪の渦』を刊行している。私の手元にある『制作』（上下）と『罪の渦』は、大正十五年の第百書房版だが、これらはいずれも大正十、十一年に聚英閣から出されたもので、『罪の渦』は『呪はれたる抱擁』の改題であり、この原題は『テレーズ・ラカン』に他ならない。

また念のために篠沢秀夫の『立体フランス文学』（朝日出版社）の「翻訳文献」に目を通してみると、井上がゾラだけでなく、同時代にバルザックやスタンダールやフローベールも訳していて、フランス文学翻訳初期のメンバーの一人だともわかる。だが私たちの世代にとって、井上はフランス文学の翻訳者というよりも、創元推理文庫のヴァン・ダインやエラリー・クリーンの訳者の印象が強い。

あらためて井上勇を、『日本近代文学大事典』で引くと、ジャーナリスト、翻訳家とあり、明治三十四年東京生まれ、大正十二年東京外語英仏語部卒、同盟通信社外信部部長、パリ支局長、時事通信社取締役を歴任と記され、翻訳のみならず、ジャーナリストとしての確固たる軌跡が示されている。

井上がジャーナリストとして著作を何冊上梓しているのか確かめていないが、昭和十六年に鱒書房から出された『フランス・その後』を入手しているので、この本にふれてみたい。それは井上のジャーナリストとゾラの翻訳者の立場が交差し、成立したように思われるからである。同書は「ルーゴン＝マッカール叢書」のクライマックスに位置する第十九巻『壊滅』（拙訳、論創社）を念頭において書かれたのではないだろうか。ちなみに『壊滅』は普仏戦争の敗北とプロシア軍によるパリ占領、それに続くパリ・コミューンを描いている。

同じように井上の『フランス・その後』も、一九四〇年六月のドイツ軍によるパリ侵攻に始まる、占領下のフランスの一年間に及ぶルポタージュである。フランス政府はパリを捨て、トゥール、さらにボルドーに移転し、後継首相となったペタン元帥はドイツに和を請い、休戦条約を結び、フランス本土の五分の三をドイツ軍の軍事占領下に置き、フランスがドイツに一日四億フランの占領費を払う決定をした。そしてフランス軍は武装解除され、百五十万人以上がドイツの捕虜となった。それに伴い、ペタン政府は首都を中央フランスのヴィシーに移した。ここで上下両院合同の国民議会が召集され、議会は圧倒的多数で、八十四歳の老元帥ペタンに全権を与え、第二帝政の崩壊から七十年にわたって続いた第三共和政に終止符が打たれ、「自由・平等・友愛」に代わって、「労働・家族・国家」を標語とする国民革命の時代が始まったのである。

その一方で、ドゴールがロンドンから抵抗を訴えていたが、まだ何の反応も引き起こしていなかった。井上はトゥール、ボルドー、ヴィシーとさまよっていくフランス政府を追いかけ、休戦条約成立以降の一年間を描いている。その生々しさと臨場感において、『フランス・その後』は比類のない同時代ルポタージュとなっていて、井上も「自序」で、「成功したかどうかは自分でも判らない。ただ新『フランス国家』誕生一ヶ年のデイタを集録した書物としては、世界で最初の本かも知れないといふ、かすかな己惚れだけはある」と書いている。

井上は冒頭で、フランス政府のボルドーへの移転を、一八七〇年にも起きた事実だと述べているが、これは普仏戦争のことを意味し、ゾラの『壊滅』を意識していることを物語っていよう。そしてフランス人だけで八百万人に及ぶ避難民の悲惨な流れ、武装解除の実態、政府の内部闘争、休戦条約への経緯、第三共和制の葬送、新フランスの誕生、ドイツとフランスの関係の推移、食糧危機などがアクチュアルに語られていく。それらに井上が撮ったと思われる占領下のフランスの写真が挿入され、また「崩壊フランスの姿」と題する講演の収録もあり、ヴィシーの現状が話体でリアルに報告されている。だから井上の「己惚れ」に終わることのない、日本人による戦後の貴重な現代史の目撃証言といえるだろう。そこで井上が最も伝えたかったのは、自らがいう「よき日のフランス」、つまり第三共和制への追悼であろう。それが「情熱を失つた制度」と化していたにしても。彼は書いている。

「誰一人、第三共和制―犯した過ちは過ちとして、貧しきものに教育を与へ、産なきものに生活の希望を与へ、世界が羨望する大植民帝国を築き得、一九一四―一九一八の輝かしい戦勝を齎し得た第三共和制、そのために幾多同胞の血を流して戦ひとつたフランス大革命に美しい伝統―これに対して、哀悼の辞を敢えて述べ得た、只一人の議員もない淋しさだつた。」

このようにフランスの占領下の実態を記した井上勇は、敗戦によってアメリカに占領された戦後の日本社会をどのように見たであろうか。あるいはそれに背を向けるように、ミステリーの翻訳に携わることになったのであろうか。

197　島中雄三、文化学会、『世界文豪代表作全集』

前回井上勇訳として『ナナ』も挙げておいたが、これは大正十五年に刊行され始めた『世界文豪代表作全集』（同刊行会）の第十五巻所収で、いまだに見つけられない。『ナナ』の私訳の際に参考にするつもりでいたけれど、それは発行部数が少なかったゆえなのか、果たせなかったことになる。

しかしそれでもこの『世界文豪代表作全集』の一冊だけは入手していて、それは第十二巻で、イプセンの『ブランド』『人形の家』『我等死者醒めなば』の三冊が収録され、訳者は中村吉蔵、秋田雨雀となっている。それからしばらくして、中野書店の古書目録で、この全集と同時期に刊行された『世界文学名著集』という全十巻のシリーズを目にした。版元は帝国出版で、訳者は示されていないにしても、第一巻が『ナナ』、第八巻が『獣人』だった。これは初めて目にする世界文学全集で、書誌研究懇話会編『全集叢書総覧新訂版』（八木書店）を繰ってみたが、掲載はなかった。出版社名から考え、特価本業界の造り本と考えられること、それに古書価が九冊で二万千円だったこともあって、購入は見送ってしまった。これ以外にもまだ未見の世界文学全集があるのかもしれない。

さて手元の『世界文豪代表作全集』に戻ると、昭和二年発行、菊判箱入、上製天金五百ページに及ぶ堂々たる一冊で、発行所は世界文豪代表作全集刊行会、発行者は島中雄三となっていた。奥付の「非売品」表記から円本に類すると判断していいだろう。

この『世界文豪代表作全集』全十八巻の内容は幸いにして、矢口進也の『世界文学全集』（トパーズプレス）に紹介されている。矢口の解題によれば、大正十五年から昭和三年にかけて刊行され、その「母胎となる版元があると思うのだが実体はよくわからない」とされている。

そこで未来社の『秋田雨雀日記』第二巻の昭和二年のところを探したが、何の記載もなかった。また第十二、十三巻はドストエフスキーの中村白葉訳なので、中村の『ここまで生きてきて私の八十年』（河出書房新社）も読んでみたが、『罪と罰』は大正四年に新潮文庫のために訳し、後に『世界文学全集』に入り、思いがけない金に恵まれたとあるだけで、『世界文豪代表作全集』には何の言及もなされていなかった。それゆえに発行者の島中雄三をたどってみた。島中は中央公論社の島中雄作の兄で、奈良県に生まれ、東京法学院に在学する一方で、『婦女新聞』の編集を手伝い、ここで後の平凡社の下中弥三郎と知り合い、革命的文学雑誌『ヒラメキ』を創刊するが、発禁処分を受ける。その後『週刊サンデー』や『新公論』に移り、文化学会を設立主宰する。そして日本社会主義同盟に参加し、いくつかの研究会や協会に関わりながら、同十五年に安部磯雄を委員長とする社会民衆党を結成し、昭和四年に自らも東京市議会議員に当選している。ちょうどこの大正末期から昭和初期にかけて、『世界文豪代表作全集』は刊行されたことになるので、「母胎となる版元」は文化学会だと考えていいだろう。

この時代の島中の出版とその事情について、『下中弥三郎事典』（平凡社）における「島中雄三」の項がそのアウトラインを伝えている。文化学会は「現代文化の源泉たる諸種の学説思想を研究し、兼ねて当面の問題に対する批評、解決、指導の任務を尽す」目的で、島中が中心になり、安部や下中などを会員として発足し、後に会社組織としての出版部という企業体が設置されることになる。だがこれだけの記述で、具体的な出版活動についての言及はない。島中は昭和十五年に亡くなり、その追悼集『あゝ島中雄三君』が三周忌の十七年に森長次郎を編者として、中央公論社から刊行された。森は島中の生涯を五期にわけ、それぞれの時期において親交を結んだ人々に原稿を依頼したようだが、第三期にあたる「文化学会時代」のことは、下中が寄稿しているだけだ。それでも下中の「島中君の思ひ出」によって、出版活動が具体的に浮かび上がってくるので、彼の証言を引こう。

「大正七、八年のあのはなやかな社会運動勃興期に、吉野博士、福田博士等の例の黎明会に並んで文化学会を組織した。黎明会が官学派の革新集団なら文化学会は私学派の革新集団とでも言はば言へたらう。

（中略）

文化学会は、黎明会と並んで当時の一つの大きな革新的指導力であつたが、君が中心となつて働いた。経済的には相かはらず苦しんでゐた。同志の協力によつて、文化学会出版部を経営しはじめた。世界傑作文学選集だの、小川未明選集だの、何れも相応な成績を示したが、結局大をなすには至らなかつた。」

この「世界傑作文学選集」は下中の記憶ちがいで、『世界文豪代表作全集』をさしていると思われる。調べてみると、『小川未明選集』全六巻も同刊行会出版となっているので、これらはいずれも予約出版のために設けられた文化学会出版部の別名ということになろう。

ちなみに吉野作造も同時代において、文化生活研究会という出版部を組織し、多くの単行本を送り出している。これについては拙稿「岡村千秋、及び吉野作造と文化生活研究会」（『古本探究Ⅲ』所収）を参照されたい。

大正時代に顕著なのは文学、芸術、宗教、社会思想などのすべての運動が、必ず出版活動を伴っていたことで、そしてそれが大正時代における多くの出版社の誕生に重なっているのである。

198　『居酒屋』の訳者関義と『展覧会の絵』

論創社版「ルーゴン＝マッカール叢書」に『ナナ』の新訳を加えることが決まり、その参考のために、戦前だけでなく、戦後も含めて『ナナ』の既訳状況を調べたことがあった。その中に昭和三十年に青木書店から刊行された関義・安東次男訳も見出されたが、前回の井上勇訳と同様に見つからず、入手できなかった。この二人の訳者は昭和三十七年にも『居酒屋』を同じ青木書店から出していて、こちらも同様だった。安東のことはともかく、関義なる訳者は文学事典などにも掲載されておらず、どのような人物なのか気になっていた。ところがその後、古本屋で立て続けに関の訳書と著書に出会い、彼のことが判明したので、それを書いておこう。まずは旺文社文庫の関単独訳『居酒屋』を見つけた。それは昭和四十二年の「図書館用非売品」のハードカバー全二巻で、訳者名に関義《せきただし》とルビがふられていて、その読み方がわかった。そして「訳者紹介」に「仏文学者。一九〇六年生まれ。アテネ・フランセ卒。ラテン文学専攻」とあり、訳書にルイ・アラゴンの『お屋敷町』やシャルル・ブリニエの『醜女の日記』などが挙げられ、後者はかつて新潮文庫に入っていたことを思い出したりもした。さらに下巻の「あとがき」には、「かつてわたしのギリシャ語の師であったきだ・みのる」との言が記されていて、関がアテネ・フランセでのきだの教え子であったと推測できた。

『居酒屋』は「ルーゴン＝マッカール叢書」の中でも映画のヒットもあってか、最も多く訳され、十人以上の訳者がいるが、関訳は明らかに会話に工夫が見られ、ついつい読んでしまった。そしてヒロインのジェルヴェーズの三人の子供たちが『居酒屋』を背景にして成長し、長男のクロードが『制作』、次男のエチエンヌが『ジェルミナール』、娘のナナが『ナナ』の主人公として出現する前座の位置を占めているると、あらためて実感したのである。

それからしばらくして、またしても関義の名前に出会った。それは古本屋の棚に『展覧会の絵』と題された箱入の本があり、著者名が関義となっていたからだ。この本には記憶があった。昭和四十年代半ばだったと思うが、どこの古本屋にも『血と薔薇』が特価本として平積みされていて、その同じ時期に『展覧会の絵』も多くの古本屋で、やはり特価本として売られていた。

初めてその奥付を見てみると、昭和四十六年発行で、製作は前衛社、発売は神無書房、発行者は常住郷太郎、装丁は山本美智代で、限定八百部、千二百円との記載があった。確か山本美智代は東大全共闘の山本義隆の夫人だったはずだ。関義に関してはゾラの翻訳などの紹介はないが、東京生まれ、アテネ・フランセ卒の経歴から同一人物と見なしてよく、戦時中にインドシナへ逃避し、戦後に日本に帰還し、『文芸日本』や『円卓』の同人で、住所は岐阜の高山市と記されていた。

この『展覧会の絵』は十五編からなる短編集で、前述の二つの同人誌に小台斉というペンネームで発表したものだという。これらの作品について、関は「あとがき」で、「気まぐれ、まがいものの意さえふくむ fantaisie に近い」と述べ、次のように書いている。

「それを今、読み返してみ、いかにも僕が軽佻浮薄の徒であるかを感じる。ぼくが若年時、多大の影響をこうむったモデルニスムには、とっぴな表現、あるいはハイカラを競い合うとか、大そう現象的なところがあったので、こういった一面が強調されれば、勢い軽佻浮薄はまぬがれ得ないのだろう。これがぼくの作品にはどっぷりと濃いのである」。このニュアンスを伝えるためには、アプレイウスの『黄金のろば』にヒントを得たと思われる「他人の椅子」を紹介するのが最適だろうが、これは長く入り組んでいるので、「軽佻浮薄」を強調しているように見える「実証的犬魂説」を取り上げることにする。

詩人の吉奈のところに、かつての友人で彫刻家の銭一良《ゼミ・イチリョウ》が電話をかけてくる。彼は芸術家たちが住む城砦町に住んでいるらしい。再び電話がかかり、それは犬の屠殺場を知らないか、「犬のタマシイ」がほしいという問い合わせだった。永久運動の研究に打ちこみ、その仕掛けをマヌキャンにつけたのだが、「タマシイの問題」が解決できない。だから「犬のタマシイ」を注入したい。そのマヌキャンは女性で、プラスチック製だが、優雅な美人にして恥毛もつき、体臭、体温も完備している。そこでデカルトの思惟の問題、犬魂説や動物機械論が持ち出され、「永久に傷まない肉体の人間化」が語られる。それから半年ほど経って、吉奈は次のような新聞記事を見つける。

「銭氏は十一月三日、朝方、同棲の美人（年齢不詳）に咽喉を噛み切られ、出血多量のため死亡。痴話喧嘩のはてか？（中略）部屋のなかにはハダカの美人が口を血だらけにして歩きまわっていた。（中略）銭さんと同棲ちゅうの美人はその場でそのまま逮捕されたが、警察ではいっさい黙秘権を行使、ひと言もいわないので、原因その他不明である（後略）。」

この短編はコントに接近しているといってもいいかもしれない。まさに『展覧会の絵』は「軽佻浮薄」を前面に押し出すことによって、翻訳の『居酒屋』とかけ離れたものになってしまったために、関はゾラの訳者であることをあえて伏せているのだろう。それはまた関がゾラの訳者であっても、本質的にはモダニストだった事実を告げていよう。

199　砂子屋書房「新農民文学叢書」と丸山義二『田舎』

ここでもう一度、砂子屋書房の出版物に戻る。

農民文芸会に端を発する文学史と出版史をずっとたどってきたので、柳田国男の農政学から埴谷雄高の左翼農民運動へと至る問題、渋谷定輔の『農民哀史』(勁草書房)や松永伍一の『日本農民詩史』(法政大学出版局)における文学史にもふれたい誘惑にかられるにしても、それは別の機会に譲ることにする。だが最後に砂子屋書房が刊行した「農民文学叢書」にだけは言及しておきたい。この「叢書」をたまたま三冊所持しているし、その中の一冊である丸山義二の『田舎』のことを、ゾラとの関連で書いておきたいと思ったからだ。

丸山はもはや忘れ去られてしまった作家と考えられるが、彼は水上勉の『文壇放浪』(新潮文庫)の中に登場し、水上の文学人脈のキーパーソンだったのである。昭和十五年に若狭にいた水上は、丸山が懸賞小説の選者を務める『作品倶楽部』(教材社)の選外作となった縁を拾い、上京して丸山を訪ね、その世話で日本農林新聞に入社し、同人誌『東洋物語』にも入会している。水上の告白によれば、この時代の地方文学青年にとって、最も親近感のあったのは有馬頼寧農林大臣の提唱によって結成された農民文学懇話会の作家たちで、水上は彼らのほとんどの作品を読んでいたようであり、丸山の『田舎』が昭和十三年の有馬賞を受賞したとも述べている。このような水上の述懐は、地方青年から見た戦前の文学シーンの一端が語られていて、これらの背景があって、島木健作の『生活の探求』や和田伝の『沃土』のベストセラー化が生じたとわかる。そしてまた農民文学の、都市では考えられない地方への影響があったと見なしてもかまわないだろう。

山崎剛平の砂子屋書房記でもある『若き日の作家』（砂子屋書房）に「農民文学叢書」なる一章が割かれ、この企画が『沃土』をきっかけにして、和田、及び山崎の中学時代の友達だった丸山を選者、もしくは編者として始まったが、十冊までは刊行できなかったようだ。山崎はその事情について率直に述べているが、ここではそれらに言及しない。ただ「農民文学叢書」が実際には「新農民文学叢書」と銘打って刊行されたことだけは記しておきたい。私が所有する三冊は『田舎』の他に、森山啓の『日本海辺』、小山いと子の『湖口』だが、いずれも「新農民文学叢書」となっている。『田舎』の帯文には有馬による、農村事情を都会の人に理解させるためには「一巻の小説が百千のパンフレットにまさる」という「新農民文学叢書の発刊に寄せて」の一文が置かれている。さらに「日満支を一体とする、『新日本』の文化的建設！（中略）土の文学は、この意味におけるその最も大いなる礎石であり、この礎石なくしては、『新日本』の文化的建設は不可能なのである」という農民文学懇話会の声明も掲載されている。つまり「新」はいくつかの意味を盛りこんで使用されていることになる。

丸山の『田舎』は蔦枝が高等小学校を終え、十七歳から大阪に奉公に出て、二十歳になって嫁にいくために、自分の生まれた部落に戻ってくる場面から始まる。部落の風景はほとんど何も変わっておらず、彼女は親の決めた近隣の部落の男と結婚することになっていた。夕方になってお寺の鐘が聞こえ、彼女は今朝まで女中として働いていた大阪の邸宅の部屋に貼られていた一枚の絵を思い浮かべた。それは次のようなものだった。

「広い平野、耕された黒い土、農具を畝につき立てて立つてゐる若者、野菜籠を足元におき、手挽車に穀物袋を乗せて若者の前にきてゐる若い女、そして平野の地の果てに今静かな夕暮れがたゆたつてゐる。西洋の百姓の絵であるとか……」

いうまでもなく、またしてもミレーが出現し、その「胸の中が温もるやう」な絵が「晩鐘」であると、彼女はその家のお嬢さんの女子学生から教えられる。今や蔦枝もまたアンジェラス教会の鐘ならぬ、遠くにある村の寺の鐘の音を聞いている。彼女は夫なる人も、それを「田圃の麦の施肥を終へ、鍬を畝においで自分と同じ心できゐてくれるやうな気がする」のだった。そのように考えると、藁屋根の家の暗い電燈の下での食膳も久しぶりの親子水入らずのにぎわいを感じるのだった。

しかしこのイントロダクションに示される明るさは結婚式の章に入ると反転し、「田舎」の結婚式の細かいしきたりと経緯、部落への嫁披露の内幕、農作業や蚕に関する義母と出戻りの義妹との確執、閉ざされた部落の生活の中での息苦しさが重なるように描かれていき、その挙げ句に彼女はチフスとなり、実家での療養を余儀なくされる。そうした中でも農業に従事しないで、セルロイド工場に勤める夫との生活はそれなりに充実したものであり、救いでもあった。だが盧溝橋事件が起こり、「不法は正されねばならず、銃には銃をとつて起たねばならぬのである！」。日中戦争の始まりであり、ここで時代背景が昭和十二年だとわかる。夫は召集され、妻に一家のやりくりと農事を託し、出征していくのだった。その風景は日本の全国の「田舎」で見られたものであったはずだ。

「部落といふ部落が日の丸の小旗に埋まつた。毎朝々々、鎮守の森から兵の出征をおくる歌声が、それを聴くものの胸にぢぢーんと熱く響きながら、遠くまた近く波濤のやうにきこえる日がつゞいた。

天にかはりて不義を討つ
忠勇無双の我が兵は
歓呼の声に送られて
今ぞいで立つ父母の国」

「土を働く職場としてゐる人間群」がその歌をうたい、集団をなして、線路の両側を埋めている。蔦枝は思う。「田圃では稲が育つてゐる。あたしは稲を育てなければならぬ。夫が残して行つた土地を必死に護らねばならぬ。さうだつた。さうだつた。大陸さして、征支の旅に銃をとつて起つた日本男子の、あたしは妻であつた……」。かくして戦時における銃後の妻の生活が始まっていくのであり、そこで『田舎』は閉じられている。

丸山の『田舎』が農民文学の行き着いたひとつの地平であり、あらためて有馬と農民文学懇話会の帯文の意味がクローズアップされてくる。それは農民文芸会から農民文学懇話会への変質を告げていることになろう。

しかしそれはともかく、この『田舎』に明らかに表出しているのはゾラの『大地の』の投影である。それは和田伝の『沃土』も同様だったが、蔦枝がさかりのついた牛を取り鎮める場面や、最後に出征していくところで終わる構成などは、やはり『大地』の強い印象を彷彿させる。それゆえに、犬田卯訳の『大地』の刊行が農民文学に対して決定的な影響を及ぼしたとはっきりわかる。

それから水上勉の世界に登場する女性たちとは、『田舎』における蔦枝のイメージの延長線上に造型されているのではないだろうか。農民文学と水上勉の近傍性も、一度は論じられてしかるべきかもしれない。それらのことも考えてみたいと思う。

200　庄野誠一「智慧の環」と集英社『日本文学全集』

砂子屋書房の刊行書目を見ていて、昭和十三年に庄野誠一の短編集『肥つた紳士』が出されていることにあらためて気づいた。庄野ももはや忘れ去られた作家だと考えられるが、それでも『日本近代文学大事典』には立項がある。それによれば、明治四十一年東京芝に生まれ、慶応大学仏文科中退、水上滝太郎に師事し、『肥つた紳士』に収録されることになる短編を『三田文学』などに発表し、新進作家としての地歩を固めた。だが病を得て療養生活に入り、回復後に文藝春秋社、養徳社に勤めた。戦後は横光利一をモデルとした問題作「智慧の環」を、北原武夫の『文体』に発表している。

私は庄野と彼が勤めた養徳社について、すでに「甲鳥書林と養徳社」（『古本探究Ⅱ』所収）を書いている。しかし「智慧の環」のことは戦後編に譲るつもりで、あえて言及しなかったが、砂子屋書房関連の話として、ここで一編を記しておくことにする。また昭和二十三年に発表されたこの中編は庄野、もしくは出版社の思惑もあってか、文学全集に一度は収録が決まったにもかかわらず、後に削除されるという経緯をたどり、それゆえに意識して探さないと読めない作品と化しているからでもある。そのことにふれる前に、「智慧の環」の内容を紹介しておく。

この中編は「重松さんが死んだ。」という一文から始まり、語り手の「僕」＝加古が、友人である「君」に向けて、生前の重松との関係を告白していく体裁となっている。「僕」と「君」は共に滝を恩師としていたが、滝は事情があって文学を職業として生きていけなかったので、それが彼の文学の弱点だと重松は見なしていた。また滝にとって文学が生きる喜びだったことに対し、重松にとっては生きる苦悩に他ならず、滝はすでに亡くなっていたが、「僕」は編集者として、その相反する二人の狭間に置かれ、重松に翻弄されることになる。

加古は病を得たことで筆を折り、雑誌社に入り、編集者となり、新人作家とよばれていた学生の頃に訪れていた重松に親しむ機会が多くなった。早くも重松は名実ともに第一級の作家として活躍していた。加古は雑誌の創作欄の担当となり、常に重松を訪れているうちに、重松の文学と文壇、雑誌と編集者に関する細心な処世術、それが文学上の方法論にまで浸透していることに気づく。滝の文学的方法はただ的確に表現することを最上としたが、重松にとっては不適格な表現が重要で、それが読者の心理をあやつる機能ともなるのだ。その根底には素朴なリアリティに対する疑惑に加え、精神を蝕むまでの実感を喪失した夢遊病的なもの、デカダンスが潜んでいた。それを加古は次のように説明している。

「(前略) 重松さんは言葉をあやつることが巧みだった。逆説に逆説を重ねて行き、まったく背反する結論を二つ出して人を煙にまくことが得意だったが、(中略) あの人にとって、心理とは探求されるものではなくて、言葉の論理という仮説の上に構成されるものなのだ。だからあの人は、まるで子供が智慧の環でもいじっているような態度で、自分の内奥の声に耳をかたむけることなく、言葉を裏返したりひねったりしながら、ある目的へもって行き、そうして北叟笑んでいるのだ。」

この部分からタイトルがとられていることは明らかで、ここに重松の文学の本質が要約され、それが彼の後の行きづまりを招いたことが暗示されている。

加古が重松のそうした本質を身にしみて知らされたのは、京都から上京してきた二人の文学青年と出会ったことからだった。二人は義理の兄弟で、文鳥書房と名乗り、趣味的な文芸書の出版を始めようとしていた。東京に残った兄の安井は重松の中学の後輩にあたり、重松と加古を京都に戻った弟の結婚式に招待した。この機会に重松の故郷の城下町を訪れることにもなったのである。しかしそこで重松のフィクションを真実と見なす観念世界と、加古の滝譲りのリアリスト的性格がぶつかってしまい、それ以後重松は加古に敵意を示すようになる。

そして戦後の出版の混乱期を迎え、重松の処世術、文学的レトリックと魔法も機能せず、時代から取り残された感じで、訪ねる編集者も少なくなり、かつての面影も失われ、病のために死に至ってしまった。加古はその重松に対し、自分の性格的欠陥から拭いようのない侮蔑を与え、罪を犯してしまったと悟るのだった。

最初に横光にふれているが、ここで「僕」も含めた「智慧の環」の登場人物と出版社モデルをあらためて示しておこう。

加古／庄野誠一
重松／横光利一
滝／水上滝太郎
安井兄／矢倉年
安井弟／中市弘

前述したように、庄野は文藝春秋社の編集者で、安井義兄弟の文鳥書房は甲鳥書林である。それは矢倉を東京支社責任者、中市を社長とするもので、昭和十四年に京都を本社として始まっている。この義兄弟は前川佐美雄の『日本歌人』に属する歌人で、吉井勇の許に出入りするようになり、中市が下鴨の住人だったことから、吉井によって甲鳥書林と命名されたのである。そして文藝春秋社の社員の石川信夫が『日本歌人』の同人であったことで、甲鳥書林顧問となった。その石川の召集によって、同僚の庄野が後事を託され、昭和十九年に甲鳥書林が企業整備によって、養徳社に統合された際に、出版局長に迎えられるという経緯をたどっている。したがって「君」は石川だと考えていいだろう。養徳社に関しては、いずれまた言及するつもりだし、『SUMUS』第4号が甲鳥書林を特集していることを付記しておく。

それらのことはともかく、この庄野の「智慧の環」は、横光の死後の翌年に発表されたこともあって、問題を起こし、文壇の一部に誤解を生じさせたらしく、単行本にも収録されなかったようだ。それはずっと尾を引いていたと考えるしかなく、同じ出版社の同じ文学全集でありながら、一方には収録されず、もう一方には収録されているという奇妙な編纂状況を招いたことになる。

具体的にいえば、それは集英社の『日本文学全集』88の『名作集（三）昭和編』においてであり、私の所持する廉価版（昭和四十五年初版、四十七年三版）にはなく、豪華版（同五十年初版、五十四年二版）には収録されている。つまり前者は昭和の名作十七編、後者は十八編の収録で、平野謙の「解説」は、庄野と「智慧の環」の部分の有無を除いて、まったく同じである。それゆえに後者の刊行にあたって、再編集と新たな解説が施され、「智慧の環」が追加されたとは考えられない。

『集英社70年の歴史』を確認してみると、あの赤いB６版２９０円の『日本文学全集』が刊行されたのは昭和四十一年で、各月二冊のペア配本だったために、四十五年に完結に至ったと見なしていい。とすれば、『名作集（三）昭和編』における廉価版と豪華版の「智慧の環」に関する異同は何に起因しているのであろうか。

おそらく当初の『日本文学全集』の企画において、「智慧の環」の収録は早いうちに決まっていて、平野謙もそのつもりで『名作集（三）昭和編』の解説を書いた。ところが刊行の段階になって、庄野が難色を示し、承諾を得られなかったことで、急遽削除して出版するしかなかった。ところが豪華版刊行の際にはその問題が解決されたこともあり、最初の計画通り収録して出版の運びにこぎつけた。これが真相ではないだろうか。

もちろん『集英社70年の歴史』はこれらのことに関して何も語っていないし、他にも証言を見ていないこともあって、このような『日本文学全集』に関する異同はほとんど知られていないと思われる。「智慧の環」という作品についての評価はともかく、横光文学のみならず、文学史や出版史にとっても見逃せない一編であるし、読まれてほしいので、ここで言及してみた。

あとがき

ここに『近代出版史探索』として上梓する本書は、拙ブログ「出版・読書メモランダム」において、二〇〇九年九月から現在までに千編近く連載してきた「古本夜話」の最初から二百編までを収録したものである。

単行本化するにあたって、加筆修正や削除は施しているけれど、これ以上大部にできないので、残念ながら後日譚や新しい出版情報などにはふれていない。

前著『古本屋散策』が短編集とすると、本書は連作長編として書かれ、十年以上に及ぶ連載が一直線にリンクしていくという言及システムを採用している。それはこの最初の一冊の読者となっていただければ、ただちに了解されるであろう。

そのような古本をめぐる連作長編で、私が試みようとしたのは新たな近代出版史の森を造型することだった。まだ未開の地に一本ずつ木を植え、水を注いで育て、葉を繁らせる。木によっては花が咲き、実も結ぶ。それらが時間を経て混然一体となり、鬱蒼とした森が形成される。その頃には木々の間に川も流れるようになるだろう。そして動物たちも棲みつき、鳥も舞い降り、魚も泳ぎ始める。

これが近代出版の「後戸」というべき森であり、木や花や鳥や魚たちが、多種多様な雑誌や書籍であることはいうまでもないだろう。そこには出版の誕生の謎ばかりか、私たちはどこからきて、どこへいくのかという近代の起源とその行方の問題すらも潜んでいるように思われるのだ。

そうした試みの第一巻をここに提出するわけだが、まだ先は長く、私は未知の岸辺へとたどりつくことができるであろうか。

それらはともかく、本書は前著『古本屋散策』が選者の鹿島茂氏の推奨によって、思いがけずに第29回「Bunkamuraドゥマゴ文学賞」を受賞したことを契機として刊行される。鹿島氏の「忖度」に応え、前著と本書をリンクさせ、受賞が単なる「仇花」にならないことを、論創社の森下紀夫氏ともども願っているからでもある。また私事ながら、この長きにわたるブログ連載は妻 啓子の全面的なバックアップによって成立していることに、あらためて感謝したい。

なお今回の編集と索引作成は森下氏のみならず、論創社の小田嶋源氏のお手を煩わせた。本当にご苦労さまでした。

二〇一九年九月

著　者

鷲見東一　32
和田顕太郎　101
和田伝　475, 612, 627, 629-
32, 634-36, 638-39, 642, 657,
683, 686　157, 334
和田恒彦　508
和田篤太郎　612　349
渡辺勲　542
渡辺顯吉　336
渡辺温　308-09, 311, 313
渡辺海旭　140
渡辺一夫　413, 441　182, 425
渡辺一民　176
渡辺霞亭　188
渡辺久吉（渡辺藤交）　461-
63, 467
渡辺京二　391　60
渡辺啓助　310
渡辺武達　561
渡辺武信　364-66
渡辺俊夫　667
渡辺楳雄　588　141
渡辺誠　454
渡辺正範　39
渡辺黙禅　114
渡辺守章　230, 244
渡辺保忠　539
渡辺義通　377
和田信義　88, 149, 668
和田嘉訓　384
和田芳久　326
渡会浩　333
渡平民　128
和辻哲郎　396, 414
ワレン　673

米田華舡　319
四方田犬彦　35-36, 43-44, 442-43, 457-63, 466, 469, 472-75, 478-79
頼山陽　79, 225

ら行

ラス・キングマン　289
ラドヤード・キプリング　312
ラフカディオ・ハーン　525
ラポワント　569
ラルフ・ワルド・エマーソン　555
ラ・ロシュフーコー　197
ランボオ　198
李漁（笠翁）34
リシュリュー　215
リチャー ド・バートン　182, 184-86
リチャード・ウィーラン　428-29
リチャード・バートン　222, 267　98, 400-01
李長吉　198
李白　227
リー・マーヴィン　516
龍膽寺旻　193　169-70
柳亭種彦　270
リラダン　197
リリアン・フェダマン　112
ルイ十四世　215
ルイ十五世　215
ルイ・アラゴン　416, 680
ルイ＝フィリップ　627, 643-44, 658
ルイ・マル　146, 411
ルヴェルディ　523
ルッセル　403
ルドルフ・シュタイナー　375, 410, 520
ルネ・ホッケ　15　460
レイモンド・チャンドラー　598
レヴィ・ストロース　557
レヴィ＝ブリュル　52-53
レオナルド・ダ・ヴィンチ　278
レオニド・アンドレーエフ　312
レーオポルト・フォン・ザッハー＝マゾッホ　72, 100, 159
レオン・プロウ　123
R・レナード　515
レニ・リーフェンシュタール　427
レニエ　183, 403
レーニン　511　195
レマルク　528
レーモン・クノー　414
露光　583
ロジェ・バディム　387
魯迅　20, 220-21
ローゼンベルク　367, 369-72, 374-75, 391, 407, 409
ロッサナ・ポディスタ　513-14
ローデリック・マゼソン　96
ロード・ダンセイニ　198
ロバート・L・フィッシュ　289
ロバート・アルドリッチ　516
ロバート・オールドリッチ　112
ロバート・キャパ　427-28, 430　123
R・H・フーリック　510
R・L・スティーヴンスン　236-37
ロバート・ルイス・スティーブンソン
ロバート・ルイス・スティブンスン　193　498
ロブ＝グリエ　465
ローベルト・ヴァルザー　344
ロマン・ロラン　621　335
ロラン・バルト　319-21, 337, 455, 548-49
ロレンス・ダレル　143

わ行

﨔島亘　667
若狭邦男　295, 297-300
若島正　241
若槻繁　125
若林奮　530-31
若宮卯之助　357
若山健二　161
若山富三郎　359, 368
若山牧水　176-77
脇功　515
脇屋登起　655
涌島義博　205-07　169-72
鷲尾雨工　574
鷲尾浩　245, 249

山中恒　342
山中峯太郎　168
山中美一　48
山梨清松　245
山名義鶴　591
山根貞男（菊池浅次郎）　374-75, 560
山根祥敬　386
山内義雄　219, 645
山原たづ　588
山宮充　201
山室静　36, 208
山本明　1
山本功　548
山本一蔵（飼山）　223
山本和平　544
山本鼎　561
山本健吉　208
山本湖舟　592
山本薩夫　416
山本実彦　33, 388, 548, 654
山本周五郎　172　369
山本昌一　667
山本信次郎　156
山本通　360
山本夏彦　533, 540-41, 555, 653, 655　112-13, 115-17, 119
山本恒　288
山本政喜　345
山本美智代　681
山本芳明　40
山本義隆　681
山本露葉　115
矢山哲治　571, 574-75
鑓田研一　630　422
湯浅条策　190
湯浅真生　627, 630
ユイスマンス　403-04, 463
結城素明　560-63
結城禮一郎　92
由起しげ子　450
行友李風　188
ユージン・オニール　200
夢野久作　284-85, 306　154
由良君美　421, 425, 457-65, 472, 474-79
由良哲次　478-80
百合山羽公　493, 495
ユング　474
横瀬夜雨　587
横溝正史　101, 278-81, 283, 294, 303, 306, 308　473, 500
横光利一　439, 450, 615-16, 640, 687, 689-91　271, 296, 478
横山桐郎　97
横山源之助　22
横山茂雄　325, 367-70, 492
横山重　126-28, 134, 180
与謝野晶子　75, 78, 306
与謝野寛（鉄幹）　119, 565-66　78, 306
吉井勇　181, 690
吉江喬松（孤雁）　197, 200, 220, 627-30, 632, 634-35, 642, 642-652, 659, 664　11-12, 267, 587
吉岡謙吉　212
吉岡永美　61
吉川逸治　416, 420
吉川英治　337　369, 506
吉崎志保子　76-77
吉澤孔三郎　550-51, 553-554
吉田一郎　32
吉田映一　32
吉田嘉一郎　32-33
吉田金重　77
吉田熊次　411
吉田健一　63　409, 413, 589-91
吉田幸一　133-135
吉田新一　237
吉田精一　250-51, 270　164
吉田文憲　469
吉田稔　2, 7, 67
吉田彌平　478
吉田喜重　384
吉永進一　392, 498
吉野喜之助　346
吉野作造　97, 129, 150, 366, 486, 589, 591, 679　305-06
吉野孝雄　145
吉増剛造　523-27, 529-30
吉本隆明　321, 453　71, 74, 176, 423, 445-46, 448, 484, 520
吉行あぐり　42
吉行エイスケ　93
吉行淳之介　165, 232-37, 431, 449, 488-89
ヨセリン＝デ＝ヨング　510
依田勉三　229-30
淀野隆三　645　158
ヨネ・ノグチ　196
米川正夫　315-16, 551-52　172-73
米倉二郎　434, 436

八木福次郎　48　31, 294
柳生十兵衛　390
八木立礼　78
矢口進也　551, 677-78
矢口達　41, 53, 98, 183, 189, 200-01, 245, 249
夜久勉　30
矢倉年　689
ヤコブ・ベーメ　457, 459
矢崎泰久　377
矢澤利彦　439
矢島一三　200
矢島輝夫（矢切隆之）　71-73
安井曽太郎　116
安江仙弘（包荒子）　359, 362, 365, 368, 489-90
安岡夢郷（南海夢楽）　114
安田一郎　56-62, 183
保高徳蔵　575-76
安田善次郎　23, 268-69
安田徳太郎　13, 15, 60, 205, 260　406-08, 565, 567
安谷寛一　125
保田與重郎　445　75, 432, 555
安原顕　456
安彦良和　488, 490-91
矢田挿雲　158
矢次一夫　435
柳川春葉　82, 292-93, 573　114
柳沢健　194
柳沢美濃守　189
柳田泉　250, 286, 470, 552　97
柳田国男　113, 117, 127, 143, 147, 155-58, 228, 246-48, 250, 277, 278-80, 282-83, 286, 325, 328, 337, 366, 368-69, 394, 397-99, 414, 440, 472, 475, 477, 654, 683　52-53, 63, 76-77, 119, 130, 260, 268, 581-86
柳原白蓮　302
柳下毅一郎　468
柳瀬尚紀　577-79
柳瀬芳意　331, 333
柳沼澤介　92-94, 124　166-68, 255
矢野国太郎　541
矢野恒太　356
矢野鶴子　542
矢野文夫　43-48
矢野正夫　45-48
矢野峰人　494
矢野目源一　170, 179-82, 194-95, 201, 211, 319
矢野龍溪　81
矢部八重吉　260-62　62
山内神斧　32
山岡光太郎　588
山岡荘八　492
山岡俊明　269
山縣有朋　971
山縣悌三郎　79
山形浩生　468
山川伝之助　458
山川銅之助　576
山川均　205
山川方夫　431
矢牧一宏　579
山口卓三　112
山口剛　552
山口昌男　48, 161-62, 402, 459, 479, 568　31, 254, 421, 446-48, 557-58
山崎剛平　684　157-59
山崎悟　529
山崎静太郎　563
山崎勉　578
山崎俊夫　77-83, 103, 106, 112, 131, 136, 138
山崎豊子　545
山崎光夫　498
山崎安雄　430　62
山路閑古　269-67
山下一夫　97
山下耕作　65　355, 361, 367-68, 371-72
山下曹源　339
山下竹史　378, 482
山下諭一　29　476
山田耕一　468
山田久雄　213
山田風太郎　26, 29　310, 389, 499, 506-07
山田美妙　151
山田宗睦　485
山田順子　162-65
山田吉彦（きだみのる）　319, 416-17　52-53
山手樹一郎　492, 496, 503
大和良平　213
山中市兵衛　347
山中喜太郎　350
山中共古　48　15
山中孝之助　137
山中貞雄　418

宮原庸太郎　391
宮本顕治　452
宮本常一　282, 435　204, 312
ミュッセ　65, 100　361
三好徹　327
三好義孝　455
ミルキィ・イソベ　466-67
ミルチャ・エリアーデ　322-23, 421, 428-29, 431
ミレー　427, 630, 685　419
向田邦子　306
武者小路実篤　476　277, 280-82, 284, 287-88, 591
武者小路安子　282
村上啓夫　382, 384-85
ムッソリーニ　54-56
武藤精宏　569
武藤貞一　386
武藤直治　44
宗武朝子　87
村井弦斎　479-81, 483
村上（鈴木）濱吉　24
村上一郎　432, 452, 485, 520, 522
村上元三　227, 505-06
村上太三郎　22-24
村上浪六　256
村上信彦　240
村上春樹　434-35, 440, 545-46, 598
村上龍　434-35
村杜伸　515
村崎百郎　468
紫覆面　47
村松梢風　208, 577-79
村松友視　434
村松正俊　385-86
村山暎　578
村山槐多　77, 265
村山知義　12-13, 41-44, 52, 65, 75, 159, 164
室生犀星　613
室淳介　430　123
室伏高信　378-80, 385, 387-88
メアリ・アスター　384
メイスン　294, 296
メーテルリンク　320, 324　183
メレジコフスキー　200　173
面山禅師　343
黙陽　254-56, 375　48, 202
望月桂　342-44
望月三郎　492
望月哲也　429
望月誠　349, 351
モーツァルト　421
本居宣長　377
元木昌彦　487
本山桂川　49, 114, 669
本山荻舟　513, 613
モニカ・ヴィッティ　516
モーパッサン　168, 247, 274, 311-13, 640, 642　555
森有正　337
森内俊雄　429-31, 434
モリエール　334
森鷗外　255, 443, 612　81, 197, 256
森於菟　669
森一生　375
森一祐　214-16
森下雨村　260, 300-03, 305-08, 311, 552　114
森下紀夫　49, 64, 83
森島恒雄　547
森潤三郎　669
モーリス・ジロディアス　143
モーリス・バレス　277
モーリス・ブランショ　216, 414
モーリス・ロネ　411
森仙吉　349
森銑三　168
森田亀之輔　563
森田思軒　612　132
森田草平　181
森田恒友　561
守田有秋　100, 136
森秀人　378, 482
森本愛造　10
森本厚吉　305-06
森本哲郎　386
森谷均　294-95
森山啓　684
森山大道　151
森山太郎　50, 133
杜伶二　319
森脇将光　568
モルガン　376
モンタギュ・サマーズ　98

や行

矢川澄子　15　241
八木岡英治　449-50
八木下弘　248
八木昇　285

マルセル・マルタン　463
マルセル・モース　107
マルドリュス　182-83
丸元淑生　149-50, 216
丸谷才一　577
丸山邦男　376, 378, 487
丸山熊雄　416-18, 420, 424, 426-27, 429, 446-49
丸山義二　683-84, 686
マンディアルグ　169
三浦関造　503-05, 513-15, 582
三浦雅士　434-35
M・ミオー　454
三上於兎吉　19, 289
三上時太郎　251
三木清　394, 403, 407, 412, 450　53, 82-83, 100-02, 480
三木露風　156
ミケランジェロ　238, 421　278
ミゲル・デ・セルバンテス　425
ミシェル・トゥールニエ　169
ミシェル・フーコー　138, 145, 230, 244-46　176-77, 455, 530
ミシェル・レリス　391-94
三島源次郎　290
三島由紀夫　81, 105, 108, 228　10, 113, 184, 230, 359-60, 367-69, 371, 432, 474
御正伸　503
水落露石　270
水上斎　666
水上勉　475, 611, 627, 683　109
水谷準　280
水谷不倒　124
水谷まさる　201　236
水沼辰夫　96
水野亮　396　334
水野成夫　554-55
水野忠夫　451
水野葉舟　320, 322, 325, 337, 369
三隅研次　604　537
溝口敦　618
三田林蔵　31-33
三井甲之　485-87, 500
三井高陽　32
三津木春影　164
三津木貞子　164
光永星郎　419
三富朽葉　452-55
三留理男　150
南方熊楠　49-50, 113-18, 120-22, 125-28, 132-33, 138, 142-43, 145, 155, 158, 218, 277, 325, 328, 391, 490
南方八郎　101
水上滝太郎　687, 689　281
皆川博子　39
南喜一　554
南菫造　563
南小路振一　398
峯岸義一　52
蓑田胸喜　485
ミハイル・バフチーン　421, 424-26, 431
美作太郎　104-05
三村三郎（三浦一郎）　368
三村清三郎　270
三村竹清　14
宮内壽松　127-29
宮尾しげを　270
宮川淳　530-31
宮川曼魚　389
三宅雪嶺　485
三宅恒方　301
三宅艶子　301, 306
三宅やす子　301, 303-04, 306
宮坂信　489
宮崎一雨　114
宮崎恒二　510
宮崎修二朗　580-83
宮崎安右衛門　342-46
宮崎龍介　302
宮沢賢治　111, 245, 458, 470-71, 473, 495, 628　92-93, 120, 241-43, 297, 434
宮澤正典　358-59, 362-63, 397, 458, 495　473
宮治昭　322
宮地嚴夫　351
宮下和夫　91, 486
宮下軍平　548-50
宮島新三郎　233, 242, 261, 596
宮島資夫　128
宮武外骨　97, 143, 145, 288, 530, 668　31
宮田耕三　116
宮田昇　420
宮田範　588
宮田文子　115, 119
宮原晃一郎　173

84
牧野英二　489
牧野信一　289-90
牧野武夫　527
牧野伸顕　596-97
マキノ雅弘　444　375
牧野吉晴　444-45
M・ゲイン　164
正岡容　52
正木重之　484, 486
正木不如丘　92, 98-99, 260
マザーグース　237
正宗敦夫　119　76-79
正宗白鳥　248, 250, 602　76-77, 79-81, 266, 290
馬島僴　98
真杉静枝　282
増田篤夫　454-55
増田一朗（草深熊一）　240-42
増田正雄　397, 401
増永要吉　396
町田歌三　329
町田宗七　329
松居松翁　261
松浦辰男　77
松浦寿輝　469
松岡均平　365
松岡虎王麿　128-29
松尾邦之助　93
松岡貞治（宮本良）　44-45, 192, 208-10
マッカーシー　177
松川二郎　556
松川健文　267
マックス・ウェーバー　69
マックス・ノーマッド　561
マックス・ヒューネル　241
マックス・ミューラー　332-33, 336, 375, 460　133-38, 140
松崎実　156
松崎明治　314
松崎芳隆　391
松平いを子　510
松田甚次郎　470-1, 473
松田忠徳　51
松田定象　354
松田政男　485-86
松田道雄　448
松田義男　520
松戸淳（平野威馬雄）　39, 319　45
松村永一　319
松永伍一　683
松野一夫　280
松野鶴平　513
松原一枝　571-77
松原正樹　36
松宮春一郎　336-38, 449, 548　107, 139
松村みね子　187　196
松村喜雄（三谷幸夫）　29, 170, 210-13, 216-18, 220, 266-68, 273, 276, 283, 293, 314, 338
松本克平　508
松本邦吉　469
松本恵子　317, 319, 322-23
松本圭二　470
松本弘二　362
松本清張　624-26　109, 330, 595
松本泰　158, 317-20, 322-23, 657, 665
松本八郎　196-97　159, 170
松山俊太郎　26-27, 155, 579
マーティン・グリーン　69
真鍋呉夫　571-72, 575
真鍋元之　110
馬淵量司　298-99
真船豊　280, 296-97
マホメット　442, 449, 588
間宮茂輔　53
真山青果　571-72
黛ジュン　75
マラルメ　37　68, 183, 379
M・L・ベルネリ　559
マリー・ストープス　53, 183-89, 201, 245, 259
マリウス・ボワザン　39
M・イレル　169　38
丸井清泰　260
丸岡九華　150-51
丸尾末広　307
マルキ・ド・サド　7, 72, 159　144-45, 392, 400, 460
秦豊吉（丸木砂土）　98-101, 121, 158-60, 180
マルク・ブロック　656　118
マルクーゼ　476
マルクス　13, 209-210, 370　195, 406, 563
マルコ・ヴァッシー　147
マルコ・ヴィカリオ　513
M・グリオール　392
マルセル・シュウオッブ　180, 211

ヘボン　160
ヘミングウェイ　149, 413
ヘリック　237
H・カーリングトン　461
ベルナール・ピヴォー　214
ヘルマン・イーム　57
ヘルマン・ブロッホ　216, 414
ヘルマン・ヘッセ　347　271
ベルンシュタイン　161
H・P・ブラヴァツキー　503-04　108
ヘレン・マッキネス　516
ベン・ヘクト　101
ベンジャミン・ジョウエット　264
逸見広　159
辺見庸　343-44
ヘンリー・ヴィゼテリー　673　131
ヘンリー・スティール・オルコット　108
ヘンリー・ミラー　143-44, 410, 413
帆足図南次　627
ホイットマン　222-23, 236, 238, 303　36, 284
方外道人（木下梅庵）　175
ポオル・ド・レグラ　166
帆神熙　31, 32-34, 37-39
帆刈芳之助　596, 598
星島二郎　513
星野長一　50
ホセ・ドノソ　414
細川芳之助　533-35
細田尚孝　391
細野孝二郎　437-38
ホーソン　312　344
ボッカチオ　32, 50-51, 53　425
ボードレール　180, 204, 494　34, 43-44, 523, 545
ポープ　237
ホフマン　193, 197, 308　169
ホメーロス　398
洞富雄　22
堀一郎　414, 424　428
堀内誠一　578
堀内俊宏　168-69
堀内文治郎　168-69, 171, 269
堀切直人　454　458
堀口九萬一　226
堀口大學（大学）　171, 179-80, 294, 237, 453, 644　25, 208
堀辰雄　187, 450　197
堀秀彦　591
ポール・エリュアール　121
ポール・グゼル　168
ポール・ケーラス　137
ポール・ゴーギャン　277
ポール・モーラン　629
ポール・ルクニュ　341
ボルヘス　211　180, 184, 186, 216, 332, 343, 414, 531
ホルマン・ハント　419
ホレショ・F・ブラウン　224
ホレス・ケプロン　229
本位田準一　102
本位田祥男　104
ポンジュ　523
本庄栄治郎　538
本荘可宗　413
本田喜代治　324
本田溪花坊　32
本多秋五　64　124, 208-09, 285, 576
本田美禅　188
本田満津二　101
本堂善一郎　27
ポンパドゥール夫人　215
本間久雄　150
ほんまりう　92

ま行

マイケル・ゴールド　94
マイケル・バクスバム　96
M・トケイヤー　365
前川清治　165
前島信次　179
前田愛　347, 350
前田晁　32-33, 267
前田慧雲　256
前田曙山　188
前田静秋　37-38
前田千之助　32
前田武彦　30
前田誠孝　152
前野繁　27
前原久夫　258
前本一男　449-51
馬海松
マーガレット・サンガー　183-84, 604
マーガレット・ミッチェル　165　271
牧口常三郎　435　230, 583-

普後俊次　99
藤井かよ　577
藤井健次郎　184-85, 187-88
藤井好浪子　33
藤井誠治郎　253-54, 256, 258
藤井真澄　77
藤枝静男　64　247
富士川游　97, 398
富士川義之　91, 382
藤沢周平（小菅留治）　490-96
藤沢親雄　365-69, 404, 406, 406, 411-12, 424, 492
藤沢敏雄　564
藤沢衛彦　44
藤沢利喜太郎　366
藤島武二　90-91
藤純子　359, 374
藤城清治　501
藤田安正　50
藤野一友（中川彩子、春川光彦）　16-18, 39, 72
藤間静枝　164
藤間哲郎　487
伏見猛彌　553
伏見冲敬　34-35, 133
藤無染　147-48, 177　107-08
藤村作　11
藤村操　327, 329, 600
藤本韻三　529
藤本治　548
藤本義一　25-27
藤本泉　354
藤森照信　245
藤山愛一郎　406
プーシキン　312　172, 174, 178, 324
藤原審爾　582
藤原信孝（四王天延孝）　357, 362, 364-65, 368, 496
二葉亭四迷（長谷川辰之助）　252　80-81
二村正之　592
フッサール　403
舟木重信　77-78
舟越石治　357, 363, 365
船戸与一（原田建司、豊浦志、外浦吾朗）　37-39
舟橋進　135
舟橋聖一　26
プラトン　224, 235, 263, 265　338
ブラム・ダイクストラ　91, 382-85
ブランキ　544
フランク・ハリス　411
フランク永井　373
フランシス・キング　235
フランシス・トムソン　209197
フランシス・ベーコン　223
フランソワ・ヴィヨン　180-82　523
フランソワ・ラブレー　421, 424-27
フランソワーズ・サガン　430　121-23
フーリエ　544
フリオ・コルタサル　414
ブリジット・バルドー　387
フリッツ・K・リンガー　370
フリードリッヒ・S・クラウス　56-57, 60-62
F・C・フォルベルグ　400
プルースト　94, 149, 158, 218
プルードン　161
古山寛　92
ブールジェ　218-19
古田晁　87, 243
ブルーノ　544
B・トレイヴン　344-45
古野清人　414
古畑種基　96
ブレイク　284, 459
ブレールスフォード　566
フレーザー　439
フレッチャー　305
フレデリック・マイアーズ　324-26, 328-29
ブレヒト　200
フロイト　259-62, 643, 597　61-63, 562-63, 565
プロスペル・メリメ　32　324, 555
フローベール　248-49, 621, 630, 640-42, 674　308, 324, 401, 454, 456
ペギー・グッゲンハイム　68-69
ヘーク　96
ベケット　189　145
ヘツカア　161
別宮貞徳　231
ヘッケル　521-23
ペトラルカ　20
ベネディクト・アンダーソン　433

檜貝哲郎　492
比嘉加津夫　520
東由多加　381
樋口一成　538
樋口悦之助　50
樋口清之　60-61
樋口覚　471, 546
樋口朝次郎　33
彦坂博　488
久生十蘭　226, 228
久松潜一　411
土方成美　103-04
土方定一　36
土方鉄　383
ピーター・ゲイ　375
ピーター・ブルック　412
飛田勝造　444
ピタゴラス　525
肥田春充　478-82, 484
ビッソン　53
ヒトラー　13-14, 58, 61, 360, 369, 378-80, 382, 384, 386, 390, 427, 492-93　406-07
日夏耿之介　98-99, 193-95, 197-205　170, 181, 184, 588
火野葦平　160, 599
日野光雄　144-45
檜山久雄　451
ヒュネカア　162
平井潔　183
平井金三　470, 504
平井功（最上純之介、ジャン・ベラスコ・ロペス、J・V・L）　193-202, 204-05, 207　169-70
平井蒼太（平井通）　273-76
平井呈一　458, 464-65
平出英夫　553
平岡篤頼　414
平岡龍城　263
平賀源内　269
平田篤胤　472
平田オリザ　481
平田内蔵吉　478-79, 481
平田元吉　461
平田晋策　479
平田武靖　564
平田禿木　115
平田久　597
平塚雷鳥　253
平野共余子　469
平野謙　63-64, 66, 690-91　162, 208, 451
平野義太郎　393-96
平林たい子　191-92, 206
平林初之輔　630
平福百穂　561, 578
平山勝熊　508
平山盧江　613
ひらりん　92
広末保　425
廣瀬進一　55
広瀬千香　128
広津和郎　453, 574-78, 642　20, 40, 161, 163, 286-89, 291, 450
弘津千代　588
廣松渉　454
ファーブル　115, 336, 340,
フアン・ルルフォ　344
フィリス・グロスカース　231
フィリップ・K・ディック　17
フィリップ・ド・ブロカ　197　169
フィリップ・ルロア　513
封酔小史　45, 173
フェリシアン・シャンソール　161-63
フェリックス・ガタリ　443
フェレンツィ　225
フォークナー　94, 217-19, 224, 413, 498
フオスター・ベイン　436
フォール　523
深尾重光　415
深尾隆太郎　412
深作欣二　384
深田盛次　209
深見ヘンリイ　319
福岡益雄　261
福田晃　585
福田清人　168　437
福田吾市郎　211
福田江月　32
福田辰男　319
福田恒存　591
福田徳三　591
福永武彦　295　523
福永文之助　347
福原麟太郎　589, 591
福本日南　188
福島鑄郎　512, 539
福山福太郎　46, 54, 167
福来友吉　460-62
フーゴ・フォン・ホーフマンスタール　344

長谷川誠也　260-62　62
長谷川如是閑　413, 654
100, 102, 256
長谷川弘　193
長谷川巳之吉　378, 381, 451
198-201, 337
長谷川零余子　296
パゾリーニ　231
畑鋭三郎　43
畑耕一　45, 319
羽田孜　473
波多尚　421
波多野秋子　302
羽太博士　128
羽田武嗣郎　473-74
服部勝吉　540
服部之総　413　529
服部半蔵　390
ハドソン　436
花崎清太郎（花咲一男）
211-13, 216-17, 266-68, 270,
277, 338
花田清輝　25　421, 423, 451
花森安治　440
羽仁説子　26
埴谷雄高　66, 336, 521-24,
683　74, 117, 154, 208-10,
423, 448-49, 451, 484
バハオーフェン　376-77, 407
馬場孤蝶　318-19, 535
H・G・ウエルズ　518, 520
ハーバード・スペンサー
327
ハーバート・ノーマン　396
羽太鋭治　27, 137, 152
浜井松之助　331
浜尾四郎　154
浜崎廣　304
浜田青陵　155
浜田哲生　383-84
浜名優美　310
浜野成生　94
ハーマン・メルヴィル　343
ハモンド・イネス　516
速川浩　219
早坂二郎　96
林和　158
林和子　475
林浩平　469
林俊　126
林静一　374
林達夫　378, 451　36, 53,
198, 480, 558
林博太郎　561
林不忘　318
林芙美子　191, 192-93, 206,
450　170
林宗宏　475-77
林佳恵　152
林美一　269-70
林若樹　13-15, 270
羽山菊酔　192
速水精三　515
原阿佐緒　302
原一平　48
原笙二　48
原節子　418, 637
原敬　671
原武史　595-96
原田春齢　292
原胤昭　95-96
原田三夫　201, 590, 624
原田實　161
原田裕　491　499-500
原智恵子　400, 415, 420, 544-
45
原弘　312
原美奈子　112
ハリー・ハルトゥーニアン
434　84
針生一郎　451
パール・バック　296
バルガス＝ジョサ　414
バルザック　408, 674　26,
85, 88, 90, 109, 286, 320-24,
331-32, 334, 336-37, 340,
399
春山行夫　176, 306, 347-50,
377-81, 440, 449, 451-53,
651
バーン＝ジョーンズ
伴大矩（八切止夫、矢留節夫、
耶止説夫）　293-300
坂丈緒　417, 425
坂東恭吾　87
ハンフリー・ボガート　384
345
ビアトリス　187
ピーター・オドンネル　515
稗田宰子　572
ピエール・ガスマン　153
ピエール・ギュヨタ　169
ピエール・クロソウスキー
444
ピエール・ルイス　37-38,
41, 221　183
ピエール・ロティ　163, 672-
73

西澤仙湖　48
西澤龍生　544-46
西晋一郎　411
西田幾多郎　403, 407-09, 434-35, 442　478
西田天香　344, 456
西田直二郎　411
西谷啓治　403, 434
西谷退三　301-03
西谷弥兵衛　420-21
西部邁　193, 195
西村伊作　399, 415　305-06
西村二郎　96
西村真次　97
西村真次　22
西村稔　370
西村みゆき　223-24
二條基弘　351
西脇順三郎　187, 379　526
西脇マジヨリイ　187
ニーチェ　247, 386, 408, 621　442
日蓮　457-58
新渡戸稲造　366　583
蜷川譲　335-36, 341
二宮敬　425
庭野日敬　430
丹羽文雄　20
貫井銀次郎　15
沼正三　2-3, 10-12, 67, 72
沼田鞆雄　439
沼田頼輔　156
沼野充義　469
濡木痴夢男（飯田豊一、藤見郁）　4-10, 16-25, 66-67, 72
ネリー・ハリス　411
野阿千伊　294
ノヴァーリス　454　458
ノエル・R・フィッチ　27
ノエル・アナン　264
野口富士男　475　164
野口雄二　409
野坂昭如　449
野坂参三　591
野崎歓　286
野崎孝　414
野沢協　216
野地秩嘉　401
野島秀勝　432
野島芳明　401, 442, 448
野島康三　212
野尻抱影　319-22
野添敦義　96
野田卯太郎　513
野田宇太郎　599
野田茂徳　476
野中兼山　227
野中涼　577
野々上慶一　121　241-43
野々山三枝　505
延原謙　305-08, 310　591
ノベル　237
野間清治　469
野間宏　485
ノーマン・コーン　359-62, 369-71, 374
ノーム・チョムスキー　69
野村愛正　206
野村修　405
野村信吾　441
野村正人　469
野村瑞城　460-62, 527
野村吉哉　190-92
野依秀市　262

は行

ハイデッガー　403
ハイネ　36
ハイム・G・ギノット　214
バイロン　263, 265　36
ハインリッヒ・キシュ　241
ハヴロック・エリス　60, 239-47, 249, 253-54, 256-59, 267, 274, 285, 458, 520
萩原恭次郎　42
萩原朔太郎　202, 450　40, 526
白龍仁　328-29
橋浦泰雄　206-17, 282
橋川文三　75, 432, 448, 485
土師清二　613
橋本憲三　377
橋口五葉　418-19
橋本照嵩　539-40
橋本福夫　430　123, 451
橋本文隆　541
橋幸夫　492
パステルナーク　177
蓮實重彦　454-56, 469, 531
長谷川郁夫　179-80, 193　590-91
長谷川潔　200
長谷川玖久　398
長谷川憲一　422
長谷川興蔵　113
長谷川時雨　20
長谷川伸　192, 227, 367-69, 372-73, 492

中尾進（鈴木益吉）　503-04
中尾ハジメ　564
中垣虎児郎　117
中一弥　502-05, 508
中上健次　219, 412, 474, 493
中川乃信　116
中川一政　116
中勘助　91
仲木貞一　367
中桐確太郎　128
永坂田津子　577
中里介山　317, 479, 506　188
中沢新一　421, 443
中澤臨川　621-22
中島河太郎　280-81　192
中嶋孤島　666　130-31
仲小路彰　399, 401, 404-05, 412-14, 422, 425, 429-30, 442-43, 446-49, 588　480, 553
仲小路廉　399, 404
永住道雄　551
中薗英助　396
中田薫　668
中田耕治　29　146, 410
長田順行　155
永田登三　148
永田寛定　552
中田雅久　3, 27-30　476
長田幹彦　83　114, 509
那珂太郎　434, 575
中務哲郎　229-30
長塚節　628
中戸川吉二　616
中西悟堂　278
中西裕　305-07
中根駒十郎　559, 565
永野一男　329-30
中野重治　634
中野正人（花房四郎）　75, 138-41
長野泰彦　428
中平卓馬　151
中藤正三　459
仲町貞子　157
仲摩照久　321-22, , 587-88, 592-95　139
中村吉蔵　677
中村錦之助　368
中村邦生　578-79
中村敬宇　403
中村研一　504
中村紘一　241
中村古峡　45, 77, 96, 124, 127, 141, 582　17-18
中村眞一　99
中村真一郎　523-25
中村星湖　343, 627, 630, 632, 638
中村徳二郎　377
中村伯三　406
中村白葉　315-16, 678
中村不折　418-19
中村正明　512
中村光夫　251, 571
中村武羅夫　571, 602-03, 608-12, 619-21
中村雄二郎　246
中村喜和　174
中村能三　29
中村善也　2464
永山一郎　431
中山岩太　212
中山義秀　630　124-25
中山省三郎　439　290, 587
中山太一　398
中山太郎　49, 113, 117-18, 156-58, 261, 435, 668-70
長山靖生　346
中山泰昌　531
長与善郎　206　171
夏石番矢　336
夏目鏡子　17
夏目金計　32
夏目漱石　89, 252, 325, 328, 612　100, 197, 256-57, 281, 301, 418-19, 554-55
名取洋之助　520
ナバル女王　41
鍋井克之　292
ナボコフ　241, 257-59　145, 410
ナポレオン　401
成田三樹夫　605
鳴海完造　174
名和宏　368
南条文雄　136-39, 141
難波浩　420-21, 423-24
南原実　459, 461
新関良三　260
新村武之進　127
ニコライ・ネフスキー　156
西尾幹二　401　480
西勝造　481
西川祐子　377
西川義方　50
西幹之助　37-38
西木正明　115

鐵村真一　440
鐵村大二　440-42
テネシー・ウィリアムズ　142
デフリエント　101
デュジャルダン　578
デュム・ド・アポロ　32
デュルケム　107
寺島九一郎　32
寺島珠雄　128-29
寺田鼎　101　94-96
寺田寅彦　102
寺山修司　30, 81, 386　378-82
ド・ラ・トウル・サミュール　313
土井伊惣太　347
土井儀一郎　202
土井庄一郎　201
桃水　343, 345-46
ドゥニ・ディドロ　213-16
堂本正樹　474
堂本昭彦　474
頭山満　351
桃隣　175
トゥルバドール　442
遠山慶子　455
遠山元一　429
遠山直通　429
戸川秋骨　429　132
十川信介　151
土岐恒二　397, 414
常盤新平　439
徳川家光　390
徳川慶喜　402
徳川慶久　483
徳田秋声　251, 573　53, 163-64, 281, 290
徳富蘇峰　449-51, 499, 505, 541, 545, 600　79, 597
徳冨蘆花　428, 476, 631
ドクトル・アリベール　138-39
ドクトル・チエコ　185
徳間康快　206
戸坂潤　403, 407　566
敏陰英三　539
ドストエフスキー　248, 314-16, 414, 501, 503, 586, 678　132, 334, 424, 427-29
戸田謙介　281-82
戸田三郎　403
戸田城外（城聖）　227, 230
戸田城聖　618
戸田ツトム　442
戸田直秀　534-35
ドーデ　148, 654
ドナルド・E・ピース　289
外村繁　157
戸原四郎　376
T・S・エリオット　186
トマス・ピンチョン　344, 440
トマソ・カンパネラ　339
富岡多恵子　147-48, 274, 276　107
富沢有為男　413, 442-46　323
冨田常雄　503
冨田均　384
富野敬照　376-77
友松円諦　588
土門拳　148, 150, 542
外山滋比古　589, 591
富岡明美　112
豊崎光一　530-31
豊沢登　552
豊島与志雄　26, 182
豊久吉造　39
鳥山喜一　511
鳥山鑛造　387-88
ドリュ・ラ・ロシェル　146, 410
トルストイ　247, 501, 621　285, 344, 554
トレヴェニアン　568-69
ドロシー・セイヤーズ　285
トロッキー　195
十和田操　431

な行

内藤加我　350
内藤弘蔵　45
内藤三津子　404, 421, 430, 463, 476, 578
内藤鳴雪　128
直木三十五（植村宗一）　574, 613, 615　286-87, 289
永井荷風　81, 181, 254-55, 268, 534, 600, 612, 616　124, 223, 225, 310, 355
永井龍男　160
永井千秋　398
中市弘　689
永井潜　60
中井房五郎　481
永井柳太郎　540
中尾佐太郎　33

田村晃祐　135
田村松魚　164
田村泰次郎　33
田村敬男　566
田村俊子　574
田村直美　171
田村西男　114
田村俶　230
田村治芳　381
田村雅之　471
為永春水　270
田山花袋　113, 199, 245-54, 506, 533-34, 571, 612, 631　77, 130, 266, 281
タルコフスキー　458
樽見博　44
団鬼六（花巻京太郎、黒岩松次郎）　2-3, 67, 69-70, 72
丹尾安典　113, 130-31
檀一雄　159, 431
丹下健三　623　244
ダンテ　10, 54-55, 235, 501　398
タントリス　194
チェーホフ　324, 416
C・ザバッティーニ　515
チェスタトーン　345
近松秋江　188, 289-91
近松半二　175
近松門左衛門　175, 248　188
千草忠夫（九十九十郎、珠洲九、千百蘭、乾正夫）　69-70, 72
千坂兵部　189
遅塚麗水　534
千野栄一　515
茅野蕭々　260
千葉亀雄　613
千葉俊二　227
チャタトン　198
茶谷十六　111-12
チャールズ・ディケンズ　312
チャールス・ドレアー　96
チャールズ・ブロンソン　516
長守善　371
チョーサー　41
ヂョージ・トロブリッヂ　331
鎮西八郎為朝　346
塚原澁柿園　534
塚本明子　69
塚本勲　559
塚本邦雄　81　449
佃実夫　515　12
築田多吉　496-500
佃野由兵衛　32
つげ義春　316-18, 374-75
辻井忠男　235
辻岡文助　349
辻潤　93, 115
対島完治　260　62
辻まこと　115
辻元閃光　33
津田喜代治　33
津田左右吉　277
土田杏村　162
土屋光司　295
筒井春香　140
都築忠七　223, 234-35, 239, 243
都筑道夫　29-30　500
堤清二　555
鼓直　414
堤康次郎　110-11
常住郷太郎　681
角田喜久雄　492
坪井正五郎　137, 351
坪内逍遥　173-74, 318, 505, 625, 652, 659, 670
坪内逍遙　80-81, 130, 132
坪内祐三　318, 617　222
坪田譲治　576
ツルゲーネフ　247, 258, 408
都留重人　394
鶴田久作　339, -41, 515, 548　264
鶴田浩二　355, 359, 368, 375
鶴見和子　394
鶴見俊輔　394　452
鶴見祐輔　393-94
ディクスン・カー　323
ティム・オブライエン　440
デヴィ・スカルノ　206-07
D・H・ロレンス　409　69, 271
テオドール・シュトルム　498
テオドル・フルールノイ　321
テオフィル・ゴーティエ　523
出口王仁三郎　467, 489-91, 525　41-42, 474
出口誠彦　466
出口裕弘　391, 395, 403, 520
出久根達郎　580

竹内章　382, 384
竹内健　472-73
竹内幸子　517-18
竹内道之助　40, 46, 164-65, 167, 171, 268　55-56, 517-19
竹内好　484
竹越三叉　256
竹越與三郎　351
竹下一郎　437-38
木村毅　101, 150, 208, 286, 329, 343-44, 552, 624-27, 631　97, 188, 528
武田鋭二　33
武田惣角　488, 490
武田洋一　472-75
武田麟太郎　67
武智鉄二　224
竹中郁　379
竹中労　48　206
武林イヴォンヌ　115
武林無想庵　616, 645, 653-54, 657　115, 119-20
竹久夢二　90-92, 99, 119　164-65, 283-84
竹村一　377, 483
タゴール　501
太宰治　123, 172　157
田島象二（酔多道士）　131
ダシール・ハメット　384
田代金宣　431-32
多田裕計　82
多々羅四郎　286
橘忠衛　225
立原正秋　576
辰野隆　197, 256, 415　11, 202
辰野隆　48, 324
辰馬桂三　146
辰巳経世　566-67
田寺正敬　453
田中恵美子　536
田中王堂　162
田中角栄　246
田中絹代　166
田中香涯　137, 152
田中孝治　592
田中貢太郎　208, 578-79
田中小実昌　29
田中古代子　206-07　171
田中聡　481, 497　437
田中重太郎　565
田中純　612
田中正造　483
田中隆光　46
田中達　334
田中達三郎　352
田中智学　456-59, 490
田中直樹　120-24, 135, 158, 617-18
田中乃月　31
田中治男　86
田中英夫　297
田中秀吉　337-38
田中秀央　438
田中英史　112
田中平八　23
田中雅美　70
田中真澄　412
田中美智雄　50
田中美知太郎　264, 407
田中光顕　597
田中守平　466-70
田中義人　338
田中緑紅　32
棚橋一郎　353
棚橋小虎　591
田部重治　221, 223, 231
田辺寿利　435
田辺聖子　121-22
田辺保　404
田辺貞之助　404
田辺元　403　478
田辺泰　539
ダニエル・デフォー　312
ダニエル・V・ボツマン　94
谷川雁　423, 445, 449
谷川健一　204, 452
谷川浩三　261
谷口千吉　416
谷口雅春　463　63
谷崎潤一郎　33, 76, 83, 106, 108, 227, 229, 280, 310, 314, 475　114, 178, 185-86, 290, 294, 509, 599
谷崎精二　309
谷沢永一　208, 566-67, 624, 650-51　32, 325
ダニロ・キシュ　358
種村季弘　15, 72, 180-812, 584　52, 403, 405, 425, 460
田之倉稔　54, 420
田畑弘　377
ダフエルノ　208
ダブスン　197
タブツキ　344
田宮虎彦　441, 475　312
田村江東　533

瀬戸義直　200
セバスチャン・グレイ　147
ゼームス・チャーチワード
367, 369, 404, 470, 492
芹沢光治良　337-38
仙田弘
染民基　489
相馬愛蔵　362, 483
相馬御風　43
相馬黒光　362, 483-84
相馬泰三　43
副島種臣　222
添田啞蟬坊　83, 85, 288
添田知道　85-88, 270
曽我廼家五九郎　52
曽根博義　651　17
祖父江昭二　141
蘇武緑郎　130
征矢野晃雄　457, 459
ゾラ　204, 246-49, 423, 426, 582, 621-22, 630, 638, 640, 646-48, 652, 654-58, 660, 662-67, 671-74, 676, 681-83, 686　20-21, 26, 88, 90, 94, 109, 115, 118, 130-31, 335-360, 398, 454, 568-70
反町茂雄　269
成恵卿　186-89　19, 124, 187-89

た行

田内長太郎　261
田岡典夫　492
高井有一　558
鷹谷俊之　138, 140
高木彬光　350-54, 481　499-500
高木伊三　346
高木真斎　346
高儀進　204
高木卓（安藤熙）　271-73
高木健夫　188
高木文　162
高木壬太郎　334
高楠順次郎（沢井洵）　334-36, 339, 397-99, 406, 460, 587　138-41
高楠正男　141
高倉健　444
高倉一　1
高倉嘉夫　266
高島嘉右衛門　351-54
高島象山　353-54
高嶋辰彦　436-38
高島辰彦　553
高島平三郎　277
高島米峰　333
高嶋米峰　138
高島政衛　582
高杉良　325-26
高須梅渓　565
高田義一郎　96, 98
高田早苗　483
高田里惠子　372-73
高野慎三（権藤晋）　316-18, 374-75, 560-61
高橋休四郎　491
高橋邦太郎　101
高橋健作　48
高橋健二　372
高橋呉郎　205
高橋新吉　36
高橋孝雄　383-84
高橋直良　430
高橋鉄　3, 9, 26-29, 33-35, 137, 261, 269
高橋徹　429, 431-32, 434
高橋虎彦　471
高橋康雄　321
高橋義孝　260, 372
高畠素之　613, 667　96
高浜虚子　13, 416, 494
高見澤遠治　288
高見澤忠雄　286, 288
高見順　120-21　19, 82, 124, 209, 241-42, 599
高村光太郎　562　241, 526-27
高群逸枝　377
高本研一　414
高森龍夫（夜江）　35-36
高安月郊　270
高谷為之　192
高山岩男　434
高山樗牛　252, 265, 472-73
高山鉄男　321
高山宏　458
高山洋吉　509-12
瀧川政次郎　156
滝口修造　379, 450　421
滝田樗陰　578
田口卯吉（鼎軒）　548　274, 276
田口掬汀（田口鏡次郎）
558-67, 574
田口孝夫　112
田口親　275
武井武雄　34

ジル・ドゥルーズ　443, 455, 530
白崎享一　357
ジロデ　320
城山三郎　43
ジーン・マリーン　169
真雅　131
新木正人　74-75, 432
新庄嘉章　168, 215
新城和一　277
陣出達朗　228, 492
真保三郎　50
新保博久　29
新村出　11
新村猛　338
吹田順助　371-75
スウィフト　544, 546
スウィンバーン　231, 239, 264
スウェーデンボルグ　408, 501　331-33, 459
末井昭　434
末國善己　502
末次信正　406
末永昭二　124
絓秀実　75
菅原貴緒　454
菅原孝雄　463-64, 467-68
杉浦茂　577
杉浦重剛　351
杉浦貞二郎　334-35
杉田直樹　97
杉田信夫　337
杉村武　340, 517　274
杉森久英　209
杉山吉良　599
杉山茂丸　362　23
杉山龍丸　286
鈴木魅　265
鈴木直厚　331
鈴木艮　594
鈴木馨　14
鈴木一夫　50
鈴木一民　468
鈴木喜右衛門　350
鈴木金次郎　350
鈴木啓介　415, 424, 429, 447
鈴木圭三　22
鈴木成高　434
鈴木氏亨　612-15, 617-18
鈴木秀三郎　100
鈴木祥湖　32
鈴木信太郎　181, 197　25-27, 35
鈴木省三　154, 553
鈴木善太郎　77　128
鈴木大拙　187, 337　137-38, 197, 332-33, 459
薄田泣菫　305
鈴木辰雄　208
鈴木珠　331
鈴木徹造　49, 461, 513, 515, 533　112, 116, 283, 307
鈴木徹三　554
鈴木棠三　126
鈴木利貞　103-04
鈴木敏文　27
鈴木重信　334
鈴木春信　175
鈴木宏　470　379, 477, 530-31, 578
鈴木三重吉　612
鈴木幸夫　577-79
鈴木豊　38
スターリン　511
スタンダール　64, 674　361
スタンリー・レーン・プール　181
S・ワイントラウブ　204
スティーブンスン　504　170
スティルナー　621
須藤功　311, 533-34
須藤慶治　43
須藤哲生　391
須藤南翠　612
角南一郎　545
須磨利之（喜多玲子、高月大三、美濃村晃）　2-5, 7-9, 16, 19-24, 30, 67, 73
陶山健一　195
諏訪根自子　416
清家正夫　87
聖フランシス　343, 345-47
瀬川清子　282
瀬川清子　65
関井光男　431
関宇三郎　533-35
関楠生　372
関口鎮雄　667
関敬吾　282
関昌祐　461
尺振八　403
関義　680-81
関根康喜（関根喜太郎、荒川畔村）　495, 512　91-93, 119
ゼザアル・ロンブロゾオ　320

島中雄作　651, 678　11, 290
島中雄三　677-79　97
島貫兵太夫　355
島村抱月　641, 650, 659　267
清水晶　417
清水幾太郎　394　484
清水定吉　255
清水純一　544
清水俊二　598-600
清水正二郎　142
清水徹　414, 531
清水宣雄　400, 413, 424
清水文弥　271
清水文吉　432　252
清水柳塘　192
ジム・ブラウン　516
志村立美　503
下出源七　539-42
下位春吉　52-56
子母澤寛　605, 618　227-28, 230
下田立行　229
下中弥三郎　469, 678-79　556
下村悦夫　228
下村海南（下村宏）　449, 451
下村完兵衛　32
ジャコモ・カサノヴァ　321
ジャック・カハン　143
ジャック・シフレン　177
ジャック・デリダ　530
ジャック・ラカン　562
ジャック・ロンドン　53, 287-89
ジャネット・オッペンハイム　318, 326, 332-33
ジャビダン妃殿下　101
シャルル・ドゴール　675
シャルル・ノディエ　454
シャルル・ブリニエ　680
ジャン・ド・ベルグ　465
ジャン・ポール・ラクロワ　340, 343
ジャン＝ジャック・ルソー　557
ジャン＝ピエール・リシャール　456, 464
十一谷義三郎　158　162
寿岳文章　232, 303
シュテルナー　544
ジュネ　145, 410
ジュリアン・グラック　414
ジュリアン・ビザロウ　32
ジュール・ヴェルヌ　215
ジュール・ミシュレ　544-45, 547-49, 552
ジュール・ロマン　598
ジューン・ローズ　189
俊寛　349
俊藤浩滋　371-72
城市郎　32, 39-40, 43, 59, 167, 170, 173, 213, 267, 287, 506, 640　45-46, 168
城左門　194, 319
庄司浅水　295, 307-08
庄野誠一　687, 689-90
ジョージ・スタイナー　421, 457, 460
ジョージ・メリル　235
ジョゼフ・ド・メーストル　545
ジョルジュ・シムノン　302　215
ジョルジュ・バタイユ（アンジェリック、ロード・オーシュ）　169, 430　123, 142-44, 320, 394-95, 408, 410, 548-49
ジョルジョ・アガンベン　343
ショワジイ　101
ジョン・アディントン・シモンズ　220-27, 229-32, 234-35, 238-41, 243, 259, 261, 263-64, 324, 610
ジョン・エヴァンス　419
ジョン・クレランド　39, 63　409
ショーン・コネリー　514
ジョン・ディ・セントジョア　143, 145, 410
ジョン・バース　414
ジョン・ヒューストン　384　345
ジョン・ファウルズ　147
ジョン・ペイ　182
ジョン・ボズウェル　230, 241
ジョン・ミリントン・シング　198
白井喬二　206-07　19, 503
白井浩司　414
白井白楊　454
白川正芳　117
白倉敬彦　530-31
白土三平　504
白鳥省吾　627
白鳥敏夫　553

佐藤晴夫　243
佐藤春夫　33, 179, 194　36, 226, 228
佐藤まさあき　149
佐藤正彰　158, 182-83
佐藤正忠　325, 327
佐藤耶蘇基　582, 586
佐藤雪夫　552
佐藤吉郎　582, 599
佐藤義夫　554
佐藤義亮　100, 344, 506, 518, 559, 565, 571, 620-21, 630　166, 291
佐藤能丸　520, 531
里見岸雄　459
佐野繁次郎　100
佐野眞一　4-5
佐野碩　64
佐野学　205, 557-58, 591
ザピール・ライヒ　566-67
佐山一郎　441
佐山哲郎　477
サリンジャー　430　123, 344
サルトル　256　454
沢木耕太郎　428, 430
沢木静　461
沢崎浩平　320, 322
澤田伊四郎　170
澤田五倍子　49
澤田順次郎　27, 101, 136-37, 152-53, 165
沢田名垂　269
澤田撫松　44, 613
澤村田之助　158-60
澤村寅二郎　563
澤村真　513, 515
椹木野衣　244-45
椎名其二　627　334-39
椎名麟三　369
シェーアバルト　403
シェーアバルト　404-05
シェイクスピア　425
ジェイムズ・ヴィゼテリー　131
ジェイムズ・ジョイス　186　20, 27, 94, 198, 218, 498, 577
ジェームズ・チャーチワード　438
ジェラール・ド・ネルヴァル　401, 524-25, 544
G・プーレ　397, 424
塩澤実信　436, 490-91
塩谷賛　257, 259-66, 268-71
塩田良平　533-34
シカゴ・メイ　101
志賀直哉　277, 284, 338, 450
鹿野はるお　19-21
式亭三鳥　270
色亭乱馬　270
式場隆三郎　26
滋野辰彦　417
重徳泗水　653
志田延義　553
七字英輔　383-84
十返舎一九　175　426
シドニー・ルメット　387
ジーナ・ロロブリジダ　529
篠崎仙司　541
篠沢秀夫　674
信田葛葉　33
篠田浩一郎　451, 544, 548
篠田鉱造　480
篠田一士　397, 414, 460
篠原嶺計　114
篠原嶺葉　573
信夫清三郎　392, 394
柴田通和　481
柴田元幸　343
柴田流星　534-35
柴田錬三郎　389, 496, 498-99, 502-03
司馬遼太郎　504
澁澤栄一　103　265
渋沢敬三　53, 129　532
澁澤龍彦　7, 72, 159, 438, 519　155, 322, 392, 400, 403, 451, 460, 463
渋谷栄一　627
渋谷定輔　683
ジベリウス　171, 194
嶋岡晨　383
島尾伸三　573
島尾敏雄　650　10-12, 148, 232, 431, 433, 571-76
島尾ミホ　571
島木健作　683
島耕二　417
島崎藤村　245, 248, 250, 316, 318, 449, 451, 532, 612, 631　11, 281
島崎博　477
島成郎　193, 195
島地大等　339
島地黙雷　136
島田一男　23, 67　492
島田清次郎　584　41, 161
島田太郎　155

今藤茂樹　420-21
近藤富枝　90　163
近藤信行　335
近藤久男　153
近藤弥壽太　634
紺野耕一　577
今野裕一　466-67
今和次郎　116

さ行

西園寺公望　671-72
雑賀貞次郎　115
三枝博音　413　165
西条八十　200　236
斉藤赫夫　541
斎藤昫　413
齋藤十一　341
斎藤昌三（少雨叟、紙魚少掾）　40, 44-45, 48-52, 115, 130, 139, 150, 269　31-33, 294-95, 298, 300, 307
斎藤精輔　352
斎藤貴男　36
斎藤弔花　506
斎藤徳元　271
斎藤秀三郎　353
斎藤夜居　58-60, 268
斎藤龍鳳　370-73, 376-78, 385, 487
斎藤緑雨　248
サイモン・カーリンスキー　256-58
崔容徳　559
佐伯郁郎　627
佐伯修　520
佐伯彰一　217, 226
佐伯定胤　339
早乙女宏美　1, 67, 69
酒井宇吉　242
酒井栄蔵　579-80
酒井嘉吉　242-43
酒井勝軍　354-57, 359, 362, 368
酒井潔　52, 75, 113-16, 161-62, 164, 176, 180　56
酒井三郎　410, 422
酒井孝　34
堺利彦　85, 205, 332, 666, 673　188
坂井信夫　72-73
坂井律　666
榊原晃三　515
榊原信弌　194
坂口安吾　429, 431, 499-500
坂口保治　588
坂倉準三　399, 415, 420, 623
坂本篤　40, 47-50, 59, 75, 114, 269-70, 284, 286
坂本謹吾　481
坂本健一　334
酒本雅之　343
作田荘一　412
桜井錠二　188
桜井成夫　308
桜井均　82-85, 93, 293, 573　112-13, 115, 190, 508, 510
桜沢如一　492-96, 500
佐倉宗五郎　349
桜田勝徳　282
佐々木カ子ヨ（お兼）　89-82
佐々木基一　208, 451
佐々木邦　19
佐々木幸四郎　295
佐々木指月　45
佐々木崇夫　205-06
佐々木孝丸　63-66, 75　361-63, 368
佐々木千世　238-40
佐々木信綱　449, 451
佐左木俊郎　630
佐佐木信綱　188, 196
佐々木万次郎　33
佐々木味津三　319
佐々木杜太郎　492
笹野堅　271
佐治祐吉　77, 103, 106, 112
サーストン　101
佐多稲子　164
サダキチ・ハートマン　67-69
佐々弘雄　413
佐藤栄作　448
佐藤一英　452
佐藤橘香　566
佐藤紅霞（佐藤民雄）　13, 41, 45, 48, 56-59, 63, 66, 75
佐藤垢石　314
佐藤紅緑　245　128
佐藤塑　179
佐藤朔　523
佐藤周一　552
佐藤績（石川四司）　33-34
佐藤荘一郎　392
佐藤忠男　367-70, 372-73
佐藤哲朗　504
佐藤輝夫　181
佐藤得二　169
佐藤俊雄　228

ケア・デュリー　513
ゲオルギウ　441
ゲオルク・カイゼル　128
ゲーテ　255, 386　36, 211, 416
ケトムバ・パシャ　31
ケネス・ドーヴァー　229
ゲルショム・ショーレム　405
ゲルダ・タロー　427-28
源信　107
乾隆帝　140
小池三子男　409
小生夢坊　52
小泉源太郎　438
小泉純　323
小泉伸五　26
小泉信三　102
小泉銕　277
小泉八雲　162
小出正吾　345-47
小出節子　57
小出楢重　292-94
高恵美子　515
甲賀三郎　284
高坂正顕　434
幸田文　247-48, 264
幸田成友　270
公田連太郎　263
幸田露伴　103, 612　81, 100, 102, 256-57, 259-66, 268-71, 273
幸徳秋水　329, 332, 508
河野一郎　413
河野源　669
河野健二　656　118
河野清一（相馬清一）　669
河野高孝　462
紅野敏郎　463, 602, 609　16, 129, 256, 267
弘法大師　131, 477
好村富士彦　14　407
紅夢楼主人　142-43, 145
香山健一　195
康芳夫　579
古賀治朗　358
古賀政男　358
国分一太郎　521
ゴーゴリ　178
小酒井不木　461, 613
小島烏水　506
小島剛夕　21　504
小島孤舟　114
小島威彦　402-18, 420-27, 429-30, 436-37　480, 553
小島輝正　378-81, 441
小島俊明　403
小島政二郎　613
小島吉雄　566
小杉放庵　93, 95　168
ゴダール　384, 442
小鷹信光　30　147, 476
ゴーチェ　100, 102, 312
小塚省吾　32
後藤光村　526
後藤辰男　391
後藤宙外　612, 659
後藤誠雄　160
小長井良浩　193
コナン・ドイル　305-06, 312, 322-25
近衛篤麿　351
近衛十四郎　389
巨橋頼三　126
小浜俊郎　391
小林旭　366
小林勇　103, 403　53, 100-02, 262
小林一三　145　372
小林一博　150
小林二郎　168
小林季雄　214, 216
小林善八　387, 524　347
小林多喜二　142
小林秀雄　120-21, 381, 450, 452, 475, 477, 618　82-84
小林秀美　492
小牧近江　63, 319, 627, 644
小牧実繁　436, 438
小松和彦　510
小松清　126
小松原英太郎　351
小松隆二　341-42
五味川純平　377, 485
小南又一郎　96
小峰八郎　612, 617-18
小嶺嘉太郎　273
五味康祐　446　503
小宮豊隆
小宮山量平　341
小山いと子　684
小山集川　114, 190
C・アウエハント　510
ゴンクール　248
近藤経一　101
今東光　42, 106-07, 109-10, 112-13, 144, 404, 410, 504, 616

343, 349, 354, 357, 368
木村恒久　558
木村徳三　125-26
木村久　329
木本至　1-2, 29, 31, 33
キャサリン・マンスフィールド　589
キャバネ　41
ギュンター・グラス　216, 414
曲亭馬琴　51, 175　79
清田昌弘　296
清野謙次　395-96
吉良上野介　189
ギルバート・ホワイト　302
金田一京助　335
陸井三郎　394, 396
九鬼周造　508
久坂卯之助　342
草野心平　241-42
草部和子　383
草村北星　505-06, 512-13, 515-17, 519, 524, 527-29, 531-33, 536, 542-43, 545-48, 550, 558-59, 574, 597, 651
草森紳一　220-25, 325, 385
櫛田民蔵　104
串田孫一　312
楠本憲吉　372
楠山正雄　620
沓掛良彦　37-38, 231
工藤栄一　390
邦枝完二　319　162
国枝史郎（宮川茅野雄）　319
国木田独歩　95, 104, 248, 252, 505, 508, 532-34, 571, 631, 652　124, 168
邦高忠二　451
国谷豊四郎　579
久野昇一　439
窪川稲子　450
久保栄　475
久保覚　421-25, 445-50, 453-54, 456
窪田空穂　200　157, 267
久保田栄吉　359-60, 362, 370
久保喬　123
窪田十一　606, 608
久保田忠利　230
窪田般彌　321, 403
久保田正文　208-09
久保田万太郎　297
久保藤吉　26-27, 29-30
熊谷久虎　416-18
熊田精華　182
久米正雄　124-26
倉田一郎　282
倉田啓明（倉田潔）　82-84, 103, 106, 112, 136, 573　114, 508-10
倉田準二　389
倉田卓次　10-11, 62
倉田百三　343-44, 616　100, 157
倉田良成　73-74
蔵原惟善　384
クラフト＝エビング　105, 137, 142, 226-29, 238, 244, 267, 520
倉前盛通　389, 392
倉本四郎　383
倉本長治　450
栗栖継　451
クリスティン・スパークス　515
栗田確也　253
栗生武右衛門　22
久留島武彦　55
クルト・ヴォルク　177
呉茂一　208
黒岩重吾　109
黒岩慎造　487
黒岩直方　331
黒岩涙香　292, 326-31　192
黒川紀章　245
黒木忍　23
黒崎鉄夫　36
黒澤明　342, 514
黒沢翁満　269
黒沢茂　589
黒澤正夫　296
黒島伝治　630
クロソフスキー　403-04
黒田記代　417
黒田清隆　403
黒田辰雄　627
黒田鵬心　560-64
クロード・シモン　414
C・ルルーシュ　515
黒沼健　285
クロフツ　284, 296
クロポトキン　61
桑名一博　414
桑原武夫　548
桑原俊郎（桑原天然）　462, 467
郡司勝義　82
軍司貞則　116

613-14
川路柳紅　41
川瀬千佳子　571-72
川添紫郎　415-17, 420-21, 424, 427-30, 544　123
川添浩史　123
河竹繁俊　135
河竹黙阿弥　160
川田豊吉　570
河内紀　440-41
河出孝雄　210
川端香男里　71　421, 424
川端康雄　262
川端康成　107-08, 113, 123, 321, 325, 450, 615-16, 625　56, 124-25, 271, 273, 312
河村清雄　257
川村二郎　397, 414
河村只雄　412
川村湊　196
河本亀之助　283-84, 286
川本三郎　434, 439
河本俊三　285
河盛好蔵　179, 441, 567
神田澄二　284
神田豊穂　208, 284-85
神田保雄　69
カント　404　134-35, 332
間野藤夫　36
菅野昭正　146, 410
樺俊雄　403
神原泰　294
蒲原抱水　32
神部孝　644　161
鬼海弘雄　543
木々高太郎　284-85
菊池明郎　581
菊池寛　77, 123-24, 136, 175, 298-99, 602-05, 608, 610-12, 615-18　126, 273, 296, 488, 571
菊池章一　451
菊池春雄　371
菊池幽芳　313
菊間喜四郎　342
菊盛英夫　260
菊谷匡祐　239-40
キケロー　545
私市保彦　180
木佐木勝　310
岸田國士　306, 613　26
岸田劉生　574　287-88
木島始　451
岸本栄七　154
岸本能武太　482
木蘇穀　664-65, 667, 671
北井一夫　539-40
北浦みお子　207　171
木田開　97
北上二郎　34-36, 43-45, 48
北上梅石（樋口艶之助）357, 359, 362
喜多川歌麿　175
喜多川周之　58
北川冬彦　379
木田元　155
北島春石　82, 87-88, 92, 149, 293, 572-73　114, 508-09
北島宗人　33
紀田順一郎　30, 220, 515　477
喜多壮一郎　96
北園克衛　403
北野邦雄　211-13
北野博美　128
北畠親房　131
北原武夫　687　362
北原鉄雄　362
北原童夢　1, 67, 69
北原白秋　233, 423, 562　362-63, 587-88
北町一郎　286
北村宇之松　130
北村季吟　129-32, 135
北村太郎　568
北村透谷　316
北村初雄　182, 193
北杜夫　431
城戸又一　416
木下恵介　342
木下尚江　483
木下半治　208, 552-55
木下杢太郎　181, 561-62
木下雄三　415
紀平正美　411
木村伊兵衛　153, 212, 540
木村梅次郎　32
木村栄一　343
木村栄治　469-71
木村和男　515
木村幹　666
木村金吾　354
木村久邇典　172
木村茂市郎　354
木村重信　394
木村小舟　354
木村荘八　278
木村鷹太郎　263-66, 334-35,

ガストン・バシュラール　322-23, 464
ガスパール・カサド　545
片岡啓治　476, 544, 567
片岡しのぶ　235
片岡鉄兵　281
片岡呑海　86
片上伸　634
片岡昇　149
片岡義男（テディ片岡）　30　476
加太こうじ　97
加田哲二　551, 553
片山孤村　382
片山達吉　196
片山敏彦　119
片山廣子　196-98, 200-01
片山總子　196
勝井隆則　510
勝新太郎　604-05　537
勝貴子　176
勝伸枝　306
勝峯晋風　160
勝本清一郎　151　164
桂太郎　399　23
加藤明彦　365
加藤朝鳥　261, 588
加藤郁乎　474
加藤一夫　285
加藤寛二郎　96
加藤謙吉　258
加藤玄智　334
加藤好造　278-79, 283-84, 291
加藤新蔵　178
加藤泰　368, 373-75
加藤武雄　315, 619-23, 626-27, 630-32, 644
加藤時次郎　480
加東徳三　23
加藤咄堂　256
加藤晴康　544
加藤美侖　190, 192
角川春樹　379
カート・キャノン　30
金井章次　435
金尾種次郎　283
金澤重威　96
金森敦子　90-92
金子國義　146, 466
金子薫園　567
金子健二　41
金子準二　96
金子敏男　463
金子信雄　368
金子光晴　415, 455
金子洋文　42, 52
加納健　36
加納光於　531
樺美智子　194
G・ダヌンツィオ　54-55, 105　515
神島二郎　372
神近市子　26
上司小剣　290
上村一夫　92
上村清延　370
上森健一郎　43, 63, 76, 171, 192, 194, 207
上山春平　407
上山草人　121
神谷泰治　258
カミュ　187
カミーユ・フラマリオン　320, 324
嘉村礒多　289
亀井忠一　352
亀井萬喜子　352
亀嶋康一　375
亀山巌　588
亀和田武　75
茅原華山　103
茅原茂　103
唐木順三　402, 413, 442
柄谷行人　246　433-34
雁金準一　556
ガルシア・マルケス　219, 414
ガルシア・ロルカ　454　457
カール・ハインリヒ・シュトラッツ　509
カール・ハウスホーファー　389-95, 407, 436
唐牛健太郎　195
河合栄治郎　104
川合信水　479　362
河井酔茗　362
川合貞一　411
川井蕃　294
川内康範　445
河上肇　104
川上春雄　445-46
川上眉山　252
川口顕弘　211
川口秀彦　91
川口松太郎　168　503-04
川崎長太郎　613-14
川崎安　506, 508-10, 512,

桶谷秀昭　71, 75, 432
小此木啓吾　562, 564-65
尾崎一雄　453　157-59
尾崎紅葉　82, 151, 248, 251-52, 293, 570-73, 672　80-81, 132, 348, 350, 508
尾崎士郎　40, 554
尾崎久彌　134, 173-79, 206, 268, 271
尾崎秀樹　87, 605　227-28, 503
尾崎秀実　436
尾崎翠　206　171
尾佐竹猛　94-97, 124, 150　167
長田弘　451
小山内薫　310, 552
大佛次郎　319　165, 287
小沢茂弘　389
押川春葉　508
押川春浪　93, 479　168, 254
押川方義　355
オスヴァルド・シュペングラー　385-86, 407
オスカー・ワイルド　32, 83-84, 202-03, 222, 231, 239, 245　343, 344, 509
尾高三郎　52
尾高豊作　511-12　119-20
小田久郎　528
小田切秀雄　658　208
織田作之助　67
小田晋　262
小田透　561
小田実　238
小田光雄　650
落合茂　109, 111
越智道雄　68
オットー・ヴァイニンガー　382-83, 385
オットー・キーファー　400
小津安二郎　166, 168, 342, 412
小野玄妙　140
小野田勇　213
小野武夫　111　583
小野泰博　564
小野好恵　433-35
小幡實　32
小汀利得　450
小尾俊人　474　8-9, 86
澤瀉久孝　77
面家荘吉　592
小谷部全一郎　349-52, 356-57, 368, 381, 489
小山田三郎　99
小山久二郎　53-54, 101
オリーヴ・シュライナー　143
折口信夫　113, 126, 146-48, 156, 177-78, 277, 336-37　106-08, 587
オリバー・ロッジ　321, 324, 410
オルテガ　544
小和田信一　539
恩地孝四郎　363

か行

海音寺潮五郎　504
開高健　238-40
海後宗臣　411
加賀野井秀一　549
加賀山弘　439-41
賀川豊彦　344, 586, 591, 606　41
鍵山博史　635
覚張栄三郎　349
かくまつとむ　301
梯明秀　403　566
梯久美子　571-74
景山哲雄　128
鹿児島達雄　124
加古儀一　156
河西善治　410
葛西善蔵　77
風早八十二　394
笠原和夫　371-72
笠原研寿　136
風間完　503-04
カザン　384
梶井純　374, 559-62
梶井基次郎　40, 160
鹿島光太郎　254
鹿島茂　21, 361
加島祥造　306　591
鹿島長次郎　254-55
梶山季之　48, 106　109-11, 206-07
梶山美那江　207
嘉治隆一　581
柏木克之　33
柏佐一郎　154
梶原一騎（高森朝樹）　35-36　32
梶原元繼　32
カスタネダ　169
ガストン・カーエン　439

太田耐造　9
太田藤四郎　274
大田南畝　129
大谷晃一　475
太田博太郎　540　254
太田雅夫　254
太田善磨　274
太田龍　596
大津栄一郎　256-58
大塚英志　92, 369
大塚信一　447
大塚稔　537-38, 540
大槻憲二　259-62, 627　62-63
大槻文彦　14
大伴昌司　30　438
大伴坂上郎女　272
大伴旅人　272
大伴家持　272-73
大友柳太郎　390
大貫伸樹　212
大野一道　549
大野俊一　399
大野卓　167
多忠龍　599-600
多忠胤　599
大野英士　404
大野孫平　253
大橋乙羽　252
大橋巨泉　30
大橋新太郎　568, 570
大橋青波　114
大場正史　184, 186, 400, 402
大林華峰　145
オーブリ・ビアズリー　204　403, 419
大町桂月　619　256, 266
大村沙華　269
大村達子　294
大森直道　125
大宅壮一　435, 665　97-99, 185, 556
大藪春彦　385
大屋幸世　172　82, 310
岡井隆　449
岡鬼太郎　537
岡倉天心　549　444
岡崎義恵　440
岡澤一夫　124-25
岡茂雄　114, 117-18, 283　101, 583, 587
岡田明彦　539
岡田正三　338
岡田丈夫　561
岡田哲也　471
岡田虎二郎　481-84
岡田甫　267, 269-70　298
小形文男　538
岡田史子　221
岡田村雄　13-15
岡悌治　97
岡留安則　205
岡野知十　156
岡野弘彦　146
岡部正孝　182
岡道男　376
岡村千秋　679　305
岡村春彦　64
岡本かの子　613-14　429
岡本起泉　158
岡本綺堂　311, 536-37, 539
岡本経一　389
岡本定吉　536
岡本正一　347-48
岡本太郎　416, 428, 623
岡本守道（黒田礼二）　591, 656
岡谷公二　391-92
岡保生　566
小川菊松　190, 322, 528-29, 531-32, 535-36, 547-50, 553-59, 577, 585, 587, 593-95, 631　139, 266, 285
小川菊松　253
小川龍彦　285
小川道明　342
小川未明　631, 679
オキーフ　237
荻須高徳　504
荻野美穂　183-84, 186
荻生孝　170, 194　55
荻原井泉水　160
奥川栄　124-25, 618
奥川夢郎　128-29
奥沢邦成　64
奥田十三生　26, 33
小国重年　78
奥野健男　231, 430-31
小熊英二　75
小熊秀雄　43
奥村喜和男　553
奥村恆哉　131
小倉清三郎　27, 253, 659　203
小倉ミチヨ　27, 253-54　203
小栗風葉　254, 571-73　154-56
小栗虫太郎　154-56

217-27, 229-30, 232-33, 236-38, 259-61, 266-67, 269, 273, 277-81, 283-86, 290, 292-295, 300, 303-10, 314-17, 319, 338, 461　499-500
江渡狄嶺　343
エド・マクベイン　514
エドマンド・ウィルソン　256, 258-59　397-98, 424, 561
E・C・ベントリー　217
エドワード・ウィリアム・レーン　181-82
エドワード・カーペンター　222, 232-37, 239-40, 242, 520
エドワード・ブルワー＝リットン　312　498
E・W・サイード　401, 444
江波譲二　21
榎本桃太郎（長岡淳一、和田一雄）　98-99, 185
エバ・ブラウン　427
江原小弥太　595-98, 616, 621
エマ・ゴールドマン　234, 240　64-69, 411, 556
江間俊一　481
江見水蔭　150　582
エミール・エック　25
エミール・シオラン　520
エメ・ヴィリヨン　156
エラリー・クイーン　293-94
エリザベス・マレー　134
エリザベート・シエーエン　606
エーリッヒ・フロム　376
E・アウエルバッハ　397-98, 424
エルヴィン・パノフスキー　532-33
エルゼ　69
エルツバッヘル　161
エルブロ・ド・モランヴィル　179
エルンスト・カッシラー　478
エルンスト・フックス　11-15, 41, 57-58, 60-61, 105, 157
エルンスト・マッハ　107
E・R・クルツィウス　398-99, 424
エレン・ケイ　161
エンゲルス　554
燕石猷　197
円地文子　460, 463-64, 466
エンリーケ・ビラ＝マタス　343-44
オイケン　621
生出仁　110-12
相賀祥宏　154
逢坂剛　502
欧陽修　252
大石懿星　250
大石内蔵助　189
大泉黒石　585-86, 588, 599　461
大内三郎　290, 292
大内青蛮　256
大江健三郎　380
大江賢次　280-82
大岡昇平　33, 390-91　165, 249, 451
大岡信　531
大門一男　598
大川周明　552
大川橋蔵　389
大木惇夫　362-63
大木黎二　194
大串兎代夫　411　82
大久保桜淵　346
大久保康雄　165, 217, 323　55, 411
大隈重信　516-19, 528
大隅為三　41
大熊信行　412　82, 83
大倉舜一　221
大倉保五郎　29
大越愛子　230
大崎紀夫　538-40
大沢正道　65
大澤正道　120, 556-60
大沢鷺山　363
大鹿卓　455-56
大下宇陀児　284
大柴四郎　12-13, 51-52
飯島花月　175
大島一雄　5-6
大島渚　384
大島浩　553
大島洋　152-53
大島富士太郎　93
大杉栄　253, 609　65-66, 95-96, 336
太田黒克彦　315
大田黒元雄　200-01
太田三郎　39, 41, 53　67-68
太田七郎　99

ウイリアム・サロイヤン　598
ウィリアム・ジェイムズ　621
ウィリアム・ジェームズ　324
W・S・バロウズ　468
W・ベックフォード　180
ウィリアム・ハーベイ　182
ウィリアム・バトラー・イェイツ　186-87, 189　198
ウィリアム・バレット　320
ウィリアム・モリス　41, 262　63, 419
ウイリアム・レイン　400-01
ウイリイ　182
ウィルソン・デュセン　331
ウィルヘルム・マイテル　39　45, 47
ウィルヘルム・ライヒ　562-65, 567
植草甚一　30　146, 385, 410, 451
植芝吉祥丸　490-91
上田秋成　188
上田昭成　300
上田達也　376
上田敏　581
植田正雄　565-66
植田実　541, 543
植田康夫　594
上野昂志　434
上野瞭　383
植村澄三郎　352
植村正久　347
上村益郎　286-88
上山安敏　376　69
ヴェルレーヌ　36
ヴォーリン　476
ウォルター・ペーター　222, 231, 239, 264
ヴォルテール　180, 223, 226, 474-75　68
ウォルト・ホイットマン　68
ウォルトン　197
ウォルポール　464
浮田和民　347, 482
ウジェーヌ・アジェ　151-53
ウージェーヌ・シュウ　654
宇高伸一　666
宇高兵作　504
内田樹　359-60
内田照子　207
内田魯庵　175, 252, 316, 568, 609, 654　13-15, 132, 136, 270, 347, 350
内村鑑三　332　79
内海三郎　541-42
内海幽水（内海景普）　188
宇波彰
宇野邦一　443
宇野浩二　454　161, 278, 284-92
宇野千代　206　40, 576
宇野哲人　334
宇野利泰　29, 277
馬屋原成男　270
梅崎春生　33
梅原北明　7, 12, 40-44, 46-53, 56, 58, 63, 66, 75-76, 88, 92-95, 99, 106, 113-114, 121, 139-42, 149-53, 159, 161-62, 164-65, 167-68, 170-71, 173, 175-76, 182, 206, 208, 210, 213, 268, 273, 286-87, 668, 670　45, 55, 168, 362, 517
梅原龍三郎　116
梅森直之　434
海野十三　306
海野弘　112, 223, 230-32, 239, 263-65, 278-80, 393　434
永六輔　30
エヴァ・C・クールズ　230
エヴゲーニイ・ザミャーチン　71
エヴノ・アゼフ　187
江川卓　451
江河徹　360
江上博通　312
江木鰐水　225
江口俊博　485-86
エクトール・マロー　313　225
江崎孝坪　503
江崎誠致　86-87
エス・ニールス　359
エズラ・パウンド　186-87　226
エドゥアルト・フックス　406-07
江藤潔　231
江藤淳　433　195, 197, 415-17, 420
エドガー・アラン・ポー　193, 197, 308-10, 313　169
江戸川乱歩　29, 73, 75, 79, 100, 102, 105, 113, 119-20, 132-36, 138, 174, 210-13,

192
伊東武左衛門　346, 348
伊藤文学（文學）　22　201
伊東守男　468, 515
伊藤裕夫　472-73, 475
伊東芳次郎　259, 261
糸左近　51
稲垣足穂　113, 134, 138, 142-43, 450
稲田稔　204　170
稲葉明雄　29
稲村徹元　515　12
乾信一郎　307
いぬいとみこ　342
乾由明　293
犬田卯　627, 630, 635, 657, 659, 686
犬塚きよ子　392
犬塚惟重（宇部宮希洋）362, 365, 368, 392
井上勇　295, 552, 582, 666, 674, 676-77, 680
井上一夫　29, 306　514
井上究一郎　397
井上清一　415, 424, 427-30
井上哲次郎　265
井上日召　459
井上ひさし　493
井上秀子　557
井上通泰　76-77
井上靖　99, 312
井上良夫　284
猪瀬直樹　123-24　110
猪俣津南雄　205　104
伊庭孝　305
伊波普猷　156
井原西鶴　67, 129, 135, 175, 248　188
伊吹武彦　222, 237
井伏鱒二　182, 477　162, 164, 536
イプセン　247, 583, 621, 677　200
今井末夫　567
今泉定介　518
今泉正光　557
今泉雄作　547
今江祥智　342
今沢紀子　401
今関良雄　130
今橋映子　415　68, 152-53
今村欣史　580
今村清之助　23
今村仁司　15　88
井村君江　193, 204
井村宏次　368, 462, 466, 478
井本威夫　164
伊良子清白　535　587-88
入江智英　270
入江博　380
入沢康夫　524-5, 544
礒清　47
岩崎徹太　550-53
岩崎夏海　552
岩崎久弥　138
岩佐珍儀　481
岩佐東一郎　194
岩田貞雄　134, 156
岩田準一　75, 113-14, 119-22, 125-29, 132-36, 138, 142-43, 155-56, 158, 174, 212, 223, 277
岩田準子　135
岩田専太郎　187, 503
岩田宏　191
岩田弘　476
岩波茂雄　403, 473　53, 100-02, 242
岩野泡鳴　609, 631　397
岩淵五郎　484-85
岩堀喜之助　487
岩村透　563
岩本巌　68
巌本善治　79
岩本和三郎　295-97
巌谷国士　544
巌谷小波　51, 55, 57, 150, 354, 534-35, 568-71, 577
巌谷大四　570
イングマール・ベルイマン　515
ヴァージニア・ウルフ　398
ヴァルター・ダレェ　492
ヴァルター・ベンヤミン　14　88-89, 405, 407, 558
ポール・ヴァレリー　37, 408, 494　74, 183, 523
ヴァレリー・ラルボー　629
ヴァン・ダイン　261, 293-95, 674
ヴァン・デ・ヴェルデ　26, 183
ヴァン・デル・ポスト　457
ヴィクトル・ユーゴー　498
ウィットフォーゲル　395
宇井伯壽　337
ウィリアム・ゴールディング　412

生田蝶介　506-07
井口一郎　392
幾野宏　591
池井昌樹　381
池内紀　52
井家上隆幸　377, 384, 453, 481, 484, 487, 551
池島信平　338
池田木一　600
池田亀鑑　280-81
池田健太郎　174
池田得太郎　229-31
池田敏子　591
池田勇人　448
池田満寿夫　274
池波正太郎　213
池本喜三夫　656　118-19
石井昭　552
石井恭二　342
石井研堂　97, 517
石井柏亭　560-63　294, 306
石上玄一郎　431
石川一郎　212, 217, 266
石川巌　45, 129
石川欣一　159
石川三四郎　233, 235-36, 377, 630　341-42, 556
石川治兵衛　254
石川淳　172, 443　271
石川啄木　233, 417
石川武二　32
石川達三　417　338
石川千代松　97
石川寅吉　254-55
石川信夫　690
石川弘義　605
石川道雄　193-94, 197　169-70
石川康子　400
石黒敬七　46
石黒忠篤　583
石黒英男　451
石子順造　374, 560
石坂洋次郎　20
石坂幸男　489
石角春之助　52
石田勝三郎　321-22
石田三成　390
石塚友二　53, 243, 296-97
石津照璽　414
石堂清倫　104-05
石野観山　670
石橋思案　151, 569
石橋智信　335
石橋忍月　612
石原純　98　302
石原慎太郎　75
石原裕次郎　366
石原龍一　116
石丸梧平　136, 616　485
石母田正　485
石渡道助　352
イーストレーキ　353
泉鏡花　51, 573, 602, 612
五十公野清一　627
泉芳璟　41, 45, 164-65
磯崎新　623　244
磯田光一　431-33
磯辺弥一郎　353
磯部保次　519
磯谷武郎　561
板倉加奈子　544
板倉進　544
伊丹十三　207
市河三喜　11
市川雷蔵　43　389
市倉宏祐　443
市古貞次　134, 176
市島春城　518　270
一條成美　566
一瀬宏　515
市村俗弘　114
伊藤秋夫　440
伊藤永之介　635
伊藤一隆　319
伊藤銀月　506
伊藤桂一　45
伊藤桂子　646, 663　21
井東憲　44-45, 75-79, 103, 227, 319
伊藤元治郎　524
伊藤左千夫　485
伊藤俊治　442-43
伊藤庄兵衛　593
伊藤子郎　32
伊藤晴雨　8-10, 40-41, 47, 83, 89-93, 288
伊藤大輔　604
伊藤隆文　93　166
伊藤整　565-67, 572, 671
伊藤竹酔（伊藤敬二郎）　7-8, 12-13, 40, 42, 44, 46, 50-53, 75, 129, 143, 182
伊藤痴遊　579-80
伊藤祷一（禱一）　22　201
伊藤野枝　65
伊東延吉　411
伊藤秀雄　292-93, 327, 330

安倍徹郎　488
阿部知二　625
阿部弘蔵　297
アベ・プレヴォ　204
安達正勝　214
阿部洋三　512
阿部良雄　26-27, 34, 43
安倍能成　53
アポリネール　144, 465
天沢退二郎　320
天知茂　537
天野亮　589
雨宮敬次郎　23
網野善彦　643
鮎川哲也　84, 273, 275-76, 290　509
鮎川信夫　449, 526-27
荒井修　207
新井白石　478
荒城季夫　39, 41
荒木清三　30
荒畑寒村　205
荒正人　208-10
荒俣宏（団精二）　98, 504　385, 474, 477
新谷敬三郎　427
アラン　555
有賀龍太　473
有坂勝久　558
有島生馬　335, 415　284
有島武郎　600, 609, 612　69, 128, 165, 172-73, 302, 305-06
有田忠郎　464
有松清治　96
有馬頼寧　475, 635, 683　583
有吉佐和子　280
在原業平　131
アルドァン　441
アルトゥル・ショーペンハウアー　105
アルバート・モル　43, 137, 244
アルフレッド・キント　10-12, 15, 41, 60-62, 115
アルフレッド・ジャリ　472
アルフレッド・ダグラス　204
アルフレート・クーピン　405
アルベルト・モラヴィア　513-14
アレクサンドル・デュマ　20, 100　416
アレクサンドル・ベルクマン　559-60
淡島寒月　31
安齋順子　262
安西冬衛　379
安西愈　619
安堂信也　189
安東次男　430, 680　122-23, 523, 530
安藤元雄　414
安藤礼二　148, 336　106-08
アントナン・アルトー　468
アントニイ・バークレイ　296
アントニオ・ロセッティ　419
アンドリュー・ラング　324-25
アンドレ・ジイド（ジード、ジッド）　37, 218, 222, 232, 236-37, 239　115, 183
アンドレ・シフレン　176-77
アンドレ・ブルトン　423
アンドレ・マルロー　494　126, 393
アンドレ・モーロワ　555
アンドレ・リュシュタンベルジェ　216
アントワーヌ・ガラン　178-80
アンブローズ・ビヤース　308, 312
アンリ・ド・レニエ　170, 179
アンリ・ベルクソン　324, 634, 660
アンリ・マティス　100, 211, 214
イアン・フレミング　514
飯島一　155
飯田旗軒　666, 671-74
飯田豊吉　23
飯塚伝太郎　229
飯塚友一郎　94, 96　168
飯沼二郎　656
イヴァン・カリャーエフ　187
五十嵐力　449, 451
生田恭子　194
生田耕作　77, 79-80, 131, 180　309
生田浩二　193-95
生田春月　43
生田長江　621, 640　43, 128

人名索引

本書の索引ページは太字、『古本屋散策』の索引ページは細字で示す。

あ行

相生垣瓜人　493, 495
相田良雄　**474**
Ｅ・Ｍ・ナサンソン　515-16
アウグスチヌス　**408**
アウリッチ　**419**
饗庭篁村　**612**　81, 270
蒼井雄　**286**
青江舜二郎　**90**　165, 284
青木信光　**254**　203
青木晃　585
青木日出夫　143-45, 410
青木昌彦　195
青柳瑞穂　**274, 313**
青山光一　209
青山二郎　**475, 477**　33
青山督太郎　33
青山虎之助　**36**
青山道夫　**376**
青山南　439
青山倭文二　**44**
赤木圭一郎　366
赤木洋一　205
赤田祐一　489
赤堀又次郎　29
赤間剛　**365**
赤松磐田　270
赤松連城　136
阿川弘之　571
秋朱之介（西谷操）　**170-73, 179-80, 192, 194-95, 198, 201, 207-08, 214-255**　55
秋田雨雀　**65, 677**　361-62
秋庭俊彦　**665**
秋元松代　369
秋山健二郎　378, 482
秋山定輔　**579**
秋山龍三　209
秋吉巒　**23**
芥川潤　162
芥川龍之介　**187, 253-55, 603, 610, 612, 615**　397
アーサー・キャンベル　461
アーサー・シモンズ　457-58
アーサー・マッケン　**454**　181-82, 185-86, 197, 202
浅井康男　**29**
朝丘雪路　492
朝倉治彦　**134**
浅田彰　442-43
浅田孝　**623**　244-46
阿佐田哲也　436
浅田一　**96**
浅沼稲次郎　541-43
浅野晃　36, 555
浅野徹他　532
浅野和三郎　**460, 525**　42
朝吹登水子　122-23
朝吹亮二　469
浅見淵　157-62, 165
朝山新一　**256**
足助素一　**66**　171-73, 336, 362
足助たつ　172
アスパシャ・ライス　**41**
麻生久　**589-592**
足立欣一　162, 164-65
足立源一郎　**561**
安土正夫　320
ア・デ・プロスペロ　**51**
阿天坊耀　533
アナイス・ニン　464
アナトール・フランス　**312**　183, 554
アニー・ベサント　**375, 410**
姉崎正治　156
アーネスト・Ａ・ヴィゼテリー　130-31
アーネスト・ボーグナイン　516
阿野自由里　**599, 601, 634**
アーノルド・ファンク　**418, 637**
安引宏　215
アブ・オートマン　**166**
アプトン・シンクレア　96
Ａ・Ａ・ブリル　**261**
アプレイウス　**682**
安部磯雄　**678**
阿部主計　**267**
安部公房　431, 571
阿部定　224
阿部次郎　100
阿部達二　490
阿部瓊夫　36

小田 光雄（おだ・みつお）
1951年，静岡県生まれ。早稲田大学卒業。出版業に携わる。著書に『〈郊外〉の誕生と死』『郊外の果てへの旅／混住社会論』（いずれも論創社）、『図書館逍遥』（編書房）、『書店の近代』（平凡社）、『出版社と書店はいかにして消えていくか』などの出版状況論三部作、『出版状況クロニクルⅠ～Ⅴ』インタビュー集「出版人に聞く」シリーズ、『古本探究Ⅰ～Ⅲ』『古雑誌探究』（いずれも論創社）『古本屋散策』（第29回Bunkamuraドゥマゴ文学賞受賞、論創社）、訳書『エマ・ゴールドマン自伝』（ぱる出版）、エミール・ゾラ「ルーゴン＝マッカール叢書」シリーズ（論創社）などがある。個人ブログ【出版・読書メモランダム】http://odamitsuo.hatenablog.com/ に「出版状況クロニクル」を連載中。

近代出版史探索

2019年10月16日　初版第1刷印刷
2019年10月26日　初版第1刷発行

著　者　小田光雄
発行者　森下紀夫
発行所　論 創 社

東京都千代田区神田神保町2-23　北井ビル
tel. 03（3264）5254　fax. 03（3264）5232　web. http://www.ronso.co.jp/
振替口座　00160-1-155266

装幀／鳥井和昌
印刷・製本／中央精版印刷　組版／フレックスアート
ISBN978-4-8460-1879-5　